한국현대필화사

1

필화의 문학 사회사

지은이

임헌영 任軒永, Yim Hun-young

1941년 경북 의성에서 태어나 중앙대 국문학과 및 대학원을 마쳤다. 『현대문학』을 통해 『장용학론』 (1966)으로 문학평론가가 된 후 『경향신문』 기자, 월간 『다리』, 월간 『독서』 등 잡지사 주간을 지냈다. 유신통치 때 두 차례에 걸쳐 투옥, 석방 후 중앙대 국문과 겸임교수(2010)를 지냈고, 역사문제연구소 창립에 참여, 부소장·참여사회 아카데미 원장 등을 거쳐 지금은 민족문제연구소 소장으로 있다. 저서로는 『창조와 변혁』, 『민족의 상황과 문학 사상』, 『문학과 이데올로기』, 『분단시대의 문학』, 『불확실 시대의 문학』, 『임헌영의 유럽문학기행』, 『한국소설, 정치를 통매하다』, 『문학의 길 역사의 광장─문학가 임헌영과의 대화』(대담 유성호) 등과, 리영희의 『대화─한 지식인의 삶과 사상』 대담을 맡았다.

한국 현대 필화사 1
필화의 문학 사회사

1판 1쇄 발행 2024년 11월 25일
1판 2쇄 발행 2024년 12월 20일

지은이 임헌영

펴낸이 박성모
펴낸곳 소명출판
출판등록 제1998-000017호
주소 서울시 서초구 사임당로14길 15 서광빌딩 2층
전화 02-585-7840
팩스 02-585-7848
이메일 somyungbooks@daum.net
홈페이지 www.somyong.co.kr

ISBN 979-11-5905-982-7 03910
정가 38,000원

한국현대필화사

1

필화의 문학 사회사

임헌영 지음

일러두기

1. 이 책 구성은 서론부터 집권자(대통령)에 따라 '부'를 설정하고, 그 시대의 개황을 다뤄 현대사의 흐름 전체를 파악할 수 있도록 했다.

2. 각 부에 따라 그 시대에 일어났던 주요 필화사건을 '장'으로 나눴다. 즉 '1사건 1장'으로 나눠 되도록 쉽고 재미있게 서술했다.

3. 외래어는 되도록 억제했고, 중요한 경우에는 괄호 안이나 각주로 처리했다. 각주는 읽기 좋게 해당 쪽 아래에다 실었다.

4. 각주는 각 장을 단위로 삼아 장별로 1, 2, 3 순으로 번호를 매겼다.

5. 서술에서 역사적 사건이나 연도 등이 중복되는 경우도 있는데, 그것은 각 장마다 따로 읽을 때 이해를 돕기 위해서다.

6. 인명, 사건, 사항 등이 너무나 많기 때문에 색인은 생략한다.

먹으로 쓴 거짓말이 피로 쓴 사실을 감출 수는 없다

"먹으로 쓴 거짓말이 피로 쓴 사실을 감출 수는 없다墨写的谎说, 决掩不住血写的事实"라고 갈파한 것은 루쉰이다. 1920년대의 중국은 군벌들이 국권을 농단하며 제국주의 열강들에게 국토를 야금야금 팔아먹으려는 야욕에 사로잡혀 있었다. "돤치루이段祺瑞 정부는 호위병들로 하여금 소총과 대검을 들고 국무원 문 앞에서 외교를 원조하기 위해 맨손으로 청원에 나선 청년 남녀들을 포위하여 수백 명이나 학살케 했다. 더구나 체포령까지 내리고 그들을 '폭도'라고 중상한다!"라고 분노한 루쉰은 썼다. 1926년 3·18의 비극을 현대중국은 3·18참사三·一八惨案라고 부른다.

실탄이 뿜어내게 한 것은 청년들의 피다. 피는 먹으로 쓴 거짓말로도 감출 수 없고, 먹으로 쓴 만가로도 취하게 할 수 없을 뿐 아니라 위력도 그것을 억압할 수 없다. 왜냐하면 그것은 이미 속지도 않으며 살육되지도 않기 때문이다.

实弹打出来的却是青年的. 血不但不掩于墨写的谎语, 不醉于墨写的挽歌威力也压它不住, 因为它已经骗不过, 打不死了.

鲁迅,「꽃 없는 장미 2(无花的蔷薇之二)」.

필화란 역사의 제단에 뿌려진 피의 진실을 증언해 주다가 당하게 된 희생자의 초상이다. 그러나 그 희생은 불사신으로 되살아나 준엄한 역사의 법정에서 가해자를 피고석에 세워 서릿발처럼 내리는 진리와 정의의 판결문으로 승화한다. 그러기에 필화가 당한 핍박은 심한 경우에는 먹으로 쓴 진실을 훌쩍 넘어서서 탄압의 총알을 맞고 피를 뿜으며 산화한 경우도 있다.

필화가 주장한 대로 세상이 따랐다면 인류는 평화를 구가했을 것이다. 그러나 지상의 모든 권력, 인간이 만든 제도와 권위와 믿음의 우상은 언제나 진리와 정의를 탄압하려고 수단 방법을 가리지 않는다.

필화의 궁극적인 개념은 모든 사람들이 자신의 사상이나 의사를 자유롭게 나타내는 일체의 행위에 대하여 개인이나 집단에 국가가 가하는 제재와 압력, 형벌 등에 대한 총칭이다. 필화란 진리에 대한 탄압의 산물이다. 때문에 허위와 날조, 유언비어를 엄단해야 하는 벌칙과는 엄격하게 구분된다. 필화란 몽매한 정치권력이나 종교권력, 재벌권력, 명예권력 등등 힘을 가진 세력이 행사하는 직간접적인 광범위한 의미의 폭력이다. 당연히 필화가 빈번한 건 질곡과 비극의 시대가 된다.

그러나 필화가 있어야 할 시대에 직필은 없고 곡필과 망언과 허위와 날조만 난무하는 현상은 더 비참하다. 이보다 더 참담한 것은 필화의 몸통인 언론매체 자체를 통제할 뿐만 아니라 양식을 가진 지식인과 언론 방송인을 축출해버리고, 직언할 인사들을 아예 등장시키지 않는 필화의 원천봉쇄다. 이보다 더 파국적인 경지도 있다. 곡필과 망언이 만고의 진리인양 세상을 어지럽히는 언론매체들을 복음기관처럼 우상화시키는 요지경 풍조다.

그 거짓이 절정에 이르면 폭발한다. 그런 단계에 이른 필화의 절정에 이르면 국민의 웃을 권리조차 박탈하려는 이른바 코미디와 코미디언들의 수난도 있다. 막가파 코미디 같은 정치가 횡행하는 데도 정작 국민들을 위안해줄 진짜 코미디는 제재당하는 설화舌禍의 시대의 참담함이란!

필화의 반대어는 망언과 곡필이다. 그래서 필화의 시대에는 망언과 곡필이 설쳐대는데, 그 망언과 곡필의 암시장을 형성하는 밀조범密造犯들을 흔히 어용이라는 점잖은 술어로 불러왔다. 인생살이에서 어용은 출세의 길이고 필화는 가시밭길이지만 역사에서는 그 행불행이 뒤바뀐다. 가시밭길을 걸었던 수난자들에 의하여 역사는 발전해 왔고 그들로 말미암아 인류역사는 전진할 수 있었다.

오랜 동안 의사표현의 수단을 주도했던 인쇄매체에 의한 글의 시대에서 현대사회는 행위예술부터 방송과 텔레비전을 비롯한 온갖 영상매체와 유튜브, SNS까지 다양한 양상으로 나타나고 있다. 그래서 현대적인 개념으로서의 필화란 폭력이 아닌 평화적인 수단으로 인간이 행사하는 모든 의사소통에 대한 직간접적인 제재 일체를 포함하는 것으로 확대된다.

이 저서는 우리 현대사에 나타난 넓은 의미의 필화筆禍, 舌禍 등 포함를 다루고자 한다. 따라서 문학 예술사만이 아니라 정치와 사회 언론 등 전반에 걸쳐 일어났던 중요 필화사건을 두루 섭렵하려 한다. 1945년 8·15 이후부터 시대 순으로 사건을 배치하면서 비슷한 성격의 것은 이해하기 쉽도록 합쳐서 다뤘다. 각 부는 탄압의 권력 주체에 따라 나눴기에 자연스럽게 정치권력에 따라 시대를 구분했다.

한국 현대사는 세계 지성사에서 필화가 가장 많았던 격랑의 연속이었다. 그 격랑을 하나하나 통찰하면서 얼마나 많은 사람들이 참담하게 희생당했고 고난의 생을 보냈던가를 상기하면 그 어떤 통곡으로도 원혼을 달랠 길이 없다. 이 모든 희생자들 앞에 작은 기념비를 세우는 심정으로 이 책을 바친다.

이미 『서울신문』과 『경향신문』 등을 비롯한 여러 잡지와 방송들을 통해 다뤄왔던 것에다 새로운 항목도 다수 추가해서 연재할 때 지면의 제한으로 미처 다 쓸 수 없었던 내용들을 보충했다.

이 저서는 현대 한국사 관련 연구자들의 업적 덕분에 가능했다. 많은 인용에 나오는 모든 분들께 감사드린다. 그리고 민족문제연구소의 자료실을 비롯한 연구자들의 도움에 감사드린다. 진작부터 단행본으로 펴낼 예정이었으나 세상 잡사에 쫓겨 손을 못 대다가 박성모 소명출판 대표의 소명을 받고 출간하게 되어 홀가분하다. 예정보다 늦어져 송구하지만 찬찬히 챙겨주신 편집 담당자 이선아 편집자님을 비롯한 출판사 여러 일꾼님들에게도 감사 인사드린다.

그러나 가장 깊이 감사드려야 할 분들은 바로 이 필화사의 주인공으로 등장하는 기라성 같은 선지자들이다. 8·15 이후 부당한 온갖 권력으로부터 민족주체성과 민주화와 통일을 염원하다가 희생당한 영령들과, 이에 연좌되어 일생을 고난으로 보낸 유족들, 그리고 아직도 생존해 계신 모든분들에게 큰절 올린다. 그들이야말로 험난한 우리 민족사의 영원한 등대로 남을 것이다.

아울러 일제 식민통치 때부터 민족해방투쟁으로 수난받았던 모든 독립운동가들의 영령과 그 후손들에게도 깊이 감사 올리며 이 책을 통하여 작은 위안이라도 받으시기를 바란다. 바로 그들의 정신이 8·15 이후부터 민족정신사의 기둥이 되어 주었기 때문이다.

혹 필자의 소홀이나 무지로 잘못 서술된 부분이 있으면 알려주시기 바란다. 특히 앞으로 계속 다룰 제2권 사월혁명 이후 허정 과도정부와 장면 정권 이후 현재까지 필화와 관련된 자료나 증언 등에 대해서는 민족 지성사의 정립 차원에서 미리 많은 도움을 주시기를 간절히 요청 올린다.

이 졸저가 민족사 바로 세우기에 작은 보탬이라도 되기를 바라 마지 않는다.

2024년 11월,
임헌영 절하며.

서문

모든 필화는 국가폭력이다

1. 규제와 검열 히틀러와 플라톤

1933년 5월 10일 늦은 밤, 베를린에서 5천여 대학생들이 5만여 군중에 둘러 싸여 도서 2만여 권하인리히 만, 레마르크, 하이네, 마르크스, 프로이트, 로자 룩셈부르크, 츠바이크, 아우구스트 베벨, 에리히 케스트너 등을 소각한 사건이 있었다. 그 책들은 가까운 훔볼트대학을 비롯한 몇몇 대학 도서관에서 반나치적유태인, 공산주의자, 자유주의자 등 149명이라고 판정내린 인사들의 저작물을 무더기로 뽑아 모은 것이었다. 참여대학생과 청소년들은 주로 나치독일대학생연맹, 독일총학생회, 갈색셔츠단나치돌격대, 히틀러유겐트청소년조직 등의 가담자들이었다. 지휘자 요제프 괴벨스가 개막 선동에서 "더러운 정신들을 불 속에 던져라!"라고 외치자 장작불이 책더미 위로 던져졌다. 그 야만을 비웃듯이 마침 내리던 부슬비 때문에 쉽게 불길이 솟아나지 않자 휘발유를 끼얹어 불길을 확 돋아나게 만들어 환호성을 유도했다. 비슷한 시간에 본, 드레스덴 등 18개 도시에서도 이런 행사를 치르고는 연이어 10월까지 70여 개 도시로 확산시켜 책은 불태워졌다.

이 나치에 의한 금서조처의 야만성을 영원히 기억하도록 베를린 브란덴부르크 광장에서 구 동독지역으로 통하는 거리Unter den Linden로 가다가 훔볼트대 건너편 베벨광장Bebelplatz 한가운데에 유태인 미술가 미하 울만이 설치한 작품 '도서관'이 있다. 바로 분서사건의 기념 현장이다.[1]

---

1   ① 백종욱, 『베를린, 기억의 예술관─도시의 풍경에 스며든 10가지 기념조형물』, 반비, 2018, ② 리처드 오벤든, 이재황 역, 『책을 불태우다』, 책과함께, 2022 등을 참고. 숫자나 날짜 등에 약간의 차이가 나는 걸 저자가 종합, 정리.

이 전시관의 안내판에는 "그것은 다만 서곡이었다. 책을 태운 자들은 결국
에는 사람도 태울 것이다"라는 하이네의 비극 『알만조르Almansor』1823에 나오
는 구절을 인용해 놓았다.[2]

당시의 정부가 유독 지식이 든 책을

만인이 보고 있는 앞에서 태워버리라고 명령하고

도처에서 황소들이 책을 쌓아올린 짐차를

활활 타오르는 장작더미 위로 끌고 갈 때

뛰어난 시인 중의 한 사람이고

추방당한 어떤 시인은 소각된 책의 목록을 보다가

자기의 작품이 잊혀지고 있는 데에 경악하여

분노로 책상으로 뛰어가 당시의 권력자에게 편지를 썼다

나를 태워라! 라고 그는 갈겨썼다. 나를 태워라!

나에게 이런 치욕을 가하지 말라! 나를 특별 취급하지 말라

내 작품 속에서 내가 진실을 쓰지 않는 것이 있었느냐

지금 이 나를 거짓말쟁이로 취급할 것이냐

네놈들에게 명령하노니

나를 태워라![3]

금서에 대한 경구 중 가장 정곡을 찌른 말이다. 금서란 필화로 인한 처벌
중 가장 극단적인 조처로 책에 대한 사망선고에 다름 아니며, 책을 죽인 권
력은 결국 그 작가도 죽이게 된다는 뜻을 이 촌철살인은 담고 있다. 비록 작
가에게 사형언도를 내리지는 않아도 그 저작물을 처형시킴으로써 작가도

2   저자는 독일어를 모르지만 독자의 편의를 위해 구글을 검색한 원문은 "Das war ein Vorspiel
     nur; dort wo man Bücher verbrennt, verbrennt man auch am Ende Menschen. / That was mere
     foreplay. Where they have burned books, they will end in burning human beings".
3   브레히트, 「분서(焚書)」, 『아침저녁으로 읽기 위하여』(김남주 번역시집 2), 푸른숲, 1995,
     172쪽.

간접살인을 시킨다는 의미다. 직접 지식인을 처형한 경우도 있지만 필화란 글만이 아니라 그 작가는 물론이고 그 책을 읽거나 소지한 보통 사람들부터 그런 책을 선호할만한 시민들 누구나 감시, 탄압하거나 죽일 수도 있음을 시사 할뿐만 아니라 그런 생각과 사상까지도 처형시키는 결과를 가져온다.

그래서 필화사란 곧 누군가에게 부당하게 태워진 책에 대한 향수의 역사다.

이런 현상을 더 근본적으로 천착한 술어로 레베카 크누스는 대분서大焚書 혹은 도서 대학살Libricide이란 술어를 창출해내기도 했다.[4]

나치는 문자로 기록된 것에 그치지 않고 예술 전반은 물론이고 사상과 신앙과 인종까지도 규제했다. 그들은 나치의 정신적인 수도 뮌헨에다 '독일예술의 집'을 세워 국가주의 리얼리즘을 주창하며 어용미술가를 조장하는 한편 반국가주의적인 작품들로 분류된 '퇴폐 예술전'을 열었다. 이 전시회를 시발로 1935년에는 베를린소방서에서 회화繪畵 소각행사를 열어 불태웠고, 루체른에서는 미술품 경매를 하는 등 많은 걸작들을 처분해버렸다.

한때 미술학도였던 히틀러는 퇴폐 예술전 선전문에서 "이제야말로 국민이 예술의 심판자가 되어야 한다"라고 주장하며, 9개 전시실로 나눠 추방해야 할 미술품을 예시했다. 제1실에서는 주로 예술적 기교에서의 전위적인 걸 비판했고, 제2실은 종교예술 규탄, 제3실은 프롤레타리아예술, 제4실은 사회비판 예술, 제5실은 윤리도덕적인 관점을 강조, 제6실은 표현주의 고

---

4   레베카 크누스, 강창래 역, 『20세기 이데올로기, 책을 학살하다』, 알마, 2010 참고.
   히틀러 이후에도 불타는 책은 사라지지 않은 예를 강창래는 『책의 정신 — 세상을 바꾼 책에 대한 소문과 진실』(알마, 3판 2014, 336쪽)에서 이렇게 소개해 준다. "그 '전통'은 오늘날, 21세기에도 여전하다. 2001년 3월에 하느님의 교회 추수집회(Harvest assembly of God Church)는 피츠버그 근처에서 헤밍웨이, 칼릴 지브란의 작품을 비롯하여 신을 모독하는 내용이 담겨있다고 판단된 책들을 모조리 불태웠다(『비즈니스저널』, 2004년 4월 23일 자). 같은 해 3월 28일에는 조지아에서 여호와의 증인들의 책이 불에 타 없어졌다. 같은 해 5월 15일에는 자카르타에서 민족주의자와 이슬람교도들이 공산주의 사상을 담은 책들을 모조리 불에 태워 없앴다. 이런 일들이 끊임없이 반복된다. 이제 미국도서관협회 웹사이트에는 그날그날 지구상에서 어떤 장서가 불타 없어졌는지 알려주는 코너가 있을 정도다(이세진 역, 『사라진 책의 역사』, 동아일보사, 2006, 331~332쪽).

발, 제7실은 흑인예술 부정, 제8실은 유태 예술 부인, 제9실은 모든 추상예술 비판 등으로 이뤄진 이 전시 분류는 그대로 필화의 대상이 됨직한 범주를 보여주고 있다.[5]

세계역사상 필화의 염라대왕인 히틀러가 노린 것은 인간의 핏줄과 사유와 행동과 창작 일체를 다 통제하려는 게르만 우선주의에서 비롯됐다. 이런 그가 오히려 무릎을 꿇고 '형님, 한 수 가르쳐 주십시오!'라고 매달릴 더 혹독한 한 인간이 있었다면 믿겠는가. 아무리 포악무도했을지언정 히틀러는 성행위나 술, 음식 등을 통제하지는 않았다.

인간의 사상과 행동과 표현의 자유를 억압하는 통제의식을 가장 먼저 공론화한 건 귀족출신 철학자 플라톤이었다. 그는 대표작 『국가』에서 인간의 사고방식과 행동규범부터 교우관계와 독서, 오락 등등 모든 생활을 통제할 것을 주장했다. 물론 지도자 양성을 위한 조치이긴 하지만 보통사람들도 그런 가치규범에서 크게 다르진 않았을 터이다. 그가 얼마나 철저했던가를 보여주는 예는 너무나 많아 다 인용할 수 없을 지경인데, 한 가지만 거론하면 아킬레우스 같은 뛰어난 장수를 묘사할 때면 결코 울며 비탄하거나 고뇌하는 장면은 삭제해야 된다면서 아래 구절을 그 예로 들었다.

> 그는 때로는 모로 누웠다가 때로는 바로 누웠다가
> 때로는 엎드리기도 하면서……. 그러다가 벌떡 일어나
> 수확할 수 없는 바다의 기슭을 정처 없이 거닐었다.[6]

규제의 천재였던 그는 내용만이 아니라 시의 리듬까지도 간섭했다. 문학만이 아니라 모든 예술 작품이 "불의한 자들은 대개 행복하고 올바른 사람

---

5 사카자키 오츠로(坂岐乙郞), 『反体制の芸術─限界状況と制作のあいだで』, 中公新書, 1969, 112~125쪽에서 자세히 소개.

6 플라톤, 천병희 역, 『국가』, 도서출판 숲, 2013, 145쪽. 이 인용의 출처는 호메로스의 『일리아스』 24권으로, 아킬레우스가 절친 파트로클로스의 죽음에 대한 분노와 슬픔으로 잠 못 드는 장면을 묘사한 대목.

들은 비참하다고, 불의는 들키지만 않으면 이익이 되고 정의는 남에게는 좋지만 자기에게는 손해라고 말"[7]하는 따위는 금지시켜야 한다는 사상 통제령도 거침없이 내렸다. 플라톤이 관용을 보인 것은 오로지 통치자에게만은 거짓말이 허용된다는 것이었고, 그 대신 가정도 못 가지게 한 건 너무나 널리 알려져 있다. 철학에 대해서조차 그는 자신의 기준으로 판단한 사이비 철학을 비판하면서 참된 철인정치를 주장했지만 이 저서를 찬찬히 읽어보면 철인지배는 이상향이 아니라 바로 지옥 그 자체일 것이라는 게 내 생각이다. 따라서 그가 이상향에서 시인을 추방한다는 명제는 냉철하게 뜯어보면 시인은 지옥에 살지 않아도 된다는 의미이기도 해서 그가 주장했던 이상 국가란 지상에서는 결코 탄생할 수 없음을 도리어 다행으로 여기고 싶다.

　이런 귀족의 도련님 같은 사상 때문에 그는 역사상 널리 알려진 첫 필화를 당했던 스승 소크라테스가 사형을 언도 받아 죽을 때까지의 사건을 기록 『소크라테스의 변론』하면서도 당대의 가치관을 수긍하는 입장에서 법 해석과 적용상의 문제점 부각에 초점을 맞추면서 다분히 온정주의적인 죽음에 대한 슬픔의 정서를 훌륭한 산문 솜씨로 그려줄 뿐이었다. 이 사건으로 가장 슬퍼한 스승의 부인, 세상에서는 악처로 잘못 소문난 크산티페가 너무나 괴로워하자 그 충격으로 일생을 독신으로 보냈다. 자신도 스승처럼 진리를 탐구하는 철학을 필생의 업으로 결심한 터라 언제 횡액을 당할지 모르며, 그럴 때 자신 때문에 타자인 한 여인을 슬픔에 빠지도록 해서는 안 되겠다는 게 독신을 지킨 이유였다고 전한다.

　플라톤처럼 정직하지 않은 이기주의적인 남자들이 더 많은 세상이라 필화를 당해 일생을 망친 주인공들 속에는 인류 역사상 가장 큰 필화의 주인공인 스피노자를 빼고는 거의 기혼자들이 아닌가.

　그러나 플라톤의 스승 변론에서 정작 가장 주목할 사항은 이 석학조차도 당대의 사회윤리 규범과 율법 체제에 순응하면서도 체제 내에서의 논리와

7　위의 책, 156쪽.

해석, 법률 적용의 부당성을 날카롭게 지적하고 있다는 점이다. 종교적인 미망이 지배하던 시대일수록 이런 경향은 뚜렷했고 그 이후 이성의 시대에도 여전히 반체제가 아닌 체제 내에서의 법률적인 다툼을 필화에 대한 변론의 주요 무기로 삼아온 것이 변호사의 역할이 아니었던가.

2. 안티고네, 헤겔, 그리고 마르크스

이런 체제 내적인 변론 풍토를 뒤바꾼 전환점은 프랑스대혁명이었고, 그 뒤를 이어 제국주의의 침탈을 당한 민족과 나라들의 독립투쟁과 사회주의 혁명가들에 의하여 법정에서 공공연하게 체제 타도까지도 정당하다는 필화로부터의 혁명의 시대가 열렸다.

그러나 역사를 찬찬히 들여다보면 프랑스혁명 이전에도 체제비판의식이 제기되었음을 찾을 수 있다. 소포클레스의 비극『안티고네』의 여주인공 안티고네는 어머니^{이오카스테}와 그 생모의 친아들^{오이디푸스}의 불륜 사이에서 태어난 2남2녀 중 하나다. 그러니까 그녀의 아버지는 모계로 따지면 오빠인 것이다.

오이디푸스 왕은 아내 이오카스테가 자신의 생모라는 사실이 밝혀지자 자기 두 눈을 찔러 참회하고는 맹인 처지로 유랑의 길을 떠났다. 이때 그 길잡이 역을 자청했던 그리스 판 심청이 바로 안티고네다. 오이디푸스가 떠나버리자 두 아들은 왕위를 서로 차지하려고 다투다 둘 다 죽자 섭정을 맡았던 왕비의 오빠^{크레온}가 독재자로 군림하면서 한 아들은 애국자로 추앙하여 장례식을 성대히 치러주고, 다른 한 아들^{폴리네케스}은 역적으로 몰아세워 그 시신을 황야에다 버린 채 그걸 묻어주는 자는 처형하겠다는 포고령을 내렸다.

마침 유랑하던 아버지 오이디푸스가 죽자 안티고네는 귀국했는데, 자기 혈육인 두 오빠 중 하나가 황야에 버려진 걸 그냥 둘 수 없다고 독재자인 외삼촌의 포고령도 아랑곳 않고 묘지를 조성해 주었다. 이에 격분한 크레온은

그녀를 법정에 세우면서 자신의 포고령이 정당하다고 주장했다.

　모든 것을 보살피시는 제우스 신이여, 증거 하시옵소서. 왜냐하면 시민에게 안전이 아니라, 파멸이 닥쳐오는 것을 보고서 나는 결코 가만히 있지 않을 작정이며, 또한 국가에 적대하는 사람을 친구라고 생각하지 않을 것이기 때문이오. 그것은 즉, 우리나라가 우리의 안전을 지켜주는 배이며, 그 배가 편히 항해할 때, 우리는 진정한 친구를 만들 수 있다는 것을 알고 있기 때문이오.

　그것이 내가 이 나라의 위대함을 지키는 원칙이오. 그리고 이제 이 원칙에 따라서 내가 국민에게 선포한 것이 오이디푸스 왕의 아들들에 관한 것이오.

　(…중략…)

　그 놈은 묻어 주어선 안 되고 아무도 슬퍼해서는 안 되며, 메마른 강에 버려진 채로, 누가 보기에도 끔찍하게 새나 개들이 뜯어 먹도록 내버려 두라고 국민에게 영을 내렸소.

　그런 것이 나의 정신이요, 결코 악인을 선인보다 높이 다루지 않으려는 것이 내 뜻이오. 그러나 이 나라에 대해서 선의를 가진 사람은 살아서나 죽어서나 나의 존경을 받을 것이오.

이에 안티고네는 변론을 펼친다.

　네, 그러나 그 법을 저에게 내리신 분은 제우스 신이 아니에요. 저승의 신들과 함께 사시는 정의의 신께서도, 사람의 세상에 그런 법을 정해 놓지는 않으셨지요. 저는 글로 쓴 것이 아니지만, 임금님의 법령이 확고한 하늘의 법을 넘어설 수 있을 만큼, 강한 힘을 가지고 있다고는 생각하지 않아요. 하늘의 법은 어제 오늘 생긴 것이 아니고 불멸하는 것이며, 그 시작은 아무도 모르니까요.

　어떠한 인간적인 자존심도 두려워하지 않는 저는 신들 앞에서 그들의 법을 어긴 죄인일 수는 없어요. 임금님의 포고가 있었건 없었건, 어차피 저는 죽어야 한다는 것을 잘 알고 있습니다. 어찌 모르겠습니까? 그러나 제 명대로 다 살지 못한다

해도, 저는 그것이야말로 이득이라고 생각해요.

저같이 나날이 괴로움 속에 살고 있는 사람은 죽음을 어찌 이득이라고 생각하지 않겠습니까?

그래서 저는 그런 운명을 당하는 것이 조금도 슬프지 않아요. 다만 저의 어머니에게서 태어난 사람을 장례도 치러 주지 못하고 죽은 채로 버려둔다면 그것이야말로 슬픈 일입니다. 이번 일로는 슬프지 않아요. 이제 저의 이번 행동이 어리석게 보이신다면, 어리석은 눈에는 어리석게 보일는지도 모르죠.[8]

그녀가 주장하는 하늘의 법이란 무릇 모든 인간은 죽은 뒤에는 땅에 매장당할 권리를 부여받았다는 천륜天倫으로 우주 삼라만상의 자연의 순리에 따르는 걸 뜻한다. 이런 사자의 매장권은 그 시신이 발생할 온갖 비위생적이고 반 미학적인 오랜 경험에서 생긴 윤리의식의 소산으로 어떤 독재권력도 이를 거스를 수는 없다는 율법에 다름 아니다. 이와 달리 크레온이 내린 포고령은 땅의 질서에 불과하다. 하늘의 법과 지상의 법이 모순과 갈등을 일으킬 때는 하늘의 법을 따라야 한다는 안티고네의 항변은 당시 그리스의 통치체제에 대한 도전에 다름 아니다.

현대식으로 말하면 안티고네는 천륜자연법 사상과 통치자의 명령실정법의 대립 속에서 전자를 선택하여 오빠의 유해를 매장함으로써 실정법을 위배한 행위로 형사처벌을 당할 수밖에 없었다. 그녀야말로 반체제적인 혁명의 실천가였다.

필화란 바로 안티고네의 항변에서 출발한다고 해도 지나치지 않다. 크레온이 필화 탄압의 상징인 반면에 안티고네야말로 필화정신의 원형에 다름 아니다.

이 사실을 거론하며 헤겔은 자연법 상태를 두둔하지만은 않는다. 유식한 헤겔의 주장에 따르면 이상적인 법철학사상은 "자연 상태로부터 벗어나야

---

8   소포클레스, 조우현 역, 「안티고네」, 『그리스 비극』 1 (개정 7쇄), 현암사, 1999. 크레온의 말은 321쪽, 안티고네의 항변은 329쪽.

한다exeundun est e statu naturae"는 것이다. 가족 간의 정리가 깊은 건 분명히 미덕이긴 하지만 여기에만 얽매이다 보면 국가의 법을 어길 수도 있는데, 헤겔은 이 두 가지를 극복할 수 있는 길, 곧 변증법적으로 극복이란 둘 다 포기가 아니라 통섭하는 게 바로 근대적인 법철학의 요체라는 취지에서 이렇게 주장한 것이다.

이런 식의 인식은 천륜이 곧 인륜임을 최우선시 하던 사회에서 국가우선주의로 변모해 가는 사회체제에 걸맞는 법철학을 주장한 헤겔의 면모를 볼 수 있기 때문에 필화사건을 다룸에 있어서 매우 중요하다. 프로이센제국의 통치사상의 기반으로 현실적인 국가우선주의를 탄탄히 다지려했던 헤겔로서는 안티고네의 효행을 찬양은 하면서도 그걸 진테제로 삼을 수는 없었을 터였다. 그렇다고 그녀를 터놓고 비난 일변도로 가자니 크레온의 너무나도 지나친 독재행각 찬양이 되기에 헤겔은 매우 신사적인 수사법으로 자연상태에서 벗어나야 한다고 했을 것이다.

뷔르템베르크 공국의 세관 감시관이었다가 나중에는 재무청 회계고문으로 관청의 12자리 중 하나인 고위직을 지냈던 아버지가 충성을 바친 오이겐 대공은 폭군으로 호화스런 궁전을 지어 애인에게 선물로 주고는 중과세를 부과한 전횡자이자 문호 실러를 탄압했던 포악한 자였다. 미국 독립전쟁을 진압하던 영국이 군대가 모자라자 유럽에서 1인당 15파운드를 주고 용병을 모집할 때 농민의 아들들을 강제연행해 팔아넘긴 오이겐은 그 돈으로 자기 애인에게 줄 보석을 샀다. 그 추악한 흑막은 실러가 희곡 〈간계와 사랑〉에서 통쾌하게 풍자해주고 있다.

이런 금수저 집안에서 성장한 헤겔은 철학자 중에서 가장 현실적이어서 하이델베르크대학에서 베를린대학으로 영전해 갈 때 연봉의 2배에다 이사비용과 다른 영주국을 통과할 때마다 내야했던 세관의 통관세도 면제특혜를 받았다는 일화가 있을 정도였다. 그럼에도 불구하고 강대국을 꿈꾸던 프로이센으로서는 전국적으로 퍼져나가는 민주화를 열망하던 대학생운동을 잠재우기 위하여 종교와 건강, 교육 담당 문화부를 신설하지 않을 수 없었고, 그러려면 성서의 위력만으로는 부족했기에 국민적인 합의를 도출할 수 있는 사상과 철학이 절실했는데, 그 적격자로 헤겔이 선택되어 베를린대학으로 가게된 것이었다. 헤겔 역시 청년시절에는 프랑스혁명을 찬양했던 아련한 꿈을 간직한 지성이었기에 운동권 제자가 투옥되면 면회를 다니는 등 체면치레는 하면서도 프로이센의 어용 국가주의 통치사상을 다졌는데, 그 결실이 『법철학』이었다. 여기서 그는 자연법에만 의존하는 국가체제가 아닌 그걸 넘어설 것을 주장했는데 그 이유는 인륜적 욕망에 빠진 사람들은 숲을 못 보고 나무만 보면서 인륜적 질서와 국가의 명령에 신뢰를 떨어뜨릴 우려가 있다는 취지를 밝혔다. 그러나 권력자가 반인륜적이라면 그래도 국가의 법률에 복종해야만 할까?

두뇌회전이 빠른 사람이나 눈치 챌 수 있도록 헤겔은 고도의 학문적인 술수를 부렸는데, 이를 간파하고 헤겔을 질타한 것은 마르크스였다. 그는 아예 터놓고 프로이센 제국이 기독교를 바탕으로 삼은 독재 국가임을 비판하면서 그 사상의 핵심이 헤겔의 법철학 사상이라고 몰아댔다. 마르크스야말로 체제를 부정한 필화의 거인일 것이다.[9]

20세기에 들어서자 안티고네를 헤겔적으로 보기보다는 체제비판적인 해석이 늘어나 장 아누이는 『안티고네』에서 반 나치 레지스탕스정신이라고 부각시켰고, 브레히트는 횔덜린의 번역본을 무대에 올리면서 크레온의 부당한 권력 찬탈을 독일에서 일어났던 혁명의 열기를 탄압한 정치권력의 부패를 비판하는 관점을 취했다.

---

[9]   헤겔의 안티고네 해석과 평가 및 자연법에 대한 견해는 난삽하여 『게오르그 빌헬름 프리드리히 헤겔—생애와 사상』(한스 프리드리히 풀다, 남기호 역, 용의 숲, 256~258쪽, 인용문은 258쪽)을 참고하면 이해가 빠를 것이다. 월터 카우프만, 김태경 역, 『헤겔—그의 시대와 사상』, 한길사, 1985, 165~170쪽도 참고할 것. 헤겔 원저로는 ヘーゲル, 가시야마 킨시로(樫山欽四郎) 譯, 『精神現象學』, 河出書房, 1967, 3版, D.「精神」중 a.「人倫的 世界」(258~273) 및 E.「宗敎」중「人倫的 世界」(410~418) 참고. 한글 번역본은 임석진 역, 『정신현상학』 1·2, 한길사, 2005가 신뢰할 만함. 자연법 사상에 대해서는 부제가 '자연법과 국가학 강요'인 『법철학』(헤겔, 임석진 역, 한길사, 2008) 및 『헤겔 법철학 비판』(칼 마르크스, 강유원 역, 이론과실천, 2011)을 참고.

필화사적인 입장에서 보면 결국 안티고네를 법정에 세운 크레온은 정당성을 갖지 못한 독재자로 검열관을 상징하며, 안티고네는 정의와 진리를 주장하다가 고발당한 희생자로 상징된다.

이처럼 유럽에서는 필화란 표현 대신 '검열Censorship'이란 술어로 정착시켜 현대에는 연설, 도서, 음악, 필름, 기타 모든 예술, 언론, 방송, 인터넷까지 아우르는 인간의 모든 표현의 자유에 대한 규제를 두루 포함하는 개념으로 정립되어 있다. 굳이 말한다면 이미 고대에도 체제 비판적인 사상이 있었음을 입증해주고 있다는 것이다.[10]

필화란 궁극적으로는 자신의 생각과 다른 모든 것은 틀린 것이라고 범죄로 단정하는 획일주의적인 가치관을 가진 세력들이 저지르는 온갖 만행의 대명사다. 인류 문명은 민족과 지역과 신앙과 생활습관에 따라 여러 가치관을 서로 이해하며 공존하는 지혜를 길러 왔는데 유독 자신의 생각만이 정의요 진리라는 도그마는 야만에 다름 아니다. 그런데 그 야만성이 온갖 변장술로 사이비 진리인 척 행세를 하며 지구를 지배하고 있다. 그 중 가장 위력을 가진 것은 종교와 윤리와 국가 안보라는 가면을 쓰고 있다. 더욱 끔찍한 것은 신앙조차도 국가안보와 민주주의라는 황금가면 아래서 폭압적인 탄압을 계속 하고 있다는 사실이다. 바로 필화라는 야만성이 사라지지 않는 이유다. 고대 원시종교 때 말고 근대적 종교조차도 초기에는 예외 없이 다 탄압을 당하다가 그게 지배세력으로 부상하자 그 종교가 도리어 탄압의 도그마로 표변해버린 게 근대 유럽 백인들의 기독교 제국주의의 실상이 아닌가. 물론 기독교 중에도 반제국주의적인 인도주의를 주장하는 여러 유파들이 병존하고 있지만 신앙의 주류는 매우 편파적인 독선주의로 이뤄져 있음을 부인하기 어렵다. 그래서 유럽의 필화는 종교 문제가 매우 큰 비중을 차

---

10 로버트 단턴, 박영록 역, 『검열관들—국가는 어떻게 출판을 통제해왔는가』, 문학과지성사, 2021. 유럽에서 필화를 검열의 시각으로 접근하면서 그 예를 두루 섭렵한 유익한 저서. 검열에 대한 명칭이 프랑스에서는 왕의 은총을 얻어야 출판이 가능했던 시대에서는 '특허'로 불렸고, 동독에서는 검열 대신 '협의'라고 불렀다는 사실 등이 흥미롭다. 그러고 보니 북한의 『조선말대사전』에는 아예 '필화'란 항목이 없다.

지할 정도를 넘어 종교전쟁까지 잔혹하게 치렀지만 동아시아는 사정이 전연 다르다.

3. 루쉰의 필화와 현대 한국

유럽과는 달리 동아시아 문화권에서 '필화筆禍'란 술어가 근대적인 의미로 처음 등장한 것은 루쉰의 잡문집『무덤』의「머리말」에서라고 한다. "만약 필화를 당한다면 그들탄압한 세력이 당신을 열사로 존경할 것이라고 그대는 생각하는가? 아니다, 그럴 때는 또 다른 비아냥거림이 있을 것이다"라고 루쉰은 말했다.[11]

1920년대의 중국은 제국주의의 침탈 앞에서 지식인들이 반제 민족해방 투쟁을 주장하거나 제국주의의 요구를 은근슬쩍 들어주자는 쪽으로 패가 갈렸는데, 루쉰은 전자로 소수였고 후스胡適를 비롯한 후자가 오히려 다수였다. 그래서 필화를 당하는 쪽은 루쉰과 같은 처지였고, 애국주의를 비웃으며 재치 있는 우아한 문체로 비아냥거리는 후스 같은 지식인들君子之徒을 필화 탄압의 공범이라고 시사한 게 바로 이 대목이다.

루쉰은 이 서문에서 제국주의 세력은 침탈하려는 나라를 보다 쉽게 점령하려고 그 국가가 비 애국적인 부패한 독재체제를 유지하도록 강구하는 한편 반제민족독립의식을 고취하는 지식인들의 붓을 꺾거나 아예 그런 지식

---

11 원문은 "假如遭了筆禍了, 你以為他就尊你為烈士了么? 不, 那时另有一番風凉话." 魯迅, 『墳』의「題記」.『魯迅全集』1, 1961, 北京, 154쪽.『무덤』의 초판은 1926년 11월 20일 출간이고, 이 서문은 그에 앞선 10월 30일에 쓴 것. 당시 제국주의를 주도했던 영국, 미국, 독일, 이탈리아, 네덜란드, 벨기에, 스페인, 일본 8개국이 중국의 신해혁명(1911, 반제 독립투쟁) 주도세력을 압살하고 국토를 침탈하려는 조건을 내걸고 최후통첩을 뚜안치루이(段祺瑞) 군부 독재자에게 보냈다. 이에 전 국민들의 반대 군중집회 뒤에 제국주의 열강들의 최후통첩을 거절하라는 청원서를 전하려는 2천여 명의 군중에게 군부가 발포, 40여 명이 죽고 2백여 명이 부상했다. 이어 군사독재는 루쉰을 비롯한 지도급 인사들을 지명수배 했고, 분노한 루쉰은 피신하면서 시사평론집에 해당하는『무덤』을 냈다.

인들이 활동을 못하도록 만들고자 수단방법을 가리지 않는다고 판단했다. 그래서 루쉰은 제국주의 침략국 = 약소 국가의 반민족적인 독재세력 = 이를 직간접적으로 지지하는 지식인을 필화 탄압의 삼위일체로 보고 있다.

이런 루쉰의 필화관은 바로 우리가 일제 식민지시대 때 겪었던 필화를 가장 진솔하게 드러내 준다. 아니, 그때만이 아니라 8·15 이후에도 우리의 필화는 여전히 루쉰의 지적이 그대로 통용되고 있다는 것이 우리를 슬프게 한다. 그래서 한국 현대 필화의 양상은 세계 어느 나라보다 그 질과 양에서 단연 최고 수준을 이루고 있다. 독재정권과 독재자를 비판한 필화가 주종을 이루었듯이 미국의 대외정책 중 특히 한국에 대한 비인도적인 여러 양상을 비판하는 것은 바로 '반체제적인 반국가 범죄'로 취급당했던 게 독재시절의 우리나라였다. 우리나라만이 가진 필화의 특징인 이런 현상은 민주화 이후 상당부분 줄어들고 있지만, 그 대신 남북 문제에서는 여전히 미국의 깊은 간섭과 감시 아래서 독재 권력이 주조해낸 지난 시기의 반민족적인 대북 적대감이 그대로 유지되고 있다.

아무리 경제적으로 선진국 진입을 외쳐도 한국의 군자지도^{어용지식인}의 영향력이 막강한 세력을 형성하고 있는 한, 자기 민족의 안위보다 남의 나라를 먼저 염려해주는 사대주의 사상이 존재하는 한 정신적인 후진국 신세를 벗어나기는 어렵지 않을까. 따라서 동아시아, 특히 한국은 종교적인 필화는 극소수였고 오히려 반제국주의적인 민족주체 사상을 강조한 게 필화의 주류를 이뤄왔다.

따라서 한국 현대사에서의 필화란 엄격하게 말하면 국가가 행사하는 직간접적인 물리력인데, 이 국가의 수단을 지금은 광의의 폭력으로 규정하고 있다. 당연히 필화란 국가폭력의 희생자가 되며 그 폭력의 행사 주체는 루쉰이 판단한 그대로 제국주의 침략 이데올로기 = 약소 국가의 독재세력 = 이를 직간접적으로 지지하는 지식인에다 지배층을 형성하고 있는 사회적인 여론을 추가할 수 있다.

국가와 폭력의 관계에 대해서는 막스 베버가 "모든 국가는 폭력에 그 기초를 두고 있다"라는 레온 트로츠키의 말을 인용하면서, "정당한 물리적 강제력의 독점을 (성공적으로) 관철시킨 유일한 인간 공동체는 곧 국가"라는 데서 그 논리적인 근거를 찾고 있다. "국가가 존속하려면 피지배자가 그때그때의 지배집단이 주장하는 권위에 복종"해야 한다는 베버의 주장은 국민 국가가 주체적으로 가능한 선진 민주사회에서나 통용될 수 있을 것이다.[12]

물론 이런 국가의 폭력 독점 기능이란 견해에 대한 반론도 없지 않다. 뒤르켐은 "국가는 사회사상을 형성, 전파하는 기관"이라면서 "모든 사회사상은 국가에 의해서 창출"될 뿐만 아니라 그 사상의 전파과정까지도 담당한다고 했는데, 이런 주장은 오히려 필화가 국가폭력의 희생임을 더 명백하게 해 준다.[13]

그러나 뒤르켐의 이런 주장이 결코 베버의 국가 폭력론을 부정했다기 보다는 오히려 사상의 형성과 전파조차도 필요하다면 강제로 국가가 개입할 수 있다는 것으로 보완될 수도 있다.

이런 주장이 가능한 나라들은 적어도 국가 자체가 독립적인 폭력의 행사로 필화를 관장하겠지만 한국의 경우에는 차라리 루쉰이 주장했던 국가폭력의 구도 안에서 필화가 발생한다고 볼 수 있겠다. 그래서 박노자 교수는 아예 까놓고 한국에서의 국가란 거짓말의 총체로, 그 허위를 정당화시키기 위해 반대세력을 '악의 축'으로 규정한다는 것이다. 여기에다 반공주의를 기치로 건 한국에서는 기독교 역시 이에 동조하는 역할을 수행했다고 주장한다.[14]

이 국가폭력이란 술어의 원래 뜻은 폭력violence, 학살massacre, 집단 학살mass

---

12 막스 베버, 전성우 역, 『직업으로서의 정치』, 나남, 2007, 21~26쪽. 베버가 인용한 트로츠키의 말은 브레스트-리토프스크에서 행한 연설에서 나왔는데, 그 정확한 출처를 찾지 못해서 베버를 재인용.
13 안쏘니 기든스, 진덕규 역, 『민족국가와 폭력』, 삼지원, 1991. 국립중앙도서관 디지털 자료판 26쪽에서 재인용.
14 박노자, 『당신을 위한 국가는 없다―박노자의 삐딱한 국가론, 폭력으로 유지되는 국가와 결별하기』, 한겨레출판, 2012 참고.

killing 등의 용어를 겸용해 오다가 제2차 세계대전 후 한때는 유태인 학살 Holocaust을 국가폭력의 대명사로 사용하기도 했다. 그러나 1948년 유엔 제노사이드 회의에서 국가단위로 자행된 폭력을 제노사이드로 규정하면서 현재는 이 용어가 통용되고 있다.[15]

이들이 주장하는 국가폭력의 논리는 일단 국가로 인하여 발생한 학살 등 인명 사상사건을 지칭하고 있기 때문에 여기에다 필화까지 포함시키는 것은 너무 억지가 아니냐는 반론이 제기됨직하다. 이에 대한 답변은 미국의 사회학자 헬렌 페인이 정의해 준 제노사이드의 범주 설정에서 찾을 수 있다. 이 분류에 따른 제노사이드의 범주는 아래와 같다.

① 특정 지역의 경제적 착취에 반대하는 사람들을 의도적, 비의도적으로 파괴하는 발전적 학살developmental genocide

② 신생 국가 혹은 매우 양극화되어 있거나 다인종적인 국가에서 실제적, 잠재적 적을 절멸하기 위한 전제적 학살despotic genocide

③ 실제적 적을 파괴하기 위한 보복적 학살retributive genocide

④ 국가에 의해 절대적 악의 화신으로 분류되거나 국가의 신화에 의해 적으로 분류된 집단을 집단 제거하는 이데올로기적 학살ideological genocide[16]

여기서 필화는 바로 ④의 범주에 들기 때문에 당연히 국가폭력으로 인식할 수 있는 근거가 마련된 것이다. 더구나 위에서 제기된 뒤르켐의 사상의 국가 창출기능까지를 첨가하면 필화의 국가 폭력론은 더더욱 명백해진다.

제노사이드 이론에서 규정하는 폭력이나 학살 등의 개념에는 물리적인 것만이 아니라 정신 활동에 가하는 일체의 금지, 제약, 학대, 억압 등도 포함되어야하기 때문이다. 작가가 사법적 처벌의 대상이 된다는 것은 명백한 폭

---

15 United Nations Convention on Genocide. 김동춘, 「국제제노사이드 연구현황」, 『한국제노사이드 연구회 창립심포지엄 자료집현황』 게재, 국가인권위원회배움터, 2004.

16 위의 책 참고.

력이며, 처벌되지 않았다 하더라도 혐의를 받아 조사당하는 기간에 저질러진 일체의 행위고문이나 각종 학대, 비판, 억압, 차별 등 역시 폭력이라 불러도 어색하지 않다. 더 넓게 보면 수많은 필화사건들이 당면했던 직간접적인 규제, 탄압, 간섭, 억압, 압력 일체도 '폭력'이란 개념으로 묶을 수 있을 것이다.

이런 세계사적인 접근법을 현대 한국의 국가 폭력론에 대입시킨 이삼성 교수는 전쟁과 제국주의를 한국 국가폭력의 원천으로 보았으며, 김동춘 교수는 정의롭지 않은 공화국이 저지른 만행 중 '빨갱이'로 내모는 행위와 '가짜 우익'을 국가폭력의 근본 이유로 들고 있다.[17]

이런 견해들을 종합해 보면 결국 한국 현대사의 주요 필화는 루쉰이 거론했던 개념과 일치하는 것임을 감지하게 된다. 그것은 미국의 설계도에 따라 수립된 정권이 친미반공을 국시로 삼았기에 북한과 사회주의 사상은 절멸되어야 할 절대악의 대상으로 정착되어 필화의 단골메뉴는 이런 쟁점을 다룬 것이었음을 알 수 있다.

비단 한국만이 아니라 현대 지구상의 상당수 나라들이 우리의 처지와 비슷한 상황에서 미국이 제공해 주는 민주주의, 정의, 인권, 자유, 평화, 번영 등의 개념에 길들여져 버렸음을 홉스봄은 냉철하게 지적하면서 그러나 이런 허위가 결코 영원할 수는 없다고 경고한다. 허리우드문화를 비롯한 여러 문화적 충격과 강력한 전염성 때문에 19세기 이전의 제국주의와는 달리 미국은 '인도주의적 제국주의'의 이미지를 확산하는 데서 일정 한도 내에서는 성공했음을 부인할 수 없다. 그런 부분적인 성공을 바탕삼아 미국은 지구위의 모든 전쟁을 주도하면서 전쟁과 내전의 개념을 무너뜨려 군사력 개입시키기, 전쟁과 평화의 명확한 구분도 짓지 못하도록 애매화시키기 등등의 기교로 지구를 영원히 지배하려는 야망에 차있다. 이런 범지구적인 재앙을 염

---

17 ① 이삼성, 『20세기의 문명과 야만―전쟁과 평화, 인간의 비극에 관한 정치적 성찰』, 한길사, 1998, ② 김동춘, 『대한민국 잔혹사―폭력 공화국에서 정의를 묻는다』, 한겨레출판, 2013 및 『전쟁정치―한국 정치의 메카니즘과 국가 폭력』, 길, 2013 두 저서를 통해 전쟁정치의 메카니즘에다 안보와 치안을 빌미로 한국은 '국가폭력의 백화점'이란 표현을 쓴다.

려하여, "국제사회의 가장 시급한 정치적 과제는 미국이 과대망상증에서 벗어나 합리적인 외교정책으로 돌아가도록 돕는 일"이라고 홉스봄은 21세기의 과제를 긴급동의로 제기하고 있다.[18]

홉스봄과 같은 정직한 지식인의 외침에도 불구하고 여전히 한국은 저 20세기 초기 루쉰이 경고했던 필화의 범주를 넘어서지 못하고 있다. 그래서 지금까지 필화는 주로 글, 특히 출판된 글에 대한 규제만을 의미했다. 그러나 현대 사회에서는 매체의 다양화로 말로 인한 설화舌禍, 행위와 실천으로 인한 실화實禍에다 SNS에 남긴 글 등 모든 의사소통에 대한 직간접적인 제재가 필화에 포함될 수 있을 것이다. 개인과 집단의 의사표현에 대한 국가폭력의 총칭이 곧 필화이기 때문이다.

폭력을 행사하는 주체가 국가 권력이 아니라 특정 종교나 집단, 개인인 경우도 있지만, 이들 역시 국가의 지배 이데올로기를 옹호하고, 현재 국가 체제에서 기득권을 점유하고 있는 세력일 때가 많다. 약자 / 피지배층이 강자 / 지배층에 폭력을 가하기는 어렵기 때문이다.

그런 뜻에서 모든 필화는 몽매한 독재의 부산물로 이게 빈번할수록 질곡과 비극의 시대가 된다. 따라서 필화는 역사적인 발전을 위한 투쟁의 필수적인 조건이다. 이러기 때문에 필화는 국가폭력의 구조를 갖추고 있다.

현대 세계사에서 보편적으로 발생하고 있는 검열의 대상으로 지목되는 분야는 윤리적인 측면Moral censorship과 군사 문제Military censorship, 정치적인 쟁점Political censorship, 종교적인 분쟁Religious censorship 등등이 자주 거론되지만 오늘의 우리는 여전히 국가보안법, 미국과 일본을 둘러싼 쟁점, 군사정보 문제, 기독교 비판, 윤리적인 문제에로티시즘 등 포함, 그 외 여러 사회 문제가 혼재 되어 있다.[19]

---

18   에릭 홉스봄, 이원기 역, 『폭력의 시대』, 민음사, 2008, 12~52쪽 참고, 인용은 52쪽.
19   한국적인 분단의 특수성 때문에 야기된 쟁점의 절정은 '종북 좌빨'이란 혐오표현일 것이다. 이 점에 대해서는 이정희, 『혐오표현을 거절할 자유』, 들녘, 2019년 11월 25일 초판을 참고할 것. 저자는 ""내가 겪은 '종북' 혐오표현에 대한 소송"에서 이기고 싶었고, 그래서 법률적으로뿐만 아니라 사회적으로도 제대로 벗어나고 싶어 한다는 것"이었으나, 한국의 법정은

그만큼 우리 사회가 다양성으로 인해 '자기표현에 대한 가치self-expressive value'가 고조되었다는 반영이기도 하다.[20]

필화를 극복하는 궁극적인 단계는 자기검열Self-censorship이 사라져야만 실현 가능할 것이다.

이런 시대적인 변모를 반영하여 이 책은 8·15 이후 현재까지 정권별로 시기를 구분하여 그 정권 때 일어났던 각종 필화들을 시간 순으로 나열하는 방법을 택했다. 편년체적인 서술이라 그 시대적인 배경과 함께 조망해야만 필화가 가진 역사적인 평가가 가능하기 때문이다.

짓뭉개버렸다. 실로 필화사에서 한국판 안티고네라고나 할까.

20   로널드 잉글하트·리스찬 웰젤, 지은주 역, 『민주주의는 어떻게 오는가』, 김영사, 2011, 제11장 참고.

차례

제1부

미군정
3년의 필화

제1장
미군정 3년 개관

1. 일본과 미국, 두 점령군의 차이

일본이 중원中原, 漢族의 전통적인 지역개념을 노리며 한반도를 점령하려는 숙원은 오래였으나 역사적으로 실현된 첫 침략전쟁은 임진왜란1592~1598이었다. 그로부터 장장 5백여 년간에 걸친 그 야욕은 21세기를 맞은 지금도 여전히 현재진행형이다. 그런 흑심을 실현시킬 절호의 기회를 잡을 수 있었던 데는 유럽 제국주의의 절정기1870~1914인 시대적인 틈새를 파고들었기 때문이었다.[1] 일본은 우선 동아시아의 사자獅子였던 중국청 제국을 무력청일전쟁, 1894~1895으로 제압하여 조선에 대한 중국의 영향력을 배제해버렸다. 임진 침략전쟁 때 명나라의 원병으로 곤욕을 치른 일본으로서는 조선침략 야욕을 위해서는 가장 큰 장애를 제거한 것이다.

두 번째 단계로 일본은 제국주의의 제왕이었던 영국영일동맹, 1902 · 1905 · 1910 3차에 걸쳐 조약체결과 미국1905, 카스라 · 태프트밀약으로부터 조선 지배의 내락을 받아냈다. 세 번째 단계는 역시 한반도에 흑심을 품었던 러시아였는데, 이 문제는 러일전쟁1904~1905의 승리로 결판냈다. 여기서 서구 제국주의 세력들은 일본이 한국을 식민화하는 걸 적극 지지해 주었음을 깊이 새겨두자. 이런 조선침략의 사전 절차를 끝낸 일본은 을사늑약1905.11.17으로 사실상 조선에 대한 지배권을 획득하여 폭력과 회유로 40여 년간 통치하면서 궁극적으로는 민족 말살을 목적으로 삼았으나, 지구상의 어느 식민지에서도 찾아보기 어려울 정도로 우리 민족의 반제국주의 투쟁은 강력했던 데다 국제정세의 일대 전환에 따라 일본의 백일몽은 파국으로 끝났다.

---

[1] 에릭 홉스봄, 김동택 역, 『제국의 시대(The Age of Empire) 1875~1914』, 한길사, 1998 참고. 근현대 세계사를 홉스봄(Eric Hobsbawm)은 ①『혁명의 시대(The Age of Revolution : Europe) 1789~1848』, ②『자본의 시대(The Age of Capital), 1848~1875』, ③『제국의 시대』, ④『극단의 시대-단기 20세기사(Age of Extremes : the short twentieth century), 1914~1991』로 구분했는데 한국 근현대사를 천착하는데 큰 도움을 준다. 제국주의시대에 식민지가 되었던 한국은 극단의 시대에 한국전쟁과 냉전, 거기에다 남한 내에서의 보수와 진보가 극단적으로 대립하고 있다.

그러나 일본의 버튼을 이어받은 미국은 불과 군정 3년[1945~1948]만에 거뜬히 한반도의 절반을 상당수의 한국인으로부터 숭앙까지 받아가며 80여 년에 걸쳐 지배해 오고 있으며, 앞으로도 얼마나 더 오래 분단 상태가 이어질지는 미지수다. 반공이란 구호와 기독교 신앙의 징표인 십자가와 제국주의의 위세인 황금과 대포를 삼위일체로 중무장한 채 분단 고착화와 냉전 이데올로기로 동족을 서로 증오심에 불타게 만든 분열정책을 부추기는 전략이었다. 그들은 한반도를 토막 내어 절반을 사실상의 식민지로 변모시켰으면서도 한국인들은 그게 식민화로 가는 길인지도 알아차릴 수 없도록 달콤한 사탕과 몽롱한 최면을 동시에 걸었다. 그 긴 최면에서 한국인들이 어렴풋이 깨어날 즈음에는 이미 5천 년 민족사가 동족의 눈물과 핏자국으로 얼룩져 버린 뒤였다. 그래서 남과 북은 지구 위에서 가장 낯설고 먼 존재로 남아 여전히 불신과 증오에 가득 찬 대결상태에서 전쟁의 공포에 시달리게 만들어 버렸다. '애국'이란 단어가 동족 증오와 살해라는 개념으로 통용되는 나라는 아마 지구상에서 거의 유일할 것이다.

브루스 커밍스는 미군이 "한국에 진주 후 3달 동안 미국이 내린 결정들이 전후 남한의 기본적 정치구조를 형성했다. 즉 그 기간에 '지배 도구의 전형이라고 할 수 있는 군대, 경찰, 관료, 사법부에 관한 제정책'이 만들어졌다. 미군정은 이 지배 도구들을 완성시켜 놓기 위해 제 구조와 거기에 필요한 인원을 설정하였다"라고 밝혔다.[2]

우리에게는 민족분단의 비극을 가져다준 재앙이지만 미국의 입장에서는 승전국으로서 일시 점령지였던 지역을 영구지배로 둔갑시키는데 성공한 사례로 남을 횡재였다. 어째서 5백여 년 공들였던 일본은 도로아미타불 신세였는데 미국은 불과 3년, 아니 3개월 만에 그런 정책을 세울 수 있었을까.

가장 큰 원인은 미국과 일본은 너무나 달랐다는 데 있다. 일본은 조선을

---

2 브루스 커밍스, 김주환 역, 『한국전쟁의 기원』上, 청사, 1986, 231쪽. 미군정 3년이 한국 현대사에서 얼마나 중요한가는 구태여 강조할 필요도 없다.

점령했을 때 식민지 경영이라고는 고작 타이완청일전쟁으로 1895년부터 일본 지배, 1945년에 종막정도였지만 미국은 이미 남북전쟁1861~1865이후 유럽 제국주의의 견습생으로 급성장해 미서전쟁1898부터는 본격적인 침략 야욕을 성취하기 시작했다. 더구나 제1차 세계대전1914~1918으로 제국주의의 제왕 영국을 추월하면서 쌓아온 식민통치의 기술은 단연 타의 추종을 불허할 정도였기에 아시아의 어린 악당 일본과는 상대가 되지 않았다.

미 제국주의의 세련미는 일본으로 하여금 조선을 지배해도 좋다고 내락을 해 준 처사만으로도 조선인으로서는 미국이 일본에 뒤지지 않는 경계의 대상이 되어야 함에도, 일제 식민통치 아래서 조선인들은 압도적인 다수가 미국이 조선의 독립을 도와주는 멋쟁이 키다리에 코 큰 아저씨로 인식하게 만들었다는 사실 하나만으로도 입증된다. 기독교 선교사들에 의한 조선의 계몽운동과 독립운동의 직간접적인 지원 등등의 헌신적인 활약이 큰 역할을 한 결과였지만 냉철하게 그 손익계산서를 따져보면 조선으로서는 오롯이 억울하기 짝이 없다. 그런 멋쟁이 아저씨가 점령군이란 신분으로 둔갑하여 1945년 9월 8일 인천항에 도착할 즈음에는 이미 조선인에게는 세계 최강대국인 데다 부자나라에 신사요 민주주의의 이상 국가에다 조선을 도우려고 온 수호천사의 나라라는 환상에 사로잡혀 점령군으로 왔다는 포고령의 의미를 찬찬히 따져볼 겨를조차 없었다. 정신을 차리기에는 캔디가 너무나 달콤 쌉싸름했고 성경은 지극히 인자했다. 그들의 속내를 눈치챘을 때는 이미 때가 늦은 데다 일본과는 비교도 안 되는 주한 미군의 무장력이 지닌 위력은 조선인들을 주눅 들게 하여 '구세주의 나라Redeemer Nation'로 받들지 않을 수 없도록 압도했다.

조선을 일본에게 양도하게 만든 가쓰라-태프트밀약 때 대통령이었던 시어도어 루즈벨트재임 1901~1909가 남긴 제국주의의 교훈인 "부드럽게 이야기하되 커다란 몽둥이를 지니고 다니라speak softly, and carry a big stick"는 곤봉정책big-stick diplomacy은 캔디와 성서로 그 효과를 배가시킬 수 있었다.[3]

미군정의 효율성을 높여준 둘째 요인은 한국 내에 이미 뿌리 깊은 반민족

적인 성향을 가진 매국적인 세력이 상당수 건재하고 있었다는 사실이다. 친
일파, 지주, 대상공인 등 상류층들은 남의 나라의 지배를 당해도 잘 굽신거
리기만 하면 자신의 신분과 처지는 달라질 게 없다는 걸 이미 일제 식민통
치 아래서 충분히 학습했기에 일장기 대신 성조기에 고개를 숙이는 건 누워
떡 먹기였다. 더구나 일제 잔재 청산과 토지개혁에다 민족통일을 외치는 진
보세력에 주눅이 들어 사느냐 죽느냐는 생존의 갈림길에서 헤매고 있던 터
라 미군을 구세주로 맞을 수밖에 없었다. 친일파의 구세주는 바로 점령 미군
이었다.

　미 점령군이 조선 지배에 성공한 셋째 요인은 조선인들이 일제하의 혹독
한 탄압을 겪으며 반제 민족해방 투지가 유난히 성행했던 터라 정치적인 총
화를 도출해 내기가 매우 어려워서 여러 유파가 대립, 갈등했던 파벌주의가
유난히 강했던 점이다. 없어진 나라를 찾는 데도 파벌로 나뉘어 피 터지게
싸웠던 터라 나라를 되찾은 판이니 그 빈대 콧구멍처럼 속 좁은 파벌이 얼
마나 더 치열해져 으르렁댔던가는 알조가 아닌가. 미군정에게는 너무나 땡
큐여서 겉으로는 달래는 척하면서 속으로는 쾌재를 부르지 않을 수 없었을
것이다.

　점령군의 궁극적인 목표인 분단과 민족 내부의 불화를 조장시키는데 특
효약이 분파주의가 아니던가. 온갖 정책으로 말리는 척하면서 쌈을 붙여야
할 판인데 그 쌈판이 조선민족이 자진해서 나서 준 것도 모자라 점점 커져
버려 오히려 고민이었던 게 미 점령군의 처지였다. 점령군은 그저 시어머니
와 며느리의 진흙탕 쌈판에서 말리는 시누이 노릇만 잘하면 저절로 국토는
갈라지고 민족은 전쟁이라도 치를 판세였다.

　그러나 점령군의 눈에 비친 조선은 그리 호락호락하지 않았다. 비록 분

3　시어도어 루즈벨트는 국내정치에서는 진보적인 개혁론자였으나, 대외정책은 제국주의자
　　로 평가된다. 뉴욕주지사였던 1900년에 "멀리 가려면 '말은 부드럽게 하면서도 몽둥이를
　　갖고 다녀라'라는 서아프리카의 속담을 나는 즐겨한다(I have always been fond of the West
　　African proverb 'Speak softly and carry a big stick' you will go far)"에서 'Big stick ideology, big stick
　　diplomacy, big stick policy'란 술어가 정착됐다(구글에서 인용).

파주의의 극성으로 시끄럽긴 했지만 이미 민족적 신뢰를 받고있는 대한민국 임시정부도 있었고, 미군이 한반도에 발을 들여놓기 전부터 조선건국동맹은 전국에 걸쳐 행정력을 상당 부분 장악하고 있어 점령군의 간섭이 거의 필요 없을 지경이었다. 여기에다 식민지의 혹독한 탄압에도 굴하지 않고 지하활동을 해왔던 사회주의자들이 등장하여 노동자와 농민을 기층으로 한 광범위한 국민적 지지를 받고 있었다.

그랬기 때문에 오히려 미 점령군은 필리핀에서 했던 것처럼 기존의 독자적인 독립운동 세력을 인정해 주는 정책을 조선에서는 취할 수 없었다. 필리핀은 우리의 10분의 1 정도의 3년이란 짧은 기간 동안 일본 점령군이 괴뢰정권을 내세웠지만 독립운동 또한 만만치 않았다. 그러나 필리핀은 조선과는 비교도 안 될 만큼 친미파가 득세했기 때문에 맥아더의 소기의 목적은 쉽게 이룰 수 있었다.[4] 물론 필리핀에도 1929년 창당한 공산당을 비롯해 노동자-농민지지 기반의 정치활동이 만만치 않았으나 미 점령군의 친미-반공정책으로 수세에 내몰렸다.

미국이 한반도에서 가장 공들여 큰 효과를 얻은 넷째 비결은 기독교 선교였다. 근대와 일제 식민통치 아래서 개신교, 그 중 특히 미국제 개신교는 아펜젤러, 언더우드, 알렌, 스크랜튼 모자 등 기라성 같은 선교사들의 헌신으로 한국인에게는 문명과 개화의 선구자로 각인되어 있었다. 물론 한국 기독

---

4 권오신, 『미국의 제국주의-필리핀인들의 시련과 저항』, 문학과지성사, 2000, 283~305쪽. 300여 년간 스페인 식민지였던 필리핀은 미서전쟁(1898) 이후 미국의 식민지였다가 제2차 세계대전 때는 일본의 식민통치(1942~1944)를 받던 중 1945년 2월 23일 미군이 점령했다. 이때 맥아더 장군은 필리핀인으로 하여금 독립 과도정부를 수립토록 하여 투철한 민주독립투사인 오스메냐(Sergio Osmeña, 1878~1961)가 대통령이 될 수 있었다. 그러나 "필리핀 의회가 미국인들에 의해 좌우되는 것"을 원치 않았던 오스메냐가 마음에 안 든 맥아더는 로하스(Manuel A. Roxas, 1892~1948)를 택했다. 그는 일본 침략 때 미국 망명이 얼마든지 가능한 데도 국내에 남아 초기에는 독립운동에 투신했으나 일본군의 포로가 된 이후 변절하여 미 점령 때 일제 협력자로 몰려 수감 중인 걸 맥아더가 석방시켜 대통령으로 내세웠다. 1946년 7월 4일 독립된 필리핀 공화국의 초대 대통령이 된 로하스는 친일파를 다 자신의 협력자로 만들었다. 이듬해에 미국은 필리핀에 미군 기지를 99년간 유지하는 협약을 했다.

교 역사에서 지울 수 없는 친일행위는 교회의 종까지 헌납한 데다 우상 숭배 금지령을 어겨 일제의 침략신사 참배까지 하는 극으로 치닫기도 했으나 까탈스러운 점령군은 이들에게만은 지극히 인자해서 그들 모두를 '돌아온 탕자'처럼 환대했다. 특히 개신교가 성행했던 북한지역에서 월남해 온 '탕자'들을 미군은 유독 편애했다.

1945년 10월 5일 미군정이 임명한 11명의 행정고문 중에서 목사 3명을 포함한 6명[55%]이 개신교 신자였다. 1946년 12월부터 이듬해 8월까지 군정청이 임명한 군정 각 부처 초대 한국인 국장 13명 가운데 7명이 개신교 신자였으며, 이들 전원이 미국 유학 출신자였다. 1946년 미군정 최고위직에 임명된 한국인 50명 가운데 35명이 개신교 신자였다.[5]

2. 미군정의 목표

일본은 항복하기 전부터 모든 군대를 철수시켰던 중국에서와는 달리 조선에서는 여전히 군경의 무장력을 갖춘 채 미군의 도착만을 기다렸다. 8·15를 맞은 보름 뒤인 9월 1일 미군 B24기 한 대가 한반도를 돌며 주요 도시 상

---

5   여러 자료 중 특히 ① 최천택·김상구, 『미 제국의 두 기둥 전쟁과 기독교』, 책과나무, 2013, 412~424쪽. 미군정은 1945년 9월 25일 미군정법령 2호 '패전국 소속 재산의 동결 및 이전 제한의 건'을 발표했고 뒤이어 '적산(敵産)불하'란 명목으로 일인 소유 재산을 처분했는데 가장 큰 특혜는 개신교의 몫이었다. 특히 주목할 점은 일본의 신사나 사원 자리를 개신교도들에게 넘긴 것으로, 남산의 조선신궁 별관 터는 대한예수교 장로회 신학교와 기독교박물관, 남산 북쪽 기슭 경성신사 터는 숭의여자 중고교가, 그 아래 절간 터는 창동교회 대한신학교가, 그 아래 천리교 자리는 영락교회가 점유하게 되었다.
② 류대영, 『한 권으로 읽는 한국 기독교의 역사』, 한국기독교역사연구소, 2018. 미군정은 향교재단에 공무원 이사를 반드시 포함시키는 법령, 일제가 불교 재산 약탈을 위해 만든 '사찰령' 철폐를 거부, 1945년부터 크리스마스 공휴일 지정과 형목(刑牧)제도 실시, 1947년부터는 중앙방송(현 KBS)에서 일요일마다 기독교 전파 등등의 특대정책을 폈다. 이 책 279쪽.

공에서 삐라를 뿌렸다. 미군이 근일 중 오겠다는 예고에 이어 "조선이 재건되느냐 못 되느냐 또는 빨리 되느냐 더디 되느냐는 것은 오로지 조선국민의 행동 여하에 달렸습니다. 이 때에 경솔하고 무분별한 행동은 의미 없이 인명을 잃고 국토를 어지럽히고 독립을 더디게 할 것입니다"『매일신보』, 1945.9.1라는 요지였다.

그 일주일 뒤인 9월 7일에는 태평양방면 육군 최고사령관 미 육군 원수 더글러스 맥아더 사령부 포고령 1호가 선포되었다. "나의 휘하의 전승군은 일본 천황, 정부 및 대본영의 명에 의해, 그리고 이에 대신하여 서명된 항복 문서의 조항에 근거해서 오늘 북위 38도선 이남의 한반도지역을 점령한다"라면서, "오랫동안 조선민족이 노예화되어 있었던 사실과 한반도가 불원 해방될 것을 결정한 사실을 고려해서 한민족은 점령의 목적이 항복문서의 조항 실행과 한민족의 인권 및 종교상의 권리의 보호에 있는 것을 깊이 인식할 것으로 확신한다"라고 했다. 맥아더는 '태평양 방면 육군 최고사령관'이 아니라 '황제'격인 인물로 1945년 미국 내 여론조사에서 존경하는 인물 순위인 프랭클린 루즈벨트, 링컨, 예수, 조지 워싱턴 다음이 맥아더였다.

하지 중장 휘하의 진주군이 9월 8일 인천에 도착, 이튿날 서울에 입성할 때 한국인의 환영은 박수와 환호였다. "1945년 9월 9일 일요일 서울의 거리는 가장 엄숙한 빛 속에 잠겨 있었다. 높고 푸르게 개인 첫가을 하늘에 찬란한 아침 해가 오르자 명치정 교회당에 평화의 종소리는 은은하게 들려 왔다. 푸른 가로수 사이로 태극기가 휘날리고 성조기 유니온 재크 또는 소비에트 연방 국기, 중화민국 국기 등 4국 국기가 나란히 세워 있었다. 새벽부터 하늘 가득히 그라만 비행기 떼의 폭음이 우렁차게 들려 왔다. 역사적 조인식의 순간에 앞서서 영화의 날개는 떼를 이어 우리들의 머리 위를 선회하였다"라고 『매일신보』는 썼다. 이어 "창파 만리를 건너 8일에 인천항에 상륙한 미국 진주군이다. 그들은 미국 제24군 하지 중장 휘하의 일부 보병과 기계화 부대로 9일 아침 8시부터 행동을 시작하여 경성 역에 내리었다. 그리고 바로 대오를 갖추어 총독부를 비롯하여 각기 배치된 곳으로 진주해 들어섰다. (…중략…) 거리에 진주군이나 미국의 통신기자들이 지날 때 마다 군중의 박수와 환호성이 끊일 새 없이 맑은 하늘로 퍼져 나갔다"『매일신보』, 1945.9.9

그러나 이런 평화적인 분위기는 이내 사라져버렸다. 점령군은 조선건국준비위원회9·6 조선인민공화국을 선포나, 1919년에 세워진 대한민국 임시정부를 전면 부인하면서 남한의 유일한 통치기구는 미군정임을 명백히 선언해버렸다. 점령군 포고령 제1조는 "북위 38도선 이남지역 및 동 주민에 대한 모든 행정권을 당분간 본관의 권한 하에 시행한다"라는 것이었는데, 이 구절 중 '당분간'이 아닌 '영구히 미국의 권한하'로 바꾸는 것이 미군정의 목표였다. 이때부터 1948년 8월 15일 대한민국 정부가 수립될 때까지의 미군정의 정식명칭은 재조선미육군사령부군정청USAMGIK : United States Army Military Government in Korea이며, 일반적으로 '미군정' 또는 '미군정청'으로 약칭했다.

9월 11일 아놀드 소장을 초대 군정장관으로 임명, 이후 누가 군정장관이 되든 한반도의 정책은 그 기조가 바뀌지 않았다.

미군정의 역대 군정장관

제1대

제7보병사단장 겸임 아놀드 소장Archibald Vincent Arnold, 1889~1973. 재임 1945.9.11~12.17 : 포병출신, 미소공동위원회 미국 측 수석대표. 건준, 인공, 상해 임정 다 부인. 한민당 계열을 요직에 앉힘.

제2대

러치 소장Archer Lynn Lerch, 1894~1947, 재임 1945.12.18~1947.9.11 : 재임 중 사망. 법무감 출신. 8·15 후 헌병사령관으로 내한 했다가 귀국, 다시 군정장관으로 오다. 남한은 우파가 집권해야 된다며 이승만·한민당과 밀착.

직무대리 헬믹Charles G. Helmick, 1892~1991, 재임 1947.9.12~1947.10.30, 미 육군 준장.

제3대

딘 소장William Frsche Dean, 1899~1991, 재임 1947.10.30~1948.8.15 : 재임 중 제주 4·3항쟁 발발, 토벌대 김익렬 9연대장과 무장대 김달삼 사령관이 4·28평화협상을 성사시켰으나 강경작전으로 바꾸도록 했다. 그는 한국전쟁 때 참전했다가 인민군에게 잡혔음.

단정수립 후 헬믹 준장Charles G. Helmick, 1892~1991, 재임 1948.8.15~1949.6.

1945년 10월, 동경의 맥아더 사령부는 한국으로 떠날 민정장교들에게 "미국의 대한 정책의 목표는 공산주의에 대한 방벽을 형성하는 것"이라는 주요 정책 브리핑을 실시했고, "일본인들이 협력적이고 질서정연하며 유순하다고 본 반면에 한국인들은 고집 세고 무례하며 반항적이라고 보았다".[6] 이와 같은 맥락에서 "조선에서의 미군정의 기본적인 임무의 첫째는 '공산주의에 대한 방파제를 구축하는 것'"이라고 콘데도 적시했다.[7] 그 방파제를 "미군부는 일본을 환태평양 공로環太平洋 空路, Great Circle Air Route의 일환으로 태평양에서 미국의 군사적 안보를 위해 필수적인 전략지역으로 파악"했다.[8]

9월 10일, 조병옥, 윤보선, 윤정용 등 한민당 계열 대표가 미군정을 방문하여 '인민공화국은 친일파로 조직된 집단'이며 '여운형은 한국인들에게 잘 알려진 부일협력자이자 정략꾼'이라고 모략한 이후 "미군정이 얻은 정보의 다수가 다 "건국준비위원회와 인민공화국은 공산주의자들의 집단이라고 말해왔다". 일반 관리들도 마찬가지였다. 그래서 미군정은 "혁명적 조류를 가라앉힐 충성스런 동맹세력을 필요로 했다". 자연스럽게 한국에 진주한 일주일 사이9.8~9.15에 미군정 관리들은 친일파들은 미군정을 지지하지만 선동가들은 반대한다는 고정관념에 익숙해졌다.[9]

1945년 9월 미군정은 서울에서 보수적 집단을 반대세력으로 키우기만 하면 인

---

6   브루스 커밍스의 책, 233·237쪽.
7   데이비드 콘데(David W. Conde, 1906~1981), 오카쿠라 고시로(岡倉古志朗) 監訳,『アメ
     リカは何をしたか 第1 解放朝鮮の歷史』上·下, 太平出版社, 1967(上卷), 第4刷; 1970(下
     卷), 第4刷. 인용구는 上卷 38쪽.
8   정용욱,『해방전후 미국의 대한정책』, 서울대 출판부, 2003, 52쪽.
9   각주 6과 같은 책, 243~248쪽.

민공화국은 쉽게 무너뜨릴 수 있는 미미한 존재라고 보았다. 그러나 지방으로 내려갈수록 인공의 힘은 강했다. (…중략…) 이리하여 미군정은 강력한 좌익을 뿌리 뽑는 정책들을 시행했다.[10]

미군정은 이 목표를 위하여 "외형적으로는 한국인 정치세력의 광범위한 연합에 입각한 정계통합을 내걸었지만, 사실은 미국 측 내부 제휴의 기준은 반소. 반공노선이었고, 중간파는 그 경계선에 있었다".[11]

이런 역사적인 배경을 고려하면 "한반도 신탁통치안은 태평양전쟁 중 연합국 정상들 간의 전시외교에서 얻어진 부산물의 하나가 아니었고, 루즈벨트 대통령 개인의 즉흥적인 발의에 의해 만들어진 것은 더더욱 아니었다. 신탁통치안은 미국의 전후 '신세계 질서New World Order' 구상과 밀접한 연계 하에 작성되었고, 여기에는 미국의 재계와 정부를 대표하는 전후기획 집단이 주도적 역할"을 하였음을 유추할 수 있다. 신탁통치를 통하여 "민족운동의 급격한 분출을 저지하고 미국의 감독 하에 후진종속지역의 정치적 독립을 허용하는 한편 이들 지역을 미국 중심의 자본주의 세계체제에 편입"시킴과 동시에 "식민지역의 구 식민모국일본으로부터의 분리와 미국 영향권으로의 재편입을 제도적으로 확보하기 위한 장치였다".[12]

그래서 "1942~1943년 무렵부터 미국은 신탁통치를 주장하고 소련은 그 문제에 대해 소극적으로 나왔다. (…중략…) 소련은 '즉시 독립'을 주장하는 게 자국에 유리하다고 본 것 아닌가."

그런데도 『동아일보』는 1945년 12월 27일 자의 1면 머리기사로 「소련 신탁통치 주장… 미국은 즉시 독립 주장」이란 제목으로 "소련은 남북 양 지역을 일괄한 일국 신탁통치를 주장"한다고 보도했다. "이런 식으로 보도한 게

---

10   각주 6과 같은 책, 325쪽.

11   각주 8과 같은 책, 484쪽.

12   각주 8과 같은 책, 474~475쪽. 미국이 구상한 신탁통치란 "동아시아에서 일본의 대동아공영권을 대체하는 새로운 국제질서의 마련을 목표로 하였고, 한국 내부의 정세 격화에 대비하면서 나름대로 새로운 한반도 질서 재편을 염두에 둔 것이었다"(476쪽).

『동아일보』만은 아니지만, 28일에도 "신문 전면을 거의 전부 '소련의 신탁통치 주장'과 그에 대한 반대. 성토 기사로 채웠다".[13]

모스크바삼상회의 결정 전문 1, 2조는 아래와 같다.

> ① 조선을 독립 국가로 재건설하며, 조선을 민주주의적 원칙하에 발전시키는 조건을 조성하고, 일본의 장구한 조선통치의 참담한 결과를 가급적 속히 청산하기 위하여 조선의 공업, 교통, 농업과 조선인민의 민족문화 발전에 필요한 모든 시설을 취할 임시 조선 민주정부를 수립할 것이다.
> ② 조선 임시정부 구성을 원조할 목적으로 먼저 그 적의한 방책을 연구 조성하기 위하여 남조선 미국 점령군과 북조선 소련 점령군의 대표자들로 공동위원회가 설치될 것이다. 그 제안 작성에 있어 공동위원회는 조선의 민주주의 정당 및 사회단체와 협의하여야 한다. 그들이 작성한 제안은 공동위원회 대표들의 정부가 최후 결정을 하기 전에 미국, 영국, 소련, 중국 각국 정부에 그 참고에 공하기 위하여 제출하여야 한다.[14]

찬탁에 전력투구한 좌파 세력들이 지지한 것은 독립주권을 잃은 신탁통치 그 자체가 아니라 "모스크바삼상회의 결정을 지지"하는 것으로, 여기서 중요한 것은 '임시정부 수립'이었다. 좌익은 "임시정부 수립을 중심에 놓고 모스크바삼상회의 결정을 지지한다"라고 주장했다.[15]

하지 사령관은 미국의 복안인 삼상회의 결정을 지지해 주는 "좌익이 너무나도 강한 것처럼 보였기 때문"에 친미 우익들이 앞장선 반탁운동의 거센 파도에 놀랐지만 이내 "미군정이 등용한 친일파는 한국인들로부터 민족반역자"로 매를 맞던 참에 그들이 "반탁운동에 참여하면서 애국자로 둔갑"하

---

13 『서중석의 현대사 이야기 ─ 서중석 답하다 김덕련 묻고 정리하다』 1, 오월의봄, 2015, 80~81쪽.

14 위의 책, 78쪽에서 재인용.

15 위의 책, 76쪽.

는 기적을 보면서 "반탁 투쟁이 이렇게 엄청난 변화를 가져오는구나, 우익한테 정치적 헤게모니를 주다니'하고 감탄하지 않을 수 없었다".[16]

아무리 강력한 제국주의라도 현장의 상황에 따라 둔갑하기 마련이다. 탁치 문제는 『동아일보』의 허위 날조기사와 우익들의 정치적인 농간 덕분에 오히려 그 원흉으로 소련이 지목되면서, 정작 그걸 제안했던 당사국인 미국으로서는 조선인들에게 우아하고 신뢰감 있게 독립을 지지해 주는 든든한 구원자의 나라로 변장할 수 있는 계기가 되었다. 이제 미국은 그 체면을 세우고자 미소공동위원회의 형식적인 개최^{제1차 1946.3~5, 제2차 이듬해 5월}로 대신한 채 좌고우면할 필요도 없이 본색인 반공정권 수립을 목표로 일로매진할 수 있게 되었다. 그럼에도 불구하고 남한의 진보세력들이 너무나 강력했던지라 '좌우합작'이라는 막간극을 잠시 무대에 올리도록 연출했다. "한국에서 자신의 이해관계를 실현할 수 있는 안정적인 정권 기반의 창출이 무엇보다 중요했고, 우익 육성만으로는 이러한 기본적 목표를 실현"하기 어려웠기 때문에 "1947년 초 미국에서 트루먼 독트린이 준비되고 대소 강경태도가 대두할 때, 미군정은 오히려 중간파를 활용한 과도정부 수립계획의 재가동을 결정하였고, 워싱턴에 대해 이 계획의 실현을 위해 적극적인 정치. 경제적 지원을 요청하였다".

그들의 정책 평가기준이 얼마나 황당한가는 하지가 좌우합작 추진 때는 한국 최고의 합리적인 정치인으로 평가했던 김규식을 한국전쟁 후에는 "공산주의자로 평가하는 완고한 반공주의자의 모습을 드러냈고, 미군정의 여운형에 대한 평가는 공산주의자에서부터 자유주의자, 민주주의자에 이르기까지 시기와 상황, 관찰자에 따라 변하였다"라는 대목에서 충분히 읽을 수 있다.[17]

---

16   위의 책, 87쪽.

17   각주 8과 같은 책, 480~483쪽. 박태균, 『버치문서와 해방정국─미군정 중위의 눈에 비친 1945~1948년의 한반도』, 역사비평사, 2021은 좌우합작 시기의 미군정의 동정을 세세히 읽을 수 있다.

그들의 이런 미묘한 변신술을 미처 세세히 파악할 여념이 없었던 당시 한국 정계는 온갖 고초에 시달리면서도 결국은 미군정의 구도대로 나라의 운명이 흘러가도록 만들어 준 꼴이 되었다. 좌익 탄압이 성공단계로 접어들자 이내 좌우합작 같은 연극도 필요 없게 되어버려 남북분단 고착화를 위한 남한 단독정부 수립의 궁극 목표가 너무나 쉽게 달성된 것이다.

결국 미군정은 분단 한국의 초대 대통령을 간택하기 위한 절차였다고 한마디로 축약할 수 있겠다.

3. 미군정기 필화 관련 주요 기관

미국의 한반도 정책의 집행기관으로서 미군정은 위에서 본 것 같은 목적을 달성하려고 아래와 같이 국가기구의 틀을 가다듬어 나갔다.

1945.8.17	총독부기구들 존속시켜 8개 국장 임명.
1945.10.5	군정장관의 고문 한국인 11명 임명위원장 김성수.
1945.12.5	군사영어학교 설립.
1945.12	한국인과 미국인 양 국장제.
1946.2.14	남조선 대한국민대표 민주의원, 하지 사령관의 자문기구로 출범.
1946.5	제1차 미소공동위원회 결렬, 좌우합작 지원.
1946.12.19	남조선 과도입법의원 개원의장 김규식.
1947.2.10	과도입법의원 안재홍을 민정장관에 임명.
1947.4.5	중앙정부를 13부 6처로 확대 개편.
1947.5.17	각 부처의 장을 한국인으로 임명, 미국인은 고문으로 후퇴. 미군정청은 이를 한국인으로 운영되는 '남조선 과도정부'로 개칭.
1947.9.17	한국 문제의 유엔 이관.
1945.8.15	대한민국 정부 수립미군정 폐지.[18]

이를 원활하게 집행하기 위한 검경 및 사법부 구성 역시 빈틈이 없었다. 미군정청은 처음에는 검사국 검사 총장제를 두었다가 1946년에 검찰청 검찰총장제로 바꿨는데 그 책임자는 아래와 같다.

1대 검사총장 김찬영재임 1945.9.12~1946.1.19

2대 검사총장 이종성재임 1946.1.20~1946.5.17

3대 검사총장 이인재임 1946.5.18~1946.8.10

미군정청 대검찰청 검찰총장 이인재임 1946.8.10~1948.8.14

미군정 시기에는 막강한 권세를 휘둘렀던 경찰조직은 1945년 10월에 군정청 경무국을 정점으로 삼았다. 이것이 경무부로 바뀐 게 1946년이지만 통상 조병옥이 경무부장, 수도및 경기도 경찰청장 장택상이란 쌍두마차가 미군정 3년간 경찰조직을 관장하여 군정 기간 중 가장 탄탄한 우익세력의 기반을 다졌다.

사법부를 총괄했던 대법원장은 출발부터 비틀거렸다. 군정 시기 초대 대법원장 김용무는 1945년 10월 11일 임명된 지 "불과 넉 달여 만에 판검사 40여 명에 의해 불신임안이 제출되는 불명예를 겪으면서도 끝까지 버텼을 뿐만 아니라 재선임 되었다. 그는 노골적인 한민당 지지자로 "미군정정책에 반대하는 자나 신탁통치와 좌파 이데올로기에 찬성하는 자는 그들의 범법행위를 증명할만한 충분한 증거가 없더라도 엄중처벌 해야 한다"고 주장했다.[19]

4대에 걸친 미군정 시기의 대법원장은 아래와 같다.

1대 김용무재임 1945.9.2~1946.4.4

---

18   김광식, 「8·15 직후 한국사회와 미군정의 성격」, 『역사비평』 제1집, 1987, 57쪽.

19   한홍구, 『사법부』, 돌베개, 2016(2쇄), 27~29쪽. 더 자세한 정보는 김두식, 『법률가들 ─ 선출되지 않은 권력의 탄생』, 창비, 2018 참고. 이 저서는 일제하부터 1980년대까지 한국사법권력을 비롯해 검찰과 경찰 조직의 친일화 과정을 샅샅이 파헤쳐 준다.

2대 조용순재임 1946.4.5~1946.5.16

3대 김용무재임 1946.5.19~1948.8.5

4대 김병로재임 1948.8.6~1948.9.12

이미 앞에서 본 것처럼 미군정은 1946년 5월 제1차 미소공동위원회가 휴회사실상 결렬로 들어간 시점을 분수령으로 삼아 이후부터는 분단 고착화를 위한 남한 단독으로 반공친미 기독교 신앙에 바탕을 둔 정권을 세우기 위하여 좌고우면할 필요도 없이 모든 물리력과 국가폭력을 총동원했다. 그래서 검-경-사법부에 뒤지지 않게 공을 세운 서북청년회를 비롯한 단체들의 맹활약상도 필화사건과 지대한 관련성이 있다. 그래서 1946년 11월 30일 서울 YMCA강당에서 선우기성을 중앙집행위원장으로 탄생한 서북청년회서청에게 "은밀하게 접근한 이들이 미군정과 집권을 노리던 이승만, 그리고 반공을 내세우며 친일경찰을 비호하던 조병옥 경무부장과 장택상 수도경찰청장이었다. (…중략…) 이들이 주로 한 일은 경찰이 할 수 없는 거친 폭력이었다".[20]

제2차 세계대전으로 맺었던 연합국은 종전과 함께 종막을 고하고 냉전의 시대로 전환하는 시점이었다.[21]

---

20 임기상, 『숨어있는 한국현대사』, 인문서원, 2014, 166쪽. 그들의 만행은 가히 미군정의 검찰, 경찰, 사법부에 이어 권력의 제4부라 할 정도로 거칠 것이 없었다. 예를 들면 서북청년회 부단장 김성주는 이승만을 추종하다가 김구 암살범 배후 조종자들을 비난하며, "조봉암에게 김구 암살범 배후를 공개해 차기 대통령 선거에 이용한다"라고 한다는 소문이 나자, "헌병사령부에 연행 돼 엉뚱하게 국가 반란, 대통령 암살 음모 등의 혐의로 재판을 받았다. 그러나 증거 불충분으로 혐의가 인정되지 않자 원용덕 헌병사령관이 자기 집 지하실로 끌고 가 죽여 버렸다"(173쪽). 서북청년회는 이후 "지청천 광복군 총사령관이 만든 대동청년단에 가입했다가 내분이 발생하는 과정에서 흐지부지 사라져 버렸다"(174쪽).
   서북청년회의 조직 변천과 잔혹성 등 전모에 대해서는 각주 19의 김두식의 저서를 참고할 것.
21 "루즈벨트시대를 순진한 국제주의(naive internationalism)의 시대로, 트루먼시대를 현실적인 봉쇄정책(realistic containment policy)의 시대로, 아이젠하워-델레스시대를 불안한 제압정책(unsetting rollback policy)의 시대로 규정한다." 브루스 커밍스가 지적했다는 이 풀이를 김민환의 『한국언론사』, 387쪽에서 재인용.

바로 이런 민족사의 격변기에 직언을 했던 지식인은 없었을까?

문학 애독자들 중에는 강용흘이란 이름을 기억할 것이다.[22]

재미교민문학 1세대로 매우 서정적인 탁월한 소설가로만 기억하는 그가 8·15 후 미군정의 출판부장을 거쳐 1947~1948년간 주한 미군 제24군단 민간 정보부대 정치분석관 겸 자문관을 지냈다는 사실은 널리 알려지지 않았다.[23]

그가 작성한 「미·소 공동위원회가 실패할 경우 미국의 한국에 대한 외교 정책은 무엇인가」라는 보고서를 비롯한 여러 활동은 한국에 소개된 미군사 관련자들의 기록에 못지않게 한국인 자신에 의한 민족 문제의 진로 모색에 중요한 시사점을 던져준다.

그는 미군정은 이미 "한국의 자유와 독립을 약속한 국제적 책임"을 저버린 채 분단 고착화의 정책을 위해 온갖 부당한 방법으로 암살과 탄압을 강행하고 있음을 적시하면서 그 타개책을 위해서는 경찰시스템의 폐지를 점진적으로 실시할 것을 촉구했다. 예를 들면 장택상과 그 추종 간부급 수백 명을 축출하는 것을 비롯해 이승만을 추종하는 '한국민주당'의 해체 등도 포함되어 있다. 여운형의 암살범 배후를 이승만-장택상 라인으로 본 그는 이승만과 김구 추종세력을 동시에 축축해야 경찰 개혁이 가능하다면서 대한

---

22 강용흘(姜龍訖, Kang Young-hill, 1903~1972). 첫 영어소설로 자신의 소년시절(3·1운동 전후)을 서정적으로 다룬 『초당(草堂, The Grass Roof)』(1931)을 비롯해 그 속편격인 『동양인이 본 서양(East Goes West : The Making of an Oriental Yankee)』(1965), 미발표 희곡으로 〈왕실에서의 살인(Murder in the Royal Palace)〉 등이 있다.
함남 홍원 출신인 그는 함흥영생중학교를 졸업, 항일활동으로 중국-일본-캐나다를 거쳐 미 보스턴대에서 의학, 하버드대에서 영미문학을 전공한 후 정착, 미국과 유럽에 걸쳐 왕성한 문학연구 활약으로 일약 유명. 펄 벅과도 막역한 사이. 8·15 후 미군정 정보요원으로 있으면서 미국의 대한 정책을 정면 비판하다가 귀국 조치당한 후 공산주의자란 혐의를 받아 후버 FBI국장의 직접 지휘로 정밀 수사를 받았으나 어떤 혐의도 못 찾았지만 강용흘은 대학을 비롯한 모든 직제에서 배제당한 채 만년에는 불우하고 극심한 가난 속에서 보냄.
23 강용흘이 처음 일했던 출판부란 바로 정보 업무담당으로 공보국 소속이었음을 아래 글에서 알 수 있다. "일제 총독 휘하에는 정치활동을 감시하는 두 기구가 있었는데, 그 하나는 사상통제 경찰이며 다른 하나는 내무국의 정보기구를 지방조직으로 두고 있는 관방처의 정보과였다. 그 정보기구는 미 점령의 업무가 시작되자마자 미국인들에게 양도되었으며, 주로 여론을 수집하는 데 이용되었다. 1945년 11월 23일 정보기관의 이름은 공보국으로 바뀌어졌다"(그란트 미드, 안종철 역, 『주한미군정연구』, 공동체, 1993, 203쪽).

독립촉성전국청년총연맹, 조선청년동맹, 한국광복청년회, 서북청년회 등을 포함한 18개 청년단체도 즉시 해산시켜야만 한국인이 자유로운 활동을 할 수 있고, 그런 분위기에서라야 김규식 같은 양심적인 중도파의 역할이 보장된다는 것이었다. 더 나아가 강용흘은 작가답게 "남한의 불안한 정국 때문에 북한으로 가버린 훌륭한 예술인들을 다시 불러야 한다"면서 "나는 적어도 50여명의 월북 예술인 명단을 갖고 있다"고도 했다.[24]

강용흘은 미군정 관리들이 아마추어 수준이라 "접시닦이가 대학의 학장이 되고, 마을 설교사가 대학 총장이 되었다. 건축기사가 중앙식량행정처의 장이었다"라며 신랄하게 비판했다. 이어 그는 미국은 한국의 지도자로 김규식을 지지할 것을 강조하며, 한국인 관리를 교체하고 특히 경찰개혁을 요구했다.[25]

중도파 옹립 주장은 반공극우파정책의 실현이 어려워지자 미군정이 일시적인 미봉책으로 좌익 분열 책동을 위해 출연했던 막간극이 아니었던가. 이미 미소공위가 결렬된 상태에다 좌익세력 분열과 소탕이 상당히 진전되자 미군정은 안면몰수하고 이승만 지지로 돌아서려는데 강용흘은 극력 반대했고, 그 대가는 그의 후반기 인생을 핍박과 가난과 고립으로 점철된 혹독한 삶이었다. 아마 미군정기 필화의 가장 혹독한 희생자는 바로 강용흘일 것이다.

---

24 강용흘이 이 문건을 작성한 날자는 1947년 8월 25일이었고 미 국립기록보관소(NARA)는 1992년 '비밀취급'에서 해제됐다고 하나 필자는 직접 검토하지 못했다. 그래서 여기서는 김지현의 글 「재미문학가 '초당' 강용흘의 롱아일랜드 변주곡」(『신동아』, 2004년 11월 게재)을 참고한다. 논픽션 공모작인 이 글은 강용흘의 만년을 밀착 취재한 재미 언론인 이경원의 조언을 활용하여 그 정확성을 기했다.

25 정용욱, 「웨드마이어 장군 전상서 - 네 지식인이 논한 1947년 8월의 시국과 그 타개책」(『한국문화』, 2013년 12월 게재)를 참고할 것. 웨드마이어는 트루먼 특사로 중국 방문 후 1947년 8월 26일부터 9월 6일 떠날 때까지 11박 12일 한국에 머물렀다. 그가 한국인으로부터 받은 편지 450여 통 중 정용욱은 주목할만한 정인보, 강용흘, 오기영, 신남철 4명의 글을 집중 검토한 게 이 논문이다.

여기서 정용욱은 강용흘의 편지 수신대상이 웨드마이어가 아닌 제임스 스튜어트 주한미군 사령부 공보부장이며, 200자 원고지 84장의 장문이라고 했다.

강용흘과 함께 냉전시대 미국의 반공문화정책으로 가장 큰 오명을 뒤집어 쓴 유명 작가는 단연 조지 오웰일 것이다. 제국주의 그 자체를 근본적으로 비판하면서 자본주의든 사회주의든 정치적인 전체주의 독재를 증오하는 작가인 조지 오웰을 오로지 투철한 반공작가인 양 부각시킨 것은 전적으로 미군정의 반소문화정책의 한 사례로 거론할 만하다.[26]

1946년 미 대통령 특사 파울리[27]가 남북한 방문 후 트루만 대통령에게 올린 보고서에서 한반도를 '이념적 전쟁터ideological battleground'로 규정하면서 "미국식 자유민주주의를 전파하기 위한 선전 활동과 교육 캠페인을 보다 강력하게 전개해야 한다"라고 주장한 데서 미군정청의 대민문화정책은 더욱 강화된다.[28]

미군정은 이미 1946년 3월 공보부 여론국Public Opinion Brueau의 정치교육과Political Education Section로 하여금 "미국식 자유민주주의 이념을 위한 장기적인 정치교육 프로그램을 입안하고, 그것의 시행을 위해 도서를 포함한 다양한 매체들을 활용했다". 이에 따라 문교부는 1946년 11월 미국의 맥밀란사 발행『민주주의 교육법』, 존 듀이의『민주주의와 교육』문교부 관리 최병칠 역, 베넷Stephen Vincent Benet의『아메리카 민주주의 성장사』문교부 고위직 오천석 역, 양칭쿤Ching-Kun Yang의『미국의 대학생활』외무처 관리 최우철 역 등이 속속 출간됐다.

미군정의 담당 부처는 나중 미국 공보원이 반소 친미 의식화를 위한 도서

26 안미영,「해방이후 전체주의와 조지 오웰 소설의 오독」,『민족문학사연구』49권, 2012.
27 특사 파울리(Edwin Wendell Pauley Sr., 1903~1981). 이미 1946년 5월에 내한한 그의 활동을 이승만의 정읍 단정수립 발표(1946.6.3)와 관련지은 연구는 없으나 유추는 가능하다고 본다. 그간 진보적인 관점에서는 이승만의 이 발언을 분단의 연결고리로 비판했고, 보수적인 입장에서는 이미 소련 지배의 북한이 먼저 분단정책을 실시했다고 하나 미소는 처음부터 한반도 분단정책을 강력히 시행했다고 보는 게 객관적일 것이다. 그러나 국내 정치인으로 설사 강대국의 그런 속내를 간파했어도 드러내놓고 먼저 발설하는 건 민족지도자로서의 자격 상실일 것이다.
28 이 항목은 전적으로 차재영,「선전으로서의 도서 번역─미군정기 미국 도서 번역 활동의 전개와 의미」,『한국언론학보』62권 3호, 2018를 참고, 인용.

번역사업을 전담하면서 저작권 문제부터 종이 보급까지 일체의 편의를 제공했다. 이승만 단독정부 수립 1년 뒤인 1949년 7월 1일에에 한국 관련 업무가 육군성^{전쟁성, 현 국방부}에서 국무성으로 이전되기 직전에 "육군성 대민사업국의 관련 부서 책임자가 주한미국공보원에 도서 번역 사업의 결과 보고를 요구했을 때, 현지 담당자는 미국공보원이 3종의 도서를 번역 출판"한 것으로 보고했는데 그 목록은 다음과 같다.

① 골트^{Tom Galt}, 『국제연합과 세계평화^{How the United Nations Works}』^{1948.8} : UN의 조직과 활동 개설서.
② 오웰, 『동물농장^{Animal Farm}』^{1948.9} : 전체주의 사회를 풍자한 소설이나 반소 소설로 소개.
③ 크라브첸코^{Victor Kravchenko}, 『나는 자유를 선택하였다^{I Chose Freedom}』 상^{1948.9} · 하^{1949.3} : 소비에트 관리의 망명 수기.

이 중 대중적인 호소력이 가장 강하고 오랫동안 지속된 건 단연 오웰의 풍자소설 『동물농장』일 것이다. 이후 냉전 기간 내내 현재까지도 이 작품은 만화나 영화로도 변형되어 반공사상전의 톡톡한 효자 노릇을 하고 있다. 1945년 8월 영국에서 첫 출간된 이 작품은 외국어 번역본으로는 한국이 가장 먼저였다고 한다. 역자인 김길준은 군정청 공보부 공보국장^{1946년 7월부터}을 거쳐 군정장관인 러치^{Archer L. Lerch} 소장과 후임인 딘^{William F. Dean} 소장의 고문^{1946~정부수립}이었다.

제2장
조선정판사 위폐사건과 『해방일보』등 좌익지 탄압

1. 해방이라고?

1945년 8월 15일 정오, 스포츠 중계 아나운서로 아직 원로급이 아닌 신진으로 촉망받던 도쿄방송의 와다 노부카타和田信賢 아나운서가 "지금부터 중대한 방송이 있겠습니다. 전국 청취자 여러분께서는 기립해 주십시오. 천황 폐하께서 황공스럽게 전 국민에 대하여 칙서를 말씀하시게 되었습니다. 지금부터 삼가 옥음玉音을 보내드리겠습니다"라고 서두를 뗐다. 곧바로 일본의 애국가〈기미가요君が代〉의 연주에 이어 천황의 '종전조서終戰詔書, 대동아 전쟁 종결의 조서'가 나왔고, 끝나자 노부 아나운서는 그걸 반복해서 읽었다.[1]

이때 경성방송 취재기자였던 문제안은 "8월 15일 서울 거리에는 만세 소리가 울려 퍼지고 태극기가 물결치듯 휘날렸다고 떠벌리지만, 다 거짓말"이라고 증언했다. 들어도 도대체 무슨 말인지 쉽게 알아들을 수조차 없었던 '종전조서'인지라 확실히 일본이 항복했다는 사실, 우리나라가 "독립이 되었다는 사실, 일본이 망했다는 사실을 제대로 인식한 건 그날 밤 정도"인데, 그건 "천황의 방송을 몇 번 되풀이"했고, "우리말로도 방송하고 해설도"했기 때문이라고 풀이했다. 16일 "9시 전에 학생들사실은 여운형의 건국준비위원회 소속 청년들이 막 뛰어와서는 방송국을 접수한다"고 해서 이유를 묻자 "일본사람들이 다 깨트리면 어떻게 하느냐"는 것이었다. 그들에게 방송국 외곽경비만 맡아 달라하고는 하루 종일 우리말로 자유롭게 방송을 할 수 있었다. 그러나 "한

---

1   일본의 라디오방송은 1924년 도쿄라디오방송이 효시였고, 곧 도쿄, 오사카, 나고야 세 방송국의 업무를 합쳐 사단법인 일본방송협회(현 NHK)로 되면서 도쿄방송국을 '도쿄중앙방송국'으로 불렀다. 오사카와 나고야에 이어 식민지 조선에는 1927년 경성방송국을 개국, 2월 16일부터 방송을 시작했다. 조선에서 지방방송국이 생긴 건 1935년 부산을 필두로 평양(1936), 청진(1937), 이리, 함흥(1938), 대구(1940), 광주, 목포(1942), 대전, 원산, 해주, 신의주, 성진(1943), 춘천(1944), 청주(1945) 등과 강릉 송신소, 서산, 장전, 개성 간이송신소가 8·15 이전의 방송 현황이었다.
김민환은『한국언론사』, 사회비평사, 1996에서 8·15 당시 남한의 라디오 수신기는 조선인 15만 2천여 대, 북한은 7만 6천여 대, 일인 소유는 남북한 전체에 11만 1천5백여 대(359쪽)라고 했다.

국방송답게 방송"을 한 건 16일 하루뿐이었고 다음날부터는 도로 일본군이
전 언론기관을 장악하여 일인 간부들이 그대로 지배하게 되어버렸다. 9월 8
일 인천항에 도착한 미군 중 선발대가 상경⁹일 입경, 그날 밤 미군 중령이 방송
국에 등장하여 서툰 일본말로 "이제부터 내가 방송국에서 제일 높은 사람이
다. 내 말을 들어라"며 일본군 경비와 방송국 내 일인 임원들을 물러나게 했
고 한국인의 방송을 시작하는 계기가 되었는데, "참다운 한국방송은 1945년
9월 9일 오후 5시부터 시작됐다"라는 게 문제안의 증언이다.[2]

이런 과정 속에서 여운형의 조선건국준비위원회는 9월 6일부터 '조선인
민공화국'을 선포하여 방송국을 접수하려는 몇 차례의 시도를 했으나 9월
15일 미군 헌병이 경성방송국을 접수하면서 완전히 미군의 통제로 들어 가
버렸다.[3]

언론기관은 어땠을까. 일제는 조선을 강제병탄하면서 모든 신문을 통폐
합한 채 총독부의 기관지로 3곳만 달랑 남겨두었다. 우리말 신문으로는 『매
일신보』, 일어로는 『경성일보』, 영문으로는 『서울프레스The Seoul Press』였다. 영
자지 『서울프레스』는 1937년 5월 30일 자진 폐간해버렸고, 3·1운동 이후
창간된 우리말 민간신문들은 온갖 탄압 속에서도 버텨오다가 대표적인 양
대신문인 『동아일보』와 『조선일보』를 1940년 8월 10일에 폐간시켜버려
8·15 때 남은 신문은 총독부 기관지뿐이었다. 폐간당하면서 동아일보사는
고속 윤전기를 『매일신보』사에 팔라는 총독부의 요구를 거절하고 오사카의

---

2   문제안, 「이제부터 한국말로 방송한다」, 『8·15의 기억―해방공간의 풍경, 40인의 역사 체
     험』, 한길사, 2005, 19~25쪽. 미군에 의하여 정상화되기 전까지는 주로 음악을 틀어주었다
     고 한다. 한편 정진석은 『한국현대 언론사론』, 전예원, 1985에서 미군이 8월 25일 저녁부
     터 방송을 중단시켰다가 9월 16일 낮 12시 50분부터 재개했다고 했으며(251쪽). 김민환은
     『한국언론사』, 사회비평사, 1996에서 9월 9일 오후 5시 뉴스부터 우리말 방송을 시작했다
     고 함(356쪽). 어쨌든 조선인의 역할보다는 일군―미군으로 방송사는 주체가 바뀌었다. 김
     민환은 미군정이 9월 14일에 경성이란 수도의 명칭을 서울로 바꿨으나 한성, 경성, 서울 등
     혼용되다가 1946년 8월 15일 서울특별자유시로 공식 개명, 1949년 11월 서울특별시가 되
     어 미군정은 경성중앙방송을 서울중앙방송으로 불렀다고 함(338~339쪽).
3   최창봉·강현두, 『우리 방송 100년』, 현암사, 2001, 52~53쪽.

『공업신문』으로 넘겼고, 사옥은 팔지 않았다. 조선 일보사 역시 사옥을 유지하며 "3대의 윤전기 중 초대형 고속 윤전기는 경성일보사에, 마리노 윤전기 2대는 각각 대만과 만선일보사"로 넘겼다.[4]

아무리 총독부 기관지라도 방송과는 달리 『매일신보』와 『경성일보』 두 언론사에서는 조선인 사원들의 자발적인 민족자주 언론 쟁취를 위한 운동이 여러 형태로 일어났고 친일파와 일인 간부들은 기세가 꺾였다. 그러나 일본 군부는 무력으로 이를 진압했고 뒤이은 미군들 역시 일본군과 그리 다르지 않았다.

가장 영향력이 컸던 『매일신보』는 8·15 이후 즉각 준비된 조선인 직원들이 일어나 전 중역들 퇴진 선언과 18인 자치위원회를 구성했다. 그들은 조선건국준비위원회와 협의하여 이튿날 최익한, 이여성, 김광수, 양재하 등이 『매일신보』를 접수하고서 이튿날 『해방일보』 창간호를 발행, 배포했다고도 하나 좌절당했다는 주장도 있다. 그러나 8월 17일 일본군이 『매일신보』사로 몰려가 접수위원을 몰아내고 다시 『매일신보』를 발간케 해버렸고, 미군이 입성[9.9]하고는 일군 대신 미군이 그 역할을 대신했다. 이에 종업원 6백여 명이 자치위원회를 발족[9.20]하여 자주언론을 위해 나서서[9.23], 그들의 뜻에 따라 새 임원진을 구성했다. 이런 판에 친일 조선인 주주총회에서 사장 등 임원을 선출하자 자치위원회는 친일 임원진에 반발하여 새 진용을 구성토록 요청했다.[10.25] 이렇게 면모를 쇄신하여 진보적인 인물들이 민족언론으로 성장

---

4 두 민간언론의 구체적인 폐간 경위와 흑막에 대해서는 장신, 「조선총독부의 언론통제와 동아일보, 조선일보의 폐간」, 『조선. 동아일보의 탄생 – 언론에서 기업으로』 제6장, 역사비평사, 2021을 참고할 것. 요지는 "총독부의 진의를 잘 이해하고 저항하지 않았던 조선일보에게는 합의했던 전부를 주었다. 조선일보는 명분과 실리를 얻었을 뿐 아니라 관련 인물이 모두 사망하면서 역사도 챙겼다". 이와 대조적으로 동아일보는 저항하다가 "간부들을 구속시키고 회사운영을 어렵게 만들었다". 그러나 결국은 총독부의 뜻대로 폐간당했다. 여러 구실로 총독부의 폐간 위협을 회피했던 동아일보와는 달리 조선일보는 처음부터 응하면서 6가지 조건을 내세웠는데, 그 첫째가 동아일보도 함께 폐간시키라고 했다. 총독부로서야 당연히 그렇게 할 계획이었기에 조선일보 측의 그 요구는 별 영향력은 없었겠지만 민족 언론사에서는 오점이 아닐 수 없다. 두 신문이 이처럼 앙숙이 된 배경과 추이에 대해서는 정진석의 『한국언론사』, 나남, 2001(4판), 525~531쪽 참고.

할 터전을 닦아 나가면서 미군정을 날카롭게 비판하게 되자 언론자유를 선포한 군정당국은 신문사의 재산조사를 이유로 정간 처분[11.10]을 내렸다. 이는 명백히 신문사 내의 좌경화 임원진 개편을 목적으로 한 조치여서 아예 신문 제호를 『서울신문』으로 개제해 속간[11.22] 하면서 서서히 미군정의 기관지로 변해갔다.[5]

  총독부의 일문 기관지였던 『경성일보』의 운명은 『매일신보』보다 더 가혹했다. 일인 직원이 다수였지만 8·15 직후 조선인 종업원이 주축을 이뤄 사원대회를 개최, 접수하여 신문발행을 하자는 운동이 일어났다. 그러나 8·15 이후 잔류 일인들에게는 유일한 복음과도 같았던 이 신문에 대한 총독부의 집착과 보호는 한글신문이었던 『매일신보』와는 차원이 달랐다. 신문사 주변에 무장 일본군 100여명이 총으로 사원들을 위협해서 신문 발행을 강제했다. 이에 굴하지 않은 조선인 종업원들이 신문 제작을 거부한 채 윤전기에다 모래를 뿌려 버리고는 파업에 돌입해 8월 17~18일 자의 신문은 발행할 수 없게 되었다. 이에 잔류 일인들의 불안을 달래고자 등사판으로 벽보신문을 제작해서 전봇대와 벽에 붙이기도 했다. 결국 사측은 사원들에게 8~10월간의 3개월 봉급을 지급하면서 자연스럽게 신문사는 조선인이 주체가 되었으나 미군정이 이 신문사를 접수[9.25]해버렸고, 그 후 잠시 발행되다가 12월 11일에 소멸되었다.[6]

---

5 『매일신보』의 8·15 이후 변모는 제1장 각주 21을 참고. 정진석은 『한국현대 언론사론』, 전예원, 1985에서 『해방일보』 발행 시도는 "일본헌병의 제지로 뜻을 이루지 못했지만 동포의 '자중과 안정'을 요망하는 전단을 제작 살포하여 국민 앞에 그 이름을 드러냈다"고 했다(247쪽); 김팔봉, 「한국신문 수난사」(『사상계』, 1959년 6~8월 연재). 『김팔봉문학전집』 5, 문학과지성사, 1989, 282~288쪽 게재, 에서도 일제의 『매일신보』가 미군정에 의해서 『서울신문』으로 변해 정부 기관지가 된 정황이 자세히 나온다.
     이 뿐만이 아니라 『조선인민보』, 『해방일보』, 『독립신문』, 『조선중앙일보』, 『국제신문』, 『태양신문』 등에 대한 탄압상도 나온다.
6 『경성일보』에 대해서는 박인식의 「식민지조선 내 최대 규모의 조선총독부 기관지 『경성일보』는 일제 패망 후 어떻게 되었나?」(네이버, 구글 등)를 참고. 이 신문의 인적 구성과 변모 등등 보다 구체적인 사항은 정진석, 「해방공간의 좌익언론과 언론인들―조선인민보, 해방일보, 건국, 노력인민의 출현과 쇠퇴」 중 『경성일보』에 관한 부분 참고할 것, 국립중앙도서

이렇게 8·15 후 가장 시설이 좋았던 두 신문을 통제해버린 미군정은 스스로가 『주간 다이제스트』를 발행[10월]하여 무료 배포하면서, 군정법령 19호 포고[10.30]로 언론 검열제를 폐지하고 언론의 허가제 규정을 등록제로 바꿨다. 그러나 일제의 신문지법은 폐기하지 않았던 이 조처에 대한 평가는 "실상 등록제의 실시도 언론 자유를 수호하기 위한 것이라기보다는 남한의 언론 출판의 이념적 성향과 구성원을 파악하기 위한 것이었다"라는 비판적인 관점이 많다.[7]

미군정의 언론자유가 허울뿐이었음을 입증해 준 건 커밍스의 지적에서도 확인된다. "미군정은 인공[여운형의 인민공화국]을 지지하는 『매일신보』가 아놀드 장관의 성명서 인쇄를 거부했다는 이유로 폐간시켰다. (…중략…) 이 폐간 조치는 미군정이 남한의 언론기관들에게 본보기를 보여준 사건이었다. (…중략…) 보수주의자들에게는 '분발해서 공정한 보도를 할 신문을 발행'하라고 촉구했다."[8]

2. 미군정기의 언론 상황

그러나 조선의 언론계는 미군정이 바라는 대로 되지 않았다. 이치로 따진다면 미군정과 궁합이 딱 맞는 유서 깊은 『동아일보』와 『조선일보』라는 민간언론의 양대산맥이 대중들의 뇌리에 남아 있긴 했다. 그러나 두 신문은 폐간당할 때 윤전기까지 넘겨버려 건물과 자산만 가진 상태였던 데다 8·15와 같은 역사적인 대격변의 시대를 맞을 준비를 전혀 하지 못한 상태였다. 더구나 "1945년 가을 서울에서 하루에 수천 부의 신문을 찍어낼 수 있는 근대적

관 디지털 자료, 네이버 등 게재.

7   정근식 외편, 『검열의 제국─문화의 통제와 재생산』, 푸른역사, 2016, 469쪽. 이 책 출간 이전에도 이미 이런 주장은 반복되어 왔다.

8   브루스 커밍스, 김주환 역, 『한국전쟁의 기원』 상, 청사, 1986, 326쪽.

인 인쇄소는 3곳에 불과했다. 그 가운데 두 회사는 각각 『매일신보』와 일본어신문인 경성일보를 인쇄했다. 세 번째의 조선인쇄공사는 그 출판물이 문제가 되어 일찍이 미군정이 접수해버렸다. 다른 신문들은 비교적 구식 인쇄장비를 갖춘 소규모 회사들에 의해 인쇄되었다"[9]라고 커밍스는 지적했다.

더 자세히 들여다보면 신문 제작이 가능한 곳이라고는 일제가 남긴 "『매일신보』사를 비롯하여 경성일보, 조선상공신문, 그리고 근택치카자와인쇄소近澤印刷所 정도였다. 전국 각 지방 도청 소재지에도 일본어 일간지가 하나씩 남아 있었는데 광복 후 이 시설을 접수하여 지방에서도 새로운 신문이 나왔다. 서울에서 우리말 단행본을 인쇄할 수 있는 시설을 가진 곳은 한성도서, 협진協進, 서울일신日新, 수영사秀英社, 대동大東, 청구, 고려 등 몇 개에 지나지 않았다".[10]

이런 열악한 조건에서도 8·15는 범민족적인 지적 열망에다 독립운동의 난맥상 등이 겹쳐 모든 정파와 단체들이 신문을 갖고자 하는 욕구가 분출되던 때였다. 이치로 따지면 동아. 조선이 폐간당한 지 불과 5년 만이라 인적 구성이나 물적 토대가 가장 유리하여 제일 먼저 신문을 발행했을 것 같은데 현실은 전혀 달랐다. 그들은 친일의 오점을 뒤집어쓴 채 독립의 날을 미처 준비할 겨를이 없었다. 굶주리면서도 씨앗을 간직한 채 봄을 기다리는 허기진 농부가 제일 먼저 들판에 나타나듯이 국내 독립운동 세력들이 가장 먼저 신문을 발행하는 영광을 누리게 되는 게 역사의 순리다. 위에서 본 것처럼 『매일신보』사를 가장 먼저 이용하려고 나선 건 여운형의 조선건국준비위원회였음은 결코 우연이 아니다. 미처 물러나지 않은 일본군과 미군에 의하여 좌절당한 여운형을 위시하여 일제의 엄혹한 감시와 탄압으로 은인자중하거나 지하에서 활동하며 조국독립을 찬찬히 준비해 온 세력들은 의외로 다양하고 많았다. 그들의 대부분은 진보적이거나 사회주의 내지 공산주의 계열이었기 때문에 8·15 직후의 언론계는 가히 좌익이 대세를 이룰 수밖에 없

---

9 위의 책, 327쪽.
10 『조선연감』 1947년판, 조선통신사, 1946, 278쪽(정진석의 『한국현대 언론사론』, 전예원, 1985, 249쪽에서 재인용).

었다. 이런 상항이라 미군정으로서는 우익언론 후원과 좌익언론 말살을 위한 정책은 그리 순탄하지 않았다. 그래서 무리하게 좌익 정치세력과 언론을 '단 한 방'에 동시에 척결할 수 있는 묘책을 강구한 것이 세칭 조선정판사 위폐사건[1946.5]이었다. 그래서 8·15 이후 우리의 역사는 1946년 5월이 곧 언론. 출판. 결사의 자유가 학살당한 일대 전환점이 된 것이며, 이 사건은 현대 필화사의 제1장을 장식하게 된다. 왜 미군정은 무리하게 조선정판사 위폐사건을 추진했으며 그 결과 당시의 언론 자유는 어떻게 달라졌는가를 차근차근 짚어 나가보기로 하자.

1945년 말까지 지방에서 발행되던 신문을 합치면 전국적으로 적어도 40종이 넘는 신문들이 새로 나왔는데 곧 없어지는 것도 많아서 광복 6개월 후인 1946년 1월 현재 서울에서 발행되는 일간지는 약 20여종이었다. 서울에 진주한 미군은 신문 발행을 규제하지 않고 방임상태로 두었으나 신문용지를 구하기가 어려웠고, 광고수입도 부진하여 경영의 어려움으로 어느 신문이 언제 폐간될지 모르는 상황이었다.[11]

신문과는 달리 큰 비용이 안 드는 중요 매체가 통신이라서 일본의 『동맹통신』 경성지사 기자들이 1945월 8월 17일 『해방통신』을 우리말로 발행한 것이 통신의 첫출발이었다. 뒤이어 동아, 조선 기자 출신들이 주축으로 만든 『조선통신』이 9월 4일에 나왔다. 그러나 신문은 그렇게 한 순간에 나올 수 없었다. 이런 정치사회적인 상황에서 8·15 직후부터 지방지를 제외한 서울에서 발행된 주요 일간·주간지들을 창간 순서에 따라 정리해 보면 당시의 언론 동향을 한 눈에 파악할 수 있을 것이다.

①『대중』: 1945년 8월 하순 조선공산당 경성지구위원회 출판국 발행의 등사

---

11 정진석, 「해방공간의 좌익언론과 언론인들—조선인민보, 해방일보, 건국, 노력인민의 출현과 쇠퇴」, 국립중앙도서관 디지털 자료, 네이버 등 게재, 인용.

판으로 비정기적으로 발행.

② 『서울뉴스』: 1945 9월 창간한 타블로이드 등사판 신문. 공산당 계열.

③ 『The Korea Times』: 1945년 9월 5일 창간한 영자지.

④ 『The Seoul Times』: 1945년 9월 6일 창간한 영자지로 6·25 전까지 대표적인
　　영자신문 역할.

⑤ 『조선인민보』: 1945년 9월 8일 창간. 『경성일보』의 좌익기자들 주축으로 서
　　울중앙기독교청년회관에 편집실, 조선교학도서회사朝鮮敎學圖書會社에
　　서 인쇄한 영향력 강한 일간지.

⑥ 『해방일보』: 1945년 9월 19일 창간. 조선공산당 중앙위원회가 발행주체로
　　가장 영향력이 컸던 당 기관지였으나 미군정은 이 신문의 인쇄소였
　　던 조선정판사에서 위조화폐를 제작했다는 세칭 '조선정판사 위폐사
　　건'을 빌미로 1946년 5월 18일 발행정지 처분하면서 공산당도 불법
　　화 조치1947.8.11.

⑦ 『민중일보』: 1945년 9월 22일 창간. 인쇄시설 및 자금난 등으로 여러 번의
　　휴간을 거치다가 윤보선이 판권을 인수1947.4.6, 1948년 12월 2일 이승
　　만 정권을 비판했다고 폐간 당함.

⑧ 『전선』: 1945년 10월 2일 창간된 조선공산당 중앙위원회 기관지. 세칭 장안
　　파 공산당 계열이영. 정백 등의 대변지.

⑨ 『혁명신문』: 1945년 10월 4일 사회주의 계열 신문으로 타블로이드판.

⑩ 『자유신문』: 1945년 10월 5일 창간한 진보적인 신문이었으나 온건하여
　　1952년 5월 26일까지 지속.

⑪ 『독립신문』: 1945년 10월 11일 창간. 상해임시정부 계열로 초기에는 주간지
　　였다가 곧 일간지로 바꿈.

⑫ 『순보旬報농민』: 1945년 10월 15일 창간. 진보적인 신문으로 조선농촌건설사
　　가 출판.

⑬ 『중앙신문』: 1945년 11월 1일 좌익계의 영향력이 큰 신문으로, 『조선상공
　　신문』의 인쇄시설을 인수하여 대판으로 발행한 첫 신문. 미군정으

로부터 혹독한 처분을 여러 차례 당했으며 우익 청년들의 테러도 3차 발생.

⑭『전국노동자신문』: 1945년 11월 1일 창간한 공산당 계열지. 조선노동조합전국평의회^{약칭 전평} 기관지로 타블로이드 월 2회 발행.

⑮『대한독립신문』: 1945년 11월 3일 창간한 이승만계 언론.

⑯『문예신보』: 1945년 11월 9일 창간.

⑰『조선문화신문』: 1945년 11월 9일 창간한 사회주의 계열.

⑱『문화전선』: 1945년 11월 15일 창간한 좌익계. 조선문화건설중앙협의회 기관지로 월 2회 타블로이드 출간.

⑲『조선일보』: 1945년 11월 23일 속간. 미군정이 『매일신보』를 우파신문에게 넘기려 하였으나 사내의 자치위원회가 반발하여 좌절, 결국 군정은 재산조사를 구실삼아 정간 처분^{11.10}을 내린 뒤 『서울신문』으로 개제해 속간^{11.23}하게 해서 사내의 좌익세력을 약화시켰다. 한성부였던 서울은 일제하인 1910년 10월 1일에 경성부로 개칭되었다가 1945년 미군정이 '서울'로 바꾸면서 신문 제호도 『서울신문』으로 변경해버렸다. 이래서 『조선일보』는 그 시설을 빌려 속간. 초기에는 상해 임시정부 노선이었다가 이승만 지지로 바뀌었다.

⑳『대동신문』: 1945년 11월 25일 창간. 극우 신문으로 우익 테러를 찬양하여 미군정이 형식상 정간처분을 내렸으나 이내 복간, 1953년 극우파 이종영 사장의 죽음으로 사라짐.

㉑『아동문학』: 1945년 12월 1일 창간한 조선문화건설중앙협의회의 아동문학위원회 기관지로 월 2회 발행.

㉒『동아일보』: 1945년 12월 1일 속간. 『경성일보』의 시설을 이용하려 시도했으나 경성일보사내 자치위원회가 반발하여 동아는 직접 활자를 주조하여 발행이 지체되었다. 한민당 노선 철저히 관철.

㉓『한성일보』: 1946년 2월 26일 창간한 안재홍 노선으로 친 이승만, 친 군정.

㉔『현대일보』: 1946년 3월 26일 창간한 찬탁 좌익지. 1946년 9월 미군정이 사

옥 수색 등으로 무기정간 처분 후 우익 대한독립청년단에게 발행권
넘김.
㉕『건국』: 1946년 7월 9일 탄압 직후 공산당 기관지로 타블로이드 2면의 부정
기 간행.
㉖『노력인민』: 1947년 6월 19일 창간.『해방일보』를 폐간당한 조선공산당의
기관지 역할. 공산당은 1946년 8월에 평양에서 '북조선로동당'을 발
족시킴으로 써 남한에서는 1946년 11월 23일 남조선로동당으로 명
칭이 바뀌었다. 따라서『노력인민』은 남로당의 기관지였다.
㉗『해방』: 남로당계 주간지로 타블로이드 판.
㉘『The Korea Union Times』: 1948년 5월 31일 창간한 영자지.
㉙『The Union Democrat』: 1948년 7월 21일 창간한 영자지.[12]

해외뉴스 공급원 역할을 하는 통신사도 마찬가지였다. 일본의『동맹통신』
경성지사 기자들이 그 기기를 접수하여『해방통신』을 창간[1945.8.17]한 게 통신
사의 효시인데, 좌익 기자들이 주축이었다. 이 통신은 바로 노선분쟁으로 일
부 우파들이 별도로『국제통신』을 창간했으나 미군정으로 관리권을 이관해
버렸다. 영자지『The Seoul Times』가『연합통신』을 창설[1945.11.30]했으나. 곧『국
제통신』과 합병하여『합동통신』[1945.12.20]이 되었다.[13]
위에서 본 것처럼 미국의 의도와는 달리 공산당을 비롯한 진보세력이 월
등한 데다 민족독립의식이 투철했던 당시의 조선에서 미군정은 장기적인
점령체제를 완성하고자 먼저 억압적 국가기구의 실현을 우선했다. 따라서
우익 언론의 성장을 돕는 한편 그 반대 언론을 탄압하는 조처를 노골적으로
추진했다. 우익언론에게 특혜조처를 취한 첫 조치는 일제가 남긴 언론관련
귀속재산의 처리였는데, 예상대로 친미세력에게 그 관리권을 우선적으로

---

12   ① 정진석,『한국현대 언론사론』, 전예원, 1985, ② 김민환,『한국언론사』, 사회비평사, 1996
      등 참고하여 종합한 것.
13   위의 ② 참고(352~355쪽).

이양했다.[14]

당연히 언론통제의 초점은 역시 공산당 계열의 언론과, 진보적 민주주의를 표방한 진보주의 언론을 통제하고 정리하는데 맞춰졌다. 너무나 그 사례가 빈번해서 일일이 다 열거하기 어려울 지경인데 그 중 가장 대표적인 사례가 바로 조선정판사 위폐사건과 『해방일보』 폐간이라 이 사건의 전말을 살펴보기로 한다.

3. 조선정판사 위폐사건의 전말

8·15 당시 남조선은 진보세력이 압도적인 주도권을 장악한 상태에서 이를 약화시키기 위해 고심하던 미군정에게 제일 먼저 주어진 선물은 역설적이게도 자신들이 주장했던 모스크바삼상회의의 결과였다. 모스크바삼상회의에서 결정한 점진적인 조선 통일정부 수립 지지라는 공산당과 진보세력들의 외침을 한마디로 소련을 추종하는 신탁통치 지지라고 축약해서 '찬탁'이란 술어로 허위 포장한 선전술이 상해 임정-이승만-한민당 주축의 우익들에게 강력한 구원투수가 되어주었다. 궁지에 몰릴 뻔했던 미군정은 이 쟁점이 계기가 되어 노골적으로 우익을 적극 지원해 줄 수 있게 되었다. 이런 와중에 모스크바삼상회의에서 이미 결정된 미소공동위원회가 열렸으나 이미 미국이나 소련은 각각 자국의 이익을 위하여 파토를 내려고 애초부터 작심한 상태였다. 그래서 미소공위 제1차 회의가 결렬되는 시점을 미군정은 남조선 좌익 소탕의 물실호기로 잡았을 것이다. 그러려면 우선 조선공산당을 비롯한 진보세력들의 내분을 조장하는 게 가장 효율적임은 삼척동자도 다 아는 수법이다. 이 목적을 보다 순조롭게 달성하려면 일부 썩은 이빨처럼 흔들거리는 진보세력에게 당근을 주는 한편 불굴의 좌익들에게는 몽둥이를

---

14 위와 같은 김민환의 저서 336~348쪽에 자세한 추이가 나옴.

휘두르는 정책을 병행해야만 되었다. 그래서 내세운 깃발이 좌우합작 추진 6월이란 알사탕이었다. 이에 발맞춰 이승만은 남한만의 단일정부 수립이란 말을 넌지시 꺼냈다.

이를 위해서 "미소공동위원회가 휴회상태에 빠졌을 때 미 CIC와 경찰, 하지중장의 정치브레인인 버치 중위 등은 좌익을 분열시키고 탄압하는 3가지 작업을 벌였다. ① 조봉암이 박헌영에게 보내는 편지, ② 여운홍여운형의 동생의 인민당 탈당, ③ 조선정판사사건 등은 거의 똑 같은 시기에 발생한 중요한 정치적사건들이었다".[15]

1946년 5월 7~9일 사이에 『동아일보』, 『조선일보』 등에 조봉암의 「존경하는 박(헌영) 동무에게」란 글이 공개됐다. 조봉암의 사신인데, 이 문건은 같은 해 3월에 미 CIC가 민주주의민족전선 인천지부 사무실을 수색할 때 빼앗았던 걸 몇 군데 개악 가필하여 박헌영의 공산당과 여운형의 인민공화국을 싸잡아 비난한 내용이었다. 이 사신이 공개된 직후인 5월 15일 조봉암은 민주주의민족전선 의장직을 사임했고 6월 12일에는 미 CIC에 연행당했다가 열흘 만에 풀려난 다음 날6.23, 민전 주최 미소공동위원회 촉진 인천시민대회 때 조봉암 명의로 된 좌익 비난 성명서가 뿌려졌다. 실로 가공할 흑색선전이었다.

5월 9일, 여운형의 동생 여운홍은 중앙방송을 통해 조봉암의 사신에 공감하며 자신이 속해있던 여운형의 조선인민당 내부에도 공산당원들의 책동이 극심하다며 간부들 94명과 함께 탈당을 선언했다. 이 탈당파들이 8월 초에는 미군정의 좌우합작 추진책의 입맛에 딱 맞는 사회민주당을 결성했는데, 이 창당모임에는 이승만이 축사까지 했다.[16]

비록 이들의 발언이나 글이 진심일지라도 그 과정 자체는 명백히 미군정에 의한 사상과 표현의 자유를 침해한 충격적인 필화사건이 아닐 수 없다.

---

15 서중석, 『한국현대 민족운동연구─해방 후 민족국가 건설운동과 통일전선』, 역사비평사, 1991. 495쪽.
16 위의 책, 496~497쪽.

그럼에도 불구하고 공산당 분열과 파괴라는 목적을 흡족하게 이루지 못한 미군정은 이제 더 강력한 몽둥이 작전을 펴야만 했다. 그게 성공하려면 진보세력이나 언론기관을 직접 탄압한다는 비난으로 체면을 구기는 방식이 아니라 우아하게 장식할 필요가 있어서 공산당이 반사회적인 범죄 집단이라는 드라마가 절실했을 터였다. 그래서 연출한 게 앞의 두 사건과는 비교도 안 될 "공작정치 방식의 조선공산당에 대한 탄압"으로 각색한 게 조선정판사 위폐사건으로, "미군정이 수개월 전부터 치밀하게 기획하고 준비했다가 1946년 5월 초순에 터뜨린 공작사건이었다."[17]

조선정판사는 당대 최고급 인쇄소의 하나로 근택빌딩에 있었다. 근택이란 명칭은 일제 때 치카자와近澤가 경영했던 당대 3대 명 인쇄소 겸 출판사로 알려진 근택상점에서 유래했다. 8·15직후 조선총독부는 조선은행과 협의하여 일본인들의 퇴각 자금 등을 지원하고자 추정액 13억 원 가량의 화폐를 인쇄하기로 결정, 그 인쇄를 조선서적인쇄주식회사와 근택상점 인쇄부에 맡겼다. 이때 화폐를 인쇄한 뒤 폐기처분할 징크판 몇 개가 남아 그대로 방치되어 있었다.

마침 공산당 활동 세력 중 일부가 부안에 있던 원로 김철수^{공산당 책임비서 경력자}를 추대하려고 친동생 김광수를 비롯한 박낙종, 송언필 등이 나섰다. 그들은 근택상점을 일인 대표 치카가와 시게루近澤茂에게 20만원에 정식으로 매입하여 김철수에게 헌납했다. 그런데 김철수는 공산당 재건파를 결집한 박헌영에게 이 빌딩과 부대시설 등 일체를 당이 쓰도록 양도했다. 박낙종은 근택상점을 조선정판사로 개칭하며 사장으로 취임했고, 빌딩은 그냥 근택이라 불렀다. 여기에는 조선공산당 본부와 당 기관지 『해방일보』사^{사장 권오직}와 그 인쇄소^{조선정판사}를 비롯한 당 관련 여러 단체들이 함께 있어서 1945년 11월 23일부터는 조선공산당 간판이 걸리게 되었다. 이런 배경에서 공산당 기

---

17 임성욱, 『조선정판사 '위조지폐' 사건 연구』, 신서원, 2019, 261~262쪽. 이 역저는 오랫동안 정설로 굳어져 있던 이 사건의 실체를 적나라하게 밝혀주면서 이게 미군정의 조작이었음을 분명히 입증해 주고 있다. 이하 이 사건의 추이와 서술은 전부 이 책에 근거한 것임.

관지『해방일보』는 1945년 9월 19일 창간이 가능했다.

그런데 1946년 4월 30일, 본정경찰서의 현을성 경위에게 누군가가 지폐 인쇄용 징크판을 판매하려 한다는 정보가 들어갔다. 그 꼬투리를 캐어 나가다가 5월 8일에는 조사가 거의 끝났는데 사건의 요지는 두 갈래였다. 하나는 조선정판사 직공 김창선이 지폐인쇄용 징크판을 훔쳐 팔려고 하다가 신고를 당해 미수에 그친 사건이고, 다른 하나는 김창선이 훔쳐 판 징크판으로 배재룡, 이원재, 랑승구와 랑승헌 형제가 뚝섬에서 위폐를 인쇄했다는 두 갈래였다. 이 두 사건을 합쳐 '뚝섬 위폐사건'이라 한다.

5월 4일 용의자 4명을 검거했는데, 그 중에는 우익단체인 대한독립촉성 국민회 뚝섬지부 조직부장 이원재도 포함되어 있었다. 그 악영향을 고려한 경찰 측은 상부에 보고했고, 장택상 등 상부는 미군정과 상의했다. 그 결과 징크판을 판매한 김창선이 조선정판사 소속 공산당원이란 점에 착안하여 5월 8일 본정경찰서와 제1관구경찰청이 무장 경관대를 동원하여 근택빌딩을 포위하여 조선정판사를 급습, 수색하여 10여 명을 피의자로 검거한 데다 정판사 사무원들까지 취조했다. 이틀 뒤 아침, 미군 CIC가 압수한 증거물을 조사한 뒤 이 사건을 극비로 수사하도록 명했다. 수사 경찰들은 일체 함구했고, 사건 경위나 공개는 군정청 공보부가 맡았는데, 5월 15일 첫 공식발표에서 '공산당원'이란 단어가 여러 차례 등장했고, "경찰보고에 의하면"이란 말이 지나칠 정도로 여러 번 나왔다. 미 CIC가 개입한 사실을 은폐하기 위한 수식어였기에, 뚝섬 위폐사건은 전혀 언급 않고 공산당으로 공격의 화살을 돌려 여론을 통해 공산당 비난을 조장했다.

"박헌영의 방문을 받은 조병옥 경무부장은 '이번 사건은 뚝섬사건이다'라고 말함으로써 오히려 미군정의 발표에 대한 의혹을 키웠으며, 미군정은 더욱 궁지에 몰리게 되었다."264쪽

장택상 제1관구 경찰청장은 5월 16일, 기자단과 문답에서 "미군정 공보부의 명령으로 사건에 대해 아무 것도 말할 수 없다"고 했다.

이구범 본정경찰서장 역시 "위조지폐사건에 대한 공보부 특별발표는 상

부의 발표라 무엇이라고 말하기 어려우나 나의 의사로는 잘 되지 못하였다고 생각한다. 첫째로 이 사건은 아직 취조가 끝나지 않은 것을 발표한 것은 경솔하였다. 둘째로 지폐를 정판사 지하실에서 인쇄하였다는 발표는 무근한 사실이다. 셋째로 이관술피신 중 7.6 피체. 권오직수배령 내리자 월북이 사건에 관련하고 있는지 없는지는 취조하여 보지 못한 이상 분명치 않다. 넷째로 이 사건은 뚝섬사건과 관련이 있음에도 불구하고 이번 발표에서 빠진 것은 이번 발표가 사건의 전모가 아닌 것을 말한다."265쪽

"5월 18일에는 CIC 소속 미군과 헌병들이 직접 출동하여 근택빌딩을 포위하고, 건물 내로 진입하여 조선공산당 및 『해방일보』사 사무실을 수색하고 증서, 인장, 문서 등을 압수한 후 근택빌딩을 폐쇄했다. 이로써 조선정판사는 폐쇄되었고, 『해방일보』는 무기정간을 맞은 후 결국 폐간되었다. 그리고 5월 27일에는 적산관리 문제를 구실로 조선공산당 본부로 하여금 근택빌딩에서 나갈 것을 명령했고, 이에 따라 조선공산당은 5월 30일 남대문으로 이전해야 했다."각주17, 266쪽

미군정은 수사에 한계를 느꼈던지 5월 23일 사건을 검찰로 송청했는데, 마지막으로 법정에 선 중요 피의자는 이관술공산당 총무부장 겸 재정부장, 투옥 중 한국전쟁 때 피살, 박낙종조선정판사 사장, 목포형무소 수감 중 한국전쟁 때 피살, 송언필조선정판사 사무과장, 대전형무소 복역 중 피살, 신광범조선정판사 인쇄주임, 서울형무소 수감 중 한국전쟁 때 인민군에 의해 풀려나 월북, 박상근창고주임, 김창선정판사 평판과장, 정명환평판과 부과장, 평판직공 김상선, 김우용, 홍계훈 등에다 미 체포 상태인 권오직『해방일보』사 사장, 월북도 기소되었다. 범죄사실로는 위폐를 제작했다는 것으로 그 위폐액수가 첫 발표에서는 3백만 원이었으나 9백만 원으로 껑충 뛰었다가 최종적으로는 1천 2백만 원이 되었다.

담당검사는 조재천, 김홍섭이었다.

5월 25일. "미국인 경무부장 매글린 대령의 사무실로 피의자들을 데려다 놓고 조병옥, 장택상 등 경찰책임자들을 총동원하여 직접 취조 했으며, 5월 27일에는 매글린, 조병옥, 장택상, 노덕술 등이 모여 장시간 비밀회의를 진

행했다. 그리고 5월 28일에는 매글린, CIC 브루스 대위, 조병옥, 장택상, 노덕술, 이구범, 최난수, 김흥섭 등이 모두 입회한 가운데 조선정판사에서 위조지폐 시험 인쇄를 했다. 이는 피해자 증언 외에 물적 증거가 없는 상황에서 물적 증거를 확보하기 위한 노력의 일환으로 볼 수 있다."각주 17, 268쪽

그런 한편, 이 사건이 거짓임을 주장하는 모든 언론에 철퇴를 내리는 반면에 공산당에 대한 비난 기사는 오히려 조장했다.

검찰은 즉각 기소했다. 미군정은 1946년 7월, 김병로, 김용무, 이인의 3인 체제로 법조계를 장악한 상태라 자신만만했다. 예상대로 김병로 사법부장은 공보부를 통해 「신문인에게」란 제목의 성명서7.24에서 언론이 거론하는 문제 중 정치적인 목적의 내용 등에 대해 엄단한다고 경고하면서 이 사건은 단지 일반 범죄사건이라며 이를 정치적으로 확대하지 말 것을 경고했다. 이로써 공산당을 범죄집단과 동일시하는 여론 조작에 기름을 부어주었다.

재판부는 변호인들이 미처 공소장 읽을 시간도 부족하도록 속결로 진행하면서 연기신청도 거부했다. 뿐만 아니라 재판부는 변호인 9명 중 3명을 하자가 있다며 축출시켜 버렸다. 제1회 공판7.29은 방청객 100명 제한에 수백 명이 몰려들어 혼란 진압 과정에서 기자들에게 구타하거나 촬영기기를 압수하는 등에다 경동중학 3년생 전해련이 왼쪽 뺨에 탄환이 들어가 사망하게 되었다. 소란은 더욱 격렬해져 이 공판 소요사태로 50명이 체포되어 거의가 중형을 받았다.

그런 한편 우익들은 공산당이 시내 요처에 방화를 계획한다는 등 유언비어를 퍼트리며 좌익언론사를 습격하는 등 테러를 예사로 했다. 한민당은 정례기자회견5.17에서 공산당을 "경제를 교란시킨 죄과는 해체로서 천하에 사과해야 할 것"294쪽이라 선동하여 모든 단체들이 총 궐기해 성토대회가 열렸다. 우익언론의 보도는 천편일률적이었고, 특히 『동아일보』와 『한성일보』가 가장 심해서 조작 기사도 예사였다. 너무 조작이 심해 도리어 당국의 조사를 받기도 했다.297~318쪽

공산당은 3차에 걸친 성명서320·322·324쪽를 내고도 모자라 하지 군정사령

관에게 공산당중앙위원회 명의로 8개 요구사항을 서신[7.21]으로 보냈으나 아무런 효력이 없었다. 이에 방북 후 귀환한 박헌영은 '신전술'[7.22]을 선언하면서 미군정과 정면대결의 장으로 역사는 전환되고 말았다.

위에서 본 것처럼 이 사건이 조작되었음을 임성욱은 사건 발단부터 재판과정 전반에 걸쳐 세세히 밝혀주고 있는데 그 요지는 다음과 같다.

① 경찰이 수사 과정에서 압수한 화폐 인쇄용 소[소]징크판이 정판사 위폐사건의 주요 증거물로 채택되었으나 이는 정판사 위폐사건과는 전혀 상관없는 다른 사건의 증거물이었다, ② 그나마도 압수한 소징크판으로 실험 인쇄를 해 봤으나 정판사에서 찍은 것이라고 검찰이 주장하는 위조지폐와 현격하게 달랐다, ③ 검찰은 일제가 지폐를 사용하고 난 후 다른 용도로 쓰기 위해 연마기로 갈아버린 대[대]징크판을 피의자들이 완벽하게 재생시켜 정판사 위폐사건에 사용했다고 주장했는데, 연마기에 갈아서 백지처럼 된 징크판을 완벽하게 재생시키는 것도 불가능할 뿐만 아니라 재생된 징크판으로는 정교한 위조지폐 인쇄가 불가능하다. 또한 그러한 대징크판 자체가 발견된 적도 없다, ④ 정판사 위폐사건의 피의자 10명 중 인쇄 직공은 총 6명이었는데, 이들은 모두 인쇄 및 재단 작업 기술자였을 뿐이며, 손상된 징크판을 재생, 제작, 장기 보존할 수 있는 전문적 능력을 가진 숙련공은 단 한 명도 없었다, ⑤ 경찰은 일제가 화폐를 제조할 때 쓰고 남은 모조지를 정판사에서 발견하고 압수했는데, 검찰은 이를 증거물로 제시하며 피의자들이 위폐 인쇄에 사용하고 남은 것이라고 주장했다. 그러나 모조지가 정판사에 남아 있었다는 이유만으로 그 모조지가 정판사 위폐사건에 사용되었다는 증거가 될 수는 없다, ⑥ 사건의 가장 중요한 증거물은 위조지폐이다. 만약 검찰의 주장대로 엄청난 양[2만 장]의 위조지폐가 제조되었다면 위조지폐가 정판사는 아니더라도 어디에선가는 나와야 하는데 경찰이 아무리 수사를 해도 단 한 장도 발견된 것이 없었다, ⑦ 미군정은 위폐 제작 장소가 근택빌딩 지하실이라고 발표했으나 거기는 식당으로 사용되었으며 인쇄시설은 별도의 건물에 있었다, ⑧ 피의자들이 화폐를 인쇄했다고 검찰이 주장하는 시기[1945]

년 10월 하순에 핵심 피의자인 정판사 사장은 지방에 출장을 갔으므로 서울에 없었다, ⑨ 검찰은 피의자 중 2명^{정판사 사무직 1명, 인쇄 직공 1명}이 조선공산당 재정 상태의 어려움을 염려하여 위폐를 제작하자고 숙직실에서 모의했다고 주장했는데, 그 시점^{1945년 10월 중순}에는 정판사에 아직 숙직 제도 자체가 없었다. 사실 확인을 위해 숙직일지가 중요해지자 검찰은 경찰이 압수해간 숙직일지가 사라졌다며 끝까지 공개하지 않았다, ⑩ 모의했다는 두 사람은 당시에는 아직 조선공산당에 입당도 하지 않은 상태였다. 당원도 아닌 두 사람이 당의 재정 문제를 알고 있었으며, 특히 그중에서도 인쇄 직공이 먼저 위폐 인쇄를 제안했다는 검찰의 주장은 말이 되지 않는다, ⑪ 미군정, 경찰, 검찰은 정판사에서 제조했다는 위폐 금액을 각각 300만원, 900만원, 1200만원으로 증액시켜 가며 3차례에 걸쳐 발표했다는 등등이었다.[18]

이 사건을 가장 먼저 소설로 밝혀준 게 재일동포작가 김달수의 장편『태백산맥』이다. 1945년 8·15부터 1946년 대구 10월항쟁까지 1년여 동안에 걸쳐 조선의 정치세력과 정세, 사회의 변모 과정을 민중운동사적 시각으로 개관한 이 걸작은 조선정판사사건을 통해 미군정이 노린 것은 조선공산당을 탄압할 가장 효율적인 명분에만 그치는 것이 아니라 이미 북조선에서 움트고 있던 북조선노동당^{1946.8}으로의 변신에 따라 남조선에서도 좌익연합전선인 남로당의 탄생을 일찌감치 저지하려는 의도까지 있었다고 밝혔다.[19]

이런 엉성한 사건의 배후에는 예외 없이 무리한 고문이 따르기 마련인데,

---

18 위의 책, 408~475쪽. 이와 달리 검찰 측 관점은 대검찰청 수사국,『좌익사건실록─검찰자료』제1권, 187~220쪽 참고할 것. 이 자료에 의하면 위조지폐 범람으로 민심이 흉흉한 데다 항간에서 100원 권을 기피하는 현상까지 생겨 수사 중 본정(현 중부)경찰서에서 범인을 검거했다고 기술. 연루자 16명 중 간부 2명은 도주해 미체포 된 채 나머지 14명은 검거했다. 도주했던 이관술도 7월 6일 체포됐다. 참고로 말하면 일본식 화폐 100원권은 1948년부터 사용금지(군정법령 182호)됐다.

19 金達壽(1919~1997),『太白山脈』, 筑摩書房, 1969; 임규찬 역,『태백산맥』상·하권, 연구사, 1988 참고. 이 소설은 8·15 이후 미군정의 역할을 중심으로 이에 대응하는 국내 정치세력을 비판하는 관점을 취했다. 따라서 정판사 위폐사건을 매우 비중 있게 그 자초지종을 세세히 다루고 있다.

미군정 시기에도 고문이 얼마나 성행했건가는 이미 널리 알려져 있다.[20]

  정치적인 조작극은 아무리 엉성해도 재판에는 아무런 영향도 없이 정해진 각본대로 진행되며 오로지 중요한 것은 대중적인 선동력과 영향력의 파급일 뿐이다. 이런 의미에서 조선정판사 위폐사건은 현대 한국 필화사에서 가장 큰 영향력을 가져온 국가폭력의 본보기일 것이다. 더구나 그 흑막의 배후에 미군정이 군림하고 있었다는 것은 이후 한국 필화사의 미래를 예견해주기도 한다.

4. 『해방일보』 폐간 조치와 좌익언론 탄압

  이 위폐사건 여파로 ① 조선공산당의 신뢰감 실추, ② 기관지 『해방일보』의 폐간, ③ 기타 좌익지 일체에 대한 탄압 강화, ④ 이런 여론조작으로 군중들이 공공연하게 좌익 언론을 테러하기, ⑤ 반소 냉전 이데올로기의 조성으로 반공 콤플렉스 조장, ⑥ 분단고착화를 위한 남한 단독정부 수립의 정당성 확보 등등 엄청난 시너지효과를 가져왔다. 여기서는 필화와 관련된 사항만 논하는 자리라 우선 『해방일보』를 일별하고 이와 관련된 언론 탄압상만 간략히 다루기로 한다.

  『해방일보』는 1945년 9월 19일 창간해서 이듬해 5월 18일까지 150호를 발행하고 조선정판사사건으로 폐간당했다. 창간호의 제호 오른쪽에는 '조선공산당 중앙위원회 기관지'라고 큰 활자로 표기하다가 그 뒤 이 표기는 제호 아래로 옮겨졌다. 제1면 상단에는 'освобождеNE / THE EMAHCIPATIOH'

---

20 박원순, 『야만시대의 기록─일제시대에서 박정희정권까지』 2, 역사비평사, 2006. 미군정시대의 고문을 다룬 건 149~180쪽, 이 중 조선정판사사건에 대한 고문은 163~168쪽. 더 정교한 정보는 김두식, 『법률가들─선출되지 않은 권력의 탄생』, 창비, 2018 참고. 김두식은 친일파 경찰들이 일제 치하 때부터 자행해 왔던 여러 행적들을 역사적인 맥락으로 잡아 그 인물들의 세세한 경력까지 다 파헤쳐 주고 있다. 그러나 이 저자는 조선정판사사건 전체가 조작되었다는 임상옥의 주장에는 의문을 제기한다.

이라고 나와 있다. 앞의 것은 러시아어로 해방освобождение이란 뜻인데 마지막 두 번째 알파벳 NE는 러시아 자모 ние의 오기다. 아마 러시아어 자모판이 없어서 그려 넣은 흔적이 뚜렷하다. 뒤는 영어로 해방EMANCIPATION인데, H로 오기된 건 N이 러시아어 H에 해당하는 알파벳이라 문선 과정에서 오자를 냈을 것이다. 9월 25일 자에는 영어는 제대로 고쳐졌으나 러시아 표기는 오기 그대로이고, 이 글자 밑에다 '만국 프로레타리아트는 단결하라!'는 슬로건을 작은 글자로 넣었다. 그러다가 10월 12일 자에는 러시아어와 영어 슬로건이 사라지고 '만국 무산자는 단결하라'는 구호로 대신했다.[21]

이 신문은 일반 언론과는 달리 투철한 당 이념의 전달 매체체로서 독자들도 당 조직을 통해 확보했다. 그래서 당 조직과 병행해서 전국 시·도에 지사를 설치하여 통신원 2명 이상을 두었으며, 그 아래 행정단위인 군 이하는 당 책임자가 면, 리와 동 등 행정체계와 그 지역의 학교와 노조와 농민조직까지도 보급과 수금을 책임졌다. 물론 이런 조직을 통하여 『해방일보』를 위한 성금도 수시로 모았다.[22]

기사는 사회주의 혁명 찬양과 친소적인 내용이 주를 이룬 반면에 미군정과 그에 추종하는 반민족적인 세력에 대한 비판이 많았다. 논조는 초기에는 박헌영의 「8월 테제」에 입각해 있어서 조선의 해방은 민족주체적인 역량보다는 진보적인 민주주의 국가인 연합국의 영향이 컸다는 입장이다. 반파시즘 체제를 타도한 연합국미·영·소이란 우호적인 인식에 따라서 미국도 소련과 나란히 진보적인 민주주의 국가로 봤기 때문에 미국 그 자체를 비판하기보다는 미군정의 구체적인 정책 실패에 대한 비판에 초점이 맞춰져 있다. 이

---

21 김남식·이정식·한홍구 편, 『한국현대사 자료 총서 5−1945~1948』, 도서출판 돌베개, 1986 참고해 조사한 것. 여기에는 『청년해방일보』(1946년 5월~1947년 9월)와 『해방일보』가 폐간당한 뒤를 이은 남조선노동당 중앙위원회 기관지 『노력인민』(1947년 6월 19일 창간호~1948년 11월)도 실려 있다.

22 정진석, 「해방공간의 좌익언론과 언론인들−조선인민보, 해방일보, 건국, 노력인민의 출현과 쇠퇴」 중 『해방일보』에 관한 부분 참고할 것, 국립중앙도서관 디지털 자료, 네이버 등 게재. 『해방일보』에 관한 서술이 많다.

어 세계정세가 진보적인 민주주의 나라들 중 소련사회주의가 인민을 위한 보다 앞선 체제로 보면서 그 이념에 따라 조선은 자주독립 국가 건설, 토지문제의 해결 등을 통해 진보적인 민주주의 혁명을 수행해 나갈 것을 주장했다. 혁명의 효과적인 수행을 위해서는 일제 식민지시대부터 성행했던 일체의 분파주의를 청산한 당조직을 강조했다.[23]

이런 경위에서 보듯이 이 신문은 당시로서는 상당한 수준의 당 관료나 지식인들이 경영의 책임부서를 맡았다. 폐간 당시의 진용은 사장 권오직, 발행 겸 인쇄인 김계호, 주필 조두원, 논설부위원 이우적, 편집국장 정태식, 영업국장 윤형식, 정치부 기자 박갑동, 편집국 강병도, 문예부 이상운 등등이었다.

『해방일보』의 주요 시설은 천주교 서울교구 유지재단이 미군정으로부터 인수받아 사장 양기섭, 부사장 윤형중, 주간 정지용, 편집국장 염상섭체제로 『경향신문』1946.10.6을 창간했다.

『해방일보』는 당 기관지로써 당이 존재하는 한 어떻게든지 발간해야만 되었기에 폐간 당한 뒤에도 부정기 벽신문으로 타블로이드 한 장의 주간 『건국』1946.7.9 창간을 냈다. 발행 편집인 겸 인쇄인 강중학, 주간은 김광수였다. 벽신문이라 밝힌 것처럼 이미 탄압당하던 시절이라 거리 어디에나 신문 앞뒤 두 쪽을 붙여서 홍보하는 전략이었다.

탄압 속의 공산당은 당명이 남조선노동당약칭 남로당, 1946.11으로 바뀐 뒤 미군정의 발행허가를 받을 수 없어서 『대중신보』를 인수하여 당 기관지로 『노력인민』1946.12.7을 창간했다. 발행인은 홍남표, 주필 조두원, 편집국장 이상호, 편집국 차장 정진섭, 영업국장 김용남 체제였던 이 신문은 초기 공산당 매체들이 지녔던 선동성보다는 차분한 논리와 교양물 수준으로 끌어 올렸는데

---

23 이정 박헌영 전집 편집위원회, 『이정 박헌영 전집』 5, 역사비평사, 2004, 51~69쪽 등 참고. 이런 여러 정황을 보면 당시 진보세력은 미국의 실체에 대해서 초기에는 너무 순진하게 보다가 미소공동위원회의 결렬을 계기로 그 실상을 절감한 듯하다. ① 정용욱, 『해방전후 미국의 대한정책』, 서울대 출판부, 2003, ② 허은, 「우리는 미국을 어떻게 보아왔나 — 실험대 위의 토끼와 의사」, 『내일을 여는 역사』 여름호, 2023, ③ 고지훈 「해방 직후 조선공산당의 대미인식」, 『역사문제연구』 통권 46권, 2021 등 참고.

공산주의의 불법화[1947.8.11] 이후에는 사무실도 없이 피신하며 제작하다가 제작진이 피체당한 뒤에도 그 명맥을 유지하여 1948년 10월 30일 자로 발행된 제112호가 남아 있을 정도였다.

이밖에도 당은 공산주의청년동맹 기관지 『청년해방일보』와 주간지로 조선노동조합전국평의회 기관지 『전국노동자신문』, 전국농민동맹 기관지 『전국농민신문』 등도 발간하고 있었으나 서서히 사라지게 되었다.

이런 시대적인 배경에서 미군정이 자행한 탄압으로 가히 일제 강점기를 능가할 정도의 각종 필화가 쏟아졌는데, 요약하면 좌익지 폐간 뒤 그 시설 등을 우익지에 특혜로 전환해서 일석이조를 수확했다. 그래서 "1946년 9월부터 1947년 8월까지 습격 파괴된 언론기관이 11개소, 피습당한 언론인이 55명, 검거된 언론인은 105명에 이르렀다".[24]

그 결과, 좌익언론이 급격히 줄어들고 우익언론이 상승하여 1947년 9월 당시 통계로는 『경향신문』이 "6만 부를 겨우 넘어서는 정도였고, 두 번째로 많은 부수를 발행하는 『서울신문』이 5만 2천, 그리고 4만 또는 5~6천 부밖에 발행하지 못하는 것들이 많았다.[25]

출판 역시 1947년 3월에 창립한 조선출판문화협회의 기록으로는 약 1백 50여 개 출판사가 1년간 1천여 종의 도서를 발간했는데 같은 해 말에는 581개 출판사가 난립, 이듬해에는 729개 출판사로 늘어나 1천2백 종의 도서를 출간했다.[26]

가장 선전 선동력이 강한 영화는 그 제작과정이 복합적이라 일제가 남긴 시설을 미군정이 일찌감치 독점했다. 제2차 세계대전 때부터 영화매체를 심리전psychological warfare으로 중시했던 지라 남조선에서 선전을 맡았던 미 502부대의 업무는 주한미공보원USIS으로 대체되어 이 분야의 작업을 이어갔다.

---

24 정근식 외편, 『검열의 제국 ─ 문화의 통제와 재생산』, 푸른역사, 2016, 469쪽.
25 최준, 『한국신문사』, 일조각, 1970이 밝힌 것을 정진석의 『한국현대 언론사론』, 전예원, 1985, 249쪽 등에서 재인용.
26 이중연 『책, 사슬에서 풀리다 ─ 해방기 책의 문화사』, 혜안, 2005, 56~58쪽 참조. 저자는 다소 과장된 듯 하나 기록으로는 고서적 매출의 80~90%가 좌익서적이었다고 소개한다.

군정은 '활동사진 취체령'[1946.4.12]과 영화허가[1946.10.8]를 통하여 작품의 사상성을 통제함과 동시에 미국영화 상영을 적극 확대하는 정책을 노골적으로 폈다. 그러기 위해 군정은 극장까지 통제하여 영화를 배급했다.[27]

이래서 조선정판사사건은 미군정이 모국의 냉전체제정책을 공고히 하는 분수령이 되어주었다. 1945년을 냉전으로 전환시킨 지렛대로 삼았던 미국은 점점 '부드러운 말과 몽둥이' 전략에서 성서와 문화 제국주의로 방향선회했는데, 그 첨병이 바로 진보파의 언론탄압과 보수파의 지원이라는 병행정책이었고 이로써 미국으로서는 큰 성공을 거뒀다.[28]

---

27 한국영상자료원 편, 『한국영화 역사 속 검열제도』, 한국영상자료원, 2016, 32~37쪽.
28 이주영, 「미국 사학계의 새로운 냉전사 연구」, 『역사비평』 봄호, 2015 게재, 참고. 문화가 냉전의식을 더욱 고조시켰고, 이게 점점 굳어져 코카콜로니제이션(Coca-colonization), 혹은 헐리웃의 냉전(Hollywood's Cold War)으로 승화했다고 이 글은 썼다. 재즈음악의 성행도 미국의 백인우월주의를 완화시키려는 문화적 냉전의 결과라고도 했다.

제3장

만담가 신불출의
설화 舌禍

1. 테러당한 한국의 찰리 채플린

1946년 5월을 분수령으로 미군정의 언론탄압은 이미 일제 치하의 수준을 넘어섰다. 비단 언론이나 출판만이 아니라 그 탄압분야는 점점 확대되어 영화와 연극에도 손을 뻗었다.

영화분야에서는 "해방직후 폐지되었던 영화에 대한 사전검열이 군정법령 68호[1946.4.12]로 부활했으며, 군정법령 115호[1946.10.8]의 제정으로 입장료의 유무를 막론하고 15인 이상의 집회에서 영화상영 시 그 적부를 사전 심사하여 상영금지는 물론 영화를 몰수할 수 있게 했다. 이는 좌익집회에서 영화가 상영되는 것을 막으려는 의도를 띠고 있으며, 영화를 통한 정치선전을 금지하는 '장택상고시'[1947.1.30]로 전면화 된다.[1]

공연분야 역시 '극장 급 흥행 취체령' 제정[경기도경찰국장 명의, 1946.2.7]으로 극장 공연의 중지, 각본 검열로 삭제 등을 본격화하자 이에 즉각 조선문화단체총연맹은 '극장 급 흥행 취체령 철폐 요구 성명서'[3.6]를 냈으나 미군정 하지 중장은 언론. 집회. 신앙. 출판의 자유를 존중하며 출판 검열을 않겠다고 하면서도 사실은 전혀 그러지 않았다. 5월에는 조선문화단체총연맹과 조선영화동맹의 영화단체들이 군정당국에게 검열 수속을 완화해 달라고 요구했으나 9월에는 김원봉 부대의 항일투쟁 기록영화 〈조선의용대〉를 상영 불허하는 등 조금도 달라지지 않았다. 이후 박기채 감독 영화 〈밤의 태양〉 중 신문 강제 구매와 신문기자 모독 장면을 수도경찰청 경우회가 문제 삼는[1948.7] 등 문화예술계 전반은 얼어붙었다.

이런 혼란의 와중에서 희대의 천재 만담가로 조선의 찰리 채플린이란 별명을 가진 신불출에 대한 테러사건이 필화의 절정을 이뤘다. 일제 식민지시대부터 항일민족의식을 고취하는 최고의 인기 만담가로 명성이 드높았던

---

1   정근식 외편, 『검열의 제국―문화의 통제와 재생산』, 푸른역사, 2016, 470쪽.

그는 반제국주의 투쟁을 위해 사회주의의식이 투철했던 터라 8·15 후 바로 조선공산당에 투신하여 대중선동의 앞장에 섰다.

신탁통치 문제를 다뤘던 제1차 미소공동위원회가 결실 없이 휴회^{1946.5.6}에 들어간 허탈감에다 조선정판사 위폐사건까지 겹쳐 어수선하던 차에 조선영화동맹^{서기장 추민}과 『예술통신』사가 공동 주최한 '6·10만세운동 기념 연예대회'가 3일간 개최되었다. 장소는 명치정^{명동}의 국제극장^{현 명동예술극장}이었다.

국제극장은 1936년 10월 7일, 메이지자^{明治座}를 영화관으로 개관한 유명한 문화공간이었다. 건축주는 일인 사업가 이시바시 료스케^{石橋良祐}였고, 설계자는 다마타 기츠지^{玉田橘治}였다. 이 무렵 다마타는 경성에서 종로의 단성사, 을지로의 황금관^{黄金館, 8·15 후 국도극장} 등의 설계도 맡았을 정도로 식민지 조선에서는 널리 알려진 인물이었다. 메이지자는 도쿄 아사쿠사^{浅草}의 대승관^{大勝館}과 너무나 닮았다는 평을 들었지만 식민지 시대의 명물의 하나였다. 8·15 후 국제극장으로 개칭^{1946.1}됐다가 이듬해에는 서울시가 매입해 시공관^{市公館}, 정부가 매입하여 명동예술회관^{1957.6.1}, 그 뒤 명동국립극장^{1962.3.21}이 됐지만 남산에 거대한 국립극장이 생기면서 금융기관에 매각¹⁹⁷⁵됐다가 문화관광부가 매입²⁰⁰²해서 명동예술극장^{2009.6.5}으로 새 단장해 오늘에 이르고 있다. 화류계 여성의 이름처럼 변천을 겪은 이 명물은 "초대 설립자 이시바시 씨의 딸이 목욕탕^{현 3층 의상실}에서 실연으로 목매어 죽었다는 사연"으로 '재수 없는 건물'로 불렸지만 도리어 유명세를 탔다.[2]

8·15 이후 이 극장에서 일어난 유명한 2대 사건은 만담가 신불출이 우익으로부터 혹심한 집단 테러를 당한 사건과, 장면 부통령이 권총 저격을 당한 것으로 꼽히고 있다. 1956년 9월 28일에 열린 민주당 전당대회에서 연설을 마치고 나가려다가 저격을 당했던 이 사건은 범인을 잡았으나 배후는 캐내지 못했던 자유당 독재시대가 남긴 역사의 미스테리다.

이 국제극장에서 3일간의 행사 중 신불출이 무대에 선 것은 1946년 6월

2 　김세환, 「무대예술인의 애환 30년 – 문 닫는 명동예술극장」, 『경향신문』, 1975년 11월 29일자 인용 및 참고.

11일 밤이었다. 그가 무대에 서기 직전의 프로는 문화영화 상영으로 조선영화동맹이 재일조선인연맹의 뉴스를 중심으로 재편집해 제작한 〈조련뉴스〉로, 그 내용 중에는 여운형의 조선인민공화국을 환호하는 장면이 나오기도 했다. 바로 뒤이어 등단한 신불출이 공연한 제목은 '실소사전失笑辭典'이라고도 하고 '큰코다친다' '태극기 모독사건' 등등 언론마다 그 제목이 각각이다.

이 한국판 찰리 채플린, 아니 보기에 따라서는 채플린보다 더 코미디언적인 신불출은 쩔뚝거리면서 무대에 등장하여 신체장애자는 혼자 걸을 수 없다며 그 특유의 쩔뚝걸음으로 관객들을 웃기다가 남의 도움을 받으면 편하게 걸을 수 있는데 왜 혼자 쩔뚝거리느냐며 탁치 지지를 은근히 빗댔다. 이어 태극기를 가리키며 4괘를 4대 연합국소·미·중·영으로 풀이했다. 그러니 우리의 태극기 자체가 4개국의 신탁통치를 받게 되어 있다면서 다시 신탁통치의 정당성을 재강조 했다. 그는 남북 양쪽에 다 코 큰 손님이 들어와 있는데 우리 속담에 '큰코다친다'는 말이 있듯이 코가 더 큰 미국이 결국 큰 코 다쳐 쫓겨나게 된다고 했다.[3]

다시 태극기의 가운데 원을 가리키며 붉은색과 파란색으로 나뉘어 있는 걸 공산주의와 파쇼로 대비시켜준다고 풀이하면서 이 국기 자체가 우리나라를 숙명적으로 남북이 갈라지게 되어 있다고 남북분단을 현실화했다. 이 대목은 신탁통치로 남북단일정부를 주장했던 좌익의 이념과는 상반되지만 그 모순은 바로 해결된다. 이 국기의 가운데 원에다 물을 부으면 윗부분의 붉은색이 흘러내려 푸른색을 뒤덮어 전부 붉은색이 된다는 대목은 무척 자극적이었다.

관객들의 환호성이 절정에 이른 8시 40분경이었다. 이미 신불출을 납치하려고 관람석 여기저기에 잠입해 있던 김두한의 대한민주청년동맹 맹원들은

---

3 여러 기록에는 미국만 쫓겨난다고 했으나 필자의 유추로는 거기에 분명히 소련도 포함되어 있으나 표현을 자제했다고 본다. 일제 식민지시대부터 주장했던 그의 반제의식으로 미뤄볼 때 그의 주장은 일정기간의 탁치가 끝나면 모든 외세는 물러나야 한다는 것이었다고 봐야 할 것이다.

바로 태극기 모독이라며 본격적인 테러작전을 펼치기 시작했다. 무대로 뛰어올라가 집단 테러를 가하는 한편 관객석 전체를 아수라장으로 돌변시켰다. 여기에 그치지 않고 아예 신불출을 납치하거나 사살까지도 구상했던 터라 민주청년동맹 맹원들의 폭력은 거칠게 없었다. 영사실의 시설파괴와 〈조련뉴스〉 필름을 못 쓰게 만들기, 관람객에게도 서슴없는 폭력행사, 이를 피해 극장 밖으로 몰려나온 인파들 등등으로 극장 안팎이 일대 아수라장을 이뤘다. 경찰과 미 헌병대가 늦장 출동하여 9시 30분경에야 사태는 수습되었다. 군정당국은 주최 측인 조선영화동맹과 『예술통신』사 관련자들을 소환하여 취조를 시작했다. 그러나 민주청년동맹이 노렸던 표적인 신불출은 간신히 피신해서 백인제 외과^{현 백병원}에 입원 가료 중이지만 생명이 위독하다고 보도되었다.

그러나 13일 오전 11시경 신불출 역시 서대문서에 구금당해 취조를 받다가 종로서로 옮겨 본격적인 취조를 받은 뒤 20일에는 포고령 제2호 위반으로 미군정 재판에 회부되었다.[4] 이로써 예술통신 주간 김정혁金正革은 무죄, 조선영화동맹 서기장 추민秋民에게는 6월 23일 체형 1년 혹은 벌금 1만원, 신불출에게는 체형 1년에 벌금 2만원을 언도해서 얼마 뒤 벌금을 내고 석방되었다.

신불출은 일제 치하 때부터 숱한 설화를 당하면서도 오뚜기처럼 거듭 재기했지만 이 설화만한 참극은 처음이었던지라 서울의 무대에는 더 이상 나타나지 않다가 이듬해에 월북해버렸다.[5]

---

4   태평양미국육군총사령부포고 제2호(1945년 9월 7일 요코하마(横濱)에서 맥아더 명의로 포고)는 "항복문서의 조항 또는 태평양미국육군최고지휘관의 권한하에 발표한 포고, 명령, 지시를 범한 자, 미국인과 기타 연합국인의 인명 또는 소유물 또는 보안을 해한 자, 공중치안, 질서를 교란한 자, 정당한 행정을 방해하는 자 또는 연합군에 대하여 고의로 적대행위를 하는 자는 점령군군율회의에서 유죄로 결정한 후, 동 회의의 결정으로 사형 또는 타 형벌에 처함"이라고 규정.
5   이 설화(舌禍)사건의 구체적인 경위는 여러 단편적인 기록마다 달라 오리무중이라 저자가 이를 종합하여 알기 쉽게 재구성한 것임. 특히 한민당 노선이었던 『동아일보』는 이 사건을 가장 빈번하게 다루면서 시종 신랄한 논조로 비판했다. 예를 들면 인기 고정칼럼 '휴지통'

그의 시사만담에 대한 열정은 체질적이었기 때문에 8·15는 그 장기를 십분 발휘하는 계기가 되었다. 8·15 직후부터 그는 조선프롤레타리아예술연맹에 가입하여 활동을 했는데, 그 중 가장 대중들에게 각인된 행사는 1945년 10월 26일의 무료공연이었다. 순전히 이승만의 귀국10.16에 이은 시민환영행사에 모일 인파를 분산시키려고 기획된 행사였다. 이럴 정도로 열성파였던 신불출이었기에 여러 단편적인 행적과 기록들이 연이어졌다.

예를 들면 경북 영주까지 가서 만담행사를 하다가 그 여파가 안동 등 경북 일대로 확산되어 좌우파 지지 세력의 집단 폭력전으로 번진 사건이 그 대표적이다. 1946년 3월 25일, 영주에서 만담을 개최키로 하자 그 열흘 전부터 대대적인 선전이 이뤄졌다. 행사 당일 오후 신불출은 『대구일보』 사장과 함께 현지에 도착했다.

1천5백여 관람객 앞에서 그는 열렬한 환호를 받으며 신탁통치 문제를 논하면서 좌익이 조선과 조선 정부를 장악할 것이라면서 오후 6시 30분경 막을 내렸다. 이에 우파들이 나서서 이 공연을 당장 막아달라고 요청하여 경찰이 개입했다. 그러나 좌익들은 공연을 계속하겠다고 버티자 경찰은 행사 자체를 막진 않겠으니 다만 신불출이 민감한 정치 문제는 하지 말라는 조건을 달았다. 신은 그렇게 하겠다고 약속하면서 일단락되는 듯 했으나 그의 환영만찬 식당으로 결집한 좌우익 세력들은 신의 정치색으로 논쟁이 붙었으나 그 내용은 알려지지 않았다. 모임이 끝나 신불출이 떠난 뒤 바로 그 식당에서 우익이 도전하여 폭력전이 벌어져 7명의 좌익과 1명의 우익이 다쳤을 무렵에 경찰이 도착하여 수습, 우익 2명을 연행해 24시간 구류처분을 내렸다.

에서 이 사건을 언급하며 신불출이 일제 때 친일을 했다며 맹비난을 하면서 "신성해야 할 6·10만세 기념대회에 출연자로서 참가한 것부터 괘씸한 일"이라고 했다(6월 14일 자). 우파언론 대부분은 김두한에 의한 폭력행사를 조직적인 행위가 아니라 자발적인 애국시민들의 울분이 폭발한 것으로 보았다. 『가정신문』은 테러를 가한 뒤 "조공(조선공산당) 일파의 음모를 분쇄하라"고 절규하며 다시 태극기를 무대에 내걸고는 "누구의 지휘 없이 질서 정연히 전원 총 기립하며 국기 배례, 애국가 등을 봉창, 순국선열 추모 묵도를 드린 후 국제극장 주인의 사과"가 있었으며, 이에 수천 관중은 "감격에 넘쳐서 울었다"(6월 13일 자, 2면)라고 썼지만 실상은 달랐다고 볼 수 있다.

같은 날 밤 8시 30분, 신불출은 재공연에 나서 역시 탁치 지지를 비롯한 정치 코미디를 10시까지 아무런 방해 없이 무사히 계속했다. 이에 우익들은 다시 경찰에게 항의하여 이튿날 신불출은 경찰에 의해 강제로 트럭에 실려 안동으로 보내졌다.

이튿날 영주에서 우파들이 한 좌익 청년을 집단 테러해 20일간의 치료를 요하는 상처를 입혔다. 이에 좌익들도 집단으로 우익들의 집을 찾아다니다가 한 청년을 납치해 린치를 가했으나 경상이었다. 이에 좌우익은 안동, 풍기 등 외지에다 지원을 요청하여 27일 오후에 좌익은 영주역에, 우익은 경북호텔에 집결하여 초긴장 상태였으나 이내 미군이 도착해 수습, 의법조처해서 결론 났다.[6]

중앙방송위원회 극작가로 활동했던 장해성은 "신불출의 만담은 당대에 유명해 두터운 책자로도 발행됐다"며 특히 서울의 전력난을 풍자한 '서울의 전기세', 미국을 비난한 '승냥이' 만담은 주민들 사이에서 커다란 인기를 끌었다고 증언했다.

미군정기에 펼쳤던 신불출의 정치코미디가 던진 파문은 파격적이었으며, 그의 설화를 둘러싼 일련의 사건들은 8·15 직후의 중요한 정치적인 쟁점을 가장 날카롭게 적시했기에 민족사적인 의의가 크다고 평가할 만하다.

2. 남을 웃기려고 자신은 피눈물로 얼룩진 삶

풍자문학이 빈약한 우리의 문화예술 풍토에서 신불출의 위상은 너무나 소중한데 비하여 그에 대한 연구가 빈약하기 짝이 없어 그 출생연도조차 시계추처럼 흔들거린다. 본명이 신흥식신영일, 신흥식, 월북 후에는 신상학이라고도 함인 그는

---

6   주한미군 제63군정중대가 본부에 보낸 「주간 군사활동 보고서(Weekly Military Occu : pational Activity Report)」 중 1946년 3월 30일 자, 「미군정기 군정단 군정중대 문서 4」 수록. 국사편찬위원회 '한국사 데이터베이스' 참고, 요약.

1905년^{혹은 1907~1969?} 개성^{혹은 서울에서 태어나 개성에서 성장}에서 천민출신에다 '별로 안 좋은 장사'를 하는 아버지에게서 태어나 보통학교 정도의 학력이 그가 받은 교육의 전부라고도 하고 송도고보를 중퇴했다거나 와세다대 문과에 다녔다고도 하나 확인된 게 없으나 한학에 매우 조예가 깊었던 것은 틀림없다.[7]

신불출의 운명은 극단 대표에다 극작가에 배우를 겸했던 양백명^{탤런트 양백조의 아버지}에 의해 열렸다. 1920년대 후반 경, 양이 개성 지방공연 때 신흥식이란 청년이 찾아와 연극을 하겠다고 졸라 극단 연구생이 된 것이다. 청년은 학구열이 대단하여 다방면의 책을 읽었으며 모르는 대목은 선배들에게 물어서 꼭 짚고 넘어가는 학구파였다고 증언했다.[8]

신불출이 무대에 선 계기는 아마 '막설'이었을 것이다. 장막극을 공연할 때면 마지막 막의 공연을 기다리는 동안 막후에서는 무대장치와 배우들의 분장을 고치는 등 준비로 분주한데, 한 인물이 막 앞에 나서서 관객들에게 참관에 대한 감사 인사와 연극의 의의, 마지막에 대한 궁금증 유발 등등을 코믹하게 썰을 푸는 것이 막설인데, 신불출은 그걸 너무나 멋지게 해서 인기를 얻었다는 것이다. 그런데도 그는 무대에 서면 몸이 뒤뚱거려 선배들로부터 놀림을 당했던지라 아예 이름을 신난다^{申難多, 어려움이 많다는 뜻}로 바꿨다가 못난이, 무대에 못 나가는 사람이란 뜻에서 신불출^{申不出}로 정했다고 한다.

그럼에도 워낙 붙임성과 인기가 있어 "1930년대 초 단성사 전속극단인 '신무대'의 배우로 발탁돼 『동방이 밝아온다』"의 주연¹⁹³¹을 맡아 마지막 장

---

7   신불출의 생애나 활동에 대해서는 아래 책과 글을 참고했다. ① 반재식 편, 『만담 백년사』, 민담보존회, 1997. 종로문화원장을 지낸 반재식은 이 편저를 민담보존회 명의로 비매품으로 출간했다가 『漫談百年史―신불출에서 장소팔, 고춘자까지』란 제목으로 백중당에서 재출간(2000)했다. 만담보존회는 1996년 10월에 창립, 초대회장은 장소팔(본명 張世建). ② 「예술적 재능이 대중정서를 움직이다」, 『발굴 한국현대사 인물』 1, 한겨레신문사, 1991 게재. ③ 김경희, 「신불출의 문예활동과 그 의미」, 국문학회, 『국문학연구』 제12호(2004.12) 게재. ④ 엄현섭, 「신불출 대중문예론 연구」, 『비교한국학』, 국제비교한국학회, 2009, 통권 17 게재 등. 이 중 신불출의 경력을 다룬 건 ①과 ②이고, 뒤의 ③, ④는 문예이론에 치중하고 있다.

8   여러 주장이 엇갈리나 이 대목은 주 7―③을 인용한 것임.

면의 대사 "동방이 밝아오니 잠을 깨고 일터로 나가자"라는 대사를 "여러분, 동방이 밝아오니 두 주먹을 불끈 쥐고 대한독립을 위해 모두 떨쳐 일어나자!"고 외쳐 일대 소란이 벌어졌다. 그는 이내 종로서로 연행당해 고등계 형사로부터 혹독한 심문을 당했다. 단성사 대표 박승필이 나서서 그가 다시는 서울의 무대에는 서지 않겠다는 각서를 쓰고 풀려났다. 그러나 그는 경성의 사대문 밖이란 뜻의 '문외극단門外劇團'을 조직1932.12.16해 도시 외곽으로 순회공연을 계속하면서 세태를 풍자해댔다. 이에 경찰은 각서 위반이라 따졌으나 경성 시내에서는 안 했다며 맞서자 아예 전담 고등계형사를 계속 따라 감시케 했다. 이런 정황 속에서 신불출이 창출해 낸 것이 연극이 아닌 자기 혼자서도 할 수 있는 '만담'이란 새로운 장르였다.[9]

신불출 만담의 유래는 조선의 전통연희였던 소학지희笑謔之戲, 14~15세기에서 그 유래를 찾아 20세기 초 박춘재-신불출로 승계되었다는 주장이 있다. 신불출은 일본의 만자이漫才, 일본식 만담, 나니와부시浪花節, 우리의 남도창 격, 가부키歌舞伎, 우리의 창극 등을 흥미 깊게 관찰하다가 만자이에 집착, 이를 만담으로 정착시켰다는 것이다.[10]

이와는 달리 엄현섭은 전통의 계승이라기보다는 "신불출에 의해 우리식으로 재창조된 것"으로 보면서 그 논리를 신불출 자신의 글에서 찾고 있다.

9   신불출의 대사 내용은 증언자에 따라 다르나 주 7-②를 참고, 인용. ③에서는 "여러분, 삼천리강산에 우리들이 연극할 무대는 전부 일본사람 것이고, 조선인 극장은 한두 곳밖에 없습니다. 우리는 이대로 있으면 안 됩니다. 우리 동포들은 두 주먹을 불끈 쥐고 일어나야 합니다"라고 했다. 당시 국내 정황으로 미뤄볼 때 아마 ③이 맞을 것이나, 무대를 조선 땅, 배우를 조선인의 상징으로 얼마든지 유추할 수 있으며 신불출은 바로 그런 점에 착안했을 것이다. 그런데 문외극단은 신불출 단독으로 만든 극단이 아니라 조선연극사(朝鮮演劇舍) 소속의 김소랑(金小浪)과 함께 조직한 신파극(新派劇)의 개혁을 위한 극단으로 시내극장에서 주로 단막극을 공연했다고 한다. (『한국민족문화대백과사전』, 한국정신문화연구원, 제2차 개정증보판(2010.11) 온라인 참고.
10   이런 주장은 주 7-③ 김경희에 의한 것임. 대한제국 때 궁내부 가무별감이었던 박춘재(朴春載)는 잡가, 선소리부터 시조, 잡가, 가사(歌詞) 등을 익힌 재담에다 가무, 탈 활용, 발탈(足假面) 등등으로 유명해서 그 기예가 계속 이어졌고, 신불출 자신도 박춘재를 높이 평가했다고도 한다. 정작 신불출이 연극에서 만담에 전념한 계기는 취성좌(聚星座)극단(1918 창단 1929 해체)에서 문예부 일을 하면서였다고도 한다.

신불출은 일본의 만담 창시자인 오쓰지 시로의 만담과는 달리 시대정신과 비판의식을 담은 것으로 변용시켰다.[11]

'만담漫談은 원래 조선에는 없었던 것입니다. 소위 재담이란 것이 있기는 하였으나 그것은 '만담'과는 아주 비견도 못할 만큼 본질적으로 다른 것이외다. (…중략…) 그럼 이 '만담'이 어디서 비롯된 것이냐 하면 그 고향을 일본에다 두고 있는 것인데, 동경서도 이 만담이 시작된 지가 불과 5년이라는 짧은 역사를 가진 것입니다. (…중략…) 필자는 조선에다가 만담을 처음 수입시켜 놓은 사람의 하나올시다. 중국이나 동경 것을 직접으로 실제 견학도 하여 본 결과, 드디어 이 만담이란 것을 창안해 가지고, 비로소 조선에다 첫 시험을 해봤던 것입니다. 남의 것을 배우는 것은 내 것을 만들기 위해서만 가치가 있는 것입니다.[12]

어쨌든 신불출의 만담은 일대 선풍을 일으켜 공연뿐이 아니라 음반으로 출시해서도 대인기였다. 이에 그는 그냥 웃기는데 그치지 않고 항일 독립투지와 반제국주의 사상에다 프롤레타리아 혁명의식을 고취하는 도구로 활용하는 경지에 이르렀다.

그는 직접 시 창작에도 손을 댔다. 따라서 당대 조선 문단의 행태에 대해서는 문학서적 몇 권만 읽으면 평론가 행세를 한다면서 "진실한 생활태도를 근거로 하지 못한" 속에서 나오는 언어란 헛된 것이라며, "무릇 생활자체에서 짜내어진 자기의 사상 감정을 솔직히 대표하는 실감적 표현이라야 될 것"이라고 했다.[13]

---

11 오쓰지 시로(大辻司郎)는 활동사진 변사였다가 관동대지진(1923.9.1)으로 극장이 무너져 일자리를 잃자 어디서나 혼자 공연할 수 있는 '만담'을 창안해 대성했다. 이런 점은 신불출이 일제의 감시로 극장에서 여럿이 해야 하기에 비용이 많이 드는 연극공연이 아닌 단독 혹은 두셋이면 가능한 만담을 창출한 것과 닮았다.
12 이런 주장은 주 7-④ 참고. 인용문의 원문은 신불출의 「웅변과 만담」, 『삼천리』, 1935.6이나 여기서는 주 7-④를 재인용하면서 맞춤법을 현대식으로 고침.
13 신불출, 「만담, 언어 아닌 언어」, 『삼천리』, 1935.11 게재. 여기서는 엄현섭의 글 재인용.

신불출의 시 작품 중 가장 널리 알려진 것은 우리의 대표적인 민요의 하나인 〈노들강변〉으로, 작곡가 이면상은 이 작품을 일러 옛 민요와는 달리 '신민요'라고 불렀다. 노들은 원래 낫으로 베기에 알맞은 낫버들을 뜻하는데 그런 낫버들이 많았던 노량진 강변이 곧 '노들강변'으로 그곳은 당시 부유층들의 유흥 장소였다. 이 버들에 빗대어 신불출은 인생무상과 식민지 시기의 설음을 위로하면서 낙천적인 미래를 꿈꾸게 하는 내용을 담아낸 것이다.

식민지 시기 신불출의 사회의식을 가장 잘 드러낸 작품은 단연 희곡 〈양산도梁山刀〉이다. 공장직공인 양산이 동맹파업을 일으켰으나 공장주가 돈으로 노동자들을 각개 격파시켜 좌절당하는 과정을 극적으로 그린 이 작품은 당시 카프문학에서 영웅을 주인공으로 하는 성공담이 아닌 냉철한 현실적인 시각을 제시함으로써 좌절 속에서도 진정한 투쟁이 무엇인가를 보여준다.[14]

이밖에도 "왜 사느냐가 아니라 어떻게 사느냐가 문제이므로 우리는 왜倭를 없애버려야 한다"든가, 도조 히데키와 히틀러에 무솔리니를 등장시킨 「망둥이 3형제」, 창씨개명을 노골적으로 비꽈서 자기 이름을 에하라 노하라江原野原, 될 대로 되라로 했다고도 하고, 축생畜生, 칙쇼의 해자인 구로다 규이치玄田牛一라며 개처럼 왈왈 짖었다는 등 전설 같은 일화들이 전하고 있다. 물론 그럴 때마다 그는 경찰들에게 시달려야 했지만 코미디언답게 다시는 공연을 않겠다는 약속조차 헌신짝처럼 버린 채 재기하곤 했다.

이런 식민지시대의 고난을 상기하면 그가 왜 8·15 이후 그토록 열렬하게 민족운동에 투신했던가를 느낄 수 있을 것이다.

월북 후 활동에 대해서는 여기서 아예 논의하지 않기로 한다.

---

14 작품은 『삼천리』, 1933.1 게재. 이에 대한 평가는 엄현섭의 글에 따름.

제4장

첫 필화시를 남긴
사형수 유진오兪鎭五

1. 첫 구속문인 박승극, 그리고 투사시인 유진오

8·15을 맞았을 때 가장 떳떳했던 문학인은 그리 흔치 않았다. 중국 대륙 "화북華北의 '조선독립군'에 소속되어 있던 김태준金台俊과 김사량金史良, 규슈 탄광에 끌려가 있던 안회남安懷南, 학병을 피해 입산해 있던 김상훈金尙勳과 상민常民, 본명 丁驥燮, 그리고 청년운동과 농민운동으로 3년여 간의 옥살이 끝에 '특별요시찰인물'이 되어 탈진해 있던 박승극朴勝極 등등 겨우 열 손가락에도 안들 사람들이 참답고 보람찬 감격을 맛보았을 것이다"라며, 정영진은 그 중 8·15 이후 문학인 구속 1호로 박승극을 거론했다.[1]

수원 출신의 박승극은 일제 치하에서 카프에 가맹한 뒤 수원 평택지역에서 청년운동과 농민운동에 두루 관여하다가 3년여의 투옥생활을 했다. 활동 가답게 그는 8·15 직후 건국준비위원회 수원지부 참여, 여운형의 인민공화국 수원시 인민위원회 간부로 건국운동을 한 게 포고령 제2호 위반이 되어 1945년 11월 8일 피체당해 20여 일간 유치장 신세를 진 것은 비록 필화는 아니지만 구속 문인 제1호가 되었다. 여운형이 직접 면회를 다녀갈 정도의 비중이어서 도하 여러 언론에서 그의 부당한 구속에 대한 항의가 있었던 탓인지 재판도 없이 슬그머니 석방된 박승극은 민주주의민족전선 경기도 사무국 차장과 선전부장 및 중앙위원까지 겸했다. 작가로서의 박승극은 단연 농민소설에서 탁월한 성과를 냈던지라 8·15 이후 월북1948.8할 때까지 그가 남긴 중편소설 「밥」을 비롯해서 시, 산문 등을 통해 자신이 직접 활동하면서 겪었던 농민의 실상을 잘 그려주고 있다. 그는 작품과 실천에서 일체였다는 점에서 충분히 필화사건에서 다뤄도 좋을 것이다.[2]

8·15 이후 작품 활동으로 인한 필화로 구속된 문인 제1호는 시인 유진오

---

1   정영진, 『문학사의 길찾기』, 국학자료원, 2015(2쇄), 40~41쪽. 이하 박승극에 대한 모든 것은 전적으로 이 자료에 의거함. 김재용 외편, 『박승극문학전집』 전3권, 학민사, 참고. 1권 소설편, 2권 수필편은 출간됐으나 3권은 2024년 9월 현재 미간 상태.

2   권월자, 「흙 위에 버티고 선, 시대의 증인 박승극 작가」, 『수원문학 작고문인 평전』, 수원문인협회, 2018, 게재, 참고.

였다.

당시 각종 문화행사에서는 축사에 이원조, 시낭송엔 유진오로 정평이 나 있었다. 이육사의 친동생이라는 후광에다 듬직한 체격의 호남형 외모와 넉넉한 목소리가 이원조를 축사의 명인으로 만들었다.

투쟁의 현장에 가장 열심히 등장하여 격렬한 절규와 감성적인 언어에다 몸짓까지 멋지게 연기하는 시인으로는 단연 유진오로, 그는 바로 청중들을 열광의 도가니로 몰아가는 마력이 있었다. 무명 시인이었던 유진오가 하룻밤 사이에 낭송의 일급으로 소문을 나게 해준 행사는 학병동맹^{朝鮮學兵同盟} 피습사건의 희생자 추모행사^{1946.2.25}였다.

일제가 아시아태평양전쟁^{1941.12.8~1945.15}에서 패색이 짙어지자 조선인 징병제를 실시^{1943.8}한 데 이어 조선인 학병 지원제를 실시하다가 다급해지자 징병제로 전환하여 첫 영장을 집행한 게 1944년 1월 20일이었다.[3]

학병들은 중국대륙, 동남아시아, 일본, 남양군도 등등으로 흩어져 복무했는데, 한반도나 귀국하기에 좋은 곳에 복무했던 학병들이 8·15 후 가장 빨리 결집하여 경찰서를 접수하거나 치안확보에 나서면서 회원을 확보해 1945년 9월 1일 창립하여 4천5백여 맹원으로 급신장하여 군대 창설의 주역이 되겠다는 각오를 다져나갔다. 첫 학병 징집일인 1월 20일을 학병의 날로 제정하는 등 사회주의 계열이 주도권을 잡았던 이 동맹에 반기를 들고 우익성향 학병들은 별도로 학병단^{學兵團}을 조직^{1945.12.16}하여 두 단체는 모스크바 삼상회의 이후 신탁통치를 둘러싸고 찬반으로 정면대결하게 되었다.

우익계인 반탁전국학생총연맹 주최로 서울 정동교회에서 열렸던 반탁성토대회^{1946.1.18}를 끝낸 뒤 가두시위를 하던 중 좌익계 청년들이 급습하여 상당수가 부상을 당했다. 이에 우익 청년들이 이튿날^{1.19} 새벽 3시에 삼청동 소

---

3 너무나 많은 학병관련 수기나 문학작품 중 널리 알려진 것은 중국전선에 배치 받았다가 탈출하여 팔로군이 되었던 신상초의『탈출』, 탈출 후 상해 임정 구역으로 들어가 독립운동에 투신했던 장준하의『돌베개』, 김준엽의『장정』, 태륜기의『회상의 황하』등 수기류와 소설 이병주의『관부연락선』등이 있다. 일본 나고야에서 복무했던 체험을 그린 소설로는 한운사의『현해탄은 알고 있다』가 유명하다.

재 학병동맹본부를 기습하여 격렬한 충돌이 빚어졌으나 우익청년들은 일단 물러났다. 그러자 경찰이 출동하여 학병동맹 본부를 수색, 압수 등을 실시하는 한편 32명의 맹원들을 연행했다.

이 과정에서 맹원 김성익학병동맹 부위원장, 박진동군사부장, 김명근 세 명이 참담하게 세상을 떠났고, 이들을 위한 추모행사에서 유진오는 오열했다.

> 아- 그것은 너무나 슬픈 일이다. / 뜻 아닌 죽음을 하마 잃을 뻔했던 싸움터에서 / 이 땅의 한 줌 흙을 쥐고 바르르 떨던 손이 / 그리운 어버이 땅에 돌아온 지 엊그제 / 북악의 늦은 가을 부는 바람에 / 우수수 흩어지는 낙엽을 보고 / 가랑잎 한 잎 한 잎이 가시가 되어 / 이 몸의 구석구석을 찌르더라도 / 진리의 깃발 드높이 지키겠다고 / 가슴의 붉은 피를 가리키던 손이 / 두 주먹을 불끈 쥔 채 해방된 이 땅 위에서 / 잔학한 총부리에 동무를 그만 여의다니 // 아! 그것은 너무나 분한 일이다. / 동무들의 목숨을 앗아간 자는 / 저 거꾸러진 나찌스 파쇼의 상속을 꿈꾸는 무리 / 그러나 그들은 동무들의 흘려진 피 속에서 / 정녕코 들었으리라 인민의 아우성을. // 박진동 동무야! 김성익 동무야! 이달 동무야! 목메인 이 소리나 차마 부를 수도 없노니 / 가신 길 편안히 눈 감으라 고요히 / 인민의 아우성이 멈추는 날까지는 / 동무들은 길이길이 예 있으리라. ─ 1946. 1. 22 『학병』 2호, 1946.2

이달의 본명은 김명근이다.[4]

학병동맹은 조선국군준비대1945.8.30와 함께 좌익계가 기획한 조직이라 미군정으로서는 용납할 수 없었기 때문에 적극적인 탄압책이 강도 높게 추진

---

4   이들 세 시신은 망우리 공원에 나란히 안장되어 있다. 묘비 앞면에는 성함 뒤에다 '의사'로 경의를 표했고, 뒷면에는 "조국을 위하여 죽다"라고 표기했다. 진주고보 출신인 박진동 의사의 맏사위는 구인회 LG그룹 창립자로 알려져 있다. 좌우로 나눠진 학병출신들은 남북으로 흩어졌지만 한국에서는 1963년 1월 20일 '1·20동지회'를 결성, 1천2백여 등록회원을 갖고 있었다. 징집된 장정들이 군사훈련을 받았던 종로구 혜화동의 동성고교에는 이들이 건립한 3m를 족히 넘는 검은색 비석 앞면에 '대한조국주권수호일념비(大韓祖國主權守護一念碑)'라고 썼고, 뒷면에는 2,700여 명의 이름을 새겨 두었다. 4,385명의 학병 중 파악된 명단인 듯하다.

된 데서 발생한 참극이었다.

6월에는 수재민을 위무하는 행사에도 유진오 시인은 참여하여 "휘몰아치는 비바람에 / 고향은 있어도 흙 한줌 없는 / 아- 이 나라는 언제나 남의 땅 같구나 / 물구덩이 속에서 피눈물을 뿌려도 / 은신할 처마와 / 몸 가릴 옷가지 하나 없어도 // 왕궁王宮 안 오만한 주인主人의 수라상 우엔 / 진수성찬이 향기로워도 / 우리에겐 비에 젖은 주먹밥 뿐이다. // (…중략…) // 보라 이 비가 멎은 다음날엔 / 진정 폭풍우 같은 우리의 아우성이 / 새로운 장마를 마련할 것이다".「장마 – 수해지구 문예강연회 낭독시」, 1946.6.25라고 읊었다.[5]

이 투사시인에겐 결코 휴식이 없었다. 국치기념일8.29을 맞아서도 유진오는 조선문학가동맹이 주최한 문예강연회에서 그 특유의 낭송으로 군중 앞에 섰다.

쓸개를 뒤집어놓고 생각하여도 / 허울좋은 남조선南朝鮮은 / 흐물거리는 인육시장人肉市場이다. // (…중략…) // 지금은 아니라고 잡아떼어도 / 너는 역시 보스요 / 나는 역시 종이다. // (…중략…) // 자유自由를 말함도 죄罪되어 / 모조리 짓밟아 놓은 三八以南삼팔이남. // (…중략…) // 권력權力은 동東으로 동東으로 // 태평양太平洋 저쪽으로.「三八以南 – 국치기념 문예강연회 낭독시」, 1946. 8.29

이 작품은 "시구가 나올 적마다 박수 소리, 아우성 소리, '옳소', '그렇소', 마루를 구르는 소리, 의자를 치는 소리에 시낭독은 가끔 중단"될 정도로 열기가 달아올랐다고 한다.[6]

---

5   1946년 초여름 장마로 삼남지역 수재가 심해지자 문학가동맹 주최로 7월 1일 서울과학관
    강당에서 '수재구제 문예강연회가 열렸다. 유진오의 이 시는 김광현, 김상훈, 이병철, 박산
    운, 유진오,『전위시인집』, 노농사, 1946 게재. 유진오는 그 무렵의 행사시를 골라 여기에 실
    었다. 이 시집은 광복 후 침체된 우리 시단에 혜성처럼 나타나 청년들의 인기를 모았던 것으
    로『청록집』과 좋은 대조가 된다.
6   김광균,「문학의 위기 – 시를 중심으로」(『신천지』, 1946.12 게재).

2. 누구를 위한 벅차는 우리의 젊음이냐

그 사흘 뒤인 1946년 9월 1일은 국제청년데이^{International youth day, 혹은 9·1절}였다. 1915년 10월 3일에 스위스, 미국, 이태리 등 수 개국이 참여하여 제1회 대회를 가진 국제청년데이는 진보적인 청소년들의 세계적인 조직으로 이듬해부터는 9월 첫 일요일에 하던 행사를 1932년 이후 9월 1일로 바꿔 실시했다. 러시아는 1917년부터 대중집회행사 후 화려한 시가행진을 실시하는 등으로 세계의 이목을 끌었다.

조선에서는 일제치하에서 이 행사가 계속 탄압당해 오다가 8·15 후 처음 열린 이 청년축제행사는 훈련원^{전 동대문 운동장, 현 동대문 역사문화공원}에서 대대적으로 열렸다. 10만 명이 운집한 것으로 기록되어있는데, 이날 식전에서는 평론가 김오성^{金午星}이 구속되는 등 이미 파란이 예상 되었는데, 시인 유진오는 축시 낭독을 위해 특별초청을 받았다.

문장 한 토막씩을 띄어가면서 격정적인 특유의 몸짓으로 청중을 사로잡는 것으로 이미 명성이 나있던 유진오로서는 가장 많은 독자 앞에 서게 된 기회이기도 했다.

눈시울이 뜨거워지도록
두 팔에 힘을 주어 버티는 것은
누구를 위한 붉은 마음이냐?

깨어진 꿈 조각을
떨리는 손으로 주어 모아
역사^{歷史}가 마련하는 이 국토^{國土} 우에
옛날을 찾으려는

저승길이 가까운 영감^{令監}님들이

주책없이 중얼거리는 잠꼬대를
받아들이자는 우리의 젊음이냐

왜倭놈의 씨를 받아
소중히 기르던 무리들이
이제 또한 모양만이 달라진
새로운 ×××의 손님네들 앞에
머리를 숙여
생명生命과 재산財産과 명예名譽의
적선積善을 빌고 있다

누구를 위한
벅차는 우리의 젊음이냐?

서른여덟 해 전 나라와 같이
송두리째 팔리워 피눈물 어려
남의 땅을 헤매이다 맞아죽은 동족同族들은
팔리던 날을 그리고
맞아죽던 오늘 구월 초하루를
목메어 가슴을 치며 잊지 못한다.

그러나 오늘날 또한 썩은 강냉이에 배탈이 나고
뿌우연 밀가루에 부풀어 오르고도
삼천오백만불三千五百萬弗의 빚을 짊어지고
생각만 하여도 이가 갈리는
무리들에게 짓밟혀
가난한 동족同族들이

여기 눈물과 함께 우리들 앞에 섰다

누구를 위한
벅차는 우리의 젊음이냐?
어느 놈이 우리의
분통을 터뜨리느냐?
우리들 젊음의 힘은
피보다도 무서웁다

머얼리 바다 건너 저쪽에서도
피끓는 젊은이의
씩씩한 행진行進과 부르짖음이
가슴과 가슴들 속에 파도波濤처럼 울려온다
젊은이 갈 길은 단 한 길이다.
가난한 동족同族이 우는 곳에

핏발이 서 날뛰는
외국外國 ×××들과
망녕한 영감令監님들에게
저승길로 떠나는 노자路資를 주어
××으로 쫓아야 한다. ― 1946. 9. 1「누구를 위한 벅차는 우리의 젊음이냐? -國際靑年 데이에」전문

유 시인이 낭송을 끝내자 군중들의 환호와 박수가 터지며 재낭독을 요청
할 정도였다니 그 열기를 짐작할만하다. 그러나 인기가 높을수록 미군정의
시선에는 오히려 위험한 인물이 된다. 그가 이틀 뒤 구속되기가 무섭게 임화
는 즉각 "억수로 나리는 양광陽光 아래 / 요란히 흔들리는 수만數萬의 손과 / 아
우성치는 동포同胞의 고함高喊 속에 / 호령呼令하는 장군將軍처럼 / 노래하였다"

라고 하며 그를 '인민의 계관시인'으로 찬양했다.[7]

이미 미군정은 조선정판사 위폐사건 이후 탄압국면으로 들어서버렸기에 그에게는 시 한편 값으로는 너무 혹독한 1년 형이 내려졌다.

그가 구속된 직후부터 조선의 정치지형에는 일대 지진이 일어났다. 1946년 9월 24일부터 10월 14일까지 장기간에 걸쳐 조선노동조합전국평의회^{全評} 주도의 총파업^{일명 9월 총파업}이 일어나 철도, 운수, 체신, 전기, 토건, 인쇄 등 모든 산업에 걸친 동맹파업으로 번져 미군정사상 최대의 고비를 맞았다. 여기다 대구에서는 10월 1일 시민항쟁^{일명 10월 항쟁}이 일어나 경북 일대는 물론이고 전국적으로 확산되었다.

유진오의 구속 이후 임화를 비롯한 좌익문인들의 대미인식은 날로 예리해져 당시 정치권의 유화주의와는 확연히 달라지기 시작했다.

박헌영의 조선공산당은 8·15 직후 연합국인 미국과 소련에 대한 기대 때문에 대미인식 역시 매우 우호적이어서 기관지『해방일보』에서 조차도 민족반역자에 대한 비판은 격렬했으면서도 미군정에 대해서는 말랑말랑해서 포고령을 비롯한 미군정 기사도 잘 다뤄줬다.『해방일보』에 미군정을 정면으로 비판한 첫 기사가 등장한 게 1946년 4월 2일로, 그것도 민전^{민주주의민족전선}의 중앙 부의장인 김성숙 등이 군산지부에서 피체, 6개월형^{3.25}을 받은 걸 비판한 것이었다.[8]

7   임화, 「계관시인-옥중의 유진오 군에게」(1946.9.5), 백양당, 1947 수록.
8   『해방일보』1946년 4월 2일 자, 1면 제호 아래에서 「현지 미 주둔군의 정책은 국무성 조선 정책이 아니다-미국 잡지 『신민중』의 소재」라는 제목으로 UPI통신을 인용하여 "하지 중장의 친일파 조선인에 대한 신뢰는 모스크바협정의 실행을 위태케 하고 있다"고 썼다. 이어 2면에서 「애국투사를 무조건 석방하라!-우리 당 중앙선전부 담화」를 게재했다. "민주적 정부수립을 앞두고 현재 남조선에는 일제 이상의 악법인 정당 등록령, 신한공사령, 무허가 사립학교 폐쇄령 등 기타 비민주적 법령의 공포와 아울러 언론 집회의 자유는 침해당하며 정치 경제 문화 사회 전반에 걸쳐 진정한 민주주의적 발전의 길을 막아버리는 여러 가지 일" 이 발생한다고 지적하며, 金星淑과 인민당 재정부장 安基成이 군산에서 구속, 포고령 위반으로 6개월 실형을 받은 걸 비판했다. "이외에도 현재 남조선에는 수천 명의 민주주의 애국자가 체포 또는 구속되었으며 수십 처의 민주주의 애국단체가 혹은 테러단에서 혹은 경찰대에게 피습되었다"라고 비판했다.

그러나 정치인 박헌영은 외형적으로는 조선정판사사건 이후인 1946년 7월, 신전술로 전환한 「정당방위의 역공세」를 선언한 이후에도 여전히 미군에 호의적이어서 각종 구속 사태는 지방에서 경찰들이 군정정책을 잘못 이해한 결과라는 입장이었다. 그의 대미인식이 완전히 부정적으로 바뀐 건 월북 이후여서, 10월인민항쟁 기간에도 미군과의 직접 싸움에 휘말리지 말 것을 지시할 정도였다.

유진오 시인은 형무소 안에서도 투지를 꺾지 않았다. 1947년 4월 25일 전후 서대문형무소에서는 처우개선을 요구하는 단식투쟁이 벌어졌고 이를 탄압하는 형무소 측의 처사에 분격한 임화는 옥중 투쟁기를 공개했다.

내가 감옥살이를 하게 된 것은 무엇 때문이었더냐? 이것은 이미 내가 말하지 않아도 독자 여러분은 너무나 잘 아는 일이다. 국제민주주의가 결정한 삼상三相결정을 반대하는 '의사표시의 자유'는 있어도, 보장되었다는 '언론의 자유'는 과연 어디로 갔느냐? 민족을 팔아먹고 민족의 이익을 독점하여 모든 문화와 예술을 짓밟고 삼십오 년 동안이나 갖은 착취를 당해 오던 근로인민을 저당해 처먹는 무리들에게는 행동의 자유와 언론의 자유가 있어도 우리에겐 무슨 놈의 자유가 보장되었단 말이냐. 시에다 정치를 말해서는 안 되고 반역자 놈들을 증오해서는 물론 안 되고 다만 꽃이나 새나 구름과 더불어 위대한 국부님이시여! 거룩하신 박사님에 존경하는 반역자 영감에 친애하는 모리배 제씨諸氏의 행복을 노래하는 이러한 시에는 술잔도 테러단의 옹호도 바치는 이 땅이다.

이렇기 때문에 나는 징역살이를 해야 했고 독자 여러분께서는 조선의 문화와 예술과 유린되어가는 민족의 운명을 위해 슬퍼했고 분기했고 용감히 싸웠고 방금보다 더 치열한 투쟁으로써 공동위원회의 절대적인 성공을 위해서 피나는 싸움을 전개하고 있다는 것에 대하여 나는 이 가슴 속에 벅차오르는 감격과 감사와 맹세를 도무지 표현할 길이 없는 것을 한탄할 따름이다.[9]

---

9   유진오 옥중기, 「싸우는 감옥─조국을 사랑한 까닭」, 『문학』, 1947.5.

유진오가 서대문형무소에서 언제 청주형무소로 이감당했는지는 정확히 모르겠으나 아마 이 단식투쟁사건 이후일 것으로 추정된다. 그는 이감 후 감형처분을 받아 9개월 만인 1947년 5월 26일 청주형무소에서 석방되었다.

3. 출소 후 결혼, 그리고 입산과 투옥, 처형의 미궁

유진오는 출옥 후에도 투쟁을 멈추지 않았다. 그는 조선문학가동맹의 문화공작대 제1대 소속으로 경남지방을 순회^{1947.7}하는데 참여했다.

사회는 일대 격랑이었다. 조선공산당은 강화되어가는 탄압 속에서 남로당_{남조선로동당}을 조직^{1946.11.23}했으나 점점 그 입지는 좁아지고 있었다. 마찬가지로 조선문학가동맹도 그 위세가 약해져 조선문화단체총연맹을 결성^{1947.6}, 문화공작대를 급조^{7월}하여 파견했다. 제1대는 경남, 제2대는 충남북과 경북, 제3대는 경기와 강원, 제4대는 전남북으로 나눠졌는데, 유진오는 제1대 소속으로 약 한 달 동안 경남 일대를 순회했다.

이듬해인 1948년 남한 단독정부 수립의 해에 유진오는 연초에 시집『창』_{정음사, 1948.1}을 낸데 이어 5월에는 중형 유진용의 노량진 저택^{6백여 평의 대지} 2층에서 창경국민교 여교사 김금남^{金今男}과 결혼식을 올렸다. 이 혼례식은 기계 유씨 종친으로 한자만 한 글자가 다른 헌법학자 유진오^{兪鎭午}와 교육자였던 유각경도 참석하는 등 성대한 잔치판이었고, 이들 부부 사이에는 1년 뒤 딸^{香濬}이 탄생했다. 이듬해인 1949년 딸 향준의 백일잔치는 그가 살았던 원남동 집에서 열렸고 여기에는 김기림, 임화, 설정식, 오장환 등 유명 문인과 장안파 공산당의 대부 정백^{鄭栢} 등이 참석했다. 이 시인에게 가장 행복했던 이 순간은 너무나 짧았다.

그는 "추녀 있는 집에서 살 수 없는 혁명가가 되겠다"는 뜻에서 "무헌^{無軒}이란 호"를, "형사에게 뒤를 밟히지 않는다는 뜻에서 무영^{無影}이란 호도 사용했고, 일정 때는 강득국^{姜得國}, 권덕보^{權德補} 같은 별명"도 갖고 있었다.[10]

그가 이렇게 잠시나마 행복할 수 있었던 건 넉넉한 집안 덕분이었다. 유진오의 아버지 유치구兪致九는 노량진에서 서울시내 전체를 공급지로 하는 큰 규모의 지물포 도매점을 경영했는데 사업차 잠시 논산에 가있을 때 거기서 유진오가 출생한 것으로 보고 있다. 어머니는 전주 출신의 양만선행梁萬善行이란 특이한 이름을 가졌다. 시인은 이 부부의 4남 중 막내로 태어났다.

4형제의 맏형兪鎭尙은 검사였으나 8·15 전 사망했고, 둘째兪鎭容는 8·15 후 외무부 공무원으로 박정희 때 후쿠오카 영사를 역임했다. 셋째 형兪鎭明은 일제 때 만주국 신경新京, 만주국의 수도, 현 長春시 동원과장으로 일녀에게 장가들어 지내다가 8·15 후 바로 일본으로 건너가 귀화했다.

막내 유 시인은 겉보기에는 얌전했으나 중동중학 시절 음악 미술 스포츠 등 다방면에 재능을 가졌으며 특히 기타를 잘 쳐 부민관의 어떤 음악회에 찬조 출연할 정도였다고 전한다. 큰 키에 좋은 체격이었던 그는 중학생 때부터 일인을 너무나 증오하여 일인 학생들을 때렸다가 경찰서에 들락날락했었다고 전한다. 이 시절의 동창에는 시인 김상훈이 있었다.[11]

중동중학 학적부는 한국전쟁 때 소실해버려 확인할 수 없으나 1941년도 동창회원명부1941년 12월 기준에는 유진오의 이름이 나와 있고, 그 아래에 도쿄 문화학원으로 진학한 사실까지 명기되어 있다고 오영식은 입증해 준다.

이런 행동 때문에 계속 고등계형사의 시달림으로 국내에서의 진학이 어려워 1941년 도쿄로 건너가 와세다早稻田에 입학했으나 역시 형사의 등살에 못

---

10 작가 강준식 중편소설 「어둠을 찾아서」(『문학사상』1990.3)에서 인용.

11 유진오의 생애는 아직 정확하지 않은 점이 많으나 여러 자료 중 중요한 것만 추려 발표 시 대순으로 정리하면 아래와 같다. ① 정영진, 『육탄시인 유진오의 비극』, 『통한의 실종문인 −6·25를 전후한 실종 문인사』, 문이당, 1989 소재, ② 작가 강준식 중편소설 「어둠을 찾아서」(『문학사상』1990.3), 특히 강준식은 유진오의 질녀와 결혼한 관계로 알려지지 않은 비화를 허구화시켜 소설로 쓴 것이 이 작품이라 흥미진진하다. 강준식은 소설에서는 김금남이 혜화국민교 교사라고 했으나, 사실은 창경국민교라고 증언했다. 이밖에 ③ 유성호, 「유진오론−전위적 혁명성의 서정적 형상화」, 평론집 『한국 현대시의 형상과 논리』, 국학자료원, 1997 게재, ④ 김효신, 「실종 시인 유진오의 시세계」(『한국전통문화연구』 통권 13권, 1999.1), ⑤ 최명표 「유진오 시 연구」(국어문학회, 『국어문학』 통권 35권, 2000.8), ⑥ 노용무, 「유진오 시 연구」(한국연구재단 지원 연구논문, 2011) 등 참고.

이겨 메이지明治로 옮겼지만 여전하여 일본의 저명한 자유주의자가 만든 도쿄 분카가쿠인文化學院엘 다닌 것으로 알려져 있다.[12]

그는 일제 말엽 징병기피를 위해 중국으로 건너갔다는데, 이건 아마 셋째 형의 도움으로 가능했을 것으로 추정된다. 거기서 자연적으로 국제정세 정보가 빨랐기 때문에 8·15 직전에 입국, 태백산장에서 은거하다가 8·15를 맞았다고 전한다. 그 이틀 뒤인 8월 17일에는 성북경찰서를 습격하여 일군을 무장 해제하고 무기를 빼앗는 책임자였다고도 하나 확인을 못했다. 이 해 11월경 오장환의 추천으로 시인 김상훈이 주간이었던 잡지『민중조선』창간호가 종간호을 통하여 시「피리소리」를 발표하면서 등단했다.

이후 위에서 본 것처럼 맹렬하게 활동했던 그는 남한 단독정부 수립1948.8.15이 한참 지난 1949년 2월, 조직으로부터 지리산 문화공작대장 파견 지령을 받고 부산으로 내려갔다. 거기서 입산을 준비한 뒤 영화부와 음악부 파견원과 함께 진해-마산-진주-하동을 거쳐 쌍계사 방면으로 입산한 것은 2월 28일이었다. 이미 지리산을 비롯한 몇 군데서 구 빨치산들의 활동이 시작된 뒤라서 유 시인은 여순항쟁의 주도자 김지회金智會부대에도 3일간 합세하는 등 많은 고투 속에서 시「싸우다 쓰러진 용사」를 낭독하는 등으로 한

---

12 중동 시절의 학적부는 사료 연구가 오영식에 의하면 한국전쟁 때 없어졌으나 동창회 명부에는 분명히 등재되어 있음을 확인했다. 일본 유학에 관한 자료는 오무라 마스오(大村益夫) 교수에게 확인 의뢰 했으나, 와세다대학과 분카가쿠인에서는 입학자 명단에서 찾을 수 없다고 했다. 그러나 유추컨대 어떤 식으로든 연관이 있었을 개연성이 있다. 이유는 분카가쿠인의 자유주의적인 학풍 때문이다. 1921년에 창립하여 2018년 폐교한 이 전수학교는 군국주의 일본의 학교령에 구애받지 않는 자유롭고 독창적인 교육을 표방하면서 일본 대학사에서 처음으로 남녀공학에 여성평등교육을 실시하는 등으로 적잖은 수난과 박해를 받았다. 창립자 니시무라 이사쿠(西村伊作, 교육자이자 건축가, 화가, 도예가)의 주도 아래, 러일전쟁 반대로 평화주의자에다 여성해방론자로 시인에 가인(歌人)인 요사노 아키코(与謝野晶子) 등이 합세하여 세운 학교였다. 오무라 교수의 부인 오무라 아키코(秋子) 여사도 바로 이 학원 출신이다.
유진오가 도일한 것은 1941년, 이 학원은 1943년 반정부 사상에다 천황비판으로 교주가 구속당한 데다 학원도 폐쇄명령을 받았다.

달 가량 머물렀다. 결국 조직으로부터 상경하라는 지시에 따라 거창방면으로 하산했다가 남원으로 들어가 어느 부락 숲에 은신 중 그 지역 민보단^{民保團}에 피체^{1949.3.29}당했다.[13]

민보단은 즉각 경찰기동대로 넘겼으나 곧 지리산공비토벌군으로 인계되어 서울로 압송, 군 형무소에 수감되었다. 그가 중앙고등군법회의^{재판장 원용덕 준장}가 주관한 대법원 특별법정에 처음 선 것은 1949년 9월 28일이었고, 이튿날과 그 다음날^{9.30}에는 그와 함께 법정에 섰던 9명^{국문학자 김태준, 간호사 출신으로 김지회의 처였던 조경순 등} 전원에게 재판장은 사형을 언도했다.[14]

이에 경악한 가족들을 대표해서 둘째 형 유진용 등이 적극 구명운동에 앞장서서 헌법학자 유진오를 비롯해 안재홍. 신익희 등 거물급의 탄원 서명 덕분에 무기로 감형^{1949.11.7}을 받았다. 그는 서대문형무소에 복역 중 한국전쟁 발발 석 달 전인 1950년 3월, 전주형무소로 이감됐는데, 아마 이 집안의 세거지^{전북 완주군 고산면 읍내리}에서 가까웠기 때문일 것이다.

이런 전주형무소로의 이감은 그에게 운명을 엇갈리게 만들었다. 유진오와 비슷한 시기에 '남로당 서울시 문화예술사건'으로 서울형무소에 수감당했던 시인 이용악과 이병철은 한국전쟁 때 풀려나 월북해버렸으나, 한강 이남의 모든 형무소에 갇혔던 좌익수들은 거의 다 총살해버렸기 때문에 유진오 역시 그 운명을 벗어날 수 없었을 것이라는 게 지금까지의 고정관념이었다.[15]

그런데 전주형무소에 갇힌 이후의 모습은 작가 강준식의 성실한 실록적

---

13 남한 단독정부 수립을 위한 1948년 5·10총선을 앞두고 지역 청년들의 도움을 얻고자 만든 경찰의 하부조직으로 만든 게 향보단(鄕保團)이었다. 그들은 워낙 무분별한 폭력행사와 기부금 갈취 등으로 여론이 악화되자 해체(5월 25일)당했으나 6월에 조직한 민보단에 합세, 악폐는 더 심해졌다. 조정래의 『태백산맥』에는 이들 단체의 행패가 자세히 나온다. 여론의 악화로 1950년 7월 2일 해산 조처 됐지만 곧 '대한청년단특무대'로 개편되어 이승만 독재의 전위역을 맡았다. 이런 사설단체들의 잔혹성에 대해서는 박원순, 『야만시대의 기록－고문의 한국 현대사』, 역사비평사, 2006 등 참조.

14 정영진, 「육탄시인 유진오의 비극」, 『통한의 실종문인－6·25를 전후한 실종 문인사』, 문이당, 1989, 88~95쪽 참조,

15 각주 11 참고.

인 중편 「어둠을 찾아서」를 통해서 재현된다.

소설에서 이진수로 등장하는 인물이 바로 유진오이다. 한국전쟁이 일어난 며칠 뒤 전주형무소의 한 교도관이 이진수에게 사식이 차입되었다면서 넣어주면서 슬쩍 집게손가락으로 밥을 가리켰다. 진수는 순간 밥 속에 무슨 쪽지가 있음을 눈치 채고 벽 쪽으로 돌아앉아 밥을 헤쳐 보니 담배모양의 작은 종이 막대기가 나왔다. 풀어보니 "내일 새벽 죄수 30명과 함께 당신의 총살형이 집행된다. 당신을 구할 예정이다. 당일 저격수는 당신을 향해서는 공포만을 쏠 것이다. 총소리가 나면 무조건 그 자리에 쓰러지라. 그러면 시체를 거두는 간수들 가운데 하나가 당신을 숨겨주게 될 것이다. 이후의 일은 우리가 돕게 된다"는 내용이었다.

예상대로 이튿날인 1950년 6월 29일 새벽, "이진수는 동료 죄수들 30명과 함께 형장으로 향했다". "지휘자의 신호와 함께 콩 볶듯이 요란한 총소리가 형장을 울렸다. 순간 죄수들은 푸대자루 넘어지듯 맥없이 그 자리에 꺼꾸러졌다. 저격수들은 원대 복귀시키는 지휘자의 구령이 떨어졌다." 공개처형이었기에 몰려든 군중들을 경찰은 개머리판으로 새끼줄 밖으로 밀어냈다.

그런데 "촉새같이 재수 없게 생긴" 한 사내가 진수를 향해 살아있다고 외쳤지만 지휘관은 그냥 발걸음을 돌리려고 하자 촉새는 거듭 경망스럽게 살아있다고 떠들어댔다.

그때 웬 밉살스럽게 생긴 아이새끼 하나가 제 딴에는 촉새의 말이 정말인지 아닌지를 알아본답시고 고무줄 새총으로 공기돌을 핑하니 쏘아 보냈다. 새총알은 딱- 소리를 내며 이진수의 이마에 명중했다. 그러자 순간적인 아픔을 이기지 못한 이진수가 몸을 꿈틀거리고 말았다.

"살았네! 살았어!"

"살았다는 말이 정말이구먼!"

마을 주민들이 왁자지껄 떠들어댔다. 벽창호 책임자와 반공청년들이 찝차에 올라 탄 경찰 책임자에게 무언가를 항의하는 것 같았다. 마을 주민들의 호기심어린 시선이 지휘자의 행동을 따갑게 지켜보고 있었다. 이윽고 벽창호 책임자와 반공청년들의 차가운 시선이 지휘자의 얼굴에 와 닿았다. 사태가 여기에 이르자 지휘자는 어쩔 수 없다는 듯 이진수 앞으로 뚜벅뚜벅 걸어갔다. 그리고 자신이 차고 있던 권총을 꺼내 이진수의 이마를 향해서 서서히 방아쇠를 당겼다.[16]

강준식의 소설은 이렇게 끝맺음으로써 기존의 학설대로 유진오 시인의 죽음을 재확인했고, 여기까지가 문학평론가의 몫이다. 그런데 강준식은 필자와의 사석에서 이 소설의 끝맺음은 사실과 다를 수도 있다는 상상의 여지를 남겼다. 즉 촉새같은 남자의 살아있다는 고발은 없었을 수도 있으나 자신이 당대 한국적 정치상황을 고려해서 소설적 장치로 그렇게 했다는 시사였다. 안타깝게도 강준식 작가에게 그 뒤 사연을 전해줄 만한 증언자들은 너무나 연로해버렸거나 이미 다 고인이 되어버려 더 이상의 진실 찾기는 불가능하다는 전언이었다.

역사의 진실 찾기는 여전히 미궁 속이다.

---

16   위와 같음, 326~327쪽.

제5장

임화의 비극

1. 연애박사에서 혁명문학의 선두주자로

시인, 평론가, 영화인에 문화운동가를 겸했던 카프 2세대의 주역 임화는 한국현대문학사에서 가장 중요한 좌표도를 형성하고 있기에 그를 비켜두면 문학사 자체가 성립이 안 될 지경이다. 그의 활동영역은 문단의 지평을 훌쩍 뛰어넘어 민족해방투쟁사에다 사회운동에까지 뻗어 있어 가히 대하드라마의 주인공으로 손색이 없다. 그러나 여기서는 8·15 이후 필화에 직간접적으로 관련된 사항에만 초점을 맞추기로 한다.

서울 낙산 밑종로구 소격동 129에서 출생한 임화林和, 1908.10.13~1953의 아명은 창인昌人, 호적명은 인식仁植, 필명 성아星兒, 김철우金鐵友, 쌍수대인雙樹臺人, 청로靑爐, 임화林華 등등 여럿을 가졌다. 어머니의 죽음과 아버지의 파산17세 무렵 등 어려움으로 보성고보1921~1925를 중퇴했는데, 동기생에는 이강국, 이상, 이헌구, 유진산 등과 1년 후배 김기림, 김환태, 조중곤 등이 있다. 숙명여고 학생들에게 연애박사란 평을 들으며 좋았던 그 시절 이후 임화의 삶은 투쟁과 고난의 연속이었다.

그는 가출하여 룸펜처럼 다다이스트로 떠돌다가 카프문학 1세대인 박영희의 총애로 그 집에 기숙1928하면서 윤기정의 추천으로 카프에 가입하여 혁명문학에의 길로 들어섰다. 박영희의 여비로 도쿄 유학1929 중 마르크스주의 이론가로 '카프 동경지부' 간판을 달고 어렵게 지내고 있는 이북만의 집 식객이 되었다. 당시 도쿄에서는 사회주의 이론의 최정예집단이 결집했던 데다, 한 세대 앞선 김팔봉의 유학시절에 비해 혁명의 모국인 러시아에서의 이론적인 성숙과 일본 문단에서의 혁명문학론이 엄청나게 진전되었기에 임화로서는 단기간 내에 이 분야의 일인자로 손색이 없을 정도로 급성장할 수 있었다.

연애박사였던 임화는 이북만의 여동생 이귀례李貴禮. 당시 18세와 "동지와 동지의 굳은 악수"로 맺어져 혼례식이나 혼인 신고도 없이 신혼생활1930.12을 시작하여 딸 혜란1931을 얻었다.[1]

볼셰비키의 이론으로 무장한 임화는 귀국1930년 가을 혹은 겨울하자마자 바로 자신의 은인격인 카프 1세대의 박영희를 논리적으로 압도해 뒷전으로 앉히고는 자신이 주도권을 장악1932년 4월 경부터 서기장하여 8·15후 월북할 때까지 장기간에 걸쳐 혁명문학의 맹장으로 지냈다. 그는 카프 제1차 검거 때1931 3개월간 투옥됐으나 제2차 검거1934 때는 경찰이 그를 전주로 호송하려고 경성역에서 대기 중 결핵으로 병약했던 탓인지 졸도하여 구속을 면했다. 그는 간혀있던 동료 문인들과 상의도 없이 김기진, 김남천과 함께 경기도 경찰부에 카프 해산계를 제출1935.4.22하여 나중에 문학사에서 두고두고 문제가 되어 8·15 후에는 이기영, 한설야 등의 조선프롤레타리아문학동맹파들과 불화하는 빌미가 되었다.

그는 결핵요양소로 유명한 데다 일본 유학시절에 만났던 이현욱여류작가로 필명 지하련이 살던 마산으로 가서 그녀의 극진한 간호와 사랑을 받다가 정식 결혼1936하여 아들 원배를 얻었다.[2]

---

1   李北滿(1908~?), 충남 천안 빈농의 아들로 출생, 보통학교 졸업 후 고학으로 도쿄행. '제3전선사' 결성에 참여(1927), 일본프롤레타리아예술동맹 가입, 카프(KAPF, 조선프롤레타리아예술동맹) 중앙위원(1927.8), 카프 도쿄지부를 무산자사로 재편(1929.5)하는 등 맹활약. 8·15 후 귀국하여 조선학술원 상임위원 등을 지내며 대표저서『이조 사회경제사 연구(李朝社會經濟史硏究)』(1948)를 출간했다. 한국전쟁 후 남북한을 동시에 비판하는 입장에서 도일하여 남북통일촉진협의회 중앙대표위원으로서 평화통일운동 전개(강만길·성대경 편,『한국사회주의인명사전』, 창작과비평사, 1996, 338쪽 참고). 그의 도쿄에서의 단체활동은 재일조선인 단체사전 한일공동편찬위원회,『재일조선인 단체사전』, 민족문제연구소, 2022 참고할 것. 정영진 장편소설,『바람이여 전하라─임화를 찾아서』, 푸른사상, 2002, 144~178쪽에도 이북만의 행적이 자세히 나옴. 일녀와 결혼한 이북만은 일본에서 후쿠다미치루(福田滿)로 개명했다. 8·15 후 다시 일본으로 간 이북만은 분단 지지였던 재일조선인 두 단체가 아닌 제3의 단체인 '우리민주사회주의자동맹'의 權逸과 노선을 함께 했다. 권일은『친일인명사전』에 등재된 친일파로 박정희의 유신통치 때 국회의원 등을 지냈다. 이귀례는 임화의 바람기와 거의 변절에 가까운 카프 해산계 제출 등으로 자신이 먼저 임화를 떠나 나중 재혼하여 잘 살았다고 정영진은 주장.

2   李現旭. 이게 호적명으로 알려져 있으나 진짜 호적명은 李淑姫. 나중 여류작가로 등단, 필명 池河蓮(1912~1960?). 거창 명문 사대부 집안의 부실(副室)의 외동딸. 본실 출생의 아들 5형제 중 맏아들과 차남만 빼고 나머지 셋(그 중 이상조, 이상선은 강만길·성대경 편,『한국사회주의인명사전』, 창작과비평사, 1996에 등장)은 다 사회주의운동에 투신했기 때문에 이현욱도 그 분위기에 익숙한 데다 도쿄 소화고녀(昭和高女) 졸업 후 도쿄여자경제전문학

중일전쟁[1937] 이후 임화는 출판사 학예사[學藝社]를 설립[1938]하고는 친일과 위장의 경계선을 넘나들며 곡예사처럼 태평양전쟁 말기를 보냈다. 이때의 행적을 일부에서는 석연찮은 눈초리로 폄하하기도 하지만 비판할 수는 없는 것이 그가 학예사를 통해 이룩한 업적이 너무나 혁혁하기 때문이다.[3]

그는 박헌영처럼 벽돌공으로 위장하지 않았기에 떳떳하진 못했지만 폭넓게 문인들과 교유하다가 8·15를 맞아 가장 발 빠르게 카프 재조직의 장기를 발휘하면서 저간의 축적된 혁명의 열기를 확산시킬 수 있었다.

임화에게 1945년 8·15부터 1947년 11월 20일, 삼팔선을 넘어서기까지의 2년여 시간은 그의 일생에서 가장 열렬한 정치 투쟁기였다. 이 시기에 그는 조선공산당-남로당계 정치노선의 실현을 위해 다방면에 걸쳐서 활약했다.

교에 다닐 때 임화를 처음 만나면서 호의를 가졌다고 전한다. 임화가 그 댁으로 가서 청혼하자 큰오빠(비사회주의자)가 임화의 뺨을 때렸을 정도로 결혼이 쉽지 않았으나 사회주의자였던 세 오빠와 남동생들은 지지했다. 임화와 이현욱은 동거하다가 임신하자 정식 혼례를 치렀다. 임화에게는 이귀련의 딸 말고도 딸(元珠) 하나가 더 나타났는데, 그에 대해서는 정영진 장편소설,『바람이여 전하라－임화를 찾아서』를 참고할 것. 이 소설은 이북만과 이귀례 남매의 후일담도 자세히 밝혀준다.

지하련과 최정희 사이의 서신왕래는 너무나 끈끈하여 우정을 넘어선 동성애의 경지까지 겸은 사이가 아니냐는 추론을 배제하기 어렵다. 여기 대해서는 임헌영 평론집,『불확실시대의 문학－문학의 길을 다시 생각하다』, 한길사, 2012 중 208~210쪽 참고할 것.

8·15 후 그녀는 창작활동과 함께 조선부녀동맹에도 가입하여 임화와 걸맞게 적잖은 활동을 하다가 1948년 연말 경 아들을 데리고 월북했다. 임화가 숙청당한 1953년 8월 6일 지하련은 중국에 체재 중 귀국하였으나 그 뒤 소식은 유언비어로만 전한다.

① 김윤식,『임화연구』, 문학사상사, 1989, ② 장윤영,「지하련－여성적 내면의식에서 사회주의 여성해방운동으로」,『역사비평』가을호, 1997 게재, ③ 정영진 장편소설,『바람이여 전하라－임화를 찾아서』, 푸른사상, 2002, ④ 서정자 편,『지하련 전집』, 푸른사상사, 2004 등 여러 자료 참고.

3   임화의 후원자는 崔南周(1911~?). 전남 광주의 대부호(최원택)의 손자로 보성고보-니혼대학 문예과 졸업(1930). 광산업과 영화산업 기업가. 조선영화주식회사 대표로 전속 배우에는 韓銀珍, 文藝峰 등. 이광수의『무정』(박기채 감독, 여주인공 한은진) 등으로 성공. 임화는 그의 후원으로 학예사(1939)를 운영하면서 민족정신사의 맥을 잇는 고전들과 김재철의『조선연극사』, 김태준의『조선소설사』등 역저를 출간했다. 최남주는 일제 말기에 제국주의 국책인 철광생산 증가를 위해 대규모 지원을 받아 端川광산 개발에 투신했으나 실패했다. 광산개발에 대해서는 배석만「일제 말 광산업자 崔南周의 端川鑛山 개발과정과 귀결」(『韓國史研究』, 2016, 제172집 게재) 참고할 것. 새 영화 개발 차 태국으로 간 뒤 행불.

식민지 아래서의 굴욕적인 얼룩이 채 지워지지 않은 상태에서 임화가 1945년 8월 17일 원남동 어느 정육점 이층에서 김남천, 이원조, 이태준과 만난 게 8·15 직후 문학단체의 첫 출발이 된다. 이내 종로 한청빌딩에 나붙게 된 조선문학건설본부-조선문학가동맹은 그 임원진이 어떻게 바뀌었든 실질적으로는 임화의 정치적 의도에 따라 운용되었음을 부인할 수 없다. 사실 8·15 뒤 임화는 엄청난 행사 때문에 그 명성과는 달리 창작활동은 많은 편이 아니었다. 더구나 비평분야에서는 그 격심한 순수, 참여 논쟁에 끼어들 여유조차 없었다.[4]

2. 행사 노래 가사 짓기로 투쟁 격려

8·15를 맞자 임화는 발 빠르게 한청빌딩^{현 종각 자리}에 있던 친일 반민족 단체인 조선문인보국회 사무실에다 조선문학건설본부^{8.16}라는 간판을 일단 먼저 달았다. 조선공산당^{1945.9.11}-남로당^{1946.11.23~24}의 박헌영에 뒤지지 않게 잽싼 행동을 취했던 그는 박의 노선에 밀착하여 혁명운동에 깊숙하게 몸 담아 2년여에 걸쳐 이룩한 기록은 곧 미군정의 필화의 탄압사에 대한 증언록에 다름 아니다.

---

4 임화가 김남천 등 카프 2세대들이 주축이 되어 조직한 조선문학건설본부는 박헌영의 「8월 테제」에 걸맞게 민족적 주체성을 계급혁명보다 우선시키면서 이를 위해 친일파 청산과 봉건사상을 타도하고 부르주아민주주의혁명을 이룩해야 하며, 그 달성을 위해서는 민족통일전선론의 절실성을 내세웠다. 이에 대하여 임화 등이 일제 때 카프 해산계를 떳떳하지 못한 절차로 제출한 이후의 투쟁방식을 비판적으로 봐왔던 카프 1세대들인 송영, 이기영, 한설야 등은 계급혁명을 강조하면서 조선프롤레타리아문학동맹을 조직(9.17)했다. 이런 대립을 비효율적으로 본 것은 당 이론가들이어서 두 단체를 통합시키고자 앞선 것은 투철한 항일투사에다 당대 최고의 국문학자였던 김태준(金台俊, 1905~1949)이었다.
두 단체가 통합해 조선문학동맹(1945.12.13)에서 이듬해에 조선문학가동맹으로 개칭, '전국문학자대회'(1946.2.8~9)를 개최했다. 그러나 이기영 등은 임화의 문학가동맹에 전적으로 동의하지 못해서 이찍 월북, 북조선문단의 조직을 장악해버림으로써 늦게 월북한 임화의 영향력은 남한 내에서만큼 강력하지 못했다.

그는 각종 조직 활동에 관여하면서 여러 편의 노래를 위한 시가사를 지었는데, 그 중 가장 먼저 널리 알려진 게 〈해방의 노래〉와 〈해방 조선의 노래〉다. 앞의 것은 임화가 작사, 김순남이 작곡한 것으로 알려져 있고, 뒤의 것은 잡지 『문화전선』[1945년 창간호, 11.15]에 게재된 걸 이듬해 1월 경 작곡가 안기영이 곡을 부쳐 널리 애창되어 당시의 『임시 중등 음악교본』에도 실렸던 노래였다.

1. 전사들아 일어나거라 / 영웅들아 일어나거라 / 압박의 사슬은 끊어지고 / 자유와 희망의 새날이 왔다 / 일어나거라 전사들아 / (후렴) 아아 해방조선은 인민의 나라.

2. 서백리아 바람 찬 벌판 / 현해탄의 거친 파도여 / 한 많이 쓰러진 수 없는 생명 / 깃발은 벌거니 피에 젖었다. / 잊지 말어라 혁명 동지를 / (후렴)

3. 등불도 없이 걸어오든 / 눈물도 없이 울어오든 / 어둔 밤 우리의 머리 우 높이 / 호올로 빛나는 그대들 이름 / 높이 들어라 전사의 깃발 / (후렴)

4. 전사들아 눈을 감아라 / 영웅들아 눈을 감아라 / 몽매에 못 잊든 그대의 나라 / 자유와 해방의 새날은 왔다 / 높이 들어라 자유의 깃발 / (후렴)[5]

두 번째로 유명해진 임화의 작사는 〈민전 행진곡〉이다. 당시 조선 공산당은 민족분단과 백색 테러 및 미국에 의한 직간접적인 각종 탄압에 대항키 위하여 통일전선을 형성하지 않을 수 없는 처지였다. 그래서 '조공'은 인민당과 합심하여 한민당, 국민당 등 우익 정당 내부의 진보파를 설득, 여기에다 대중, 문화예술 단체와 임시정부 측의 진보파를 포함한 범민족 통일전

---

5   가사는 책임편집 김재용, 『임화문학예술전집 1─시』, 소명출판, 2009에서 재인용. 이 시는 노래로 불려지면서 「해방 전사의 노래」란 제목이 붙게 되었다. 일본에서 나온 '재일 조선인 운동자료집' 제1권 야마네 도시로(山根俊郎), 『カラスよ屍を見て啼くな─朝鮮の人民解放歌謠(가마귀여 시체 보고 울지 말아라)』(長征社, 1990)에는 「해방전사의 노래」로 소개되어 있다. 이 책에서는 임화의 시가 『무궁화』 1945년 12월 창간호에 게재되었다는 1947년판 『예술연감』을 인용했으나 확인 못 함. 왜 '조선'이 '전사'로 바뀌었는지에 대해서는 언급이 없다. 추측컨대 해방 직후에는 임화가 해방의 감격을 노래했으나 이내 미군정의 탄압이 노골화되면서 이 단어가 '전사'로 바뀌졌을 가능성이 있다.

선을 결성하여 이를 '민주주의민족전선'이라고 했다. 8·15 이후 최대 조직
이었던 이 약칭 '민전民戰'은 이틀간 종로 YMCA회관에서 창립총회를 개최
1946.2.15~16하였다.[6]

김오성, 이태준, 임화, 김기림, 김태준, 박치우, 김상훈 등 문학계 인사들도
대거 중앙집행위원으로 참여한 이 '민전'의 중추인물들은 사무국장 이강국
李康國, 조직부장은 홍덕유洪悳裕, 선전부장은 김오성金午星, 문화부장은 이태준李
泰俊, 재정부장은 정노식, 기획부장은 최익한崔益翰, 외교부장은 강진姜進이었는
데, 임화는 기획차장을 맡았다. 시인 김광균, 오장환, 김기림과 공동으로 〈민
전 행진곡〉을 작사했으며, 바로 이건우에 의하여 작곡, 널리 불려졌다.

> 1. 일제의 남은 뿌리 소탕의 싸움이다 / 나가자 민주주의 민족의 전선으로 / (후
> 렴) 인민이 가는 곳 인민이 가는 곳마다 / 민전은 함께 진군한다 / 민전은 인민
> 을 지키고 있다.
> 2. 봉건의 남은 자취 쓰러 없애 버리자 / 우리의 민주주의 민족의 전선으로 / (후렴)
> 3. 남녀의 노소 없다 모두 다 달려와서 / 전열에 지체 말자 민족의 전선으로
> / (후렴)
> 4. 애국의 가면을 쓴 파쇼를 부시자 / 우리의 민주주의 민족의 전선으로 / (후렴)

다른 가사에 비해서 문학성이 떨어지는 것은 공동창작의 장점을 살리지
못한 채 시간에 쫓겨 창작한 탓인 듯하다. 문학성보다는 구호와 운동성에 치
중한 흔적도 역력하다.

임화의 가사로 전해 오는 그 다음 노래는 〈민청가〉와 〈민애청가〉이다. 이
두 노래는 당시 청년단체의 굴곡을 반영하고 있다. 조선공산당은 1945년 11
월부터 청년단체 결성을 위한 준비 작업을 진행하여 그 해에 '전국청년단체
총동맹' 결성대회12.11~13를 개최했다. 이 때 단체의 약칭은 '청총靑總'이었고,

6   서중석,『한국현대 민족운동 연구─해방 후 민족국가 건설운동과 통일전선』, 역사비평사,
    1991, 346~354쪽 등 참고.

창립대회에서 불렸던 노래는 작사자 미상의 〈청총 동맹가〉였다.

8·15 이후 각종 단체들이 다 그랬듯이 '청총'도 우여곡절을 거쳐 1946년 4월 25일 '조선민주청년동맹'으로 탈바꿈 하게 되며, 이때 임화는 〈민청가〉를 작사했다.

> 1. 정의와 자유에 타는 불길 / 우리의 가슴 속 빛나도다 / 인민의 자유는 영원한 별 / 우리의 가슴 속 빛나도다 / (후렴) 우리들은 젊은 친위대 / 인민 조선의 젊은 친위대.
> 2. 전제의 세상은 물러가고 / 인민의 시대는 동터 왔도다 / 미래는 우리들 청년의 것 / 모두 다 나가자 민주 청년 / (후렴)
> 3. 모두 다 가난한 우리 조국 / 모두 다 불행한 우리 동포 / 조국은 부른다 민주 청년 / 인민은 부른다 민주 청년 / (후렴)

그 뒤 '민청'은 미군정 당국에 의하여 강제 해산^{1947.6.5}되어 그 대체 단체로 만든 것이 '조선민주애국청년동맹'^{약칭 '민애청' 1947.6.5 결성}으로, 역시 임화가 〈민애청가〉를 지었고 곡은 김순남이 부쳤다. 작사 시기로 보면 1년 뒤가 되지만 민청과 관련된 작품이기에 여기서 소개한다.

> 1. 피끓는 우리의 젊은 청춘을 / 조국은 부른다 두 손을 들어 / 지키어 나가자 조국의 자유 / 한 목숨 바치자 끝 날 때까지.
> 2. 인민의 나라를 세워 달라고 / 부탁하고 죽어간 동무의 유언 / 지키어 나가자 민주 청년들 / 우리 가슴 속 불길이 탄다.
> 3. 어느 곳 별 아래 묻힐지라도 / 마음에 맹세한 조국의 자유 / 죽어도 썩지 않고 빛나리로다 / 영원히 영원히 빛나리로다.[7]

---

7   『노력 인민』, 1947년 7월 5일 게재. 인용은 김재용, 『임화문학예술전집 1 ─ 시』, 소명출판, 2009, 525쪽.

지금까지 봐온 가사들은 좀 거칠기는 하지만 그래도 민족사적인 입장이 강하게 나타나 있는데 비해서 1946년 5월 조선정판사사건 이후 박헌영이 7월 신전술 선언으로 미군정에 대한 강경책이 추진되면서 임화의 노래 가사들도 격렬성이 더해진다. 민족 주체성에 초점을 맞췄던 시각이 반제국주의 투쟁으로 그 초점이 옮겨지고 있는 그 첫 예가 유명한 〈인민 항쟁가〉이다.

> 1. 원수와 더불어 싸워서 / 죽은 무리의 죽음을 슬퍼 말아라 / 깃발을 덮어다오 붉은 깃발을 / 그 밑에서 전사를 맹세한 깃발을.
> 2. 더운 피 울리며 말하던 동무 / 쟁쟁히 가슴 울려온다 / 동무야 잘 가거라 원한의 길을 / 복수의 끓는 피 용솟음친다.
> 3. 백색 테러에 쓰러진 동무 / 원수를 찾아서 떨리는 총칼 / 조국의 자유를 팔려는 원수 / 무찔러 나가자 인민 유격대.

김순남이 곡을 부친 이 노래는 당시 남북한을 가릴 것 없이 인기 절정이어서 1948년 월북한 김순남이 모스크바 유학까지 가게 된 배경이 될 정도였다고 알려져 있다. 북한에서는 1절의 '붉은 깃발' 대신 '공화국 깃발'로 고쳐 불렀다고 전한다.

앞서의 가사들과는 달리 임화의 시가 왜 갑자기 이렇게 강렬한 피의 냄새를 담게 되었을까. 그 역사적인 배경에는 1946년 전평조선노동조합전국평의회의 9월 총파업에 이어 10월 대구인민항쟁이 연속적으로 이어졌을 뿐만 아니라 전국적으로 확산되었던 점을 감안하면 쉽게 이해가 될 것이다. 박영근은 이런 현상을 "남조선 일대에 획기적인 인민항쟁이 전개되자 〈인민항쟁가〉의 우렁찬 소리는 방방곡곡에 인민과 더불어 전파되어 소련 국가로 오인 받고 있던 〈적기가〉에 대신하여 진정한 민주혁명의 투쟁사에 빛날 기록적인 자취를 남겨 놓았다"라고 이 노래를 평가했다.[8]

---

8 朴榮根, 「음악계」, 『예술연감(1947년판)』, 예술문화사, 1947, 33쪽.

임화는 월북[1947.11.20]하기 직전 명 콤비였던 김순남이 작곡한 노래의 가사인 〈추도가〉도 남겼다. 1947년경에 불려졌다는 이 노래는 이미 투지보다는 비극적 결말이 예시되는 내용을 담고 있다.

1. 검은 무덤이 바람에 스치고 / 찌들은 묘목은 달 아래 떨어도 / 그대는 지상의 별.
2. 피문은 가난과 왜적의 칼날에 / 한 번도 굴함이 없이 / 굳세게 싸우던 혁명의 투사여.

이 노래를 마지막으로 임화는 월북했는데, 북한에서도 그는 남한을 향하여 여전히 혁명가를 부르는 한편 북에 대한 내용의 작사도 계속 썼다.[9]

3. 『조선인민보』와 임화

8·15 이후 일간신문으로 가장 먼저 창간한 『조선인민보』[1945.9.6~1946.9.6]의 주축은 조선총독부 일어판 기관지 『경성일보京城日報』 내의 진보적인 기자들이었다. 여운형이 선포했던 '조선인민공화국People's Republic of Korea'[9.6]의 생일과 항렬자가 똑같은 데서 감지할 수 있듯이 정치노선 또한 너무나 닮았기에 사실상 그 기관지 격이었다. 언론 경영에 밝았던 사회주의자 홍증식洪增植이 발행인[1945.11.11]을 맡으면서 그 이전에는 없었던 사설란을 신설하는 등 논지를 선명하게 다져나가기 시작했다.

미군정은 애초부터 여운형의 조선건국준비위원회부터 부인해 왔으나 인공의 실체는 의외로 탄탄하여 지방에서는 실세로 영향력을 행사했기 때문

---

9   김재용, 『임화문학예술전집 1−시』, 소명출판, 2009, 522쪽.
     김재용은 이 편저에서 이 밖에도 〈국군행진곡〉, 〈인민의 소리〉, 〈빨치산 행진곡〉 등과 월북한 뒤의 작품으로 추정되는 〈남조선 형제 잊지 말아라〉, 〈탱크병의 노래〉, 〈근위대의 노래〉, 〈인민의용군의 노래〉, 〈개선 행진곡〉 등도 게재했다.

에 적당한 기회를 틈타 10월 10일에야 '인공' 부인을 천명한 뒤 하지 중장이 거듭 '조선인민공화국'을 근본적으로 부정하는 성명1945.12.12을 냈다. 이를 신호로 미군정은 민족주체적인 독립운동 세력을 배격하고 친일파를 재등용하는 본격적인 계기로 삼아나갔다.

이를 꿰뚫어본 『조선인민보』는 즉각 「하지중장 성명과 민중의 의혹」12.14이라는 강력한 비판 사설을 실으면서 논조가 바뀌어갔다. 그러자 우익 청년들이 직원들을 납치해 가며 수류탄을 던지는 등 집단테러사건1945.12.29이 잇따라 일어났는데, 이 조선인민사에 가해진 만행이 8·15 이후 언론기관 테러 제1호가 되었다.

1946년에 접어들자 정세는 더욱 악화되어 갔고, 『조선인민보』는 점점 비판적인 기사가 늘어났다. 마침 쌀을 둘러싼 문제가 빈번해지자 이 신문은 사설 「식량과 우리의 요구」3.26에서 "일본제국주의의 포학暴虐도 능히 조선민중에게 최소의 호구량을 보장할 수 있었나니 조선 해방의 은인이며 조선독립의 원군인 미군정 당국이 어찌 이에 무관심할 수 있으랴"라고 질타하며 미곡 수집령과 배급제를 비판하고 나섰다. 연이어 「쌀 대신 총부리 응수—어제 시청 앞에 유혈의 참극」이란 기사4.2에서 시청 앞에 모여 쌀을 달라고 요구하는 군중들 중 한 부인이 총상을 당했다고 보도하자 군정청은 조선인민보 사장 홍증식과 편집국장 김오성을 군정포고 위반 혐의로 구속했다.

이 신문은 미군정과 함께 이승만과 김구도 조선을 도우려는 미국과 소련의 신탁통치안을 반대하며 반공만 외친다고 공격했다. 이에 미군정은 이 신문사 홍증식 사장과 김오성 편집국장을 구속, 징역 90일에 3만원 벌금형을 언도하면서 형 집행은 하지 중장의 결재까지 유예하는 판정5.4을 내렸다. 이에 조선인민사에서는 발행 겸 편집은 고재두가 맡고, 홍증식은 명예사장, 김오성은 편집고문으로 보직이 변경되었다.

이런 정황이었던 조선인민사에 임화가 주필로 정식 공개된 것은 1946년 7월 1일이었다. 이미 조선공산당 기관지 『해방일보』가 폐간1946.5.18당한 걸 분수령 삼아 미군정은 진보적인 모든 언론에 강경한 탄압조처를 강행하던 때였다. 더구나 임화는 이미 이 신문에서 고재두와 6·10만세운동^{1926.6.10} 20주년 기념 좌담에서 그 운동이 당시의 조선공산당의 주도로 일으킨 것이 었음을 강조하면서 친일세력과 대비시켰다. 물론 임화 혼자만의 주장이 아니라 좌담의 주조가 그렇게 구성되었던 것이다.

마침 임화가 주필로 공식 공개된 그 날^{7.1, 실은 그 전부터 이미 근무} 신문 제1면에는 조선공산당 서기국 명의의 「테로 괴수 이승만, 김구를 국외로 추방하라」는 기사와 사설 「이승만 씨의 용렬하고 파렴치한」 등으로 물의를 일으켰다. 김구는 7월 4일 「동포에게 고함」이란 성명을 내어 『조선인민보』에 정면 반박했고 뒤이어 몇몇 단체들도 김구의 상해임정을 지지하는 성명도 잇따랐다. 공교롭게도 좌익계 언론 탄압에 임정 세력과 이승만 계가 합세해버린 분위기였다.

이런 논란이 일어난 배경에는 끔찍한 극우테러단의 암약상이 도사리고 있었음을 간과해서는 안 될 것이다. 1946년 3월 1일 평양역 광장에서 3·1운동 27주년 기념식장에 수류탄 테러가 일어났다. 테러는 최용건, 김책, 강양욱의 사저에도 가해져 사상자까지 나왔다. 이에 북조선은 그 범행이 임정계의 정치공작대와 테러조직의 대명사 격인 염동진의 백의사의 합작으로 몰아세워, 백범과 이승만을 동시에 비판대에 올렸다.¹⁰

『조선인민보』는 아마 북조선의 주장에 동조했을 것으로 유추할 수 있다. 더구나 이미 남조선에서도 이런 야만적인 테러가 일어나고 있는 판이라 그 논조가 강경해졌을 것으로 볼 수 있다. 어쨌든 이런 논쟁은 사건의 배경을 모르는 대중들로 하여금 그저 무턱대고 이승만-김구를 추종하도록 유도하기에 그 결과는 미군정이 바라는 대로 남북 상호 불신과 증오감을 증폭시킴과 동시에 남조선 내에서는 반공의식을 고양시키는 데 크게 일조하

---

10 이 문제는 너무나 미묘하여 단언하기 어렵다. 반공세력은 북조선 내의 저항세력의 의거로 보고, 북조선은 대한민국 임시정부와 백의사의 합작이라고 명확한 증거를 거론한다. 김갑수는 추리소설 『B.K.연쇄살인사건』 제21화에서 "1946년 평양역 광장에서 열린 3·1절 기념식에서 김일성에게 수류탄을 투척한 것은 백의사와 결탁한 북의 테러리스트라는 설이 있었다"라고 했다(『오마이뉴스』, 2009년 9월 10일 자).

게 된다.[11]

이러던 차에 마침 서울 마포구에서 발생한 호열자 기사가 『조선인민보』에 보도되자 사실과 다르다며 서울시장이 고발하자 주필이 된지 1주일째인 임화는 종로경찰서에 구금[7.7]당했다. 연이어 이날과 다음날에 걸쳐 진보적인 세 신문사인 『자유신문』[정인익·정진석], 『대한독립신문』[오장환·고영환]과 『조선인민보』[임화·김경록]의 간부들이 대거 구속됐다. 그래서 임화는 취임 20일 만인 7월 22일부터 그 이름이 주필난에서 사라지게 되었다.

8·15 이후 명망 있는 좌익 문학인으로 언론사에 몸 담았던 인물로는 임화 말고도 이원조[李源朝]와 설정식[薛貞植]도 있었다. 시인 이육사의 동생인 이원조는 조선일보 학예부 기자에서 차장을 지낸 뒤 월간 『조광』에도 근무한 경력의 소지자로 8·15 후 『현대일보』 편집국장을 지내면서 미군정을 비판하다가 체포령이 내리자 월북[1947년 초]했다. 설정식의 경력은 다채롭다. 중국에서 고교를 마친 그는 연희전문-오하이오 주 마운트 유니언대 영문과-컬럼비아대 연구생이란 화려한 학력을 가졌다. 8·15 후 미군정청 공보처 여론국장, 영자신문 『서울타임스』 주필 겸 편집국장[1948.2]을 지내다가 10월 초 사임하고 체포령이 내리자 월북했다.

그러나 임화는 여전히 남조선에서 할 일들이 남아 있었다.

---

11 전국문화단체총연합회를 비롯한 애국단체연합회(88개 우익단체)는 하지 중장각하에게 요청서를 보냈다. "우리 민족의 지도자 이승만 박사와 김구 선생에 대한 모욕을 상습적으로 하고 반미 선전과 파괴선동을 일삼는 반민족적 매국지 『노력인민』을 즉시 폐간시킬 것을 애국적 전조선민중이 요망하며, 이러한 반민족적 매국지가 귀관의 허가 밑에서 공공연히 발간되어 있는 사실에 대하여 우리는 심히 유감의 뜻을 표하는 동시에 언론자유 미명하에서 악질적인 인신공격을 일삼는 공산극렬분자의 집단인 남로당의 기관지 『노력인민』을 즉시 폐간시킬 것을 요청합니다."(1947년 7월 6일 자 『독립신문』, 『가정신문』 등에 게재. 인용은 桂勳模 編, 『韓國言論年表 2 − 1945~1950』, 寬勳클럽信永연구기금, 1987, 7824쪽.

4. 시집 판매금지 제1호가 된 임화

질풍노도의 시대에도 시는 존재하는가. 여러 자료를 종합해보면 미군정기 3년 동안 발간된 시집은 90여 종에 이르며, 이 중 문학사적으로 검증받을만한 가치가 있는 것은 불과 30여 종이나 될까. 식민통치로부터의 해방이라는 구호와는 달리 미군정은 일제하의 각종 규제에 못지않게 꽤나 까탈스러운 출판검열 조항들을 설정했다. 1946년 5월 4일 공포된 법령 제72호는 출판물 검열의 기준이기도 했는데, 그 제1조는 "군정 위반에 대한 범죄는 1945년 9월 7일부 태평양 미국군총사령부 포고 제2호 또는 현금까지 공포된 법령 외 좌와 여히 규정함"이란 서두 아래에다 82개 항목의 범법사항을 예시하고 있다. "전염 화류병을 가진 부녀가 주둔 군인에 대한 성관계의 유혹" 같은 항목에 이르면 화류병이 없는 부녀자는 아무래도 좋다는 해석부터, 대체 그 시절에 적극적인 성적 유혹으로 윤리의식을 혼란시킨 장본인이 어느 쪽이었을까라는 어리석은 의문도 생긴다.

"한국 여성이 미병들의 초콜릿에도 유인을 당하지 아니할 때, 그들[미병]은 차라리 동경이나 마닐라에 있었더라면 하고 생각하였을 것이며, 그들 중에 조금 냉정한 사람은 한국 여자가 일본 여자처럼 선뜻 응하지 않는 것을 깨달았다"고 할 지경이었음을 감안하면 미군정의 법규가 얼마나 편견된 것인가를 유추할 수 있을 것이다.[12]

이렇듯 까다로운 군정의 검열에서도 합법적으로 출판되었던 시집이 정부 수립 이후 납월북 문인이란 이유로 금지조처가 내려진 게 30여종에 이른다. 덧붙이자면 미군정 아래서 시집이 판매금지 당한 것은 임화의 『찬가(讚歌)』가 그 제1호이자 마지막이었다.

시집 『찬가』는 백양사로부터 1947년 2월 10일 초판 발간되어 관례대로 공보부에 2부를 납본했다. 법대로 납본 즉시 시판은 가능하여 초판 5천 부

---

12   리처드 E. 라우터벡, 국제신문사 출판부 역, 『한국 미군정사』, 돌베개, 1984, 15쪽.

중 상당부수가 시중에 배포되자 3월 말 경부터 말썽이 나기 시작하더니 3천 5백 부가 팔렸을 때^{5.24}에 수도경찰청이 발행인^{배정국}을 소환했다. 시집 중 2편을 삭제한 뒤에 판매토록 종용하자 발행인은 일단 시인과의 상의 없이는 불가능하다고 버텼다. 문제의 핵심은 이 시집 51쪽에 실린「깃발을 내리자」의 불온성 때문임이 부각되었다.

노름꾼과 강도를
잡던 손이
위대한 혁명가의
소매를 쥐려는
욕된 하늘에
무슨 깃발이
날리고 있느냐

동포여!
일제이
깃발을 내리자.

가난한 동포의
주머니를 노리는
외국 상관^{商館}의
늙은 종들이
광목과 통조림의
밀매를 의논하는
폐 왕궁의
상표를 위하여
우리의 머리 위에

국기를 날릴
필요가 없다

동포여
일제히
깃발을 내리자

살인의 자유와
약탈의 신성이
주야로 방송되는
남부 조선
더러운 하늘에
무슨 깃발이
날리고 있느냐

동포여
일제히
깃발을 내리자.^{각주 9, 264~265쪽}

    이 문제의 시가 처음 발표된 것은 『현대일보』 1946년 5월 20일 자 제2쪽 이었다. 기존 논문이나 자료들은 이 시가 마치 19일에 발표된 것처럼 쓰고 있는데, 그것은 발표 당시 "1946.5.19"라는 시 제작 날짜를 명기한데서 연유한 듯싶다. 그러니까 임화는 이 시를 쓰기가 바쁘게 얼른 당대의 대표적인 이론가의 한 사람이자 문학평론가였던 박치우朴致祐가 발행인이고 작가 이태준이 주간으로 있던 현대일보사로 보냈을 것이다. 현대일보사는 7월 1일 자로 주필 겸 편집국장에 평론가 이원조, 정리위원에 평론가 김병규로 바뀌었다. 신문사측은 기사문보다 한 급수 더 큰 활자로 보기 좋게 제2면 가운데다

상자로 게재했다.

이 작품에 대해서는 시집 『찬가』에 실린 내용을 그대로 인용, 연구하고 있는데, 원문과는 미묘한 차이가 있다. 원문의 제목 「旗ㅅ발을 내리자!」에서 보듯이 느낌표가 붙어 있고, "가난한 동포의 / 주머니를 노리는 / 외국 商館의 / 늙은 종奴隷들이"로 되어있으나 시집에서는 괄호 안의 '奴隷'가 빠져있다.

이 시집에는 제1부에 8·15 이후의 작품 15편, 제2부에는 첫 시집 『현해탄』1938 이후 일제하에 쓴 7편이 실려 있다.

마침 제2차 미·소 공동위원회1947.5.21~10.18가 열리던 때였기에 검열은 뜻밖이었다. 수도관구 경찰청 사찰과가 발행인백양당 배정국 사장을 호출5.24, 이 시의 삭제를 지시했다. 그러자 항의하는 성명서가 잇따랐다. 이에 "공보부에 납본된 출판물이라 할지라도 그것이 군정 반대 혹은 불온한 선동이나 풍기를 교란하는 내용일 때에는 경찰이 적발하여 검찰청으로 고발"할 수 있는 것이라고 기자단을 향해 장택상 경찰청장은 해명 아닌 협박을 했다.[13]

7월 18일 시인과 발행인은 경찰청으로부터 검찰로 불구속 송치되었는데, 8월 10일 문제의 시만 삭제하고 출판해도 좋다는 결정이 내려지는 것으로 시집 『찬가』 필화사건은 형식적으로 끝나버렸다. 초판부터 실려 있었던 이 문제작은 그 뒤 판금조처에 별 관계없이 문학사에 전해오고 있다는 사실로 미뤄 볼 때 문학작품에 대한 검열과 판금이란 전혀 실효성이 없음을 입증해 줄 뿐이다. 미군정을 업고 직권을 남용한 필화의 본보기이자 탁치지지 문인에 대한 보복이었다. 그런 한편 미소공위 기간이 아니었으면 더 가혹한 처벌이 내렸을 수도 있었다는 점도 유의해 볼 필요가 있다.

---

13   여러 반응에 대해서는 ① 이중연 『책, 사슬에서 풀리다─해방기 책의 문화사』, 혜안, 2005, 259~270쪽, ② 정근식 외편, 『검열의 제국─문화의 통제와 재생산』, 푸른역사, 2016, 474쪽 참고할 것. ①은 임화의 이 필화사건은 단순히 시 내용 때문이 아니라 그를 문제인물로 주시해 오다가 그의 행적을 파악하려는 방법으로 이런 조처를 취했다고 하며 이 필화사건이 임화로 하여금 월북 계기가 된 것은 아니고 이 시집이 나왔을 때는 임화가 이미 북으로 간 뒤라고 했으나 그 근거는 빈약하다.

1947년 11월 20일, 별이 차갑게 빛나는 쌀쌀한 밤에 서른아홉 살로 당대 혁명문학의 기수였던 임화는 한 청년 안내자를 따라 38선을 넘어가고 있었다. '도대체 나는 어떻게 되는 걸까?'란 운명에의 불안감과 혁명에의 기대감이 교차되는 가운데서 그는 홀연히 비장한 시적인 이상을 잠시 품어 보았다.

임화는 지금 이곳을 자유스런 입장에서 걸어보고 싶었다. 대낮이라면, 이 주변의 경치가 얼마나 아름다울까? 그는 전원을 좋아했다. 가난한 농가가 여기저기 점점이 흩어져있는 풍경을 인간적인 시로 노래하고 싶다. 그야말로 학대받으며 살아온 민족의 시를 황혼의 빛깔 속에서 노래하고 싶은 것이다.

혁명이라든가, 저항이라든가 하는 문구를 일체 쓰지 않고 마음속에서 우러나오는 시를 쓰고 싶다……[14]

이 문제 많은 오류투성이 소설은 임화 연구에 반드시 읽어야 할 작품이면서도 현혹되어서는 안 되는 야누스적인 측면을 간직하고 있다. 38선을 넘어갈 때 시인의 심경을 이 소설이 얼마나 진솔하게 포착했는지는 알 수 없지만, 적어도 이 장면은 설득력을 지닐 수 있을 것 같다. 남조선에서의 좌절당한 혁명의 꿈을 안고 피신 겸 혁명의 지속과 재충전을 위하여 넘어서는 38선은 그에게 파란만장했던 인생의 역정을 되돌아보게 했을 터이다.

임화에게 '조선민주주의 인민공화국 최고재판소 군사재판부'가 사형을 언도한 것은 1953년 8월 6일. 그 이후 그의 문학은 남북한에서 다 금지된 영역이었다. 진정한 민족통일문학은 임화의 객관적인 평가에서 비롯된다고 하겠다.

---

14   마츠모토 세이초(松本淸張), 김병걸 역, 『북의 시인』, 미래사, 1987, 262쪽.

제6장

친일파 청산의
첫 좌절

1. 뒤바뀐 세상, 역사의 참회자들

세상은 공정하지 않아 '뛰기는 역마가 뛰고 먹기는 홍중군洪中軍의 말이 다 먹는다'는 속담이 어느 시대, 어디서나 적용되는 것일까. 풍찬노숙의 독립투사들이 친일 세력에 의하여 빨갱이로 몰려 온갖 모욕과 수난과 일제 고등계 형사들에게 당했던 고문을 그대로 또 겪어야 했던 8·15 뒤의 세태를 보면 그럴 수도 있겠다.

일제의 항복 3주 전인 1945년 7월 24일 저녁 7시, 경성 부민관에서 친일파 박춘금의 대의당의 주도로 아세아민족분격대회亞細亞民族憤激大會가 열렸다. 이 대회는 일제가 태평양전쟁에서 점점 전세가 불리해지자 언제 조선인들이 반일세력으로 돌변해 저항할지 모른다는 가정에서 그 후환을 없애려고 20~30만 명1~10만 명설도 있다의 명단을 박춘금이 도쿄에서 갖고 와 그 대학살 추진을 위한 신호탄 격이었다. 이런 저간의 거대한 음모의 배경은 미처 몰랐으나 이미 소년시절부터 항일민족의식으로 잘 무장된 조문기趙文紀 청년은 박춘금의 악행을 익히 알았기에 이 대회를 저지시키려고 면밀히 계획했다. 비밀결사 대한애국청년당1945.3 조직의 동지 유만수. 강윤국과 함께였고, 그들은 계획대로 사제 시한폭탄 2발을 설치, 폭발9시 10분경시켜 대회장을 아수라장으로 만들어버려 박춘금의 음모를 좌절시킨 결과를 가져왔다.

무사히 피신한 그들은 8·15가 되자 오리무중이었던 부민관 폭파 의거를 자신이 했다는 가짜투사들이 횡행하여 부득이 『자유신문』1945년 11월 13일 자을 통하여 자신들의 정체를 밝혀 도하 각 매체에 두루 소개되자 일약 유명세를 탔으나 정국은 요상하게 급전직하하여 남한만의 단독정부 수립으로 낙착되었다. 분개한 조문기 의사는 삼각산 연봉 6개소에다 사제 시한폭탄을 설치함과 동시에 봉화를 올리는 시간에 맞춰 시내의 고층빌딩 수십 군데에다 '통일정부 이룩하자', '단일정부 수립 반대', '미군은 물러가라' 등의 구호가 적힌 두루마리 현수막이 펼쳐지도록 기획했다.

그런데 내부에 프락치가 있어 좌절된 이 사건으로 조문기 등은 김종원에게 악랄한 고문으로 취조를 당해 '인민청년군사건'[1948.6]으로 포장되어 미군정의 용공조작 최후를 장식하며 옥고를 치렀다.[1]

조문기는 8·15를 맞은 3년 만에 투옥당했지만, 8·15를 맞아 출옥했던 인물이 1년 만에 다시 투옥당하는 게 당시 독립투사들의 항다반사였다.[2]

바로 피 흘려 뛰었던 독립군의 역마 대신 친일행위로 권세와 호사를 누렸던 홍중군의 말들이 자신의 안위를 위해 저지른 악행의 결과였다. 좌익은 너무 순진했고, 우익은 약삭빨랐으며 친일파들은 귀신 쩜 쩌 먹을 정도로 교활하고 뻔뻔스러워서 민족의식을 가진 양심적인 영리한 우익조차도 그들을 당해낼 재간이 없었다.

긴 인류의 역사를 통하여 인간이 저지른 범죄 중 가장 엄벌에 처했던 건 배신의 죄였다. 가까이로는 친족에 대한 배신부터 부족과 종족, 사회와 국가에 대한 배신까지 천차만별을 이룬 여러 배신들 중 어느 나라의 형법에서나 공통된 점은 같은 살인이라도 존속살인의 죄는 더 엄격했다. 그래서 카인은 악의 상징으로 여겨졌고, 유다는 지옥 중에서도 가장 혹독한 제9지옥, 그 중에서도 최고로 잔혹한 제3지역에다 가둔 것이 단테였다.[3]

카인이나 유다가 곧 친일반민족 행위와 진배없는 만인 지탄의 염치없는 인간상으로 각인되는 소이연이 이러하다. 시정이 이러매 8·15 이후 개전의

---

1   조문기 선생 회고록, 『슬픈 조국의 노래』, 민족문제연구소, 2005 참고. 그는 유명세를 탔으면서도 의연히 좌우 그 어느 쪽의 유혹에도 투신하지 않은 채 민족 주체적인 입장을 고수하면서 통일정부 수립과 친일청산에 헌신하며, 만년(1999~2008)에는 민족문제연구소 이사장을 지냄. 대전 현충원 조 의사의 묘비명에는 "이 땅의 독립운동가에게는 세 가지 죄가 있다. 통일을 위해 목숨을 걸지 못한 것이 첫 번째요, 친일 청산을 하지 못한 것이 두 번째요, 그런데도 대접받고 있는 것이 세 번째다"라고 했다.
2   이런 변모를 가장 잘 그린 소설이 김달수, 임규찬 역, 『태백산맥』 상하권, 연구사, 1988이다.
3   단테, 한형곤 역, 「지옥편」, 『신곡』 1권, 삼성출판사, 1978 참고. 지옥은 1부터 9개 원으로 구성되어 있어 중죄인일수록 더 깊은 땅속으로 들어가는데, 최악의 지옥이 제9원이고, 9원은 다시 3개 지역으로 나뉘어져 있어 가장 혹독한 벌은 9원 중 제3지역이며, 유다는 여기에 있다. 그들의 특징은 자신의 이름을 숨기려는 것으로 그만큼 자신이 얼마나 수치스러운지를 안다는 뜻을 내포하고 있다. 그런데 한국의 친일파들은 도리어 뻔뻔스럽게 자신을 옹호하기에 급급한 경우가 더 많았다.

정을 보인 경우는 극히 드물지만 그래도 가뭄에 콩 나듯이 출중한 인물들이 잇따랐다. 친일을 반성한 인물들 중에는 조용만, 이항녕, 채만식, 현석호 제 씨가 있으며, 일제 때 법조인으로 있었던 걸 반성하여 한국정부가 수립된 직후 사퇴한 엄상섭嚴詳燮, 이호李澔, 이병용李炳瑢, 김윤수金潤壽, 박종근朴宗根, 김영재金寧在, 신언한申彦瀚 제씨기 있다. 후손으로 참회한 분으로는 김동환의 장남 김영식, 신기남 전 의원, 이윤, 한진규 등과, 단체로는 한국천주교 주교회의 등이 그나마 역사의 어둠을 밝혀준 등불이 되어주었다.[4]

문단에서도 미담이 전하고 있다. 시인 김동환의 경우에는 3남 김영식이 아버지의 모든 작품과 연구논문을 망라하여 다 엮어내면서 거기에다 친일 행적과 작품도 가감 없이 그대로 게재하면서 아버지가 월북해버림으로써 미처 사죄할 기회를 잃어버렸는데, 아들이 대신 국민들에게 사죄한다고 거듭 말했다.[5]

그러나 문학인들 대다수는 글재주를 발휘하여 자신의 친일이 민족을 위한 자기희생이었다는 미사여구로 장식하기에 급급했는데 그 절정은 역시 명문장가 이광수다. 좀 길지만 너무나 중요하여 인용해 본다.

나는 깊이 반성해 보았습니다
내게는 불순한 동기가 없었더냐고

---

4   1948년 8월 24일, 『朝鮮日報』, 『民主日報』, 『京鄕新聞』과 이튿날 자 『서울신문』 등과, 엄상 섭 회고록, 『권력과 자유』, 동아대 출판부, 2007 등에서 "왜정 압력하에서 독립운동에 신명 을 바치시던 애국지사들에게 대하여는 지금도 면목 없는 일이라고 생각"한다며 자성했다. 이어 "우리들은 일정 아래 검사로서, 해방 후 다시 미군정에 협조하였다. 오늘날 독립정부가 수립되고 검사진영에도 우수한 인재가 배출된 이 마당에 그 자리에 눌러 있음은 민족정기 앙양에 떳떳치 못할뿐더러 인심을 쇄신할 필요가 있다는 것을 알고 사의를 표명하는 바이 다"라는 성명서를 발표하고 퇴직원을 제출했다(1948.8.23).

5   조문기 민족문제연구소 이사장과 반민특위 위원장의 영식 김정육에게 "친일반민족 행위를 한 김동환의 자식"이라고 자신을 소개한 김영식은 "조 이사장 등 좌중을 향해 큰절"을 올렸 고, 양측은 용서와 화해로 동지가 되었다. 그래서 파인 김동환 탄생 백주년 기념행사(2001 년 9월 27일)에 조문기 이사장은 축사까지 했다(방학진의 「진정한 반성과 화해─독립운동 가, 반민특위 후손, 친일인사 후손의 새로운 만남」, 민족문제연구소 회보, 『민족사랑』, 2001 1월호 게재). 필자도 김영식과 무척 가까이 지냈다.

내 명리욕을 위한 것이 없었더냐고

이욕利慾은 이미 떠났다 하더라도 명욕名慾은 없었더냐고

나는 민족의-적어도 민족의 일부, 민족주의자, 청년, 학생의 수난을 완화하려고 내 애국자라는 명예를 버렸다.

그러나 그 명예를 버렸다는 명예를 탐함은 아니었던가.

나는 진실로 맹수에게 물리려는 사람을 구하려고 내 몸을 내어던졌던가-

나는 이렇게 반성하였습니다.

그러나 나는 이렇게 결론하였습니다.

내게도 명리욕은 있었다. 그러나 이 일에서 나는 명리욕을 발한 기억은 없다고.

그러나 세상은 내 속을 잘 믿어주지 아니할 것입니다.

"네가 어찌 그렇게 갸륵한 사람이겠느냐, 위선자!" 하고 비웃을 것입니다.

세상은 내가 "죽을죄로 잘못했습니다. 나는 내 명리를 위하여서 민족을 반역했습니다" 하는 참회만을 요구할 것입니다.

그러나 나는 아무리 겸손을 꾸미더라도 그런 거짓말은 할 수 없습니다.

나를 어리석었다면 그것은 수긍하겠습니다.

대국을 볼 줄 몰랐다 하면 그럴 법도 하겠습니다. 저를 모르는 과대망상이었다 하면 그럴 법도 하겠습니다.

"네까짓 것이 하나 나서기로 무슨 민족수난 완화의 효과가 있겠느냐" 하면 거기에 대하여서도 나는 묵묵하겠습니다.

어리석은 과대망상-아마 그럴지도 모릅니다.

나는 '우자愚子의 효성'이라고도 저를 평해 보았습니다.

그러나 나는 내가 할 일을 하여버렸습니다.

내게는 아무 불평도 회한도 없습니다.

나는 '민족을 위하여 살고 민족을 위하여 죽은 이광수'가 되기에 부끄러움이 없습니다.

천지가 이를 알고 신만이 이를 알 것입니다.

세상에도 이를 아는 동포도 있을 것입니다.

아니, 아는 이가 한 분도 없어도 할 수 없거니와 그래도 좋습니다.

나는 내가 할 일을 하였기 때문입니다.[6]

친일행위를 하고도 반성하지 않는 것은 그 죄가 배가 되며, 변명만 늘어놓는 것은 3배 죄이며, 그 변명조차 이치에 안 맞는 데다 '민족'을 다시 팔아먹는 것은 4배의 죄가 될 것이다. 그러니 이치로 따지면 단테가 만든 제9지옥의 제3지역보다 더 엄한 제4지대를 특별사동으로 세워야 할 판이 아닐까. 이렇게 말하는 것은 그만큼 우리 민족사에 나타난 치욕인 친일파들의 행각은 세계 어느 식민지 역사에서도 드물게 보는 몰염치와 악덕의 화신의 역사였기 때문이다.

2. 친일파 심판의 첫 시도

과연 친일행위가 이토록 준엄한 역사의 심판을 받아야 할까라는 반론에 대한 해답은 우리의 10분의 1 정도의 단기간에 독일 점령을 겪었던 유럽 여러 나라의 과거청산 예를 보면 명백해진다. 드골은 친독협력자를 "흉칙한 종기가 영원히 나라 전체에 번지지 않도록" 예방하는 조처라 정의하며, 특히 군과 지식인, 예술인들에 대해서는 감형조차 용납하지 않았다.[7]

협력자에 대한 개념은 사르트르가 독일로부터 해방된 프랑스에서 『협력자란 무엇인가』란 글에 잘 나타나있다. 그는 여기서 1789년 프랑스대혁명까

---

6 이광수, 「인과」, 『이광수전집』 9권 게재. 여기서는 김윤식, 『이광수와 그의 시대』 3권, 한길사, 1986, 1044~1045쪽에서 재인용하며 맞춤법만 현대식으로 고침.

7 주섭일, 『프랑스의 대숙청─드골의 나치협력 반역자 처단 진상』, 중심, 1999 및 피에르 아술린, 이기언 역, 『지식인의 죄와 벌─프랑스는 나치에 협력한 자식인을 어떻게 처벌했나?』, 두레, 2005 참고. 프랑스는 우리와는 달리 친독 반역자를 협력자(콜라보, 'collabo')로 칭한다. 이 어휘는 보기에 따라서는 우리의 친일파보다 순화된 술어처럼 보이나 독일의 침략에 직간접적으로 협조한 모든 사람을 혐의자로 조사할 수 있다는 뜻에서 훨씬 광범위하게 처벌을 가할 수 있었음을 의미한다.

지 소급하여 그때 혁명을 반대한 왕당파와 그 후예들의 이데올로기의 신봉자들이 시대의 굴곡에 따라 변신한 것이 친독협력자가 되었다고 밝혀준다.[8]

사르트르의 논리적 연장선으로 볼 때 친일파가 친미파-독재권력 옹호-민주화운동 반대-평화통일 반대-노동자·농민 등의 관점이 아닌 재벌과 상류층 이익 옹호-사회 복지보다 성장 신화 옹호-일본의 대북 강경책 지지 등으로 이어진다는 건 당연한 귀결이 될 터이다.

이런 취지에서 친일파란 개념을 사상사적으로 보면 제2차 세계대전 후 독일의 전쟁범죄를 심판했던 뉴른베르크 재판의 이념에 따라 ① '고유의 전쟁범죄'를 저지른 죄, ② '평화를 파괴한 범죄, ③ 인도에 대한 범죄까지 포함된다. 따라서 친일문학이란 ① 천황제 이데올로기 사상, ② 군국주의 혹은 파시즘의 독재체제 이데올로기, ③ 제국주의적 침략전쟁 이데올로기, ④ 민족적 허무주의 내지 식민사관 이데올로기, ⑤ 반공주의 이데올로기, ⑥ 일본 중심적 동양주의 사상에 바탕한 반 서구, 반 기독교 이데올로기, ⑦ 반자본주의 이데올로기 등의 구조식을 지니고 있다.

이런 역사적인 구조를 도외시하고 글 몇 줄 쓴 행위로 치부하는 것은 어불성설이다.

8·15 전후 친일문학인들의 대응 자세는 거의 비슷했다. 친일의 삼총사인 최남선, 이광수, 박영희처럼 세월을 관망하면서 미뤄왔던 글을 쓰거나 구고를 재정리하는 게 유명인들의 유행이었다. 식민통치 아래서 여러 가지 면에서 유리한 처지였던 이들은 그 학문적 바탕과 각종 자료의 확보 등으로 당장 집필활동을 하는데 안성맞춤이었다. 따라서 그들은 넉넉하게 저서를 냈는데 예상대로 위의 이광수의 예에서 보듯이 자기변호를 담은 내용들이 적

---

8   Jean-Paul Sartre(1905~1980), 「協力者とは何か」, サルトル全集 제10권, 『シチュアシオン 3』 수록, 人文書院, 1969, 重版本 수록, 참고. 사르트르는 이 글에서 "협력자를 보수적인 부르주아지와 동화(同化)"하는 존재로 보면서, 그래도 노르웨이가 전 인구의 2%가 협력자였던 데 비해 프랑스는 1% 밖에 안되기에 문화국민이라고 했다.

잖았다. 이들이 메뚜기가 알을 까듯이 저서를 쏟아내어 베스트셀러에 까지 오르게 된 데는 당연히 미군정과 이에 찰떡궁합을 맞춘 친일 보수세력의 막강한 배경 때문에 가능했다.

온 나라가 8·15 직후 민족사적인 과제는 일제 잔재 청산과 토지개혁임은 불문가지였으나, 정객들은 좌우를 가릴 것 없이 민생은 뒷전이고 자기당파가 어떻게 권력을 장악 하느냐에 몰두하기 마련이다.

8·15 이후 여러 정당정파들의 형성과정을 간략하게 정리하면 아래와 같다.

① 한국민주당^{우익}

원세훈의 고려민주당^{1945.8.18 창당}, 김병로, 백관수 등이 고려민주당과 합처서 발기한 조선민족당^{8.28}, 백남훈, 윤보선 등이 발기한 한국국민당^{9.4}, 송진우, 서상일 등 발기의 국민대회준비회^{9.7}, 이인, 조병옥 등이 발기한 중경 임시정부 및 연합군 환영 준비회^{위와 같은 날}등이 다 합처 결성된 것이 한국민주당^{9.16}이었다. 한국 보수정당의 모태인 이 한민당은 8개조의 강령 어디에도 친일파 청산은 없고 다만 '선언'에서는 일제 철쇄 36년을 비판하며 중국의 임시정부와 연합군을 지지하고 나섰다.

② 국민당^{우익}

안재홍이 중심이 되어 기독교계, 사회민주당계, 민중공화당, 자유당, 근우동맹 등등을 합하여 발족^{9.24}. 민주당보다 약간 진보적인 정책을 강령으로 내세웠으나 역시 친일파 청산 조항은 없다.

③ 조선공산당^{좌익}

식민치하인 1925년 창당 이래 숱한 우여곡절을 겪은 조공은 세칭 장안파인 고려공산당 계와 재건파 공산당계가 합하여 9월 11일 박헌영의 주도로 창당, 친일파 청산과 토지개혁 등을 정식으로 내걸었다. 조공은 1946년 9월 4일 조선인민당^{여운형}, 남조선신민당, 조선공산당의 합당으로 남조선노동당으로 재출발하고자 연석회의, 이후 1946년 11월 23, 24일간 합당대회, 이후부터 정식으로 남조선노동당^{남로당}으로 호칭.

④ 신민당^{좌익}

1941년 1월 10일 중국 연안에서 화북조선청년연합회를 모체로 탄생. "친일분자, 파쇼분자 및 전쟁 범죄자 등 일체 반동세력을 철저히 소명할 것"을 강령 1조에서 강조했으며, 계속하여 친일파들의 재산 몰수와 토지개혁 등도 주장했다.

⑤ 한국독립당^{우익}

상해에서 결성^{1930.1.25}된 이 당은 김구의 임시정부 계가 주축[9]

문학단체들도 이와 비슷했다. 좌익 단체들은 친일 척결을 내세웠으나 그에 대한 대응책은 너무나 미흡했고, 이를 실현하기 위한 어떤 구체적인 기준이나 증언록도 남긴 게 없다. 우익문학단체는 아예 강령에서 친일파 청산이란 조항조차 없었다.[10]

이런 상황에서 미군정은 남조선과도입법의원을 개원^{1946.12.12~1948.5.20 해산}했다. 이미 제1차 미소공동위원회가 결렬된 뒤 군정은 남한 단독정부 수립에 대비코자 국회를 대신할 기관으로 개원한 의원들은 군정이 임명한 관선이 45명, 간접선거에 의한 민선이 45명으로 구성되었는데, 예상대로 우파가 다수였고 중도파를 합치면 압도적이었다. 국회처럼 입법권을 가졌으나 군정장관이 동의해야 효력을 발생하기에 명백히 한계가 있었다.[11]

그럼에도 불구하고 과도입법의원은 국민들의 열화와 같은 친일파 청산

<hr>

9 송남헌,『해방3년사─1945~1948』1, 까치, 1985, 117~224쪽 참고. 이 저서에는 이밖에도 많은 정당을 다루고 있으나 생략.
10 여러 문학단체의 결성 과정과 그 임원, 강령 등에 대해서는 임헌영 평론집,『분단시대의 문학』, 태학사, 1992 중「문학단체의 형성과 운동 양상」참고할 것.
11 남조선과도입법의원의 구성, 선출방법, 경위 등에 대해서는 ① 김혁동(金赫東),『美軍政下의 立法議院』, 범우사, 1970, ② 김영미,「1946년 입법의원 선거」, 국사편찬위원회 한국사데이터베이스 등 참고.

의 요구에 부응해 '민족반역자·부일협력자·간상배에 대한 특별법'을 상정
1947.3.13하게 되었다. 여기에는 국민들의 요구에다 1946년 10월의 대구항쟁
10.3 등에서 외친 구호가 친일파 청산이었던 사실도 큰 영향을 끼쳤고, 의원
다수가 친일파 청산에 적극적이기도 했다. 이런 분위기를 감지한 미군정은
그런 입법의원의 분위기를 자제시키려고 군정장관 헬믹이 직접 나서 발언
을 하기도 했다.[12]

그러나 논의 과정에서 수정, 절충 등을 거쳐 최종안이 확정, 통과1947.7.2되
었는데 그 주축은 좌우합작과 민족자주를 주장하며 남북협상을 지지했던
세력과 안재홍 계 등에다 민주주의민족전선 지지세력 등등이었다. 이에 미
군정은 인준 자체를 거부하며 넉 달이 지난 뒤인 11월 20일에야 헬믹을 통
해 이렇게 입장을 밝혔다.

> 반역자 또는 협력자로서 규정받은 자가 누구인가를 확인하는 문제는 상당히 곤
> 란하다. 어떤 의미에서는 모든 조선인은 살기 위하여 직접 일본인과 같이 일하지
> 않았다 하더라도 간접적으로 그들에 협력하고 그 학정에 협조하였다. (…중략…)
> 원칙적으로 이런 종류의 법률이 필요하나 그것은 전 조선민족의 의견이 명백히
> 되어야 한다 (…중략…) 본관은 이 법안의 조문을 검토하는 것을 삼가 합니다.[13]

이미 미군정과 이승만 계열이 중심이 된 우파들은 미군정의 후원으로 친
일파를 옹호한다는 건 익히 알고 있었지만 이렇게 미군정이 명백하고 노골
적으로 친일파 옹호의 본색을 드러내자 이제 친일파들은 터놓고 맹활약에

---

12 이강수, 『반민특위 연구』, 나남출판, 2003, 66~67쪽. G. C. Helmik은 "생존하기 위하여 부득
    이 일본정치에 순응하지 않을 수 없었습니다. (…중략…) 그들 중에는 일인으로부터 능률
    과 규율을 배워 현재와 금후에 있어 조선의 안녕과 행복에 불가결한 재능과 지식을 축적하
    고 있는 사람이 많이 있습니다".
13 위의 책, 86쪽. 헬믹은 1947년 12월 9일 남조선과도입법의원 제180차 회의에 참가, 본인이
    직접 해명했다. 이에 많은 의원들이 항의성 질의를 했으나 더 이상 이 문제는 진전되지 못
    했다. 회의록은 桂勳模 編, 『韓國言論年表 2-1945~1950』, 寬勳클럽信永연구기금, 1987,
    1184~1208쪽에 실려 있다.

나섰고, 문인들 또한 예외가 아니었다.

그럼에도 불구하고 온 천하가 다 손가락질하는 친일문인의 두 거두인 이광수와 박영희가 저서를 쏟아내자 조선문학가동맹이 지나칠 수가 없었을 것이다.

"요즘 거리에는 친일파 이광수 저 『꿈』과 박영희 저 『문학의 이론과 실제』란 책자가 발매되어 인민들은 이 괴상한 현상에 분개하는 동시에 이광수. 박영희 등속까지 날릴 만큼 걷잡을 수 없는 난장판이 되었느냐고 원성이 높다. 이에 조선문학가동맹에서는 지난 4일[1947.7.4] 안(재홍) 민정장관을 방문하고 이들 친일파들의 저서의 발매금지와 이것들을 간행한 출판사에 대한 엄벌을 요구하였다 하는데, 동 문학가동맹에서는 다음과 같이 말하고 있다"면서 아래와 같이 요구했다.[14]

지난 36년간 조선은 틀림없이 왜적의 철제鐵蹄 밑에 잔인하게 짓밟혀 온 것이오. 그러므로 왜적과 왜적의 이익을 위하여 동족을 팔아먹은 친일분자는 한 하늘 밑에 함께 복 받고 살지 못할 민족의 원수다. 인민을 다시 무서운 함정으로 이끄는 온갖 음모와 책동의 상습범 친일분자에게는 갈구해서 세우는 새 나라의 발전을 위하여 응당 여러 가지 자유가 제한되어야 할 것이다. 원수를 번영하게 하는 간계가 실행되고 민족을 파는 흉모凶謀가 용인되는 것은 절대로 민주주의가 아닐 뿐 아니라 민주주의를 망치는 일이 될 것이다.

매국노에게 언론의 자유가 없어야 할 것이다. 친일분자의 거두에게 어찌하여 출판의 자유가 용인될 수 있겠는가. 그러나 유감스럽게도 남조선에는 친일분자의 전횡이 일제시대를 연상케 한다. 정치에 있어 그러하고 경제에 있어 그러하고 우리 문화영역에 있어서도 그들의 파렴치한 작동은 계속하고 있다.

---

14 『우리신문』, 1947년 7월 8일 자. 「시집의 旗빨」은 삭제해도 이광수의 『꿈』은 나와야할까?」란 제목의 기사 전문. 여기서 깃빨은 임화의 시 「깃발을 내리자」가 군정당국에서 삭제조처를 받은 것에 대한 항의성이 담겨있다. 조선문학가동맹 측은 민정장관 안재홍에게 저간의 사정을 건의하며 이 성명서도 제공. 이 기사는 이밖에도 『광명일보』, 『독립신보』, 『문화일보』(이상 1947년 7월 6일 자) 등에서도 다루고 있다.

금번 이광수의 작품『꿈』과 박영희의 평론집『문학의 이론과 실제』를 발간한 것은 이 가장 큰 예이다.

이광수가 얼마나 소위 '대동아전쟁' 때 왜적의 편으로 조선민족의 고혈을 빼는 일에 열렬하였으며 징병제도를 만들기 위해서 얼마나 미친 것처럼 날뛰었고, 박영희는 문인보국회의 상무이사로 황민화운동에 얼마나 날뛰었는가.

(…중략…)

우리 조선문학가동맹은 조선의 민주주의 문학인 전부를 대표해서 이광수, 박영희의 철면피를 단죄하는 동시에 다음과 같은 조치가 있기를 당국에 바라며 일반에게 성명한다.

1. 이광수 작『꿈』과 박영희 저『문학의 이론과 실제』를 즉시 발매금지 시킬 것.
1. 그 출판한 출판사를 엄격하게 처단할 것.
1. 이광수·박영희 등 친일파, 민족반역자를 반역자 규정에 의하여 처단할 때까지 언론출판 집필 등 일체 활동을 금지시킬 것.[15]

이 찻잔 속의 태풍처럼 지나가버린 조선문학가동맹의 친일문학 척결에 대한 항의와 비판은 필화문학사 중 국가나 권력의 폭력이 빚어낸 행태가 아닌 민의에 의한 사건이었다는 점에서 주목할 필요가 있다.

이처럼 민의에 의한 필화는 면면히 이어져 미군정이 끝나고 이승만 정권이 수립된 이후에도 반복됐다. 특히 육당 최남선과 춘원 이광수가 신간을 낼 때마다 말썽을 부리다가 결국은 여론이 악화되자 각도 학무국장 회의^{1948.10.4}에서 이들 두 사람의 저서를 학원으로부터 축출하기로 결의했다. 이 회의에서 손진태 편수국장은 "학도들에게 민족정기를 해할 우려가 있는 이광수 최남선 양씨의 저서에 한하여는 그 내용 여하를 불문하고 교과서^{부독본도} ^{불문}로 사용하는 것을 오늘부터 금지"된다고 언명했다. 그 나흘 뒤 안호상^{安浩} ^相 초대 문교장관은 기자간담회^{1948.10.8}에서 육당, 춘원의 저서를 부교재 등으

---

15 「친일작가와『꿈』꾸는 출판사 민족의 적을 처단하라」,『문화일보』, 1947년 7월 6일 자, 2쪽 게재. 이 기사 바로 옆에는 〈민애청가〉 곡과 가사 전문을 싣고 있다.

로 못 쓰게 한다고 공언했다.

뒤이어 전국 중등학교 교장회의에서는 1949년부터 반드시 검정된 교과서를 사용하되, 최남선의 역사 및 지리 관련 저서 일체^{종 7종}와 이광수의 『문장독본』은 사용금지토록 조처했다.[16]

전국중등학교 교장회의는 1948년 10월 11일, 오전 9시 10분부터 안 문교부장관 이하 문교부내 각 국·과장들과 350여 명의 전국중등학교 교장들이 참석하여 서울중학교 강당에서 개최되었다. 교과서 문제부터 학생풍기 취체 등 여러 지시 후 '사용금지 교과서에 관한 것'도 포함되었다.

최남선, 이광수, 박영희는 친일행적으로 워낙 널리 알려져 있는 데다 중요하기에 이들에 대해서는 간략히 살펴보도록 하겠다.

3. 문단 친일 트리오가 맞은 8·15

육당 최남선은 8·15 직후 전공인 역사서를 대중 계몽용으로 메뚜기 알 낳듯이 엄청나게 쏟아냈다. 민족사를 계몽할 임무가 자신에게 주어졌다는 사명감_{실은 속죄용}에 불탄 저술활동은 죄과를 분해시키려는 속내를 그대로 드러내고 있다. 그는 1945년 8월 15일~1950년 6월 25일 시기에 무려 27종의 저술을 냈는데, 그 중요 목록은 아래와 같다.

『신판조선역사』_{동명사, 1945.12} / 『조선독립운동사』_{동명사, 1946.2} / 『조선역사』_{동명사, 1946.2} / 『조선상식문답』_{동명사, 1946.10} / 『쉽고 빠른 조선역사』_{동명사, 1946.11} / *『국민조선역사』_{동명사, 1946.12} / *『국사독본』_{동명사, 1947.11} / *『중등국사』_{동명사, 1947.8~1948.7} / 『중등동양

---

16 최남선의 저서는 『중등국사』, 『조선본위 중등동양사』, 『동양본위 중등서양사』, 『조선 역사지도』, 『성인교육 국사독본』, 『쉽고 빠른 조선역사』, 『국민조선역사』 등이고, 이광수는 『문장독본』. 『문장독본』은 1937년 3월 홍지출판사에서 냈던 소품을 모은 작품집인데, 광복 직후 교재 빈곤의 틈새를 비집고 들자 사회적인 물의를 야기했다(『조선일보』, 1948년 10월 12일 자).

사』^{동명사, 1947.8~1948.8} / 『우리나라 역사』^{국문사, 1950.1} / 『대한독립운동사』^{동명사, 1950.3} / 그 외 16종.

이 가운데 가장 쟁점이 된 것은 *표를 한 3권이었다. 맨 먼저 냈던 『신판 조선역사』는 10만 부쯤 찍었는데 몇 달 만에 매진되었다고 한다.[17]

누구나 거의 모든 책이 동명사에서 출간한 걸 눈치챘을 텐데, 이건 최남선이 3·1운동에 연계되어 투옥되었다가 가출옥한 이듬해인 1922년에 자신이 설립한 기관이다. 우리나라 최초의 주간지 『동명東明』을 23호까지 내고 이듬해 자진 폐간하였다가 8·15 후에 육당은 아들로 하여금 동명사를 재생시켜 여기서 자신의 책을 출간했다.

『중등국사』에서 최남선은 「독립의 회복」이란 장에서 "조선인민이 일본에게 전에 없는 부끄럼을 당하매 잠자던 민족정신이 번쩍 깨어서"라고 서두를 시작한다. 침략을 '부끄럼'이란 수사로 대치시킨 그는 독립운동의 주류를 "국내에서는 실력양성의 노력과 국외에서는 국제정세의 이용"으로 서술하고 있는데, 이건 명백한 민족개량주의적인 관점에 고착되어 있음을 감지케 한다.

연구자들은 그가 한반도 문화의 일본 전파, 일본의 잔혹성 강조, 을미사변 등 식민지 시기에 다룰 수 없었던 사건을 8·15 후 부각시키며 일제의 조선 강제병탄을 강조한 게 달라졌다고 지적한다. 그러나 이건 역사학도로 너무나 초보적인 쟁점이라 이 정도로는 친일의 속죄로 어림없다.

달라진 점이 오히려 문제되는 대목도 있다. 그는 일찍부터 북방 부여족에서 고구려로의 연결을 강조하면서 고려와 발해를 중시하고 신라의 삼국통일을 비판해 왔다. 그런데 8·15 후에는 통일신라-고려-조선-대한민국을 정통으로 부각, 신라의 반도 통일을 긍정했다. 그러면서도 북방 옛 강토의 회복과 개척을 향한 대외팽창주의를 강조했다는 점에서는 일제 파시즘의

17　이중연 『책, 사슬에서 풀리다―해방기 책의 문화사』, 혜안, 2005, 42쪽에 이어 325~329·334~336쪽 등에서 최남선의 활동을 언급한다.

침략 이데올로기를 그대로 되살린 것이라 하겠다.[18]

이 점은 그가 천재답게 한반도 분단 고착화를 기정사실로 수용하면서 남한 단독정부의 정통성을 민족사의 맥락으로 잡아주려는 속셈이 아니었을까 하는 의구심을 자아낸다. 고대사 강조로 친일을 속죄하면서 반 중국 정서에 바탕하여 한반도를 해양성 국가로 편입시키려는 저의가 아닐까 하는 생각을 필자는 하게 된다. 그만큼 그의 천재성은 뛰어났기 때문이다.[19]

『조선독립운동소사』는 필화를 안 입었지만 많은 논란을 안고 있다. 3·1운동에 초점을 맞춰 자신의 조선광문회 등 문화운동과 소년운동을 부각시킨 건 한낱 치기다. 그러나 "일본이 조선으로부터 맨 처음 근대적 외교관계를 맺은 것" 등의 표현은 아무리 뇌세포를 세탁해도 도저히 식민사관에서 헤어날 수 없음을 느끼게 해준다.

그는 독립운동의 계보를 안창호계육당은 안창호의 제1비서, 이광수가 제2비서라고 한다의 활동 ― 대종교 ― 2·8독립선언과 3·1운동 ― 임시정부를 주축으로 삼았다. 중국의 국공 대립, 사회주의 계열에 대한 자료 삽입 등은 출간 당시로서는 손 빠른 대처였다. 강우규, 의열단, 김가진, 조용은조소앙, 김익상金益相, 유독 자세히 기록, 공산주의 계열의 투쟁, 이봉창, 윤봉길, 장백산의 김일성은 보천보 전투까지 거론했다. 이런 정보는 아마 그가 만주국 근무로 가능했을 것이다. 미주지역에서는 박용만도 포함시켰다.

사관도 객관적인 균형도 없지만 두드러진 것은 무장투쟁을 부각시킨 점인데, 이건 필시 자신의 나약한 친일에 대한 보상심리일 것이다.

---

18 류시현, 「해방 후 최남선의 활동과 그에 관한 기억」, 『한국사학보』(통권 27권), 2007.5에서 최남선이 제기했던 8·15 후의 사관을 간추림.

19 강해수, 「최남선의 만몽(滿蒙) 인식과 제국의 욕망」, 『역사비평』 가을호, 2006 게재. 강해수는 이 글에서 "신은 처음부터 사방에 있는 제 민족 중에서 실력 있는 자가 모두 문명적 주인이 되도록 하기 위해 창출한 중원임으로, 지나인만의 사유독점물이 될 수 없다는 것이 역사적 운명이라고 나는 생각한다"라는 최남선의 말을 인용하며 중일전쟁의 정당성을 피력했음을 지적했다. 이런 사관의 연장선으로 볼 때 최남선은 충분히 미국의 남한 지배와 일본이 추구했던 중국대륙에 대한 그들의 야욕을 전망하지 않았을까. 이 대목에서는 「기미독립선언서」를 쓸 때의 모습이라고는 흔적도 없다.

1944년 3월 양주로 낙향했던 이광수는 1945년 8월 16일, 서울 근방에 B
29를 막는 방비 공사용 자갈을 채취하는 양주군 진건면 사릉리 앞 개울에
나갔다가 근로보국대에 동원되었던 사람 상당수가 안 나온 데다 감독하는
일군 병사도 보이지 않자 웬 일이냐고 궁금해 하던 중 어제 일본이 항복을
했다는 소식을 듣고서야 8·15를 알았다. 서울에서는 '친일파 이광수 타도'
라는 구호가 나붙는 등 험악했으나, 거기서는 군중들이 면사무소와 면장 집
을 부수는 등 소란이 일어났지만 마을사람들은 춘원의 친일행각을 잘 알지
도 못한 채 존경하는 문인으로 대해서 편안했다. 사흘 째 날에 아내 허영숙
이 찾아가 피신을 종용하자 "소가 열 필이 와서 끌어도 이광수는 이 자리를
안 떠날 것이오"라면서 시대의 충격을 낙향 생활로 완충지대를 만들어나갔
다. 겉보기로는 농사꾼 같은 은둔생활이었으나 미구에 닥칠 환란을 예견하
고 그는 재산 보호를 위해 아내와 협의 이혼[1946.5.31]했는데, 반민법이 그렇게
허망하게 허물어질 줄은 아마 이 천재도 예측하지 못했었던 것 같다. 이미
식민지시대의 영원한 베스트셀러 작가였던 이광수의 『흙』[1933]은 유명한 한
성도서에서 출간했는데, 1946년 공장이 불타 어려운 지경에서 이 소설을 다
시 찍으면 공장 재건축이 가능하다는 주변의 권유에도 이창익 사장은 이광
수의 책을 해방된 조국에서 간행할 수 없다며 사양했다.[20]

미군정 시기부터 한국전쟁 발발 이전까지 이광수는 근신하면서도 끊임없
이 글을 써서 아래와 같은 책들을 쏟아냈다.

『유랑』홍문서관, 1945.9, 나중에 성문당에서 출간1948.9 / 『꿈』면학서포, 1947.6 / 『나』생활사, 1947 / 『문
장독본』광문서림, 1948.4. 나중에 대흥출판사에서 1948.9 출간 / 『돌베개』생활사, 1948.6 / 『원효대사』
생활사, 1948.6 / 『이순신』영창서관, 1948.8 / 『스무살 고개』생활사, 1948.10 / 『나의 고백』춘추사,

---

20   이중연 『책, 사슬에서 풀리다-해방기 책의 문화사』, 혜안, 2005, 25쪽. 이 책에 의하면
    "1945년에 45개사에 불과했던 출판사는 1946년 약 150개사로 증가하고, 1947년에는 무려
    581개사가 된다"고 했다. 8·15 직후에는 출판계도 이처럼 민족적 양심을 지켰으나 1947년
    부터는 허물어지기 시작했다.

1948.12 / 『선도자』태극서관, 1948 / 『애욕의 피안』국문사, 1949.1 / 『방랑자』중앙출판사, 1949 / 『단종애사』박문출판사, 1950.1 / 『사랑의 죄』영문사, 1950.1 / 『이차돈의 사』한성도서, 1950.4 / 『사랑』박문출판사, 1950

친일에 대한 참회보다는 자신이 관여했던 민족운동을 부각시키는데 초점을 맞췄던 그의 작품 중 판매금지 논란으로 사회적 쟁점이 된 것은, 소설 『꿈』과 『문장독본』이었다. 앞의 것은 미군정 때 조선문학가동맹으로부터 필화를 당했고, 뒤의 것은 이승만 정권 초기에 여론의 악화로 판금조치를 당했다.

『꿈』은 『삼국유사』의 「탑과 불상」 제4 '낙산이대성관음 정취 조신洛山二大聖觀音正趣調信'이라는 설화를 모티브로 삼았다. 설화는 김태수 흔공金太守 昕公의 딸 달례月禮에게 반한 스님 조신이 아무리 불도를 올려도 사랑이 이뤄지기는커녕 그녀에게는 배필모례이 생겨버렸다. 그는 잃어버린 사랑을 슬퍼하다가 엉겁결에 잠이 들어버렸다. 여기서부터 꿈이다. 달례가 조신을 찾아와 사랑을 고백하자 그는 고향으로 피신, 달콤한 신혼을 거쳐 가난 속에서 50년간 살다보니 가난과 쇠약으로 서로가 상대를 염려하기에 헤어져 살자며 길을 떠나려다가 깨어보니 꿈이었다는 서사구조다.

솜씨 좋은 춘원이 10여 년 전 단편으로 발표했던 걸 새롭게 줄거리를 바꾼 것이 장편 『꿈』이다. 소설은 이들 남녀가 태백산맥 깊숙이 도주하여 15년 동안 잘 살고 있는데 평목이 나타나 조신의 죄를 폭로하겠다는 위협으로 그에게 딸을 달라고 강요하자 조신은 그를 죽여 시신을 산속 굴에다 감췄다. 그런데 달례의 정혼자였던 모례가 사냥 중 시신을 발견하여 그 범인을 추적하다가 결국 조신이 피체당해 교수대에 매달려 버둥거리다가 꿈을 깬다.

쾌락의 허망을 깨닫게 된 조신은 고승이 되었다는 사족은 너무나 당연한 귀결인데, 춘원 자신이 아마 당시의 역사적 격변 속에서 조신으로 둔갑하고 싶었을 것이다. 친일의 악몽에 대한 공포가 미군정 덕분에 다시 활개를 치려는 순간이 바로 이광수에게는 꿈과 같았을 것이다.

대중성에 걸맞게 이 소설은 광고까지 함으로써 조선문학가동맹에 의하여 판매금지 처분을 내려야 한다는 탄원서가 제출되었지만, 정당한 비판이 되레 인기를 상승시킨다는 한국적 저질의 문화풍토에 걸맞게 베스트셀러로 부각하고 만다. 서글픈 해방이 되려는 역사적 다람쥐바퀴였다. 『꿈』이 일약 베스트셀러에 올라 그 인세로 춘원은 아이들에게 피아노를 서주면서 '꿈호'라는 애칭을 달아주었다.[21]

바로 역사의 아이러니다.

박영희는 어떤가. 다른 문인과는 달리 왼팔이 꺾일 정도의 고문과 강압으로 친일을 할 수밖에 없었던 그는 해방 직후 춘천공립중학교 국어교사 1945.12~1946.12로 있다가 1948년 3월부터는 서울대를 비롯해 국민대, 홍익대 등의 강사로 재직, 한국전쟁 때 납북당했다.

근대문학사에서 사상적 곡예사로 가장 아슬아슬한 연기자였던 박영희의 생애는 그 내면적인 갈등의 극적인 전환으로 심리주의 소설의 대상이 될 만하지만 그리 널리 화제가 되지 못하고 있다. 초기 유미주의적 미학에로 침잠했던 문학청년 시절의 그가 김팔봉과 함께 사회비판문학에 투신하여 경향파를 거쳐 카프문학의 이론적 전위대를 형성한 자체부터 그랬다. 팔봉이 루바시카를 입고 이론과 활동을 함께 했던 것과는 달리 박영희는 서재에만 틀어박힌 학구파로 시와 소설과 비평을 겸해 자신의 이론을 바로 소설로 보여주면서 카프문단을 압도했다. 그 주도권이 임화에게 넘어가면서 그는 2차에 걸친 카프 검거로 투옥당했고, 그 결과가 공개적인 전향선언인「최근 문예이론의 신전개와 그 경향─사회사적 급 문학적 고찰」『동아일보』, 1934년 1월 2일~11일 자이었다. 아마 그를 가장 유명하게 만든 글은 바로 이 전향선언일 것이다.

옥중에서 그는 불교신자였다가 기독교로 신앙을 바꾼 어머니가 지목해 준 대목인 베드로가 투옥당했을 때 주의 사자가 옥문을 열어주었다「사도행전」,

---

21   김윤식, 『이광수 그 시대』 3, 한길사, 1986, 1060쪽. 첨언하면 그 뒤에 낸 『애욕의 피안』 (1949)도 잘 팔렸다.

12장 5~7절든가, 바울과 실라가 옥중에서 기도하자 지진이 일어나 옥문이 열렸다「사도행전」, 16장 19~26절, 여호와는 나의 목자시니「시편」, 23편 1절 등등을 열심히 읽었다. 그는 옥중에서 유미주의로 되돌아감과 동시에 개신교 신자가 되어 납북당할 때까지 교회에 다녔으나 글에는 반영시키지 않았다.[22]

그는 어디든 빠지면 열광적이라 친일활동도 마찬가지여서 앞장을 섰다가 8·15를 맞았다. 인기작가 이광수와는 달리 최고의 문학이론가면서도 외롭게 지내며 저술에 전념했기에 출간해 줄 출판사가 선뜻 나서지 않을 지경이었다.

1940년 2~5월에 걸쳐 『문장』에 연재하다가 중단했던 평론을 정리하여 『문학의 이론과 실제』일월사 1947.4라는 저서를 펴냈다. 춘원처럼 그도 이 저서를 통하여 반공을 강조하는 사회문학을 주장하여 일제 파시즘 사상을 제창했던 친일사상을 보여주었다.

박영희의 평론집은 조선문학가동맹의 맹렬한 공격을 받았다. 널리 주목받지 못했던 그였기에 구태여 그를 지목할 절실성은 약했지만 프롤레타리아혁명문학의 기수였다가 가장 혹독한 비판을 가하면서 전향한 데다 친일행위까지 했기에 그에 대한 유감이 남달랐을 것이다.

한국정부 수립 후 친일파의 저서는 교재나 교과서에 실릴 수 없다는 기본 입장을 밝혀준 사례였지만 이내1949 친일파들의 교과서가 나오게 된다.

역사에 바람직한 필화나 금서가 존재할까? 이들이 비록 친일파였더라도 처벌을 다른 방법으로 해야지 필화로 다스리는 건 실패였다고 본다. 그만큼 창작의 자유는 고귀한 것이다.

---

22   김윤식, 『박영희 연구』, 열음사, 1989 참고.

제2부
이승만
집권 초기

제1장
이승만 집권 초기

1. 미군정의 마지막 시련 제주4·3항쟁

남한만의 단독 친미 반공정권 수립을 위한 기초공사를 탄탄하게 다져주 겠다던 미국이 처음부터 이승만을 낙점했는지 어떤 간택의 절차를 거쳤는 지에 대해서는 견해가 분분하지만 일단 낙점된 인물을 모양새 좋게 등극시 키려는 정보정치 공학은 매우 정교했다. 그 첫 조치는 한국 임시정부나 조선 건국준비위원회-인민공화국 등 어떤 민족 자주적인 조직도 미국은 인정하 지 않는 것이었다. 당시 조선의 민족주체의식에 맡겨서는 결코 한반도의 미 국화가 불가능함을 확인했기 때문이다. 세계사는 여러 세력의 갈등을 극복 하는 방법으로 민주주의를 창출해냈지만 이를 올바로 실현하기는 쉽지 않 은 데다 미국은 선량한 인류애나 약소민족의 자주성 확립보다는 자국의 이 익과 반소체제 수호, 제국주의 이데올로기의 확대와 심화에 가장 용이한 반 공정권에 대한 애착이 너무나 강했다. 그래서 이승만 집권을 위한 기초공사 에 전념, 완료되었다고 판단한 미국은 유엔의 승인이라는 명분까지 도금하 여 총선을 치르려는 단계에서 마지막 발목이 잡혔다. 제주4·3항쟁이었다.

2백만 년 전 화산의 폭발로 이뤄진 '오름'의 섬인 제주도는 한반도와는 달 리 독특한 언어와 문화적인 전통으로 이뤄진 강력한 연대의식이 형성되어 있었다. 그것은 유형지로 괄시당하며 필생의 꿈이 뭍으로 나가 살기였던 천 대받은 피해의식이 다져준 공존의식이 낳은 혈육 같은 유대였다. 따라서 중 앙에서 아무리 '불순분자'를 소탕하라고 채근해도 바다를 건너는 동안 해풍 으로 흐물흐물해져 현지에 닿으면 미리 피신하도록 사전 통보를 한 뒤에야 체포하러 나서는 게 관행처럼 되어버렸다. 악독한 일제조차도 이런 공동체 의 사슬을 자를 수 없었고 뒤이은 미군정도 예외가 아니었다.

1948년, 이제 미군정은 화룡점정畵龍點睛의 순서로 눈알만 찍으면 완성되 는 남한 단독정부 수립을 위한 총선거5.10를 앞뒀을 때 진보세력이 비교적으 로 온존했던 곳이 바로 이 오름의 섬이었던 배경에는 이런 내막이 빙하의 수면 밑처럼 자리하고 있었다.

통상 4·3항쟁이라면 1947년 3월 1일부터 1954년 9월 21일까지 7년 7개월에 걸쳐 일어났던 학살과 만행과 항거의 역사를 총칭한다.[1] 안치환이 작사 작곡해서 자신이 부른 〈잠들지 않는 남도〉처럼 "아- 아 / 반역의 세월이여 / 아 통곡의 세월이여 / 아 잠들지 않는 남도 / 한라산이여"라는 대목처럼 그것은 어떤 숭고한 장엄미사곡도 감내하기 어려운 섬사람들의 한의 메아리가 몰아치는 산산이 부셔진 이름이다.

발단은 언제나 사소하다. 1947년 3·1절 기념행사와 시가행진이 끝나고 귀가 중에 6세 어린이가 기마병의 말발굽에 차였지만 후속 조치가 없자 군중들은 돌을 던지며 경찰서로 몰려들었고 이에 경찰이 발포하여 6명이 죽고 8명이 중상을 당했다. 역시 후속 조처가 없자 제주도민들의 95%가 참여한 총파업으로 번졌고, 미군정이나 사실상 집권자 행세를 하던 극우세력은 되풀이해온 공식처럼 그 배후 세력으로 남로당을 지목하면서 탄압이 강화됐다. 이미 미군정과 이승만은 자기들 말을 안 들을 때면 만병통치술로 도깨비요술방망이인 빨갱이로 몰아대는 데 습관성 마약증세처럼 조건반사를 일으켰던 판에다, 제국주의의 야망을 실현하려는 시간표도 너무나 다급했던 터였다. 그래서 도지사와 군정 수뇌부를 깡그리 비 제주도민으로 교체하면서 서북청년단원까지 투입해 무더기로 체포하기에 이른다. 1948년 3월에는 경찰들의 고문치사가 3건이나 터지자, 4월 3일 새벽 2시에 한라산 오름에

---

1   명칭과 개념에 대해서는 허상수가 "1947년 3월 1일 관덕정학살과 1948년 4월 3일 봉기, 제주학살들 뿐만 아니라 남북 분단과 동서 냉전 등 다종 다기한 사건들의 연속체라고 밝혔다. 말하자면 '4월 3일 대사건(April 3rd Events)'은 8·15 해방과 분단, 신탁통치 찬반 논쟁과 냉전, 관덕정학살과 3월 민관총파업, (…중략…) 4월 3일 봉기, 6천여 명 체포, 대 방화, 제주학살들, 불법 군사재판과 불법 집행, 예비검속 인사 불법 처형 등 국가범죄가 7년 7개월 동안 제주 섬 안팎에서 연이어 일어났던 사건들의 연속체였다. 이뿐만 아니라 애도 금지나 연좌제 등 반인간적이며 비윤리적 강압조치들이 대학살사건 이후 40년 동안이나 피해 유족들을 괴롭혀 왔다"라고 지적했다. 따라서 그는 이 사건을 '4·3통일운동'으로 부를 것을 주장했다(제주4·3연구소·제주특별자치도의회 4·3특별위원회(2021.12.18), 『4·3특별법 전부개정 이후 주요과제 추진방안 연구 결과보고서』 중 45~70쪽, 허상수, 「4월 3일 봉기와 제주학살들에 대한 올바른 이름 찾기와 미국과 미군정의 제주학살들에 관한 책임 묻기」).

서의 봉화를 신호로 무장투쟁이 시작됐다.[2]

쌍방이 전투상태로 돌입하자 국방경비대 제9연대 김익렬 중령이 근본대책으로 도민간의 문제에 군이 개입하는 걸 비판하며 평화협상을 건의했다. 제주도 민정관 맨스필드 중령도 김익렬에게 항쟁세력과 평화로운 회담 추진을 지시하여 그는 1948년 4월 28일 대정면 구억리에서 무장대 총책 김달삼과 4시간 회담에서 평화협정안을 맺었다.

72시간 이내 전투 중지, 점차적인 무장 해제, 주모자들의 신병 보장을 골자로 한 이 협정은 불과 3일 뒤인 5월 1일에 오라리 마을 방화사건이 일어나면서 산산조각이 났다. 반공청년단체가 앞장서서 일을 저질러 놓고는 미군정과 경찰은 '빨갱이들의 만행'으로 돌렸다. 불타는 오라리 마을은 미군 정찰기가 공중 촬영하여 널리 알려졌다.[3]

미군정이 주도한 5월 5일 대책 회의에는 미군정장관 딘을 비롯한 경무부장 조병옥 등 중요 인물들이 참석했다. 김익렬 중령은 4·3항쟁의 배경과 제주도민의 특성을 전제로 자신에게 통솔권을 맡겨주기를 요청하자 조병옥은 그를 빨갱이로 몰아댔고 이에 격분한 김은 조에게 육탄공세를 펴면서 회의장은 난장판으로 끝났다. 이튿날 제9연대장으로 부임한 신임 박진경 중령은 취임 일성에서 폭동을 완전히 진압하려면 제주도민 30만 명을 희생시켜도 무방하다는 강경 노선을 실천하여 불과 한 달여 만에 대령으로 승진했다. 6

---

2   4·3항쟁은 "미국과 미군정, 이승만세력이 주도했던 한반도 분단 의도와 이를 관철하기 위한 억압정책에 대한 반대요 거부였고 저항이었다. '4월3일항쟁'은 어떻게 하든지 동족상잔을 회피, 차단, 저지하려는 진보민주주의 민족자주세력에 의한 아래로부터의 운동이었다. '4월3일항쟁'은 누구의 사주에 의해 일어난 것이 아니었다. (…중략…) 즉 '4월 3일 항쟁'은 외부 공산당세력이 일방적으로 명령, 사주, 지시하고 제주도 일부 세력이 부화뇌동하여 그에 발맞추어 일어난 게 아니었다."(각주 1과 같은 글). 특히 미국의 입장에 대해서는 허상수, 『4·3과 미국』, 다락방, 2015; 허호준, 『4·3, 미국에 묻다』. 도서출판 선인, 2021 등 참고할 것.

3   제주4·3항쟁에 대한 총체적인 첫 접근은 ① 제민일보 4·3취재반, 『대하실록 제주민중운동사─4·3은 말한다』 전 5권, 전예원, 1994~1998, ② 제주4·3사건 진상규명 및 희생자 명예회복위원회, 『제주4·3사건 진상조사보고서』, 2003 등에서 읽을 수 있다. ③ 대중적인 이해를 위해서는 '도올 김용옥 제주4·3을 말하다' 유튜브 강의를 권한다.

월 18일 새벽 진급 축하연으로 만취한 박 대령은 잠들자마자 부하였던 중대장 문상길의 지휘를 받은 손선호 하사의 총탄으로 암살당했다.

　독실한 기독교 신앙인이었던 문상길을 비롯한 8명의 장병들은 군재에 회부됐다. 문 중위는 군재 최후 진술에서 "이 법정은 미군정의 법정이며 미군정장관의 딘 장군의 총애를 받던 박진경 대령의 살해범을 재판하는 인간들로 구성된 법정"이기에 자신에게 내려질 게 최고형임을 각오한다면서 이렇게 말한다.

　　재판장 이하 전 법관도 모두 우리 민족이기에 우리가 민족 반역자를 처형한 것에 대하여서는 공감을 가질 줄로 안다. 우리에게 총살형을 선고하는 데 대하여 민족적인 양심으로 대단히 고민할 것이다. 그러나 그런 고민은 할 필요가 없다. 이 법정에 대하여 조금도 원한을 가지지 않는다. 안심하기 바란다. 박진경 연대장은 먼저 저 세상으로 갔고, 수일 후에는 우리가 간다. 그리고 재판장 이하 전원도 저 세상에 갈 것이다. 그러면 우리와 박진경 연대장과 이 자리에 참석한 모든 사람들이 저 세상 하느님 앞에서 만나게 될 것이다. 이 인간의 법정은 공평하지 못해도 하느님의 법정은 절대적으로 공평_{公平}하다. 그러니 재판장은 장차 하느님의 법정에서 다시 재판하여 주기를 부탁한다.

　고등군법회의에서 사형언도[8.14]를 받은 그는 9월 23일 오후 3시 35분 서울근교 수색의 산기슭에서 손선호와 함께 10발의 총성 아래 사라졌다. 문 중위는 총살직전의 유언에서 "여러분은 한국의 군대입니다. 매국노의 단독정부 아래서 미국의 지휘하에 한국 민족을 학살하는 한국 군대가 되지 말라는 것이 저의 마지막 염원입니다. 이제 여러분과 헤어져 떠나갈 사람의 마지막 바람을 잊지 말아 주십시요"라고 했다. 손 하사는 좋아하던 군가 "혈관에 파도치는 애국의 깃발, 넓고 넓은 사나이 마음, 생사도 다 버리고 공명도 없다. 들어라 우리들의 힘찬 맥박, 천지를 진동하는 승리의 함성……"을 부르며 "여러분, 훌륭한 한국 국민의 군대가 되어 주십시오"라고 하는 순간에 "겨누어 총!" 구령이 떨어지자 "오오, 삼천만 민족이여!"라고 외치며 쓰러졌다. 오후 3시 45분, 두 군인은 10분 만에 총성과 함께 사라졌다.[4]

이런 와중에 남한 단독의 5·10 선거를 치렀기에 제주도만은 두 선거구에서 투표자 과반 미달로 무효화됐다. 이승만 정부 수립 후 제9연대장을 맡았던 송요찬 소령은 한라산 중산간 지대 이상의 주민은 다 폭도라며 총살시킨다는 포고령 이후 제주도는 '잠들지 않는 남도'로 변했고, 무장대 사령관 이덕구가 사살당한 1954년 9월 21일 이후에야 한라산 금족령이 풀리면서 사실상 4·3항쟁은 종결됐다.

2. 이승만 정권의 연이은 시련

1948년 2월 26일, 유엔 소총회는 소련 등 비토세력을 제외한 나머지 국가들 중 캐나다와 호주만 반대하고 미국의 의도대로 한반도에서 가능한 지역만의 선거를 실시할 것을 결의했다. 이렇게 되기까지에는 이미 1947년 11월에 유엔 소총회의 결의로 구성된 '유엔한국임시위원단'의 활동이 컸음은 온

---

4 박진경 대령은 육군장(陸軍葬) 제1호로 치러졌다. 문상길 중위에 대해서는 남로당원이라는 글들도 있으나 허상수는 그가 독실한 기독교인으로 그렇지 않다고 부인한다. 문상길 중위의 재판 기록들은 당시 『서울신문』(1948년 9월 25일 자) 등을 참고, 인용.
안상학은 시 「기와 까치구멍집」에서 이렇게 읊었다. "역사의 뒤안길에 묻힌 향년 스물셋 사내, 고향은 안동 / 내가 한 일은 다만 그 사내의 내력을 찾아낸 것 / 임하댐 수몰된 안동 마령리 이식골 / 남평 문씨 종갓집 막내아들, 그 사내가 살던 곳 / 그 사내가 떠난 곳, 다시는 돌아오지 못한 곳 / 사내처럼 사라진 마을, 흉흉한 소문 떠도는 / 쉬쉬대며 살아온 일가붙이들 산기슭에 남은 곳 / 내가 한 일은 다만 그 사내의 사진 몇 장 찾은 것 / 소년처럼 해맑은 사내의 마지막 웃음 / 두 손 철사로 묶인 채 나무 기둥에 결박당한 몸 / 가슴에는 휘장 대신 표적, 흑백사진 붉은 피는 / 두 눈 가린 채 목이 꺾인 사내의 최후 진술; / 내 비록 미군정 인간의 법정에서는 사형을 받고 사라지나 / 공평한 하늘나라 법정에 먼저 가서 기다릴 것이다 / 내가 한 일은 다만 그 사내가 살던 집을 찾아낸 것 / 당당하게 살아남은 그 사내의 흔적 / 300년 문화재 기와 까치구멍집 건재한 사내의 생가 / 수몰을 피해 남후면 검암리로 옮겨 앉은 남평 문씨 종가"(『제주작가』, 2020년 여름호).

세상에 널리 알려진 사실이다. 유엔한국임시위원단의 위원장에 선출된 쿠마라 P. S. 메논은 처음부터 단정수립 반대국이었던 인도의 대표였으나 한국 방문 중 안내자 모윤숙과 시종 함께 했다. 이승만으로부터 메논을 설득해 달라는 간곡한 당부를 받은 모윤숙은 하지 중장을 따돌려 버린 채 이승만에게 메논과 단독 대좌를 시키는 등 이승만의 기대를 넘어서는 임무를 두루 수행했다. 이 탁월한 수완가인 시인은 부여받은 역사적인 임무를 완수한 뒤 메논과의 송별연에 오매불망의 짝사랑이었던 이광수만 초대해 셋이서 즐거운 밤을 보냈다.

메논이 한국을 떠난 뒤의 심경을 모윤숙은 "고마운 사람! 나만 아는 잊을 수 없는 은인. 그는 정치인이라기보다 우정과 신의에 가득 찬 영혼을 가진 세계의 외교관이었다. 이(승만) 박사는 실로 그 은혜를 잊을 수도, 또 잊어서도 안 될 것이다"라고 썼다.

시대가 흘러도 분단 한국에서는 수시로 이승만을 '건국의 아버지'로 삼으려는 움직임이 간헐적으로 나타나곤 하는데, 그렇게 이승만에게 아버지란 명칭을 부치고 싶으면 차라리 '한국 독재자의 아버지'라거나, 그게 싫으면 '분단의 아버지'나 '단정 수립의 아버지'로 부르면 차라리 낫겠다. 냉철하게 말하자면 분단 한국을 확정 지은 것은 미국이고, 그 산파역은 유엔 한국소위일 것이다. 관심 깊은 분들은 모윤숙의 『자화상』대호출판사, 1982이나 『호반의 밀어』대호출판사, 1982를 읽어보기 바란다.

그해 12월 유엔총회는 유엔한국임시위원단의 감시 아래 실시된 총선의 결과로 출범한 '대한민국 정부'를 '38도선 이남의 합법 정부로 승인'하면서 점령군의 즉각적인 철수를 촉구하는 결의안을 채택했다.

항일투사 최능진의 원혼에게 '과연 5·10총선이 유엔한국임시위원단의 보고처럼 공정했을까?'라고 묻는다면 어떤 반응이 나올까. 최능진은 평남 강서군의 지주에 기독교도에다 민족의식이 강했던 집안의 셋째아들로 태어났다. 평양 숭실중학을 나온 그는 중국 진링金陵大學1952년 난징대학에 병합을 거쳐 도미, 듀크대학에서 체육학을 수학, 독립운동에 투신, 이승만을 만났으나 그의 활동을 비판적으로 보았으며 안창호의 흥사단을 적극 지지했다. 귀국 후 평양숭실전문학교 체육과 교수로 재직 중 수양동우회사건으로 피체, 2년간 투옥당했다.[5] 1932년 평양축구단을 창설해 전국에 축구 열풍을 일으키는 등 스포츠를 통한 민족의식을 강조했지만, 일제는 조선인에게 구기종목 경기 일체를 중단시키는 만행[1942]을 저질러 더 큰 성과를 올릴 수 없었다.

8·15 후 최능진은 조선건국준비위원회 평남지부[나중 평남인민정치위원회, 위원장 조만식, 부위원장 현준혁]의 치안부장을 맡았으나 현준혁이 암살[9.3]당하자 신변의 위험을 느껴 바로 월남[9.17, 서울 도착], 잠시 '조선경찰관강습소'의 한국인 책임자로 있으면서 경찰 내에 상당수의 친일파들이 안거하는데 격분했다. 경무국 수사과장[1945.10]으로 자리를 옮긴 그는 경무국이 경무부로 승격되자 수사국장이 되었다.[6] 최능진은 남한에서도 언젠가는 친일파에 대한 심판이 이뤄질 것으로 믿고 은밀히 정보과장[이종호]에게 친일인사 조사 카드를 작성시켰다고 전하는데, 아마 8·15 후 첫 친일파 청산작업으로 평가할 만하다.[7]

대구 10·1항쟁[1946]을 둘러싸고 최능진은 조병옥과 정면 대립했다. 이 사건을 전적으로 "좌익세력의 불순한 파괴적 정치활동에 선동되어 일반시민이

5 안창호에 의해 주도된 흥사단원들이 조직한 단체로 서울(수양동맹회)과 평양(동우구락부) 회원을 통합, 수양동우회(1926)로 새 출범한 단체. 1937년 일제가 표적수사로 대거 검거 (181명, 이광수·주요한·주요섭·김동원·조병옥 등), 49명을 기소, 안창호(1938.3 사망) 등을 제외한 41명을 기소하는 등 혹독한 고문으로 2명이 옥사, 1명은 불구가 됨. 이 사건을 계기로 이광수·주요한 등이 친일로 전향했기에 처벌할 필요가 없어져 경성고등법원 상고심(1941.11)에서 전원 무죄 판결을 받음. 그러나 최능진은 전향하지 않았다.
6 일제 말기 2만 6천여 경찰 중 조선인은 1만 6백여 명이었다. 8·15 직후 국민들에게 가장 핍박받던 경찰은 미군정이 일제 경찰 관료와 조선인 경찰출신자의 자문을 받아 서울시내 10개 경찰서장을 인선하면서 신분이 완전히 달라졌다. 부민관에서 경무국 창설식(1945.10.21)을 가진 경찰은 뉴욕 주 경찰복을 모방한 조선 경찰제복과 제모를 확정(1945.11.8), 미군이 맡았던 경찰 총괄책인 경무국장 역을 해오던 조병옥은 경무부로 명칭이 변경(1946.1)되자 경무부장이 되어, 경무국 차장 최경진, 수사국장 최능진, 수사부국장 김태선 등으로 진용을 갖췄다. 이어 장택상을 경기도 경찰부장(1.13, 나중 수도경찰청장으로 명칭 변경)을 발령하면서 이승만 집권을 향한 경찰의 위세는 군을 압도했다.
7 친일 경찰 청산을 강력히 주장했던 최능진과는 사사건건 대립했던 조병옥은 결국 그를 파면(1946.12)시켰는데, 이때 이종호도 사직, 그간 8명의 경찰들이 조사했던 친일기록 자료를 자기 집으로 가져다 버린 것으로 전한다.

가담한 폭동사건"으로 규정한 조병옥과는 달리 최는 그 원인 제공자로 친일경찰을 지목했다. 이에 김규식이 나서서 친일경찰 옹호파인 조병옥의 해임까지 미군정에 건의하는 등 여론이 확대되자 하지 중장도 친일 출신 경찰을 조사, 파면하라는 성명서를 내지 않을 수 없었다. 그러나 이승만의 든든한 뒷배를 바탕으로 조병옥-장택상 경찰 쌍두마차는 도리어 최능진에게 사직서를 받아 냈지만[2.5], 격분한 최는 조병옥 규탄 성명서를 내는 등 여론전이 전개되면서 오히려 최의 성가는 올라갔다.

민심과 민족의 염원과는 아랑곳없이 미군정의 풍향계에 따라 제헌의회를 위한 1948년 5월 10일 총선에서 이승만이 동대문 갑구에 단독 출마하자 최능진은 그의 당선을 저지시킬 목적으로 출마했으나 온갖 협잡과 만행으로 그는 아예 후보자 등록조차 취소당했고 이승만은 무투표 당선되었다. 그래도 최능진의 이승만 저지 투지는 꺾이지 않아 국회 선거심사위원회에 이승만의 당선무효 소청을 냈으나 각하[9월]됐다.[8]

이승만 정권이 그를 어떻게 다뤘을까 라는 의문에 대한 해답은 아무리 추리와 상상력이 부족한 사람도 맞출 수 있는 그대로 범죄 날조에다 민간인에게는 해당도 안 되는 군재에서 총살형[1951.2.11]으로 처리해버렸다.[9]

---

8   이 항목은 한국사데이터베이스, 김태선, 「국립경찰 창설」(『중앙일보』, 1974년 10~11월 연재), 김교식, 『죽음을 부른 권력』(마당문고사, 1984), 강석복, 「李承晩의 정적 崔能鎭의 비극」(『정경문화』, 1983년 10월), 최능진의 두 아들(최필립, 최만립)이 민족문제연구소의 『친일인명사전』 편찬 국민모금에 동참하며 윤경로 편찬위원장에게 보낸 사신(2004년 1월 20일), 민족문제연구소 홈 페이지 게재, 이창훈, 「최능진, 경평축구대회 정례화로 민족 단합을 꾀하다」(『매일노동뉴스』, 2021년 4월 19일 자) 등 여러 자료 참조, 취합. 최능진 관련 내용은 다 여기에 의존.

9   경북 달성군 가창면 파동에서 총살당한 그는 가족들에게 이런 유서를 남겼다. "父의 금일의 운명은 정치적 모략에서 됨인데, 너희들은 조금도 누구에게 반감을 갖지도 말고 또한 父의 원수를 갚을 생각도 말고, 오직 너희 5남매는 父가 있을 때보다도 서로 사랑하여라. 우리 국가가 이 모양으로 간다면 너희들 생명도 안전치는 못할 것이다.… 생각할 점 몇 가지. ① 정치사상은 혈족인 민족을 초월해 있을 수는 없다. ② 정치, 경제, 기타 문화는 인격을 조성치는 못하는 법이고, 오직 내적, 즉 양심적 변화가 있어야 하는데, 그것은 종교이다. 기독교를 신봉하기 바란다. ③ 동생들끼리 상조하고 국가·민족에 충성하라. 1951년 2월 11일 대구형무소에서 父 能鎭 書."
과거사정리위원회는 2009년 이 사건을 '중대한 인권침해 행위'로 규정, 뒤이어 재심에서 유진오가 기초한 의원내각제를 대통령 중심제로 고쳐 국회의 간접선거 1948.7.20로 초대 대통령이 된 이승만의 취임식사7.24는 치졸하나 끝부분에서 "대한민국 30년 7월 24일"이라며 임시정부의 법통을 선언한 점은 그나마 업적이다. 8·15 건국절을 주장하는 세력들이 명심할 대목이다.

남한 단독정부 수립 선포식8.15은 백악관白堊館, 1926년 완공한 총독부 청사의 명칭. 미군정청을 거쳐 중앙청. 1995.8.15 철거. 당시 신문에는 '백아관'으로 표기의 현관 앞 광장에 설치한 3층 특설무대에서 실시됐다.

MP의 사이렌 소리에다 수십 대의 무장 미군 탱크가 앞뒤에서 호위하는 가운데 맥아더 장군 부부가 남대문에 나타나자 환호성이 터졌다. 귀빈들은 11시 20분 경 대통령의 안내로 특설단프란체스카, 맥아더 부인, 하지 중장과 그 막료, UN위원단, 신정부 각료에 자리했다.

개막의식에 이어 백악관 서쪽 국기 게양대에서 성조기가 내려지고 태극기가 올랐다.

예정시간보다 좀 늦게 정일형의 사회로 진행된 이 행사에서 "오늘 우리 정부가 수립되는 경사에 맥아더 원수를 맞이한 것은 한층 뜻깊은 일로 자유를 잃었던 우리가 해방되어 주권을 찾고 이를 경축하는 것이니 오늘의 환희와 감격을 길이 살리자"라는 오세창의 개회사를 명제세가 대독했다.

이승만은 일본을 몰아내고 나라를 되찾게 해 준 미국과 맥아더에 대하여 장황하게 치하하면서도 항일 독립운동가에 대한 언급이나 일제 치하에서 신음했던 국민에 대한 위로에 대해서는 전혀 언급이 없었다. 민주주의로 인민의 자유를 보장하는 정부를 내세우면서 정부 조직에 가장 주의할 두 가지로 "첫째는 일할 수 있는 기관을 만들 것"과 "둘째는 이 기관이 견고히 서서 흔들리지 아니해야 될 것"을 들었다. 찬찬히 뜯어보면 자신의 뜻대로 나가겠다는 암시였다.

무죄를 선고했다(2016). 진실화해위원회, 『2009년 하반기 조사보고서』의 「최능진의 국방경비법 위반사건」에서는 "헌법에 근거가 없는 군법회의"여서 "법관의 자격도 없으며, 재판부에 의해 사실관계가 오인된 판결"이라고 결론지었다.

맥아더의 축사는 차원이 달랐다. "본관은 40년간 여러분의 애국자들이 외국의 압박의 기반羈絆을 벗느라고 분투하는 것을 감탄해 가며 지켜보았다. 그들의 백절불굴하는 굳은 결의는 운명과 절충하기를 거부했고 대한민국의 자유를 전 세계에 한 번 마음속에 박힌 자유의 정신은 영원불멸한다는 만고불멸의 진리의 변증이 되었다. 그러나 정의의 위력이 용진하는 찰나에 그 정의의 개선은 근대 역사의 일대 비극인 귀국 강토의 인위적 장벽과 분할로 무색해졌다. 이 장벽은 반드시 파열해야 될 것이요 또한 파열될 것이다." 이어 그는 "여러분은 자유롭고 독립한 민주국으로 여러분의 운명의 길을 출발하도록 된 이때에 여러분이 선출한 지도자들의 지혜로 여러분의 국가의 힘을 측정"하게 된다면서 "민주적 생활의 방어는 무엇보다도 개인 자유의 복을 누릴 자격이 있는 사람은 언제든지 이것을 지킬 결심과 용의를 가진 사람뿐"이라고 강조했다.

이미 그는 한국인들이 선출한 지도자에 의하여 닥칠 역사적인 비극을 예감이라도 한 듯이 민주 국가의 국민 될 자질을 넌지시 일깨워준 듯했지만, 달리 보면 자신이 만든 정치체제와 지도자 결정권으로 빚어질 민족사의 비극의 책임을 국민에게 돌리려는 고차원적인 통치술이 엿보인다. 그는 이승만과는 그 수사법 자체가 달라 우리 민족의 어두운 미래를 암시했지만 집권 세력은 권력에 도취해 이런 충고에 전혀 귀 기울이지 않았다.

이 행사에 대하여 김구는 "비분과 실망이 있을 뿐이다"라면서 "우리 동포들이 양극단의 길로만 돌진한다면 앞으로 남북의 동포는 국제적 압력과 도발로 인하여 본의 아닌 동족상잔의 비참한 내전이 발생할 위험이 없지 않으며 재무장한 일군은 또다시 바다를 건너서 세력을 펴게 될지 모른다." 라고 엄중 경고했다.[10]

단독정부 수립은 친일파의 부흥회로 장식되어 '영도자 국가'에 동조하지 않은 세력을 옥죄이는 방법으로 '반공 애국론'을 외치며 이를 일민주의로

---

10 『서울신문』, 『경향신문』, 『동아일보』, 『조선일보』 등 신문들(1948년 8월 16~18일 자) 참조.

포장했다. 국가보안법[1948.12.1, 법률 제10호]은 친일파들의 튼튼한 갑옷에 다름 아니다.

정부수립기념식의 환희는 너무나 짧았다. 불과 두 달 뒤 여순항쟁[1948.10.19~27]이 발발하면서 한국인이 얼마나 민족주체의식이 강한가를 다시 환기시켜주었다. 여수시 주둔 14연대에게 제주4·3항쟁 진압군으로 긴급 출동하라는 명령에 동족상잔 명령을 거부한다는 게 가장 중요한 명분이었고, 정서적으로는 친일 경찰들의 횡포가 군인들에게 까지 공공연하게 자행된 데 대한 반감이었다. 다른 항쟁과는 달리 여순항쟁은 군이 먼저 출동하면서 발발했고, 이에 그간 친일경찰들에게 학대를 당했던 세력들이 합세하면서 마른 벌판의 들불처럼 급속도로 진척되었다.[11]

확산이 들불처럼 빨랐듯이 진압작전 역시 대홍수처럼 급속도로 밀려들었기에 무척 잔혹했다.

역사는 이럴 때 항상 온건파와 강경파로 나눠진다. 10월 21일 여순 일대에 계엄령이 선포되면서 광복군 출신의 송호성 준장이 총사령관이 되었으나 그의 온건파 노선은 이내 맥을 못 추고 강경파로 교체되면서 되로 당했던 항쟁 세력에게 말로 보복했다.[12]

---

11   제주도출동거부병사위원회 명의로 공표한 「애국인민에게 호소함」이란 격문은 "우리는 조선 인민의 아들들이다. 우리는 노동자와 농민의 아들들이다. 우리의 사명은 외국 제국주의의 침략으로부터 조국을 지키고 인민의 이익과 권리를 위해 목숨을 바치는 것이다"라며, "모든 동포들이여! 조선 인민의 아들인 우리는 우리 형제를 죽이는 것을 거부하고 제주도 출병을 거부한다. 우리는 조선 인민의 이익과 행복을 위해 싸우는 인민의 진정한 군대가 되려고 봉기했다"라고 하며, 그 목적을 "1. 동족상잔 결사반대, 2. 미군 즉시 철퇴"를 거론했다 (『여수인민보』, 1948년 10월 24일 자).
여순항쟁에 대해 서중석은 ① 단선단정 문제, ② 친일경찰 문제, ③ 민생 문제, ④ 남로당 투쟁 문제로 나눠 접근하면서, 특히 이 지역에서 단정수립 반대운동이 치열한 데다 친일경찰의 횡포 또한 격심했으며, 민생 문제도 열악했음을 지적했다. 따라서 소수의 군이 일어서자 순식간에 남로당원과 시민들이 합세하는 분위기였음을 부각시켰다. 특히 여수인민위원회 이용기 위원장은 항일동맹 휴학 주도로 2년 형을 산 신망 높은 인물에 온건파로 경찰과 우익인사를 "난폭하게 학살하는 것을 막으려고 했고, 반란군이나 남로당을 따라가지 않고 여수에 남아 자결했다"(서중석, 『역사비평』 2009년 봄호에 게재된 「이승만과 여순사건」 참고. 인용은 318쪽).
12   이승만, 채병덕, 김백일, 백선엽, 백인엽, 송석하 등이 강경노선을 주장한 것으로 알려져 있

이승만은 어떤 악조건이나 역경도 자신의 기회로 둔갑시키는 비상한 악지를 발휘하는데 뛰어났다. 그것도 대통령 자신은 어떤 흔적도 남기지 않고 경찰과 군으로 하여금 대행해 주도록 했다. 이를 위해서는 이념이고 나발이고 가리지 않았다. 여순항쟁은 그에게 정적을 퇴치하기에 딱 걸맞는 드라마 연출의 호재였다. 우선 우파로 그의 강력한 장애물이었던 최능진과 김구가 타도 1호여서 이 둘을 여순항쟁과 관련시켰다. 반공사상으로 보자면 이승만에 뒤지지 않았던 이 두 인물을 여순항쟁과 관련시킨 이 드라마는 단정수립 이후 용공 조작 제1, 2호에 해당된다.

최능진은 이승만의 정치적인 야망을 좌절시킬만한 폭발력을 지녔기에 정부수립 이후인 10월 1일에 이미 수도경찰청이 내란음모 혐의를 뒤집어씌워 체포한 상태였다. 내란음모는 급기야 쿠데타 모의로 확대시켜 소위 '혁명의용군사건'으로 각색되어 독립군 투사 출신으로 명 지휘관이자 반공의식도 강한 오동기 소령[14연대장]을 공범으로 엮었다. 그는 오히려 여순사건의 주동자 김지회를 수상하게 여겨 체포하라고 상부에 보고했던 인물이다. 그가 육본 정보국에 피체된 게 9월 28일, 바로 혁명의용군 주모자로 얽혀들었고, 여순항쟁이 터지자 이들을 관련시킨 것이다.[13]

뿐만 아니라 이승만 정권은 극우 세력 일부가 이 사건에 동조했다며 경찰에 수사를 지시하였다. 정적 제거를 위해서라면 무슨 구실이든 조작해냈다. 이범석[국무총리 겸 국방장관]은 "이 사건은 정권욕에 눈이 먼 몰락 극우정객이 공산당과 결탁해 벌인 정치적 음모"[10월 21일 기자회견]라고 하여 일파만파로 번졌다. 여기서 극우세력이란 김구였다.[14]

다. 진압이 끝난 한참 뒤 이승만은 담화에서 강경 탄압을 강조했다.
"남녀 아동까지라도 일일이 조사해서 불순분자는 다 제거하고 조직을 엄밀히 해서 반역적 사상이 만연되지 못하게 하리니 앞으로 어떠한 법령이 혹 발포 되더라도 전 민중이 절대 복종해서 이런 속행이 다시는 없도록 방위해야 될 것이다"(『동아일보』, 1948년 11월 5일 자).
13 최능진은 1951년 국방경비법 위반으로 1월 23일 처형당했고, 오동기는 옥중에서 한국전쟁을 맞아 인민군에 의해 석방됐으나 수복 후 피체, 5년 형기를 마치고 출옥했다.
14 이범석은 기자회견 이튿날 「반란군에 고한다」란 포고문을 통해 "반란군이 일부 그릇된 공산주의자와 음모 정치가의 모략적" 결과라며 거듭 '극우정객'을 언급했고, 이에 김태선 수

두 번째 작품은 국가보안법 제정[15]이었고, 세 번째는 숙군작업이었다.[16]

도경찰청장은 '혁명 의용군사건' 수사발표로 여론몰이를 고조시켰다. 그러자 임시국회에서는 정광호 의원이 극우가 참가했다는 국방부 장관의 발표 때문에 민심이 나쁘다며 극우가 참가했다는 발표에는 정정이 필요하다고 문제제기를 하자 윤치영은 극우가 참가한 것만은 사실이라고 계속 주장했다(10.22).

이에 김구는 공식 기자회견을 자청하여 "극우분자가 금번 반란에 참여했다는 말을 이해할 수 없다"(10.27)라고 한 이튿날 공개 담화를 통해 "여수, 순천 등지의 반란을 '집단 테러 활동'으로 규정하고, "부녀와 유아까지 참살하였다는 보도를 들을 때에 그 야만적 소행에 몸서리쳐지지 않을 수 없다"고 발표하였다. "남과 남의 부모처자를 살해하면, 남도 나의 부모처자를 살해하기 쉬우니 그 결과는 첫째, 우리 동족이 수없이 죽을 것이오 둘째, 외군에게 계속 주둔하는 구실을 줄 뿐이다. 이것은 우리의 자주독립을 좀먹는 행동이니 이로써 우리는 망국노의 치욕을 면하는 날이 없을 것이니, 반란을 일으킨 군인과 군중은 이 때에 있어서 마땅히 여동(勵動)된 감정을 억제하고 재삼숙고하여 용감히 회오(悔悟)하고 정궤(正軌)로 돌아갈 것이어니와 현명한 동포들도 마땅히 객관적 입장에서 그 반란을 냉정히 비판하면서 이것의 만연을 공동방지 할지언정 허무한 유언에 유혹되거나 혹은 이에 부화뇌동하지 아니하여야 할 것이다.

여러분의 기대와 탁부(託付)와 애국의 만분의 일도 보답하지 못하는 나로서 무슨 면목으로 여러분께 왈가왈부를 말하랴마는 금번 반란이 너무도 중대하므로 인하여 국가 민족에 미치는 손해가 또한 중대한 까닭에 그대로 함구만 할 수 없어서 피눈물로써 이와 같이 하소연하는 바이다. 동지 동포는 우리의 고충을 깊이 양해하고 동족상잔에서 동족상애의 길로 공동매진하기를 간절히 바란다"라고 해명했다(『서울신문』, 『한성일보』, 『조선일보』 등 10.22~10.30의 보도들).

15 국가보안법은 제정(1948.12.1)이후 이듬해에 개정, 그 다음해(1950.1.9)에 또 개정할 정도로 변천이 심했다. 그러나 정작 이승만 정권 초기의 여러 국사범들은 국방경비법(1948.7 제정, 1962.6 폐기)위반으로 처벌받았다. 국방경비법이 얼마나 잔혹했던가는 아직도 종합적으로 연구된 바 없지만 진실화해위원회의 보고(2008)에 따르면 육군본부 고등검찰부가 소장하고 있는 자료에는 민간인 적용판결이 2만 2천여 건, 판결의 94.6%가 한국전쟁 전후(1950~1953)에 집중되어 있다. 그 중 31%인 4,462명이 사형선고를 받을 정도로 세칭 빨치산들 대부분이 이 법에 의해 처벌되었다.

16 분단 이후 육군은 8·15 직후부터 우후죽순 격으로 생겨난 60여 군사조직을 통합시킴과 동시에 좌익의 조선국군준비대(1945.8.30)에 대처할 단일군사조직을 위해 미군정이 남조선국방경비대를 창설(1946.1.15)한 데서 출발한다. 미군정기의 역대 총사령관은 마샬(John T. Marshall, 1946.1.15~2.5), 베로스(Russell D. Barros, ~1946.8.15), 이형근(1946.9.28~1946.12), 송호성(~1948.8.15)이었다.

미군정과 이승만은 친일경찰만 신뢰했고, 이로써 경찰의 만행이 늘어났다. 1946년 미군정의 좌익탄압이 격심해지자 그 피신처로 국방경비대 지원자들이 몰렸다. 초기에는 신원조회도 없는 데다 모집기준도 느슨하여 경찰과는 달리 군에는 진보세력이 많았다.

기강이 잡히면서 사상검열이 강화되기 시작한 군은 4·3과 여순항쟁을 고비로 대숙군을 감행했다. 이에 대해 긍정적인 평가가 압도적이지만 민족사적인 관점으로 보면 군의 중립화

여순항쟁의 역사적인 파장은 컸다. 10월 21일, 일부 항쟁 주력이 벌교, 보성, 고흥, 광양, 구례를 거쳐 이튿날에는 곡성까지 점령하였다.[17]

이승만이 추진한 네 번째 드라마는 민보단, 대한청년단, 학도호국단 등을 통해 범국민적인 무장화를 실현한 것이었다.

민보단은 1948년 5·10총선거를 위한 경찰협조기구였던 향보단鄉保團에서 유래한다. 워낙 행패가 극심하여 총선 후 바로 해산시킨 뒤 조직된 민보단 역시 여순항쟁 직후부터 온갖 민폐를 일으켜 해산[1950.7]됐으나 대한청년단 특무대로 신분증을 갱신하여 이승만 독재체제의 버팀목 역할을 했다.

대한청년단약칭 韓靑, 1948.12.19 창립은 대동청년단과 서북청년회가 주축이 된 우익 청년 단체를 망라한 조직이었다. 이승만의 속셈은 정치적인 잠재 라이벌인 이범석의 조선민족청년단약칭 족청을 견제하겠다는 의도까지 겹친 것이었다. 이 조직은 청년방위단-국민방위군 등으로 맹활약 했으나 내분이 격심해지자 해체와 동시에 민병대에 편입[1953.9.10]시키겠다는 담화로 분해됐다.

학도호국단[1949.9]은 전국 중등학교 이상 단위로 교사와 학생이 참가한 막강한 조직으로 청소년시절부터 의식화 교육을 익혀주는 도구로 활용되다가 1960년 4월혁명 직후인 5월에 대통령령「대한민국학도호국단규정 폐지에 관한 건」으로 사라졌다.

여순항쟁에 대해서는 그 명칭부터 평가까지 각양각색이지만 사건발생 72년만인 2020년 1월 20일에야 민간인 희생자가 빨갱이가 아니라 양민으로

보다는 정치지향적인 입장에서 강행된 측면을 간과할 수 없다. 심하게 말하면 숙군 이후 국군 본래의 사명보다 권력지향형 조직으로 변하여 한국전쟁을 겪으면서는 경찰을 능가하는 위치를 차지할 수 있게 되었다. 숙군 때 박정희가 처형 대상에서 살아남은 극적인 사연은 임헌영, 「운명 앞에 겸허했던 한 여인의 소망-『그를 버린 여인』에 나타난 인간 박정희」, 『한국소설, 정치를 통매하다』, 소명출판, 2020, 게재를 참고.

17 조정래의 『태백산맥』은 첫 장면에서 바로 이 시기를 박진감 넘치게 다루고 있다. 당시 어려움에 처했던 구빨치산들에게 여순항쟁은 대충전의 전환점이 되었음을 상징한다. 진압과정이 그토록 잔혹하지 않았으면 이런 역현상은 줄어들었을 것이다. 그러나 이승만은 체질적으로 독선적이어서 집권 내내 좌우를 가리지 않고 반대세력에게 잔혹했다. 아래에서 언급하는 각종 청년단의 횡포 역시 『태백산맥』은 실감나게 그려준다.

무죄라는 법적인 확정을 받게 되었고, 뒤이어 여순사건 특별법이 여야 만장일치로 통과^{2021.6.16} 되었다.

3. 민족 주체성 괴멸 작전

여순항쟁을 빌미로 이승만 정권은 미군정이 못다 풀었던 난감한 정적인 한국 임시정부 문제를 손보려고 노렸다. 반탁운동 때는 그렇게 고분고분하던 백범이 단정 수립안 제기 이후 표변하여 ① 남북단일정부 수립, ② 친일파 청산, ③ 외국군 철수를 주장하며 이승만에게 등을 돌려버렸다. 작가 최인훈은 "만일 상해임시정부가 해방 후 초대 내각이 되었더라면" "그들은 우선 친일파를 철저히 단죄했을 것"이라고 단언한다.[18]

최인훈만이 아니라 온 나라가 친일파 청산과 외국군 철수를 외쳐댔다. 이런 절실성은 제헌 국회^{1948~1950.5.30, 임기 2년제}로 하여금 법률 제3호로 '반민족행위처벌법'을 제정^{1948.9.22}토록 했으나 그 운명은 어두웠는데, 그 원인은 이승만에게는 오로지 일본과 미국이라는 두 스승이 있었을 뿐이었기 때문이다.

일제 때 조선인에게 자행했던 반인륜적인 고문의 지휘자는 총독부 총감부 헌병사령관 아카시 모토지로^{明石元二郎}였다. 그는 "러일전쟁 때 유럽에서 모략활동을 하면서 제정러시아가 폴란드 독립운동가에게 행한 고문방법을 상세히 연구하고 이것을 조선에 가지고 와 실시"했고, 이 방법이 "총독부 조선인 경찰관이 완전히 그대로 미군정청에 이어진 것"이었다.[19]

---

18 최인훈 장편소설, 『회색인』. 그는 친일파청산은 "정치적 카타르시스라는 점으로 국민의 정신위생에 기여하는바 컸을 것"이라고 했다. 그는 연작소설 『총독의 소리』 등을 통해 친일파 청산을 가장 강력히 주장했던 전후파 작가였다. 뿐만 아니라 만년에는 자전적 소설 『화두』를 통해 미국의 한반도정책을 가장 신랄하게 비판한 작가이기도 했다.

19 정경모, 『찢겨진 산하―김구·여운형·장준하 : 구름 위의 정담』, 거름, 1986, 88쪽. 고문에 대한 일반적인 현상은 박원순, 『야만시대의 기록 2―고문의 한국 현대사』, 역사비평사, 2006, 183~303쪽을 참고할 것.

1949년, 집권 2년차를 맞은 이승만은 권력의 기반을 다지고자 민족 주체성을 괴멸시키기 위한 양동작전에 나섰는데, 이 대하드라마는 전3막으로 구성되어 있다. 제1막은 국회프락치사건이고, 제2막은 반민특위 해체, 제3막은 백범 김구 암살이었다.[20]

이미 8·15 후 3년간 미군정기에 이승만 단정수립 집권 안전판으로 송진우[1945.12.30], 여운형[1947.7.19], 장덕수[1947.12.2] 등 규명되지 않은 암살과 민족분단과 온갖 탄압을 수행했던 터였다. 이 정치인들의 죽음 역시 넓은 의미에서는 필화의 산물에 다름 아니다. 그러니 일제의 경찰 경력에다 미 군사고문단의 학습과정까지 거친 이승만 정권의 친위부대였던 경찰과 군 특무대 조직은 국회프락치사건부터 비판세력을 제거하기 시작했다.

국회프락치사건[1949.5~8]이란 1949년 2월 초부터 김약수 국회부의장을 비롯한 다수의 소장파의원들이 미, 소의 외국군 완전철수, 남북정당, 사회단체 대표의 남북정치회의 개최를 통한 '평화통일방안 7원칙' 등에다 이승만 정권의 모든 장관 사퇴를 요구하는 등등이 이어지자 현역 15명의 의원을 체포한 사건이다. 피체된 15명은 아래와 같다.[가나다순]

강욱중, 김병회, 김봉두, 김약수, 김옥주, 노일환, 박윤원, 배중혁, 서용길, 신성균, 이구수, 이문원, 차경모, 최태규, 황윤호.

이중 김봉두, 차경모는 기소되지 않은 채 의원직을 사퇴했기에 흔히들 기소당한 13명만을 국회프락치사건 관련자로 거론하고 있다.

---

20 이 장대한 전3막 비극은 1949년 5월부터 6월에 걸쳐 속전속결로 진행됐다. 이에 대한 간략한 개관은 임헌영, 대담 유성호, 『문학의 길 역사의 광장─문학가 임헌영과의 대화』, 한길사 2021, 66~67·625~628쪽 참고. 보다 전문적인 접근을 하려면 서중석, 『이승만의 정치 이데올로기』, 역사비평사, 2005, 이승만의 정치노선 전반에 대해 가장 좋은 연구서이다. 김정기, 『국회프락치사건의 증언』, 한울, 2021, 반민특위에 대한 개괄서로는 이강수, 『친일파와 반민특위─나는 이렇게 본다』, 보리, 2023 등이 좋은 참고가 된다. 논문으로는 백운선, 「제헌국회 소장파의 활동과 역사적 재평가」, 『역사비평』 가을호, 1993에 잘 축약되어 있다.

이를 전후해서 자행했던 반민특위 해체에다 김구의 암살은 누워 떡 먹기였다. 1949년 6월 26일 백범 김구 서거일은 분단 남한에서 친미 정권의 초석이 놓인 전환점이었다. 김구의 서거 역시 넓은 의미의 필화다.

이로써 UN의 결의를 명분삼아 단독정부를 수립했던 미국은 바로 그 UN의 결의로 남한에서 철수하지 않을 수 없었다. 5백 명의 군사고문단만 남기고 미군이 철수한 건 1949년 6월이었는데, 마지막으로 인천을 떠난 것은 6월 29일이었다. 그러나 미국이 이내 발을 동동 구르며 후회했던 건 그 두 달 뒤 소련이 핵실험에 성공^{9월}했고, 이로부터 한 달 뒤 중화인민공화국이 선포^{10.1}되었기 때문이다.

그러거나 말거나 어차피 나라는 미국이 지켜 줄 것으로 태산처럼 믿었던 이승만으로서는 국민적인 우상으로 부각시켜지기를 소망했고, 이에 부응하는 세력들은 얼마든지 줄을 이었다.

"영명하신 우리의 지도자 (…중략…) 그의 혁명투쟁을 통하여 체험하신 민족의 부활과 조국의 광복을 찾기 위한 이론과 실천의 양면을 체계화한 철리적哲理的인 민주원론"이라든가, "우리의 영명하신 최고 영도자이신……"이란 장황한 수식어 전문가들이 설쳐대기 시작했다. 이 현대판 '용비어천가'는 앞의 것은 이범석 초대 국무총리, 뒤의 것은 안호상 초대 문교장관이 이승만 대통령의 일민주의一民主義를 찬양한 수사다. 이로써 일민주의는 분단한국의 국시가 되었다. 문벌과 반상 철폐, 빈부와 자본가와 노동자의 공동 이익, 남녀평등, 지방구별 없애기란 4대 강령이 그 요체다. 이것으로만 보면 사회과학적인 인식에서 이승만은 안창호보다 한참 밑단계인 이광수 수준으로 느껴진다.

그 주장이 어쨌든 일민주의는 정치 현실에서는 "거대한 영도자 국가 또는 두령 국가의 면모"로 나타났다.²¹ 대통령직과 함께 국민회 총재, 대한청년단 총재, 학도호국단 총재, 대한노총 총재, 대한농총 총재, 대한어민회 총재, 대한체육회 총재, 대한소년단 중앙본부 명예총재, 대한민국 제대장병 보도회輔導會총본부현 재향군인회 총재, 대한참전전우회 총재 등을 맡고, 대한부인회총재는 프란체스카가 맡았다. 해외망명 40년에 기독교 신앙인이며 국제결혼을 하고서도 하필 일민주의를 내세운 건 '영도자 국가'에 대한 집념 때문이 아니었을까.

이승만을 영도자로 부각 시키려면 언론 탄압은 필수조건이다.

조병옥 군정청 경무부장은 광무신문지법이 유효하다고 언명[1948.8.9, 국회가 폐기시킨 건 1952.3.19]했던 터라 이승만 정권 수립부터 6·25 전까지 각종 신문, 통신 등을 정간이나 폐간시킨 게 20여 종, 연행, 기소된 언론인은 70여 명에 이른다.[22]

이 시기의 언론출판 검열기준은 국가안보와 기밀 누설 및 정부 비판, 북한 및 공산주의 옹호, 우방국美國 비방 등인데, 이 철칙은 분단시대 필화의 족쇄로 굳어졌다. 이렇게 하여 분단 냉전체제를 굳혀가던 중 만난 한국전쟁은 이승만 정치역량의 본질을 여실히 드러냈다.

4. 한국전쟁 전후

이미 백범 김구는 1948년 2월에 남북간의 전쟁을 이렇게 전망했다.

과거에 있어서 전쟁을 애호한 자는 '파시스트' 강도군強盜群 밖에 없었다. 지금에 있어서도 전쟁이 폭발되기만 기다리고 있는 자는 '파시스트' 강도 일본뿐일 것이다. 그것은 그놈들이 전쟁만 나면 다시 살아날 수 있다고 믿는 까닭이다.

현재 우리나라에 있어서도 남북에서 외력에 아부하는 자만은 혹왈남정或曰南征 혹왈북벌或曰北伐하면서 막연하게 전쟁을 숙망熟望하고 있지마는 실지에 있어서는 아직 그 현실성도 없을 뿐만 아니라, 전쟁이 폭발된다 하여도 그 결과는 세계의 평

21   서중석, 『이승만의 정치 이데올로기』, 역사비평사, 2005. 이밖에도 정근식 외편, 『검열의 제국-문화의 통제와 재생산』, 푸른역사, 2016 중 497~519쪽(이승만의 일민주의)도 참고.

22   김민환, 『한국언론사』, 사회비평사를 참고하여 계산한 것.

화를 파괴하는 동시에, 동족의 피를 흘려서 왜적을 살릴 것밖에 아무 것도 아니 될 것이다. 이로써 그들은 새 상전들의 투지를 북돋울 것이요, 옛 상전의 귀염을 다시 받을 수 있을 것이다. 그들은 전쟁이 난다 할지라도 저희들의 자질子姪만은 징병도 징용도 면제될 것으로 믿을 것이다. 왜 그러냐하면 왜정 하에서도 그들에게는 그러한 은전이 있었던 까닭이다.[23]

이승만이 정치고문 로버트 T. 올리버에게 보낸 편지1949.9.30에 대해 올리버는 미국에서 이승만에게 보낸 답신10.10에서 "각하가 말씀하신 북에 대한 공격 문제에 관해서는 저로서도 충분히 그 타당성을 이해할 수 있는 동시에 공격이야말로 최상의-때로는 유일한-방어라는 생각에도 공명합니다"라고 했다. 이 말은 곧 이승만의 북진통일론을 엿볼 수 있는 대목인데, 이에 대하여 올리버는 이승만이 선제공격을 감행하면 "미국 정부와 여론의 지지를 잃고 국제사회에서 우리들의 입장을 약화시키는 결과를 초래할 것이 분명합니다"라며, 전쟁이 일어날 경우에는 "그 책임을 오로지 러시아로 전가하는 데 전력을 다해야 한다는 의견이 지배적"이라고 했다.[24]

이와 비슷한 관점으로 분단을 적극 반대했던 작가 염상섭은 신문 연재소설 『효풍曉風』『자유신문』 1948.1.1~11.3을 쓰는 한편 자신은 『신민일보』에 주필 겸 편집국장1948.2.1~5.26으로 재직하면서 남북회담을 지지하는 문화인 108인 성명에도 서명했다. 그런데다 이 신문은 남한만의 5·10총선을 반대했기 때문에 미군정 포고령 2호 위반으로 수도경찰청에 신문사 부사장김성수과 함께 검거 1948.4.27 당해 군사법정에 섰다. 이로 말미암아 『신민일보』는 비슷한 처지였던 『우리신문』과 함께 발행금지 1948.5.26 당했다. 염상섭은 열흘 정도 구류를 살다가 석방됐는데, 이 때문에 연재소설 『효풍曉風』이 일시 중단5.3~10일간 되기도 했다.

---

23 김구, 「삼천만 동포에게 泣訴함」, 1948년 2월 10일 발표, 『서울신문』에 3회 연재, 이를 전후하여 『조선일보』와 『경향신문』, 『자유신문』 등 대다수 신문도 게재했으나, 『동아일보』는 게재 않음.

24 정경모, 『찢겨진 산하 – 김구·여운형·장준하 – 구름 위의 정담』, 거름, 1986, 79쪽.

양심적인 민족적 자유주의자였던 염상섭은 이념적으로 중도적인 혜란과 좌익적인 화순이란 두 여인을 두고 남주인공 박병직은 분단극복 가능성을 탐색하는 줄거리를 이룬 이 문제작은 매우 중요하다.[25]

그럼에도 갓 태어난 이승만 정권은 개막부터 여순사건을 겪으며 자신의 정치생명을 전쟁에 불을 붙이는데 의존했다. 더구나 한국군부의 분위기는 전쟁이 나면 점심은 평양, 저녁은 신의주에서 라는 낙관론이 지배적이었다.

이승만이 1949년 2월 북진통일론을 거론하자 신성모 국방장관은 7월에 대통령 명령만 있으면 하루 안에 평양이나 원산을 점령하 수 있다고 호언했고, 이에 고무된 듯이 가을에는 이승만이 북진통일론의 필요성을 강하게 언급하며 정치고문 올리버에게 보낸 편지에서 지금이야말로 북을 공격할 시기라고 강조하더니 "10월 7일에는 우리는 3일 내로 평양을 점령할 수 있지만 미국의 경고 때문에 참고 있다"고 말했다. 1950년 5월에 이승만은 위기가 닥칠 수 있다면서도 느긋했다.[26]

이런 정치판을 닮아 사회적인 여론이나 38선 현장 분위기도 크게 다르지 않았다. "보통 사람들은, 우리들 한국군이 결코 북한에 공격을 가하지 않고 항상 공격을 받을 뿐이라고 듣고 있지만 그렇지 않다. 대개의 경우는 우리 쪽이 먼저 발포하고 강하게 공격적으로 나간다, 사병은 그것으로 자기들이 강하다는 것을 실감하게 된다"고도 했다.

"제8군 사령관 벤프리트라는 자가 '한국전쟁은 하나의 축복이었다. 그것은 아주 적당한 시기에 적당한 곳에서 일어나준 적당한 전쟁이었다a right war

---

25   김재용, 「염상섭과 한설야−식민지와 분단을 거부한 남북의 문학적 상상력」, 『역사비평』 봄호, 2008 게재, 참고. "염상섭의 지향과 내심을 가장 잘 보여주는 작품"으로 평가한 김재용은 "과거 친일협력을 하였던 이들이 해방 후에 미국에 협력하면서 분단을 초래하는 것을 강하게 비판"한다고 썼다. 그러면서도 "계급혁명만을 주장하는 이들에 대해서도 "비판을 던진 염상섭은 주인공 병직을 통하여 "대포 소리 없이 삼팔선을 없애려고 한다"는 주장을 중시한다. 이와 함께 김종욱, 「해방기 국민 국가 수립과 염상섭 소설의 정치성」, 소설 『효풍』, 글누림, 2015, 작품 해설문도 좋은 참고가 된다.

26   서중석, 『이승만과 제1공화국−해방에서 4월혁명까지』, 역시비평사, 2007, 84∼85쪽. 이승만 정권 전반에 대한 이해에 가장 좋은 저서이다.

at a right place and at a right time'고 지껄인 말"의 함의는 무엇이었을까. 대중.소 전략으로 군비강화를 필요로 했지만 국민여론이나 국회는 군수산업의 평화산업화만 강조하는 분위기였던 걸 한국전쟁은 일시에 군비증강으로 바꿀 수 있었기 때문이었다.[27]

이런 분위기에서 한국전쟁은 발발했다. 1950년 6월 25일, 전쟁 발발 3시간 후인 아침 7시에 "북한이 38선에서 공격을 가해왔으니 휴가 중이거나 외출중인 장병들은 원대복귀 하라는 공지 방송"이 첫 공식 알림이었고, 이후 방송은 반복됐다. 26일부터는 국방부 정훈국 보도과가 방송국을 관장, 보도 검열을 시작했고, 오전 8시, 신성모 국방장관이 정부와 군을 믿고 동요하지 말라는 짤막한 담화 생방송에 이어 모든 정규 프로그램을 중단했다. 이미 친일어용으로 이런 분야에서는 능란했던 문화예술인총연합회는 비상대책위원회를 구성하여 애국시 낭송에 나섰고, 음악만 방송했다.

27일 새벽 3시에 국무총리 서리의 비서가 총리 서명 서류로 정부 천도 뉴스를 6시에 방송하라고 지시, 4시, 비상국무회의에서 정부의 수원 천도 정식 의결, 아침 6시, 수원 천도를 방송하자 서울은 일대 혼란이 야기되어 공보처가 그 책임 추궁과 이철원 공보처장의 지시로 오보라고 방송하도록 요구했다. 그러나 11시에 북한 공군기가 서울을 내습하여 방송은 중단됐다.

이날 저녁, 이승만은 이미 대전에 가 있으면서 서울에 있는 것처럼 시민들에게 안심하라며 서울 사수를 방송한 세칭 '이승만 대통령 특별방송사건'이 터졌다. 그러나 방송국은 정부와 함께 대전을 거쳐 대구로 떠났다.[28]

한국전쟁 당시 대전의 현 중구청 구관 건물이 '대전시청'이어서 1950년 6월 28일, 여기서 이승만은 국무회의를 열거나, 각종 명령을 내렸다. 이 시청 뒤편에는 방첩대[CIC : Counter Intelligence Corps]가, 시청 건너편의 중부경찰서에는 헌병사령부가 있었다.

1950년 7월 11일 치안국이 보도연맹과 예비검속자 처형 지시를 전국 각

---

27 각주 24와 같은 책, 83~84쪽.
28 『우리방송 100년』, 현암사, 2001, 83~86쪽.

경찰서에 하달한 곳도 바로 옛 대전시청^{현 구 중구청}이었다.

　이후 한국전쟁 추이에 대해서는 여기서 과감하게 생략한다. 따라서 남북한 정권에 의해 저질러진 온갖 만행과 추태와 참담함이 보여준 민족사적인 치욕과 수치에 대해서도 이런 필화의 자리에서 설을 풀기에는 너무나 초라해질 것 같아 이 책에서는 싹둑 잘라내기로 한다.

　뭉뚱그려 말하면 전쟁 3년간 저질러진 민족사적인 만행과 희생은 일제 36년간 자행했던 것에도 뒤지지 않을 정도였다고 한들 지나치지 않을 것이다. 이런 민족사적인 참담함 앞에서 떳떳했노라고 감히 말할 수 있는 정치지도자가 과연 몇이나 있을까.

　남북은 각각 여러 위기 상황 상 '국민'이나 '인민'의 안위를 돌볼 겨를이 없었다. 남북 둘 다 전사자들이 증가하는 데도 휴전을 반대하며 외국군 사령관에게 독전을 졸라댔다. 그들은 서로가 상대편 동포들을 절멸시켜도 개의치 않겠다는 결의에 찬 증오심만으로 들끓었다. 이에 일부 충성파들은 그 적개심에 기름을 들이 부어대면서 끔찍한 살기를 북돋우기에 급급했다. 아아, 이 광란의 시대!

　전쟁의 결과는 참담하여 남쪽은 '자유 대한'의 자유가 아닌 독재가 횡행하는 가장 친공적인 반공전체주의 국가가 되었고, 북쪽은 '인민공화국'에서 인민 대신 '반동 숙청'으로 되레 반공적인 전체주의 국가로 자리매김 하게 되었다. 이렇게 남북을 싸잡아 민족사의 심판대에 세우는 것은 남북 양쪽이 다 평화를 파괴한 죄에다 민간인에게까지 잔혹행위를 서슴치 않았던 점 때문이다. 남은 보도연맹 학살과 한국전쟁 전후의 각종 민간인 학살을 비롯해 북진 때 저지른 만행으로 '자유대한 국민'이라는 깃발의 허구성이 드러났고, 북은 남침한 순간부터 정치보위부가 저질렀던 만행이 얼마나 잔혹했던지 1·4후퇴 때는 서울시민 거의가 그 혹독한 추위 속에서도 피난을 떠나버렸던 사실 하나만으로도 '해방전쟁의 붉은 깃발'은 공포의 대상으로 전락해버렸기 때문이다. 잃은 것은 '민족'이었고, 얻은 것은 '증오와 적대감'뿐이었다.

　한국전쟁으로 스탈린은 미국의 시선을 동북아시아로 집중시켜 둔 채 불안정했던 동유럽의 공산정권 국가들을 확고히 다질 기회를 얻었고, 미국은 한반도 남부에 반소 반중을 위한 영구주둔 군사기지를 확보했으며, 중국은 갓 출범한 중화인민공화국의 위력을 세계에 과시할 발판을 획득했고, 타이완은 대륙에서 쫓겨난 부도덕한 정권임에도 타이완에서 독재체제를 갖출 수 있게 되었다. 그러나 이들 국가보다 더 큰 이득을 챙긴 나라는 일본으로, 그들은 패전 후의 폐허에서 우리 민족이 흘린 피 덕분에 벼락부자로 둔갑한 데다 제2차 세계대전 전범 국가라는 불명예의 죄의식에서 해방되어 다시 동아시아의 맹주로 재기할 절호의 기회를 얻은 것이었다.

한국전쟁 전후 이승만 개인의 실로 코미디 같은 엄청난 실책은 이미 너무나 널리 알려져 있기에 구태여 중언부언할 필요조차 없지만 가장 중요한 군 작전권 포기만은 반드시 기억해야 될 사안이다. 이 한 가지만으로도 그는 독립 국가의 대통령으로서의 책무를 저버린 탄핵 감이었음을 부인하기 어렵다. 이로 말미암아 남북관계는 민족 주체적으로 해결할 수 있는 길이 차단당한 채 오늘에 이르고 있다.

더욱 끔찍한 건 휴전1953.7.27을 하고도 남북 둘 다 민족사 앞에 사죄는커녕 정적 축출을 위한 명분으로 한국전쟁을 역이용하면서 도리어 독재 권력의 아성을 오히려 탄탄하게 쌓아올리는 계기로 삼았다는 사실이다.

이제 시선을 남녘으로 돌려 12년 장기 집권자 이승만을 한국 문학은 어떻게 그렸던가를 정리해 보자.

8·15 직후 첫 카리스마로 등장했던 이승만1875~1965에 대한 문학적인 대응은 그리 긍정적이지 못하다. 그에 대하여 가장 호의적이며 이념적인 밀착도를 지녔던 작가 이병주조차도 "들먹여볼까요? 보도연맹 학살사건, 거창 양민 학살사건, 방위군사건, 중석불사건, 부산에서의 개헌파동, 그리고 (…중략…) 통일할 능력도 없거니와 민주주의를 제대로 할 성의도 없고 국민을 사랑할 줄도, 위할 줄도 모르는 사람이라고 낙인"찍는다.이병주, 『산하』

박헌영으로부터 "수백 년 묵은 여우"이병주, 『남로당』라는 별명이 붙은 이승만은 왕이 될 태몽 이야기를 어렸을 때부터 하도 들어서 대통령에 대한 집착이 강했던 것으로 묘사된다. 뿐만 아니라 미군정 안에서도 "파시즘보다도 한 2세기 쯤 먼저 태어났어야 할 인물"이란 평가와 함께 왕조를 지향하는 성향 때문에 "부르봉"이란 별명에다, "독립운동보다 한평생 대통령운동을 해온 사람"이란 비아냥도 있었다.강준식,『적과 동지』

현대 정치소설들이 시도한 이승만 평가에서 맨 처음 제기된 문제는 일제 식민치하에서의 행적인데, 이승만 노선을 극찬한 이병주조차도 이 시기에 대해서는 거의 언급 자체를 회피하고 있다. 해방 전후를 다룬 정치소설인 강준식의『적과 동지』는 냉철한 시각으로 이념적인 편향이 없이 8·15 직후 한국의 정치지도자들이 어떻게 활동했던가를 방대한 희귀자료를 바탕삼아 파헤치고 있는데, 아마 이승만의 정치행태에 대해서 가장 신랄한 비판을 담고 있지 않나 싶다.

"교활한 이승만. / 융통성 없는 김구. / 포용력 없는 박헌영"이라는 형용구처럼 이승만의 정치적인 간교성에 대해서는 어떤 작가나 다 수긍을 하면서도 그 민족애의 결핍에 대해서는 누구나 다 비판적으로 그리고 있다. 식민지 시기 이승만의 행적은 정객들에게는 이미 다 드러나 있었는데도 8·15 직후 카리스마로 등장할 수 있었던 이유에 대해서는 약간씩 다른 견해를 보이고 있다. 즉 8·15 직후 가장 발 빠르게 전국적인 조직에 착수했던 여운형이 구태여 이승만의 이름을 차용한 이유를『적과 동지』는 "이승만과 김구는 미국에 대한 포착"으로 풀이하고 있으며, 이기형은 "특별한 이유가 없었다"라면서, 이 부분이 "박헌영이 미국의 간첩인가 하는 부분과 연결시킬 때 상당히 중요한 부분이 아닌가 생각"『한국 현대사의 라이벌』한다는 엉뚱한 주장을 했다. 그런가 하면 김남식은 미군정을 의식함과 동시에 중경임시정부를 견제하려는 의도였던 것『남로당 연구』으로 보고 있다.

8·15 후 이승만에 대한 비판 중 가장 중요한 점은 단정수립인데, 여기에 대하여『적과 동지』는 "남한 단정안은 어디까지나 이승만의 구상"이라는 버치 중위의 말을 원용하지만 누가 봐도 미국의 속내였음을 부인하기 어렵다. 단정 곧 분단고착화는 친일파의 시각으로 보면 "제2차 세계대전 이후 소련

블록으로 들어간 나라는 조만간 공산 국가로 될 것이고, 미국 블록으로 들어간 나라는 자본제 국가가 되고 말 것"이라는 현실정치론[이병주 『지리산』]이 될 것이다. 이런 맥락에서 이병주는 8·15 직후의 많은 암살사건도 "이승만 씨가 직접 조종한 것은 아닌", 다만 "과잉 충성하는 놈들이 이승만의 의중을 대강 짐작하고 저지른 노릇"으로 관대하게 풀이[산하]한다.

"미국은 세계에서 제일 강한 나라다. 세계에서 가장 끈덕진 나라다. 미국은 지길 싫어하는 나라다. 미국은 언제든 전쟁을 필요로 하는 나라다"[『지리산』]라는 논리의 연장선에서 남한에서의 민족운동 전체를 비관적으로 봄과 동시에 거기에 등을 댄 이승만의 위대성을 수긍한 이병주는 집권의 이유를 무엇보다 마키아벨리즘적인 원숙성에서 찾고 있다. 『남로당』에서 인용한 "정세를 이용하는 영리함"이 아닌 "정세를 만들어 나가는 용기"라는 이승만의 말이 바로 그렇다.

이승만 치적에서 압도적인 부정적인 요소와는 달리 한 가지 돋보인 점은 농지개혁이었는데 이 점을 소설 『산하』는 선명하게 부각시킨다. 농지개혁을 농림장관이었던 "조봉암이 빨갱이의 본색을 드러낼 요량"으로 보면서 강력히 반대의사를 개진하던 조병옥에게 이승만은 "농지개혁은 어떤 일이 있어도 서둘러야겠다는 결심"을 밝혔는데, 이유인 즉 "공산당에게 농민을 선동하는 미끼를 주지 않기 위해서이기도 하고, 한민당의 세력기반을 없애버리는 좋은 방책"이라고 여겼기 때문이다. 물론 이 늙은 여우는 농지개혁으로 인기를 얻을 "조봉암 농림부 장관을 치워버려야겠다는 결심도 동시"에 하게 된다.

농지개혁의 성과에 대해서는 분단 시기의 가장 비판적인 소설인 『태백산맥』조차도 긍정적으로 보는데, 조정래는 만약 농지개혁이 없이 6·25를 맞았더라면 엄청난 비극을 증폭시켰을 것이라는 평가를 내린다. 조정래는 『태백산맥』에서 이승만을 "정치를 현실로만 파악하는 단견의 소유자이고, 백범은 정치가 현실이면서 곧 역사라고 파악하는 거시적 안목의 소유자"라고 축약해준다. 그래서 백범을 "민족이 필요로 하는 상황에서, 그 어떤 오류도 저지르지 않고, 가능성만을 남겨놓은 채, 정적의 총탄에 쓰러졌다"고 평가한다.

단정 수립 후 이승만의 카리스마는 점점 그 빛깔이 바랜다. 그 결과를 『태백산맥』에서는 제2대 총선1950.5.30, 제헌의회의 의원 임기는 2년제였다 결과를 인용하는 것으로 대신하는데, "대통령이 되고 나서 한민당에 등을 돌려버린 이승만을 옹립하여 결성된 의석 칠십 석을 차지하고 있었던 여당"인 대한민국당이 "겨우 스물두 명의 당선자를 냈을 뿐"이고, 친일지주의 정당이라는 별명이 붙었던 한민당은 민주국민당으로 변신했으나 스물세 명의 당선자를 냈다. 이에 비하여 무소속은 백스물여섯 명이나 당선된 사실을 인용하면서 조정래는 "선거결과는 대통령 이승만에 대한 불신과 친일지주 중심인 한민당 계열의 배척을 분명하고도 선명하게 드러내 보이고 있다"고 평가한다.

그 이후의 사실들은 아마 사족이 될 것이다. 6·25와 4·19에 이르기까지 이승만의 노욕이 자행한 치졸하고 반역사적인 온갖 퇴행은 우리 문학이 두고두고 담아온 민족사적인 비극이기 때문이다.[29]

---

29   서중석, 『한국현대 민족운동연구』 1·2, 역사비평사, 1991·1996. 이승만의 정치노선 이해에 최적. 그 반대세력은 전체가 감시와 탄압의 대상이었음을 입증해 준 명저다.

제2장

이승만의 정치
이데올로기와
문화정책

1. 이승만의 우상화

북에서 〈김일성 장군의 노래〉[1946]를 작사한 시인 이찬과, 남에서 『이승만 박사전』[1949]을 쓴 서정주 시인이 둘 다 『친일인명사전』에 등재된 인물이란 사실은 분단시대의 문화예술 전반에 드리운 암운의 상징일 것이다. 미당 서정주는 윤보선 등에 의해 천부적인 시적 재질과 능력을 고루 갖춘 시인으로 추천받아, "1947년 다사하신 여름과 가을을 친히 저자에게 이 전기의 자료를 구수해 주신 우남 어른께 삼가 절"을 올리며 쓴 그 일편단심도 무색하게 이승만은 자신의 아버지李敬善이름 아래 경칭을 안 썼다는 구실로 이미 배포된 책을 경찰로 하여금 압수토록 조처해버렸다.

자기 책이야 몰수당하건 말건 우남 이승만을 향한 충성심은 변하지 않아서 그로부터 46년 뒤인 1995년에 서정주는 『우남 이승만전』이란 제목으로 수정 보완판을 내면서 그 서문에서 "나는 내 일생에서 나를 낳게 하신 내 친부親父 외에 두 분의 정신적 아버지를 모시고 살아왔다"라면서, "한 분은 내 교육을 바로 이끌어주신 박한영朴漢永 스님이시고, 다른 한분은 철천徹天의 민주자주 독립혼을 각성시켜주신 우남 이승만 어른 바로 그분이시다"라고 썼다.[1]

이미 1947년에 출간됐던 『백범일지』를 이승만이 읽었는지 안 읽었는지는 모르겠으나 서정주의 저술은 너무나 엉성한 데다 감동적인 장면도 형상화시키지 못한 졸문으로 이뤄졌기에 이승만이 퇴짜를 놨을 수도 있겠다는 게 내 생각이다. 윤보선이 서정주를 한참 잘 못 본 필연적인 결과인 것은 이 시인은 도대체 민족사나 정치사회사 분야에는 거의 문외한임을 윤보선은 몰랐을 것이다.

이승만의 우상화 작업은 서정주만의 전유물이 아니어서 여러 인사들에 의하여 추진되었으나 대중들에게 널리 알려진 정전은 없었다.[2]

---

1 서정주, 『이승만 박사전』, 삼팔사, 1949. 그 수정 보완판이 『우남 이승만전』, 화산문화기획, 1995. 이 둘을 참조한 『우남 이승만전』은 『미당 서정주 전집』 19, 은행나무에 실려 있다.

2 여기에 대해서는 정용욱, 「홍보, 선전, 독재자의 이미지 관리―1950년대의 이승만 전기」, 서

사실 냉혹하게 말하면 1945년 8월 15일까지의 이승만에게는 민족적 우상이 될 만한 건덕지가 없었기에 더더욱 그러하다.[3]

그러나 문화적인 후진국답게 이승만의 우상화는 미군정 때부터 국민들의 항거로 추방당할 때4월혁명까지 강력하게 추진되었다. 일제 말기에 4년 여 투옥당했던 김광섭 시인은 8·15 직후 미군정청 공보국장을 거쳐 단정 수립1948.8.15 후 이승만의 첫 공보비서관을 지내다가 1951년에 사퇴한 이후 언론계와 문단, 그리고 대학 교직을 거쳐 은퇴했다. 이런 경력에 어울리지 않게 그는 이승만 80세 생일1955.3.26을 맞아 이승만의 우상화를 위한 시 「우남 선생의 탄신을 맞이하여」를 썼다.

북악산 줄기찬 기슭에서 / 세기의 태양을 바라보는 언덕 위에 / 봄은 꽃보다도 일찍 오고 / 바람은 향기 앞에 부드럽다. // 먼 산은 아지랑이 빛을 띠고 / 새소리와 함께 흰 구름을 따라서니 / 구원의 정기가 이 언덕에 모여 / 핏줄기처럼 근역에 뻗친다. // 조국을 지키라는 신성한 명령에 / 넘어져도 봉우리처럼 적 앞에 서나니 / 땅을 움직이고 하늘은 뜻을 내려 / 용사들 시간을 다투어 진격을 기다린다. // 강토에 뿌리박힐 불멸의 영혼 이미 생사를 넘어 / 전신을 바쳐 반만년 소리에 귀를 기울이고 / 흰머리칼 선생을 맞아 봄빛에 날리니 아 여기 섰도다. / 이 나라 지키신 정신.

이 시를 거론하며 김삼웅은 같은 해 12월 28일 북쪽에서 김일성의 「사상사업에서 교조주의와 형식주의를 퇴치하고 주체를 확립할 데 대하여」를 발표한 걸 두고 '민족의 태양'이라고 했음을 상기시켜주면서, 남쪽의 김광섭

　　서울대 국제문제연구소 편, 『세계정치』, Vol. 8(이승만과 제1공화국), 2007, 11~50쪽, 참고할 것. 서정주, 한철영, 박성하, 로버트 T. 올리버(Robert T. Oliver), 우남 전기편찬회 등의 전기들을 다룬 이 글은 이승만의 지배 이데올로기 변모를 이해하는 데도 유용하다.

3　이승만의 일제 식민통치 시기 독립운동 관련 활동을 둘러싼 과장과 허세에 대한 비판은 넘쳐나지만 가장 간략한 글로는 고정휴, 「독립운동가 이승만의 외교노선과 제국주의」, 『역사비평』 겨울호, 1995를 권한다.

시인의 '세기의 태양'과 대비시켜 "한반도에는 두 개의 태양이 존재했다. 그 대신 국민^{인민}들은 짙은 어둠속에 시달려야 했다"라고 풍자했다.[4]

설사 하늘에 열 개의 태양이 있대도 아홉 개를 명궁으로 떨어트려 지상에 평온을 가져다 준 예^羿 같은 명사수가 없었던지라 이승만이란 태양은 당대의 지성과 문학예술의 자유로운 창작혼의 샘을 메마르게 만들기에 족했고, 그럴수록 이승만 절대권력의 우상화 추진은 난폭하게 진행되었다.

그의 우상화 작업은 크게 보면 ① 정치권력을 다지기 위한 국가폭력 조직과, ② 그 폭력의 정당성을 확보하기 위한 이데올로기 형성 작업으로 나눠볼 수 있다. 미 정보기관의 영향일시 분명한 이 두 가지 반공독재 체제로서의 국가형성의 골조는 미군정 시기부터 이승만-박정희-전두환을 거쳐 민주화 과정에서도 아무런 손상을 입지 않은 채 오늘의 윤석열 검찰독재에 이르기까지 면면히 이어져왔다.

①의 국가폭력 혹은 물리력 행사를 위해서는 이미 미군정이 구축해 놓은 경찰과 군부 말고도 이를 보좌할 서북청년회를 비롯한 여러 직능별 단체들이 즐비한데, 여기에 대해서는 이미 앞에서 다뤘기에 여기서는 ② 국가폭력의 정당성을 위한 이데올로기적인 측면만을 간략히 살펴보고자 한다.

2. 냉전체제와 기독교와 일민주의의 삼위일체

유럽문명권에서 마르크시즘에 의한 반제 민족해방의 열풍을 차단시키기 위한 이데올로기의 전통적인 만능약은 기독교였고 이게 미국에서는 그 약발이 훨씬 셌다. 그러나 유럽에서는 나치즘의 고통을 겪으면서 오히려 근본주의 신앙에 대한 불신이 고조되면서 신앙 그 자체가 진보신학으로 발전되기 시작했다. 뿐만 아니라 이미 유럽문화의 중심부 국가들에서는 나치가 집

---

4   김삼웅, 『독부 이승만 평전 – 권력의 화신, 두 얼굴의 기회주의자』, 책보세, 2012, 296~297쪽.

권하기 이전부터 마르크시즘의 대항마로 실존주의가 발아, 제2차 세계대전 직후에는 대유행이었다. 이에 따라 문학예술은 부조리 사상의 만연과 비교문학론이나 원형비평, 분석비평이 관학으로 서서히 자리를 잡기 시작했다. 이런 사상적인 양극화 속에서 새로운 출구를 모색하려는 전후파 지성의 주류는 프랑크푸르트학파가 단연 전위를 형성했다.

여전히 복음주의 기독교가 성행했던 미국은 유럽에서 나치의 탄압으로 망명해간 지성들의 막강한 세력의 목소리로 진보적인 역사의식이 심어졌지만 정치권에는 전혀 영향력을 발휘하지 못했다. 그 결과가 바로 8·15 이후 미 점령군에 의한 분단 남한의 지배이데올로기를 형성토록 하여 기독교 근본주의의 확산과 반공의 기치로 정착됐고 이 집단무의식적인 사회심리학은 '냉전'이란 술어로 민족이니 국민주권이니 하는 단어 자체가 불온시 되는 체제로 얼어붙어 2020년대를 맞은 지금도 그대로일 정도를 넘어 오히려 더 과격해지기조차 하다. 이런 이데올로기를 위한 순교세력의 주축은 친일파와 기독교 근본주의 신앙과 그로 인해 빚어진 유사기독교도들이래도 지나치지 않다.

이승만 정권은 이런 이데올로기를 정착시키는데 진력했다. 그는 미국이 설정한 반공의 방역망을 '철의 장막'보다 더 튼튼하게 쌓아올렸는데, 이런 게 성공할 수 있었던 건 '냉전'이란 든든한 세계사적인 배경이 있었기 때문이었다.[5]

---

5   냉전(冷戰, Cold War, 프랑스 La guerre froide, 러시아 Холодная война)이란 거시적으로 보면 1917년 러시아혁명 이후부터 1990년대의 소련 블럭의 해체까지라서 그 술어의 탄생 배경이 워낙 복잡하나 요약하면 이렇다. ① 러시아혁명(1917)을 반대했던 유럽-미국 제국주의와의 적대감에서 잉태한 것으로 프랑스에서의 유래설, ② 조지 오웰이 「당신과 원자탄(You and the Atomic Bomb)」(『트리뷴(Tribune)』, 1945년 10월 19일 자)이란 글에서 핵위협에 살고 있는 양극화 체제를 언급한 것, ③ 역시 오웰이 모스크바 삼국 외무장관회의(1945.12.16~26, 미국의 제임스 번즈, 영국의 어니스트 베빈, 소련의 뱌체슬라프 몰로토프) 이후 러시아의 대영정책을 냉전이라 부른 것(『옵저버(The Observer)』, 1946년 3월 10일 자), ④ 이 술어를 트루먼 독트린(Truman Doctrine, 1947년 3월 12일 미 의회에서 한 강력한 반공정책 선언) 이후 그의 고문이었던 버나드 바루크(Bernard Baruch)가 '냉전'이란 오웰의 술어를 거론했고, 이를 절친이었던 언론인 월터 리프먼(Walter Lippmann)이 대중화시켰다.

8·15 이후 미국적 냉전이념의 초석을 놓은 조지 케난^{George Kennan, 1904~2005}
은 소련과의 대화는 불가능하며 무의미하기에 미국은 힘을 바탕으로 한 봉
쇄정책을 추구할 것을 주장했다. 트루먼 독트린의 실현에 큰 영향을 끼친 그
는 미국이 가진 힘의 한계로 전 지구에 개입하기 보다는 선택적 개입을 실
시해야 한다면서 한반도 역시 바로 그 대상으로 38선 북쪽도 수복해야 된다
고 했다.[6]

매카시즘의 극성기와 거의 일치하는 이 시기의 냉전의식의 사상적인 배
경은 세계가 자유주의적인 국제평화를 유지할 수 있다는 이상주의와는 달
리 국제질서란 전쟁과 폭력으로만 유지되어 왔다는 현실주의 노선이었다.
따라서 제3세계의 약소국이 독립을 유지할 수 있는 조건은 그 국가를 지배
하려는 강대국들의 세력 균형, 그 나라를 지배하던 강대국이 약화되어 통치
불가능해질 때, 그 약소국이 강대국들에게 별 효용이 없을 때 등인데, 이 경
우와는 달리 모겐소^{Hans Morgenthau, 1904~1980}는 주변 강대국의 주변정세에 좌우
되는 예로 한반도를 꼽았다.[7]

이런 '냉전적반공주의^{cold war anti-communism}'가 미국에서는 국제정치에만 국
한되지 않고 미국식 기독교 근본주의 신앙과 밀착하면서 제국주의 이데올
로기를 고양시켰다.

미국 건국의 초석을 다진 메이플라워호^{Mayflower}승선자의 주축이었던 필그
림 파더스^{Pilgrim Fathers}들은 청교도 중 영국국교회의 개혁이 미진하다고 판단
하여 뛰쳐나온 분리주의자들^{그 중 침례파가 다수}이었다. 신앙의 자유를 찾아 그들
은 험한 바닷길 4천 4백여 킬로미터나 떨어져 있는 대서양 맞은편까지 66

---

6   이삼성, 『현대미국외교와 국제정치』, 한길사, 1993, 26~29쪽. 이 시기 미국의 냉전은 '냉
     전적국제주의(Cold War Internationalism)'로 여야를 가리지 않는 '초당적 합의(bipartisan
     consensus)'였다고 한다.

7   이삼성, 『20세기의 문명과 야만』, 한길사, 1998, 298~316쪽. 모겐소가 고전적 현실주의 국
     제 관계론이라면 근대적 현실주의적인 논지를 폈던 카(Edward Hallett Carr, 1892~1982)는
     세계적인 여러 기구나 재판소 등등을 통한 평화를 추구한 그 자체도 '순진한 유토피아적 사
     고'라고 냉철히 지적했다.

일간 항해하여 정박한 곳이 플리마스 록Plymouth Rock이었고 때는 12월 21일로, "야만인들은 언제라도 그들의 몸에 화살을 퍼부을 준비가 되어 있었다. 그리고 그곳의 겨울이 살을 에는 듯 지독하며, 잔인하고 날카로운 눈보라가 언제라도 들이닥치리라는 것을 알고 있었기에, 그들은 날씨에 겁먹은 얼굴로 서 있었다. 나무와 잡목밖에 없는 그 나라는 황량하고 거친 색조를 띠고 있었다".[8]

백여 명이 도착했으나 선원과 승무원 약 30명은 돌아간 터에다 의료시설도 없어 10년 만에 인구는 겨우 3백 명에 이르렀고 1640년대 말까지 농기구는 쟁기뿐인 삶이었다. 이런 대지에 인구가 급증하고 약탈과 범죄가 범람하면서 개척시대를 열어 백인들은 원주민들의 인두피 사들이기를 권장하여 1703년 매사추세츠 주는 한 장 당 12파운드, 1722년에는 백 파운드로 인상했으며, '건국의 아버지들'에 속하는 벤저민 프랭클린조차도 펜실바니어 주의회에서 그 필요성을 강조할 정도로 정복의 야욕에 불탔다.

이 정복의 야욕은 미국 기독교의 본질과 제국주의의 비의를 풀 수 있는 가장 중요한 핵심으로 '명백한 운명Manifest Destiny'이란 술어로 축약한다. 이 술어를 처음 주조[1837]한 존 오설리번John O'Sullivan, 1813~1895은 언론인으로, "하나님의 축복을 받은 미국은 세계를 미국의 민주주의로 문명화시키기 위해 계속 팽창해야 하는 '명백한 운명'을 갖고 있다"는 취지를 담고서, 그 첫 목표물로 맥시코를 지목했다. 이게 주전파Warhawks에 의하여 태평양을 건너 필리핀과 대서양의 쿠바까지도 넘보는 제국주의적인 침략야욕으로 비화하더니 종내에는 제1차 세계대전 이후부터는 전 지구를 복음의 대상지로 삼게 되었다.[9]

필그림 파더스들의 소박한 청교도 신앙심이 이토록 변질된 과정에는 초기의 언론 자유와 독립사상 및 흑인 등을 포용하려던 제1차부흥회The First Great Awakening began in the 1730s and lasted to about 1743와, 노예제 폐지, 여성의 권리생활양식의 변화, 가정을 지키기 위한 금주 금연운동 등을 주조로 삼았던 제2차 대부

---

8   캐서린 반 스팬커렌, 박강순 역, 『미국의 문학』, 주한미국대사관 홍보과, 2004, 17쪽.
9   최웅·김봉중, 『미국의 역사-그 맥락과 현대적 조명』, 소나무, 1992, 191~192쪽.

흥운동The Second Great Awakening, 18세기 말부터 19세기 중엽까지의 숭고했던 신앙심과는
달리, 국내외 미션활동의 왕성화를 목표로 삼았던 제3차부흥회1850~1900 무렵
부터였다.[10]

　일제 식민지 시기에 한반도는 미국의 매력적인 '명백한 운명'의 대상이었
으나, 8·15 이후에도 남북한에서는 수적인 열세였다. 그럼에도 불구하고 김
구, 김규식, 이승만이 다 개신교도였을 뿐만 아니라 기독교가 지닌 국제적
인 여망으로 막강한 영향력을 발휘했다. 남한에서는 미군정이 우선 고위직
에 기독교인을 대거 등용시켰고, 노골적인 특혜로 막대한 적산이 기독교에
넘겨졌으며, 크리스마스 공휴일제에다 이 날 군정 사령관과 군정장관이 크
리스마스 메시지를 발표한 데다 형목제도刑牧制度, 형무소 선교를 실시1945년부터했
다. 이에 더하여 신도들이 정치세력화하여 김구 지지자들은 기독교 신민회
1945.12 조직, 김규식 지지의 조선기독청년회 전국연합회1945.8, 김일성 지지의 기
독교민주동맹1947.2, 이승만 지지의 독립촉성 기독교중앙협의회1945.11와 그리
스도교연맹1947.7 외에도 여러 유파들이 난립했다.

　소련 점령하의 북한에서도 기독교사회민주당윤하영·한경직 주도, 1945.9, 조선민
주당조만식·이윤영·최용건·김책 주도, 1945.11을 비롯한 정당 결성운동이 전개되었다.
그러나 이들은 이내 좌절당해 상당수가 월남하여 남한에서 반공세력의 주
류를 형성했다.

　1945년 11월 서울 정동교회에서 열렸던 임시정부 요인 귀국 환영대회에
참석한 우파의 3영수이승만·김구·김규식는 다 "새 나라는 기독교 기초 위에 세워
야 한다는 취지의 발언을 공개적"으로 했지만 그 온도는 각각 달랐을 것이

10　이문영, 『인간. 종교. 국가—미국 행정, 청교도 정신 그리고 마르틴 루터의 95개조』, 나남출
　　판, 2001 참조, 인용. 제3차부흥회는 런던에서 12청년이 창설한 YMCA(The Young Men's
　　Christian Association, 1844.6.6)가 미국에서는 Montreal에서 첫 발(1851.11.25)을 내딛으면
　　서 세계의 복음화가 활성화되기 시작했다. 이때부터 정치색이 스며들기 시작한 미국의 기
　　독교는 제4차 대부흥회(1960년대부터 1970년대 초)부터는 근본주의적인 신앙운동이 강
　　력하게 전개됨과 동시에 종파적인 과열경쟁으로 유사종교도 극성으로 치달았고, 정치적으
　　로는 극우성향의 뿌리를 형성하게 되었다.

다. 이 중 가장 미국적인 냉전 이념과 신앙을 일치시킨 건 단연코 이승만이었다. 그는 1919년 4월 상하이 임시정부 국무총리로 추대된 직후에 미국 기자와의 인터뷰에서 한국을 동양에서 처음으로 '예수교국'을 만들 것이라고 했을 정도였다.

그의 이 포부는 1948년 5월 31일 제헌국회 개회식에서 최고 연장자로 임시의장이 되자 가장 먼저 하나님에게 감사한다며 감리교 목사인 이윤영 의원에게 기도를 요청하여 "주 예수 그리스도 이름을 받들어"올리게 했다. 국회에서 간접 선출하던 절차에 따라 초대 대통령이 된 이승만은 7월 24일 취임식에서도 하느님의 은혜"를 거론하며 "하느님과 동포 앞에서" 직무를 다하겠다고 선서했다.

당연히 그는 기독교 신자들을 고위직에 등용하는 걸 선호했고, 형목제도를 확장한 데다 전국 18개 형무소의 교무과장에 목사를 채용했으며, 한국전쟁 중에는 군종제도軍宗制度, 1951년 2월 공식 실시. 軍牧으로 문관에서 점점 개선시켜 장교로 격상까지 두었다. 이승만 정권 시기에 기독교방송1954과 극동방송1956이 설립되었으며, 국영 KBS에서는 기독교 선전 프로그램을 편성토록 했다. 이런 포교정책으로 1949년에 15만 7천 명이었던 신도수가 1960년에는 45만 명으로 급증했다.[11]

이승만의 통치철학과 찰떡궁합을 이룰 수 있도록 만든 강력한 접합제는 기독교뿐이 아니라 일민주의라는 민족정신에 호소하는 사상도 있었다. 일부 기독교 신자들이 쌍심지를 켜고 극력 반대하는 단군을 연상할만한 게 이승만의 일민주의이다. 단정수립 초기인 1948년 9월 31일 국회에서 시정방침을 발표하면서 이승만은 대한민국이 단군을 시조로 한 '단일민족 국가'임

---

11   이 항목은 전적으로 류대영, 『한 권으로 읽는 한국 기독교의 역사』, 한국기독교역사연구소, 2018, 278~302쪽 참고 및 인용. 더 자세한 정보를 원하면 최천택·김상구, 『미 제국의 두 기둥 전쟁과 기독교』, 책과나무, 2013을 참고. 특히 「국가권력과 군목」(202~225쪽), 근본주의 신앙에 관한 「무기에 새겨진 바이블」(226~237쪽), 8·15 직후 미군정과 이승만의 기독교 우대에 대해서는 「기독교 공화국 흉내 내기」(412~433쪽) 등이 좋은 참고가 된다.

을 강조했다.[12]

이러던 그가 홀연히 만 1년 만에 일민주의를 제창했다.[13]

서중석은 이 쟁점을 「국가이데올로기의 등장과 일민주의 정당 모색」, 「일민주의와 파시즘」, 「자유당 창당과 일민주의의 운명」이란 3단계론으로 접근하면서 그 형성과정부터 전성기를 거쳐 쇠퇴까지를 두루 다루고 있다. 이승만은 "혼자서 모든 것을 결정하려는 생각을 가지고 있어, '원맨 쇼 정치가'라고도 불렸다"는 전제로 서중석은 "일제 강점기의 자치운동, 민족개량주의. 황국신민화운동이나 해방 후의 반탁투쟁, 단정운동도 이론다운 이론이 없었지만, 일민주의도 그러한 성향이 있었다"고 보았다.[14]

일민주의의 4대 정강은 ① 문벌을 타파해서 반상의 구별을 없이 할 것, ② 빈부를 동등하게 대우하고 자본가와 노동자가 협조해서 같이 이익을 보게 할 것, ③ 남녀 동등을 실행할 것, ④ 지방 구별을 없게 할 것으로 되어 있다.[15]

이를 두고 "일민주의는 영명하신 우리의 영도자 이승만 박사께서 창조하신 것"^{이범석}, "이 일민주의는 영명하신 우리 맨 높은^{最高} 지도자이신 이승만 각하께옵서 만드신 것"^{안호상}이라며 찬양했고, 이어 문교부를 비롯한 각급 관공서와 언론과 정계와 언론계에서 그 선전과 보급을 위해 나섰다. 이로써 이승만은 여러 정당 정파를 묶어 자신만을 추앙하는 자유당을 창당^{전쟁 중인 1951.12.}[17]하여 독재체제를 굳혔다. 그를 영도자로 추앙한 인물들의 양상은 그를 12년 장기집권을 가능하도록 만든 튼실한 버팀목이 되었다.[16]

---

12   서중석, 『이승만의 정치 이데올로기』, 역사비평사, 2005, 21쪽.
13   이승만, 『一民主義 槪述』, 일민주의보급회, 1949. 9.
14   주 12와 같은 책, 인용문은 순서대로 63·65쪽. 이 저서는 이승만의 정치이데올로기로 ① 일민주의 3개 항목, 15~164쪽, ② 「이승만의 퍼스낼러티와 유교문화」, 165~208쪽, 두 가지를 거론했다.
15   위의 책, 17쪽.
16   위의 책, 77~81쪽. "3천만의 국부이시며 영명고매하신 민족의 지도자" 운운하는 치졸한 작태는 이후 박정희-전두환으로 승계되는 권력의 우상화의 실체가 드러난다.

심지어는 노동단체까지도 "초기 이름인 대한독립촉성노동총연맹은 노동자로 구성된 단체이긴 하지만, 간부들은 청년운동 단체들에서 온 사람들"이 많았다.[17]

깡패까지도 권력이 장악해버린 지경에서 일민주의는 더 이상 설 자리가 없어졌다. 이승만의 우상화가 얼마나 견고했으면 한국전쟁을 치르고도 국회나 언론계와 지식인들 사이에서의 인기 폭락과는 상관없이 국민들 속에서는 그대로였다. 이래서 친일 친미 반공정책만으로도 이승만 독재는 12년을 버텼다. 이런 이승만 독재체제를 한상희는 "48년체제"라 부르며, 그 특징을 아래와 같이 요약해 준다.

> 실제 48년체제의 폭력은 '비국민'이라는 말에서 단적으로 드러난다. 누구든 체제에 반대하거나 순응하지 않는 사람은 체제권력으로부터 '빨갱이'로 규정된다. '비국민'은 '공산주의자', '좌익', '사회주의자' 등의 명칭에서부터 '빨갱이'라는 속칭으로 전이되는, 그리고 최근에는 종북좌파라는 무개념의 낙인으로까지 확장된다. 그리고 이 규정은 모든 사람에게 공포이자 동시에 훈육으로 작용한다. (…중략…) 그들은 '벌거벗은 사람', 즉 'homo sacer'로 전락해 있는 것이다.[18]

이런 48년체제인 극우 반공체제를 이승만이 굳힌 시점을 서중석은 1949년으로 잡고 있는데, 이 시기에 그는 국회 프락치사건, 반민특위 테러, 김구 암살로 이어지는 야만적인 드라마에 이어 국민보도연맹과 북진통일론을 기치로 내걸었다.[19]

---

17 위의 책, 97~104쪽.
18 한상희, 「법의 지배와 정치의 사법화」(『작가와 사회』 여름호, 2015), 21~ 22쪽.
    호모 사케르(homo sacer)란 사회로부터 모든 권력을 박탈당한 국외자 혹은 추방자나 저주받은 자란 뜻. 로마시대의 요시찰 수감자로 설사 죽여도 벌 받지 않을 정도의 박해자란 뜻인데, 조르조 아감벤(Giorgio Agamben)이 『호모 사케르—주권 권력과 벌거벗은 생명(Homo Sacer : Sovereign Power and Bare Life)』(박진우 역, 새물결, 2008)이 재조명해서 널리 활용됨.
19 서중석, 『한국현대 민족운동연구』 1·2, 역사비평사, 1991·1996, 이 중 2권 제3장 「초기 극우반공체제의 형성과 5·30선거」 참고.

48년체제를 굳혀준 역사적인 사건은 단연코 한국전쟁이었다. 이 비극을 민족사적인 관점으로 극복시키려는 시도는 호모 사케르로 몰아버리고 반공체제를 공고히 다지고자 미국의 공군대학[Air University, 공군사관학교와는 다름]의 인적자원연구소 한국연구팀은 전시 중인 1950년 12월부터 1951년 1월까지 한국에서 북한의 남한점령이 끼친 여러 영향력을 집중 연구하여 많은 보고서를 남겼다. 이 연구에는 박물관장 김재원, 헌법학자 유진오, 심리학자 이진숙, 윤리학자 김두헌 등등이 참여했는데, 기록물로는 『고난의 90일』, 『나는 이렇게 살았다』 등이 있으며, 영역된 이 기록은 1951년에 출간 즉시 미공보처 도서나 미군 진중문고로 제공되었다. 여기에다 각종 삐라와 만화까지도 극성이어서 해방기나 휴전 이후보다 전쟁 중에 발간된 만화가 월등히 많았다고 한다.[20]

이처럼 반공 = 냉전체제가 미-한 합동으로 전개되면서 이승만의 48체제는 12년을 버텼다.

---

20 「냉전의 사상. 심리전, 한국전쟁을 만나다」(『역사비평』 봄호, 2017) 참고. 이 특집에는 김일환·정준영, 「냉전의 사회과학 실험장으로서 한국전쟁 – 미공군 심리전 프로젝트의 미국인 사회과학자들」; 옥창준·김민환, 「사상심리전의 텍스트로서 한국전쟁 – 자유세계로의 확산과 동아시아적 귀환」; 백정숙, 「전쟁 속의 만화, 만화 속의 냉전 – 한국전쟁기 만화와 심리전」; 전갑생, 「수용소에 갇힌 귀환용사 – 지옥도 용초도의 귀환군 집결소와 사상심리전」이 게재. 냉전의식을 해빙시키기 위해서는 매우 중요한 쟁점인데도 주목을 받지 못한 이 숨겨진 기록물들에 대해서는 더 많은 관심이 필요할 것이다.

제3장
단정수립 직후의
주요 판금 시집

1. 대지주의 셋째첩의 아들

조병옥 군정청 경무부장이 광무신문지법이 유효하다고 언명^{1948.8.9, 국회가 폐}기시킨 건 1952.3.19했던 터라 이승만 정권 수립부터 6·25 전까지 각종 신문, 통신 등을 정간이나 폐간시킨 게 20여 종, 연행·기소된 언론인은 70여 명에 이른다.^{김민환, 『한국언론사』, 사회비평사} 이 시기 언론출판 검열기준은 국가안보와 기밀 누설 및 정부 비판, 북한 및 공산주의 옹호, 우방국^{미국} 비방 등인데, 이 철칙은 분단시대 필화의 족쇄로 굳어졌다.

1948년 8월 15일 정부 수립부터 1950년 6·25 발발까지 발간된 창작시집은 대략 60권 정도인데, 이 중 1951년 관계당국에 의하여 월북자로 분류된 시인의 것이 10여 권이고, 문학 애호가들이 이름쯤은 알 수 있는 시인이 30여 명, 나머지 20명 가량은 역사의 망각지대로 묻혀버린 시인들이다. 이승만 단정부터 한국전쟁 직전까지 판금된 중요 시인은 넷으로 그 명단은 아래와 같다.

① 최석두崔石斗, 호적은 錫斗 : 시집 『새벽길』조선사, 1948.8.10, 정부수립 뒤 판금, 압수.

② 박문서朴文緖 : 시집 『소백산』백우사, 1948.11.15, 판금, 압수1949.1.22.

③ 조벽암趙碧巖 : 시집 『지열地熱』아문각, 1948.7.25, 판금 압수1949.2.10.

④ 김상훈金尙動 : 서사시집 『가족』백우사, 1948.10, 시집 발간으로 구속, 석방, 곧 보도연맹 가입 등 수난 중 한국전쟁 때 입북함.

여기서 필화를 당한 순서대로 간략히 살펴보기로 한다.

시인 최석두1917.9.19~1951.10.22는 전남 함평군 함평읍 기각리의 부유한 아버지崔敬天의 세 번째 아내孫淑子에게서 태어났다. 큰 서모가 3남1녀를 낳았고, 둘째 서모가 1녀를 남겼기에 최석두의 생모가 낳은 2남3녀를 합치면 대가족이었다. 지역의 명문가인지라 셋째 이복형崔康潤은 경성고보 3학년 재학 중인 3·1운동 때 파고다공원집회에 참여한 이후 계속 시위를 하여 투옥된 경력을 가진 독립유공자로 8·15 후에는 함평. 보성. 여수 경찰서장을 지낸 것으로 보아 그 넉넉한 가세와 집안의 위세를 유추할 수 있다. 그럼에도 불구하고 최 시인의 생모가 첩인 데다 출중한 미모로 본처의 질시가 심해 저절로 그 후손들도 영향을 받아 소원한 관계였지만 신식교육을 받는 데는 전혀 지장이 없었다.

최석두는 유치원을 거쳐 함평공립보통학교-광주공립농업학교-경성사범학교 강습과를 다녔다.

이 시기에 그는 경성사범 본과생이었던 김순남과 짧지만 뜨거운 의기를 투합하여 생애에 중요한 전환점을 만든 계기가 된다. 당시 사범학교 과정은 본과[5년제]와는 달리 단기과정[1년제였다가 1933년부터 2년제]을 거쳐 초등교 교사가 될 수 있기에 그는 경기 여주군 점동보통학교 교사[1937.10]로 발령받았다.

이 열혈파 청년은 광주농업학교 시절부터 벽력단[霹靂團]을 조직[1934], 겉으로는 축구운동단체로 위장한 채 광주고보 학생들까지 넓혀가며 회원을 확보하여 독서회를 해왔다. 이 회원들이 사회로 진출, 각계[교직, 금융조합, 군청 등]에 몸담고 있으면서도 은밀히 유지되다가 영암경찰서에 의해서 발각[1938.7.13]되면서 40여 명이 피체당해 3개월간 취조를 당했다. 그 중 최석두 등 9명은 광주지법 검사국에 기소당해 그 중 5명은 석방됐으나 최석두 등 4명은 구속됐다. 여기서 최는 기소유예로 풀려났지만 교직에서는 머물 수 없게 되어 귀향[1938]할 수밖에 없었다. 엎친 데 덮친 격으로 그는 아버지가 타계[1939]하자 홀어머니[1946.7 타계]와 동생들을 부양할 책임을 자신이 맡아야만 했던 터라 농사를 건사하고자 고향에 주로 머물며 광주에도 자주 왕래하며 지냈다. 그러던 중 그는 잠시 숨을 돌리고 일본 유학 중인 김순남[1937년 도쿄 고등음악학원 재학, 1942년 귀국]을 만나고자 도쿄[1940]엘 다녀온 것 말고는 외부로 나타난 특이사항은 없이 8·15를 맞았다. 그는 필시 이 무렵에 여동생의 친구인 최판례[애칭 숭애, 오갈 데 없는 가여운 처지라 동정심으로]와 결혼하여 아들딸 3남매를 가졌으며, 하모니카를 즐겨 부는 등 단란한 가정을 꾸렸다고 전하지만 내면적으로는 민족독립을 위해 권토중래했을 것으로 추정된다.[1]

2. 화순탄광 파업이 강경투쟁의 전환점

8·15 후 그는 광주에 살면서 조선문학가동맹 전남지부 책임을 맡아 활동했을 뿐만 아니라, 진보세력의 총 결집체였던 민주주의민족전선[1946.2.15]의 전남도위원회 준비위원회 선전부에 참여했다. 이런 그에게 일대 전환기를 만든 사건은 화순탄광 항쟁[1945.10~1946.11]이었다.

화순군 동복면은 남한의 3위권인 대 탄광촌이었는데, 일제가 떠나자 노동조합의 최고 조직이었던 '전국 평의회'가 관리를 맡아, 일제 때 2천5백여 노동자가 하던 월 7~8천 톤의 석탄 채굴을 1천3백여 노동자로 1만 3천 톤을 초과하는 성과를 올렸다. 그런데 1945년 10월 미 보병 부대가 주둔하면서 탄광을 '적산'으로 미군정청에 귀속시켜 11월에 미군이 접수하며 '전평' 노조 간부들을 비롯하여 100여 명을 해고했다. 거센 항의가 이어지던 중 8·15 일주년을 맞아 노동자와 가족 1천여 명이 광주의 기념식에 참석하려고 '너릿재'[화순~광주 사이의 240미터 남짓 되는 고개]를 넘어가는데 미군과 경찰이 장갑차와 총칼로 대열을 저지, 30여 명이 학살되고 5백여 명이 부상당했다.

화순 탄광노동자 폭동사건을 가까이서 증언할 신분이었던 그는 「폭풍의 거리-다시 온 8·15 레포 속에서」에서 이렇게 절규했다.

> 울어도 울어도 자꾸 울고픈 이 가슴, / 설음 먼저 부풀어 오르는 이 날, 이 가슴, / 아니다, 모르면 몰랐지 / 왜 울어야 하느냐, 피울음이었다. / 숨가쁨을 참지 못하는 / 나의 벅참이 항쟁하는 것이었다. //

---

1   최석두에 대한 연구로는 ① 윤여탁, 「최석두의 문학과 삶」, 『실천문학』 제22집, 1991, ② 윤여탁 평론집, 『시의 논리와 서정시의 역사』(태학사, 1995) 중 「문학과 삶의 문학사적 복원」, ③ 강경호, 『최석두 시 연구』(시와사람, 2002), ④ 정철훈, 「최석두 시인에 대한 피맺힌 증언」, 『시인동네』, 2017.6, ⑤ 이상숙, 「해방기 시인 최석두론-산념의 시, 행동하는 시인」, 국제비교한국학회 편, 『비교한국학』 25권 2호, 2017, ⑥ 강경호 평론집, 『서정의 양식과 흔들리는 풍경』(시와사람, 2022) 중 「휴머니즘의 길, 사회주의의 길」, ⑦ 박태일, 「함평의 월북시인 최석두가 남긴 노랫말」, 『시와사람』 겨울호, 2022 등 참조하여 종합한 것이다.
월북 이후의 활동도 위의 자료에 의거, 종합 축약한 것.

한없이 영광스럽고 인민만이 / 눈부신 하늘처럼 나타나야 할 이 날, / 사랑하는 거리에는 / 미친 짐승모양 묵중히 무장한 / 미국 전차의 교만한 총부리가 / 마음새 고운 고향사람들을 놀라게 하고, / 햇빛도 맑은 광주의 하늘을 / 사나온 먹구름인양 광란하는 / 미군 비행기의 / 심술궂은 시위가 / 하마트면 먹어 갈 뻔, 훔쳐갈 뻔. //

아, 그러나 흠뻑 울음에 젖으며 / 숨막히는 그 순간에 / 나는 보았다, / 온 몸뚱이가 터질 번한 거대한 태풍을. / 눈에 안 보이는 철망을 뚫고 / 호수처럼 밀려드는 방대한 발자국, / 적동색 살점이 그대로 대지가 일어나듯 / 무등산 60리 단숨에 차고 온 / 화순 탄광 동무들의 홍수 같은 대열과 대열, / 이제 곧 굴을 빠져나온 삼천의 철각鐵脚 / 거리와 거리에서 골목과 골목에서 / 모든 곳에서 / 마구 터져 나오는 인민의 물결. //

쌀을 다오! / 일을 다오! / 모든 권력은 인민에게로! //

새 역사의 장엄한 부르짖음이다. / 바람보다 더 큰 인민의 깃발이다. / 온 시가는 / 데모 3만의 폭풍 속에 수풀모양 흔들리고, / 아아 고향 하늘은 참말 고향 하늘은 / 무거운 침묵과 끊임없는 정열에 잠긴 / 무등산 영 위에 / 상냥한 옛 모습 그대로 온 조선이 살아나듯, / 크게 숨쉬며 / 수정빛 그윽한 푸른 웃음 / 다시 돌아오는구나. //

이래도 나는 울어야만 하느냐 / 10년을 한꺼번에 살아버리는 행복이 / 신이 나게 압박하는 것이다. / 그렇다 광주 너는 살았다, / 너는 젊은 영웅이다, / 붉은 피 소ㅇ되어 끓는 젖가슴 / 함부로 풀어 헤치고 미쳐도 좋다, / 유정한 그 아름다운 품 안에 / 삼천만 별 황홀히 빛날 / 조선의 하늘을 억세게 끌어 안아라. //

내 울음이 다 마르고, / 네 숨가쁨이 / 시원하게 가셔지는 날이 온다면 / 비로소 이 무명 시인의 노래도 / 정말 노래가 될 수 있으려니, / 너 그 얼마나 화려한 야심이냐.「폭풍의 거리 – 다시 온 8·15 레포 속에서」 전문

이 항의의 전열을 가다듬은 노동자들은 10월에 다시 광주로 진출, 11월까지 간헐적인 저항의 불길을 이어가며 사상자와 부상자가 늘어나더니 11월에는 탄광 폐쇄령이 내려 더욱 극심한 항의가 이어졌으나 결국 투쟁의 불길

은 지하화 되어 입산하여 빨치산의 일원이 되기도 했다. 이를 가장 총체적으로 접근한 시가 오봉옥의 『붉은 산 검은 피』실천문학, 1989인데, 이건 나중에 다시 자세히 다루게 된다.

그가 문학가동맹원에다 민전 가입자임은 분명하지만 언제 당에 입당했는지는 모르나 투쟁의 강도나 여러 정황으로 볼 때 당원이었음을 부인하기 어려울 것이다. 그래서 최 시인은 빈농 출신의 열렬한 청년투사를 시적인 주인공으로 내세워 반미 독립 통일 민주 국가 건설과 단정 수립 반대라는 두 가지 쟁점을 부각시키는데 주력했는데, 점점 탄압이 거세져서 악화되자 상경, 서울에서 활동한 것으로 전한다.

그는 8·15 이후의 조국을 독립 국가로 보지 않았기에 "앙상한 그루마다 / 식어 내리는 하늘이다 // 인젠 연 하나 / 날지 않는 / 남쪽 하늘이다"라며, "난데없는 총소리 / 아낙네들의 / 피 맺힌 가슴을 허비어, // 들이고 산이고 무너져라 / 개 짖는 소리. // 사내란 사내는 / 모두 끌려가고, // 연신 시커먼 밤들이 / 으르렁"시「고향」대는 게 자신의 고향이라고 읊었다.

정세는 점점 악화되는 속에서도 그는 시집 『새벽길』조선사, 1948.8.10을 낸 직후에 선포된 남한 단독정부 수립 뒤 판금, 압수당하면서 갖은 고초를 겪으며 지내다가 1949년 8월 24일 피검, 7년 형을 받고 서대문형무소에서 복역 중 한국전쟁1950을 맞았다. 6월 28일 서대문형무소에서 출감한 그는 7월부터 서울시 임시인민위원회 선전부 문화과장으로 활동하다가 유엔군 서울 탈환 때 북으로 후퇴 중 기총소사에 다리 부상을 당했다. 압록강변의 통군정統軍亭, 평북 의주읍 소재에 설치된 구호병원에서 치유를 받은 그는 평양으로 귀환, 문화선전성 문화예술국1951.1에서 맹활약 중이었으나, 평양 유엔군 폭격으로 폭사10.22당했다. 가족 전체가 다 북행했다는 것이 현재까지 연구자들의 일반적인 견해다.

북행 후의 활동도 널리 알려져 있으나 여기서는 생략한다.

3. 박문서와 조벽암

　김기림金起林은 박문서가 8·15의 민중적인 요청에 응답한 시인이라고 소개한다. 그의 시적 주인공은 전투현장에 임하는 군인상 같다.

　1948년 11월 15일 발간된 박문서의 시집『소백산』을 낸 곳은 백우사白羽社로 바로 투사시인 김상훈金尙勳이 대표로 있었던 출판사인데, 그 보름 전인 10월 30일에 김상훈 자신의 시집『가족』을 펴낸 곳이기도 하다. 판금에다 압수조치가 내려진 것은 1949년 1월 22일이었다.

　김기림은 시집 발간에 부치는 서문「'소백산'에 부쳐」에서 아래와 같이 썼다.

> 　이 서정의 영토를 거창한 폭풍이 휩쓸고 지나갔다. 아름다운 정서는 드디어 그것만으로는 지탱하기가 어려운 때가 왔었다-- 자꾸만 가슴에 밀려오는 저 가두의 우렁찬 부르짖음을 어찌하랴? 시는 스스로 전에 없던 흥분을 가지고 이 잡답雜沓속에 뛰어들어서 거기 또 새로운 영토를 파헤쳐 갈밖에 없었다.
>
> 　그러나 나는 옛날 시인은 아닙니다.
>
> 　꿈도 좋지만 그것만 노래할 수는 없습니다.
>
> 　그리해서 시인은 광활한 새 시대의 몸부림 속에 스스로를 맡겨버렸던 것이다. 이 시집의 주인이 걸어온 길이 또 그러하다.

　28편의 시가 실려 있는 이 시집은 우선 한반도를 침탈한 일본 군국주의를 격렬하게 비판하면서 8·15직후의 미군정을 그 연장선으로 인식하고 있다. 시인 박문서는 "그러니 싸움의 즐거움이여 / 오늘 시인도 그렇다. 싸움꾼이래야 한다"「윤리」라고 할 만큼 치열한 투지를 불태운다. 그가 비판의 대상으로 삼았던 상대는 침략 이데올로기로 그는 일본과 미국을 우리 민족적 행복의 파괴자로 상정했다. 특히 농촌과 농민들의 고통을 유독 돋보이게 노래했던 점은 김상훈과 비슷하다. 그러면서도 서정성을 잃지 않았던 이 시인은

「밤」이란 시를 통해 이렇게 시대의 상황을 응축시킨다.

> 빛이 도무지 / 악마보다 무서워 // 어둠 속에서 다시 / 이불을 뒤집어 쓴다. // 사람이란 얼마나 많은 / 죄를 지은 수인이냐 // 정녕 새날이 있어 / 옳고 그름이 갈라질 때 // 어느 그림 안에 무릎을 꿇고 / 나는 울어야 하나.

윤동주의 세계를 연상시키는 이런 시와 대조적으로 「깃발」은 "피도 살도 뼉다귀마저 / 활활 불살워 집어 삼킨 뒤 // 이제야 하늘 드높이 휘날리는 깃발 / 깃발이 깃발이 어디냐고 찾던 벗들"이라고 절규한다.

멀게는 1945년부터 이 시집을 발간하던 당시까지의 대격변기를 시대적 배경으로 삼았기 때문에 김기림의 지적처럼 "아름다운 주문을 배우기를 잊지 않았다"고 하는 게 당연할 수도 있다. 이 시기야말로 우리 시단은 관점에 따라서는 황무지로도 비춰지겠지만 묻혀있는 시집들을 하나씩 발굴해 나가노라면 『소백산』 같은 미학적 횡재도 가능하다. 이제부터의 문학사는 미처 쓰지 않았던 작품을 찾아나서는 새 출발선으로 되돌아가는 일인지 모른다.

신인이었던 최석두, 박문서 두 시인과는 달리 조벽암^{趙碧巖, 1908~1985}은 카프의 맹장 조명희^{趙明熙, 1894~1938}의 조카다. 충북 진천군 진천읍 벽암리가 고향인 조벽암의 본명은 중흡^{重洽}으로 셋째 숙부인 조명희의 14살 아래였다. 경성 제2고보^{景福高普} 졸업 후 경성제대를 나온 조벽암은 일제 치하의 유명 재벌 박흥식의 화신연쇄점 직물부에 입사¹⁹³³한 이후 계속 대기업에 몸담았기에 문인들에게는 널리 인정을 베풀 정도였다. 숙부의 영향으로 카프의 동반작가였던 그는 9인회에도 가입하는 작가였으면서도 평론가와 시작도 겸했기에 문명이 높았다. 8·15 후 건설출판사를 설립하여 조선출판문화협회 창립에도 참여했다. 건설출판사는 반월간 형태의 소식지로 『예술』, 『건설』을 내기도 했으나 오래 지속하지 못했고, 단행본으로는 『3·1 기념시집』을 비롯해 한설야의 『이녕^{泥濘}』, 권환의 시집 『동결』, 임화의 『회상시집』 등을 냈고, 뒤이어 마르크스와 엥겔스의 저작과 문인들의 저서를 출간할 계획이었으나 좌익계 출판사들이 불법화 되어 좌절당했다.

당연히 조벽암은 8·15 직후부터 프롤레타리아문학에 대한 향수에 발동이 걸려 일약 혁명시인으로 무장했다. 조선문학가동맹원이 된 그가 1948년 월북을 감행할 때까지 많은 활동을 하던 중에 낸 시집이 『지열地熱』이다. 맹장답게 피신 중인 투사들의 은밀한 만남과 잠재된 투지를 서정적으로 다뤘다. 친소적인 정서를 풍기는 「기러기」 등이 돋보이고, 시집 전체의 서정적 주조가 비판의식을 풍긴다. 그는 월북 후에도 최석두의 시집 출간을 주선해주는 등 맹활약했다.

그는 북에서 평양문학대학 초대 부학장, 작가동맹 편집부장, 『조선문학』 주필 등을 지내다가 1957년 이태준 숙청 때 9인회 문제에 걸려들어 협동농장으로 추방당했으나 2년 후 재기하여 많은 활동을 했다.

4. 천석꾼 백부의 양자 김상훈, 혁명시인이 되다

김상훈金尙勳, 1919~1987 시인만큼 극적인 반전을 거듭한 박력 넘치는 혁명시인은 그리 흔치 않을 것이다. 그 반전이 오히려 이 시인에게 강철의 투지와 농촌의 토착성에 외래 수입종 혁명의식이 아닌 당대의 흙과 땀과 피가 뒤엉킨 민중적 현장감을 체득케 하여 8·15직후 한국이 낳은 최고의 혁명시인의 바탕이 되어주고 있다. 김상훈 시인이야말로 분단시대 초기의 가장 치열하면서도 문학적 형상화가 탁월한 혁명시인의 반열에 올려야 할 것이다.

나라를 잃고도 양반 위세는 그대로 고수하던 시절이라 신라 경순왕의 후예인 상산商山, 상주의 옛 명칭김씨 중 제학공파라는 자부심을 가진 경남 거창의 천석꾼 백부金采燦를 나무랄 일은 아니다. 생부采院가 넉넉하지 못해서가 아니라 직계인 백부에게 후계가 없었기에 김상훈은 젖먹이 때 입양되었다. 따지고 보면 그 백부 역시 작은댁에서 입양되었으니 2대에 걸친 입양 족보 집안이다. 상훈의 생가는 가야산 밑자락 거창군 가조면 일부리662번지란 마을로 분

지이기에 꽃술자리라고들 부른다.

양반의 후예답게 백부는 후계자인 상훈에게 진서眞書, 한학교육을 시키느라 늦깎이로 신식학교엘 들어가는 조건으로 한학을 계속한다는 약조를 붙였다. 4년제 가조보통학교를 졸업[1933]했지만 백부의 옹고집으로 상급학교 진학을 포기한 채 한학을 이어가던 중 결혼을 했으나 아내가 첫 출산 때 죽어버렸다.

그는 아내가 죽기 직전에 단식농성으로 상급학교 진학을 쟁취하여 중동中東학교[1936]에 들어갔다. 입학시험에서 일어 답안지를 작성할 수가 없어서 아는 문제만을 한문으로 쓰고는 고향에서 한문만 익혀 일어가 서툴다는 변명과 입학시켜 주면 열심히 하겠다는 「해량의 변」을 답안지 뒤에다 추가한 것이 화제였다. 중동시절의 문학적 스승으로는 시인 김광섭, 급우로 함께 도서반원이었던 혁명시인 유진오兪鎭五가 있다. 입학 이듬해에 부모의 독촉으로 이웃 마리면 출신의 동갑나기인 임봉조林鳳祚와 재혼했다. 중동시절 그는 문학수업에 열중이면서 웅변대회에서도 1등을 했다. 유학 뒷바라지를 위해 아버지가 마련해 준 가회동 집에서 신혼살이를 겸했으며, 이후 부부는 3남2녀를 얻었다.[2]

1941년 봄, 연희전문 문과에 입학한 김상훈은 이듬해에 문학서클 '만월'을 조직, 활동 중 임화와 알게 되었다. 이 해 12월 8일 일제가 태평양전쟁을 유발하자 학생들을 동원하려고 조기졸업제를 실시하여 그는 1943년 12월에 연전을 졸업, 징용으로 원산 철도공장에서 선반공이 되었다. 이듬해 늦가을 맹장으로 잠시 귀향했다가 시인 상민常民, 본명은 丁駿燮의 권유로 발군산發軍山, 춘천·포천·가평·금화의 접경 소재 험산으로 기록에 들어가 '협동당 별동대'에 잠시 참여

---

2   김상훈을 다루려면 ① 한정호 편, 『김상훈 시 연구』, 세종출판사, 2003, ② 박태일 편, 『김상훈 시 전집』, 세종출판사, 2003이 기본텍스트다. ①에는 정영진, 임헌영, 신범순, 최두석, 윤여탁, 김신정, 정효구, 고봉준, 송창우의 평문과, 김석영, 허완, 박은미, 박태신, 남승원, 한정호의 학위논문이 실려 있다. 따라서 일일이 출처를 밝히지 않았지만 이 두 권을 바탕으로 김상훈에 관한 전기적 사실이나 작품세계를 다뤘음을 밝힌다. 시 작품 인용은 ②를 주로 삼았다.

했다가 징용 근무지로 귀대했으나 1945년 1월 입산 경력이 들통 나서 피검, 투옥됐다가 8·15 이후에야 출옥, 모든 투쟁 현장을 누비는 투사 시인으로 변신했다.

"협동당은 초기 빨치산의 형태로 화승총, 근대식 총, 다이너마이트 등을 제작하거나 독립운동에 자금을 대주고, 해외로 떠나는 동지들의 선을 대주는 일을 했다. 대장 김종백, 조직부장 정준섭, 선전부장 상민을 비롯해 학병을 피하고 징병과 징용에 반대하는 80여 명의 조직원이 활동했다[1991.8.28 이구영 씨와의 대담에서]"라고 김신정은 밝혔다.[3]

변신의 첫 행보는 잡지 『민중조선』 발간이었으나 창간호가 종간호가 되었지만 아쉬울 게 없을 정도로 그가 뛰어들 투쟁 현장은 많았고, 자신이 쓰고 싶은 시는 얼마든지 발표할 수 있었다.

그가 일약 혁명시인의 붉은 별로 떠오른 계기는 김광현, 박산운, 유진오, 이병철과 함께 5명이 각자 5편씩 뽑은 공동시집 『전위시인집』[노농사, 1946.10]을 내면서였다. 임화와 김기림의 서문에 오장환의 발문이 실린 이 74쪽짜리 얄팍한 시집이 일으킨 선풍은 가히 충격이었다.

김상훈은 농촌사정에 밝았다.

어미가 자식을 헐벗겨 떨리고 / 삽살개 사람을 물어 흔들고 / 금전과 바뀌어진 딸자식을 잊으랴 애썼다. / 일장기가 태극기로 변했어도 / 그것은 지친 그들에게 '만세' 소리로 높이 낼 부담밖에 / 설익은 빵덩이 하나 던져주지 못했다. // (…중략…) // 임란 때부터 살아온 이 마을이 삼백 년 동안 쉰 집이 못 찬다고 / 할아버지 탄식하야 산화山禍라 일컫고, / 병들어도 약 한 첩 못 써보고 죽이는 눈알이 까만

---

3   각주 2의 ①, 김신정의 글, 134쪽, 각주에서 인용. 이구영(李九榮, 1920~2006)은 제천의 대지주 집안에다 의병에 참여했던 독립운동가 집안 출신으로 김상훈과 연희전문 시절부터 친구였고, 협동당에서 활동했으며, 8·15 후에는 잡지 『민중조선』을 김상훈과 함께 냈다. 벽초와 위당의 제자였던 이구영은 실학에 정통한 한학자로 북행했다가 남파(1958), 피체, 22년간 투옥 중 신영복에게 서예를 가르쳐 주기도 했다. 출소(1980) 후 이문학회(以文學會)를 창립, 한학과 서예를 가르치는 한편 의병연구와 사료 수집에 열중했다. 이 무렵 나도 이구영과 여러 차례 면담, 많은 증언을 들었다.

어린 것을 / 황공무지하야 산신에게만 빌었다. / 조선아 물어보자! 그대의 아들 팔할이 굶주리누나. / 어인 전생에 죄 지은 자 이리 많으며 / 어인 송장의 독이 이리 크며 / 어인 신령의 극성 이리 한없나. 「전원애화(田園哀話)」

소작쟁의로 버려진 들판과 빈촌의 참상을 그린 이 작품은 가히 두보의 「석호리石壕吏」를 연상시킬 정도로 사실성이 생생하다. 김상훈의 시가 이처럼 토착성과 현장감에다 형상미까지 갖출 수 있었던 데는 필시 『시경』을 비롯한 민중정서가 체질화되었기 때문일 것이다. 그는 비록 천석꾼 양부의 비호에서 도련님으로 자랐으나 타고난 낙천성과 사회인식의 고양과 민족현실에 대한 이해가 충만했기에 혁명시인으로 성장할 수 있었을 것이다.

5. 김상훈 시인의 8·15 직후 투쟁상

김상훈의 행보는 8·15 이후 점점 더 빨라진다. 가장 먼저 투신한 단체는 아마 조선학병동맹일 것이다. 8·15 후 가장 빨리 결집한 학병들은 1945년 9월 1일 창립하여 4천5백여 맹원으로 급신장해 맹활약 중 우익의 학병단學兵團이 1946년 1월 19일 새벽 3시에 삼청동 소재 학병동맹본부를 기습, 3명이 죽었건만 경찰은 도리어 희생자인 동맹 쪽 32명을 연행했다. 김상훈 시인의 절친 유진오 시인이 추모시를 낭송하면서 일약 유명해진 사연은 이미 자상히 다뤘다.[4]

김상훈 역시 학병동맹에 참여하면서 「학병의 날에」, 「장렬葬列」, 「눈물로 쓰는 시」, 「무덤」, 「분한憤恨의 노래−피살 학병의 영靈에」 등을 썼다. 이어 김상훈은 조선문학가동맹 맹원으로 참여하여 거의 모든 영역에 걸쳐 맹활약했다.[5]

---

4   제1부 제4장, 「첫 필화시를 남긴 사형수 유진오」 참고. 이 글에서 학병동맹사건의 전말과 희생자들의 묘역까지 자세히 언급했다.

묻노라 바르게 살려는 것이

왜 그리 너희에게 원수이더냐!「분한(憤恨)의 노래-피살 학병의 영(靈)에」

시인으로서는 상상조차 할 수 없었던 학병동맹 피습사건을 겪은 터라 그
는 억울하게 피살당한 세 학병들의 죽음을 애도하는 시만 내리 5편을 썼다.

따라서 이 시기 김상훈의 시 창작은 바로 투쟁시일 수밖에 없었다. 예를
들면 대구 10월항쟁을 다룬 작품으로는 「회장會場」, 「어머니에게 드리는 노
래」, 「고개가 삐뚜러진 동무-李仁同 동지에게」 등이 있고, 전평조선노동조합전
국평의회에 관련된 시로는 「기폭旗幅-전평세계노련 가입축하대회에서」, 「메-
데-의 노래」 등이 있다.

「회장會場」은 10월항쟁의 노도 속에서 참여자들의 집회 광경을 묘파하고
있으며, 「어머니에게 드리는 노래」는 "어머니 뱃속에서 열 달 피를 모아 자
라온 우리 / 발을 맞추어 뭉쳐 걸어가는 곳은 어머니의 가슴"이라며 투쟁에
나선 젊은이들과, 이에 동조하는 어머니들, "낡은 행주치마에 / 눈물도 아롱
진 채 / 자식과 며느리와 딸의 목숨을 지키려고 / 총알받이나마 싸우려 가는
어머니"의 모습을 병행시켜준다. 10월항쟁시 중 가장 감동적인 작품은 흙냄
새 물씬 풍기는 「고개가 삐뚜러진 동무-李仁同 동지에게」다.

무엇 때문엔지 고개가 삐뚜러진 / '긴급'을 '진급'이라고 읽는 사나이가 / 의장을
본다. // 그의 반생은 인쇄직공 / 진저리나게 짓밟혀오면서 / 혓바닥이 반드라운
영리한 것들의 / 속속들이를 빠-ㄴ히 들여다 보았기에 / 해방의 조화造花나 사탕
발림에는 속지 않아 / 누구에게 배운 것도 아니건만 / 싸우지 않으면 죽는 것을 안
다. // 십리만 걸으면 발이 붓기에 / 자전거 타고 연락 다니는 동무 / 줄이 고르지

---

5   8·15 후 조선문학의 당면 과제가 민족문학의 건설이라는 박헌영-임화의 노선인 조선문학
     건설본부와, 프롤레타리아 혁명이라는 이기영, 한설야 노선의 조선프롤레타리아예술가동
     맹이 양립하다가 조선문학동맹으로 통합성명(1945.12.6) 후 단합대회(1946.2.8~9)에서
     조선문학가동맹이 되었다.

못한 앞니와 입술에선 / 지나친 정직한 말이 떠듬거리며 나왔다. // 들어나지 않는 사람들 속에서 / 부지런히 심부름 해주고 싶은 / 소를 닮아 쉴 줄 모르는 버릇 / 소 같이 미더운 사나이가 의장을 본다.「고개가 삐뚜러진 동무-辛仁同 동지에게」

민중들의 소박함이 진득하게 묻어나는 이 작품은 아마 당대의 명시래도 지나치지 않을 것이다. 혁명을 혁명꾼이 아닌 진솔 순박한 인간상들이 앞장 서서 이루려는 그 진지성과 핍진성이 그대로 드러난다.

노동자를 다룬 시인 「메-데-의 노래」도 마찬가지다. "함마 쥔 손에 기름 묻은 그대로 / 타고 걸어 억울함을 참아온 얼굴들이 / 우리도 여덟 시간만 일하고 살자고 / 어미랑 자식들 굶겨서 죽이지 말자고" 하는 외침은 투쟁의 직설적인 구호보다 잔잔한 호소력이 강하다.

여성해방을 노래한 시로는 개괄적인 여성 해방을 노래한 「여자에게 주는 시」와 "닭이 횃대에서 내리면 / 시어머니의 잔소리가 시작된다"는 현장성이 강한 「며느리」 등이 빛난다.

1947년 김상훈은 여전히 열렬하게 투쟁에 앞장서서 팔팔한 항쟁시 26편 을 묶어 시집 『대열』백우서림을 냈다. 임화가 서문에서 "우리의 원수가 흉기보 다도 무서워하는 노래를 짓는 작자의 시집"이라고 예찬했듯이 이 시집은 당 대의 현실을 다룬 시1부, 연가들2부, 징용살이와 철창살이3부가 고루 다뤄지고 있다.

그는 이미 자유롭지 못한 악조건 아래서도 조선문학가동맹의 문화공작대 에 참여하여 강원도지역을 순회했지만 이미 세태는 각박해졌음을 느낄 정 도였다. '김원봉 장군'을 찬양하는 시를 열심히 읊어도, 남북단일정부를 위 해 「공위共委, 미소공동위원회에 보내는 노래」를 아무리 열심히 외쳐도 제국주 의의 침략 의지는 끄떡 않고 이미 단독정부 수립의 절차가 착착 진행됐고, 김 상훈이 속했던 모든 조직은 와해당하거나 지하화 된 데다 상당수는 월북을 단행하는 터였다. 그래서 김상훈은 일제의 억압시대보다 더 혹독해진 세태 를 개탄하며 이렇게 노래했다.

징용살이 봇짐에 울면서 늘어지던 어머니 / 형무소 창구멍에서 억지로 웃어보이던 아버지 / (…중략…) / 아아 해방된 다음날 사람마다 잊은 것을 찾아 가슴에 품거니 / 무엇이 가로 막아 내겐 나라를 찾는 날 어버이를 잃게 하는고.「아버지의 문 앞에서」

시인의 나이 27세 때인 1945년 협동단사건으로 구속, 8·15를 맞아 석방된 처지에서 천석꾼 양부가 보인 태도는 지주의 삶으로 정착해 살아주기였다. 이를 거슬린 아들과는 달리 양부는 한민당지지 세력으로 지역 유지가 되어 일제하에서 누렸던 권세보다 더 위세가 당당해졌다.

그는 서울을 떠나 귀향, 양부의 위세에 힘입어 숨고르기에 들어가 풍요로운 중국 고전을 밑천삼아『역대중국시선』정음사, 1948.8을 펴냈다. 그래도 그의 심장에서 꺼지지 않는 불길을 달래고자 쓴 작품이 담시譚詩『가족』백우사, 1948.10이다. 이 시집은 발간 즉시 시인이 구속당했지만 이내 풀려났는데, 필시 집안의 배경이 한몫했을 것이다.

필화를 당한 서사시『가족』은 이 시기의 문제작으로 재조명해야 될 것이다. 시인 자신이 담시나 서사시의 개념을 그리스적이 아닌 우리식으로 활용해야 된다는 시론도 매우 주목할 만한 대목이다.

『가족』은 소작인 일가의 고난과 지주 황 참봉을 대비시켜 소작인들의 항일의식이 8·15 후에는 민족 주체적인 항쟁의식으로 연계되고 지주는 친일행각을 8·15 후에 잠시 변신하는 듯이 전개된다. 이런 구도는 우리 문학사에서 거의 공식화되어버렸을 정도로 식상하기조차 하다. 그러나 이 작품은 리얼리스트 김상훈 답게 실감을 물씬 풍기도록 설정했기 때문에 가히 문제작으로 손색이 없다.

『가족』의 모티브가 양부와 상급학교 진학 문제로 갈등을 겪고 있을 때 양부의 소실이 데리고 온 딸을 사랑하게 된 적이 있었는데, 이게 모티브가 되었다고도 하지만 그리 중요한 쟁점은 아닐 터이다.[6]

김상훈은 이왕 향리에 묻힐 각오였던지 구속에서 풀려나자 버젓이 아내와 잘 살면서도 강제화와 열애에 빠져 1949년에 결혼식까지 했다. 강제화는 황해도에서 단신 월남, 학업을 마친 뒤 이화여중^{당시 5년제} 체육과 무용교사로 있었다. 그녀는 한국전쟁 때 북행한 김상훈과는 달리 그대로 서울에 남아 무역회사를 경영했다고 정영진은 밝혔다.[7]

그러나 국민보도연맹이 결성^{1948.12}되면서 그는 옴짝 못하고 가입, 전향강연에 동원되었다.

한국전쟁을 맞은 김상훈은 의용군에 자원입대, 후퇴하는 북한군을 따라 그대로 북행했다. 북에서 김상훈은 친분이 깊은 문인들과 잘 어울려서 활동하다가 남로계의 숙청 때 협동농장으로 추방당했다¹⁹⁵³. 그러나 워낙 중국 고전에 대한 전문성과 문학적 역량이 뛰어나 1958년에 복귀, 류희정과 결혼, 고전^{주로 한문} 번역에 전념하다가 1987년 8월 31일 타계했다.

---

6   각주 3의 ①, 김정신의 글, 133쪽.
7   정영진, 『통한의 실종문인』, 문이당, 1989, 261쪽. 이 글은 위의 각주 2의 ①에도 그대로 실려 있다.

제4장

여순항쟁과
가수 남인수의
〈여수 야화〉

1. 냉전적 반공체제의 강화

냉전체제라는 기반 위에다 한반도 분단을 고착화시키려는 미군정과 이승만 정권의 시도가 탄탄히 굳기 직전에 발발한 여순항쟁에 대해서는 이미 제2부 제1장 이승만 집권 12년 개관에서 소상하게 언급했다. 그래서 여기서는 그 충격파가 문화예술계에 끼친 영향과 반공냉전 체제의 고양이 어떻게 접목했던가를 살펴보기로 한다.[1]

이미 이승만 정권 수립을 위해 기여^{일부 친일문인들은 기생}해온 경력을 가진 문학예술인들이었기 때문에 여순항쟁은 기대치 않았던 기습적인 공포의 재현으로 다가왔고, 이를 계기로 두 번 다시 이런 경악스러운 상황은 원천봉쇄해야겠다는 각오였을 것임을 쉽게 유추할 수 있다. 그래서 전국문화단체총연합회^{약칭 문총}가 앞나서서 펴낸 게 『반란과 민족의 각오』였다.

8·15 이후 간행된 여러 반공도서 중 이 책이야말로 가장 선동력이 있다고 할만하다. 문학예술 전 장르를 망라한 문총^{1947.2.12 기독교회관에서 창립총회}은 반탁과 분단을 기치로 삼은 이승만 노선을 지지하기 위한 조직이었다.[2]

이 기록집은 문총 출판부장 김광섭의 「서문」을 필두로 대통령과 부통령^{이시영}, 국무총리^{이범석}를 비롯한 각료들의 성명서를 실었다. 이어 여순 현장 화보

---

1   이 쟁점은 유임하, 『반공주의와 한국문학』, 글누림, 2020, 제1부 「반공이념과 문화정체성」에 상당부분 의존한다.

2   한국문인협회 편, 『해방문학 20년』, 정음사, 1966. 편자가 문인협회로 되어 있지만 실상은 조연현의 기획이 주축이다. 창립 당시 문총의 임원진은 위원장 고희동, 부위원장 박종화, 채동선, 총무부장 이헌구, 출판부장 김광섭, 선전부장 오종식 등, 8·15 후 좌익예술단체와 경쟁관계였기에 두 단체가 다 수적인 선점을 위하여 언론인과 일부 학자들까지 입회시켰기 때문에 무척 다양했다. 이런 게 강점으로 작용해 문총은 사회적으로 영향력이 컸다. 문총은 1948년 12월 1~10일까지 화신화랑에서 '여순반란보도사진전'을 개최하여 10여만 명의 관람 실적을 올렸다. 『반란과 민족의 각오』를 펴낸 것은 1949년 1월 25일이었다. 문총은 이런 업적이 축적되어 한국전쟁이 났을 때 발 빠르게 '문총구국대'를 편성하여 예술인들의 종군활동을 펼 수 있도록 했다. 이런 대사회적인 활동은 한국전쟁 중 작가 김광주나, 재일 친일파 작가 장혁주의 필화사건 때도 관변 측의 입장에서 대응해 줌으로서 문총의 어용성을 드러냈다. 문총은 1961년 5·16쿠데타로 강제해산당했다가 한국예술문화단체총연합회(1962년 1월 5일, 약칭 예총)로 재생됐으나 그 어용성은 그대로였다.

와 김영랑의 시, 박종화·이헌구·정비석·최영수·고영환·김송 등 문인과 언론인의 수기, 주요 언론의 사설, 종교단체의 현지시찰 보고 등에다 부록으로 피해 총결산을 추가했다.

이를 통하여 강조한 주요 사항은 "반란군의 숨은 배경으로 소련의 존재를 환기하고, 여수와 순천을 그들(북한)의 교묘한 선전에 기만되어 마치 인민공화국 천지가 된 듯"하다고 지적한 점이다.[3] 이는 곧 북한이 소련에 조종당하는 집단이라는 인상을 심어주어 반소반북주의를 강화하는 냉전반공 이념교육의 표본으로 몰아가는 모양새다. 따라서 철저한 반공태세를 갖추려면 이승만의 "일민주의와 같은 이데올로기적 공감대를 마련하는 가운데 국가감시체계의 등장까지도 예감케 한다"고 유임하는 풀이한다.[4]

관변 측이나 어용언론과 문학 예술인들이 뭐라고 하든 상관없이 여순항쟁의 실체는 객관적으로 일어났으며, 그로 말미암은 국민다수가 억울하게 잔혹한 학대를 당했고 엄청난 희생자가 생겨났음은 부인할 수 없다. 희생자들의 피의 대가를 이승만은 냉전 독재체제를 강화하고자 염치불구하고 악랄할 정도로 악용했다. 그 결과 양심적인 민족의식을 가졌던 세력들에게는 섬뜩한 공포감을 유발해 큰 위협이 되어버렸다. 여순항쟁의 발생 동기가 어쨌든 결과는 참담했다는 점에서 서중석은 냉철하게 평가한다.

"남로당 중앙당의 지시라고 할 만한 자료를 어디서도, 귀신도 찾아내지 못했다. 물론 북한이나 소련의 지시도 없었다"라면서 여러 추론 끝에 "4·3사건, 여순사건의 발생은 누가 보더라도 남로당과 관련이 있다"라고 하며 아래와 같이 평가한다.

그런데 중앙당의 지령에 따라 조직적으로 움직인 것이 아니라 현지에 있는 남로당이 일으킨 것이다. 예컨대 4·3도, 지금까지 나온 모든 자료를 살펴봐도 현지 남로당에서 일으킨 것이다. 상부인 전남도당에서도 이걸 몰랐다. 더군다나 중앙

---

3   각주 1과 같은 책, 33쪽.
4   위의 책, 37쪽. 이 대목은 유임하가 이헌구의 발언을 서술하던 중 나온 것임.

당은 전혀 몰랐다. 여순사건은 누구나 지창수 상사가 일으킨 것이라고 하지 않나. 실제로 그랬다. '여수 군당이 알았을 가능성은 있다'는 게 최근 증언 등을 통해 조심스럽게 나오고 있지만, 적어도 '전남도당이 알았다'는 건 어떤 자료에도 안 나온다.

이런 사실들은 남로당이 문제가 많았다는 것을 단적으로 얘기해 주는 것이 아니냐. 뭐냐 하면 4·3이건 여순사건이건 사실 남로당에 파멸을 가져올 수 있는 사태였다. 그런데 중앙당의 어떤 지시도 받지 않고 지방 하부에서 자기들끼리 상의해서 일으켜버렸다. 그런 점에서도 남로당이 심각히 문제가 있는 당 아니었느냐, 바로 이런 점을 중요하게 지적할 필요가 있다."[5]

이미 궁지에 몰린 상태였던 남로당으로서는 여순항쟁 때문에 군부 내의 동조세력을 잃었을 뿐만 아니라 연이어 1949년에 들어서는 국회를 비롯한 모든 분야의 양심적인 민족의식을 가진 세력들까지도 기를 펼 수 없도록 만들어버린 것이다. 그래서 1949년은 8·15 이후 분단 속에서나마 명맥을 유지해 왔던 중간파 지식인들에게까지도 연옥의 계절을 맞게 해서 다음 절에서 볼 오기영 처럼 북행을 감행하게 만들어버렸고, 진보적인 행동가들은 국민보도연맹에 가입토록 하여 한국전쟁 때 엄청난 참사를 피할 수 없는 함정으로 내몰리게 했다.

여순항쟁은 대구 10월항쟁이나 제주4·3이 보여줬던 잔혹성을 뛰어넘을 정도였는데, 그렇게 된 가장 큰 이유는 이미 우리 민족사가 돌이킬 수 없는 단독정부에다 이승만 냉전 반공독재 체제가 기정사실화 되어버렸기 때문일 것이다. 거기에다 이미 8·15 이후 가혹하게 당했던 피해의식이 보복심으로 들끓기까지 했으니 오죽했겠는가. 만행 그 자체가 '애국애족으로 포장'된 고약한 세상이었다.

---

5 서중석·김덕련, 『서중석의 현대사 이야기—서중석 답하다 김덕련 묻고 정리하다』1, 오월의봄, 2015, 165·170쪽 인용. 서중석은 『한국현대사 60년』, 역사비평사, 2007와 『이승만과 제1공화국』, 역사비평사, 2007에서도 여순항쟁의 후유증을 알려주고 있다.

남북은 서로가 상대를 증오하는 게 애국애족 행위에다 충성심 경쟁의 척도가 되어버렸다.

2. 분단 후 첫 금지곡 남인수의 〈여수야화〉

그러나 역사란 언제나 피해자의 몫이다. 피살당하면서 불렀다는 애절한 노래 〈봉선화〉와 〈바위고개〉는 대대로 천한 백성으로 학대만 당하고 살았던 민중들의 눈물샘을 자극하기에 충분했고, 그런 정서는 전라도로 하여금 동학농민전쟁부터 쌓였던 한으로 굳어졌다. 그 한은 기어이 애절한 유행가 곡조로 환생했다.

> 무너진 여수항에 우는 물새야 / 우리 집 선돌 아범 어데로 갔나요 / 창 없는 빈 집 속에 달빛이 새여 들면 / 철없는 새끼들은 웃고만 있네. //
> 가슴을 파고드는 저녁 바람아 / 북청 간 딸 소식을 전해 주려무나 / 에미는 이 모양이 되었다 만은 / 우리 딸 살림살인 흐벅지더냐. //
> 왜놈이 물러 갈 땐 조용하더니 / 오늘엔 식구끼리 싸움은 왜 하나요 / 의견이 안 맞으면 따지고 살지 / 우리 집 태운 사람 얼굴 좀 보자.김초향·(김건?) 작사, 이봉룡 작곡, 남인수 노래, 〈여수야화〉, 아세아 레코드 발매, 1949.9

이 노래를 불렀을 때 남인수南仁樹, 1918~1962는 31세의 전성기로 가수의 황제歌皇라 불릴 정도였다. 진주가 고향인 그의 호적명은 강문수姜文秀지만 생부는 최씨였다. 생부 사망 후 생모가 강씨 집안의 소실로 들어갔기 때문이었다. 이렇게 호적 자체가 복잡했듯이 그는 어려운 성장기를 보내다가 〈애수의 소야곡〉1937으로 일약 유명해진 뒤부터는 여인들과의 관계가 복잡하다고 별명이 '여인수'라거나 돈을 너무 밝혀 선금을 요구한다고 '돈인수'로 불렸다고 한다. 그러나 일제 말기의 활동으로 『친일인명사전』에 등재된 그는 8·15 이후 친형 최창도 때문에 고초를 겪는다.

대구사범 출신으로 1948년에 월북한 최창도의 아내가 시동생 남인수가 최의 월북을 도와주었다고 밝힌 기사가 북에서 나왔다. 일본이 만든 악법인 치안유지법[1925.5.12]을 만지작거리던 이승만 독재는 국가보안법이란 이름으로 제정[1948.12.1]했는데, 남인수는 바로 이 법망에 걸려든 것이다. 어떤 기관에 연행됐는지는 모르나 험악했던 당시의 시대상을 감안하면 그 명성에도 불구하고 그리 편치는 못했을 것이다. 워낙 혐의점이 없었기 때문에 이내 석방된 그는 음반회사 아세아레코드사를 설립했다.[6]

1887년 에디슨이 창안한 레코드 기술은 일본이 조선을 강제 병탄하던 해[1910]에 도입되었으나 조선에는 녹음실을 갖춘 레코드제작이 없었기에 8·15를 맞고서도 변변한 레코드 회사가 없었고 한다. 고려레코드사가 겨우 창설[1947]된 걸 시발로 코로나레코드, 오리엔트레코드, 럭키레코드 등이 빈약한 시설로 등장한 시절이었다.[7]

이런 시절이라 남인수도 자신의 회사를 설립하여 자신의 노래를 직접 취입, 발매했는데, 그 첫 곡이 〈달도 하나 해도 하나〉였고, 마침 이때 그가 관계기관에 연행당한 직후라 정치색이 느껴지는 곡들을 불렀다는 주장이 제기된다.

> 달도 하나 해도 하나 사랑도 하나 / 이 나라에 바친 마음 그도 하나이런만 / 하물며 조국이야 둘이 있을까 보냐 / 모두야 우리들은 단군의 자손 // 물도 하나 배도 하나 산천도 하나 / 이 나라에 뻗친 혈맥 그도 하나이런만 / 하물며 민족이야 둘이 있을까 보냐 / 모두야 이 겨레의 젊은 사나이 // 간 길 하나 온 길 하나 갈 길

---

6 남인수의 생애에 관해서는 민족문제연구소 유튜브 방송 『팟캐스트 '역발상'』 시리즈 중 제1회 「대중가요 최초의 슈퍼스타 남인수 – 군국가요에서부터 국가보안법 피해까지」(노기환 MC 진행, 이준희, 이영미 대담), 2022년 3월 22일 자를 전적으로 참고했다. 최우현, 「식민지 조선 최고의 슈퍼스타 남인수 이야기 – 리뷰 팟캐스트 '역사를 발견하고 상상하라 미래를'」, 『오마이뉴스』에도 소개(2022년 3월 22일 자)되었는데, 이 기사도 참고.

7 황문평 고희기념문집 2, 『한국 대중 연예사 – 평론. 연예사』, 부루칸모로, 1989 참고.

도 하나 / 울부짖는 군호 소리 그도 하나이련만 / 하물며 생사인들 둘이 있을까 보냐 / 모두야 새 나라의 용감한 일꾼김진 작사, 이봉룡 작곡, 〈달도 하나 해도 하나〉

이 곡을 통일지향적인 것으로 볼 것이냐 국보법 위반의 위협 때문에 이승만 단독 정부 수립을 긍정한 것이냐는 해석은 분분하다.[8]

이 노래에 이어 부른 게 〈해 같은 내 마음〉^{1949.7}이다. 작사는 김초향, 작곡은 이봉룡으로 〈여수야화〉와 똑같다. 김초향은 독립군의 애환을 가사로 쓰기도 했다는데, 한국전쟁으로 행불되어버렸다고 전한다.

사나이 가는 길 앞에 웃음만이 있을쏘냐 / 결심하고 가는 길 가로막는 폭풍이 어이 없으랴 / 푸른 희망을 가슴에 움켜 안고 떠나온 정든 고향을 / 내 다시 돌아갈 땐 열 구비 도는 길마다 꽃잎을 날려 보리라 // 세상을 원망하면서 울던 때도 있었건만 / 나는 새도 눈 우에 발자욱을 남기고 날러 가는데 / 남아 일생을 어이타 연기처럼 헛되이 흘려보내랴 / 이 목숨 연기 같이 세상을 떠날지라도 등불을 남겨 두리라 // 지구가 크다고 한들 내 맘보다 더 클쏘냐 / 내 나라를 위하고 내 동포를 위해서 가는 앞길에 / 그 어느 것이 눈앞을 가리우고 발목을 묶어 둘쏘냐 / 뜨거운 젊은 피를 태양에 힘껏 뿌려서 한 백년 빛내 보리라.김초향 작사, 이봉룡 작곡, 남인수 노래, 〈해 같은 내 마음〉

---

8 각주 6의 대담에서 이영미는 이승만 단정 긍정으로, 이준희는 통일지향으로 의견이 갈렸다. 그러나 1,2절만으로는 결코 단독정부 긍정이 아닌 것 같고, 3절은 적당히 얼버무려 변명의 여지를 남겨둔 것으로 나는 본다. 이미 남인수는 〈가거라 삼팔선〉(이부풍 작사, 박시춘 작곡, 1948)이란 파격적인 노래를 불렀다.
"아 산이 막혀 못 오시나요 / 아 물이 막혀 못 오시나요 / 다 같은 고향 땅을 가고 오건만 / 남북이 가로막혀 원한 천리 길 / 꿈마다 너를 찾아 꿈마다 너를 찾아 / 삼팔선을 헤맨다 // 아 어느 때나 터지려느냐 / 아 어느 때나 없어지려느냐 / 삼팔선 세 글자는 누가 지어서 / 이다지 고개마다 눈물이더냐 / 손 모아 비나이다 손 모아 비나이다 / 삼팔선아 가거라"라는 이 노래도 필화의 대상이 됨직하다.
1961년, 반야월이 가사를 고친 것으로 남인수가 불렀다. 반공의식으로 추가 하여 "아 꽃 필 때나 오시려느냐 / 아 눈 올 때나 오시려느냐 / 보따리 등에 메고 넘던 고갯길 / 산새도 나와 함께 울고 넘었지 / 자유여 너를 위해 자유여 너를 위해 / 이 목숨을 바친다"라고 덧붙여 2절로 삼고, 기존의 2절을 3절로 삼았다.

이 노래 역시 간접적인 필화에 속할 수 있다. 나중에 가수 송민도가 애절하게 실향민의 슬픔을 담은 가사로 바뀐 〈나도 몰라요〉란 제목으로 불렀기 때문이다.[9]

그러니까 〈여수야화〉는 바로 〈해 같은 내 마음〉에 뒤이은 곡이다. 작사, 작곡, 가수가 똑 같은 김초향, 이봉룡, 남인수인 〈여수야화〉는 서울시 경찰국에서 바로 판매금지 처분을 내려 버렸음을 아래 기사로 알 수 있다.

> 서울시 경찰국에서는 아세아 레코드회사 제품 〈여수야화〉 레코드는 가사에 있어 불순할 뿐만 아니라 나아가서는 민심에 악영향을 초래할 우려가 있어서 1일9월 동 레코드를 판매 금지 시키기로 되었다고 한다.[10]

별달리 해석을 붙이지 않아도 이 노래는 여순의 아픔을 당시로서는 호소력과 공감대를 넓힐 수 있었을 것으로 추정된다. 그러나 이후 어떤 기록에서도 이 노래가 금지곡이었다는 흔적이 없는 것으로 미뤄 볼 때 여순사건을 아예 원천봉쇄해버리려는 냉전정책의 반영으로 풀이할 수도 있다. 출판물과는 달리 레코드란 제도권은 훨씬 통제하기에 편리하여 판금조처 그 자체만으로도 얼마든지 가능했던 조처라고나 할까.

남인수의 단골 작곡가처럼 보이는 이봉룡李鳳龍, 1914~1987은 이난영의 오빠로 이들 남매의 성장과장은 실로 파란만장의 드라마다. 온갖 고생 끝에 가수가 되었는데 이난영이 작곡가 김해송의 아내였기에 그가 처남 이봉룡에게 작곡술을 전수했다. 그러나 한국전쟁 때 김해송이 납북되어 이난영은 실의에 빠졌는데, 가장 살갑게 연민의 정을 베푼 게 남인수여서 두 유명가수는 동거에 들어갔고, 남인수는 '여인수'란 별명에도 불구하고 사실상 부부로서

---

9   송민도, 〈나도 몰라요〉. 유튜브의 가사를 그대로 옮기면 "몰라요 어데서 난 지도 알 수 없어요 / 내 부모가 계신지 내 고향이 어덴지 알 수 없어요. / 그러면서 눈만 감으면 보인답니다. / 꽃 피고 새 우는 아름다운 내 고향이 눈앞에 보인답니다"라고 했다.

10   「不穩 레코드 '여수야화' 販禁」, 『경향신문』, 1949년 9월 3일 자.

의 관계는 유지됐다. 물론 그에게는 버젓이 본처도 있었지만 '여인수'란 별명을 가진 터라 거리끼지 않았다. 실로 남인수를 둘러싼 식민지-분단시대의 삶은 영화로 만들어도 손색이 없을 것이다.

3. 묻혀버린 여순 관련 노래들

이 노래는 금지곡이 된 채 일부에게 알려졌지만, 〈여수 블루스〉강석오 작사, 임종하 작곡는 취입도 안 된 상태로 몰래 불렀기에 묻힐 뻔 했으나 되살아났다고 들 한다.

> 여수는 항구였다 아- / 철썩철썩 파도치는 꽃피는 항구 / 안개속의 기적소리 옛님을 싣고 / 어디로 흘러가나 어디로 흘러가나 / 재만 남은 이 거리에 부슬부슬 궂은비만 내리네. // 여수는 항구였다 아- / 마도로스 꿈을 꾸는 남쪽의 항구 / 어버이 혼이 우는 빈터에 서서 / 옛날을 불러 봐도 옛날을 불러 봐도 토막살이 처마 밑에 / 재만 남은 이 거리에 부슬부슬 궂은비만 내리네. // 어디로 흘러가나 어디로 흘러가나 / 재만 남은 이 거리에 부슬부슬 궂은비만 내리네.

1948년 여순사건 이후 불렸던 많은 노래들은 당연히 묻혀져 버렸는데, 그걸 재수집해서 음반으로 되살린 게 음반 〈봄이면 사과꽃이〉2003이다. 이에 따르면 "이 음반의 주제곡인 〈봄이면 사과꽃이〉를 비롯해 〈추도가〉, 〈오동도 엘레지〉, 〈지리산 비가〉는 모두 작자 미상으로 금지곡이었다"라고 밝혔다. 뿐만 아니라 "죽은 누이를 애도해 지은 〈부용산〉은 작곡자가 월북했다는 이유로, 〈산동애가〉백부전 작사·곡, 전인삼 노래는 빨치산이 많이 불렀다는 이유로 금지곡 취급을 당했다. 여순사건의 아픔을 담은 〈여수 블루스〉 역시 빨갱이 노래로 분류돼 왔다."[11]

이중 〈산동애가山洞哀歌〉에 얽힌 이야기는 널리 퍼져있다. 전남 구례군 산동면의 천석꾼 백씨 집안에는 3남2녀가 있었으나 맏이[백남수]는 일제 징용으로 죽었고, 둘째[백남승]는 여순사건 때 진압군에게 협력자로 몰려 고문 끝에 총살당했으며, 셋째 아들[백남극] 역시 부역혐의로 처형을 당할 처지였다. 이에 후손을 이으려면 막내아들만은 살려야 한다는 어머니의 애원에 19세의 막내 딸[백순례, 애칭 부전]이 오빠 대신 처형장으로 끌려가며 부른 노래라는 그럴듯한 사연이다.[12]

> 열 아홉 꽃봉오리 피워보지 못하고 / 까마귀 우는 곳을 병든 다리 절어절어 / 다리머리 들어오는 원한의 넋이 되어 / 노고단 골짝에서 이름 없이 스러졌네 // 잘 있거라 산동아 산을 안고 나는 간다 / 산수유 꽃잎마다 설운 정을 맺어놓고 / 회오리 찬바람에 부모 효성 다 못하고 / 갈 길마다 눈물 지며 꽃처럼 떨어져서 / 노고단 골짝에서 이름 없이 스러졌네 // 살기 좋은 산동마을 인심도 좋아 / 열 아홉 꽃봉오리 피워보지 못하고 까마귀 우는 곳에 나는 간다. / 노고단 화엄사 종소리야 너만은 너만은 영원토록 울어다오. [백순례 작사·작곡, 〈산동애가〉]

주무대는 산동면 좌사리[행정명]의 상관 마을이라고 하며, 여기에 얽힌 여러 증거로 백순례의 가족 사진을 비롯해 〈산동애가〉에 얽힌 기념 표지판도 소개되곤 한다.[13]

〈부용산〉[박기동 가사, 안성현 작곡]은 분명히 여순과 관련이 없는 데도 굳이 연관시키는 정서가 강하다. 목포 항도여중[현 목포여고의 전신] 박기동 국어교사가 고향 벌교에서 24세에 폐결핵으로 요절한 여동생[박영애, 18세에 결혼]을 추모하기 위해 지은 시였다. 그녀가 시댁 가족묘지인 부용산에 묻힌 데서 이 노래의 제목이 되었다.

---

11 조호진, 「여순사건 최초 진혼앨범 만들어져 − 전남동부지역사회연구소, '봄이면 사과꽃이' 제작」, 『오마이뉴스』, 2003년 6월 14일 자.

12 이근삼, 「'산동애가'를 아시나요? − 구례동편소리축제에 처음 올려진 창극 '산수유'」, 『오마이뉴스』, 2010년 10월 18일 자 이외에 여러 인터넷 기사를 참고, 종합.

13 여수MBC, 「전국시대」, 2016년 11월 11일 자 방영 화면 참고.

오사카의 간사이^{關西}대학 영문과 출신인 박기동은 1947년 순천사범 교사로 재직할 때 '남조선교육자협의회'에 가입했다가 순천경찰서에 4개월 구류를 산 데다 김구의 방북지지 헌시를 보낸 게 들통 나서 관계기관에 잡혀가 매타작까지 당하고는 6개월 정직처분을 받았다. 실의에 빠진 그를 다시 교직으로 불러들인 건 영광 출신으로 목포 일대를 중심으로 교육, 문화, 출판 활동가에다 수필가인 조희관이었다. 그는 목포 항도여중 교장으로 훌륭한 교사를 물색 중 박기동을 초치$^{1948.2}$했다. 경성사범에 다니다가 목포로 온 김정희 학생은 전국 글짓기 대회 대상도 받은 촉망 받는 제자였는데, 그녀가 16세에 죽자 박기동이 썼던 여동생의 애도가에다 동료였던 안성현 음악교사가 곡을 붙였고, 이듬해 학예회 때 공개하면서 학생들을 중심으로 구전된 게 오늘의 〈부용산〉이다. 여순사건 때를 계기로 널리 퍼졌으나 한국전쟁 때 안성현$^{무용가 최승희의 남편 안막의 인척}$이 월북하면서 사회적인 분위기 때문에 재생이나 확산되지 못했다.

박기동은 이 작사 때문에 독재체제 아래서 계속 감시를 당하다가 1993년 호주로 이민을 떠나버렸으니 필화작품이라 해도 과장이 아니다. 원래는 1절만 있었던 이 노래는 1998년 주변의 권고로 박기동이 2절을 추가하게 되어 오늘에 이르고 있다.[14]

여순항쟁은 노래만이 아니라 문학작품으로도 그 잔혹했던 양상이 세월이 지난 후에 엄청나게 쏟아져 나왔다.[15]

---

14 광주KBS, TV다큐 「부용산을 아십니까」(1999) 및 김동욱, 「요절한 여동생을 그리다 노래가 된 '부용산' – 한국 문학 속 지명을 찾아서 / 벌교 부용산」, 『오마이뉴스』, 2007년 3월 26일자 외 여러 인터넷 기록들 참고. 박기동은 산문집 『부용산』(2002)을 냈다. 이듬해에 그는 귀국했으나 1년 뒤 타계했다. 안성현 역시 탁월한 작곡가로 월북 이전에 작곡한 김소월의 〈엄마야 누나야〉를 비롯해, 조희관 시 「내 고향」과 「앞날의 꿈」, 박기동 시 「진달래」 등이 발굴되었다.

15 항쟁 진압의 비인도적인 처사에 대해서는 『진실화해 위원회 제6차 보고서』(2008년 하반기, No.3) 참고. 이를 다룬 주요 소설 목록은 전병순 『절망 뒤에 오는 것』, 김승옥 「건(乾)」, 서정인 「무자년 가을 사흘 동안」, 문순태 『피아골』, 김신운 「청동조서」, 백시종 『여수의 눈물』, 양영제 『여수역』 등과 시로는 나종영 「여수동백」, 박두규 「여순동백」에다 실록으로는 이태 『남부군』과 『여순병란』 등이 있다.

제5장

중도파 지식인
오기영의 좌절

1. 전쟁의 전야제 같은 1949년

미군정이 이미 이승만 정권 수립 준비과정에서 냉전반공체제를 공고히 하려는 온갖 정책들을 엄격히 실시해 왔으나 이승만 단정 수립 직후의 여순항쟁을 겪고는 더욱 탄압과 감시체제를 강화해 왔다는 건 이미 앞에서 본 그대로다.

그 옥죄임이 강화된 시기를 임경순은 1948년 12월부터 1949년 4월에 집중적으로 이뤄졌다고 보고 있다.[1]

임경순은 이 시기가 잡지, 작품의 압수 판금 등이 가장 신속하게 집행되었다고 하며, 그 예로, "수도관구 경찰청에서『문장』속간호^{통권 제3권 5호}, 문맹^{문학가동맹} 기관지『문학』, 문맹 서울지부 기관지『우리문학』, 이태준의『소련기행』과『농토』^{소설}에 대해 판매금지령을 내린다.

이런 첫 번째 조처에 이어 두 번째 조치는 남로당 문화부 및 문학가동맹 맹원들에 대한 법적 조처나 구속 등이었다. 이 조처는 바로 조직의 등록 취소와 직결시켰기에 "공보처장 이철원이 133개 정당단체에 대한 등록을 취소한다고 발표"했는데, 여기에는 문학예술 전반에 걸친 단체들이 두루 포함됐다.

시대가 각박해지자 핍박을 가하는 대상이 점점 넓어지면서 양심적인 중도파까지도 위협을 느끼게 됐는데, 그 제1피해자가 당대의 최고 지식인에다 베스트셀러 문필가였던 동전 오기영^{東田 吳基永, 1909~?}이었다.[2]

---

1   임경순,「새로운 금기의 형성과 계층화된 검열기구로서의 문단」, 정근식 외편,『검열의 제국 –문화의 통제와 재생산』, 푸른역사, 2016 게재. 이 항목은 476~478쪽.

2   일반 독자들에게는 생소할 수도 있으나 8·15 직후 미군정기에 걸쳐 아주 중요한 언론활동을 했기에 별도의 장을 마련했다. 오기영에 대해서는 정용욱 편찬위원장, 편찬위원 김민형·김태우·장원아, 편찬지원 박훈창,『東田 吳基永 大全集』(전6권), 도서출판 모시는 사람들, 2019 참고할 것.

전6권의 각 권은 1.『사슬풀린 뒤』, 2.『민족의 비원』, 3.『자유조국을 위하여』, 4.『삼면불』, 5.『3면 기자의 취재』, 6.『류경(柳京) 8년』. 이하 이 전집 인용 등은 약칭『대전집』1. 등으로 표기한다. 이 중 8·15 직후 민족사적인 당시 상황분석과 과제 및 진로와 해결책은 1, 2권에 집 그는 미군정-한국전쟁 직전[1949]까지 좌우파를 통틀어서 최고의 냉철한 지성인으로 민족 문제에 대하여 가장 객관적이고 현명한 충고를 제기했기 때문에 좌우파로부터 다 공격을 당했다. 분단 한국 지성사를 서술한다면 아마오기영의 사상이 1950년대의 함석헌으로 이어졌고, 1970년대 이후에는 함옹의 신앙적인 자세를 탈피하고 사회과학적인 인식을 대응시킨 리영희로 승계되었다는 큰 흐름이 가능할 것이다. 그만큼 오기영의 지성사적인 의의는 크다. 오기영 사상의 중핵은 이렇게 요약된다.

> 우리에게는 사상은 두 가지가 있으나 조국은 하나뿐이다.
> 어떠한 사상이거나 그것이 하나의 조국을 위하여 진실된 조선인의, 조선 민족의 사상이어야 할 것을 요구한다.
> 이 요구는 우리 민족의 생명이 연면連綿하는 그 시간의 최후의 일각까지 정당한 지상의 요구이다. 그러므로 아무리 미국을 위하여 좋은 사상일지라도, 소련을 위하여 좋은 사상일지라도 우리가 곧장 미국인이 아니요 소련인이 아닌 바에 미나 소의 사상이 그대로 조선 민족의 사상일 수는 없어야 마땅하다.[3]

그는 "내 아버지는 우익에 속한 인물이요 내 아우는 좌익에 속해 있는 인물"인데, 둘 다 존경하고 사랑한다면서도 둘 다의 길이 "조국의 독립과 번영을 위하여 반드시 유일무이한 똑바른 길이 아닌 것을 알고 있다"라고 그 한계성을 지적한다.[4]

오기영은 8·15 이후 맞게 된 민족적 비극의 원인을 "우리는 우리 몸에 묶였던 철쇄를 우리의 힘으로 끊지 못"했음을 첫째 이유로 꼽았다.[5]

그의 일제 치하에서 국내외의 여러 독립운동가들이 활동했음에도 투쟁노

약되어 있다.

3 「투필(投筆)의 실패─자서(自序)에 대(代)하여」, 오기영의 대표작인 『민족의 비원』(서울신문사, 1947) 서문, 『대전집』 2, 20~22쪽.
4 위와 같음.
5 「참괴(慙愧)의 신 역사─해방 후 1년간의 정치계」, 『대전집』 2, 81쪽.

선 그 자체가 이미 분열되어 버렸음을 아쉬워했다. 통일조국을 이룩할 기회를 국내에서 가장 먼저 대비한 건국동맹^{1944.8.10}이 8·15 이튿날 재결성한 여운형 주도의 조선건국준비위원회^{약칭 건준}−조선인민공화국^{약칭 인공. 1945.9.6}이 민족단일화를 이룩한 것으로 보았다.[6]

이어 그는 국내의 상하이 임정 옹립파들에 대해서도 ① 개인 자격으로 늦게 귀국한 사실과, ② 이미 여운형의 '인공'이 국내 상당세력을 형성한 뒤임을 지적했다.

이처럼 민족 내부적으로 협상과 타협이 어려워졌을 때에 국제적인 해결책이라도 진지하게 검토해야 한다고 본 오기영은 모스크바삼상회의 결정을 민족 통일 달성의 세 번째 기회로 평가했다. 그러나 이 절호의 기회를 탁치 찬성 = 친소 매국노로 몰아댔고 반탁 = 민족독립 노선으로 몰아대며 소련은 조선을 노예로 만들려 하며 미국은 독립을 지원한다는 냉전반공체제를 굳히는 전환기로 삼아버렸음은 널리 알려진 사실이다.[7]

이로써 사실상 조국통일의 전망은 이미 루비콘 강을 건너버렸을 때 오기영은 썩은 동아줄이라도 잡아보려고 두 가지 사안에 기대를 걸었다. 밖으로는 미소공위^{미소공동위원회. 모스크바 삼상회의 결정을 실현시키기 위하여 미국과 소련의 합의로 만든 기구}였고, 안으로는 김규식−여운형의 좌우합작 노선이었다. 제1차 미소공위^{1946.3.20~5.6}가 무기 휴회로 막을 내리자 그 실의와 낙담에 빠진 국민들에게 좌우합작이라는 막간극을 출연시킨 건 미국이었다. 그러나 미국의 속셈은 좌파로 하여금 내부분열을 유도해서 그 세력을 약화시키려는 것일 뿐이었지 결코 좌우합작 세력에게 한반도의 운명을 맡길 의도는 전혀 없었다.

6   위와 같은 글, 『대전집』 2, 82쪽. 오기영의 건준 비판은 ① 좌우 민족지도급 인사를 포용할
     수 없었다는 점, ② 소련군이 경성역에 도착한다는 소문에 "여학생에게 꽃을 들려 가지고 경
     성역으로 마중"나간 사실을 들어 다소 냉소적인 비난을 했다. 아마 오기영의 글에서는 객관
     성이 좀 떨어진 대목의 드문 예인데, 이유는 그 자신이 안창호의 흥사단 노선에 정서적인 공
     감대를 형성한 탓으로 보인다. 이 쟁점에 대해서는 다 이 글을 인용했기에 각주를 생략한다.
7   오기영은 모스크바삼상회의 결정 문제를 "미국의 제창을 소련이 승인한 것뿐인 줄"이란 점
     을 분명히 인식했다(『대전집』 2, 118쪽).

2. 한반도에 저지른 미국과 소련의 죄악

이 둘 다 허망하게 물거품이 되어버리자 그는 최종적으로 ① 미·소 양국의 대외정책을 신랄하게 비판하게 되는 한편, ② 국내적으로는 각파의 모든 정객들에게 민족의 양심으로 회귀해 줄 것을 간청했다.

오기영의 민족지성으로서의 광채가 가장 빛나는 부분은 반외세의식이다. 대표 저서의 제목이 된 「민족의 비원─하지 중장과 치스티아코프 중장을 통하여 미소 양 국민에 소訴함」이란 글은 모두에서 미국과 소련이 저질렀던 조선에 대한 민족사적인 죄악을 적시한다.

지금은 널리 알려진 사실이지만 당시에는 미처 주목하지 못했던 중요한 사실인 러일전쟁1904~1905을 둘러싼 미국의 검은 뒷손을 오기영은 "우리는 이렇게 포츠머스 조약에 의하여 노예생활이 시작"되었다고 날을 세웠다. 러일전쟁 당시 미국과 유럽은 강대한 러시아를 견제하고자 일본을 적극 원조해 주었을 뿐만 아니라 이 전쟁이 오래 지속되면 일본이 불리해질 것 같으니까 시어도어 루즈벨트 대통령임기 1901~1909이 주도하여 포츠머스 강화조약을 빨리 체결1905.9.5토록 하였다. 이 조약 중 가장 중요한 게 한반도의 지도 보호 감리 권한을 일본이 가진다고 한 걸 미국이 승낙한 것이다. 이런 사태에 대하여 오기영은 가차없이 따지고 들면서 이렇게 말한다.

정작 조선의 주인 되는 조선 사람의 의사와는 아무 상관이 없는 미국은 러일전쟁의 승리자를 위하여 조선 땅과 그 인민의 운명을 강제 처분하는 권한을 허락하였던 것입니다. 이로부터 우리는 40년의 긴 세월을 노예로서 국제장리國際場裡에서 격리되어 살아왔습니다. 압박자의 채찍은 뼈에 사무치고 약탈은 모어母語와 성명에까지 이르렀습니다.[8]

---

8   일본은 한반도 침탈을 위해 ① 청일전쟁, ② 러일전쟁이란 두 전쟁을 치렀고, 서방 제국주의의 승인을 받고자 ① 영일동맹, ② 카스라-태프트밀약을 맺었다. 이 준비절차의 마지막 단계가 러일전쟁이어서 포츠머스 조약 체결 이후 두 달 만에 일본은 을사늑약(1905.11.17)을

소련은 어떤가. 조선에 대한 제정러시아의 음험한 야욕이 없었다면 러일전쟁은 없었을 것이라고 오기영은 진단했다. 이런 과거의 잘못을 씻고 미소 두 나라가 조선에게 오로지 해방의 은의恩義만을 남기려고 한다면 "두 군대가 다 하루 속히 물러가는 그것입니다"라고 단언한다. 그러나 미소 두 나라가 이런 글 정도로는 물러나지 않을 것임을 확신했던 오기영은 이제 마지막으로 호소의 대상을 민족 지도자와 인민들에게로 향한다. 「속 민족의 비원─경애하는 지도자와 인민에게 호소함」에서 그는 지도자들에게 단도직입적으로 따지고 든다.

그러나 과연 조선의 지도자들은 입으로 주장하는 바와 같이 그 진심에서도 38선 철폐와 외국 군대의 철퇴를 희망하고 있는가? 감히 공언하거니와 나는 지도자 여러분이 이것을 진정으로는 희망치 아니하면서 다만 민중의 의사를 무시할 수 없어서 공염불로 외치고 있다고 단정할 만한 판단에 도달한 자입니다.[9]

이런 파렴치한 정치인 군상의 생태를 가장 잘 꼬집은 대목은 아마 "우리 같은 지도층이 얼쩡거리지 않았더라면 조선민중은 민족단합. 조선의 통일은 벌써 성공시켰을 것이다"라는 명언일 것이다.[10]

오기영 역시 외세에 빌붙어 자신의 집권을 위해 물불을 가리지 않는 일부

강제했다. 『대전집』 2, 132~134쪽.
포츠머스 평화조약의 공로로 시어도어 루즈벨트는 노벨평화상을 수상(1906)했다. 그러니까 엄격히 말하면 그는 조선을 일본의 식민지가 되도록 만든 공로로 평화상을 받은 격이다. 오기영은 이런 점까지는 지적하지 않았다.
오기영의 대미인식을 더 깊이 알고자 하면 ① 허은, 「우리는 미국을 어떻게 보아왔나 3 ─ 실험대 위의 토끼와 역사」(『내일을 여는 역사』, 2003.6 게재), ② 정용욱, 「웨드마이어 장군 전 상서 ─ 네 지식인이 논한 1947년 8월의 시국과 그 타개책」(『한국문화』, 2013.12 게재)를 참고할 것.

9   오기영, 「속 민족의 비원 ─ 경애하는 지도자와 인민에게 호소함」(『신천지』, 1946.11), 『대전집』 2, 153~167쪽.
10   도올 김용옥, 『우린 너무 몰랐다 ─ 해방, 제주4·3과 여순민중항쟁』, 통나무, 2019, 137쪽에서 재인용. 여운형의 원문 출처는 찾지 못함.

정치 세력을 너무나 잘 간파하고 있었기 때문에 국민들의 각성을 촉구하기를 잊지 않았다. 그가 민주 자주와 통일 세력에 큰 장애가 될 세력으로 거론한 것은 친일파의 온존과 기독교의 타락상이었다.

일본에 대한 오기영의 통찰력은 냉혹하리만큼 매섭다. 패전국 일본은 "미국의 대소전對蘇戰과 침략자 일본의 재흥과 조선·중국의 새로운 피해가 관련되어 있는 것이다"라는 지적은 그가 이미 냉전체제 아래서 전개될 미국의 대 소련 전략에서 일본이 미국의 앞장에 설 수밖에 없다는 전망을 예견하고 있다. 그럼 일본의 살 길은 어디서 찾는가?

일본이 미국을 위하여 피로써 배상하면 그 출혈에 대한 보급은 어디서 구할 것인가? 물을 것 없이 조선 민족과 중국 민족의 피를 마시는 것일 것이다. 여기 저 왜구가 다시금 현해탄을 건너서 조선과 중국에 권토중래하려는 야욕의 생동生動을 전율하지 아니치 못한다.[11]

이 의미심장한 언급은 "미국회 하원 군사위원 쇼트 씨가 일본을 방문하고 돌아가는 길에 제3차 세계대전에서 일본인은 미군복을 입을 것이라 발표하더니, 이제야 시간이 지나감에 따라 미국의 대일정책은 그 군국주의를 재흥시키고 미소 간 냉전 전쟁의 백열화에 따라서 마침내 일본의 재군비도 그 성질을 명백히 하기에 이르렀다"라는 보충으로 이해된다. 따라서 "미국은 일본을 점령국으로서가 아니라 군사적 맹방으로 대우하고 있다"는 것이다.

그런데 한국의 보수 세력은 친일파가 근간을 이뤄 미일 간의 군사동맹에 동조하기에 분단 남북한은 전쟁의 위험이 상존한다는 것이 오기영의 정확한 진단이다.

기독교에 대하여 오기영은 "예수가 위대한 혁명가라는 것은 누구에게나 상식이요 그럼으로써 예수교도의 명예도 실로 여기에 있는 것이다"라는 전

---

11   오기영, 「일본의 재무장」, 『대전집』 3, 197~209쪽. 인용문은 205~ 206쪽.

제에서 시작한다. 그러나 그는 바로 "역사는 예수의 혁명정신을 기록하여 전한지 이미 2천 년에 그를 신봉하는 자 억으로써 셀 만하지마는 슬프거니와 아직 예수가 부르짖은 혁명이 인류 사회에 그대로 실현된 곳이 없음을 알고 있다"라고 했다. 혁명의 실현은커녕 오히려 일부 기독교인들이 "일단 권세 있는 착취계급과 타협하고 그 총검의 비호를 입을 때는 예수야 천국에서 내려다보거나 말거나 이들은 완전한 반동 세력으로서 발전하여 왔다"는 것이다.[12]

이처럼 민족 통일과 자주의 염원이 산산이 부서지는 현실(이승만 집권) 아래서 오기영의 소망은 점점 축소되어 『자유조국을 위하여』를 낼 때에는 남북 사이에 전쟁이 아닌 평화를 유지하며 단독정부 시대에 자유를 누릴 수 있기를 바라는 글들이 중요한 주제가 되었다.[13]

여기서 그는 미소 두 나라의 이데올로기로 인한 갈등과 불화를 극복할 수 있는 신자유주의를 제창했고, 민족 위기의 배경 역시 미소 두 세력이 강제한 '냉정冷靜전쟁'에 조선의 독립이 희생당하고 있다고 했다. 따라서 "극동의 화약고는 마침내 폭발될 우려"가 있다면서 평화를 유지하려면 "민족자결의 원칙"밖에 없다고 결론 내렸다.

동전 오기영은 이처럼 8·15직후부터 이승만 정권 수립 초기에 걸쳐 우리 민족이 당면했던 모든 쟁점에 대하여 가장 진지하게그 해결책 모색에 전념해 왔다. 오기영 만큼 그 시기의 모든 쟁점들, 친일파 청산과 토지개혁, 노동자와 농민의 복지 향상, 국민 생활 향상을 위한 산업 개발, 민족주체성 확립, 미소 등 외세 배격, 남북 단일 통일 정부 수립 등등을 백과전서처럼 다 고민한 지성인은 드물었다. 그럼에도 남북 분단정권이 수립되자 민주주의 실현과 반전 평화 유지 문제까지 거론하며 미소를 비롯한 일본 등의 외세가 남

---

12 「예수와 조선 ─ 혁명정신의 반동화를 계(戒)하여」(『신천지』, 1947.4), 『대전집』 2, 255~271쪽.
13 『자유조국을 위하여 ─ 조국은 자유로운 인민 전체의 것이다』, 『대전집』 3, 醒覺社, 1948.
   이 저서 중 자유의 문제에 대해서는 「새 자유주의의 이념 ─ 독재와 착취 없는 건국을 위하여」,
   평화 문제는 「민족 위기의 배경 ─ 냉정전쟁(冷靜戰爭)에 희생되는 조선 독립」을 참고할 것.

북 분쟁을 야기 시키려는 책동에 휘말리지 않을 비책까지도 모색했다. 그러나 다 좌절당할 수밖에 없는 파국을 맞게 되었다.

이제 그는 어떻게 해야 될까?

3. 오기영이 처음 겪은 필화의 유형

좌우 양쪽으로부터 위협과 비난을 당해온 이 중도파 지성에게 어떤 출구가 있을까? 그가 당면한 자기의 땅에서 추방당할 위기야말로 심각한 필화에 다름 아니다.

그는 자유와 인권의 말살이 명백해진 1949년 6월 고향 황해도^{온천 요양지로 유명한 白川, 배천으로 읽는다}를 향해 북행을 감행했다. 이어 그는 명성에 걸맞게 평양 모란봉 극장에서 개최된 '조국통일민주주의전선' 결성대회^{6.25~28}에 참석하고는 남으로 내려오지 않았다. 그는 왜 서울을 버렸을까.

그의 아버지 ^{吳世烔} 는 배천 읍에서 잡화와 학용품을 파는 큰 상점을 경영했다.¹⁴

그런데 아버지는 3·1운동의 여파가 전국적으로 확산 될 때 배천 읍 장날 ^{3.30} 만세운동 주모자로 피체, 해주감옥으로 까지 이송되고부터 집안이 비틀거렸다. 11세였던 오기영은 창동학교 동급생들과 함께 장날 시위 모방 만세를 부르다가 헌병 분견대로 연행됐다. 여기서 헌병보조원의 고문에 못 이겨 배후 조종자로 교사 ^{金德源} 를 지목해 자신은 풀려났으나 그는 8개월 징역살이를 했다. 이런 오기영의 영향을 받은 네 살 연상인 형 ^{吳基萬} 이 시위를 모의하다 발각당해 공모자 30여 명이 해주감옥으로 이송 됐으나 이내 풀려났다. 이 형은 배재고보를 다니다가 블라디보스토크 친구의 여권을 위조하여 베이징, 난징, 상하이 등지를 떠돌다가 3년만에 귀국했다. 유학을 시도했으나 아버지의 사업

---

14 「동전 오기영 연보」, 『대전집』 1에 의존.

이 부진, 파산지경에 이르자 황무지를 개간해 과수원을 경영하던 처지라 모든 꿈을 접어야 했다.

오기영은 형이 다녔던 배재고보를 수료[1924]후 귀향하여 형과 함께 아버지의 과수원 일을 도우면서 소년회를 조직해 활동 중『동아일보』배천지국 수습사원으로 들어가 현상 토론회, 청년회 등 여러 활동을 하다가『동아일보』평양지국 사회부 기자가 되었다. 이로써 언론계에 첫 발을 딛게 된 오기영은 신의주 지사 특파원, 평양지국 편집국 학예부 기자 등을 거치는 동안 수양동우회에 입단하여 도산 안창호와 고당 조만식의 노선을 충직하게 따르며 김동원[작가 김동인의 이복형] 주례, 조만식 축사로 결혼[아내 金明福, 1906~1943. 나중 서울 종로구 수송동에서 치과 개업의], 평양에서 지내다가 1935년(27세)에『동아일보』서울 본사에 입사했다.[15]

이 시기에 형 오기만은 신간회 배천지부 설립에 관여하는 등 여러 활동을 하다가 중국을 오가며 조선공산당과 관련된 독립운동 조직에 적극 활동, 피체와 석방, 탈출을 거듭하다가 5년형을 받고 투옥 중 폐결핵으로 형집행정지로 풀려났으나 33세로 작고[1937]해버렸다. 집안의 액운은 이것만이 아니었다. 오기영의 여동생[오탐열]의 남편[康基寶, 1905~1935] 역시 공산당과 관련된 투쟁을 하다가 투옥당해 2년 만기 출소 했으나 폐결핵으로 작고했다.

오기영 집안의 참혹함은 남동생[吳基玉, 1919~1950?]까지 가세하면서 더 가혹해진다. 양정고보를 마친 그는 경성제대 법문학부 법학과를 졸업[1943], 결혼을 한 처지에서 오탐열[오기영의 여동생이자 오기옥의 누나]과 조카 오장석이 함께 사회주의 관련 활동으로 투옥, 8·15 이후에야 출옥한다.[16]

오기영은 이런 집안의 참사 속에서 시종 안창호-조만식 노선을 지키면서 수양동우회사건으로 검거와 석방을 겪다가 결국 이 건으로 동아일보사에서

---

15 『대전집』6,『유경(柳京) 8년』에 그의 식민지 시기의 기사가 실려 있다. 유경이란 평양의 별칭.

16 『대전집』1,『사슬이 풀린 뒤』에 오기영은 집안의 수난기를 자세히 기록, 당시 많은 독자들의 심금을 울린 것으로 전한다.

해직¹⁹³⁷당한 뒤 화신상사^{和信商事}에 입사¹⁹⁴⁴, 이듬해에 8·15를 맞았다.

그는 바로 경성전기^{京城電氣}주식회사에 입사^{1945.10}, 인사과장, 용산공작소 이사를 거쳐 총무부장, 감리과장 등을 거친 뒤 업무부장^{1947.7} 직을 맡았고, 개인적으로는 본격적인 문필활동을 전개, 일약 문명을 날렸고, 유명한 국어학자 김윤경의 생질녀^{金貞順, 1920~2010}와 재혼도 했다.

이 시기야말로 오기영 생애의 전성기라 할 만큼 가정과 직장과 문필활동을 통한 민족의 진로 모색 등 모든 분야에 걸쳐 명성을 떨칠 때였다. 그런데 전혀 예기치 못했던 횡액을 당하고는 경성전기를 사직^{1948.6.30}했다. 이로써 그는 남한에서 설 자리를 잃은 채 이듬해에 북행을 감행^{1949.6}하지 않을 수 없도록 내몰렸다. 바로 현대 필화사 중 새로운 형태의 필화를 당한 것이다. 새로운 형태란 필화의 거의 대부분을 차지하고 있는 국가권력에 의한 희생이 아닌 노동조합과 언론 등에 의한 여론재판에 의한 희생이란 뜻이다.

오기영의 필화를 정확히 이해하려면 우선 그가 몸 담았던 경성전기주식회사의 연혁부터 일별할 필요가 있다. 대한제국 시기였던 1898년 황실은 산업개발을 위해 한성전기회사를 설립, 이듬해에 서울시내에 첫 전차 개통^{동대문~신문로}을 한 데 이어 1900년 4월에는 종로에 3개의 가로등을 점등 했으나 경영난으로 기업주가 바뀌면서 한미전기¹⁹⁰⁴로 변했다. 그러나 러일전쟁에서 승리한 일본이 한반도를 잠식하면서 일한와사^{日韓瓦斯}주식회사¹⁹⁰⁸로 명칭이 변경 됐으나 다시 경성전기주식회사로 변경¹⁹¹⁵, 일제가 침략정책의 교두보로 삼아 엄청난 발전을 하다가 8·15를 맞았으나 그대로 유지되었다. 당시 사회의 한 단면을 알 수 있는 일화로 여성 경찰관이 전차를 먼저 타자 다른 승객들이 "여경관은 전차를 먼저 타란 법이 있소?"라고 항의하니 누군가가 "전차 먼저 타려고 여경관 된 걸 모르시는 모양이군!"이라고 하여 폭소를 자아냈다고 할 정도였다. 그만큼 경성전기가 운영하는 전차는 서울 시민들의 소중한 교통수단이었고 항상 만원이라 그걸 타기가 무척 힘들었다.

바로 이 회사의 요직을 두루 거친 오기영은 경전의 노동자들이 파업 등으로 전차 운행이 제대로 안 되거나 말썽이 나면 왠지 눈총을 받아야 하는 신분이었다. 그런데 오기영이 결혼식을 올린 뒤 친지들과 만찬을 차렸는데 갑자기 "곤봉을 가진 십수 명이 달려들었다. 대한노총의 거두들이다. 우리는 밥을 굶으며 직장을 지키는데 너희는 술만 먹느냐는 것이다." 이때 운수부장^{서정식}은 "이들의 곤봉에 난타되어 만 3개월 이상을 와석신음^{臥席呻吟}하였다".[17]

당시 사회적인 분위기는 "기다려도 기다려도 오지 않는 전차에 시민은 불쾌를 느끼며 필경은 화가 나서 경전을 욕한다. 우리가 이렇게 먹는 욕이 줄잡아도 하루에 십만 마디 이상은 넉넉할 것이다"라는 구절에 잘 드러난다.[18]

이런 가운데서 그는 '빨갱이'라는 손가락질까지 받는 처지였다. 그러던 중 경전 노동자들이 처우 문제로 파업이 지속되자 시민들은 다짜고짜 경전을 욕했고, 대한노총은 오기영을 거명하며 악질간부라 지칭하고는 당장 물러가라고 연일 소란이어서 그는 경전을 기어이 사직^{1948.6.30}하기에 이른 것이다.

대한노총이 어떤 단체인가. 사회주의의 노동자 단체와는 달리 그걸 와해시킬 목적으로 결성된 대한독립촉성전국노동총동맹으로 발족¹⁹⁴⁶한 이 단체는 철저히 이승만 정치노선을 지키는 권력의 도구였다. 그러기 때문에 나는 대한노총이 오기영을 거명까지 하면서 퇴진을 압박한 것은 저간에 그가 주장해 온 민족적인 양심의 소리를 아예 분쇄시켜 버리려는 배후가 있지 않았을까 충분히 의심할 소지가 있다고 본다.

그래서 오기영은 북행을 택하지 않을 수 없는 궁지에 몰려서 북행을 감행한 것이며, 그러기에 그의 북행은 넓은 의미에서 자기의 땅에서 유배당한 필화가 낳은 비극이라고 본다.

---

17 『대전집』 6, 앞의 일화는 「독설과 유모어 좌담회 – 오기영 외 4인」, 244~268쪽. 좌담 참석자는 시인 정지용, 연극 연출가 서항석, 고려교향악단 이사 채정근, 음악평론가 박용구로 당대 저명인사들인데도 오기영의 이름을 제목에 내세움. 뒤의 인용은 오기영 글, 「인욕 – 1949년 3월 15일」, 185~189쪽.
정용욱은 「웨드마이어 장군 전상서 – 네 지식인이 논한 1947년 8월의 시국과 그 타개책」(『한국문화』 2013.12 게재)에서 오기영이 "좌익 노조원들로부터 인민재판을 받았고, 우익 노조원들로부터는 좌익으로 몰려 경찰·검찰뿐 아니라 미군에게까지 심문받으며 '민족적으로 비상한 모욕'을 느끼게 된다"고 했다.
18 「다욕(多辱)」, 『대전집』 6, 190~193쪽.

제6장

조직 활동
문학인들의 검거

박노아 · 엄흥섭 · 배호 · 이용악 · 이병철

1. 탄압의 가속화

"일본의 제국주의를 타파하고 식민지 조선의 독립을 도모"하고자 창립한 조선공산당[1925.4.17]은 5차에 걸쳐 혹독한 검거선풍을 겪으면서 공식적인 조직은 사라지고 경성트로이카를 비롯한 자생적인 노동운동으로 명맥을 유지하다가 8·15를 맞아 조선공산당[약칭 조공]이 재출범[1945.9.11]했다. 그러나 미군정에 의한 조선정판사 위조지폐사건 조작을 구실로 해산[1946.11.23]당하자 즉각 남조선로동당[약칭 남로당]으로 창당했으나 이 역시 3년 만에 해산[1949.6.24]당했다. 실로 초로와 같은 운명의 연속이었다.

이런 당의 운명과 마찬가지로 그 산하에 속했던 문화예술단체의 운명도 부평초처럼 그 부침이 격심했다. 이에 조공은 조선문화단체총연맹[약칭 文聯, 1946.2.24]을 경성대학 법문학부 강당에서 결성했다. 이 조직은 예술분야의 모든 단체 및 과학 분야 단체, 언론 분야, 교육 분야, 체육 분야까지 두루 망라한 거대한 조직체였다. 이 중 문화예술 분야는 조선문학가동맹, 조선연극동맹, 조선음악동맹, 조선영화동맹, 조선미술가동맹 등이 앞장섰는데, 특히 문인들이 단연 전위였다.

문학가동맹원들의 시집 필화는 이미 앞 장에서 본 바와 같은데, 각종 조직이나 잡지사, 지부활동 등에 관련된 기록만 봐도 1949년의 탄압 상황이 얼마나 심했던가를 유추할 수 있을 것이다.

이런 사태는 이미 1948년 단정수립 이후부터 이승만 정권이 예고했던 대로였다. 총독부의 검열관이 식민지시대의 그대로였던 분위기였기에 가능했던 사태였다. 정부가 언론사에 7개 단속조항을 통보, 경고[1948.9.22]한 내용은 ① 대한민국의 국시 국책 위반 기사, ② 정부 모략 기사, ③ 공산당과 이북 정권 인정 내지 옹호 기사, ④ 허위날조 선동 기사, ⑤ 우방과의 국교 저해 및 국가손상 기사, ⑥ 적극적 논조로 민심 격앙 및 악영향 기사, ⑦ 국가기밀 누설 기사 등이었다.

이어 정부는 이미 미군정 때 검열을 받은 영화도 전체를 재검사한다며 검열 강화를 표명 [10.9] 했고, 정계와 언론계 인사 700여 명을 검거 [11.4] 했으며, 잡지 『신천지』, 『민성』, 『신세대』 및 출판사로는 백양당, 아문각 등을 고발 조처했다.

『서울신문』을 정부기관지로 변질시켜버린 뒤 문교부는 국어교과서를 전면 개편해 월북작가 작품을 전체 삭제했다.

이런 일련의 탄압과 규제와 단속을 강화하면서 이를 문화인으로 하여금 지지토록 하고자 문화단체총연합회 주최로 '민족정신앙양 전국문화인 총궐기대회'를 개최[12.27~28]하여 그 기세를 높였다.

이 일련의 탄압사태로 단단히 조인 정부는 1949년을 더욱 엄혹하게 단속하는 절정기로 만들었다.

『문장』의 판금으로 문장사 사장 김연만과 편집자 정지용이 1948년 12월에 불구속 송청되지만 대부분의 구금사건은 1949년 6~10월에 일어난다. 문맹 관련 안기성, 김동희, 우종령, 백인숙, 채성하, 유순자 송청[1949.6.20], 김태준 체포[7.26], 문맹 인천지구 소설부장 송종호 검거[8.8], 문련 관련 이상선, 정필현 외 4명 검거[8.9], 문맹 관련 진용태, 박용상 외 19명 송청[9.27], 문련 서기장 김진환, 연극동맹원 등 40여 명 검거[10.8], 문맹 조익규 외 17명 검거[10.17], 남로당 문화부 김성택 외 13명, 문련 관련자 등 33명 송청[10.26] 등이 이 시기에 일어난 사건이다.[1]

1   임경순, 「새로운 금기의 형성과 계층화된 검열기구로서의 문단」, 정근식 외편, 『검열의 제국 ─문화의 통제와 재생산』, 푸른역사, 2016, 게재. 이 항목은 477쪽. 이로써 "정당. 단체에 대한 등록 취소는 공보처장 이철원이 133개 정당단체에 대해 등록을 취소한다고 발표한 것으로 여기에는 문련과 문맹, 조선영화동맹 등이 포함되어 있다"고 한다.

2. 법무부 서울소년원장 신분으로 지하활동한 극작가

박로아^{朴露兒, 1904~?}는 본명이 박영진^{朴榮鎭}이고 필명은 조천석^{朝天石}인 극작가로 훌륭한 희곡작품을 많이 남겼다.

일설에 의하면 러시아^{露西亞}에서 태어났기에 필명을 로아^{露兒}로 삼았다고도 하지만 한국에서 태어나 어렸을 때 러시아로 떠나서 유소년시절을 그곳에서 보냈다고 한다. 그 증거로는 1930년에 그 자신이 쓴 산문 「레닌스키 코레^{레닌의 산}」에서 "썰매타기와 눈 장난을 하며 놀던 시베리아에서의 어린 시절을 회상하고 있기 때문이다."[2]

이 무렵부터 이미 그는 박로아를 필명을 삼았다. 정영진은 그가 초등교육을 받은 뒤 대구고보^{현 경북고. 1918~1922, 4년제}에 들어간 것으로 보아 1918년 이전에 귀국했을 것이라고 유추한다. 대구고보 동창으로는 시인이자 국회의장을 지낸 이효상과 영문학자로 서울대 총장을 지낸 권중휘를 비롯한 인사들이 있다.

대구고보 졸업 후 그는 바로 경성법학전문학교^{서울대 법대 전신. 1923}에 입학, 2년 중퇴 후 모스크바로 유학¹⁹²⁵하나 6개월 만에 자퇴하고 귀국¹⁹²⁶, 당시 가장 영향력이 컸던 천도교 발간 월간 『개벽』의 편집장^{1931년부터 2년간}을 맡았다. 그는 다시 일본으로 유학, 메이지^{明治}대 법학과를 졸업^{1933~1936}한 뒤 귀국하여 조선무연탄주식회사 노무과장 대리를 지내다가 유치진 극작가가 주도하던 '현대극단' 총무로 들어가면서 본격적인 극작가의 길로 들어섰다.[3]

---

2   정영진 문학사론집, 「극작가 박로아의 변신」, 『문학사의 길 찾기』, 국학자료원, 2015(2쇄), 59쪽 인용 및 참고. 박로아에 관한 유일한 연구이기 때문에 여기서는 주로 이 글을 참고했다. '레닌의 산'이란 글은 월간 『어린이』(1930.12)에 게재됐다고 정영진은 밝혔는데, 「레닌스키 코레」란 표기는 원문 그대로인지 표기 오류인지 확인할 길이 없다. 다만 러시아어로는 산이 '코레'가 아닌 고라(гора)이기 때문에 레닌의 산 혹은 레닌의 언덕(Лéнинские гóры)일 가능성이 짙다. 1999년 이후부터는 오히려 참새 언덕(Воробьёвы горы)으로 부르는 이 언덕은 모스크바에 있기 때문에 박로아의 회상에 나올 레닌의 산은 시베리아 어느 지역에 있었던 같은 명칭이 아닌가 싶다.

3   여기까지는 박로아가 1949년 피체되어 검찰조서에 남긴 기록을 근거로 정영진이 취합한

그의 극작가로서의 활동에 대해서는 "소련에서 대학을 마치고 회사의 중역으로 근무하다가 연극계에 투신한 특이한 경력을 지니고 있다. 1931년 5월 순문예잡지인 『대중예술大衆藝術』월간의 집필진으로, 같은 해 7월 정치경제 문예 종합지인 『시대공론時代公論』월간의 집필진으로 참여했으며, 같은 해 6월 극예술연구회劇藝術研究會 창립발기인으로 참여했다."[4]

태평양전쟁이 막바지에 이른 "1944년 영미 격멸을 주제로 한 연극 「무장선 셔먼호」를 유치진 연출, 극단 현대극장과 약초가극단 합동 공연으로 부민관 무대에 올리면서부터"그는 유명세를 탔다. "평양에 쳐들어온 미국 해군을 물리친 역사적 사실을 극화한 작품으로 일제의 배미영背米英정책과 1943년 6월 연극인총궐기대회에서 결의한 미영격멸米英擊滅 전의앙양戰意昂揚의 내용을 충실히 반영한 작품"인 셈이다. 그러니 박로아는 셔먼호라는 하나의 소재로 우리 민족의 외세의식과 일제의 반 영미 정서를 결합시킨 교묘한 대응으로 일제의 대동아공영권 이념을 강조하고 있다.

1945년 제3회 연극경연대회 참가작인 「개화촌」은 가미가제 자살 특공대를 키워낸 교육자로 칭송받는 재욱과, 처자식을 냉대하면서 부모의 재산까지 가로채는데다가 남의 여성을 유혹하는 현익이란 두 남성상을 대비시킨다. 그런데 현익이 가로 챈 여인애라이 재욱의 약혼녀다.

관점에 따라서는 일제의 연극행사에 참여했다는 비난도 제기될 수 있으나 친일행각이란 비판은 비켜간 이 극작가는 8·15 이후에도 아슬아슬한 줄타기 인생을 보냈다.

그는 우익계열 단체인 전조선문필가협회全朝鮮文筆家協會 추천회원으로 참여 1946.3했고, 『부녀신문사婦女新聞社』 편집국장, 한·중 문화교류 촉진을 위한 아동문화공사亞東文化公司 이사 등을 지냈다. 8·15 후 그의 창작활동은 왕성하여 역사의식이 강한 사극과, 「무지개」,『신천지』 1947.6, 「애정의 세계」『희곡문학』 제1집,

---

위의 글을 참고. 검찰기록은 대검찰청 수사국 편 『좌익사건실록』 제2권 중 「남로당 중앙연극동맹사건」 참고.

4   이 자료는 민족문제연구소가 『친일인명사전』 기초 자료 조사 때 수집한 중에서 인용한 것.

1949.5 등 멜로극을 두루 발표했다.[5]

특히 그의 역사극은 투철한 민족의식을 강하게 풍기는 내용으로 당대의 환영을 받았는데 그 대표작이 『녹두장군』전3막이다. 전봉준의 동학항쟁 봉기부터 체포당할 때까지를 그린 이 작품은 1946년 말에 공연했는데 이는 작가가 대구 시월항쟁1946.10.1을 연상케 한 것이라서 더 많은 찬사를 받았다. 이에 대하여 정영진은 녹두장군이 포박당할 때의 절규 대목을 멋지게 인용해주고 있다.

이놈들아! 왜병이 궐내에 침범했을 때 네놈들은 뭣하고 있었더냐? 이제 와서 나를 잡아 가겠다구? 너희들이 백 사람 천 사람의 전봉준을 잡아 죽일 수 있어도 이미 백성들의 머리 속에 깊이 뿌리박은 그 정신을 없애진 못 할 것이다. 민심이 곧 천심인 줄 알아라.[6]

항일의식이 강한 『사명당』전5막은 승려들의 부정부패를 너무 강하게 그렸기에 종단에서 그 내용을 수정하지 않으면 공연을 막겠다고 나서자 작가는 공연을 못할지언정 수정은 않겠다고 버텨 결국 무대에 오르지 못한 필화작품이다.

『선구자』전 4막는 제목이 암시하는 것처럼 일제 말기1942~1945를 시대적인 배경으로 삼아 항일혁명가 일가의 고난과 친일 집안을 대비시킨 작품이다.[7]

정영진에 의하면 박로아는 8·15 이후 법무부 산하 서울소년원장이란 공직에 있었다고 한다. 지방 형무소 소장급인 공직인지라 그는 이 직책을 활용

5   여기까지가 각주 4와 같은 자료 참고, 인용. 그러나 좌익측 단체에도 가입하여 활동한 기록이 많음. 이 자료들은 아래 여러 기초자료를 취합해서 이뤄진 것임. ①『東亞日報』, 1931년 4월 18일 자·7월 5일 자·1932년 7월 8일 자·1937년 8월 14일 자·1946년 3월 11일 자·5월 10일 자, ②『每日新報』, 1943년 6월 20일 자, ③『朝鮮日報』, 1948년 11월 6일 자·1950년 5월 11일 자. ④『京城日報』, 1943년 12월 13일 자, ⑤ 이재명 외, 『해방 전 공연희곡과 상영 시나리오의 이해』, 평민사, 2005 및 이재명, 「일제하 연극계의 친일행위 연구」.
6   각주 2와 같은 책, 62쪽에서 재인용.
7   이 세 역사극은 단행본 『녹두장군』, 정음사, 1950에 게재.

하여 탄압당하던 좌익수들에게 음양으로 큰 도움을 주었다는 주장이다. 그가 이런 공직에 앉게 된 배경에는 김태선金泰善의 추천으로 백성욱白性郁이 도와줬다고 김팔봉은 기록하고 있으나 착각인 듯하다.[8]

그렇게 좌익수들을 도와주다가 결국은 꼬리가 밟혀 1949년 가을 '남로당 중앙연극동맹사건'의 주범으로 검거당해 재판정에 섰으나 징역 2년에 집행유예 3년 언도를 받고 석방되었다.1949.11.9

그의 공범에는 흥행업자 박연익朴演翊, 동대문구청 서기 백만기白萬基, 만화뉴스사 기자 장영산張榮山, 무역회사 감사 이달영李達永이 있었으나 모두 가벼운 처벌을 받았다. 이 재판정에 기소된 공소장에 나타난 박로아의 행적은 아래와 같이 요약된다.

① 1945년 12월 경 조선연극동맹에 가입, 중앙집행위원으로 활동. 1948년 6월 중순 경 남로당 입당, 연극동맹 희곡부장이 되다.

② 남로당 문화부장 김태준다음 절에서 자세히 다룸의 지령으로 1948년 5월 중순부터 1949년 2월 중순 사이에 남로당 중앙연극동맹원 이서향李曙鄉, 극작가 겸 연출가, 조영출趙靈出, 필명 趙鳴岩, 극작가 겸 가요 가사 작사자, 한일소연극인 및 배우 김양춘, 문정복, 김혜숙, 백득수 등에게 연극동맹원임을 증명하는 서류를 교부해 월북하도록 협조했다.

③ 김태준의 지령에 따라 『사명당』, 『애정의 세계』, 『고국을 잃은 사람들』, 『신라의 달』 등 연극 연출을 맡아 평화적인 남북통일을 갈망토록 대중을 선동했다.

④ 1949년 6월 초순 경 국가보안법 위반으로 구속된 남로당 중앙연극동맹 조직부장 박춘명 외 4명이 서울지방검찰청에서 취조를 받고 있을 때 남로당 법조계 세포인 지검 차장검사 김녕재나중 구속를 찾아가 박춘명사건 담당 검사최복열

---

8   김팔봉, 「잃어버린 성군(星群)」, 『김팔봉문전집』 6, 문학과지성사, 1989, 76쪽. 여기서 김팔봉은 백 내무장관(1950.2~1950.7)이 김태선의 건의로 룸펜이었던 박로아를 서울소년원장으로 앉혔다고 했으나 시기가 맞지 않는다.

도 같은 당원이니 선처해 줄 것을 청탁했다.

⑤ 박춘명 등이 서대문형무소에 수감 중일 때 소년원장인 자신의 직함을 이용
하여 그들을 면회, 그들로 하여금 무죄를 받을 수 있는 법적인 투쟁 방법을
일러주어 무죄를 받게 하였다.[9]

이런 죄목으로 법정에 섰던 박로아는 징역 2년에 3년 집행유예 판결로 풀
려났으나 복직은 안 된 채 이미 이승만 정권의 탄압이 극심하게 조여 와서 전
향을 선언하고 보도연맹에 가입하여 반공극단을 조직, 극본 『노다지』를 써서
극도극장 무대에 올리는 등 신분 세탁을 위해 진력했다.

이렇게 지내던 그가 한국전쟁을 맞아 서울이 인민군 점령치하에 들어가
자 그가 월북하도록 도와준 극작가 이서향이 국립극장^{시공관} 관장이 된 데 도
움을 받아 부관장으로 몸담았다가 월북했다.[10]

3. 엄흥섭의 다채로운 활동

작가 엄흥섭^{嚴興燮, 1906~}은 논산에서 출생했으나 부모를 둘 다 잃은 초등학교 5
학년 때 경남 진주의 숙부 댁으로 옮겨 가 아예 본적지를 그리로 이적시켰다.[11]

다행히 숙부의 집안이 넉넉할 뿐만 아니라 교육열도 높은 데다 조카에 대
한 애정도 깊어 엄흥섭은 성장과정에서 어떤 콤플렉스도 없이 넉넉하게 자

---

9 정영진 앞의 저서와 대검찰청 수사국 편, 『좌익사건 실록』 제2권 중 「남로당 중앙연극동맹
   사건」 참고.
10 각주 8의 김팔봉은 박로아가 인민군 치하에서 자신을 도와줬고, 인민군 정치보위부에 연행
   됐다고 했으며, 정영진 역시 보도연맹 활동이나 남로당 계로 몰린 탓인지 월북 후의 활동상
   은 찾지 못했다고 밝혔다.
11 충남 논산군 채운면 양촌리에서 출생. 부모의 사인이나 정확한 연도는 미확인. 숙부 댁인 경
   남 진주시 수정동 654번지로 본적지를 바꿈. 이렇게 한 이유는 진주가 누대에 걸친 고향이
   었기 때문이다. 아버지가 사업 차 논산으로 갔으나, 일찍 작고한 데 이어 어머니와 큰형도
   죽자 진주로 옮김.

랄 수 있었다. 따라서 초등교 졸업 후 진주사범학교를 졸업[1926]한 그는 시내에서 10리 쯤 떨어진 '평거'마을의 신설 학교에서 4년간을 보내며 여가를 이용하여 문학수업에 매진할 수 있었다.[12]

그는 경남지역에서 가장 진보적인 노동. 농민운동과 민족의식이 높았던 마산. 진주 문화권에서 성장하면서 3·1운동이나 그 이후의 프롤레타리아 문학 등에도 관심을 가진 채 소설보다는 "짤막한 몇 줄의 시! 사람의 마음을 단박 흥분시키고 감동케 하는 그 힘이, 긴 소설보다 낫다고 생각"[위와 같은 글]하여 학우들과 동인지를 내면서도 시를 썼다. 그 결실로 『동아일보』에 투고했던 시가 게재[재학 중이던 1923]되기도 했다. 그러나 막상 교사를 지내면서 겪었던 농촌의 참상과 국내외의 독립투쟁, 그리고 이 지역의 노동과 농민운동 등을 보고는 소설로 방향을 바꿨고, 그의 출세작으로 높이 평가받은 단편 「흘러간 마을」이 나왔다.[13]

소설의 주인공은 지주이자 도 평의원[道評議員, 1920년 일제가 각도에 의회격인평의회를 설치, 4년 임기로 선출된 의원]인 최병식으로, 서울에 제1주택, 평양에 제2주택, 진주에 제3주택을 가지고 기생첩에 학생첩을 거느린 원성의 대상이다. 2년 전 그의 진주 첩 H가 괴한에게 피습당한 사건이 나자 그녀를 위하여 남강 상류 천변에다 별장을 지으며 집 앞에다 연못을 만들고자 냇물에다 방축을 쌓자 아랫마을 농민들은 결사반대에 나섰으나 허사였다.

최병식은 강물을 연못에다 끌어들여 보트까지 띄우며 태평성세를 즐기는

12 　월북 후 엄흥섭이 쓴 문학수업기인 「체험은 소중한 것」(한설야·이기영 외, 『나의 인간 수업, 문학 수업』을 서울에서 김재용이 편집, 서울 도서출판 인동에서 간행)에 의하면 "그 농촌에는 아직 교사(校舍)도 없고 교원도 나 하나밖에 배치되지 않았다. 나는 교사가 신축될 때까지 초가집 방을 터서 갈자리 바닥에 아이들을 앉히고 서당식 교육을 하였다"고 한다. 뿐만 아니라 학동들도 없어서 이 마을 저 마을 다니며 직접 40~50명 정도를 모집했다는 것이다. 평거마을은 현재 진주시로 편입되었다. 진주사범학교는 일제가 1922년 제2차 조선교육령을 공포하면서 관·공립 사범학교를 각 도에 1개교(총 13개)씩 설립하면서 1923년에 개교했다.

13 　『조선지광(朝鮮之光)』(1930.1. 89호)에 발표, 『사해공론(四海公論)』 22호(1937.2)에 재수록. 단행본으로는 『흘러간 마을』(白樹社, 1948).

데 농민들은 기아에 시달리는 판에 가뭄까지 덮쳐 생고생이었다. 그러다가 갑자기 소나기가 퍼붓자 별장의 방축이 터져버려 농민들은 고스란히 농작물과 가재도구를 떠내려 보내며 망연자실 하다가 농민들이 분노하여 고 서방을 중심으로 추석에 맞춘 별장 낙성식을 계기로 삼아 집단 항의에 나선다. 농민들은 농악을 울리며 흥겹게 「상사뒤여」를 부르며 행진했다.[14]

이대로 압제받고 살 줄 아나 / 상-사-뒤-여 / 우리네 뭉친 힘은 못 꺾느니라 / 상-사-뒤-여 / 별장이 네 별장인 줄 아나 / 상-사-뒤-여 / 적어도 우리 할 일을 하고야 말재 / 상-사-뒤-여. 엄흥섭, 「흘러간 마을」[15]

이 작품에 대한 반응은 무척 좋아서 엄흥섭은 교직을 그만 두고 상경1930, 잡지사에 취업하고는 창작에 열을 올리면서 카프KAPF : 조선프롤레타리아예술동맹에 가담하여, 일약 중앙위원이 되는 등 가히 생애의 전성기를 누렸다.[16]

그러나 엄흥섭의 카프 전성기는 유명한 『군기群旗』사건1931으로 너무나 짧게 종막을 고했다. 이 사건을 이해하려면 1930년대 소련의 혁명문학 변천사를 먼저 파악할 필요가 있다. 정치혁명을 이룩한 소련이 문화예술혁명까지는 이룩하지 못한 혼란 상태에서 우여곡절을 겪다가 소련방 우크라이나의

---

14 각주12와 같은 글에 따르면 실제 사건은 홍수로 떠내려간 작물의 배상을 요구하러 갔으나 "지주와 농민 사이에는 언쟁이 벌어지고 농민들이 몰매를 당하고 돌아온 것"이라 했다. 작가는 이 사건의 조사를 위해 학생들의 가정방문을 위장하여 일요일이면 현장을 찾았다고 했다. 그러나 창작하면서 허구를 도입했음에도 발표 후 지주가 명예훼손으로 고발하겠다고 나섰으나 성립되지 않았다.

15 이 노래는 진주지역 민속놀이인 줄 싸움 때 불렀던 것을 개작했다고 밝힘.

16 1925년 8월 조직된 카프는 불과 5년 사이에 도쿄 유학생의 급증에다, 뉴욕 월 가에서 시작된 경제공황, 이로 야기된 세계 혁명사의 엄청난 변모, 그리고 국내 노동운동의 급증 등에 영향을 받아 조직의 혁신 목소리가 높아졌다. 이에 카프는 1930년 4울 중순 경 『조선지광』사에서 중앙위원회를 열고 조직 개편과 이에 따른 임원 보충이 이뤄졌다. 모든 결정권을 가진 중앙위원회는 리기영, 한설야, 송영, 윤기정, 박영희, 김기진(7명)이었는데, 여기에 권환, 엄흥섭, 안막 등이 보선되었다. 김학렬, 「조선프롤레타리아 문학운동연구」, 김일성대학 박사논문, 1996 참고.

수도 하리코프에서 국제혁명작가동맹 제2회 대회가 개최된 것은 1930년 11월 1일부터 10일간이었다.[17]

우리나라 작가들은 참석도 못했지만 일본 작가들이 참가했다가 이 대회의 결정사항을 일본 매체에다 공개하면서 알게 된 카프 맹원들이 국내에 소개하자 이에 영향을 받아 보다 적극적인 현장성이 강한 혁명문학을 제창하는 기운이 번졌다. 즉 문학인만이 주동이 되는 운동이 아니라 노동자와 농민 대중이 직접 참여할 수 있는 조직을 기초로 하여 보다 대중적이고 직접적인 호소력을 가진 운동과 작품을 창작할 것을 창출하자는 매우 선동적인 요지였다.

이에 고무된 카프 개성지부재정 책임 梁昌俊, 주도자 李赤曉, 閔丙徽, 엄흥섭 등가 카프의 중앙 집행부박영희 등를 개량주의로 타락했다고 비판하는 잡지 『군기』를 발행1931.12한 것이다. 카프 중앙위는 즉각 개성지부를 '종파적 행동'에다 '해당파'이자 '개량주의 집단'이라 규정하고 그들을 모두 제명 처분했다.[18]

이에 엄흥섭은 미련 없이 카프를 떠나 맹렬한 창작활동을 계속했다. 그가 이렇게 대응한 데는 충분히 그럴만한 이유가 있었다. 일제는 3·1혁명1919 이후 형식적이나마 문화통치를 표방했으나 만주 침략1931.9.18을 획책하면서 그 전에 조선을 통제하려고 카프를 탄압 대상1호로 겨냥했다. 카프는 이미 기관지 격인 『조선지광』을 잃어버린 지경이라 허약해진 판에 도쿄에서 잡지 『무산자無産者』를 서울로 반입, 배포한 게 경찰에 발각됐다.[19]

---

17 우크라이나 북동부 소재 하리코프(Харьков)는 러시아어 명칭이고 우크라이나어로는 하르키우(Харків)라 부른다. 소련 혁명 후 우크라이나소비에트사회주의공화국이 되었을 때는 하리코프가 수도였다. 우크라이나가 독립(1991)한 이후에도 친러세력과 문화적인 영향 등이 강하여 독립운동이 거센 분쟁지역이 되어 있다.

18 『조선지광』은 1922년 조선지광사에서 장도빈이 창간, 나중 발행인이 김동혁(金東爀)으로 바뀜. 유진오, 이효석, 정지용 등이 이 잡지로 등단하는 등 중요한 역할을 했으나 1930년 11월에 통권 100호로 종간했다. 그 뒤를 이어 조선지광사는 잡지 『신계단(新階段)』을 발간(1932.10 창간, 1933.9 종간)했으나 오래 가지 못했다.

19 국내의 탄압망보다 약간 느슨했던 도쿄에서 조선공산당 재건운동 주도세력의 기관지였던 『무산자』가 창간된 것은 1929년 5월로 1천5백 부를 발행했으나 1930년 6월호로 폐간됐다. 그러나 이 잡지는 주도세력(고경흠·김삼규)이 1931년 8월 체포됨으로써 잡지 그 자체도 불

이와 함께 영화『지하촌』불법제작사건까지 겹쳐 카프 맹원 70여 명이 구속된 걸 제1차 카프 검거사건[1931.2~8]이라 한다. 엄흥섭은 이미 카프로부터 제명당했기에 검거에서 제외됐다. 뒤이어 카프 제2차 검거사건[1934.2~12]까지 일어났고, 이를 전후하여 아직도 투옥중인 맹원들과는 달리 풀려나있던 김기진. 임화. 김남천이 논의한 대로 김남천이 앞서서 경기도경찰부에다「조선프롤레타리아예술동맹 해산계」를 제출[1935년 5~7월 사이]함으로 써 10년에 걸친 세계 최장기간의 프롤레타리아혁명문학 단체는 분해되어 버렸다.

그러나 대부분의 맹원들은 혁명의 투지를 그대로 유지하며 출옥 후에도 계속 창작활동을 하다가 1937년 중일전쟁 이후 탄압이 혹독해지면서 일부가 친일 의혹을 가질 수 있는 행위도 저질렀다.

카프에서 제명된 이후 엄흥섭의 창작열기는 한동안 지속되었다. 자신이 체험했던 농어민소설인「출범 전후」,「파산선고」,「온정주의자」등을 썼다. 그러다가 식민지시대의 노예교육을 정면으로 다룬 단편「가책」과 중편「정열기」등을 썼다.

「가책」은 화자인 '나[여교사]'의 입장에서 바라본 동료 권교사의 실루엣을 부상시켜준다. 탄압이 강화된 일제 중반기에 양심적인 교사나 지식인들이 바르게 살아가고자 고통을 감내하는 모습을 통해 독자로 하여금 공감하도록 유도한 작품이다. 권 교사는 모범적으로 참 교육에만 전념하면서 뭔가를 탐구하는 자세였는데, 느닷없이 자취를 감춘다. 풍문에는 그가 전찻길 노동자가 되었다고 하는데 순사가 그의 수소문을 캐고 다니지만 시치미를 뗀 채 은근히 보호해 주는 결말이다.

「정열기」는 미리 발표했던 같은 제목의 작품과 나중 발표한「명암보」를 합쳐버린 교육소설로 가히 문제작이라 할 만 하다. 김영세 교사는 올바른 교육실천을 위해 진력하는 항일민족해방 투사라고 권고사직을 당해 박 원장

법화됐다. 자세한 내막은 민족문제연구소의『재일조선인 단체사전－1895~1945』(2021) 중「무산자사－1929.5~1931.8」(349~351쪽) 참고.『무산자』의 정치세력과 밀착했던 임화와 김남천은 그 이론을 적용하여 국내 카프조직에서 볼셰비키화를 강력히 주장했다.

이 경영하는 간이학교에 몸을 담는다. 간이학교란 정규 학교가 아니라서 여공이나 하녀 등 하류층들이 주로 다니는 야학 형태인지라 박 원장은 학교 규모를 키워 정규학교로 승격하려고 교사 증축에 여념이 없는 데다 횡령을 일삼는 파렴치다. 그는 자신의 야망을 이루려고 돈 많은 건달 홍철과 손잡고 온갖 수탈을 감행하는데도 대다수 교사들 역시 엇비슷하게 교육에는 관심 없이 돈이나 챙기려든다.

유독 김영세와 사환인 문 서방만이 뜻이 같아 보조를 맞추지만 상황은 점점 악화되어 간다. 이런 판에 신임 여교사인 채영과 김영세는 동지애와 연애를 겹친 사이로 발전하고 있던 차에 박 원장은 그녀를 홍철의 첩으로 만들어 버리자 영세와 문 서방은 그만 두고 만주로라도 가서 새 학교를 세워보자는 꿈을 펼친다.

작가는 영세와 마을 사람들 사이의 가교 구실을 수행하는 문 서방을 부각시키므로써 교육이란 것이 학교라는 울타리 안에서만이 아닌 민중과 함께 나아가는 행위임을 은근히 시사해 준다.

단편 「아버지 소식」 역시 교사를 주인공으로 삼는다. 재직 중 항일 조직 활동을 하다가 피신 중 결국 체포되어 버렸는데 그의 어린 딸^{영재}이 꿋꿋하게 아버지를 그리워하는 모습으로 아버지의 투지를 이어갈 것을 암시해준다.

이 일련의 교육소설들에 이어 엄흥섭은 일제의 탄압이 더 악화된 뒤^{1937년} 중일전쟁을 경계선으로 잡음 1939년에 쓴 「여명」은 작가 자신을 간접 투영시켜 지식인·예술인들의 방황과 고뇌를 그려준다. 여주인공^{현애}은 소설가의 아내로 어렵게나마 잘 버티고 지냈는데 남편이 작품이 안 된다며 찢어버리는 등 점점 소설쓰기를 어려워하면서 난감해진다. 그러나 생활에 쪼들리면서도 매문을 할 수는 없다며 작가로서의 일루의 양심이라도 지키고자 고민하는 남편의 모습을 부각시켜준다.

그러나 일제 말기^{1940.5}에 엄흥섭은 총독부 기관지 『매일신보』에 입사하면서 그리 아름답지 못한 글을 남기는 등 오점을 찍었으나 그게 지나치지는 않아 『친일인명사전』에는 등재되지 않았다.

4. 다시 혁명대열로 돌아간 8·15 직후의 엄흥섭

8·15 이후 엄흥섭은 9월 중순에 결성된 조선프롤레타리아문학동맹에 리기영-한설야 등과 함께 중앙집행위원으로 참여한다. 그가 이보다 한 달 먼저 창립된 임화의 조선문학건설본부가 아닌 조선프롤레타리아문학동맹에 몸담은 걸 유의할 필요가 있다. 카프에서 혁명노선을 실천하려다 제명당한 그로서는 8·15 이후 올바른 노선을 선택하는데 유독 신중했을 것이다. 그에게 임화-김남천의 조선문학건설본부가 카프 해산계를 제출한 주역이면서 민족문학의 기치를 든 것으로 인식되었을 것이고, 이와 대조적으로 리기영-한설야의 혁명문학론은 자신이 『군기』시절에 주창했던 것과 같은 노선으로 평가했을 것이다. 이 선택은 나중 그가 월북 후에도 남로당 계 숙청에 휘말리지 않고 생존하게 된 근거가 됐을 것이다.

엄흥섭은 임화와 리기영으로 대립했던 두 문학단체가 여러 영향력 아래서 하나로 통합하여 조선문학가동맹으로 출범^{1946.2}했을 때는 인천지부 위원장을 맡았다. 이런 문학단체의 감투와 관계없이 8·15 이후 그의 작품들은 너무 단조로운 데다 형상미가 엉성한 점 등 여러 결점을 안고 있었음을 인정하지 않을 수 없다.

그가 문학가동맹 인천지부장을 맡은 배경에는 인천의 『대중일보』 편집국장^{1945년 말 경}을 맡고 있었기 때문이었다. 그는 이제 작가로서의 명성보다는 명 언론인으로 이름이 나서 인천에서 창간된 『인천신문』이 그를 편집국장^{1946.3.1}으로 초치하자 바로 옮겨갔는데, 그 배경에는 이 신문이 혁명노선으로 논설위원에 박치우. 이원조. 김남천 등이 함께 했기 때문이었다. 그러나 미군정은 이런 혁명적인 분위기를 묵인하지 않아 1946년 5월 조선정판사사건을 계기로 탄압을 가하면서 언론 환경이 서서히 변하기 시작했다.

그러던 중 『제일신문』이 타블로이드판에서 대판으로 바꿔 4면 발행을 감행하면서 엄흥섭을 편집국장으로 초치하자 그리로 옮겼다^{1948.8.} 이미 이승만의 단정이 수립된 직후인 지라 남북분단은 기정사실로 굳어질 판세였음에도 그는 북의 '인민공화국' 수립[1948.9.9]과 정강정책을 찬양하는 기사를 『공립통신共立通信』에서 인용, 게재[9.11~12, 2회]해서 13일간 정간처분을 받음과 동시에 자신은 기소당했다. 그는 법정에서 입사한 지도 얼마 안 되기에 기사 내용에는 관여 않고 조판에만 전념했다고 변호했다. 마침 편집 주간申東植이 체포당하지 않고 도피해버렸기 때문에 그에게 책임을 전가한 것이었지만 어쨌든 엄흥섭은 무죄를 선고받을 수 있었으나 석방은 시켜주지 않은 채 항소했다.[20]

마침 이승만 정권은 용공척결정책을 강화하던 1949년이었기에 검찰은 항소심에서 엄흥섭의 변호를 미 체포자인 주간을 빙자한 변명이라며 유죄를 강력히 주장하여 판사는 그에게 징역 8개월을 언도[1949.11.7]했다. 엄흥섭은 구속, 수감된 기간을 따지면 이미 8개월을 훌쩍 지난 1년 2개월간 갇혔던 것이기에 바로 석방될 수 있었다.

그가 석방된 때는 이미 진보적이었던 인물들이 강제로 가입시킨 보도연맹이 맹위를 떨칠 때였다. 정지용, 김상훈, 설정식, 정인택, 임서하, 박로아, 황순원, 이봉구 등등과 함께 엄흥섭도 보도연맹에 가입하여 적잖은 활동을 했다.

이런 와중에 한국전쟁을 맞은 엄흥섭은 점령군에 합류하여 후퇴 때 입북하였다.

북한에서 엄흥섭은 남로계의 숙청과 관계없이 적잖은 활동을 하다가 1965년 이후부터 모든 매체에서 그의 이름이 나타나지 않았기에 언제 타계했는지는 알려지지 않았다.

---

20 이 사건은 대검찰청 수사국 『좌익사건 실록』 3, 254~256쪽에는 '남로당 산하 신문기자 세포사건'으로 나온다. 여기에는 문인이자 기자였던 당원들이 등장하는데, 다 문학가동맹 인천지부 소속으로 나온다. 인천지부는 위원장 엄흥섭, 부위원장 윤기홍, 시부 부장 김경태, 소설부장 송종호, 평론부장 김동표 등으로 나온다.

5. 부잣집 수재로 중문학도가 된 배호

앞에 등장하는 상당수의 투사 문학인들이 넉넉한 집안에 재능도 갖춘 행운아였던 경우를 숱하게 봐왔지만 배호裵澔, 1915~?만큼 부호 집안에 재능까지 갖춘 예는 없을 것이다. 그는 식민지 치하에서 도의원도 지낼 정도로 5천석꾼인 아버지裵善奎의 6남1녀 중 셋째로 태어났다. 경북 금릉군지금은 김천시 조마면 신안동이 삶의 터전이었던 이 집안은 명문가로 손색이 없을 정도로 출중했다. 배호의 맏형은 경북도 농사원장이었고, 둘째 형은 8·15 후 적산관리 영단인 신한공사의 부청장, 둘째 동생은 국세청 차장을 지냈을 정도라면 알만하다. 이런 출중한 아들을 둔 배선규 역시 가난했던 소작인들에게 몇 백 가마니를 푼 데다 지역 사학 건립에도 거금을 투척할 정도로 명망이 높았다.

그런 형제들 중에서 출중했던 배호는 어렸을 때부터 아버지의 각별한 총애를 받으며 김천보통학교를 거쳐 경성제2고보현 경복고엘 다녔는데, 이때의 절친으로는 정치인 이호李澔가 있다. 아버지의 긍지이자 기대였던 그는 집안의 소망인 법학도의 길을 버리고 경성제대 중문과에 입학1933했다. 이때의 동창 중에서 문과에는 시나리오작가 오영진, 국문학자 김사엽, 영문학의 평론가 김동석 등이 있었는데 배호는 김동석과 각별한 관계였다. 그는 농구를 즐겨서 선수로 뽑혀 선양沈阳市, 당시에는 펑톈 奉天까지 원정경기를 다녀올 정도였다. 그러나 중문학에도 열정을 쏟았는데, 그의 주요 관심 대상은 루쉰이었다. 그럼에도 배호의 졸업논문은 「금병매金瓶梅에 관한 연구」여서 그 선구성이 엿보이기도 한다.

배호가 문단에 처음 선보인 글은 「유연留燕20일」로 연경 즉 베이징 20일 여행기로 게재지는 『인문평론人文評論』1939.10 창간호이다.[21]

---

21 배호에 관련된 사항은 전적으로 정영진 문학사론집 『문학사의 길 찾기』, 국학자료원, 2015(2쇄)에 의존했다. 『인문평론』은 친일문학인인 영문학자 최재서가 노골적으로 친일을 선언한 잡지였으나 그나마도 1941년 4월에 폐간당했다. 배호보다는 7세 연상인 최재서는 경복고와 경성제대의 아득한 선배였으나 워낙 소수였던 당시 서울의 지식인 사회였던지라 익히 알았을 터이다. 그래서 배호는 이 잡지 그 다음 호(1939.11)에도 「북경 신문단의 태동」을,

창씨개명 때 집안의 결정으로 하이무라 고裵村滿가 된 그는 혜화전문惠化專
門, 전신은 불교전문에서 개명, 나중 동국대로 승계의 중국어 교수1941.6가 되어 경성사범 출신
의 권 모와 결혼도 해서 단란한 가정을 꾸렸다. 이들 부부에게는 네 딸이 있
었는데 배호가 북행 때1950.9 다 서울에 남았다. 이들의 단란한 생활은 일제가
전시교육임시특례법으로 혜화전문을 폐쇄1944.5.30하여 어려움을 겪게도 했
으나 이내 8·15를 맞는 환희로 새 시대를 맞게 되었다.

8·15 직후 그는 중문학자답게 경기중학과 서울여의전 등에서 한문을 가
르치는 훈장으로 돌아갔지만 이내 세상은 자신이 연마해 온 진리와 정의가
짓뭉개지는 절망의 나락으로 굴러떨어지자 직접 투쟁의 길로 나섰다.

6. 조선문학가동맹의 마지막 기수로서의 투사 배호

배호는 8·15 직후 제일 먼저 문학단체의 깃발을 내건 조선문학건설본부
1945.8.16가 창립선언을 하자 이에 가입할 정도로 민첩했다. 이 단체가 한 달
뒤에 창립한 조선프롤레타리아문학동맹과 통합하여 단일체제를 갖춘 게 조
선문학가동맹이었다. 이 단체의 한 축을 이뤘던 프로동맹의 리기영, 한설야
등이 일찌감치 월북해서 북한의 문단 주류를 형성한 것과 대조적으로 건설
본부 측은 박헌영의 남로당과 노선을 함께 하면서 미군정이 불법화조치를
내린 뒤에도 계속 지하활동을 전개하면서 조직을 유지하다가 이승만 정권
수립 이후에도 그대로 명맥을 지탱했다. 초기의 실권자였던 임화1947.11.20, 김
남천1947이 월북한 후에는 박찬모, 안회남이 승계했다가 이들 역시 1948년 8
월 중순 경 북행하자 모든 조직을 배호가 맡게 되었다.

그가 문맹의 마지막 책임자였음을 밝혀주는데 예는 여러 가지가 있는데
이를 알기 쉽게 단계별로 추려보면 아래와 같다.

이듬해에는 「임어당(林語堂)론」(1940.1)을 연거푸 발표하면서 일약 평론가로 활동할 수
있는 길을 텄다.

① 조선문학가동맹 결성[1945.12.16] 때 위원장 홍명희, 부위원장 이병기. 이태준, 서기장 김남천, 제2서기장 겸 총무부장 홍구, 조직부장 배호, 출판부장 현덕.

② 이 결성 초기 조직은 1946년 봄 미군정이 조선공산당 탄압 이후 대거 월북으로 점점 열세에 몰려 와해되면서 서울시지부가 전국 조직을 총괄하는 방향으로 굳어졌는데, 배호는 전국 조직부장이면서 서울시 지부 조직부장을 겸했다.

③ 남북한이 각기 단독정부 수립[남은 8·15, 북은 9·9 선포]준비로 분주하던 때인 1948년에 배호는 평양엘 두 번이나 다녀왔다. 첫 번째는 6월 29일부터 7월 5일까지 평양에서 열렸던 제2차 전조선제정당, 사회단체연석회의였고, 두 번째는 이미 남한은 이승만 단독정부 수립 선포[1948.8.15]가 있은 뒤인 8월 23일부터 25일까지였다.

첫 번째 회의는 남북연석회의 대의원을 선출하기 위한 예비후보자들[남조선대표자] 1,080명을 선출[문인은 24명]하는 절차였는데 배호도 여기에 포함되었다고 본다. 이들이 다시 두 번째 회의에서 남북대표자를 선출했는데 남한에서는 36명의 대의원[국회의원 격]을 확정했는데, 문학인으로는 김남천 김오성 박세영 박승극 이극로 이서향 조운 조중곤 함세덕 홍기문 홍명희 등이 선출되었고, 배호는 명단에 없다.

④ 회의가 끝난 후 상당수의 인사와 문학인들은 그대로 북에 남아버렸으나 배호는 다시 서울로 돌아왔다. 이때 문맹 관련자들은 배호에게 모든 조직의 일을 인계했을 개연성이 짙다는 것이 정영진의 추론이다.

귀경한 배호가 용산경찰서에 연행당한 건 1949년 5월 9일이었다. 경찰은 그에게 조직 전모와 행적을 캐내려고 온갖 악랄한 고문을 자행했지만 그는 중문학자다운 기개로 끝내 묵비권으로 버티다가 감시가 소홀한 틈을 타서 경찰서 3층에서 투신했으나 전기줄에 걸려 죽음은 면했으나 한쪽 다리가 부러졌다.

그런 상태로 투옥당한 배호의 소식에 놀란 고향 부호의 아버지가 석방을 위해 물불을 안 가렸는데 그 여러 방안 중 아들 몰래 아버지가 전향서를 작성하여 제출했지만 아들은 이를 강력히 부인하며 도리어 아버지에게 명의 도용이라며 격노했다. 그렇게 노발대발했던 부자지간이건만 배호는 투옥 중에 아버지의 부음을 받아 통회했다.

그는 1심에서 10년 징역형을 받았다가 2심에서 7년형을 받아 복역 중에도 여러 방식으로 투쟁을 이어갔던 것으로 유추된다. 그럴만한 개연성은 아래에서 다루게 될 이용악과 이병철 두 시인 역시 체포되어 한국전쟁 발발때까지 함께 투옥생활을 했으며, 앞에서 서술했던 극작가 박로아 역시 이를 전후하여 맹활약한 데서 그 근거를 찾을 수 있다. 역사의 뒷면은 이처럼 드러난 기록만이 아닌 공간을 어떻게 유추와 상상으로 채워 주느냐도 중요하기 때문이다.

대체 배호의 죄목은 구체적으로 무엇이었을까?

그의 죄목은 후술한 이용악과 이병철에 그대로 드러난다. 이 둘의 모든 활동을 지시한 것이 바로 배호로 나오기 때문이다. 그래서 여기서는 그 죄목은 이용악과 이병철을 다루는 대목에서 보기로 하고 오로지 배호 자신의 행적에만 초점을 맞춰 살펴보자.

1950년 6월 28일 서울이 인민군 치하에 들어가자 서울형무소의 모든 수감자들은 그냥 풀려났다. 서울 점령 징조가 보이자 교도관들이 그대로 피란길에 올라버려 형무소는 그대로 방치된 상태였다.

배호는 쩔뚝거리는 한쪽 다리를 이끌고 8·15 직후 조선문학건설본부가 첫 깃발을 내걸었던 종로의 한청빌딩^{현 종각 터} 4층의 문학가동맹 사무실로 갔다. 실로 감개무량했다. 그러나 그런 해방감은 너무나 짧았다. 9·28수복 직전 배호는 이용악, 이병철 등과 함께 북행길에 올랐다. 인민군의 후퇴가 너무나 빨라 이들의 피난길은 두만강을 건너 중국의 통화, 길림까지 갔다가 회령을 돌아 평양에 도착했다.

북에서 그는 중문학 전공을 살려 문화선전성 중국문학부장을 지냈다는 증언은 있으나 그 후 활동 상황은 알려지지 않았지만 숙청을 당한 증거는 없다.

배호의 산문은 짜임새에 서정미가 넘친다. 그는 절친이었던 김철수. 김동석. 배호 3인수필집인 『토끼와 시계와 회심곡』^{서울출판사, 1946.10.20}을 냈다. 여기에 배호는 수필 「동경의 고도」, 「구두의 천문학」, 「시계」, 「도회」, 「유리」, 「빠진 이」, 「담배」, 「세째딸」을 실었다.

7. 이용악, 토착성 짙은 서정시인이 선택한 혁명의 길

이용악^{李庸岳, 1914~1971}이 최후의 문학가동맹 투사이었으리라고는 누구도 상상하기 어렵다. 그는 위에서 봐왔던 넉넉한 집안 배경이 아닌 한반도 최북단 변방지대의 가난뱅이 집안 출신이었다. 그의 고향은 함북 경성^{鏡城}이고, 호는 편파월^{片破月}이며, 남로당 지하활동 때의 가명은 주태성^{朱泰成}이었다. 두만강 부근에서 소금 밀수를 하던 아버지가 마적의 습격으로 타계한 뒤 어머니가 국수, 떡, 계란을 팔아 연명했다.

그는 고향의 풍정을 "북쪽은 고향 / 그 북쪽은 여인이 팔려간 나라 / 머언 산맥에 바람이 얼어붙을 때 / 다시 풀릴 때 / 시름 많은 북쪽 하늘에 / 마음은 눈 감을 줄 모르다" 「북쪽」는 절창으로 읊었다. 그 변방지대에서 자신의 존재를 이렇게 읊었다.

애비도 종 할애비도 종 한뉘 허리 굽히고 드나들던 토막 기울어진 흙벽에 쭝그리고 기대앉은 저 아이는 발가숭이 발가숭이 아이의 살결은 흙인 듯 검붉다.

넝쿨 우거진 어느 골찌구니를 맑고 찬 새암물 돌 돌 가느다랗게 흐르는가 나비사 이미 날지 않고 오랜 나무 마디 마디에 휘휘 감돌아 맺힌 고운 무늬모양 버섯은 그늘에만 그늘마다 피어

잠자듯 어슴프레히 저놈의 소가 항시 바라보는 것은 하늘이 높디높다란 푸른

이런 어려움 속에서 부령富寧보통학교를 졸업한 뒤 경성鏡城농업학교 4학년 재학 중 도일, 온갖 잡역으로 히로시마廣島현 흥문興文중학교 4학년에 전학하여 졸업1933했다. 이어 니혼日本대학 예술과 1년을 다니다가 조치上智대학 신문과에 진학, 졸업 후 귀국1939했다. 유학시절 그는 일본 경찰에 몇 차례 연행당하는 등 많은 고초를 겪었으나 시 창작에 열중하여 등단한 뒤 시집『분수령』1937과『낡은 집』1938을 도쿄에서 출간했다. 여기 실린 시「풀벌레소리 가득 차 있었다」에는 "노령露領을 다니면서까지 / 애써 자래운 아들과 딸에게 / 한마디 남겨두는 말도 없었고 / 아무르만의 파선도 / 썰렁한 니콜스크의 밤도 완전히 잊으셨다"는 참담한 생부의 최후가 유랑민 처지의 민족의 비애처럼 드러난다.

1939년 이미 친일문학이 강요되었던 시기에 유학을 마치고 귀국한 이용악 시인은 최재서가 주관하던 갓 창간한『인문평론』사 기자로 들어갔으나 폐간당하자 바로 낙향하여『청진일보』기자생활 3개월, 주을읍사무소 서기로 1년간 근무하는 등 불안정한 삶을 꾸렸다. 그때의 가난을 그는 입고 있던 와이셔츠 등속을 뜯어 아기 기저귀를 만들 정도에다 한 켤레뿐인 구두를 도둑맞아 며칠간 외출을 못 했다고 실토했다. 이미 온 생애가 가난으로 차있던 그는 이런 속에서도 낙천성을 지닌 채 계속 시 창작을 위한 문단활동은 이어가기로 유명한데, 더구나 그의 사람 좋음과 붙임성은 동향 출신인 김동환과 그의 아내 최정희를 서울의 중심점에 두고 거의 모든 지역문인들이 상경하면 일단 이용악을 통해 그들과 만나기로 약속을 잡을 정도로 마당발 역을 한 것으로 유명하다.

이용악은 시 쓰기를 "길을 걸어 다니면서, 전차나 버스를 타고 손잡이 잡고 흔들거려 가면서"쓴다고 했다. "그에겐 조용히 앉아서 글 쓸 집이나 책상이 있을 수 없는 생활을 해왔던 것이라며, 길에나 술집에서 구상한 시를 "이불 속에 엎드린 채 원고지에 시를 정서"한다는 것이다.[22]

1945년 8·15 직후 상경한 그는 발 빠르게 조선문학가동맹 맹원으로 참가하면서 『중앙일보』 기자로 언론을 통한 투쟁의 대열에 들어섰다. 그러면서도 그는 고향 생각을 이렇게 절창으로 노래했다.

눈이 오는가 북쪽엔 / 함박눈 쏟아져내리는가 // 험한 벼랑을 굽이굽이 돌아간 / 백무선 철길 우에 / 느릿느릿 밤새어 달리는 화물차의 검은 지붕에 // 연달린 산과 산 사이 / 너를 남기고 온 / 작은 마을에도 복된 눈 내리는가 // 잉크병 얼어드는 이러한 밤에 / 어쩌자고 잠을 깨어 / 그리운 곳 차마 그리운 곳 // 눈이 오는가 북쪽엔 / 함박눈 쏟아지는가.이용악, 「그리움」

이후 그는 『문화일보』1947를 거쳐 좌익에 대한 탄압의 강화로 온갖 수모를 당하던 모습을 이렇게 시로 남겼다.

문화공작대로 갔다가 춘천에서 강릉에서 돌팔매를 맞고 돌아온 젊은 시인 상훈도 진식이도 기운 좋구나 우리 모다 깍지 끼고 산마루를 차고 돌며 목 놓아 부르는 것 싸움의 노래「빗발 속에서」

이용악은 자신이 근무할만한 계열의 언론기관이 사라지자 『농림신문』1948.9 기자로 근무했다. 이 기간에 그는 시집 『오랑캐꽃』1947과 『이용악시집』1949을 냈다.

이미 분단이 고착화된 후인 데도 그는 지하활동을 위한 서울시 문련文聯, 문학가 동맹이 쇠퇴하자 모든 장르를 합쳐 만든 조직으로 중앙 조직은 유명무실해졌고 서울시 문련이 총괄을 맡음 회원이 되어 1949년 2월부터 배호, 이병철 등과 만나 반정부 활동을 하다가 피체당해 징역 10월을 선고1950.2.6 서울지법 받았는데 이때의 검찰 조서를 그대로 옮겨보면 아래와 같다.

---

22 유정, 「암울한 시대를 비춘 외로운 시혼 – 향토의 시인 이용악의 초상」, 윤영천 편, 『이용악 시전집』, 창작과비평사, 1988.

1. 인적사항

이용악李庸岳, 당 36세, 가명 朱泰成

본적 : 함경북도 경성군 경성면 사성동 45.

주소 : 경기도 고양군 숭인면 정능리 109의 3.

직업 : 기자농림신문.

가입단체 및 정당 : 민전산하 문학가동맹, 남로당조선문화단체총연맹 서울시지부 예술과원.

미체포자 5명 명단.

2. 이용악의 과거 활동사항

이용악은 본적지에서 이석준李錫俊의 3남으로 출생하여 1928년15세 시 함북 부령富寧보통학교 6학년을 졸업하고, 1932년 경성鏡城농업학교 4학년 재학 중에 도일, 히로시마廣島현 흥문興文중학교 4학년에 전학하여 1933년에 동교를 졸업하고, 즉시 일본대학 예술과 1년을 수료한 후 상지上智대학 신문과에 입학하여 1937년에 동교 3학년을 졸업하고 귀국하여 1938년에 서울인문人文사에 입사하여 약 2년간, 본적지 『청진일보』사에서 약 3개월간, 주을읍사무소 서기로 약 1년간을 각각 근무하다가 1945년 11월 경에 중앙일보 기자로 입사하여 약 1년간 근무하고, 1947년 3월 경부터 동년 7월경까지 약 4개월간 문화일보 기자로 근무한 후 1948년 9월 경에 농림신문 기자로 입사하여 현재에 이르고 있는 자이다.

3. 범죄사실

(요약)

문학가동맹 맹원, 1947년 8월 중순 경 집에서 오장환의 권유로 남로당 입당, 서울시 문련文聯 예술과원이 됨.

1949년 2월 11일 오전 11시 경 종로구 낙원동 소재 청구서점에서 예술과 책임자인 배호 등 만나, 배로부터 "유엔 한위단을 배격하라, 미군 철퇴하라, 유격투쟁을 지지하라, 인민공화국 만세 등의 구호문을 만화로 작성한 비라 3천 5백 매를 받아" 다른 분야의 인사들에게 배포.

(…중략…)

　3월 30일 오후 3시 경 청구서점에서 전기 배호로부터 「조가弔歌」, 「전위의 노래」, 「애국인민의 노래」, 「숫자풀이」, 「장타령」 등의 종목의 작품을 작성하라는 지시를 받고 동일 오후 5시경에 서울시청 앞 노상에서 문학가동맹원인 이병철李秉哲과 가두 접선하여 전기 사항을 전달 지시하였고, 4월 2일 오후 3시경 서울시청 앞 노상에서 전기 이병철로부터 지난 3월 30일에 지시한 전기 5종목의 작품을 받아 동일 오후 5시경 청구서점에서 전시 배호에게 전달하였고, 4월 5일 오후 4시경 서울신문사 앞 노상에서 전기 이병철로부터 동맹원에게서 징수한 기금 5천원을 받아 동일 오후 5시 경에 청구서점에서 전시 배호에게 전달하였다.

　이밖에 다른 장르의 맹원들과도 수시로 여러 활동인물 포섭 소개, 금품 모금한 걸 받아 전달, 조직 강화책, 기타 여러 활동을 한 것으로 나열. 그 중에는 이건우도 포함.

　징역 10월 선고받음1950.2.6 서울지법.[23]

　이용악은 서대문형무소에서 복역 중 한국전쟁으로 자유로운 신분이 되어 월북했다.

　북쪽이 고향이었으나 남로당 숙청에 연루되었지만 집필금지라는 가벼운 처벌을 받아 조선작가동맹 시분과위원 단행본부 부주필1956을 맡는 등 활동하면서 대표작으로 알려진 「평남 관개시초灌漑詩抄」 등을 써서 이 작품으로 조선인민군 창건 5주년 기념문학예술상 운문부문 1등상을 받았다. 건강 악화로 1971년 사망한 것으로 추정한다.

---

23 『좌익사건실록』 제4권, 21~29쪽. 「남로당 중앙당 및 서울시당사건」 중 「남로당 서울시 문련예술과 사건」. 더 장황하지만 여기서는 당시 검사들의 고발장 형식과 내용을 느낄 수 있게 일부만 소개. 더 자세한 활동 세목은 정영진 문학사론집, 『문학사의 길 찾기』, 배호 편 125~126쪽 볼 것.

8. 문향 영양 출신의 서정성 짙은 이병철 시인

은하 푸른 물에 머리 좀 감아 빗고

달 뜨걸랑 나는 가련다

목숨 수壽자 박힌 정한 그릇으로

체할라 버들잎 띄워 물 좀 먹고

달 뜨걸랑 나는 가련다

삽살개 앞세우곤 좀 쓸쓸하다만

고운 밤에 딸그락딸그락

고운 밤에 딸그락딸그락

달 뜨걸랑 나는 가련다이병철, 「나막신」

이 동화처럼 아름다운 시는 한국전쟁 전에는 교과서에도 실려 널리 애창되었지만 막상 작가에 대한 정보는 거의 없었다. 전후에 중학생이 된 나는 상이용사傷痍勇士, 한국전 때 부상 후 제대한 병사에게 경의를 표하고자 불렀던 명칭로 한 쪽 다리를 절뚝이며 걸었지만 언제나 단정하고 올곧았던 국어교사가 이 시를 몇 번이나 낭송하며 그 아름다움을 상찬하던 모습이 지금도 눈에 선하다.

이병철李秉哲, 1918~1995의 별칭은 풍림風林이고, 고향은 작가 이문열 집안의 세거지世居地와 같은 마을인 경북 영양군 석보면 원리두들마을이다. 이문열의 친형 이현 역시 작가임을 감안하면 재령 이씨의 집성촌이었던 이 마을은 두 작가만이 아니라 이들보다 훨씬 선배 격인 이병각李秉珏, 1910~1946. 이병철 두 시인까지 합치면 가히 문향으로 손색이 없다.

문학사에 조예가 깊은 분들이라면 필시 조지훈과 그의 친형 조세림趙世林, 본명 趙東振, 1917~1938의 주실과, 두들마을과 주실의 중간쯤에 있는 시인 오일도吳一島, 1901~1946의 고향 감천동까지 떠올리면 일월산 정기를 받은 영양 전 고을이 문향임을 더욱 절감할 수 있을 것이다. 더구나 세림과 지훈 형제는 오일도에게 시문학 공부를 신세 진 관계였고, 이병철은 족형族兄뻘인 이병각에게

250   제2부 / 이승만 집권 초기

문학을 배웠으니 지연地緣의 작용도 지나칠 일이 아님을 느낄 수 있다.

이병철의 문학적 스승은 이병각만이 아니었다. 8·15 직후 조선문학가동맹의 거두였던 평론가 이원조李源朝, 1909~1955도 그에게는 스승 격이었다. 이육사의 둘째 동생인 이원조는 이병각과 막역한 사이여서 이병철은 족형 병각을 통해 이원조와 가까이할 수 있었다.

8·15 직후에 유명한 투사 시인이 된 이병철은 식민지 시기에 혜화전문惠化專門, 동국대 전신을 나왔다. 평론가 조연현과 동문이었던 이병철은 학창시절에 고모부였던 서승효徐承孝, 1882~1964의 민족의식에 많은 영향을 받았다. 충남 청양 부농 집안 출신인 고모부는 일본 유학 중 중국으로 가서 독립운동에 투신하다가 귀국, 언론인이 되어 『동아일보』, 『조선일보』, 『중외일보』, 『조선중앙일보』 등지에서 주로 편집, 교정 등 내근을 하면서 민족운동을 묵묵히 도우다가 조선어학회사건1942에 연루되어 옥고를 치른 숨은 민족투사였다.

이병철은 이원조의 추천으로 월간 『조광朝光』조선일보사 발행. 1943.12을 통해 시인으로 등단했으며, 등단작은 「낙향소식落鄕消息」이다.[24]

"낙동강 굽이굽이 일곱 구비 돌아돌아 뜨내기 8년 만에 한 쌓고 돌아왔소"라는 전문前文을 붙인 이 시는 이병철이 일제의 극악했던 탄압으로 가팔라진 서울살이를 접고 귀향하면서 "두 번 다시사 떠나지 않을란다 / 너의 진자주 옷고름으로 맹세를 맺으마 / 밭갈아 이랑이랑 호미로 김을 매고 / 내사 애비의 순한 아들이런다"로 끝맺는다.

그는 향리에서 8·15를 맞자 무척 설레었겠지만 이에 대한 기록은 없으나 그 소회를 담은 멋진 시는 전한다.

네 닭아 // 가만가만 / 숨 쉬면서 / 오래 밤을 숨 쉬면서 // 어스럼 // 눈에 삼삼

---

24 이원조(李源朝, 1909~1955)의 아호는 여천(黎泉), 임목아(林木兒)로 이육사의 둘째 동생이다. 일본 호세이(法政)대학 불문학과를 졸업(1935)한 그는 『조선일보』 학예부 등에서 오랫동안 몸담고 있으면서 항일 혁명문학의 든든한 버팀목 역할을 했다. 8·15 후 문학가동맹의 맹장으로 활약하다가 북행, 남로당 숙청에 연루, 투옥됐으나 처형은 면한 것으로 알려져 있다.

그러면서 / 얼마나 이 아침을 기대렸느냐. / (…중략…) / 살살이 / 어둠을 털고 내려와 // 벼슬 / 그윽히 목을 뽑아 울어라 / 하늘까지 울어라 // 얼마나 이 아침을 기대렸드냐.「새벽」

1945년 8월에 썼다고 하니 그로서는 8·15 후 첫 작품이다. 그는 바로 안동농림학교 교사^{9월 중순}를 비롯한 문학관련 일을 시작하면서 시도 발표했다. 이 무렵, 그러니까 9월에 쓴 시 「소」는 "아득히 머언 조상 때부터 무위^{無爲}히 섬겨오던 뿔"을 인내와 분노의 상징으로 삼아 이제야말로 그 뿔로 "한마당 원수"를 들이받을 힘을 기르고자 "조용조용 풀을 먹는" 소에다 자신을 투사시켜준다.

이렇게 그는 자신의 속내를 드러내는 민족해방의식의 작품을 연달아 발표하여 문단의 주목을 끌었다. 그러자 비슷한 투사인 김광현, 김상훈, 이병철, 박산운, 유진오 다섯이 모여 『전위시인집』^{노농사, 1946}을 냈고 이렇게 시동이 걸리자 가속도까지 붙어 이병철은 일약 투사의 전위대에 서게 되어 낙향할 때 맹세했던 고향 지키기도 깨트린 채 상경하지 않을 수 없었다. 그가 식솔을 데리고 상경한 것은 1946년 연말로 추정된다. 이때의 풍경을 그는 이렇게 읊었다.

귀떨어진 소반이며 바가지며 / 그리고 오오랜 가난에 끄슬린 양은냄비며 / 모조리 노끈으로 알뜰히 꾸려들고 // 젖먹이와 네 살먹이와 나의 안해와 / 어두운 밤 지붕도 없는 화물열차에 실리어 오면서 // (…중략…) // 여든아홉 개 터널을 하나씩 헤아리면서 하나씩 지낼 때마다, / 캄캄한 어둠이 싫어서 싫어서 / 얼마나 기적소린들 소스라쳐 울었겠나 마는 // 경경선^{京慶線, 서울~경주간의 노선. 현 중앙선}500킬로 / 불길처럼 가슴을 식식거리며 쬐그만 기차가 이윽고 와닿으면^{驛頭에서}

서울에서 그를 기다린 것은 일제 때보다 더 억센 탄압 아래서 하루하루가 위험한 속에 수행해야만 했던 가열찬 투쟁이었다.

자유와 평화와 민주주의를 지키는 젊은 수호신들의 머리 위에,

천둥번갯불 으르렁대는 하늘이여 남조선이여-

옆도 뒤도 없는 한 뼘 따 위에 정녕코 굽힐 수 없는 젊음을 째겨 딛고 서서

아 사뭇 위태로이 불러보는 우리들의 조국은 아직도 멀리 있는가「목아지」

  그는 이화여중 교사^{1948.8}를 지내면서도 이미 불법화된 문학가동맹의 임무를 충실히 수행했다. 1949년 교직을 떠나 서울신문에서 발행하던 월간지 『신천지』에 관여하면서 유명한 나환자 시인 한하운을 발굴하여 등단^{「신천지」,} ^{1949.4}시킨 일화는 너무나 유명하다.

  그가 이용악 등이 1949년에 검거당할 때 피신했다가 1950년 3월에야 체포되었는데, 그가 관련된 공소사실은 위의 이용악에 관한 것과 똑 같다. 이 공소장에 따르면 배호-이병철-이용악은 서로 뒤엉켜 있음을 알 수 있다. 그는 투옥 5개월 만에 한국전쟁을 만나 자유의 몸이 되었다. 1950년 9월 그는 다른 문인들과 달리 전 가족을 데리고 북행하여 오래도록 활동하다가 작고했다.²⁵

25 ① 정영진, 「시인 이병철의 잃어버린 귀향도」, 『통한의 실종문인』, 문이당, 1989, ② 이강언·조두섭, 『대구, 경북 근대문인연구』, 태학사, 1999, ③ 한경희, 「이병철 시연구」, 한국어문학회, 『어문학』82호, 2003 게재 등 참고.

김태준과 박치우
두 지식인의 비극

1. 자라처럼 2억 년을 원형 그대로 살아가는 진리의 투지력

탄압과 규제가 도리어 자라 같은 끈질긴 저항하는 생명력의 자양강장제임을 인류의 역사는 보여주고 있다. 기독교가 그랬고, 인류의 진보를 위한 모든 진리와 사상이 그랬다. 온갖 탄압에도 진리는 자라 같은 끈질긴 생명력으로 그 명맥을 유지한다. 지구 위의 모든 생명체 중 가장 오랜 세월인 2억 년 동안 자연 환경의 변화에도 불구하고 원형 그대로 변질하지 않은 채 생존하고 있는 자라처럼 진리는 압제와 강요와 금기의 벽을 허물고 그 생명력을 지탱한다.

8·15 직후 변혁운동의 중핵을 이뤘던 많은 지식인 중 대표적인 인물이라면 아래 4명을 꼽을 수 있다.

① 김태준金台俊, 1905~1949

② 신남철申南澈, 1907~1957?

서울 출신으로 중앙고보-경성제대 법문학부 철학과 졸업1931. 미야케 시카노스케三宅鹿之助, 1898~1982 교수에게 마르크스 철학 배움. 8·15 후에는 연안의 조선독립동맹 계열인 남조선신민당백남운 대표에 가입, 나중 남로당에 흡수 통합됨. 당시 그의 저서 『전환기의 이론』은 대중적인 인기가 높았다.[1]

---

1   미야케 시카노스케(三宅鹿之助, 1898~1982), 독일의 바이마르공화국(제1차 세계대전 패배 후 황제체제 폐지 후 현대 세계 헌법의 교본 격인 바이마르 헌법을 준수했던 1919~1933년 히틀러 집권) 시기에 독일 유학. 1927년 경성제대 철학과 조교수로 부임, 투철한 마르크스주의 이론가이자 실천가다. 경성트로이카의 구성원(이재유, 김삼룡, 이현상, 이관술, 이효정, 이순금, 박진홍)의 주도인 노동운동가 이재유(李載裕, 1905~1944.10.26 옥사)는 정태식의 소개로 미야케 교수 집을 방문한 계기로 신뢰가 쌓여 있었기 때문에 이재유가 체포된 경찰서에서 탈출(1934.4.13)하자 자신의 관사 지하 토굴에다 37일간 은닉시켜 주었다. 이게 발각당해 이재유를 도주케 하고 자신은 투옥(5월)됨. 미야케 교수는 국제국산당원으로 학내에서 이강국, 박문규, 최용달에게 사상교육을 시켰고 정태식, 이재유 등과도 제휴하여 반제활동을 했다. 미야케 교수는, 조선독립을 주장하며 일본 황궁의 니주바시투탄의거(二重橋 投彈 義擧, 1924)의 의열단원 김지섭 의사, 박열과 가네코 후미코(金子文子, 朴文子, 1903~1926)를 비롯해 많은 독립투사들을 변론한 후세 다쓰지(布施辰治, 1880~1953)변호사와 함께 한국을 도와준 쌍벽을 이룬 인물이다.

남북회담을 지지했던 그는 월북 후 북에서 김일성대학 철학과 학과장 등을 지냈다. 신남철은 "주체主體, subject라는 말을 자주" 썼다면서, 박노자는 그가 죽은 뒤 북이 내세운 주체철학이 내용은 비록 다르지만 그 철학의 이름에는 그대로 "전해지지 않았을까, 조심스레 추측해"본다고 했다.[2]

③ 박치우朴致祐, 1909~1949

④ 정태식鄭泰植, 1910~1953

충북 진천 출신, 청주고보, 경성제대 법문학부 법학과 시기에 미야케 교수에게 마르크스주의를 배움. 조선공산당 재건 관련 참여로 검거, 5년 복역 후 만기 출소1939, 그 해 12월, 경성콤그룹 대표상무위원을 맡다.

8·15 후 『해방일보』 주필, 민주주의민족전선 중앙위원1946.2, 남조선노동당 중앙위원 겸 조사부 부장 등을 지내며 당 이론가로 활약. 국가보안법 위반으로 피체1950.4, 20년 형을 받고 복역 중 한국전쟁으로 자유 되찾아 월북, 북한 농림성 기획처장. 남로당 종파사건1953에 연루, 처형됨.

이 넷 중 ②와 ④는 북행했지만 ①과 ③은 남한에서 활동하다가 장엄한 최후를 마친 양심적인 활동하는 지식인으로 가히 세계사의 전범이 됨직하기에 여기서 간략히 그 생애를 살펴보려고 한다.

2. 김태준, 대석학의 항일투쟁과 지하활동

조선 독립운동사 중에는 신화적인 탁월한 인물이 적지 않지만 지식인으로서는 김태준처럼 대하드라마의 주인공이 될 만큼 검증된 인물은 없을 것이다. 그의 발자취는 고향인 평안북도 운산부터 전북 이리를 거쳐 서울과 중

2   박노자, 「신남철 – 식민지 조선의 제국대학에 출현한 주체의 철학자」, 『조선 사회주의자 열전 – 대안적 근대를 모색한 선구자들, 그들의 삶과 생각을 다시 찾아』, 나무연필, 2021 중 참고. 인용은 23쪽.

국, 특히 중국 혁명의 요람인 옌안延安과, 8·15 후의 서울과 지리산에 이르기까지 선명하게 새겨져 있다. 그는 독립운동이든 노동운동이든 항상 그들과 함께 하기를 자원했고, 자진해서 스스로 그 현장을 찾아 함께하는데 전 생애를 보냈다. 아마 세계 지식인사에서 김태준 처럼 치열하게 불꽃처럼 투쟁하다가 처참하게 처형당한 예는 흔하지 않을 것이다. 투쟁에서뿐이 아니라 학문연구에서도 그처럼 긴요한 문제를 깊이 탐구하여 여러 분야에서 선구적인 업적을 남긴 예도 흔치 않을 것이다.

김태준은 평북 운산雲山군 동신면 성지동에서 1905년 11월 22일 중농 정도의 시골 선비 집안아버지는 金河龍에서 태어났다. 나중 그는 호를 천태산인'天台山人, 별호를 고불古佛, 성암聖巖이라 지었다.[3]

운산공립보통학교를 졸업1920한 그는 이듬해에 영변寧邊농업학교2년제를 나온 뒤 전북 이리裡里, 1995년 익산시로 개편농림학교 3학년에 편입1923했다. 재학 중한 일인 교사가 "선인鮮人들은 모두 쓰잘데가 없다"는 경멸의 말에 분개해 동맹휴학1925을 감행했는데, 급장이었던 김태준은 2개월 근신처분을 당했다. 이리 농림 졸업1926후 김태준은 같은 해 4월에 경성제대 예과에 진학했다.[4]

그는 예과 수료 후 법문학부 중국문학과支那語學及支那文學科에 진급1928.4, 본격적인 대학생활로 접어들어 당대의 수재 청년들로 구성된 서클활동에 적극 참여했는데, 그 하나는 잡지 『신흥新興』1929~1937. 9호까지 목차가 나와 있음의 모태였던

---

3   김용직, 『김태준 평전―지성과 역사적 상황』, 일지사, 2007를 기본 텍스트로 삼았다. 김태준 저작은 영인본으로 출간된 『김태준 전집』 전5권, 보고사, 1998. 1권 시가, 2권 산문, 3권 한문학. 사학, 4~5권 자료집으로 구성. 노다지 금광으로 유명한 운산은 김소월의 약산 진달래의 영변과 인접.

4   게이조 테이코쿠 다이가쿠(京城帝國大學)는 일제의 식민통치를 위한 제국대학 제를 본 뜬 것이다. 도쿄제국대학을 시발로 교토(京都), 도호쿠(東北), 규슈(九州), 홋카이도(北海島)에 이어 서울에다 6번째로 설립(1924)되었다. 이후 일제는 다이호쿠(臺北), 오사카(大阪), 나고야(名古屋)에도 설치했다. 예과란 당시 구제(旧制)고교(고교 때 대학 교양과목을 교육)를 졸업해야만 제국대학 입학 자격이 주어졌는데, 일본에만 8개 구제고교가 있을 뿐, 조선의 고등보통학교는 다 제국대학에 입학하면 교양과정부에 해당하는 2년제 예과를 거쳐야만 되었다. 경성제대는 예과(문과, 이과), 법문학부(법과, 철학과, 사학과, 문학과), 의학부, 이공학부로 구성되어 있었다.

유진오 주도의 경제연구회 동인이었다. 이강국, 박문규, 최용달 등 장래에 사회주의운동의 투사가 될 인물들이 참여한 여기서 김태준은 마르크스주의에 심취하게 되었다. 이 서클과는 달리『신흥新興』의 필진은 신석호, 김계숙, 유진오, 고유섭, 이희승, 최재서 등부터 이강국, 신남철, 박치우, 김태준 등 나중 마르크시즘 이론의 선구자가 될 인물들까지 두루 포함하고 있었다.

김태준이 참여한 다른 한 서클은 조선어문학연구 모임이었다. 이 모임을 처음부터 주도한 것은 조윤제로 여기에는 이희승, 김재철, 김태준, 서두수, 이숭녕, 방종현, 고정옥, 구자균 등으로 늘어났다.[5]

김태준은 전공인 중문학보다는 조선 고전문학에 깊은 애정을 품고 연구에 매진하여 재학 중이던 1930년에 사상 처음으로『조선소설사』를『동아일보』[1930.10.31~1931.2]에 연재했다.[6]

그는 1931년 중문과를 졸업, 성균관이 개편된 경학원經學院에 들어가 한국 고전에 대한 연구와 논문을 발표하며 분주히 지내던 중 경성제대의 반제동맹사건[1934]으로 미야케 교수가 구속되자 이강국 등과 연행당해 조사를 받았으나 무혐의로 풀려났다.[7]

---

5   支那語學及支那文學科를 한자로 소개한 것은 일본이 동양문화의 중심부라는 중국의 이미지를 깎아 내리려고 支那란 표기를 채용, 중일전쟁(支那事變) 등으로 통용시키는 등 상용화시켰기 때문이다. 그러나 조선의 지식인들도 중국이란 호칭보다는 지나라는 술어를 자주 썼는데, 그것은 일본의 경멸조가 아닌 가치중립적인 자세에서 나온 것으로 볼 것이다. 국어국문학 연구에 널리 알려진 인물이 대부분인데, 서두수(徐斗銖, 1907~1994)는 낯선 독자들이 많을 것이다. 당시 경성제대에서는 '국문학전공'은 곧 일본어문학과였고, 한국문학 연구는 조선어문학과로 호칭해서 일문학 전공 조선인 학생은 서두수가 유일했다. 8·15 후 그는 연구 분야를 한국문학으로 바꿔 서울대에 재직하다가 콜럼비아대학으로 유학(1949), 하버드 대, 워싱턴 대 등에서 한국문학 강의를 맡아 미국에서의 한국문학 소개에 큰 업적을 남긴 민족주의자로 여생을 보냈다. 이 모임은 1931년 조선어문학회를 발족, 회지『조선어문학회보(朝鮮語文學會報)』를 간행하면서 중요한 단체가 되었다.

6   단행본으로는『조선소설사』, 淸進書館, 1933. 설화시대부터 개화기와 계급문학까지를 두루 다룬 개괄서. 특히 전무후무하게『고금소총(古今笑叢)』을 하류층의 양반 풍자문학으로 다룬 게 획기적이다.

7   조선조의 성균관이 경학원으로 개칭 운영(1887~1894)되다가 폐지된 것을 일제가 1911년 천황의 하사금으로 부활시켜 유교를 통한 황국신민화를 도모했다. 그러나 1930년 명륜학원, 명륜전문학원(1939), 명륜전문학교(1942), 명륜연성소(明倫鍊成所, 1944)로 변해 오

그는 진단학회 창립에도 참여했다.[8]

1935년부터 명륜학원 강사를 지내면서 김태준은 공식행사에서도 황국신민 서사의 복창이나 국가를 부르지 않으면서, 민족문학사적으로 중요한 주제들예를 들면 다산을 부각시키기, 화랑도, 조선민란, 고전 가요와 가사, 시조, 민요 등등을 집중 연구했다. 그러던 중 경성제대의 조선문학 교수 다카하시 도오루高橋亨가 정년퇴직하자 그 강좌1939를 김태준이 맡게 되었는데, 이건 경성제대에서 조선인이 전공강의를 맡게 된 첫 사례였다.

김태준이 세칭 경성콤그룹조선공산당 재건 경성위원회, 1939.1~1941.1에 가입한 것은 1940년 5월이었다. 이 조직이 꾸려지기까지의 역정에는 이관술李觀述, 1902~1950과 이재유가 주도했던 경성트로이카1932~1934, 조선공산당재건 경성재건그룹1934~1936, 조선공산당재건 경성준비그룹1935~1936을 거친 뒤였다.

경성콤 그룹의 지하 활약상은 실로 인간미 넘치는 감동의 명장면이 끊이지 않아 세계 사회주의 투쟁사에서도 손 꼽힐만한 대 로망이다. 경성트로이카의 주역인 이재유가 1934년 미야케 교수 댁에서 탈출, 온갖 난관을 뚫고 은신하여 근거지를 마련하는 과정은 민족해방 투쟁이 얼마나 간난신고한 험로인가를 일깨워준다.

이재유는 이관술과 함께 철저히 위장, 양주군 공덕리현 노원구 창동의 한적한 농촌에 정착했다. 마침 지난해의 홍수로 유랑민이 많아 그들도 난민 행세를 했다. 이관술은 수중의 비상금 300원으로 황무지를 개간하여 농사를 지으며 가축도 길러 점점 돈을 불린 데다 농민들에게 여러 도움을 주며 든든한 신뢰관계를 쌓았다. 저절로 동지들도 생겨 그들로 하여금 지방조직과 연락까지 할 수 있을 정도였다.

이관술은 계란장사로 위장하여 2개월 만에 50명의 조직원을 확보한 데다 경성재건그룹 명의로 기관지 『적기』를 제작하려고 등사기도 구입하여 모든

면서 유교 전문학교가 되었다. 미야케 교수사건은 각주 1을 참고.

8   진단학회(震檀學會, 1934.5.11 조직)는 이병도 등 주도로 한국인 학자의 힘으로 역사, 언어, 문학을 연구할 목적에서 창립. 기관지 『진단학보』는 일제하에서 14집까지 발간.

걸 직접 제작해 직접 조직을 통해 배포까지 했다.

그러나 일제가 잠적한 활동가를 색출하고자 유랑민 신원조사를 철저히 실시하면서 그들이 둘러댄 본적지의 거짓이 탄로되었다고 경찰이 통보해 왔다. 바로 새 가짜 주소를 대고는 창동 청산 작업을 서둘렀다. 이재유는 창동역 부근 약속에 나가며 2시까지 자신이 귀가 않으면 이관술은 피신하라는 말을 남기고 나갔다가 피체^{1936.12.25}당했다. 5개월 고문 후 이재유는 서대문형무소에 갇혔다.

이관술은 창동에서 탈출, 홍천, 인제를 비롯한 여러 곳을 떠돌면서도 활동을 계속하다가 대전을 거쳐 대구에서 반찬가게를 열어 정착하여 활동, 1939년 초 상경하여 경성콤그룹 활동을 이어갔다.

언양의 천석꾼 집안 출신인 이관술은 동덕여고보 역사지리 교사로 부임^{1929.11}하여 학생들에게 선풍적인 인기를 얻으면서 재학생과 졸업생들에게까지 막강한 영향력을 발휘하여 독서회를 통해 의식화했다. 이미 그에게는 아내^{박정숙}와 딸^{성옥}이 있었고, 이복동생인 이순금은 동덕의 학생이었다.

이런 성장배경을 가진 그는 철저히 노동자 중심의 소그룹을 조직하는데 진력했다. 이 때 출옥한 이현상과 수배로 피신 중이던 권오직이 가세, 새 지도부를 형성^{4월}했고, 5월에 박진홍이 출소하여 동참한 데 이어 정태식과, 이미 출소해 그들을 찾던 이순금도 가세했으며 김단야도 함께 하여 전국규모로 여러 유파의 사회주의자들이 활동을 전개하고 있었다.

이 무렵^{1940.5}, 연구에 몰두하는 한편 독립투쟁을 보다 효율적으로 수행하려면 사회주의가 낫겠다는 신념을 가졌던 김태준에게 경남 산청 출신으로 항일투쟁으로 두 번이나 옥고를 치른 후 경성콤그룹 마산지역 책임자로 있던 권우성^{權又成}이 찾아왔다. 경성콤그룹^{박헌영이 책임자로 추대됐고, 조직은 김삼룡이 담당}은 김태준을 가입시키자는 결의를 했고 그 포섭 책임을 맡은 게 권우성이었다. 유대관계는 급진전하여 김태준은 이현상과 김삼룡에 이어 박헌영 등을 두루 만나면서 조직의 중심축으로 들어섰다. 그가 가입할 무렵의 경성콤그룹의 조직은 박헌영 지도자 아래로 조직^{김삼룡 등}, 기관지 출판부^{이관술 등}, 인민전선부_{김태준, 정태식, 이현상}, **노동부**_{김삼룡}, 가두부, 학생부, 일본유학생부, 금속노조책으로 큰 틀을 짰고, 이를 중심으로 세부조직들이 지역, 노조 부문별, 학교별 등등으로 촘촘하게 조직되어 있었다. 김은 조직에서 내린 온갖 일들을 처리하느라 전국을 누비며 쏘다녔는데, 1941년 1월, 이관술, 김삼룡, 이현상, 권우성 등과 김태준도 피검, 서대문경찰서에 갇혔으나 박헌영은 도피에 성공, 광주의 벽돌공장 노동자로 변신해 8·15까지 버텼다.

이런 정황에도 경성콤그룹은 8·15까지 4차례의 검거를 당하면서도 계속 활동했다.[9]

이 석학이 강단에 있으면서 남긴 많은 업적 중에서 『훈민정음 해례본』을 발견, 문화재 발굴 수집 전문가인 전형필_{全鎣弼, 1906~1962}이 매입할 수 있도록 길을 터준 사건_{1940.7}일 것이다. 김태준은 안동이 고향인 한 제자_{이용준}에게서 그 책이 가보로 내려오고 있다는 스쳐가는 이야기를 듣고 발 빠르게 움직여서 전형필이 그 소유자가 요구하는 금액의 10배인 기와집 10채 값인 1만 원으로 구입한 것이다.

김태준은 2년간 갇혀 있는 동안에 어머니와 아내_{그는 이미 기혼자였다}, 어린 아들이 죽은 뒤인 1943년에야 병보석으로 석방되었다. 이 처량한 석학에게 새로운 여성이 나타났다. 바로 이관술이 몸 담았던 동덕여고보 출신의 박진홍_{朴鎭洪, 1914~?}이었다.

함경북도 명천의 가난한 집안 출신인 그녀는 넉넉한 다른 친구들과는 달리 아르바이트를 하는 처지였으나 너무나 총명하여 동맹휴학을 이끌어 퇴학당한 후 본격적인 민족해방투쟁에 투신, 투옥과 석방을 거듭했다. 이런 과

---

9   조선공산당사 중 가장 열렬한 장면들이 속출하는 경성콤그룹을 다룬 연구자료는 무척 다양하고 많은데 그 중 중요한 것은 다음과 같다. 김경일, 『이재유 연구』와 『경성콤그룹과 지방 조직』과 『이재유-나의 시대 나의 혁명』, 안재성, 『이관술 1902~1950』 및 『이현상 평전』과 『박헌영 평전』, 그리고 안재성 소설 『경성트로이카-1930년대 경성거리를 누비던 그들이 되살아온다』, 임경석, 『이정 박헌영 일대기』, 이정 박헌영전집 편집위원회, 『이정 박헌영 전집』 등. 수선사학회. 성균관대 동아시아역사연구소 공동학술대회 『이관술과 그의 시대』(2023.6.29)의 발제문집(발제자 박한용, 전명혁, 임경석, 임성국)도 좋은 참고가 된다.

정에서 그녀는 이재유와 동거하며 투쟁도 함께 하다가 투옥, 옥중에서 아들을 낳기도 했다. 4번째 옥살이에서 출소[1944.10.9]한 그녀가 진로 모색 중 만난 게 김태준이었고, 둘은 암울한 국내 탈출에 합의, 목적지를 옌안延安으로 선택했다.

3. 옌안에서 맞은 8·15, 그리고 대학자의 처형

김태준은 대학병원 조수란 신분증에 걸맞게 변장하고 1944년 11월 27일 경의선 열차로 서울역을 떠났다. 먼저 출발한 박진홍과 신의주에 닿기 몇 정거장 앞의 비현역에서 만나기로 했다. 그는 이 일대에서 뜻을 함께하는 투사들을 통해 집과 책을 처분할 수 있었고, 아편장사들의 비밀 행로도 소개받아 단둥, 텐진, 베이징을 거쳐 스자좡石家莊을 경유, 팔로군 지배 지역으로 들어갔다. 이어 김태준은 조선의용군의 한 지대를 만난 천가구泉家溝에서는 편안하게 10여일을 머물며 여러 대화를 나눌 수 있었다. 여기서 옌안까지에는 여전히 일군 점령지를 비롯한 험로가 놓여 있었다. 이 김태준의 『연안행』은 1945년 1월 23일까지만의 일정을 썼다. 이 파란만장한 여정은 너무나 재밌지만 여기서는 과감하게 생략한다.[10]

부부가 옌안에 도착한 건 1945년 4월 5일이었고 김태준은 조선의용군에 정식 입대하여 훈련도 받았다. 그런데 실전배치예정일인 8·15을 맞았다. 귀국 중 박진홍은 아들 김세연을 출산했고, 그들 부부는 11월 하순에야 서울에

10　김태준, 『延安行』, 안재성 소설 『연안행』 등 참고. 김태준의 글은 조선문학가동맹 기관지 『문학』(제4권 3호, 통권 3호)에 실렸는데, 여기서 그는 "문학연구니 역사연구니 언어연구니 하는 것은 우리 정부가 수립된 후의 일이니 당분간 이 방면의 서적은 상자에 넣어서 봉해두자. 보는 책은 경제학ABC, 인터내셔널, 전기, 레닌 선집 등이었다. 나는 좀 더 튼튼한 세계관을 수립하려고 모색하였다. 외계에는 공출, 배급, 징용, 징병에 떨며 울고 있는 수천만 형제자매의 아우성소리 조음(燥音)이 이타(耳朶)를 치는데, 어느 겨를에 조선문학이니 조선역사니 찾고 있을 수가 있을 것인가라고 하였다"라고 자신의 고뇌를 털어놓았다.

도착하였다.

그러나 나라는 이미 독립투사들이 꿈꿨던 그림과는 사뭇 다른 방향으로 흘러가고 있었다. 이런 혼란 속에서 김태준은 자신의 역할인 둘로 나뉜 문학 단체를 조선문학가동맹으로 합치는데 일조하는 한편 자신의 학문적인 보금 자리인 경성대학에도 몸을 담았다. 김태준은 교직원 투표로 뽑는 총장 선거에서 3명의 후보 중 최다 득표를 했지만 미군정은 이를 거절하고 목사 출신 대위Harry Bidwell Ansted, 1893~1955를 서울대 초대 총장재임 1945.10.7~, 경성대학 총장. 서울대로 개편된 1946.8.22~1947.10.22으로 임명했다.

이런 판국에 이 대석학은 어떻게 살아야만 했을까.

그는 미군정이 조선정판사사건을 빌미로 박헌영 체포령과 조선공산당 불법화1946.9를 공표한 이후에 결성된 남로당1946.11.23의 문화부장을 맡았다. 이 후부터 그의 투쟁 행보는 점점 빨라져 문화단체총연맹, 민주주의민족전선, 교육자협의회, 과학자동맹 등등 거의 모든 진보적인 단체나 조직의 간부가 되었다.

시국은 더욱 긴장됐다. 조선공산당은 미군정의 불법화 직후인 1946년 7월에 '신전술'로 전환, 9월 노동자 총파업, 대구 10월항쟁 등등으로 혼란이 중첩되는 가운데 남로당은 1947년 2·7구국투쟁을 선언했다. 이미 단정수 립을 위한 움직임의 발이 빨라졌기 때문에 내세운 전략이었다. 마침 제2차 미소공동위원회까지 결렬의 조짐이 짙어지자 시국은 더욱 어수선해졌다. 저간의 상황을 이해하려면 잠시 미소공동위원회로 잠시 시선을 돌려야 할 것이다.

1946년 3월 20일에 열렸던 제1차 미소공동위원회는 애초의 제안자였던 미국이 이미 추진할 의사가 없어진 상황에서 김구-이승만 등이 불참을 선 언하여 5월에 그 막을 내렸다. 제2차 미소공위는 1947년 5월 21일 시작됐 으나 이미 미국-이승만은 남한 단독정부 수립정책이 구상된 뒤라 성공할 가능성은 극히 희박했다. 이런 분위기에서 통일정부를 열망하는 정당과 사 회단체에서는 청원서를 제출했고, 평양회의까지 개최1947.7.1하자 남로당은

'7·27투쟁'이란 이름으로 적극 지지하고 나섰다. 이에 박차를 가하고자 그들은 '8·15해방 2주년 기념시민대회'를 대대적으로 실시하려고 준비했고 이를 미군정은 용납할 수 없었을 것이다.

미군정이 이를 진압하는 건 이미 식은 죽 먹기였다. 남로당이 8월 15일을 기해 폭동을 일으키려 한다면서 '8·15폭동음모사건'을 구실로 8월 12~13일에 걸쳐 남로당과 그 산하단체에 대한 총검거를 실시했다. 이때 전국적으로 검속된 게 1만 3천769 명이었다. 조병옥 경무부장이 "해방기념일을 정치투쟁의 기회나 도구로 사용하지 말 것"을 촉구하자 피검된 단체들은 "폭동음모 운운은 군정당국에 의해 순전히 날조된 것"이라고 주장이라고 강력히 반박했다.

이미 김태준도 허헌, 김오성 등 거물들과 함께 수도경찰청에 체포되어 있었다. 그러나 미군정은 어차피 정치적인 소동몰이에 그쳤을 뿐만 아니라 이들에게는 아무런 혐의도 없었고, 미소공위의 소련이 강력히 항의하여 김태준 등 거물들은 곧 풀려났다. 이어 거의 대다수가 석방되었지만 그 소동으로 남로계 모든 단체들은 지하활동으로 돌입하지 않을 수 없게 되어버렸다. 남로당은 박헌영이 일찌감치 1946년 10월 도피를 시작해 월북, 38선에 가까운 해주시 해운동 북한노동당 황해도당 본부 옆 제1인쇄소에다 전초기지를 마련, 대남지시를 내리는 체제를 갖췄다. 박헌영 자신은 평양에 있으면서 해주에는 권오직, 박치우 등 당 일꾼들과 문학인으로는 임화^{곧 평양으로 떠남}, 김남천, 이태준, 이원조 등이 머물고 있었다.

이런 판세라 서울에 남은 남로당 주도세력은 김태준과 익히 잘 아는 김삼룡, 이주하, 이상현 등과 이승엽 등이 새 지도부를 형성했기에 저절로 김태준의 위상은 지휘부의 핵을 이루고 있는 격이 되었다. 조선문학가동맹 역시 비슷한 처지였다. 임화, 김남천, 이원조, 이태준 등은 북행해버려 지도부가 텅 빈 상태에서 문학가동맹 중요 간부들이 머물렀던 해주에서 임화-김남천이 내리는 지시를 배호가 받아 맹원들에게 전하는 상태였음은 이미 앞 절에서 본 바와 같다.[11]

1949년에 접어들면서 사태는 더욱 악화되어 갔다. 국가보안법^{1948.12}에 발동을 건 이승만 정권은 그간의 비판세력 모두에게 옥석을 구분하지 않은 채 사상을 전향시킨다며 계도를 구실로 국민보도연맹^{國民保導聯盟}을 1949년 4월부터 준비, 발족^{1949.6.5}시켰다. 전국 경찰과 공직자들의 경쟁적인 가입자 수 경쟁으로 1950년 초에는 30만 명을 넘겼다고 하나 아직도 그 실상을 다 밝혀내지 못할 정도로 분단 한국사에 드리운 두꺼운 치부의 한 장막으로 있다. 이런 정책이 강행될 수 있었다는 것은 이미 이승만 강압체제가 외형적으로는 그 틀이 잡혔다는 의미이기도 하다. 그래서 "국민보도연맹 안에 구성된 문화실에는 5백여 명의 문학 예술인이 소속하여 문학부, 음악부, 영화부, 연극부, 미술부, 무용부, 이론연구부 등의 전문분야를 두고 주간『애국자』지를 발간하기도 했다". "그해 10월 1일부터 11월 30일까지를 자수기간으로 설정했던 바 전국에서 30여만 명, 특히 서울에서만 1만 7천 명이 자수 전향하여 보도연맹에 가입하는 결과를 가져왔다." 이어 1950년 1월 8일부터 10일간 시공관에서 국민예술제를 개최했다.¹²

이런 판국에 김태준의 진로는 무엇이었을까? 아니, 그가 자신의 진로를 자기의지로 선택할 수는 있었을까? 일제 식민통치 아래서는 자기선택으로 옌안 행을 감행했다. 그러나 1949년의 김태준 앞에는 그럴 선택권조차 빼앗긴 상태였다는 게 객관적인 판단일 것이다.

당시 김태준의 정황을 알려면 잠시 남로당의 처지를 살펴볼 필요가 있다. 평양의 박헌영은 해주 전초기지 마련과 함께 쌍벽을 이룰 조직으로 세운 게

---

11 제2차 미소공위는 8월에 이미 틀어져버렸다가, 한국 문제를 유엔에 상정(1947.9.17)하기로 하는 등 비틀거리다가 종내에는 해산(10.21)하고 말았고, 유엔총회는 남북한 총선거를 결의(1947.11)했으며, 유엔 소총회는 남한 단독 선거안을 가결(1948.2)하면서 한반도는 분단의 절차를 끝냈다.

12 양한모, 『조국은 하나였다?』, 일선기획, 1990, 224~225쪽. 보도연맹 관련 자료는 엄청나기에 여기서 다 소개할 수 없다. 그러나 현재까지의 연구 경향은 피해자 밝히기의 초보적인 차원에 머물러 있다는 한계를 인식할 필요가 있다. 한국전쟁 초기에 저질러졌던 그들에 대한 이승만 정권의 만행은 바로 전쟁 중 북한 치하에서 그 보복 차원으로 더욱 잔혹해졌고, 이후 남북은 증오감으로 적대하는 냉전체제를 굳히는 계기가 되었음을 상기할 필요가 있다.

강동정치학원江東政治學院이었다. 일제가 탄광사무소와 합숙소로 썼던 평남 강동군 승호勝湖면 입석立石리현 주소는 평양시 승호구역 입석리 소재의 시설을 개축하여 세운 이 학원은 1947년 9월에 남로당 간부 재교육이 목적이었다. 초기에는 "도당 부위원장과 부장, 군당 위원장, 부위원장 급" 등을 3개월 정도 교육시켜 남파시켰으나, 1947년 이후 남한에서 대거 입북시키는 운동과 1948년 4월 남북 연석회의 등으로 입북자가 늘어나자 점점 확대되었다.

그러던 차에 남한에서는 남로당 불법화에 연이어 대구 10월항쟁[1946], 제주 4·3과 여순사건[1948] 등을 거치면서 지리산 등에 자생적인 빨치산이 발생했고, 북에서도 대남 유격대를 파견하게 되면서 강동정치학원은 빨치산 훈련소처럼 변했다.[13]

이런 판국에 서울의 남로당 간부들은 북에서 내려오는 지령대로 유격대 지원을 중시하게 되었고, 그게 김태준으로 하여금 문화공작대로 지리산에 입산하는 동기가 되었다. 이 문화공작대가 김태준만이 아니라 시인 유진오를 비롯한 문화공작대였음은 제1부 제4장 「첫 필화시를 남긴 사형수 유진오」에서 이미 서술한 바와 같다.

다만 김태준에게는 '남로당 문화부장'이란 직책 말고도 '소련 정보부 책임자'라느니, '특수정보부장' 등등 전혀 입증되지 않은 명칭들까지 따라붙은

---

13 강동정치학원에 대해서는 ① 김남식, 『남로당 연구』, 돌베개, 1984, 395~401쪽. 이 저서에는 강동정치학원의 구성원과 과목, 일과표 등등이 자세히 나옴. ② 김용직, 『김태준 평전—지성과 역사적 상황』, 일지사, 2007, 542~545쪽도 많은 참고 됨. ③ 정원석 장편소설, 『북위 38도선』 상하권, 교학사, 2006에 매우 구체적인 묘사 있음. 소설의 주인공인 실존인물 성일기(成日耆)는 경남 창녕의 대지주 집안의 종손으로 북한 국방위원장 김정일의 두 번째 아내 성혜림(成蕙琳, 1937~2002)의 오빠. 창녕군 대지면 석리의 성씨고가(成氏古家)는 경남 문화재 자료 제355호로 한국에 처음으로 양파를 시배한 곳(양파 시배지). 성일기는 아버지의 절친인 이강국의 권고로 1949년 2월 서울역—개성행 열차로 월북, 강동정치학원에서 3개월 훈련, 특수부대(빨치산)로 남파(1949.9.31), 온갖 고투 속에서 빨치산 투쟁 중 남도부와 최후까지 빨치산으로 남았으나 1953년 9월 그믐 무렵이 되자 남북에서 다 버림받은 처지에 놓여 출구는 북상하거나 일본으로 밀항하는 두 가지 뿐이었다. 둘 다 난망하다는 결론에 이른 둘은 부유한 성일기 대저택으로 일시 피신했다가 각자 도피의 길을 찾아 헤어졌으나 결국 둘 다 피체되었다.

점이 달랐다. 그러니 경찰은 감히 손을 못 대고 바로 군부대로 넘겨버려 군 형무소에 수감당했는데, 김태준이 수감된 시기는 7월 26일이었고, 그는 바로 군으로 신병이 넘겨졌다. 군 형무소에는 김태준과 그 조직원 이용환^{李龍煥,} ^{당 29세}, 박우룡^{朴雨龍, 당 27세}, 이원장^{李源長, 당 27세} 등과 시인 유진오와 동행이었던 음악부의 유호진^{劉浩鎭}과 영화부의 홍순학^{洪淳鶴}, 김지회의 처인 간호사 조경순^{趙庚順}과, 김호익^{金昊翊, ?~1949.8.12}총경 살해범인 이용운^{李龍雲, 당31세} 모두 9명이 함께였다.

이 중 주목할 사항은 이용운이 살해했다는 인물 김호익이다. 일제 때 경찰에 투신했던 그는 주로 사찰 및 정보계통에 근무하다가 8·15 이후 중부서 사찰계 형사, 서울시경 사찰과 정보주임, 정부 수립 후에는 서울시경 사찰과 초대분실장을 지내다가 피살당한 후 총경으로 추서된 인물이다. 사찰과 분실이란 김태선이 도입한 제도로서 경찰서의 사찰과와는 별개의 조직으로로 오제도 검사와 밀착했던 멸공 특수 조직이었다. 김태선에 의해 발탁된 김호익은 반민특위의 와해 공작의 일환이었던 국회프락치사건을 맡아 일약 유명해지면서 경감으로 승진했다.

김호익은 시경 사찰분리실^{경기도청 옆 여자경찰서 내}에서 잠시 휴식 중 찾아간 이용운에게 권총으로 피격^{1949.8.12}, 곧 죽었고, 도주하던 이용운은 중앙청 앞 버스 정류장에서 피체, 군재에 회부됐다. 그는 남로당 특수부 지령을 받았다는 검찰의 공소장을 끝까지 부인하며 오직 친일청산 저해와 한국 민주주의를 방해했기 때문에 김호익을 죽였다고 진술했다.

이들이 중앙고등군법회의법정에 선 것은 1949년 9월 27일부터 4일간 대법원 법정이었고, 11월 초에 9명 전원이 사형 언도를 받았다. 7명은 대통령 결재 과정에서 감형^{조경순도 포함}을 받았으나, 김태준과 이용운은 처형이 확정되어 둘은 11월 7일 수색의 군 처형장에서 총살형을 당했다. 이날 총살형장에는 이들 둘 말고도 다른 7명이 더 있었다고 한다.[14]

---

14 「김태준 등 사형 결정-조경순 등은 감형키로」, 『동아일보』, 1949년 11월 8일 자 참고. 총살 집행은 "북한 괴뢰집단의 첩보원 정관식(鄭官植) 등 9명과 함께 근일 모처에서 집행할 것이

4. 철학 교수 출신 투사 박치우의 비극

박치우朴致祐, 1909~1949는 함북 성진군현 김책시에서 태어났다. 그의 아버지朴昌英는 개신교 장로회 소속 전도사를 지내다가 목사 안수를 받았다. 아버지는 목사가 된 이후 시베리아의 동포들에게 전도하려고 떠나버려 집안은 어려웠다. 그런 어려움 속에서 그는 함경북도의 명문인 경성鏡城고보를 졸업1928, 경성제국대학 예과文科에 들어갔다.[15]

예과 수료 후 박치우는 법문학부로 진학1930하여 철학을 전공, 1933년 3월에 졸업했다. 재학시절의 지도교수는 미야모토 와키치宮本和吉, 1883~1972로, 그는 독일의 신칸트학파의 산실인 프라이부르크대학에 유학한 칸트 전공자였다.

박치우는 졸업 후 미야모토 교수의 조교로 들어가 신남철, 박종홍, 안호상, 전원배, 갈홍기 제씨와 철학연구회 회원으로 활동했는데, 이 구성원 중 마르크스에 심취한 건 신남철과 박치우만이었다.[16]

1934년 9월 평양의 숭실전문학교 교수가 되면서 경성제대 연구실 조교를 그만 둔 그는 평양에서 4년여 동안 지냈는데, 이때 그는 결혼을 했다.

중일전쟁 다음 해인 1938년 일제는 기독교에게도 신사참배를 강제하기 시작했다. 신사참배란 신토神道 혹은 惟神道를 숭앙하는 일본의 민족종교 사당을 참배하는 행위로 메이지 유신 이후부터 제2차 세계대전 종료까지 가장 성

라고 한다"고 기사는 썼다.

15 함북 경성은 구한 말 시기에는 이 지역의 중심지였기에 경성고보는 이 지역의 명문 고교였다. 나중 면 별로 분할되어 일부는 청진으로 병합됐고, 분단 이후에는 청진과 김책시로 분할 예속되었다. 박치우 고향은 현재 김책시.

16 박노자,『조선 사회주의자―대안적 근대를 모색한 선구자들, 그들의 삶과 생각을 다시 찾아』, 나무연필, 2021, 60쪽. 박치우에 대해서는 이 책을 기본 텍스트로 삼는다. 이 연구회 구성원 중 널리 알려지지 않은 전원배는 칸트 전문가로 내가 중앙대에 다닐 때 그에게서 철학개론을 배웠다. 그는 8·15 후 진보적인 학술단체에 가입, 많은 활동을 했기 때문에 수난을 당하기도 했다. 감리교 목사인 갈홍기는 이승만 치하에서 공보실장을 지내며 이승만 팔순 때 홍보책자에서 "동방의 예수 그리스도"라고 한 경력도 있다고 박노자는 밝혔다.

행했다. 일본은 1876년 강화도 강제조약 이후부터 조선에 침투시켜 오다가 강제병탄 후에는 노골적으로 관공서와 공립학교 등등에서는 일인들처럼 조선인도 의례를 했으나, 기독교는 이를 우상으로 여겨 수용하지 않았다.

기독교계가 신사참배를 거부한 내력은 독립운동에 뒤지지 않을 정도로 뜨거운 투쟁정신이 발휘된 세계 기독교사에서 널리 알려야만 할 일대 서사시에 해당한다.

조선총독부의 강요가 거세지면서 1935년부터 신사참배 용인파와 반대파로 나눠져 소용돌이에 휘말려 들었다. 이런 와중에 1937년 중일전쟁부터는 신사참배를 않는 기독교계의 학교를 폐쇄조처하기에 이르렀다. 이에 1938년 9월 조선예수교장로회 총회는 이를 수용키로 결정했으나 강경한 반대파였던 주기철, 최상림 등이 옥사하기도 했다. 이로 인해서 2천여 명이 직간접적인 탄압을 당했고 200여 교회가 폐쇄됐으며 50여 명의 순교자가 발생했다.[17]

이런 중인 1938년 3월 4일, 일본 제국의 억압적인 통치와 강제적 신사참배에 반대한 숭실전문학교는 자진 폐교 결정을 내렸고, 철학교수 박치우는 바로 상경하여 발 빠르게 『조선일보』 사회부와 학예부 기자로 근무하며 이원조, 김기림 등 민족적 양심을 가진 지식인과 문인들과 어울릴 수 있었다. 이미 그는 여러 글을 발표하면서 신남철, 서인식, 인정식처럼 문학평론도 겸하는 지식인이 되어 있었다.

1940년, 강력한 적수였던 『동아일보』와 『조선일보』는 총독부의 폐간정책에서 살아남으려고 낯부끄러운 경쟁을 했지만 8월 두 신문 다 폐간조처를 당하자 박치우는 경성대학 철학과에 적을 둔 대학원생이 되어 철학도 답게

---

17 김승태, 『신사참배 거부항쟁자들의 증언』, 다산글방, 1993 및 김승태, 『한국기독교와 신사참배문제』, 한국기독교역사 연구소, 1991 등이 좋은 자료다. 이런 참된 신앙 지키기는 초교파적이자 국내 뿐이 아니라 중국지역에서도 일어났으며, 천주교계에서도 교황청의 신사참배 허용지시를 거슬려 참배를 거부하기도 했다. 덧붙이면 8·15 이후에도 이 신사참배 문제가 재발하여 배교행위로 비판하는 세력과 이를 묵인하는 세력으로 나눠져 여러 교파를 이루는 단초가 되었다.

세상을 면밀히 관찰하다가 일본의 패색이 짙어질 무렵임을 눈치 채고 베이징으로 떠났다. 이를 박노자는 김태준과 가까이 지냈던 박치우로서는 옌안행을 시도할 수도 있지 않았을까 유추하지만 이 철학자는 베이징에서 8·15를 맞았다.[18]

그는 서둘러 귀국하여 정태식과 함께 박헌영의 측근 이론가로 활약하기도 했다. 그는 이미 굳혀진 명성으로 문학평론가를 겸하며 관련 단체에서 활동하는 한편 학술분야와 언론계에도 몸을 담았다. 언론인 출신이기도 했던 박치우는 『현대일보』를 창간1946.3.25, 발행인 겸 편집인, 주필을 맡고, 『조선일보』 시절의 상관이었던 이태준은 주필, 편집국장은 이원조가 맡아 세상이 달라진 걸 보여주었다.

이 시기에 그가 다방면에 걸쳐서 펼쳤던 여러 글들은 『사상과 현실』1946이란 단행본으로 간행하여 널리 읽혔다. 여러 글 중 그가 얼마나 현실적인 철학자였던가를 보여주는 대목은 민족문화를 다룬 글에서 "민족이 문화를 위해서 있는 것이 아니라 문화가 민족을 위해서 있다는 것은 한 개의 민족이 자신의 생존과 발전을 확보하는데 있어서 순시瞬視도 잊어서는 아니 될 간명중대한 진리다"라는 대목이다.[19]

그는 박헌영의 측근답게 박이 평양으로 갈 때 마다 동행했지만 북에 남지 않고 귀경했다. 철학자다운 예지로 항상 위험을 피해 다녔던 이때까지 살아온 경력에서 보듯이 박헌영 계에 속했던 『현대일보』가 그 계열의 정당들의 주장을 크게 다뤘는데, 결국 신문은 1946년 9월 6일 미 헌병의 수색을 거쳐 바로 그 이튿날 「태평양방면 미군사령부 포고 제2호」 위반죄로 무기정간당했다. 여기에 그치지 않고 발행인이었던 박치우는 법정에 소환당하기도 했

18 인터넷 나무위키에서는 박치우가 베이징으로 떠났으나 창춘(長春, 일제 치하에서는 괴뢰 만주국 수도로 新京으로 호칭)에서 단파방송을 통해 일본의 항복을 미리 알고 귀국을 서둘렀다고 한다.

19 백양당에서 낸 이 저서에는 8·15 이전에 쓴 7편의 논문과, 이후에 쓴 매우 시사적인 글들이 대량 실려 있는데, 그 분야가 정치철학부터 민족문화, 교육, 일제 잔재 청산, 반미론, 여성해방 등등 매우 다채로운데 이는 그의 활동이 사회 전 분야에 걸쳐 있었음을 입증해준다.

는데, 그는 바로 잠적, 1947년 북행을 단행했다.

김일성대학에 잠시 몸 담았다고도 하는데, 그런 유추는 박노자가 당시 김일성대 부총장을 지냈던 레닌그라드 사범대 출신의 박일(朴日, 1911~200)의 회고록에 근거한 것으로 보인다. 박일은 자신의 고향인 카자흐스탄으로 돌아가 거기서 한국학을 개척한 인물로 평양시절에는 김일성의 개인철학 교사도 했던 인물이다.[20]

북행 이후 그의 미래는 주체적으로 자신의 운명을 결정할 수 없는, 철학자로서도 피할 길 없는 운명의 길에 들어선 느낌이었다. 북에서 그는 해주의 남로당 분실에 몸 담았으나 어떤 이유에선지 강동정치학원의 정치 부원장직을 맡았다.

1949년 9월 6일 박치우는 강동정치학원 출신의 제1병단 5개 중대 360명과 함께 조선인민유격대 제1병단 정치위원으로서 태백산 지구를 통해 남하했다. 김남식은 이를 이승엽의 지령이라고 했다. 어쨌든 박치우는 이미 침투해있던 제3병단의 김달삼 부대와 합류하여 2개월간 국군과 대치하는 등 온갖 고난을 다 겪으며 지내다가 11월 20일경 태백산 지구에서 국군 및 경찰 토벌대와의 교전 중 사살되었다.

여러 유형의 필화사건 중 탁월한 지식인이었건 김태준, 박치우의 경우는 정치권력이 얼마나 몽매하고 무자비한가를 일깨워 주는 일대 교훈이 됨직하다. 그 숱한 수재들을 다 강동정치학원에다 몰아넣어 빨치산으로 내몰아댄 역사의 광기야말로 세계사에서 희귀한 예일 것이다. 이 두 지식인이 희생된 1949년은 매우 상징적이다. 1949년은 남로당에게 무엇이었을까. 정설은 없으나 김일성과 박헌영은 남한 내부에서의 저항 잠재세력을 두고 서로가 경쟁했을 개연성이 있을 것이다. 그 경쟁은 바로 북한의 지배력에 큰 영향을 끼치기 때문이기도 했고, 남침에 대비하는 전략의 일환일 수도 있을 것이다.

---

[20] 각주 16와 같은 책, 63~64쪽. 여기서 박일은 마르크스를 독일어 원전으로 독파한 박치우가 러시아 번역판으로 본 자신보다 더 잘 이해했다고 평가했다고 함.

이 권력 다툼은 혁명보다 더 추악해질 소지가 있어 암투로 진전될 소지가 다분해진다.

　이런 가설 아래서 남로당 주역으로 서울에 남았던 이주하, 김삼룡, 정태식 등은 그 어려움 속에서도 온갖 무기와 무장력을 갖춘 채 남한에서 일으킬 폭동 지령을 대기했을 터였다. 그래서 1949년이 되면 주요간부들이 다 점적해버린 속에서 남로당 특수부 소속이었던 홍민표가 급부상하여 서울시당 부책[1949.4]이 되어 폭동을 담당하는 특수부까지도 관장하게 되었다. 그는 당조직을 관장하는 분야에 몸담고 있었기에 잠적 피신중인 당 주요 간부들과도 밀접한 관련을 가진 주요 인물이었다. 그는 김태준이 체포된 3개월 뒤 서울시경 사찰과에 자수[10.29]해버렸다. 혼자가 아니라 자신의 직속 소속 전원과 함께였다. 그의 자수는 남로당 주요 인물 체포의 자물쇠가 풀리는 계기가 되어 1950년 초가 되면 사실상 남한의 지도부는 붕괴되었다고 해도 지나치지 않다. 관점에 따라 다르겠지만 한국전쟁 발발 전에 남로당의 지도부가 와해됐다는 점은 많은 시사점을 던진다.[21]

　한국전쟁 직전까지 20여만 명이 탈당 성명을 냈고, 이주하, 김삼룡은 전쟁 발발 직후에 처형[1950.6.27]당했는데, 서울을 점령했던 인민군이 그 처형지를 확인, 한 소나무엔 총탄 7발, 다른 한 소나무엔 5발이 박혀있었는데, 여기에다 성대한 장례식을 치르고 묘지까지 조성했다고 하나 국군이 수복하면서 사라져버렸다.

21　홍민표는 자수 후 본명인 양한모로 돌아가 장면과 박정희 군사정권에 두루 걸쳐 계속 등장하는 주요인물이 된다. 그가 자수 후 쓴 저서로는 『조국은 하나였다?』, 일선기획, 1990와 『마르크스에서 그리스도에로』, 일선기획, 1992가 있다. 여기서 식민지 치하의 투쟁부터 남로당 붕괴까지의 과정과 그 속에서 자신의 역할을 다뤘다.

제8장

검열제도의 강화와
국민보도연맹

1. 출판문화의 변천 과정

지식인이나 문학인 등에게 필화 콤플렉스를 주는 여러 요인 중 가장 중요한 것은 국가권력이 검열을 제도적으로 강화시키는 것이다. 그것은 지적 활동이나 창작 의욕을 좌절시킬 뿐이 아니라 생존에도 위협을 주는 것임을 시인 김수영은 이렇게 증언해준다.

> 1947년 11월 중순부터 수도경찰청 지시로 종로지역 서점을 대상으로 한 좌익서적의 대대적 압수가 시작되었을 때, 좌익서적을 내는 노농사의 총판 역할을 했던 마리서사^{박인환 경영}도 결국 1948년 봄을 앞두고 경영난으로 문을 닫는다.[1]

이를 그대로 입증해 주는 사례는 이중연이 자상하게 밝혀준다. "수도경찰청에서 11월에 관내 각 경찰서에 좌익서적의 압수를 지시"했는데, 이는 비단 종로에만 그치지 않고 동대문서도 마찬가지였지만 "서울 시내 모든 서점으로 확대해석 할 수"는 없다고 한다. 이는 필시 당시 서울에서 가장 도서보급이 많았던 지역이 종로와 동대문이어서 그랬던 게 아닌가 하는 게 필자의 유추다. 어쨌든 이때 압수된 도서가 70여 종이라고 이중연은 밝히면서 "1년에 1천 종 정도 출판될 때니까, 7%의 출판물이 압수되었다면 역사상 유례를 보기 힘든" 현상이라고 지적했다.

이런 조치는 이미 "1946년 9월부터 1947년 8월까지 테러를 당한 언론기관이 11개소, 피습을 당한 언론인이 55명이었고, 당국에 검거된 언론인이 105명"이나 되었는데, 이때까지만 해도 "출판사의 활동은 통제"되지 않았다. 그러다가 1947년 미소공위가 교착상태에 빠지면서 1947년 8·15를 지나자 월북문인이 증가하는 계기가 되었다.[2]

『조선문학』 주간 지봉문의 피검^{1946.6.11}에 이어 "문학 분야에서 발행예정으

---

1   김응교, 『김수영, 시로 쓴 자서전』, 삼인, 2021, 46쪽.
2   이중연, 『책, 사슬에서 풀리다―해방기 책의 문화사』, 혜안, 2005, 276~279쪽.

로 인쇄 중이던 시집 『인민항쟁』의 압수[1947.3.3]와 문학가동맹 기관지 『문학』의 판금조치[1947.3]" 등을 비롯해 이태준의 『소련기행』 압수[1947.11] 등등으로 탄압은 이어졌다.[3]

정세는 점점 험악해져 이런 압수 대상 도서를 출간했던 출판사에 까지 손을 대게 되는 지경이 된다. 8·15 직후의 출판문화란 인쇄시설부터 제본까지 너무나 빈약한 데다 지질紙質까지 저질에다 그나마도 부족했다. 1945년 8·15 직후에 출판사는 45개사에 불과했으나 이듬해에는 150여개로 급증하더니 1947년에는 581개사로 폭주했다. 국민들의 지적 욕구를 충족시킬 만한 도서가 절대적으로 부족했던 터라 고서점이 성시를 이룰 정도였다고도 한다. 그래서 식민 통치 시기에 서울에 70여 곳이었던 고서점이 8·15 후 1년 만에 2백여 개소로 늘어났는데, 신간서점은 62개소[남한 전체에는 5백여]에 불과했다. 더구나 고서점 매출의 80~90%가 '좌익서적'이 차지했다고 한다.[4]

이런 사회적인 분위기는 "대표적인 베스트셀러인 이광수의 『무정』[1917]은 1917년의 초판 이후 1938년까지 7만 부가 판매되었다. 1년에 3천~4천 권 정도 팔렸다." 그런데 8·15 이후에는 "불과 몇 달 새에 5만~10만부씩 팔리는 책들이 탄생했던 것이다. '잘 팔린다'는 기준이 몇 천 단위에서 몇 만~몇 십만으로 증가"한 것이다.[5]

몽매주의를 강압통치의 기조로 삼았던 일제의 사슬이 풀리면서 조선총독부도서관의 한국인 사서들이 앞장서서 서울 중구 소공동[현 롯데 백화점]의 조선총독부도서관을 국립도서관[국립중앙도서관으로 개칭된 건 1963년]으로 재개관한 건 1945년 10월 15일 이었다. "1946년 3월에 열람이 금지 되었던 약 4천 권이 일반에게 공개"된 환희는 이렇게 기록되고 있다.

3   정근식 외편, 『검열의 제국─문화의 통제와 재생산』, 푸른역사, 2016에 게재 된 임경순, 「새로운 금기의 형성과 계층화된 검열기구로서의 문단」, 470쪽.

4   각주 2와 같은 책, 26~30쪽. 고서적에 대한 사항은 57쪽.

5   위의 책, 43쪽.

소위 만주사변 이래 도서관 창고에 두어두고 10여 년간 일체의 열람을 금지하여 온 책 중에는 안중근사건 공판 속기록을 비롯하여 『상해재주 불령선인의 상태^{海在住不逞鮮人狀態}』라는 조선독립운동에 대한 일인의 조사서와 최익현 씨 저작 『상소초^{上疏草}』, 김택영씨의 『창강고^{滄江稿}』, 또는 최현배 씨의 『조선민족 갱생의 도』 등 민족사상에 관한 서적과 좌익서적과 조선에 관한 통계와 연보, 또 일인이 조선에 대하여 협잡한 기록 등 무려 3천여 권에 달하는데······.[6]

실로 역사적인 감동의 순간인데, 이런 민족적 환희를 점점 사라지게 만든 게 국가권력이었다. 일제 치하인 1930년대의 책 출간이 대략 1천에서 1천3백여 종이었던 데 비하여 그때보다 더 열악해진 8·15부터 3년간의 총 출판 종수가 5만 여 종이란 엄청난 급증이었다.[7]

그러나 이런 환희는 이미 우리가 보아온 것처럼 급격히 줄어들어 가다가 이승만 정권이 들어선 이듬해인 1949년에는 완전히 굳어져 냉전문화 체제를 갖춰 마치 일제가 중일전쟁¹⁹³⁷을 계기로 조선 통치를 옥조이던 때의 재생을 연상케 했다.

집권 2년차를 맞은 이승만 정권은 국민보도연맹을 결성^{1949.6.5 서울 시공, 관현 명동예술극장}에서 선포대회를 얼었다. 일제 말기 대화숙^{大和塾}을 모방한 이 단체는 남한 단독 친일 독재 이승만 정권을 비판하는 모든 사람을 감시와 탄압의 대상으로 삼았다. 그 대상이 너무나 추상적이라서 한국전쟁 전후에 학살당할 때 억울한 희생자들이 많았다. 그럴 수밖에 없었던 건 미군정 자체가 좌익사범의 단속 대상으로 삼는 기준이 들쭉날쭉했던 것에도 원인이 있다. 공공기관이 앞장서서 신고를 독려했기에 더욱 억울한 희생자는 늘어났다.

특히 문화인^{지식인, 문학예술인}에 대해서는 유독 위험요소가 높다고 봤기에 연일 언론을 통해 자수기간을 설정하는 등 보도연맹원 늘이기에 열을 올렸다.[8]

---

6   위의 책, 32쪽. 인용 기사는 『동아일보』 1946년 1월 28일 자이나 여기서는 이중연의 책에서 재인용.
7   위의 책, 38~39쪽.

2. 중등 국어 교과서에 칼질하기

세상이 이렇게 변모하기까지 그래도 비교적으로 양심적인 결집체였던 조선출판문화협회[1947.3.15 창립]는 자의적인 발상으로 친일파들의 저서는 출간하지 않았는데, 일부 상업적인 업자들이 최남선, 이광수, 박영희, 김동인 등의 저서나 작품을 출간하니까 출판업계 차원에서 자성의 목소리가 나왔다. 그래도 일부 상업적인 업자들이 자숙하지 않자 1948년 4월 출협 총회에서는 '반민족 및 친일파 저자 출판을 거부하는 결의문'을 채택하자 자정의 기운이 퍼졌다. 그러나 이승만 정부가 들어서면서 이런 자정의 기운은 사라지고 도리어 기승을 부리게 되어버렸다.[9]

이처럼 세태가 달라져버린 현상 중 이광수의 소설 『꿈』과 『애욕의 피안』이 너무나 잘 팔려 춘원은 친일파 청산으로 주눅 들었던 걸 확 풀고 자녀들에게 피아노를 선물하면서 그 이름을 '꿈호'라고 불렀을 정도였다.[10]

이 정도로 사회적인 분위기가 달라지는 데는 이승만 정부가 톡톡히 큰 몫

8　국민보도연맹에 대한 개략적인 소개는 ① 한지희, 「국민보도연맹의 조직과 학살」, 문학인들과 보도연맹의 관계는 ② 김재용, 「냉전적 반공주의와 남한 문학인의 고뇌」가 좋은 참고가 된다. 둘 다 계간 『역사비평』 1996년 겨울호로 게재. ①에서는 가맹자 수를 33만 명이라 한다. ②는 문학인들이 거의 매주 1회씩 동원되어 강요된 반공 강연과 시 낭송, 행진 등을 했으나 우파 일부 문인들은 그것조차 믿을 수 없다고 불신하는 풍토 등을 밝혀준다. 「문화인 자수 강조―미 자수자 서적은 發禁」, 『자유신문』(1949년 11월 6일 자)이란 제목의 기사를 비롯해 『조선일보』 등 도하 모든 신문에 큼직하게 도배되었다.(1949년 11월 6일 자). 이어 「그 늘진 과거를 청산―어제 전향자들 궐기시위」(『동아일보』 1949년 11월 7일 자)란 기사가 떴다. 이런 분위기에서 사상 처음으로 고교생의 문예지가 회수당하는 사태도 벌어졌다. 경기 고교생 호국대 문예부가 낸 『문예경기』 제9호에 실린 모 여중생의 수필이 문제되어 서울시장 특명으로 회수처분을 받고 경기고교 스스로 조처했다는 것이다(『자유신문』 1949년 11월 18일 자).

9　각주2와 같은 책, 334쪽. 조선출판협회는 비정기적으로 『출판문화』를 계속 출간하는 등 여러 활약을 했는데, 특히 『출판문화』 제7집 특집호인 『출판대감』은 당시 문화계 전반을 이해하는데 훌륭한 자료가 된다. 여기에는 출판사 명부를 비롯해 문학인과 정치인 등 인명부를 비롯해 8·15 후 출판되었던 단행본의 실태를 두루 살펴볼 수 있다.

10　춘원의 전기와, 김윤식의 『이광수와 그 시대』에 나오는 일화인데, 여기서는 이중연의 책 339~341쪽 참고.

을 했다. 단정 수립 후 좌경 문학인에 대한 첫 제한 조처는 1949년 9월 중등 국어와 글짓기 교과서에서 일체의 관련 작품을 삭제한 것인데, 이 때 삭제 당한 작품 수는 8종의 교재에서 시. 수필. 소설 등 총 55편이었다. 관계기관 이 공식적으로 '좌익계열 문화인'에 대한 제한조처를 발표한 것은 1949년 11월 5일. 이미 월북해버린 문학인을 1급으로 분류하고는 남한에 생존했던 문학인 중 좌익적이라고 당국이 판단한 문학인을 2, 3급으로 나눠 총 51명² ^{급 29명, 3급 22명}이라고 밝혔다.

이들에 대한 직간접적인 창작과 발표 활동 제한 조처를 강화하는 한편 보 도연맹 가입 권유가 잇따랐다. 이들에게 기간 내에 자수를 강요하고, 자수하 지 않을 경우에는 출간한 저작물을 압수하며 앞으로 간행, 창작 등을 못하게 할 것이라고 위협했다.

또한 그 명부를 신문 잡지사와 문화예술 단체 등에 배포하여 창작발표나 여러 활동을 금지 시키겠다고도 했다. 물론 보도연맹에 가입해도 봐주지 않 았다.

분단 한국 현대 문학사의 주축을 이룰 한국문학가협회^{현 한국문인협회} 총회가 열린 것은 1949년 12월 17일. 추천회원 명단에는 151명의 문학인이 올라있 는데 이 중에는 김기림. 정지용 등 '전향자' 약 20명이 포함되어 있다.

그러면서 탄압은 가속화 된다. 그래서 정부는 이내 전향 문필가들의 원고 심사제를 발표^{1950.1.27}, 앞으로는 이들의 작품이나 저서를 게재 혹은 출판 하 려면 "각 시도 경찰국장을 경유하여 발간 사전에 원고를 치안국장에게 보내 어 심사를 거친 후 출판"하고, "신규 간행물을 치안국 사찰과^{현 정보과에 해당} 검 열계로 2부씩 보내주길 바란다"라고 지시했다.

가혹한 일제 강점기의 검열과 까다로웠던 미군정에서도 무사했던 민족적 자산을 용납 않은 것은 영구 독재집권을 위한 사상적인 탄압에 다름 아니었 다. 이를 뒷받침하는 것은 그 탄압 이유가 "건전한 국가이념과 철저한 민족 정신의 투철을 기하고 특히 학도들에 대한 정신교육에 유감이 없도록" 한다 는 데서 찾을 수 있다.

이를 입증해준 게 한국독립당이 펴낸『김구 주석 최근 언론집』에 대한 서울시경찰국 김태선 국장의 차압 처분^{1949.11.8}이었다. "대한민국 국헌을 위반하여 정부시책을 반대, 방해하고 민심을 교란하여 치안을 방해하므로 당국은 단연 본 책자를 차압 처분에 부하는 동시에 금후 차종 불온 언론출판물에 대하여는 철추를 가할 것을 언명"한 이 조처는 이승만 정권의 본색을 그대로 드러낸다. 단선단정單選單政을 반대 방해한 데다 "김구 씨 서거 이후에 있어도 의연 그 불순노선을 그대로 이천履踐함으로써 대한민국에 대하여 반국가적 반민족적 행동을 감행하여 온 것"이라는 첨언이었다.[11]

좌경 문학인에 대한 실질적인 활동금지 조치가 민족문학사에 어떤 영향을 끼쳤는지는 더 따져봐야 할 일이지만 정부는 1950년 4월 7일 전향 작가 원고 심사제 철폐를 발표했는데 이것은 심사제가 정착도 안 된 불과 석 달만의 일이다. 그리고 두 달 뒤 6·25가 발발했고, 전향문학인 대부분은 자의혹은 타의로 월북하지 않을 수 없었다. 심하게 말하면 월북이란 친일 독재이승만 정권이 추방한 것이나 다를 바 없다고 해도 지나치지 않을 것이다.

문교부가 1949년 9월 15일 중등국어, 국어, 중등국어작문 등 관련 8종 교재에서 삭제시킨 작가와 작품 목록^{학년별로 분류된 목록을 작가 명을 가나다 순으로 정리하여 해당 작가의 작품을 병기}은 아래와 같다.

김기림^{시인} : 「금붕어」, 「별들을 잃어버린 사나이」, 「첫 기러기」.

김남천^{작가} : 「부덕이」.

김동석^{평론가} : 「연」, 「잠자리」, 「나의 서재」, 「크레용」.

김용준^{화가} : 「대 간디의 사저私邸」.

김윤제[?] : 「잠언 한 마디」.

김철수^{시인} : 「한하원」.

김태준^{국문학자} : 「조어삼매釣魚三昧」.

---

11   계훈모 편『韓國言論年表 2−1945~1950』, 관훈클럽 신영연구기금, 1987을 기본 자료로
      쓰면서 여러 쪽에서 발췌한 것이다.

박노갑^{작가} : 「고양이」, 「삼월 일일」.

박아지^{시인} : 「가을밤」.

박찬모^{작가} : 「소」.

박태원^{작가} : 「춘보」.

박팔양^{시인} : 「봄의 선구자」.

신석정^{시인} : 「초춘음初春吟」.

안회남^{작가} : 「전원」.

엄흥섭^{작가} : 「진달래」.

오기영^{시사평론가} : 작품명 없음.

오장환^{시인} : 「양」.

이근영^{작가} : 「궤 속에 들은 사람」.

이선희^{작가} : 「향토기」.

이용악^{시인} : 「오랑캐꽃」.

정지용^{시인} : 「고향」, 「옛글 새로운 정」, 「소곡」, 「시와 발표」, 「꾀꼬리와 국화」, 「노인과 꽃」, 「선천」, 「소곡」, 「말별똥」, 「별똥 떨어진 곳 더 좋은데 가서」.

조운^{시조 시인} : 「채송화」, 「선죽교」, 「송경松京」.

조중흡^{조벽암, 작가} : 「황성의 가을」.

현덕^{작가} : 「경칩」, 「살구꽃」.[12]

이렇게 모든 분야에서 검열과 사상이 통제되어가는 속에서 당국자들은 점점 더 그 고삐를 조여 갔다.

---

12 위와 같은 자료, 775쪽 및 『조선일보』, 1949년 10월 1일 자 2면에 실린 「문교부, 국가이념에 배치되는 중등교과서 내용을 삭제하기로 결정」이란 제목의 기사 명단 등을 기본 삼았다. 기사는 학년별 국어교재를 구분단위로 삼았으나 여기서는 작가별 순으로 재정리했다. 오자를 바로 잡고 보충, 재구성. 명단 마지막 두 권(『중등국어 작문』과 『현대중등 글짓기』) 해방 부분에는 김남천, 김동석, 정지용, 안회남, 조중흡, 오기영의 작품이 삭제된 쪽수만 표기되어 있고 작품명은 없다.

3. 필화와 사상 통제가 일으키는 사회적 병리 현상

미군정은 1945~1948년간 한국에 번역된 여러 도서 중 공산주의 사상 전파 저자로 마르크스, 엥겔스, 레닌, 스탈린, 마오쩌둥, 몰로토프 등 유명인들과 함께 인류의 고전이 된 아래와 같은 인물들의 저작도 포함시켰다.

플라톤, 존 듀이, 리카르도, H.G. 웰스, 쑨원, 아인슈타인, J. S. 밀, 톨스토이, 토마스 하디, 모파상, 이솝, 루쉰, 듀란트, 카네기, 스탕달, 라스키, 앙드레 지드, 위고, 헤세, 하이네, 셰익스피어, 바이런, 블레이크, 괴테, 스티븐슨, 릴케, 헬렌 켈러, 호손, 오웰 등.[13]

오웰은 버젓이 반공작가로 미공보원에서 번역, 출판, 보급까지 하면서도 여기에다 포함시켰다. 이런 몽매주의 정책이라 무엇이 불가능할까. 문화 통제가 이 정도라면 다른 분야도 유추가 가능해진다. 통제라는 무기만 쓰면 무엇이든 불가능은 없을 것처럼 보이게 되는 것이다. 그것은 한국의 위정자나 미 군사고문단이 일치하는 지점이다. 그래서 미 군사고문단은 말한다.

"한국 군인들은 우리가 그들을 훈련하는 목적이 미국이 피를 흘리는 대신 피를 흘리고, 미국을 위하여 쏘라고 하는 것을 알고 있지 못하다." 첫 주한 미 군사고문 사절단장 윌리암 로버츠 William L. Roberts 준장의 말이다.[14]

그의 명언은 이어진다. "주한 미 군사고문단은 미국이 어떻게 5백 명의 미 전투 전문요원을 신중하고 광범하게 투입하여 10만 명이나 되는 녀석들^{한국} ^{군 지칭}을 당신을 위해 총을 쏠 수 있도록 훈련시켰는가를 보여주는 살아있는 증거"라면서, "미국의 납세자들은 이 나라^{한국}에 투자한 것을 지키는 유능한 주구인 군대와, 최소한의 비용으로 최대의 역량을 발휘하는 지배력을 가지고 있다" 라든가, 북한이 침략한다면 "오히려 우리는 그것을 환영한다. 그것

13 허상수, 『4·3과 미국』, 다락방, 2015, 257쪽.
14 위의 책, 264쪽.

은 우리에게 사격 연습을 할 수 있는 기회를 줄 것이다"라는 등 마치 한반도에서 전쟁이라도 나기를 바라는 투로 말했다.[15]

이승만 정권은 주한미군 사령관 하지와 한미군사안전잠정협정[1948.8.24]을 체결, 주한미군사령관이 본국정부의 지시나 자신의 직권으로 "대한민국 국방군[국방경비대, 해안경비대 및 비상지역에 주둔하는 국립경찰파견대를 포함함]"을 훈련, 무장, 조직, 장비, 작전상의 통제 등 권한을 갖도록 합의했다.

하지 중장이 떠난 후임으로 주한미군사령관을 겸했던 로버츠는 1949년 6월 29일[백범 서거일] 미군이 철수한 뒤에도 고문관으로 남았다가 6·25 이틀 전 퇴임했다.

8·15 직후 국민적인 염원은 친일파 청산과 토지개혁, 그리고 통일 민주정부 수립이었기에 이승만의 단정은 엄청난 희생을 치렀는데 그 최대 참극은 제주4·3항쟁이었다. 분단시대 필화의 단골메뉴인 4·3사건은 그 후속으로 여순병란[麗順兵亂, 1948.10.19 여수순천사건. 조정래는 '병란'으로 호칭]을 몰고 왔다. 제주4·3항쟁 진압 동원에 항거했던 이 군사반란은 박정희도 연루 됐는데, 로버츠 준장이 그 구원자였다.

이런 참담했던 경험에도 불구하고 1949년 12월 24일 정오 무렵, '공비' 토벌[당시 문경 주위에는 빨치산이 없었다고 함] 중이라는 군인 70여 명이 문경군 산북면 석봉리 석달 부락을 지나는데 환영을 않는다고 빨갱이 마을로 간주, 집과 가재도구는 불지르고 부락민을 논두렁으로 불러내어 기관총과 바주카포를 퍼부었다. 군인들은 마을 동쪽 산을 넘어가다가 방학식을 마치고 귀가하던 초등생 14명도 사살했다. 주민 136명 가운데 86명이 학살당한 이 사건은 보름 후 신성모 초대 국방장관이 위로차 내려가 1백만 원 보상금을 지급한 뒤 '공비'들이 자행한 사건으로 둔갑시켜 버렸다.

이때 로버츠 준장은 '공비'[빨치산]들은 민간인 집단학살을 하지 않았기 때문에 이걸 중요한 전술 변화로 보고 대응책을 바꿔야 된다는 입장에서 진상

---

15   브루스 커밍스·존 할리데이, 차성수·양동주 역, 『한국전쟁의 전개과정』, 태암, 1989, 64~65쪽.

조사를 실시하다가 진실을 밝혀냈으나 기밀로 해버린 채 본국에만 보고서를 올렸다. 그 문서가 1990년대 후반에 기밀해제 되어 미 국립문서보관소에서 발굴, 진상이 공개됐다. 많은 언론들이 있었지만 진상을 보도한 매체는 전혀 없었다.[16]

나라 안이 이렇게 어지러운데 밖은 더 끔찍했다. 소련이 북한에게 남침을 요구한다는 설이 외신으로 퍼진 건 1949년 9월이었다. 소련이 북한에게 그 달 말까지 남한을 침공하지 않으면 북한 측에 대여한 무기를 회수하겠다고 위협했다는 보도에 대하여 "미국 대사관 정보원으로 있는 한 미국 관리는 '이 보도는 아마 정말일 것이다'라고 말하였으며 씨는 이 보도를 두 소스로부터 받았다고 언명하였다. 이 밖에 외국인 관리들도 이와 동일한 보도를 여러 소스로부터 얻었다고 한다"고 재확인했다. 이에 신성모 국방장관은 "이 보도가 정말이든 거짓말이든 간에 공산주의자에 의한 가능한 침략에 대비하여 항시 만단의 방위를 갖추고 있는 대한민국 국군의 정책에는 아무런 변화도 없을 것이다. 그런데 공산군은 약간의 일본무기를 가지고 있으나 그 대부분은 소련무기로 장비하고 있다 하며 또 그 병력은 20만 명으로 추산되고 있다. 한편 대한민국은 미국식 무장을 한 약 7만 명의 국군을 가지고 있는 것이다"라고 했다.[17]

1950년에 접어들자 한반도는 전쟁 위기설이 난무하면서 더욱 사회는 혼란스러워졌다. 이 시기의 사회병리학적인 연구 결과가 없기에 문외한인 필자로서는 뭐라 단언하기 어렵지만 8·15 이후 3년과 이승만 정권 2년을 겪은 국민들이 정상적인 인간이라면 뭔가 표현 못할 불안감이 생긴대도 이상할 게 없을 것이란 유추는 가능하다. 그래선지 모르나 어쨌건 이 시기, 한국전쟁 발발 직전에 자살자가 급증한다는 기사가 떴다.

---

16 CBS 라디오, 『시사자키 정관용입니다』(2016년 6월 25일 자).

17 『경향신문』 1949년 9월 4일 자 '서울 3일發 AP 합동' 통신에 근거한 기사이다. 『경향신문』은 하루 전날 「유엔한국위원단 출입기자 국가보안법 위반사건 선고 공판」 기사를 실었는데, 그 내용은 "崔永植(서울타임스), 李文南(고려통신), 許汝澤(조선중앙일보) ― 징역 2년, 집유 3년"이란 것이었다. 당시의 어수선한 국제정세를 시사하는 대목이다.

불로초를 희구하고 죽기를 두려워하는 인생이 스스로의 목숨을 끊는다는 것은 얼마나 혹독한 현세에 대한 저주이며 항거인가? 사회의 안정감의 결핍이 현실도 피를 촉진하는 것인지 마치 유행병인양 만연되고 있는 자살의 정체는 무엇인가? 지난 6월 1일부터 10일까지 불과 10일 동안에 자살자는 신문지상에 보도된 것만 도 23건, 26명에 달하고 있는데 현세의 쓸쓸한 삶을 스스로 등진 그들의 실태는 다음과 같다.[18]

이런 세태를 반영한 듯이 언론은 보안사범이 격감하고 절취범이 급증한 다는 보도도 나왔다.[19]

그런 한편 청년층의 일본 밀항이 증가한다는 기사도 나왔다.[20]

백성들이 죽거나 조국을 버리고 가거나 말거나 정치는 여전히 추악한 수 레바퀴로 돌아가는 게 세상의 이치다. 정치는 망쳐도 눈치는 빠른 이승만은 이미 총선 전 사태가 자신에게 불리함을 눈치 채고 일단 5월 총선을 12월로 연기하려고 시도했으나 1950년 4월 초순 미국 국무장관 딘 애치슨이 엄중 경고해서 예정대로 치르지 않을 수 없었다.

제헌국회 때 의원의 임기가 2년제였는데, 4년 임기로 바뀐 제2대 총선이

---

18 『연합신문』, 1950년 6월 14일 자. 자살자 26명 중 여자가 18명, 남자가 8명이다. 여성은 가 정부인 6명, 생활능력 없는 과부가 5명, 처녀 3명, 접대부 2명, 소녀 2명 등. 연령별로는 20 대가 8명, 30·40대가 각 1명, 50세 이하가 각 3명. 남자는 학생 1명을 제외하고는 전부 무직 이고 30대가 반수. 원인은 궁핍이 16건, 가정불화 5건, 염세 실연 각 2건. 자살방법은 흔하던 투신, 익사 등은 적어졌고 남자는 빌딩 자살 같은 좀 현대화한 것도 있지만 전체로 음독자살 이 많고, 옛날부터 쓰던 양잿물을 선택. 의학박사를 비롯한 각계의 인터뷰도 실었는데, 대개 가 "순수한 사회학적 문제"로 돌렸다.

19 『연합신문』, 1950년 6월 19일 자.

20 『산업신문』, 1950년 6월 23일 자. "생활고 또는 밀수·유학 기타의 목적으로 일본에 밀항하 는 동포의 수는 좀처럼 줄어들지 않을 뿐더러 지난 21일 입항한 한일교환선 海王丸에는 일 반 귀환자는 한 사람도 없고 밀항자만이 313명이 압송되어 왔다. 그런데 이들의 연령을 보 면 23세 이상 30세까지가 128명, 30세 이상 40세까지가 102명, 40세 이상이 53명, 기타로 써 2·30대의 청년층이 대부분을 차지"하고 있다. 나중에 밝혀졌지만 당시 말항자에는 한국 내 여러 항쟁사건에 연루된 인물들이 대거 포함되어 있기에 귀국조치 당한 숫자보다 훨씬 많았을 것이다.

치러진 건 1950년 5월 30일이었는데, 이승만의 예감대로 비이승만 계가 오히려 다수를 점하게 되어버렸다. 이 말은 곧 국회에서 대통령을 선출하던 당시 헌법대로라면 대통령의 차기 재선은 어려워졌다는 적신호였다. 이게 한국전쟁 중 정치파동을 일으킨 요인이 되었다.

그런 제2대국회는 한국전쟁 발발 1주일 전에 개원^{1950.6.19}했는데, 이를 전후하여 미국의 영향력 있는 거물인 델레스^{국무부 고문}가 내한했다. 이에 이승만은 델레스에다 무초 주한 미 대사, 앨리슨 씨, 임병직林炳稷 외무부장관과 장시간 밀담한 뒤 나타난 언론 기사는 천하태평이었다.

미국을 향한 이승만의 틀에 박힌 요청사항은 원조가 계속되어야 한다는 것과 안전보장이었는데. 이 자리에서는 "중국 공산주의자들이 중국 내에서의 그들의 지반을 다지기 전^{사실은 1949.10.1 중화인민공화국은 이미 선포되었지만 이승만은 여전히 중국을 불안한 상황으로 인식}에 38도선에서의 한국의 분단 상태가 제거되어어야 한다"는 점이 강조되었다.

이에 덜레스는 "중요한 것은 한 나라의 정부가 행동을 통하여 자유세계의 충실한 멤버임을 증명하여 보이는 것이며, 그렇게 되면 공산주의세력에 대한 투쟁에 있어서 자유세계의 다른 멤버들의 지원을 기대할 수 있게 되는 것이라는 점"을 설명했다. 이어 그는 소련이 전쟁에 말려들기를 원치 않기에 전쟁 발발은 염려 없다며 민주주의 정치 실행에 충실할 것을 당부했다.[21]

---

21   이 글의 출처는 국사편찬위원회의 현대사 자료관이었는데, 국편이 이를 전면 바꿔버려 확인 못했으나, 필자의 컴퓨터에는 *FRUS*, 1950, 107~109쪽이라 입력되어 있다. 'FRUS(Foreign Relations of United States)'는 미 국무부가 작성한 외교문서들로 1861년부터 200여 년 간 미국의 현대사 관련 주요자료로서 발간된 자료. 이걸 국편이 '한국사 데이터베이스'에서는 1948년 8월 16일부터 1953년 7월 28일까지 한국전쟁 기간의 *FRUS* 일부를 '자료 대한민국사'에 번역 소개한 것이다. 존 포스터 덜레스(John Foster Dulles, 1888~1959)는 1953년부터 1959년까지 드와이트 D. 아이젠하워 대통령 시기에 국무장관을 지냈다. 그는 1950년대 초 워싱턴 외교 엘리트들이 선호했던 미국의 봉쇄정책인 해리 S. 트루먼 대통령의 외교정책을 비판하였다. 그는 봉쇄정책이 '해방'정책으로 대체되어야 한다는 주장자였기에 이승만과는 결이 맞지 않았다. 그는 이때 한국 방문 중 제2대 국회 개원식에 참석(19일)하고 38도선을 시찰(20일)했다.

이런 가운데서 1950년 6월 25일 한반도는 단군 이래 가장 참담한 전화에 휘말리게 되었다.

제9장

전쟁과 이승만 정권,
그리고 자유언론투쟁

1. 대통령과 낙루 장관

미국의 반소 전략에 따라 반공십자군을 자임한 이승만은 1949년 2월부터 '북진통일론'을 가동시켜 전쟁불가피론으로 치달았다. 문교부는 그해 7월 「우리의 맹세」를 제정^{안호상 장관 시기}, 교과서를 비롯한 모든 도서 판권란에 아래와 같은 3가지를 게재하고는 모든 학생들로 하여금 반드시 암송시켰고, 학도호국단^{1949.9.28 발족}을 정치 도구화했다.

> 1. 우리는 대한민국의 아들 딸, 죽음으로써 나라를 지키자.
> 2. 우리는 강철같이 단결하여 공산침략자를 쳐부수자.
> 3. 우리는 백두산 영봉에 태극기 날리고 남북통일을 완수하자.

대한민국 임시정부 때 이승만의 위임 통치설을 강력히 반대했던 전력 때문인지 이 대통령 말만 나오면 감루感淚하기에 '낙루落淚장관'이란 별칭을 가진 신성모 국방장관은 북진통일론의 집행자로 나섰다. 점심은 평양, 저녁은 신의주라는 뜬소문을 남긴 그는 "때 오기만 기다릴 뿐이고 밀고 갈 준비는 이미 됐다"라고 자신만만했다.[1]

---

1 신성모(申性模, 1891~1960), 경남 의령 출신. 보성법률전문학교를 나와 블라디보스토크로 망명, 신채호와 안희제(동향 출신)의 영향 아래 항일투쟁의 길로 들어섰다. 상하이의 오송상선학교(吳淞商船學校) 항해과에서 기초를 닦은 뒤 난징해군사관학교를 수료, 중국군 해군소위 경력을 쌓아 상하이 임시정부 군사위원회에 투신했다. 1919년 이승만이 위임통치 청원을 주창하자, 박용만(朴容萬)·신숙(申肅)과 함께 이승만 성토문을 발송했다. 그후 신채호 등과 임시정부 대통령 이승만을 탄핵하는 운동에도 가담했다. 1923년 임정의 비밀 연락처 백산상회의 독립 자금 전달사건으로 피체, 한국으로 압송, 2년 뒤 석방되자 런던 항해대학에서 수학, 1등 항해사자격을 획득했다. 이후 런던과 인도 정기여객선 선장으로 있다가, 광복군이 설치되자 임정의 군사위원직을 맡았다. 8·15 후, 뭄바이에서 한 상선회사의 고문으로 있다가 1948년 11월 귀국 후 능숙한 영어로 이승만에게 신뢰를 얻었다. 이런 그가 지극한 저자세로 처세한 데는 아마 당시 이미 친일파가 장악한 터에 임정세력이 감시의 대상으로 전락한 분위기를 감지했을 것이 아닌지 필자는 유추한다. 결코 그를 옹호하는 건 아니다. 후일담을 추가하면 그는 거창 양민 학살사건을 김종원과 함께 은폐하려 시도했으며, 국민방위군사건의 경비 일부가 정치자금으로 유용된 것 역시 무마하려 했다.

1950년, 미국이 태평양 안전보장을 알래스카, 알류산 열도, 일본, 오키나와, 타이완, 필리핀의 선으로 삼는다고 애치슨 국무장관이 언명^{세칭 애치슨 라인,}^{1.12}해도 한국은 대통령과 국방장관의 북진통일론으로 안심하는 분위기가 역력했다.

그러나 세월은 뒤숭숭했다. 곧 삼팔선이 터질 거라는 유언비어가 난무했다.

6·25. 일요일 오전 9시 30분, 이승만은 경회루에서 낚시를 즐기고 있다가 전쟁 발발 6시간 뒤인 10시 30분경에야 전쟁 보고를 받았고, 긴급 국무회의는 오후 2시^{전쟁 발발 10시간 뒤}에 열렸다.[2]

천둥번개처럼 전쟁이 닥치자 장관은 대통령을 속이고, 대통령은 국민을 속였다. 그날 밤 6대 독자 이승만이 피신하겠다고 하자 존 무초 초대 주한 미 대사는 "우리가 당신을 보호해 주겠다"고 극구 만류했다. 독재자는 이기적이고 의구심이 많은지라 그 약발은 불과 이틀간이었다. 그는 6월 27일 새벽 2~3시 경 내각, 국회, 군부에도 연락 않은 채 비상열차로 서울을 떠나고서도 서울에 있는 듯이 거짓 방송을 했고, 일본 외무성에다 야마구치 현에 망명정부를 세우고 싶다는 의사를 전했다.

이승만의 피신에 대해서는 여러 주장이 엇갈려서 갈피를 잡기 어려운데 요약하면 아래와 같다.

① 온창일, 「전쟁 지도자로서의 이승만대통령」^{『이승만대통령 재평가』}(유영익 외, 현대한국학연
구소 학술총서10, 연세대 출판부, 2006), 216~219쪽.

1950년 6월 27일 새벽 3시 용산역에서 특별열차편으로 출발.

1950년 6월 27일 대구역 도착^{대구역 도착 후 기차를 다시 서울로 돌리라고 명령}

1950년 6월 27일 오후 5시경 대전 도착.

1950년 6월 27일~6월 30일 대전에 머무름.

---

2 김삼웅, 『독부 이승만 평전─권력의 화신, 두 얼굴의 기회주의자』, 책보세, 2012, 253쪽. 국
   무회의는 "도쿄의 맥아더 사령부에 연락, 미 공군의 지원 요청, 등화관제를 실시하는 일만
   결정"했다.

1950년 7월 1일 새벽 대전 출발→이리 도착→특별열차편으로 목포 도착.

1950년 7월 2일 진해 도착→이후 배편으로 부산으로 이동.

② 남정욱, 「이승만 대통령의 전시지도자 역할」『이승만과 6·25전쟁』현대한국학연구소 학술총

서18, 이승만연구원 학술총서1, 연세대학교 출판문화원, 2012, 165~169쪽.

1950년 6월 27일 오전 4시 서울역 출발.

1950년 6월 27일 오전 11시 40분 대구역 도착.

대구역 도착 직후 다시 서울로 돌아가겠다고 함→기차를 돌림.

1950년 6월 27일 오후 4시 30분 대전역 도착.

1950년 6월 27일~6월 30일 대전에 머무름.

1950년 7월 1일 새벽 부산으로 이동

③ 김삼웅, 『'독부' 이승만 평전』책보세, 2012, 254쪽.

1950년 6월 27일 새벽 2시 특별열차편으로 대전으로 출발.

1950년 6월 27일~6월 30일 4일간 대전에 머무름.

1950년 7월 1일 새벽 열차편으로 대전을 떠나 이리 도착.

1950년 7월 2일 목포 도착→배편으로 부산으로 이동.

1950년 7월 9일 대구로 이동.

④ 『오마이뉴스』 2014년 5월 9일 자 「한국전쟁 제1호 피난민 이승만, 그의 충격

적 행보-신기철의 『국민은 적이 아니다』 서평」.

1950년 6월 26일 새벽 4시 서울역 출발, 낮 12시 30분 대구역 도착. 오후 4

시 30분 대전으로 출발.

1950년 7월 1일 부산으로 피난.

이런 가운데서도 대통령은 발 빠르게 한국군 지휘권을 미군에게 이양하
는 절차를 「대한민국 육해공군 지휘권 이양에 관한 공한」이란 맥아더 유엔

군사령관에게 보낸 공한으로 끝마쳤다. 우리 민족사에서 너무나도 중요한 이 결정을 성사시킨 내용은 아래와 같다.

> 대한민국을 위한 국제연합의 공동 군사노력에 있어 한국 내 또는 한국 근해에서 작전 중인 국제연합의 육.해.공군의 모든 부대는 귀하의 통솔 하에 있으며 또한 귀하는 사령관으로 임명되어 있음에 감鑑하여 본인은 현 작전상태가 계속되는 동안 일체의 지휘권을 이양하게 된 것을 기쁘게 여기는 바이오며, 여사한 지휘권은 귀하 자신 또는 귀하가 한국 내 또는 한국 근해에서 행사하도록 위임한 기타 사령관이 행사하여야 할 것입니다. 한국군은 귀하의 휘하에서 복무하는 것을 영광으로 생각할 것이며, 또한 한국 국민과 정부도 고명하고 훌륭한 군인으로서 우리들의 사랑하는 국토의 독립과 보전에 대한 비열한 공산 침략을 대항하기 위하여 힘을 합친 국제연합의 모든 군사권을 받고 있는 귀하의 전체적 지휘를 받게 된 것을 영광으로 생각하며 또한 격려되는 바입니다.
>
> 귀하에게 심후하고도 따뜻한 개인적인 경의를 표하나이다.
>
> 1950년 7월 15일 이승만[3]

이렇게 연합군 지상군이 부산항에 도착[7.1]한 2주 뒤 한국군 전시 군사작전 지휘권은 유엔군 사령관에게 넘어가버렸다. 이런 중차대한 결정이 어찌 국회에서 단 한 차례의 토의도 없이 이뤄질 수 있었을까. 한 주권 국가가 군사작전 통솔권을 갖지 못한다는 것은 곧 자주권을 포기한 것으로 가히 국가통치권의 포기거나 남용으로 필화의 대상이 아닐까?

그러거나 말거나 정부는 대전에서 대구로 옮겼다가 낙동강 전선이 형성되자 부산으로 갔다가 서울 수복[1950.9.28] 때 함께 상경했으나 1·4후퇴로 그 하루 전인 1951년 1월 3일 부산으로 내려가 서울로 환도[1953.8.15]할 때까지 전쟁 기간의 모든 풍파를 다 겪었다. 바로 부산 임시수도의 계절이었다.

---

3   위의 책, 259쪽에서 인용.

이런 판국에 집권세력은 무엇을 했을까. 가장 중시했던 문제는 1952년에 치러질 대통령 선거였다. 국회에서 간접선출 하도록 되어있던 당시 헌법으로는 이미 지도력을 상실한 이승만의 재선이 불가능했기에 여전히 국민적인 인지도가 높았던 걸 기화로 국민의 직선제 대통령 선거제로 개헌을 해야만 되었는데, 야권이 주도하던 국회라 그 뜻을 이룰 수 없었다. 그래서 항상 그랬던 것처럼 강압적 수단을 동원[1952.5.19]한 것이 민중자결단, 땃벌떼, 백골단 등으로 국회를 겁박하는 방법으로 직선제 발췌 개헌안을 통과[1952.7.4]시킬 때까지는 오로지 여기에 진력했다.

이 기간에 일어났던 온갖 협잡질은 가히 한 편의 멜로 드라마로도 손색이 없을 정도로 클라이맥스의 연속이었다. 이승만이 양아들 양우정과 일본에 가있던 문봉제[서북청년회 부회장을 지낸 뒤 대한청년단 본부 부단장]를 호출하자 그들이 백골단 등의 폭력적인 아이디어를 냈다.[4]

그들의 활약 중 절정은 1952년 5월 26일 "약 40명의 국회의원이 탄 통근버스가 통째로 견인차에 끌려 헌병대에 연행"된 장면이었다. 이어 장면지지 의원들을 "국제공산당의 비밀정치공작에 관련"시키는 등 멋대로 요리하여 언론들이 대서특필하게 만들었다. 그 골인 지점은 바로 대통령 직선제 개헌이었다.[5]

그간 거창양민학살사건[1951.2.11], 국민방위군사건 폭로[1951.3.29] 등등 민생과 관련된 사건이 줄줄이 이어졌으나 은폐와 땜질처방으로 버텼고, 조금이라도 비위에 거슬리는 기사는 엄벌을 내렸다. 그러면서 국민들의 그 스트레스 해소용으로는 모든 원인이 북한에 있다는 논리에서 그 호칭을 북괴[1951.10 초순]

---

4 양우정(梁又正, 1907~1975)의 본명은 양창준(梁昌俊), 필명은 우정(雨庭)이다. 경남 함안 출신인 그는 대구고보-와세다대를 중퇴하고는 청년운동에 투신하는 한편 시인으로 활동하며 카프와 관계, 기관지 격인『군기(群旗)』발행을 맡았다가 내분으로 제명당했으나 농민운동과 공산당 관련사건에 연루되어 검거되기도 했다. 8·15 후 그는 이승만 노선으로 돌아서서 함안에서 제2대 국회의원이 되는 등 맹활약하다가 연합신문 주필(鄭國殷)이 간첩사건으로 체포되자 발행인이었던 양우정도 구속되면서 정치생명을 끝냈다.

5 이런 구구한 세부사항에 관심이 있으면 서중석,『이승만과 제1공화국 – 해방정국에서 4월 혁명까지』, 역사비평사, 2007, 103~112쪽 참조.

로 통일시켰다.

그러나 도저히 간과할 수 없는 엄청난 국민방위군 부정사건은 단정 수립 후 가장 큰 필화사건으로 비화됐다.

2. 국민방위군사건과 동아일보 필화

전투는 밀고 밀리면서 국민들은 도탄에 빠졌지만 권력자들은 용천뱅이 콧구멍에서 마늘씨 빼먹듯 용렬한 수탈을 멈추지 않았다. 전세가 악화되자 정부는 국민방위군 설치법^{1950.12.21}을 공포, 군인, 경찰, 공무원, 학생이 아닌 만 17세 이상 40세 이하 장정들 50여만 명을 제2국민병에 편입시켜 국민방 위군으로 편제를 갖췄다. 국방부장관-육군참모총장의 지시를 받는 이 반군 반민^{半軍半民} 조직의 주요 간부는 현역군인들이 맡았으나 하부 지휘자는 이승 만의 사조직인 대한청년단의 임원들이 독차지했다. 마침 겨울에다 1·4후퇴 조치로 이 거대한 집단은 서울을 떠나 남하를 해야만 되었는데, 군복비와 식 대, 이동 경비도 없이 하부 조직별로 자체 조달하도록 되어 이들은 농민들에 게 거지 떼처럼 구걸해야 될 지경이었다. 결국 동상에 걸리거나 아사자까지 발생하자 탈출자도 속출하는 등 전국적인 대 혼란을 야기, 5만 내지 9만 여 명이 희생된 것으로 추산되는 비참한 지경이었다. 원인은 고위 장교들이 배 정된 예산과 보급물자를 횡령해 팔아먹은 데 있었다.

1951년 봄 피난지 부산 국회에서 이 진상이 드러나자 신성모 국방 장관 은 은폐를 시도하다가 물러났고, 이시영^{李始榮} 부통령은 이승만 정권에 낙담 하여 사표를 냈으며, 그간 이승만에 호의적이었던 야당계의 조병옥, 윤보선, 김성수 등도 생각을 바꾸는 계기가 되었다.

이런 엄청난 국민방위군 부정부패사건이건만 정작 대한청년단 단장 김윤 근 사령관은 사건이 나고도 무사했고, 다만 부사령관 윤익헌 등 15명이 군 법회의에 회부됐다.

그런데 정작 이 사건이 단정 수립 후 최대의 필화사건으로 번진 것은 「김대운 조서발표사건 / 중대한 국제 문제 제기, 심대한 명예훼손 '무'(무초 미)대사 아我 정부에 항의 서한」이라는 장황한 제목의 『동아일보』1951년 9월 25일 자 기사 때문이었다.[6]

참고로 기사 전문을 소개한다.

지난 8일 국회 본회의에서 홍범희 내무차관이 보고한 소위 7,000만 원사건에 관한 김대운일명 金大鉉 진술내용은 경찰조서 발표사건으로써 중대한 국제 문제화하고 있다.

즉, 국회의 결의에 의하여 발표하였다고 하지만 국민방위군사건을 수사 중에 있는 서울지검의 수사 활동을 방해하려는 기도 밑에 암약하고 있는 일련의 의원들이 국민방위군사건에서 파생된 한 사기사건의 경찰조사 내용을 공개하라고 책동한 이면 의도는 이미 김대운이 일건 서류와 함께 구속 송청되어 부산지검이 예의 수사 중에 있는 때에 발표된 점으로 보아 검찰청의 수사를 견제하려는 동기임을 추측할 수 있었던 것이다. 당시 검찰 측에서는 당혹하여 불쾌히 생각하였을 따름 본시 아무런 견제도 받을 성질의 것이 아니었고, 소정대로 엄중한 수사로 완료하여 17일에 이르러 김대운을 기소하였던 것이다. 그런데 내무부가 그 책임 하에 성급히 발표한 김대운 진술 내용에 김의 진술로써 김이 윤익헌민방위 군 고위 간부을 구출하기 위하여 운동하되 주한 미 대사 무쵸, 미 제8군 콜터, 미 군법회원 2명, 미 제8군의 크린 대령 등 5명을 움직여 그들로 하여금 이 대통령에게 윤익헌의 구명운동을 의뢰할 생각으로 윤익헌의 처로부터 받은 금패물을 방매한 미 달러화 6,700달러 중 5,900달러를 크린 대령에게 수교하였다는 김대운의 일방적 진술이 드디어 거대한 국제적 파문을 일으키게 된 것이다. 미국은 그 대책으로 한국 내정

---

6   정진석, 『한국현대언론사론』, 전예원, 1985, 258~264쪽. 국민방위군사건으로 사형언도를 받은 윤익헌 부사령관의 아내가 남편의 구명을 위해 김대운 방위군 정훈공작원을 통해 주한 미국 무초 대사를 비롯한 5명에게 엄청난 금품을 주었다는 기사였다. 이 항목에 대해서는 이 저서를 참조, 요약 서술했다.

에 간섭하지 않을 것을 원칙으로 견지해 오던 터이므로 주한대사 무쵸 씨가 한국의 내정에 속하는 사형수의 구명운동에 인용되었다는 사실은 법원이 그 진부를 심사하지 아니하여 김대운의 진술 자체를 확인할 수 없음에도 불구하고 내무부가 그 책임 밑에 발표하였다는 것은 크린 대령이 5,900달러의 운동비를 받았다는 진술 자체의 진부가 확인되지 않고 있는 것처럼 서한을 보내어 온 바 그 처리 여하가 극히 주목되고 있다.『동아일보』 1951년 9월 25일 자

당연히 이철원 공보처장은 국회에서 이 기사가 허위라고 둘러댔고, 언론사에게는 그 출처를 밝히라고 요구했으나 동아일보사가 응하지 않자 고재욱 편집인과 최흥조 담당기자를 몇 차례 신문 하더니 기어이 광무신문지법光武新聞紙法과 형법105조, 역시 일제가 만든 악법을 동원해 불구속 기소했다. 특히 전문 38조로 이뤄진 광무신문지법은 대한제국 이완용 내각이 일제의 뜻대로 제정, 1907년 7월에 법률 제1호로 공포한 악법이다.

공보처는 그 책임을 추구하는 국회에다 정부는 도리어 허위보도를 해도 처벌할 법이 없어 곤란하니 국회가 이런 허위기사를 처벌할 수 있는 법을 제정해 달라고 역공했다.

동아일보사는 만만치 않았다. 작심하고 11월 15일부터 연 사흘에 걸친 대논설을 연재했다.「무관심의 위험 / 본보 기사사건에 제際하여」1회,「폭압의 상징」2회,「수난의 자약自若」3회은 한국 자유언론 투쟁사에서 잊지 못할 명문이라 발췌 소개해본다.

본보 기사사건에 제하여 격류의 비말飛沫이 물의 본질은 아니다. 물의 본질은 깊이 묵묵히 흐르는 그것일 것이다. 이와 마찬가지로 정치는 상층부의 비말飛沫과 같은 움직임이 아니다. 깊이 묵묵히 흐르는 물의 본질과 같은 민중의 마음의 흐름에서 출발하여야 한다. 그럼으로 인류의 역사는 허다한 경험을 통하여 옳은 정치 방식으로 민주정치를 쟁취하였다. 신생의 이 나라는 입국의 정신을 민주주의 지향에 두고 있다. 이 부동의 원칙 밑에서 행하여야 할 이 나라의 정치라고 보매 정치

하는 자는 마땅히 민중의 뜻을 받들고 존중함을 요체로 삼지 않으면 아니 될 것은 다시 말할 필요도 없다. 형식만을 갖추는 것이 능사가 아니라 실제 운영함에 있어서 그 정신이 흘러야 할 것을 민중은 엄중히 요청하는 것이다.

그러면 과연 이 나라의 정치는 민중의 뜻을 받들었고 존중하였든가. 그럼으로써 이 나라 정치가 민중의 피가 되고 살이 되었든가. 불행히도 현실은 우리에게 만족을 주지 못한다. 아니 유심자有心者는 개탄하지 않을 수 없는 현상이다. 물론 우리나라가 아직 연천年淺한 관계도 있으리라. 또한 전쟁의 타격도 크리라. 그렇다고 하더라도 이 나라 정치를 담당하는 자에게 민중의 뜻을 받들고 존중함으로써 진정한 민중의 공복이 되고자 하는 정신이 흐르고 있었다면 또한 이 나라 정치에 대한 민중의 비판과 감시가 자유로운 기회를 가질 수 있었다면 우리나라 정치는 오늘날보다는 좀 나은 질서와 업적을 거둘 수 있지 않았을까. 그리하여 민중은 민족적인 역경을 비탄하면서도 희망에서 살 수 있지 않았을까. 그런데 보라. 우리나라의 정치는 항시 권력을 앞세우고 독선적인 경향으로 움직이고 있다. 위에서는 위에대로 아래서는 아래대로 권력은 남용된다. 그리하여 독선을 배태한다. 그 반면에 그 정치에 대한 민중의 비판과 감시는 위축되지 않을 수 없다. 그 결과 정치는 더욱 어지러워진다. 그러나 이 나라의 뜻있는 자 붓대를 꺾고 입에 재갈을 물린다. 민중은 정치에서 무관심하려 한다. 요컨대 자포자기하는 셈이다. 얼마나 한심스러운 현상인가.

민중이 불평불만을 한다 하자. 그 불평불만을 위정자가 귀담아 들음으로써 이 나라의 정치는 옳은 방향으로 나아갈 계기가 된다. 그럼으로써만 민중이 원하는 정치가 행하여질 것이며 민중은 자기의 생활로서 정치에 관심을 갖는다. 그럼으로 불평불만은 민중이 정치에 관심을 갖는다는 것을 의미한다. 이렇게 오히려 없어서는 아니 될 그 불평불만임에도 불구하고 위정자의 귀에 거슬리게 되는 이유가 어디 있을까. 다름 아니라 그 불평불만을 들음으로써 반성할 계기로 삼으려는 위정자의 정신이 결여되어 있기 때문인 것이다. 여기에 허다한 위정자의 실책이 족출簇出하는 근본 원유源由가 있는 것이요 그 실책을 민중에게 은폐하고 만일 이에 대한 민중의 불평불만이 있다면 그것을 독선적으로 누르려는 경향이 생길 수밖에 없다. 따라서 실책은 시정되지 못한다. 이러한 과정이 반복되는 동안에 민중은 정치와 유리된다. 즉 정치에 대하여 무관심해지지 않을 수 없다. 이리하여 권력남용의 폐단은 심상치 않되 의례히 그런 것이니 한다. 민폐는 극도에 달하되 피골만 남아 있는 민중은 할 수 없는 일이거니 한다. 오직 보가보명保家保命할 생각 이외에 아무것도 없다. 우리가 국가 민족의 운명을 도하여 전쟁을 하고 있으되 청년의 정열은 시들어지고 있다. 또한 우리나라에는 가능도 없고 불가능도 없다는 것이 통념이다. 오직 권력에만 아부하면 불가능도 가능케 할 수 있고 가능도 불가능하다는 것이다. 그리고 관리는 그 부패함을 공연히 합리화하려고 한다. 어찌 이 뿐이리오. 일일이 매거할 수 없다. 이 모두가 위정에 대한 민중의 무관심이 아니고 무엇일까. 참으로 위험을 느끼는 현상이다. 이러한 위험한 현상이 우리의 안전眼前에 전개함을 보고서 유심자 어찌 안여晏如할 수 있으리오. 붓대를 꺾고 입에 재갈을 물린다는 것은 정치에 대한 민중의 무관심과 아울러 위험이 아닐 수 없다. 우리는 필설이 다하도록 이 위험에서 우리 민족과 국가를 광구匡救하지 않으면 아니 될 것이다. 그리하여 우리는 민중의 무관심을 돌리어 불평불만을 말하고 말할 수 있게 하여야 한다. 그렇다면 먼저 민중의 불평불만을 배격하고 봉쇄하는 정치를 시정시키지 않으면 아니 될 것이다. 여기에 언담言談을 하는 자 붓을 멈추지 않고 몇 번이고 위정자에 대하여 충고를 게을리 하지 않는 소이所以가 있는 것이니 민중의 뜻을 받들고 존중하는 위정자라면 역이逆耳의 충고를 받을 의무가 있지 않을까.「동아일보」, 1951년 11월 15일 자 제1면,「무관심의 위험상」

이어 이튿날은 「폭압의 상징 (중)」에서 "언론은 흔히 민중의 편에서 위정자를 공격하되 위정자는 그 언론을 통하여 민의가 어디 있는가를 알고 그것을 알므로 반성하여 민중의 뜻을 받들고 존중하는 정치가 된다. 그러나 권력을 남용하고 독선에 흐르는 위정자는 언론을 기피한다. 언론이 민중을 대신하여 권력을 경계하고 독선을 배격함으로서 일 것이다. 이 나라의 실정이 이것이다. 이 나라의 위정자는 언론으로 하여금 권력을 찬양하고 독선을 합리화시키는 도구가 되게 하려다가 그 기대에 어그러지면 언론을 사갈시蛇蝎視

하는 것이 통폐_{通弊}이다. 이와 같은 경향은 필연적으로 언론을 압박하는 데까지 이르고 말았다"라고 개탄했다.

이어 논설은 언론에 재갈을 물리는 「광무 신문지법」과 「형법」 제105조의 2항과 3항에 대하여 조목조목 그 부당함을 따지며 폐기시켜야 한다고 역설했다.

> 광무11년 신문지법은 일제가 이 나라를 병합하고 이 민족을 폭압하기 위하여 만든 악법이다. 이 악법으로 말미암아 이 민족이 신음하였던 쓰라린 경험을 상기하지도 않을 것인가. 이 민족이 일제의 무수한 난타와 강탈을 당하면서도 말 한마디 못하게 하였다면 이 악법의 전위적 역할을 들지 않을 수 없을 것이다. 그러므로 이 민족은 이 악법에 대하여 강력한 투쟁을 하였고 왜인은 이 법률을 끝끝내 지속하여 왔던 것이다. 이러한 악법 광무11년 신문지법인지라 우리가 받을 해방의 첫 선물로 마땅히 그 악법은 폐기되어야 하겠거늘 오늘까지도 이 법률의 적용이 운운되어 있다는 것은 다만 언론탄압으로만 그칠 것이 아니라 이 민족을 모독하는 것으로 우리의 분노는 크지 않을 수 없다.
>
> 또한 형법 105조 2항 3항은 일제의 군국주의적 침략성이 그에 대한 비판을 발악적으로 물리치기 위하여 전쟁 중에 만들어 낸 산물이다. 만들어 내기만 하였지 아물아물하게도 남아있었든 그들 양심은 한 번도 쓰지 않았든 것이며 신생 일본은 즉시 폐기해버린 것이다. 이것을 신생한 이 나라의 위정자는 좋은 유산이나 남겨 주었다는 듯이 민주언론의 탄압의 무기로 삼으려 하니 이 나라의 민주정치의 장래에 일말의 불안과 의혹을 느끼지 않을 자 누구이리오. 이와 같이 우리의 민족적 감정과 민족적 정의를 모독하는 악법이다. 「폭압의 상징 (중)」

이런 식민지시대의 악법을 폐기할 구상은 않은 채 도리어 악용하고 있음을 규탄한 이 글은 "언론은 이 유린에서 벗어나야 하겠다. 이 유린의 씨부터 파버려야 하겠다. 그럼으로써만 언론은 창달될 것이오. 창달된 언론만이 우리 민족주의와 아울러 우리의 입국정신을 발양시킴으로써 이 나라의 전도는 축복될 것이니 우리는 이 폭압의 상징인 두 개의 악법에서 벗어나고 또한 그 악법 자체를 뽑아내는 것을 언론의 당면 과업으로 삼지 않으면 아니 된다"고 끝맺었다.

이어 마지막 회 「수난의 자약自若하」에서는 그 악법으로 정당한 언론을 겁박하려는 당국에 맞서 이 두 악법 폐기투쟁부터 하겠다고 다짐한다. 그 이유는 이 악법이 "본보의 체면 문제나 본보 기자의 신분 문제에 그치고 만다면 혹 모르되 한걸음 나아가 언론압박의 전례가 되어 진다면 본보는 언론계에 한 개의 피할 수 없는 범과犯過를 하는 것으로 생각"하여 앞으로 언론 창달에 장애가 될 이 악법을 폐기시켜야 한다는 논리였다.

그래서 "감개무량한 심경으로 그 악법과 먼저 싸우지 않을 수 없다. 전 언론계에 호소하며 싸우지 않을 수 없다"라며, 이를 "법리적 문제"로 삼아 국회에서 논의해 주기를 요청했다. 동아는 이에 그치지 않고 설사 그 악법을 작용하더라도 이 국민방위군 사관 관련 기사는 결코 위법이 될 수 없다는 주장을 하나하나 밝혔다.

동아일보사 측은 이 논설 연재 2일 후 악법 폐기운동에 들어갔다. 중앙청, 국회, 법조 출입기자단 명의로 대통령, 국회의장, 대법원장에게 두 악법은 일제가 남긴 것으로 헌법위원회에서 무효화되어야 한다는 건의서를 보냈다.

마침 야당이 우세했던 국회와 언론계의 일치단결로 이 두 법이 폐기1952.4.4되었고, 정부가 대안으로 언론 단속용으로 시도했던 법안도 다 불발에 그쳤다. 그러나 그렇게 된 데는 동아일보사를 비롯한 한국의 언론계가 살아 있음을 확인시켜 준 투쟁의 산물이었다.

그러나 독재정권의 옹고집도 만만찮아 이 사건은 해를 넘겨 다음해인 1952년 2월 26일 제1회 공판을 열었다. 그 후 별다른 진전이 없다가 이 사건과 무관한 듯 6월 1일 오후 3시반경 갑자기 경남경찰국 수사관들이 편집국에 나타나 편집인 고재욱을 연행, 정부 전복 음모로 조작하려 했다. 마침 내한 중이던 『뉴욕타임스』 발행인 A. H. 솔즈버거1891~1968 등이 이 대통령에게 탄원, 3일 밤 9시경 고재욱은 풀려났다.

그러자 공보처는 6월 4일 "작야作夜 이 대통령께서는 동아일보 편집인 고재욱 씨가 체포되었다는 사실을 신문에서 보시고 곧 원용덕 장군에게 즉시 석방하도록 명령하시었다"고 발표했다.

그렇다고 『동아일보』의 자유언론 자세를 마냥 추켜세우기에는 역시 미심적다.

끔찍한 거창 양민학살사건에 대해서 『동아일보』나 『조선일보』는 한동안 사실보도도 않았다. 국회에서의 조사결과조차 제대로 싣지 않고 사설로 추상화시켰다. "국회의원 제씨의 용기와 노력은 인권옹호를 위한 거창사건의 규명과 제2국민병을 위한 국가예산을 부정하게 유용한 국민방위군사건을 척결함으로써 구체화시킨 데 대하여 국민은 다 같이 심심한 경의를 표하는 바이다"라는 식이었다.[7]

이런 각박한 시기에 언론에 대한 테러는 매우 노골적이었다. 부산, 경남, 전남북에 계엄령 1952.5.25이 내려진 저녁 9시 5분, 경향신문사 사원들은 저녁식사를 하려고 외출한 상태였는데, 20여명의 괴한들이 경향신문사 부산공장에 난입, 활자 케이스를 뒤엎고 공장 시설 일부를 파괴했다. 그 중 8명은 공장 안으로 난입 해 망치로 활자 케이스를 두드려 부수기까지 했다. 신고를 받고 달려온 경찰들이 범인 4명을 체포했는데, 부두 노동자, 자동차 수리공 등이었다. 그들은 2일 전 경향신문사 공장 파괴 지령을 받았다고 진술했으나 예상대로 배후는 못 밝혔다.

3. 미군의 냉전체제를 위한 심리전 전개

이렇게 세상이 엉망진창으로 돌아가는데도 남한을 공산화되지 않도록 하려면 어떻게 대처해야 하느냐를 놓고 임기응변이 아닌 근본적인 대책을

---

7   문영희·김종철·김광원·강기석 공동저작, 윤원일 기획,『동아일보 대해부』2권 및『조선일보 대해부』2권, 안중근의사기념사업회, 2014 참고.

세우겠다고 말끔한 정신으로 제일 발 빠르게 나선 것은 미국이었다. 이미 8·15이후부터 5년 동안 공들여 다듬어 왔던 이 극동의 소중한 땅을 그들로서는 반소 반중의 전초기지로 삼아야 했기에 민첩할 수밖에 없었다. 군사적인 개입은 널리 알려져 있지만 그들은 결코 거기에만 만족하지 않고 심리전을 별도로 치밀하게 추진했다. 그들은 한국의 첩보기관처럼 증오심의 유발이나 처벌과 위협만으로는 근본 대책이 아님을 익히 인식하고 있었다. 그래서 정서적인 반공정책이 보다 중요하다는 것을 익히 알고 있었기에 그 전문 연구팀을 꾸려서 전쟁 중에 파견했다.

군학복합체제Military-Academic Complex라 부르는 이 분야의 활약상을 추진한 것은 "한국전쟁이 한창이던 1950년 12월부터 1951년 1월까지 한국에 직접 건너와서 일련의 '심리전' 프로젝트를 수행했던 미 공군대학Air University 인적 자원 연구소Human Resource Research Institute, 이하 HRRI로 표기 한국 연구팀의 활동"이었다. 이 팀의 연구 성과는 "1951년 5월 2권의 HRRI 보고서, 『공산주의가 한국에 미친 영향에 대한 예비적 연구Preliminary Study of the Impact of Communism Upon Korea』와 『남한에서 심리전 연구의 함의와 요약Implications and Summary of a Psychological Warfare Study in South Korea』으로 제출되어 현재 그 내용을 확인할 수 있다".

이 연구가 다른 많은 한국전쟁에 관한 미국의 프로젝트와 다른 점은 "특정한 군사작전의 효과를 분석하는데 치중하는 작전분석operation analysis연구의 형태에 머무른 데 반해 HRRI의 보고서는 북한의 남한 점령이 야기한 소비에트화의 사회적 효과를 분석하는데 주력"한 사실이다.[8]

"한국은 공산주의적인 군사통제와 우리의 심리전 작전의 효율성을 연구

---

8   ① 김일환·정준영, 「냉전의 사회과학과 '실험장'으로서의 한국전쟁―미공군 심리전 프로젝트의 미국인 사회과학자들」, 『역사비평』 봄호, 2017, 283~284쪽. 이 호는 기획특집 『냉전의 사상. 심리전, 한국전쟁을 만나다』에서 위의 논문 외에 ② 옥창준·김민환, 「사상 심리전의 텍스트로서 한국전쟁―자유세계로의 확산과 동 아시아적 귀환」, ③ 백정숙, 「전쟁 속의 만화, 만화 속의 냉전―한국 전쟁기 만화의 심리전」, ④ 전갑생, 「수용소에 갇힌 귀환용사―'지옥도' 용초도의 귀환군 집결소와 사상 심리전」이 게재. 이하부터는 인용 등 출처를 9-① 등으로 표기한다.

하기 위한 가장 적합한 실험장^{laboratory}"이라는 표현은 유명한 "노근리사건^老
斤里良民虐殺事件, No Gun Ri Case, 1950.7.25~7.29과 관련하여 미 공군역사연구소"가 수
집한 자료에 등장한다.[9]

남북한 주민들이 그토록 생사의 갈림길에서 간난신고했던 참담함이 먼
한 나라의 점령군들에 의해 관찰대상으로 설정되었다는 건 새삼 우리 자신
의 초라한 초상화를 보는 실망감에 다름 아니다.

미국의 고도한 반공정책은 다각도로 나타났는데 아래 인용문은 세계사
전체에 영향을 미친 전략의 일환의 한 단면을 느끼게 해줄 것이다.

> CIA는 이탈리아에서 공산당의 약진을 막기 위해 1948년 이탈리아 총선거에 적
> 극 개입한 바 있었다. 이때 CIA가 활용한 대표적인 방법은 소련에 대한 악선전을
> 활용하여 사회당과 공산당을 '분열'시키는 것이었다. 이를 위해 CIA는 '반공주의
> 자'가 아니라 전향한 공산주의자를 전면에 내세웠다. 이탈리아 공산당의 창립자
> 중 한 명이었으나 1931년 탈당 후 완강한 반 스탈린주의자로 변신한 이냐시오 실
> 로네 같은 인물이 대표적이었다.[10]

이런 수법이라면 이미 우리가 미군정 3년간 겪었기 때문에 너무나 익숙
하다. 그러니 유추해 보면 우리가 겪었던 미군정 3년은 미국에게 제3세계권
제2차 세계대전 직후 공산화의 위험이 큰 나라들, 예컨대 필리핀, 말레이시아, 인도네시아, 그리스 등등의 공산
화를 막는 전략 실험장이었대도 지나치지 않을 것이다.[11]

출판문화가 지적 활동의 주류를 이뤘던 8·15 직후와는 달리 전쟁 중에는
만화가 가장 중요한 이념전쟁의 매체로 등장했기 때문에 한국 만화가들의
단체 결성 상황부터 활동까지를 세세히 검토한 백정숙의 「전쟁 속의 만화,

---

9   각주 8-①, 299·315쪽.
10   각주 8-②, 326~327쪽.
11   미국 정보기관의 세계전략에 관한 연구는 엄청나기 때문에 여기서 접근할 문제는 아니다.
     다만 가장 간략한 이해를 위해서는 William Blum, *The CIA : a forgotten history*, Zed Books
     Ltd, 1986,가 필자가 본 가장 축약된 참고서다.

만화 속의 냉전 – 한국 전쟁기 만화의 심리전」은 전후 한국 만화계가 어떻게 형성되었던가를 생생하게 그려준다.

이런 이념적인 침탈은 한국전에 직간접적으로 참전했던 미국의 작가에 의해서도 널리 선전되었다. 예를 들면 제임스 미치너는 특파원으로 취재한 걸 바탕삼아『도곡리 철교』라는 대중적인 소설을 써서 1950년대 한국에서 영화로 히트를 쳐서 투철한 멸공정신을 앙양시켜 주었다. 77특수 기동부대 소속 군함들이 원산 부근의 도곡리의 철교를 파괴하는 임무를 띠고 광활한 대양^{동해의 북한 해변}에 나타났다. "한 척의 전함과 두 척의 순양함이 소련 잠수함의 공격으로부터 방어해 줄 열 네 척의 구축함"을 거느린 미합중국 함대의 대열이었다.

여기서 도곡리 철교 폭파를 맡은 블루베이커 중위는 제2차 세계대전에도 참전했던 베테랑으로 제대 후 덴버에서 변호사로 지내다가 한국전에 복귀했다. 그는 도곡리 철교 폭파에 성공한 뒤 그 부근의 무기 저장고까지 폭파했으나 피격당해 야산에 불시착, 피신하자 다른 폭격기들이 중위가 피신해 있는 산 도랑을 공략하려는 인민군들에게 집중 난사했다. 미군 조종사들에게 인민군이란 한낱 '원숭이'여서 "저 원숭이 새끼들 좀 보세요"라고 했다. 중위를 구조하러 온 헬리콥터도 인민군의 피격을 받아 불시착하자 2명 중 1명이 죽고 나머지 1명은 중위가 있는 도랑에 합류했다. 그러나 이들을 구제하기에는 다른 전투기들의 폭격용 무기들이 소진한 데다 연료까지 한계가 있어 모함으로 돌아 가버렸고, 끝내 2명은 인민군의 공격으로 전사하고 만다.[12]

---

12 James Albert Michener(1907~1997), *The Bridges at Toko-ri*(1953), 이 작가는 기아(棄兒) 출신으로 구빈원 등에서 자라며 퀘이커 신도로 사해 동포주의자였다. 특히 아시아 문제에 애정이 깊었던 그는 동남아는 물론이고 일본에도 관심이 깊어 일본계 미국 여인과 결혼까지 했다. 미 해군 장교 출신인 그는 남태평양을 다룬 소설 *Tales of the South Pacific*(1947, 뮤지컬 영화『남태평양』으로 대인기), 미군 점령기의 일본을 다룬 소설 *Sayonara*(1954, 1957년 같은 제목으로 영화화 되어 대인기)등으로 유명. 두 작품 다 점령 미군이 현지 여성들에게 우상적인 인기를 누리다가 사랑을 이룩하는 줄거리. 따라서 미치너 작가의 사해동포주의란 거시적으로 보면 냉전체제에서 미국의 우월성을 통하여 점령을 정당화하는 것이란 평가도

영화 〈전송가戰頌歌, Battle Hymn〉1957는 '한국전쟁 고아들의 아버지Father of the Korean War Orphans'란 애칭으로 우리에게 널리 알려진 딘 헤스Dean Elmer Hess, 1917~2015 미 공군 중령의 자서전에 바탕을 둔 실화다. 제2차 세계대전 때 폭격기 조종사로 독일 폭격에 참전했던 헤스는 고아원에다 실수로 떨어뜨린 폭탄으로 37명의 고아들을 죽인 죄책감으로 제대 후 오하이오의 한 작은 도시에서 목사로 몸담고 있으면서도 여전히 괴로웠다. 그러던 차에 아내에게 폭격에는 결코 가담하지 않겠다고 다짐하고 한국전쟁에 자진 참여, 조종사 교관으로 복무하고 있었다. 폐허가 된 서울에서 그는 버려진 고아원을 보고서 돌봐주다가 1·4후퇴로 온 도시가 텅 비었고 그에게도 퇴각 명령이 하달되었으나 온갖 불법적인 방법을 다 동원하여 고아들을 김포 공항에서 수송기로 제주도까지 데려가 거기에다 수용시설을 갖췄다는 줄거리다. 록 허드슨 주연의 이 영화 역시 필자가 고교생이어서 철이 들었는데도 불구하고 헤스 중령에게 얼마나 열광적으로 박수를 보냈던가!

특히 이 영화에는 도산 안창호의 차남 안필선安必善, Philson Ahn, 1912~2001도 출연해 더욱 주목을 받았다. 도산의 장남 안필립安必立, Philip Ahn, 1905~1978도 유명 배우인데 둘째는 그보다는 덜 유명하지만 혈통을 중시하는 한국인에게는 아버지의 후광에 밀려 우러러 보였다.

이런 모든 문화 현상들은 그 작가의 진심어린 휴머니즘정신의 반영에도 불구하고 국제역학적인 시선으로 보면 냉전체제의 심리전이었음을 부인할 수 있을까. 그래서 1950년대의 냉전적 기치관은 한국인으로 하여금 '미국 X의 똥도 좋다'거나 어떤 쟁점으로 다투다가도 '미국에서도---한다더라'라

가능해진다. 이 두 영화는 다 학생 입장 가여서 필자 역시 학창시절에 부러운 시선으로 미남 미녀 미국 주연들을 쳐다봤던지라 미국에 대한 외경심이 생기는 계기가 됐음을 부인하기 어렵다. 특히 한국전쟁 배경의 『도곡리 철교』는 영화화 되어 한국에서는 『원한의 도곡리 철교』로 개봉, 필자가 중학생 때 학생 입장 가라서 극장이 미어터질 지경이었는데, 미 전투기가 기총소사로 사격할 때 맥없이 쓰러지는 인민군을 보고 극장이 떠나갈 듯이 박수를 쳤던 기억이 지금도 생생하다. 더구나 주연 배우 윌리엄 홀덴과 그레이스 켈리의 미모도 큰 몫을 했다.

고 말하면 대꾸를 못하는 현상이 일반화 되었다.

그러나 역사란 반드시 누군가에 의해서 그 진실이 밝혀지도록 되어 있다.

데이비드 콘데는 분단 한국에서 일찍부터 한국전쟁을 북침이라 주장한 공산주의자로 못 박혀 신화처럼 유언비어로만 떠돌았던 인물이었다. 그러나 콘데의 저서를 통해 한국의 지식인들은 분단 한반도의 역사를 많이 알게 되었다.[13]

그는 이 저서들을 통해 미군정의 한반도 분단정책과 친일파의 온존, 이승만 정권의 변칙적인 형성 등을 집중적으로 다뤄 주었다.

오스트레일리아 빈민 출신으로 제2차 세계대전 중 프랑스의 친독 괴뢰 비시정권Régime de Vichy을 비판하면서 기자생활을 시작한 버체트 기자는 중국, 버마를 거쳐 원폭 투하의 히로시마 르포로 주목을 받았는데, 『히로시마의 그늘』표완수 역, 창작과비평, 1995이 바로 그 산물이다. 세계 분쟁지역의 민감한 영역을 넘나들며 냉전체제 아래서 침략행위의 진상을 폭로하는데 앞장섰던 그는 1951년 프랑스의 『위마니테L'Humanité』 기자 신분으로 중국을 거쳐 한국전쟁 문제에 집착, 판문점에만 머물지 않고 당시의 북한을 밀착 취재하여 국제적인 명성을 얻었는데, 그 기록이 『또 다시 북한에서Again Korea, ふたたび朝鮮で』였다. 필자가 읽은 건 일역본W. G. バーチェット, 우치야마 츠도무, 内山敏 訳, 紀伊国屋書店, 1968이었는데, 미국의 세균전을 신랄하게 추궁했으며 판문점에서 외신기자들에게 그 내용을 설명하는 사진이 무척 인상적이었다. 그는 한국에서는 공산당 첩자 기자로 낙인 찍혔으나 그의 주장은 일본을 통해 널리 떠돌기도 했다.[14]

---

13   David W. Conde(William David Wellwood Conde, 1906~1981). 캐나다 온타리오 출신으로 1932년 미국에 귀화, 제2차 세계대전 후 미 군속 민간정보교육영화연극과장 직함으로 도일, 많은 활동을 했는데, 그 중 현대사 사료들을 섭렵하여 특히 한국 문제를 집중적으로 다룬 저서를 일어로 출간했다. デヴィッド・コンデ, 『解放戦争の歴史－1945~1950』上・下, 太平出版社 1967를 시작으로, 『朝鮮戦争の歴史－1950~1953』上・下; 『分断朝鮮の歴史－1953~1967』上・下 전6권을 출간했다.

14   Wilfred Graham Burchett(1911~1983). 이 부분에 대해 더 자세한 설명은 임헌영 평론집 『한국소설, 정치를 통매라다』, 소명출판, 2020, 362~364쪽. *Again Korea*, New

4. 전쟁 중의 한국문단

그러나 아무리 치밀한 심리전과 침략전쟁 속에서도 진실을 찾으려 해도 미국의 고차원적인 반공 이데올로기 구축작업은 지속되었을 터였다. 이와는 확연히 다르게 이승만 정권은 반공 구호와 집단폭력 조직으로 북진통일만 되풀이하면서 오로지 기독교에만 의존했다. "1937년부터 1939년까지 일제의 승전을 위한 기독교인들의 '무운장구 기도회'가 8천 953회나 열렸다고 한다." 그러나 8·15 후 그들은 "미국이란 은혜의 나라가 있었고, 그들을 필요로 하는 독재권력이 있었다."[15]

이런 기독교인들이었기에 "1952년의 선거에 이승만을 '한국의 모세'라 부르고 적극적으로 밀어주면서 그 이유로 '정치의 기독화기독교 의례의 국가적 수용 이외에 군목 제도의 설립을 들었다.[16]

오랜 동안, 그러니까 독립투사들이 임정수립운동으로 분투하던 때인 1919년 4월 8일 이승만의 꿈은 "동양의 처음 되는 예수교국을 건설"하는 것이었다.[17]

이런 시절에는 꼭 빨갱이 타령이 나온다. 공보당국은 1951년 10월 1일, 월북 문학예술인 작품을 발매금지 처분하고 행불자 등 12명은 검토 처리토록 통첩했다. 이때 공보당국이 밝힌 자료는 「월북작가 명단 ①」, 「월북작가 명단 ②」로 발표두 신문사 명단을 따로 나눠 정리하면서 오자와 중복 등 약간 두서없는데, 이를 통합하여 정리하면 아래와 같다. 「월북작가 명단 ③」은 납북자와 월북자로 나눠 인적 사항까지 간략히 적었으나 여기서는 생략한다.

A급6·25전 월북자. 가나다순

York : International Publishers, 1968.
15 최천택·김상구, 『미 제국의 두 기둥 전쟁과 기독교』, 책과나무, 2013, 424쪽.
16 원문은 박노자의 「왜 한국 기독교는 참회하지 않나」이나 여기서는 각주 17과 같은 책 425 쪽에서 재인용.
17 원문은 『신한민보』 1919년 4월 8일 자이나 여기서는 각주 16과 같은 책 426쪽에서 재인용.

김남천, 김사량, 김순남, 김조규, 김태진, 민병균, 박세영, 박아지, 박영호, 박찬모, 박팔양, 서광제, 송 영, 신고송, 안함광, 안회남, 오기영, 오장환, 이기영, 이면상, 이병규, 이북명, 이선희, 이원조, 이 찬, 이태준, 임선규, 임 화, 조벽암, 지하련, 최명익, 한설야, 한 효, 함세덕, 허준, 현덕, 홍기문, 홍명희.[38명]

B급[6·25후 월북자]

강형구, 김동석, 김만형, 김소엽, 김영석, 김이식, 문철민, 박계명, 박노갑, 박문원, 박상진, 박태원, 배 호, 설정식, 안기영, 이건우, 이범준, 이병철, 이용악, 임서하, 정종길, 정종녀, 정현웅, 홍구.

C급[내용 검토]

김기림, 김기창, 김찬승, 김철수, 박래현, 박로아, 전홍준, 정광현, 정인택, 정지용, 채정근, 최영수[12명]

「월북작가 명단 (3)」은 납북자로는 이광수, 김진섭, 김동환, 김억, 박영희 5명만 실었고, 나머지는 월북자인데 다소 엉망이라 여기서는 생략.[18]

한창 전쟁 중인 1951년에 서둘러 발표한 이 명단은 이후 지속적으로 보완되면서 남북이 완전히 냉전적인 분단문학으로 몰아가는 주춧돌이 되었다. 혹독한 식민지시대의 검열에서도 활동했던 문학이 냉전을 맞아 금기시 된 것은 그만큼 반공의식을 고조시켜 아예 독재와 부정부패 등에 대한 문학적 관심을 전면 차단시키려는 의도에 다름 아니다. 비록 문인은 북으로 갔더라도 작품은 얼마든지 읽을 수 있는 사회를 유지하는 게 정상일 텐데 이를 허용 않는 것은 그만큼 분단 이후 한국문학의 시야를 좁히려는 의도일 것이다.

문인들은 이런 복마전 속에서도 살아남아야 했다. 문총文總 구국대를 결성, 정훈국 산하에서 활동하려고 각 군별로 작가단이 만들어졌다.

---

18 계훈모(桂勳模) 편, 『韓國言論年表 3, 1951~1955』, 관훈클럽信永 연구기금, 1993, 707~708쪽.

육군 종군작가단은 1951년 5월 26일 대구 아담다방에서 결성 됐는데, 장덕조·최태웅·조영암·김송·정비석·방기환·박영준·박인환 제씨에다 이후 김팔봉. 구상 등으로 확충되었다.

해군 종군작가단은 1951년 6월 부산에서 안수길. 윤백남. 염상섭. 이무영. 박계주. 박연희. 이종환. 윤고종 등으로 꾸려졌다.

공군 종군작가단은 1·4후퇴 후 대구에서 결성^{1951.3.9}됐는데, 마해송. 조지훈. 최인욱. 최정희. 곽하신. 박두진. 박목월. 김윤성. 유주현. 이상로. 방기환에다 나중에 황순원. 김동리. 전숙희. 박훈산 등이 추가되었다.

이 전쟁 중 김동인과 김영랑 등이 그리 명예롭지 못하게 죽었고, 북에서는 김이석. 강소천. 한정동. 박남수. 장수철. 양명문 외 상당수가 월남해 왔다.

대구나 부산 등지에서 문학인들의 삶은 팍팍했으나 역사적으로 냉철하게 보자면 국민다수나 독자들의 시선에는 그리 아름답지는 못했다. 고작 이 찻집 저 술집으로 옮겨 다니며 관념적인 지적 말장난이나 희롱하면서 세월을 죽였다. 그 지경에서도 사랑놀이도 그치지 않았다.

그렇다고 싸잡아 다 문학인을 비판만 할 수는 없을 터였다. 다음 장에서 보듯이 뜨겁게 현실을 질타하는 작가가 예고편도 없이 홀연히 등장하기 때문이다.

제10장

고관 부인,
작가 김광주를
린치하다

1. 피란 수도 부산, 부패와 부정으로 얼룩지다

『동국여지승람東國輿地勝覽』에 따르면 부산은 신라 때 동래군 소속으로 첫 이름이 큰 시루를 뜻하는 대증현大甑縣이었다가 부산富山으로 개명되어 동래부산포東萊富山浦였으나 조선 성종 때1470 부산포釜山浦란 표기가 처음 등장한 뒤 『동국여지승람』1481 이후 정착된 것이 오늘의 항도 부산釜山의 작명 유래다. 그러니까 큰 시루甑가 넉넉해지자富 가마솥을 엎어놓은 산釜으로 변했다고나 할까.

이 고장이 유명해지기는 닭도 익힐 수 있는 온정溫井으로 "신라 때에 왕이 여러 번 여기에 오곤 하여 돌을 쌓고 네 모퉁이에 구리 기둥을 세웠는데, 그 구멍이 아직도 남아 있다"고 하며, 고려의 대문호 이규보는 "유황이 수원水源에 스며들었음도 믿지 못하겠거니와, 양곡暘谷 해가 돋아나는 곳에서 아침 해 목욕한다는 일도 의심스럽네. 땅이 외져서 다행히 양귀비 더럽힘을 면하였거니, 지나는 나그네여, 잠시 멱 감아 봄이 어떠하리"라고 읊었다.[1]

상업 도시로 번창했던 이 항도가 일약 한반도의 출입구 역할로 번창하기는 일제의 침탈 통로에 일조했던 경부선 완전 개통1905과 세칭 관부연락선關釜連絡船, 한국에서는 부관연락선, 1905년 첫 취항이었을 것이다.[2]

"북의 압록강. 두만강과 함께 피와 눈물이 점철된 조선 민족의 한이 교차하는 고장"인 부산, "토지를 빼앗기고 살길을 찾아 건너간 조선인의 슬픔과

---

1   성종 17년(1486년) 간행 『신증 동국여지승람』, 재단법인 민족문화추진회 고전번역총서 3권 352쪽. 이규보(李奎報, 1168~1241)의 원문은 "未信硫黃浸水源却疑暘谷浴朝 (…중략…) 過客何妨暫試溫".

2   시모노세키(下関)와 부산을 오간 여객 및 화물선. 도요토미 히데요시의 조선 침략전쟁(임진왜란) 때 선봉에 섰던 제1군 사령관이자 예수회파 가톨릭 신자인 고니시 유키나가(小西行長)가 상륙했던 부산은 그 3백여 년 후 조선정복의 야욕을 위한 길을 열었다. 조선 침략을 위한 마지막 절차였던 러일전쟁(1904~1905)을 마무리한 포츠머스 조약(Treaty of Portsmouth, Портсмутский мирный договор)이 체결(1905.9.5)되고 불과 6일 후인 9월 11일에 관부연락선 첫 항로가 열린 건 의미심장하다. 그로부터 60여 일 후 을사늑약이 체결(11.17)되었다.

눈물이 얼룩졌고, 그리고 (일제) 말기에는 강제. 반강제적으로 연행되어 일본 각지의 공사현장에서 혹사당한 조선인의 원성이 가득"찬 연락선의 항구가 부산이었다.[3]

그래서 연락선의 이름조차도 일제의 침략 야욕에 따라 초기에는 일본 지명이키마루, 츠시마마루에서 조선 관련 호칭으로 개조고려환, 신라환, 경복환, 덕수환, 장경환되었다가 후반기에는 중국 대륙 북부의 산악명흥안환, 천산환, 곤륜환으로 불렸던 게 연락선의 운명이었다.[4]

> 어떤 사람은 돌아오자 죽어갔다.
> 어떤 사람은 영영 생사도 모른다.
> 어떤 사람은 아픈 패배敗北에 울었다.임화 시, 「현해탄」

항구는 만남의 기쁨도 있지만 식민지의 피해자들에겐 이별과 슬픔의 눈물이 더 많다. 그래서 부산항은 "쌍고동 울어 울어 연락선은 떠난다 / 잘 가

---

3 박찬호, 안동림 역,『한국 가요사－1895~1945』, 현암사, 1992, 369~370쪽.
4 위의 책 370쪽 및 이병주의 소설『관부연락선』1·2권, 한길사 중 1권 264쪽 등과 일본 측 인터넷 자료를 종합하여 관부연락선의 변천사를 축약하면 아래와 같다.
　① 이키마루(壱岐丸), 1905년 9월 11일 격일제로 첫 취항. 경부선 완공(1901년 6월 착공, 1905년 5월 25일 남대문 역에서 개통식)에 맞춤. 운항시간은 11시간.
　② 츠시마마루(対馬丸, 1905년 11월 1일부터. 매일 운항)
　③ 고라이마루(高麗丸, 1913년 1월 13일부터 운항)
　④ 시라키마루(新羅丸, 1913년 4월 5일부터)
　⑤ 게이후쿠마루(景福丸, 1922년 5월 18일부터)
　⑥ 도쿠주마루(徳寿丸, 1922년 11월 12일부터)
　⑦ 쇼케이마루(昌慶丸, 1923년 3월 12일부터) 4천톤 급으로. 이 연락선 취항 후 ③, ④는 화물선으로 용도 변경.
　⑧ 공고마루(金剛丸, 1936년 11월 16일부터)
　⑨ 고안마루(興安丸, 1937년 1월 31일부터). 이때부터 중일전쟁에 대비코자 7천5백 톤 급, 운항시간 7시간으로 단축.
　⑩ 텐산마루(天山丸, 1942년 9월 27일부터). 1945년 7월 30일 침몰.
　⑪ 곤론마루(崑崙丸, 1943년 4월 12일부터). 1943년 10월 5일 미 해군 잠수함의 공격으로 침몰.
　⑫ 1945년 6월 경 공습으로 사실상 폐쇄.

소 잘 있소 눈물 젖은 손수건"^{가수 장세정 노래 〈연락선은 떠난다〉, 1937}이란 노래 가사를
일본에서 강제 노역에 시달렸던 동포들은 개사하여 "무엇을 원망하는가 나
라가 망하는데 / 집안이 망하는 것도 이상할 게 없다 / 실어만 갈 뿐 실어만
갈 뿐 / 돌려 보내주지 않네 / 연락선은 지옥선"이라고 불렀다고 한다.[5]

가서는 아니 오는 아픈 이별의 정서는 일제의 강제 동원이 극심해졌던
1940년에 가수 남인수로 하여금 〈울며 헤어진 부산항〉을 구슬프게 부르도
록 부추겼다.

이 민족 수탈의 출입구인 항도 부산이 가장 붐볐던 시절은 한국전쟁 때 임
시수도였던 때였다. 이승만이 국민을 팽개쳐두고 피신하면서 옮겨다닌 임
시수도는 아래와 같다.

① 대전시^{1950.6.27~7.16}

이 시기에 연합군 지상부대 부산 상륙^{7.1}, 한국군, 유엔군에 편입^{7.7}, 국군 통수
권, 미군에 이양한 '한미 대전협정' 체결^{7.12}.

② 대구시^{1950.7.16~8.17}

유엔군, 워커라인^{마산, 왜관, 영덕을 잇는 방위선} 구축^{8.3}.

③ 부산시

(가) 전반기^{1950.8.18~10.26}. 국민병 소집^{8.22}, 한국군, 평양 입성^{10.19}, 중공군 한국
전 참전^{10.25}. 정부 서울 환도^{10.27}. 서울 시민에 대피령 및 흥남 철수^{12.24}.

(나) 후반기^{1951.1.3~1953.8.14}.

1951년 : 1·4후퇴, 거창 양민학살사건^{2.11}, 서울 재수복^{3.14}, 국회, 국민방위군
사건 폭로^{3.29}, 이시영 부통령 사임^{5.9}, 국회, 부통령에 김성수 선출

---

5   위의 책, 370~371쪽. 원문은 "何を怨もか國さえ滅ぶ / 家の滅ぶに不思議はない / 運ぶ
    ばかりて / 運ぶばかりて / 歸しちゃくれぬ / 連絡船は地獄船". 이 노래를 불렀던 장세정
    (1921~2003)은 생후 2개월 만에 어머니를 잃고 독립운동가였던 아버지와도 생이별 후 할
    아버지 손에서 자라나 평양 화신백화점의 상신 악기점 점원으로 일하다가 평양방송국의 공
    개 무대를 통해 데뷔했다. 이난영과 쌍벽을 이룰 정도로 명성을 떨쳤으나 박정희의 냉전체
    제 때부터 그녀가 불렀던 노래의 작사자였던 납월북 예술가의 작품이 금지곡으로 묶이면서
    1973년 도미, 그곳에서 생을 마쳤다.

5.15, 자유당 발족12.17.

1952년 : 장면 총리 해임당함4.20, 서민호 의원사건4.24, 부산정치파동5.26, 김성수
부통령 사임5.29, 대통령 이승만, 부통령 함태영 당선8.5.

1953년 : 부산 국제시장 대화재1.30, 화폐개혁2.15, 휴전협정 조인7.27, 정부 서울 환
도8.15, 이튿날 국회 환도.

진정 이 소돔과 고모라에 의인이 열 명도 없었던가. 김도연, 김성수, 김창
숙, 서상일, 이시영,조병옥 등은 부산 남포동 경양식당 국제구락부에서 "문
화인 간담회'를 한다고 위장한 채 반독재 호헌구국 선언대회1952.6.20를 열어
서상일이 선언문을 읽는데 폭도들이 급습하여 파탄 냈고, 계엄사령부는 민
주인사 27명이 구속했다.국제구락부사건 이승만 독재 아래서 민주화운동의 첫
시련이었다. 이게 끝이 아니었다. 6·25를 맞은 '멸공 통일의 날' 기념식이
부산 충무로 광장에서 개최되자 의열단 출신 김시현 현역 국회의원이 역시
독립운동가 출신인 유시태에게 권총으로 이승만을 사살하게 시도했으나 불
발로 실패한 사건도 있었다.

이런 어수선한 상황 속에서 대통령을 직선제로 바꾼 발췌개헌안은 경찰
과 군대와 테러단이 국회를 포위한 가운데서 기어이 통과1952.7.4됐다. 그러니
임시수도 부산이란 한국 정치사에서는 오욕과 치욕의 결정판으로 이후 민
주주의의 실현이 얼마나 어려울까를 예고해 주는 이정표가 됨직했다.

두 차례에 걸쳐 통칭 천 일간 임시수도였던 부산 시절은 가수 현인의 〈굳
세어라 금순아〉1953를 통해 흥남부두와 일사1·4후퇴라는 전쟁의 참혹성을 상
기시켜 주었고, 부산의 국제시장과 영도다리를 해운대나 동래 온천보다 더
유명하게 만들어주었다. 그 뒤를 이은 국민 애창곡이었던 남인수의 〈이별의
부산 정거장〉1954에 등장하는 판잣집이나 12열차늦은 오후 출발, 이튿날 새벽 서울에 도착
한 보통열차 역시 궁핍했던 피란살이를 겪지 못한 국민들에게까지 간접체험 시
켜 주었다.

2. 고관 부인, 백주에 유명작가를 납치

이처럼 아수라장 같았던 세월을 아득바득 살아가기도 바쁜 일상 속에서 엽기적인 한 사건이 온통 세상을 뒤집었다. 이 문제의 사건은 그 제목만으로도 막가파 세상의 한 단면을 유추할만했는데, 그 제목은 이렇다.

「백주白晝에 고관 규중高官 閨中에서, 소설가 김광주 씨를 인치引致 구타, 작품 '나는 너를 싫어한다'를 의심 끝에」.

소설 가운데의 여주인공이 자기가 아닌가고 의심하여서 소설가를 자기 집안 방에 불러다가 백주에 폭행을 가하게 한 고관 부인이 있어 법치 국가이며 인권옹호가 한층 더욱 요청되는 민의의 오늘날 문화인들의 격분을 사게 하고 일반의 분노를 자아내게 하는 한편 당국의 냉정한 비판과 철저한 조치를 바라게 하고 있는 이 사건은 월간잡지 『자유세계』 창간호에 실린 소설가 김광주41세 씨 창작소설 「나는 너를 싫어한다」는 것이 원인이 되고 공보처장 부인이 폭행사건의 중심인물이 되어 있는 점에서 일반의 의아를 더욱 크게 하고 있다.[6]

얽힌 사건의 흐름을 쉽게 풀기 위하여 먼저 문제의 작가부터 보기로 하자. 김광주金光洲, 1910.7.9~1973.12.17는 유명작가 김훈의 아버지다. 아들 김훈은 아버지 김광주의 삶을 이렇게 축약해준다.

---

6 『경향신문(京鄕新聞)』 1952년 2월 21일 자 2면 머리기사. 이 사건은 너무나 엽기적이고 선정적이어서 항도 부산에서 가장 영향력이 컸던 『국제신보』(1952년 2월 20일 자)가 제일 먼저 보도한 데 이어 『경향신문』과 『서울신문』이 21일부터 계속 속보를 냈고, 사건이 확산되자 『동아일보』도 다루기 시작했다. 여기서는 계훈모, 『韓國言論年表』 3권, 112~121·131쪽에서 재인용 혹은 발췌했다. 다만 이 저서에서 네모표로 미확인 된 부분은 필자가 보충했다. 『경향신문(京鄕新聞)』이 가장 상세하게 다룬 까닭은 작가 김광주가 이 신문사에서 작가 박영준, 김동리에 이어 3대 문화부장(1949.2.16~1954.7.9)으로 재직 중이었기 때문이다. 그의 경향신문 문화부장 입사 시기는 1945, 1947, 1949년 등 자료에 따라 다르나 『경향신문 50년사』, 1996에 따르면 1949년이 맞는 것 같다.

아버지는 식민지 종로의 뒷골목에서 술을 배웠다. 아버지는 망명지 길림에서 마셨고 상해에서 마셨고 천진에서 마셨고 북경에서 마셨고 양자강 남쪽 포구마을을 떠돌아다니면서 마셨다. 아버지는 해방된 조국에 돌아와서 그 막막한 잡초밭에서 마셨고 전선이 낙동강까지 밀려 내려온 피난지 부산에서 마셨고 환도 후에 잿더미가 된 명동의 폐허에서 마셨고 이승만 치하에서 자유당의 무능과 부패를 저주하며 마셨고 박정희 소장이 대통령이 되는 과정을 보면서 마셨다.[7]

물론 김광주가 술을 마신 데는 충분히 그만한 배경이 있을 터였다. 수원에서 태어난 김광주는 경성보고를 나온 뒤 17세 연상인 큰형^{김동주, 길림에서 浦利의원 운영하며 독립운동가의 은신과 연락을 담당}의 주선으로 1929년 상해로 갔다. 동생을 의과대학으로 진학시키려던 형은 상해 임시정부 요인 조완구^{趙琬九, 의정원 의원, 내무부장, 재정부장을 지내다가 8·15 후 김구와 함께 남북협상 참여, 한국전쟁 때 피납}와 유진동^{劉振東, 열렬한 독립투사이자 의사로 김구의 주치의, 광복군 총사령부 군의처장. 8·15 후 귀국했다가 낙담, 바로 상해를 거쳐 평양행}을 아우에게 소개해 주었다. 이런 인연에 깊게 얽혔기에 그는 영락없는 백범 김구의 노선이라 할만하다. 그러나 다혈질인 그는 독립운동이라는 규율에 갇히기보다는 문학인 기질에 따라 분방했기에 김광주는 형의 강요로 비록 남양의대에 들어가긴 했으나 바로 문학, 그 중에서도 루쉰^{魯迅}, 궈모러^{郭沫若}, 바진^{巴金} 등 중국 좌익작가연맹에 관심을 가졌다.[8]

그의 사상적 방황은 여기에도 오래 머물지 않고 이내 아나키즘으로 옮겨 갔다. 이회영^{李會榮}의 영향으로 결성된 재만조선무정부주의자연맹이 이듬해에 상하이로 옮겨가 조직한 아나키스트 결집체가 남화한인청년연맹^{南華韓人青年聯盟}이다. 정화암^{鄭華巖}, 백정기^{白貞基} 등 쟁쟁한 투사들 속에 바로 김광주도 등장한다. 이때 "김광주의 항일활동은 선전물 배포와 작성, 친일분자 징치, 항

7   김훈, 「광야를 달리는 말」, 『라면을 끓이며』, 문학동네, 2015, 37쪽. 여기서는 조성면, 「그물에 걸리지 않는 바람―김광주의 삶과 문학」, 수원문인협회, 『수원문학―작고문인평전』, 2018, 226쪽에서 재인용.
8   1931년 김광주는 『조선일보』에 평론 「중국 신문예운동 개론」(5.21), 「중국 프로문예;운동의 과거와 현재」(8.4~7, 4회 연재)를 발표했다. 각주 7의 조성면 글 인용(235쪽).

일 연극운동이었다."[9]

그러나 이런 그의 정열은 1937년 8월 13일 일군의 상하이 침공으로 막을 내렸다. 이후 그는 "중국 전역을 물처럼 바람처럼 흘러 가는대로 떠돌아 다녔다고 말할 뿐 구체적인 업급을 하지 않고 있기 때문이다".[10]

역사의 해결사는 시간이다. 그래서 저간의 행적은 미궁이지만 8·15 후 김광주의 모습은 아래 글로 선명하게 부각된다. 좀 길지만 중요하기에 그대로 옮겨본다.

중국 시市에서 해방을 맞이한 나는 우리를 해방해 주었다는 위대한 '붉은 군대'를 정말 세계 어느 나라 군인보다도 진보적이라고 믿고 있었다. 그러나 이 위대한 스탈린 선생의 부하들이 새로운 장난감을 발견한 어린아이같이 시계의 태엽을 주무르는 것은 사랑할 만한 일이라고 치더라도 나로 하여금 도끼를 머리맡에 놓고서야 밤잠을 자게 하고 백주에도 권총을 드러내고 반찬 사러 가는 몇 푼 안 되는 돈까지 톡톡 털어 가는 데는 기가 막혔다. 나는 나의 아내의 정조까지 이 '진보적'이라는 군인들에게 바칠만한 그런 위대한 성인은 될 수 없었기 때문이다.[11]

그가 본 8·15 후의 나라 꼬락서니는 암담했다. "이 땅에다 백색을 칠하든 적색赤色을 칠하든 혹은 어떠한 법률과 제도와 명령과 강권으로 억누르든 그것만으로 우리에게 자유와 행복이 오리라는 것은 '이' 나는 믿어지지 않는다" 라고 그는 선언한다.[12]

더구나 백범 김구가 안두희의 저격으로 급서[1949.6.26]하자 김광주는 "앞이 캄캄해지는 것처럼 눈앞에 아무 것도 보이는 것이 없었다". 마침 경향신문 인쇄공들과 신문 조판 작업 중에 이 급보를 들은 그는 "멍하니 편집국 한구석에

---

9   위와 같음, 239쪽.
10   위와 같음, 240쪽.
11   위와 같음, 242쪽.
12   김광주, 「새로운 것」, 수필집 『고국의 봄』, 백조사, 1948, 52쪽. 여기서는 조성면의 글 246쪽에서 재인용.

서 있었다." "그저 이를 악물고 인간이 산다는 것과 죽는다는 것과 영화와 무상이란 것을 생각하며 하루 해를 보냈다."[13]

백범의 예견대로 분단 남북은 전쟁이 발발했고, 김광주도 임시수도 부산으로 피신, 호구지책으로 몸담았던 『경향신문』 문화부장에 충실하면서도 이승만 정권의 부정과 부패와 무능에 젊은 시절 중국 대륙에서 꿈꿨던 아나키스트로서의 울분이 되살아났을 터였다.

그래서 쓴 소설이 문제작 「나는 너를 싫어한다—어떤 절연장」이었고, 이 작품을 게재한 잡지의 발행인은 조병옥이었다. 항일투사로서의 조병옥은 도산 안창호 계열로 흥사단과 신간회, 수양동우회사건으로 투옥과 지조를 지키다가 8·15 후에는 친일 지주 세력 옹호와 친미, 이승만의 분단 노선을 선택, 경무부장으로 장택상^{수도경찰청장}과 함께 엄청난 민족사적인 참극의 주역을 맡았다.

제2대 총선^{1950.5.30} 때는 성북구에서 출마, 대한민국 임시정부의 탁월한 이론가로 남북협상파였던 거물 조소앙과 겨루게 되자, 조병옥은 자신이 기반을 다진 친일 경찰들로 하여금 조소앙의 선거운동원들에게 테러를 자행토록 했다. 그래도 불안했던 조병옥은 투표 하루 전날 조소앙이 공산당의 정치자금을 받아 쓴 것이 탄로 나서 월북했다는 유언비어를 담은 전단을 뿌림과 동시에 벽보까지 붙였으나 도리어 패배했다. 민심은 예나 지금이나 무섭다. 그러나 권력 역시 예나 지금이나 끔찍하여 민심을 지배하려 든다.

노 독재자 이승만은 한국전쟁이 일어나자 그에게 내무부 장관 감투^{1950.7~1951.5}를 씌웠는데, 마침 한국전쟁이 최대의 위기를 맞았을 때였다. 전선이 경북 영천의 일부까지 인민군에게 넘어가면서 대구도 위태로워지자 '대구 사수'를 강력하게 주장하여 조병옥의 민주당을 대구가 가장 강력하게 지지하게 되었다는 믿거나 말거나 설이 있을 지경이다. 그러나 막상 대구 철수를

---

13   김광주, 「김구 선생 가시던 날」, 『신천지』, 1949.8, 42쪽. 여기서는 조성면의 글, 247쪽에서 재인용.

지시했다는 워커 장군은 낙동강 방어전으로 일약 유명해졌다.[14]

이승만 정권의 든든한 교두보 역을 수행했던 조병옥이었건만 국민방위군 사건[1950~1951]과 거창양민학살사건[1951.2]이 일어나자 신성모 국방장관을 신랄하게 비판하면서 이승만의 비위를 건드려 내무장관직을 사임[1951.5]하게 된다. 이후에도 그의 정치 행보는 투철한 반공노선에 뿌리를 내린 채 민주주의 투쟁에 투신했으나 이때도 여전히 비틀거리면서 이승만 세력이 기획한 뉴델리 밀회 조작사건[1953] 때는 신익희를 '빨갱이'로 몰아대기도 했다.[15]

바로 이 조병옥이 발행인이 되어 월간지 『자유세계』가 창간된 것은 1952년 2월호였다. 편집인은 당대의 극우 문학평론가 임긍재林肯載였고 발행처는 홍문사弘文社로, 반 이승만 노선을 선택한 조병옥이 작심하고 낸 잡지여서 필진들의 면면도 김준연, 신도성, 유광열, 유진산, 이병도, 전봉덕, 주요한, 최남선, 한태연, 함상훈, 홍종인 등등 화려했으나 1953년 6월호로 종막을 고했다.

바로 이 『자유세계』 창간호에 실린 김광주의 울분에 찬 소설 「나는 너를 싫어한다―어떤 절연장」은 작가 자신의 통분이 그대로 스며있다.

---

14 위키백과의 '조병옥' 항목에서는 이 대목을 대구 철수 방침을 시달한 워커 미8군사령관을 설득했다는 취지로 썼다. 경북 의성이 고향인 필자는 중학생 때부터 대구가 야도(野都, 야당 지지세가 강한 도시)가 된 것은 전쟁 때 조병옥이 대구를 사수해 주었기 때문이란 이야기를 자주 들었다. 그러나 막상 한국에서는 워커 장군이라면 낙동강 방어선(Naktong River Defense Line, 미국에서는 부산 교두보전투, Battle of the Pusan Perimeter)의 주도자로 찬양의 대상이 되어 있다. 낙동강 전선 사수로 유명한 그는 현 서울의 도봉동(당시 양주군 노해면)에서 한국군 6사단 차량과 충돌, 교통사고로 사망했기에 나중 워커 힐 일대의 시설도 그를 기리고자 붙여졌다.

15 신익희(당시 국회의장)가 한국 대표로 영국 엘리자베스 2세 대관식에 다녀온 뒤 중립국 인도의 뉴델리에서 한국전쟁 때 북행한 독립운동가 조소앙과 만나 남북협상 등을 밀담했다는 모략이 나돌자 여론은 매우 비판적이었으나 조병옥, 김준연 등 극우 강경파들은 이 조작을 지지했다.

3. 소설 「나는 너를 싫어한다」 개요

소설은 테너 성악가인 주인공이자 화자인 '나'가 '선전부장관 부인'인 '당신'의 춤과 술과 돈과 권력과 육체의 갖은 유혹을 뿌리치고 뛰쳐나와 절연장을 쓰는 서간체 형식으로 되어 있다. 다분히 권력형 부조리와 향락적인 부도덕을 고발하는 내용으로 당시 한국문단은 '무찌르자 오랑캐'식 전쟁독려 작품이나, 찻집과 술집에서 관념적인 언어를 희롱하는 내용, 혹은 좀 더 앞섰다면 피란살이의 궁핍상을 그리면서 이를 극복해 나가는 풍속도가 주조를 이뤘던 분위기라 이 작품은 가히 충격이었다.

서두는 성악가 '나'가 선전부 장관 부인의 호칭을 '당신'으로 칭하며 경어로 예절을 갖추겠다고 밝힌다. 나는 6·25로 아버지와 동생을 북녘에 빼앗기고 남하한 사십이 채 안 된 다섯 식구의 가장으로 어느 개인병원 차고에 다다미를 깐 채 피난살이를 하고 있다. 40여 명의 음악대를 인솔, 1·4후퇴 1951 후 외국군과 상이용사 위문 공연을 해오다가 "순전히 우리 민중을 위한 후방에서 고생하고 있는 모든 백성의 청중을 위한 음악회"를 부산에서 처음 열었다. 반응도 좋았기에 흡족한 심정으로 공연을 끝내고서 분장실에 들어서자 그 한가운데에 나의 이름을 뚜렷하게 써붙인 커다란 화환이 보기 좋게 서 있었다. 대원들은 "야, 멋지다! 멋져! 이번 음악회야 말루…… 선전부 장관 부인께서 *씨에게 화환을" 하며 감탄들 했고, 나도 마음 한켠으로는 고마움도 느꼈다. "그렇다면 장관께서도 동부인 해가지고 구경을 오셨겠지?"라는 생각으로 분에 넘치는 영광을 느끼기도 했다.

이런저런 잡념으로 극장 복도를 걸어나오는데 동료 바리톤 Y가 함께 갈 데가 있다면서 나를 이끌었다. 바로 선전부 장관 부인이 수고했다며 저녁 식사를 같이 하려고 밖에서 자동차를 대기시켜 놓고 기다리는 중이란다. Y는 그 부인이 나를 초대하면서 "적산 집 한 채를 거저 들 수 있도록 알선을 해" 줄 수도 있다고 하기에 내 형편을 누가 알려주었느냐니까 그는 "뒷조사를 다 해 본 모양"이라고 얼버무렸다. 나는 화환에 대한 인사만이라도 하라는 권고에 Y를 따라 나가자 "이름도 모를 으리으리한 최신식 자가용차"에 태워졌다.

"참 좋은 음악회를 보여 주셨어요……. 고단 하시고 밤도 늦고 했지만……. 두 분을 모시고 저녁이나 간단히 할까 하고 이렇게……. 장관께서도 함께 오셨다가 퍽 좋아하시더니 내일 공무가 바쁘시다구 먼저 돌아 가시구……. 제가 혼자 이렇게……. 시간이 좀 늦으시더라두……. 댁까지 모셔다 드릴게……."

"흰 저고리에 흰 치마를 날아갈 듯이 입은" 선전부장관 부인의 "고상한 백 공작의 화려한 날개"에 이끌려 어느 2층 집 재즈밴드가 요란한 데다 외국군이 득실거리는 댄싱 홀로 갔다. 거기서 나는 단연코 들어가지 못하겠노라고 거절하지 못 한 채 머뭇거리다가 이내 춤도 출 줄 몰라서 돌아가겠다고 하자 "외국 사람에게 창피스럽게 굴지 마시구……"라는 권고에 그대로 따랐다. 다른 한편 "또 일국의 장관이나 그 부인쯤 되면 마땅히 이런 특수한 장소에 나타나서 외국 사람들과 국제적인 외교를 해야 할 필요가 반드시 있을 것"이라는 생각도 들었다.

재즈가 울려 퍼지는 속에서 나는 "싸움은 누가 해주기에……. 우리나라 장관이나, 고관이나, 그리고 그들의 귀부인들은 반드시 댄스 파티를 가지고 거기 도취해야 하는 것인가?" 고뇌하며 술만 퍼마시는 사이에 고관 부인은 "어떤 이국 장교 같은 사람의 품에 안겨서 미친 듯이 빙빙 내 앞을 지나가면서 나에게 던진 눈짓"을 보았다. "왼쪽 눈을 찡긋하던 당신의 추파. 나는 분명 그것을 추파라고 부릅니다." 여기서부터 나는 전혀 기억이 없다. "아마 '드러운 년!' '일국의 장관 부인'이라는 년이……. 이렇게 악을 쓰고, 귀중한 외국 손님 앞에서 추태를 부렸을지도 모릅니다."

새벽 6시 경 눈을 떠보니 어느 호텔 별실의 더블베드 위에 그녀와 나란히 누워 있었다. "나는 시치미를 떼고 점잖게 잠들어 누운 당신의 얼굴을 또 한 번 뚫어지게 응시"하면서, "뺨을 치고 싶었습니다" "침을 탁 뱉고 '드러운 년! 소위 장관 부인'이란 년이 점잖지 못하게……"라고 "욕을 퍼부어주고도 싫었습니다".

다행히 나는 "윗 저고리 하나 벗지 않았고, 허리띠 하나 끌르지 않은 채로 그대로"였다.

"당신의 이런 생활 태도가 어디서 오는 것인지 나는 자세히 모릅니다. 항간에서는 당신이 6·25 때 늙은 어머니와 하나밖에 없는 오라버니를 잃어버리고 자포자기에서 나오는 행동이라고도 합니다." 그러나 "온 백성이 다 같은 운명에서 괴로운 삶을 이어나가는 것입니다. 당신만이 슬프고 당신만이 외로운 것이 아닙니다"고 충고한다.

나는 귀가, 절교장을 쓰면서 마지막 문장을 이렇게 쓴다.

> 분명히 말씀드립니다.
>
> 나는 당신을 싫어합니다.
>
> 나에게 관심을 가지실 필요도 없고 만나고자 하실 필요도 없고 먹다 남은 빵쪽을 개에게 던져주는 그런 동정을 하실 필요도 없고 불쌍히 여기실 필요도, 가엽게 여기실 필요도 없습니다.
>
> 부디 정말 훌륭한 장관 부인으로서, 부끄럽지 않은 점잖고 으젓한 여인이 되시고 기리 건강하시기 바랍니다.[16]

작가는 소설 말미에 "1952.1 부산서"라고 집필 시간과 장소를 부기했다.

소설에는 '선전부장관 부인'이란 말이 16회나 등장하지만, 정작 한국 정부 조직에서는 그런 장관직은 아예 존재하지 않는다. 그걸 모를 리 없는 작가는 고의로 이런 명칭을 설정하여 소설이 허구임을 부각시키고자 했을 것이다. 그러나 정작 그 장관의 부인에 대해서는 너무나 모욕적이리 만큼 신랄하게 몰아세웠다.

나는 선전부장관 부인의 우아한 자태 앞에서도 속으로는 "솔직히 말씀드

---

16   김광주, 「나는 너를 싫어한다―어떤 절연장(絕緣狀)」, 『자유세계』 창간호, 1952.2, 182쪽.

리자면 나의 아내보다 손톱만치도 어여쁘다고는 생각지 않았습니다"라고 하면서 지극한 윤리의식에 도취해 있다. 이런 시각으로 본 전시 하의 부패 타락상에 대하여는 자못 비장하다. '나'는 "도학자도 아니고, 또 무슨 수신 선생님도 아니고 노래를 즐겨 부르는 성악가입니다. 춤인들 왜 싫어하겠습니까! 천만에! 싫어 할 이가 있습니까! 나도 이십대 대학생시대에는 춤에 미쳐서 세상을 모르고 날뛰던 시절도 있었습니다"고 고백한다.

그러나 피난지에서의 그 광란의 겨울밤을 '나'는 "미쳤다! 미쳤어! 모두 머리가 돈 세상이다! 싸움은 누가 해주기에……"라고 고발한다. "버터나 잼이 맛이 있다는 것도 잘 압니다. 그러나 나는 지금 빵이나 버터보다는 김치 깍두기를 더 소중히 생각해야 할 시대와 환경에 있습니다"라는 것이 성악가 '나'의 가치관이다.

작품에서 '나'는 고결한 예술가상으로 부각 되어 국민들이 고통을 당하는 판에 음악가라고 잘 살 수는 없다고 여기며 부당한 이익이 주어진다 해도 거절할 의지가 분명하다. 그러니까 예술가는 고결하나 권력자는 다 부패했다는 흑백논리로 시종일관한다.

소설이 이렇고 보면 1950년대적인 정치문화 풍토에서는 발칵 뒤집힐만한 일이다. 그런데 정작 현실비판의식에 대한 반성은 사라져 버리고 모델 문제만 폭력으로 부각되어 버린 건 한국적 권위주의 사회의 반영이기도 하다.

이제 이 소설로 작가 김광주가 당했던 백주의 린치사건을 살펴볼 차례가 되었다.

4. 창작의 자유와 권력의 횡포가 정면 대결

한국 각료에는 선전부 장관직은 없으나 이에 상응하는 기구가 공보처이다. 이때 공보처장은 이철원李哲源, 1900~1979으로 그는 제2대와 제4대 공보처장을 지냈는데 그의 경력은 화려하다. 충남 보령 출생으로 호는 추강秋江인 그는 배재중학 재학 중 3·1운동에 참가했다가 3학년 중퇴[1919] 후 난징[南京 金陵大學]으로 유학, 거기서 도불, 파리에서 2년간 체재하며 불어를 수학한 뒤 도미[1922], 중등 과정 수료[1925] 후 뉴욕에서 『삼일신보[三一申報]』 발행에 참여[1928.3]했다. 콜럼비아대 신문과를 거쳐 같은 대학 학사원을 졸업[1930]한 그는 재미 한국유학생회 사회부장 겸 총무와 국제기독교청년회 한국간사[1932]를 지내다가 귀국[1934]했다. 미국계 내셔널회사 평양지점장에 근무하면서 흥업구락부사건[興業俱樂部事件, 1938.6]으로 체포되어 서대문경찰서와 경기도 경찰부에 8개월간 구금됐다가 석방 후 베이징[北京]으로 망명했다.[17]

8·15 후 귀국한 그는 미군정청 조선정부관방 공보과 조선인 과장대리를 거쳐 공보부장을 지냈다. 이승만 정권 수립 후 그는 국회 사무총장을 지내다가 공보처장을 두 번이나 지냈다.[18]

사건의 발단은 이철원 처장 부부가 김광주 소설의 여주인공으로 모욕을 당했다는 데서 시작된다. 일부 독자들이 그 소설이 이철원 처장의 부인을 겨냥한 것이라는 유언비어가 나돌자 부인은 그냥 넘길 수 없다고 판단했을 것이다.

1952년 2월 17일 오전, 부인은 KBS 방송국 송모 방송과장에게 오전 중 자택으로 와 달라고 전화를 했다. KBS는 '정부기구 간소령' 조치[1950.4.22]로 9개 과를 방송과, 기술과, 조정과, 서무과, 경리과, 업무과 등 6개 과로 축소되어 있었다. 그러니 그 전에 있었던 문예과가 모두 방송과로 합쳐졌기에 방송과장을 소환했을 것이다.[19]

---

17 흥업구락부(興業俱樂部, 1925.3.23 창립)는 미국에 기반을 둔 기독교 중심의 독립운동 세력이었던 안창호 계열(대한인국민회)로 국내의 서북지역 출신자들이 주축이 된 수양동맹회와는 다른 이승만(대한인동지회) 계열이 서울과 경기지역 중심의 기독교 세력의 결집으로 이뤄진 조직이다. 두 조직 다 중일전쟁 (1937) 이후 검거 선풍에 휘말려 대부분이 친일의 길로 들어서게 되었다.

18 단독정부 수립 후인 1948년 11월 4일 신설된 공보처는 1956년 2월 8일 공보실이 신설되면서 폐지됐다. 역대 공보처장은 초대 김동성(金東成, 1948.8.4~1949.6.3), 2대 이철원(李哲源, 1949.8.4~1950. 8.14), 3대 김활란(金活蘭, 1950.8.15~1950.11.25), 4대 이철원(李哲源, 1950.11.26~1953.3.5)이다.

부인은 송 과장에게 작가 김광주의 주소를 묻기에 모른다고 하자 "그럼 같이 가서 찾아보자"고 하여 함께 나서서 행방을 물어서 김 작가의 단골 다방 목원으로 안내한 것이 2월 17일 오후 1시 30분 경이었다. 부인은 조용한 곳으로 옮기자며 중앙청 구내 다방 새집으로 갔다. 그녀는 소설 「나는 너를 싫어한다—어떤 절연장」의 모델 문제로 시비가 붙어 타협을 못하자 그를 차에 태워 서대신동 공보처장 저택으로 데려갔다.

거기서 부인은 소설 속의 "여주인공이 나라고 일부에서 오해하고 있으니 취소하라"고 요청했고, 이에 작가는 "그것은 어디까지나 가상 인물 모델 소설이다"라면서 서로가 옥신각신 했다. 그런데 "도중에 돌연 처장네 측근자 한 사람_{일부 언론은 운전기사로 밝힘}이 끼어 들어와서 김씨의 머리를 잡고 구둣발로 사정없이 차는 등 폭행을 가하였다. 동 석상에는 여류시인 모 씨도 있었으며 _{누군지는 전혀 밝혀지지 않음} 측근자가 폭행을 가하자 공보처장 부인 이씨는 폭행을 가하지 말라고 제지시켰던 것이다".

김광주 작가는 "머리털이 수없이 빠지고 다리에 타박상"을 입었다. 테러한 측근들이 둘러싼 살벌한 공기 가운데 사과장을 쓰라고 하기에 할 수 없이 소설가 김씨는 "처장 부인 소설 안의 여주인공이 당신과 비슷한 점이 있는 것 같이 일부에서 오해하는 사람들이 있다면 본의는 아니었으나 처장 부인 이씨가 일부 인사에게 오해당하는 그 점에 대하여만은 사과한다"라는 사과장을 쓰고는 풀려났다.

이때 이철원 공보처장은 현장에 없었는데, 부인의 전언에 따르면 "신사적으로 이 사건을 처리하라고 부인에게 신신부탁하였다고 한다".

당사자인 공보처장 부인 이씨는 이런 사태의 추이 속에서 어떤 태도를 취했을까. 자료에 따르면 이씨는 공보처장실에서 처장과 공보국장 및 보도과장이 동석한 가운데 기자회견을 열어 사건 경위를 밝혔다.

---

19   최창봉·강현두, 『우리 방송 100년』, 현암사, 2001, 78쪽.

소설에 등장하는 여주인공인 우리나라 '선전부장관 부인'이 음란한 행동을 하였다는 것은 우리나라 선전부장관이 즉 공보처장이므로 이는 나를 암시하는 것이라고 볼밖에 없다. 그래서 나는 분개한 나머지 소설가 김광주씨를 만나서 재판소 앞에 있는 모다방에서 취소해 줄 것을 요구하였으나 결말을 얻지 못하여 조용한 장소를 택하느라고 나의 집으로 데리고 와서 말을 계속하던 중 웃방에서 엿듣고 있던 집안 젊은이가 달려들어 머리칼을 휘어잡고 발길로 차고 주먹으로 때리고 하므로 나는 당황하여 그러지 말도록 고함을 지르며 떼어 놓았다.

단속은 언제나 급행으로 처리된다. 관계 당국은 2월 18일 바로 잡지 『자유세계』에 대하여 압수 조처를 취했고, 그러자 모든 언론들의 비판여론이 들끓었다.

특히 김광주 작가가 문화부장으로 재직 중인 『경향신문』은 이 사건을 대서특필하여 사건 경위 기사에 이어 「법률가 견해」란 항목을 설정해 대검찰청 박 차장과 변호사 최대용崔大鎔의 견해를 실었는데 그 전문은 아래와 같다.

대검찰청 박 차장검사 : 아무리 자기와 똑같은 인물이 창작 속에 등장하여 명예를 훼손시켰다 치더라도 한 개개인이 임의로 불법 감금시키고 폭행을 감행하는 한편 협박까지 했다는 것은 위법이다. 아직 사실 진상을 모르니 가상적인 이야기는 할 수 없다. 구체적인 내용을 알아보도록 하겠다.

최대용변호사 : 비단 소설뿐 아니라 수필, 논설 등에 있어 자유로운 의사발표는 헌법 14조에서 엄연히 보장되어 있다. 창작가는 자기의 풍부한 상상을 통해 얼마든지 세간에 있을 수 있는 인물을 모델로 삼을 수 있을 것이다. 이번 사건이 발생한 것은 일제법률의 머리가 남아 있는 탓이며 관존민비의 생각에 젖어 있기 때문이다. 난 법률 상식으로도 이해할 수 없다. 이 불상사가 사실이라면 '불법감금', '상해', '협박' 죄 등으로 피해자의 고소를 받지 않은 '비친고죄'로 응당 수사기관에서는 엄중 처단하여 이 나라 언론창달

과 예술물의 자유가 더욱 보장될 수 있는 법치 국가의 위엄을 보여주도록 해야 할 것이다. 권력 계급들의 광폭 무쌍한 일이 자행됨에 비하여 이 건을 경시해서는 안 될 것이다.

이 기사 말미에 작가 김광주의 인터뷰도 짤막하게 소개했는데 그 요점은 아래와 같다.

> (문) 소설 「나는 너를 싫어한다」는 이 여사를 모델로 하였는가?
>
> (답) 어디까지나 가상의 인물이다.
>
> (문) 그러면 왜 사과장을 썼는가?
>
> (답) 감금하다시피 하고 때리고 발길로 찬 끝에 쓰라고 종이를 내미니 '일부 독자의 오해를 샀다면 사과한다'고 쓴 것뿐이다.[20]

작가의 린치사건만 보더라도 전시 중이건만 여론이 비등할 판에 잡지 판매 금지조치까지 더해지자 대한변호사협회와 언론인과 문화인들이 헌법 제14조^{학문과 예술의 자유} 위반이라는 항의가 빗발쳤다. 한국기자협회가 항의하고 나섰다. 그러나 이철원 처장은 이 소설에서 '선전부장관 부인'이란 어휘 중 '선전부 장관'이란 다섯 자만 삭제하고 계속 발매하도록 타협했다는 공문을 보내는 한편으로는 각 신문사 편집국장 앞으로 이 기사를 다루지 말아 줄 것을 당부하는 공문^{2.19}도 보내어 더욱 사건을 복잡 미묘하게 만들어 버렸다. 당연히 비밀로 내려졌을 이 공문은 정부 기관지로 공보처장이 믿고 믿었던 『서울신문』이 사진판으로 그대로를 공개^{2.22}해버림으로써 이 필화는 드디어 언론계에까지 확대되었다.

---

20   이 기사를 맨 먼저 보도한 것은 『국제신보』(2.20)였고, 바로 그 이튿날 『경향신문』과 『서울신문』이 동시에 보도했다. 가장 자세히 보도한 것은 단연코 김광주가 문화부장으로 몸담고 있던 『경향신문』이었다. 계훈모, 『한국언론 연표-1951~1955』 3권, 112~121·131쪽에 여러 신문의 기사가 자세히 실려 있음.

가뜩이나 이승만 독재체제에 대한 반감도 고조되던 때라 여론 형성에 한 몫 톡톡히 하는 판세였다.

5. 예술인들, 권력에 굴종하다

문학인들은 이 사건 앞에서 어떻게 했을까. 1947년 경향신문 문화부 경력 자로 사건 당시 부산에서 피란살이를 하며 종군작가로 활동하던 박인환 시 인이 가장 먼저 발 벗고 나섰다. 문학예술인들이 많았던 대구로 달려간 박인 환은 '재구在邱. 대구로 피난한 문화인들 문화인 45명김팔봉. 박두진. 박목월. 박인환. 전숙희. 정비석. 조지훈. 최정희. 홍성유 등 문인들과 김동원. 김승호, 이해랑. 최은희 등 예술인은 성명서를 발표2.21했는 데 그 요지는 인권유린의 폭력범 처벌과, 이철원 처장 부인 이씨는 "김광주 씨를 비롯하여 전국 문화인에게 신문 지상을 통하여 사죄하라"는 것, 그리 고 "진정한 민주예술 활동의 발전과 보장"이 포함되어 있었다. 아마 전시 아 래서 이만한 성명이 나온 것은 가히 기념비적인 사건이라 하겠다. 아마 이건 전적으로 박인환 시인의 노력이 빚은 결과일 것이다.

그러나 정작 전국문화단체총연합회는 달랐다. 이승만 지지였던 김광섭 과 모윤숙은 아예 불문에 부치자고 주장했지만 절대 다수가 강경대응책을 주장하여 맞서자 위원장인 박종화는 중립을 취해서 어정쩡한 내용의 6개조 성명2.23을 냈다. 이게 향후 한국 문화예술 단체가 권력에 복종하는 주형鑄型 이 되었다. 예술창작의 자유 원칙과 현실적인 간섭 배제를 강조한 뒤 "특정 된 개인의 인신에 불미한 곡해와 오해를 야기시킬 수 있는 요소를 가졌다는 것은 작가의 의도 여하를 불구하고 작자의 과오"라는 양비론을 폈다. 이 성 명서 중 치욕적인 두 대목은 아래와 같다.

1. 그러나 전기 작품이 특정된 개인의 인신에 불미한 곡해와 오해를 야기 시킬
   수 있는 요소를 가졌다는 것은 작가의 의도 여하를 불구하고 작자의 과오라

고 아니할 수 없다. 이 점에 대한 작자의 반성이 필요하다고 인정한다.

1. 전기사건을 계기로 우리는 문화인의 인권과 창작활동의 자유가 엄격히 보장될 것을 요구하는 동시에 현 전시하에 있어서 불건전한 호기심에 영합하는 저속한 작품의 출현을 경계하는 바이다.[21]

이 두 조항은 문총이 회원의 권익 옹호나 예술창작의 자유 보장을 위한 단체가 아니라 권력의 시녀로서 존재한다는 것을 대놓고 뻔뻔스럽게 반증해준 대목이다. 바로 이런 문총의 단체적인 생리구조가 이후 어떤 부당한 권력에도 고개를 숙이는 어용이 되어 비판의식적인 예술의 숨통을 막는 역할을 수행할 수 있다는 전망을 가능케 한다. 사실 그랬다. 이 성명서는 곰곰이 따져보면 앞의 예술창작의 자유 조항보다는 정작 뒤의 두 조항 때문에 만들어진 것을 눈치 챌 수 있다. 결국 예술인 자신이 조심해야 한다는 관변 측 경고를 대신 응원해준 셈이다.

공보처로서야 얼마나 통쾌했겠는가. 기다렸다는 듯이 이튿날 이철원 처장은 "어떠한 저속한 작가가 아무리 문필의 자유라 하더라도 남의 명예를 오손할 우려가 있는 것을 써서 천하에 공포하여 대한민국 장관의 가정이 이와 같이 부패하였다는 것을 암시하였다는 것은 용서할 수 없는 것이다. 작가라 해서 문화인이라 해서 아무 글이라도 아무 것이라도 써서 낼 수 있다는 것은 방종이지 자유가 아니다"[2.24]며, 문총의 성명을 원용해 가며 당당하게 천명했다. 폭행 직후의 해명성 저자세에서 날이 갈수록 고자세로 변해감을 볼 수 있다. 그러면서 "법정에서 해결할 문제"라는 위하력까지 동원했다.

예술단체가 권력에 굴종해버린 이 사건은 향후 한국에서의 현실참여 예술이 걸어가야 할 가시밭길의 예언이기도 하다

권력의 불똥은 어디로 튈지 모른다. 그 한 파편이 『서울신문』으로 날아 들었다. 정부 기관지의 숙명을 지닌 이 신문은 당연히 공보처가 믿어 의심치

---

21   『서울신문』, 1952년 2월 25일 자.

않는 동지이거늘 여기서 공보처의 비밀 공문서가 사진으로 찍혀 나가자 그대로 둘 리가 없다. 공보처는 작가인 박종화 사장의 경질을 노려 경무대 비서인 시인 김광섭을 천거했으나 표 대결에서 박종화에게 고배를 마셨다. 청와대까지 간접적으로 체면 구기는 처사였기에 마음 내키는 대로 할 수 있는 인사로 공정보도의 의지를 지녔던 오종식 주필이 물러났고, 이 사건의 취재를 주도했던 사회부장 역시 일찌감치 퇴사했다는 후일담은 한국 현대언론사의 또 하나의 흑막을 보여준다.

이 문제의 작가 김광주는 결코 이 소설을 인기나 저속성을 위해서가 아니라 작가적 양심으로 썼으며, 이 작품은 충분히 재평가받아 마땅함은 굳이 강조할 여지가 없다. 일제 식민 통치 때 중국에서 청년기를 보냈던 김광주는 8·15 이후 귀국하여 김구 임시정부 주석과 가까이 지냈던 경력으로 알 수 있듯이 대륙적 정서를 기조로 한 민족정신을 함양하는 작품을 남겼다. 특히 1960년대에 한국적인 무협 소설의 신기원을 이룩한 업적은 재평가되어야 할 것이다. 이런 맥락으로 볼 때『나는 너를 싫어한다』란 작품이 몰아온 소용돌이는 50년대적 현실참여문학 논쟁의 씨앗 역할을 한 셈이다.

아마 작가 김광주는 이 사건을 겪으며 김구의 임정 계열에다 중국의 광활한 대지를 떠돌며 익힌 웅휘한 아나키즘 풍의 호방성이 한반도, 그것도 허리 잘린 반 토막인 남한에서는 이뤄질 수 없음을 통감했을 것이다. 더구나 문인들의 압도적인 다수가 냉전체제의 세례를 받은 데다 체질적으로 체제순응적인 순수문학 풍조가 지배하는 풍토를 절감한지라 몸을 도사렸을 것이다. 그러다가 홀연히 그가 자신의 모습을 드러낸 것이 무협소설이라고 나는 생각한다.

중국의 원작을 번안한 무협소설『정협지情俠誌』가 한국에 등장한 건 김광주 작가와 인연이 깊은『경향신문』을 통해서였다. 1961년 6월 15일부터 1963년 11월 24일까지 장장 810회에 걸쳐 연재한 이 소설은 5·16에서 불과 한 달 뒤부터 였다. 이후 그는 역시 중국 원작을 번안한『비호飛虎』1968를 비롯해 한국 독서계에 무협소설의 붐을 일으키는데 크게 일조했다.

이철원 공보처장의 후일담은 역시 화려하다. 중앙선거위원[1954.4], 대한조선공사大韓造船公社 사장[1954.12], 세계통신 사장[1957.10], 한국아세아반공연맹 이사[1958.3], 자유당 당무위원[1958.6], 신정당新政黨 창달발기인[1963.4], 신정당 상무위원 겸 기획위원[1963.5], 월간『세대世代』발행인 겸 사장[1964] 등을 지냈다.

제11장

혀와 붓을
대포로 만든
김창숙 옹

1. "역적을 치지 않는 사람 또한 역적이다."

현대 필화사의 찬연한 별들 중 가장 많은 것을 잃고 참담한 고통으로 후반생을 보낸 인물은 단연 심산 김창숙心山 金昌淑, 1879~1962일 것이다. 그는 붓을 필봉포筆鋒砲로, 혀를 설공탄舌攻彈삼아 독립, 통일, 민주화를 위해 투쟁한 분단시대 최고의 유학자이자 시인이며 투사로 민족사적 야인정신의 횃불이요 죽창이었다. 그래서 그 찬연한 별들 중 실로 옹翁자가 붙을만한 민족 정신사의 스승으로는 단연 김창숙과 함석헌이 고작이다. 한때는 투사였으나 나이 들수록 점점 타락의 꼴불견으로 망령을 부리다가 만년에는 민족사의 쓰레기로 국민의 지탄의 대상이 되어버린 영감님들이 득실거리는 게 우리 현대사가 아닌가.

그러나 이 고결한 항일민족혁명가는 일제에게서 고문과 옥고를 당하다가 앉은뱅이가 된 채 8·15를 맞아서는 이승만 독재 타도로 한 몸 불살랐다. 이게 진짜 불사르기다! 자신이 민족정기를 이어 담아서 세운 유도회儒道會와 성균관과 성균관대 총장직을 친일 세력에게 강탈당한 채 거처도 없이 궁핍 속에서 외로이 생을 마친 심산. 그에 대한 이승만의 학대는 바로 우리 민족 정통사에 대한 죄악에 다름 아니다. 그것은 독립운동사를 부정하는 것이자 민족주체성을 짓밟는 외세의존이며 한반도의 분단을 영구화하려는 장기집권의 시동이기도 하다. 그에 대한 탄압은 8·15 이후 기라성같은 항일민족혁명가들이 미군정과 이승만 정권에 의해서 희생당한 가운데, 마지막 남은 민족적 양심의 응집력인 꼿꼿한 한 선비마저 제거한 것으로 음험한 독재자의 본심이 드러난 추잡함에 다름 아니다. 그러기에 그를 학대한 것 하나만으로도 이승만은 민주적인 대통령으로서의 자격 상실이래도 지나치지 않을 것이다.[1]

---

1   대중들을 위한 김창숙에 대한 자료는 ① 국역 심산유고 간행위원회, 『국역 심산유고(國譯 心山遺稿)』, 성균관대학교 대동문화연구원, 1979, 번역문과 한문으로 된 원문을 동시에 수록, ② 심산사상연구회, 『김창숙 문존(文存)』, 성균관대 출판부, 2005, 앞의 저서 중 중요한

"역적을 치지 않는 사람 또한 역적이다"라고 일진회一進會를 규탄한 촌철살인의 한 구절이 심산 김창숙에게 닥친 본격적인 시련의 첫 걸음이다.[2]

심산은 구체적인 날짜는 쓰지 않았으나 1909년 12월로 추산된다. 김창숙이 이미 성년을 훌쩍 지난 만 서른 살 때였다. 일진회가 온갖 매체와 각종 어용 단체들을 두루 동원하여 일제가 시키는 그대로 조선은 일제에 병합되어야 잘 살 수 있다는 감언이설을 계속해 오다가 마지막 관문인 '병합'의 공표만 남았을 때가 바로 1909년 12월이었다. 안중근 의사가 이토 히로부미를 토살討殺, 1909.10.26한 바로 뒤였다.

대한제국과 일본의 '합방성명서'를 일진회가 발표1909.12.4하자 온 나라가 격분과 성토의 마당으로 변한 참이었다. 이에 심산이 향리인 경북 성주에서 70여 명의 의로운 선비들을 향교에 모이게 해서 이미 조정이 유생들의 상소조차 허용치 않으니 오직 중추원에다 건의하는 글을 올리자고 하니 다들 찬성했다. 이에 그는 미리 작성해 간 건의서인 "역적을 치지 않는 사람 또한 역적이다"라는 성토문을 회람시키자 너무 과격하여 뒤에 미칠 화가 두렵다며 수정하자고도 했지만 이내 이왕 역적을 성토한다면 주저치 말고 원안대로 하자고 하니 찬성자가 세 사람만 남았다. 그래서 네 의인들이 연명한 성토문을 중추원에 제출하고는 서울 시내 각 언론사에도 보냈더니 그 전문이 그대

글들을 추려내어 번역한 것, ③ 서중석, 『이승만의 정치이데올로기』(역사비평, 2005), ④ 김삼웅, 『심산 김창숙 평전』, 시대의창, 2006 등. 심산의 여러 글 중 가장 중요한 것은 『벽옹 일대기』인데, 출생부터 성균관 재정립의 전성기(70대 중반기)까지를 다뤘기에 사소한 차이는 있을 것이나 큰 줄거리에는 착오가 없을 것이기에 많이 의존했다. 심산에 대한 연구모임에는 성균관대 중심의 심산사상연구회(이우성, 임형택, 김시업을 비롯한 한학자들이 주도)가 1978년 창립 이후 현재까지 심산상 시상을 비롯한 각종 행사와 심포지움을 열고 있다.

2   "불토차역자 역역야(不討此逆者 亦逆也)", 「躄翁七十三年回想記 上編」, 『心山遺稿 卷五』. 번역본은 『김창숙 문존(文存)』, 성균관대 출판부, 2005, 257쪽. '벽옹(躄翁)'이란 항일투쟁으로 당했던 고문과 투옥으로 앉은뱅이가 되자 주변에서 이를 별칭으로 삼으라고 해서 따른 호칭. '조선과 일본이 하나로 나가는 모임'이란 취지인 일진회(1904.8.18~1910.9.26)는 러일전쟁부터 일제의 조선 병탄까지 전 과정에 걸쳐 민족을 배신하고 일제에 협력했다. 그럼에도 불구하고 강제해산 당할 때는 일제에게 받기로 했던 대가조차 전액은커녕 터무니없이 깎여 버렸지만(그러나 엄청난 금액) 군소리 없이 일생 동안 일제에 충성했다.

로 게재 되었다.

그 반향은 엄청 났지만 일제의 대응 또한 빨랐다. 성주 주재 일제 헌병분견소에 연행된 네 선비는 밤 늦도록 심문에 시달렸으나 굽히지 않고 풀려났다. 그러나 바로 그 이튿날은 주재소로 연행당해 똑같은 심문에 시달렸다. 이렇게 헌병대와 경찰에 번갈아 10여 차례 연행당해 심문을 받았으나 넷이다 전혀 굽히지 않자 외출할 때면 미리 신고하라는 단서와 감시자를 붙였으나 역시 아랑곳하지 않았다.

대체 김창숙으로 하여금 이런 기백을 가지도록 성장시킨 배경은 무엇이었을까.

그의 생부_{김호림, 1842~1896}는 경북 봉화군에서 성주^{대가면 칠봉동 砂月里}의 문중 집안에 양자로 들어갔다. 김호림은 뛰어난 선비는 아니었으나 시대에 앞선 유생들과 어울리면서 진취적으로 되어 아들에게 인간 평등사상을 단단히 심어줬다. 서당 훈장의 훈계도 잘 듣지 않는 장난꾸러기였던 김창숙은 어느 초여름 모심기 농번기에 서당 친구들과 함께 귀가 중 들판에서 아버지를 조우했다. 아버지는 나라가 위기에 처했거늘 즐겁게 살면서 하인들에게 호령만 하고 앉아 먹고 입지를 말고 농사꾼의 고생을 알아야 한다며 그들과 함께 일을 하도록 시켰다. 점심 때가 되자 농군들과 함께 둘러 앉아 식사를 하도록 만들어 놓고서 밥하는 여자들에게 순서대로 나눠 주도록 하며, "너희들은 오늘 똑같은 농사꾼인데 어찌 주인과 하인을 따지겠느냐?"라고 말했다.

그래서 동학 농민전쟁^{1894, 15세}이 닥쳤을 때 양반과 지주들이 약탈과 수난을 당했지만 사월리는 봉기 농민들이 도리어 "이곳은 김하강^{下岡, 김호림의 호}의 마을이다. 모두들 행동을 삼가 함부로 하지 말라!"며 스스로 피해 갔다.[3]

열서너 살 경에 『사서^{四書}』를 통독했다는 이 신동은 열일곱 살에 아버지를 잃고도 여전히 고집쟁이에 장난꾸러기였다. 어머니로부터 "너는 지금 과부

---

3   김삼웅, 『심산 김창숙 평전』, 시대의창, 2006, 69·71쪽.

의 자식이다. 네가 대현^{大賢}의 종손으로서 상중에 무례함이 이 지경에 이르렀으니 아버님의 혼령이 계시다면 자식을 두었다 여기시겠느냐?"고 준절히 꾸짖자 깊이 뉘우치고 『예서^{禮書}』를 읽고서야 사람됨의 도리와 학문에 힘쓰게 되었다.[4]

양반 가문 출신이라 그가 전념한 것은 유학이었다. 춘추전국시대^{기원전 770~221}의 기라성 같은 제자백가들 중 유독 공자-맹자-순자를 잇는 고전적인 유학이 국가 통치의 근본이념으로 자리 잡힌 건 전한^{前汉, 기원전 202~기원후 8} 때였다. 이런 통치이데올로기로서의 유교에 혁신적인 바람이 불어 닥친 건 송^{宋, 960~1279}에 이르러서였다. 불교와 도교가 제기했던 인간존재의 근원인 자아란 무엇이며 우주 질서와는 어떤 관련이 있으며 궁극적인 생의 목표는 무엇인가라는 형이상학적인 여러 문제를 지난 시기의 유학은 배제해 왔다. 이걸 그대로 수렴하여 전통적인 통치이념으로서의 유학에다 도교와 불교적인 인생론을 접목시킴으로 써 송대의 신유학은 보다 철학적인 경지로 진입, 이기이원론^{理氣二元論}의 논쟁에 불을 붙이기도 했다.

이들보다 1세기 이후에 태어난 주희^{朱熹, 존칭 朱子, 1130~1200}는 송나라가 북방 여진족의 금나라^{大金, 1115~1234}에 쫓겨 양자강 남쪽 임안^{臨安, 현 항저우, 杭州}을 도읍지로 삼았던 남송^{南宋, 1127~1279}시대에 살았다. 나라의 존망이 위태해진 남송의 지식인들은 반외세의식이 강해져 이미 국민적인 신앙처럼 굳어져 있던 불교조차도 은근히 배척하려 할 정도로 민족주체사상의 탐구에 열광했고, 그 선두주자가 주희였다. 그의 존칭이 주자라서 주자학이라 불렀으며 조선의 통치 이데올로기는 유학 중 주자학이었다. 그래서 조선의 주류 유학은 배불론^{排佛論}이 강해져 선비들은 관복을 입고 설쳤지만 그 가족들은 절에 가서 기복 행위를 하는 이중구조의 사회가 굳어졌을 것이다. 이렇게 말하니까 주자가 그 당대의 권력으로부터 얼마나 존경받았을까 싶지만 현실정치는 예나 지금이나 추악하여 온갖 간신배들이 왕을 둘러싸고 음모와 노략질만 했기에 그

---

4   심산사상연구회, 『김창숙 문존(文存)』, 성균관대 출판부, 2005, 254쪽. 의성 김씨였던 이 명문가는 족보가 찬연하지만 여기서는 그게 중요하지 않기에 생략한다.

역시 혹독한 탄압을 당해 제자들이 다 흩어졌고, 주자학을 전공하면 아예 벼슬길도 막혔다. 심지어는 주자가 작고[1200]하자 장례식 참석도 금지시켰는 데도 불구하고 1천 여 제자들이 몰려들었다고 한다. 여담이지만 주희의 후손들 중 일부는 남송 말기에 고려로 망명해 신안 주씨新安朱氏를 형성했다.

이런 주자의 생애를 보노라면 유학자 김창숙의 험난했던 시대와 삶이 저절로 연상된다.

조선의 유학 역시 중국처럼 이기이원론理氣二元論을 둘러싼 논쟁이 절정을 이뤄 세부로 들어가면 복잡하지만 큰 계보로 축약한다면 이율곡 중심의 기호학파가 주기론主氣論, 이퇴계 중심의 영남학파가 주리론主理論으로 대별한다. 그런데 조선 왕조 말기에 이르자 "서세동점西勢東漸에 따라, 우리 전통에 대한 위기의식과 서양문명과의 대결에 대비할 자체 이론의 새로운 정립과정에서 전통사상으로서의 성리학의 정통성과 근본원리에 대한 재확인 및 그것의 고수라는 입장에 서게 될 때 주기론主氣論보다 주리론主理論으로 쏠리는 것이 당연했으리라고 생각되기도 한다"라고 이우성은 주장했다.[5]

그러나 막상 나라가 위기에 처하자 같은 유학자라도 그 대응 자세와 방법은 달라 각양각색인데, 심산은 흔히들 한주寒洲학파에 속한다고 보고 있다. 한주 이진상李震相, 1818~1886은 성주 출신으로 주자朱子와 이황李滉의 주리론主理論에 바탕했으나, 주자의 학설이었던 이기호발설理氣互發說 중 후기의 주장인 이발일도理發一途만 받아들여 심합이기설心合理氣說에 동조하여 심心이 곧 이理라는 심즉리설心卽理說을 주장했다. 이理도 결국 주체인 '나'의 인식 태도인 '마음'에 달렸다는 것이 한주였다.[6]

---

5   이우성, 「심산 김창숙의 사상과 행동」, 제7회 심산 김창숙 선생 숭모학술대회 논문집 『선비
    정신과 민족운동』의 권말 부록 101~102쪽.

6   이 대목은 약간 난삽한데, 쉽게 말하면 중국 명(明) 시기의 유명한 양명학(陽明學)의 주도자
    인 왕수인(王守仁, 1472~1529)의 심이란 이(理)의 지배를 받는다는 주자와는 달리 심즉리
    (心卽理)라는 명제를 내세워 인간의 주관적인 의식만이 유일하고 진실한 것에 가깝다는 뜻
    이다. 문무를 겸했던 왕양명은 농민봉기를 무자비하게 대량 학살하는 만행을 저질러 아마
    세계 철학자로는 가장 살인을 많이 저지른 기록을 가졌다. 그러면서도 풍부한 감성의 시인
    이었던 그는 "산 속의 적을 무찌르기는 쉬우나 마음속의 적을 무찌르기는 어렵다(破山中敵

한주 이진상은 향리인 성주 일대와 경남지역^{산청, 거창, 진주}에까지 뻗어 나가 심즉리설^{心卽理說}을 펼쳤고, 그 제자들은 일제 침탈 앞에서 만국공법^{萬國公法}에 입각한 외교적 독립운동을 실천하는 중심을 이룰 정도로 그 활동 범위를 넓혔기에 어떤 면에서는 유학자의 범주를 초극할 정도였는데, 그 대표적인 예가 심산 김창숙일 것이다. 김창숙은 스승의 가르침을 이렇게 강조했다.

> 많은 옛 성인들 서로 전해온 진리의 요체,
>
> 오직 마음^心한 글자에 있었기에
>
> 근원 찾아 주리^{主理}의 깊은 경지 열어놓았건만,
>
> 슬프다 세상의 배우는 이들 모두 길을 잃어,
>
> 큰 근본을 오로지 기^氣 쪽에서 찾는구나.[7]

이런 김창숙의 유연 활달한 선비정신을 김시업은 "진보적 유학정신, 참 선비 대의^{大義}, 의리 실천과 행동주의, 선비의 도"라고 축약했다.[8]

바로 이와 같은 선비정신으로 충만했기에 김창숙은 22세 때 고위직을 두루 지낸 이유인이 두 차례나 문객을 보내 초치^{1901년}했으나 그가 당대의 악명 높은 요녀 무당 진령군 덕에 출세한 걸 알았기에 응하지 않는 결기를 보여

易, 破心中賊難)"라고 했다. 그가 주장한 심즉리를 단적으로 드러낸 일화는 친구와의 대화에 잘 나타난다. 친구가 바위 굴 속의 꽃을 가리키며 천하에는 "마음 밖의 사물은 없다(天下無心外之物)"라 하지만 이 꽃은 깊은 산 속에 혼자 피었거늘 그대의 마음과 무슨 상관이냐고 따졌다. 이에 왕양명은 그대가 이 꽃을 보지 않았을 때는 그냥 정적이다. 그대가 이 꽃을 봄으로써 그 색깔이 분명히 생겨나기에 이 꽃은 그대의 마음 밖에는 존재하지 않음을 알 수 있다고 반론했다. 이런 주관적인 유심주의를 통달하려면 '신령스러운 밝음(靈明)'의 경지에 이르러야 되며, 그렇게 되면 지행합일(知行合一)을 하게 된다는 것이 그의 이론이다.

7 　이우성 번역, 각주 5와 같은 책, 105쪽. 이 번역은 판본마다 달리 되어 있는데, 필자가 보기에는 이우성의 번역이 독자들에게 제일 쉽게 김창숙의 심즉리(心卽理)라는 사상을 이해할 수 있을 것 같다.

8 　김시업, 「심산 김창숙의 선비정신과 민족운동」, 제5회 심산 김창숙 선생 숭모학술대회 논문집 『선비정신과 민족운동』, 2014, 수록, 19~23쪽. 여기서 김시업은 각 항목마다 해당 되는 김창숙의 글 대목을 두루 인용하여 이해를 돋궈준다.

주었다.[9]

여기까지가 심산 김창숙의 독립투쟁 전사前史라 하겠다.

2. 파리강화회의 참석 위해 상하이로 출국

을사년[1905], 일본이 을사오적의 도움으로 을사늑약을 체결하자 심산은 스승 이승희를 따라 대궐 앞에 나아가 이 늑약을 파기하라는 소장을 올렸으나 회신이 없어 귀향했다.[10]

을사늑약을 계기로 일본은 조선에다 통감부를 설치, 통감 통치를 실시했다.[11]

9　이유인(李裕寅, 생몰연대 미상). 1882년 임오군란 때 충주로 피신했던 민비에게 나타나 귀궁 날짜를 알려준 인연으로 왕실로 들어간 무당이 진령군이다. 든든한 후손을 갖지 못한 민비의 약점을 악용하여 금강산에다 쌀가마니를 매달게 한 유명한 일화를 만든 게 바로 이 요녀다. 백성들의 원성이 높아질수록 민비의 이 요녀에 대한 총애는 도리어 높아져 온갖 요망스러운 행동으로 궁중의 재산을 축냈다. 이유인은 바로 그 진령군의 소개로 벼슬길을 열어 왕실을 든든한 배경으로 삼아 진령군에 뒤지지 않는 부정축재에 특권을 부렸기에 『매천야록(梅泉野錄)』에도 「이유인과 진령군」이 나올 정도로 당대의 지탄을 받았다. 이유인이 경상북도 관찰사(1901.2)가 되어 1년 남짓 있다가 이듬해(1902)에는 다시 한양으로 가서 중추원의관, 궁내부특진관 등등을 지냈으나 나라나 백성들에게 이득을 준 적은 없었다. 이런 이유인의 행적으로 미뤄볼 때 필시 경북 관찰사 시기에 김창숙을 초치했을 것으로 유추된다.

10　이승희(李承熙, 호는 大溪 혹은 韓溪. 1847~1916). 한주 이진상의 아들. 을사늑약 파기 소장 사건으로 이승희는 대구 감옥소에 투옥됐다가 풀려났다. 1908년 블라디보스토크로 망명, 유인석(柳麟錫), 이상설(李相卨), 장지연(張志淵) 등과 독립운동을 도모하다가 이상설과 함께 길림성(吉林省)에다 황무지를 매입해 조선인을 모아 한흥동(韓興洞)을 만드는 등 이 일대에서 여러 방법으로 활동했다.

11　한국통감(韓国統監, 1906.2.23~1910.8.29)은 조선의 강제병탄을 위한 현지 책임자로 3명이 거쳐갔다.
제1대 이토 히로부미(伊藤博文, 재임 1906.3.2~1909.6.14)
제2대 소네 아라스케(曾禰荒助, 재임 1909.6.14~1910.5.30)
제3대 데라우치 마사타케(寺内正毅, 재임 1910.5.30~1910.8.29). 육군대장 출신인 데라우치는 강제병탄 후 초대 총독이 되어 1916년 10월 14일까지 재임했다. 무단통치, 헌병통치로 악명 높은 그는 일본제국 총리로 영전, 장군에서 원수 계급장을 달고 침략정책을 펼쳤다. 그러나 경제 악화로 2개월간 지속된 쌀 폭동(1918)이 일어나 사직, 이듬해에 죽었다. 이후 일본은 '다이쇼(大正) 데모크라시'라 불리는 민주화가 잠시 이룩되었고 그 여파로 조선에서는 1919년 삼일혁명에 이어 위장된 문화통치가 실시됐다.

우국의 열정을 펼치고자 심산은 대한협회에 가입, 향리에다 지부를 설치하여 회원들에게 "조국을 구원하고자 한다면 옛 인습을 개혁하는 것부터 시작함이 마땅하다. 옛 인습을 개혁하고자 한다면 계급을 타파하는 것부터 시작함이 마땅하며 계급을 타파하고자 한다면 우리 회로부터 시작함이 마땅하다"라고 하자 찬성파와 반대파가 엇갈렸다. 이에 심산은 반대파를 향하여 이렇게 일갈했다.

> 일본 경찰이 방금 칼을 뽑아 가지고 문간에 왔으니, 이것은 도적이건만 자네가 읍하여 맞이하면서 도리어 나를 꾸짖으니, 자네가 저들에게는 겁을 내면서 나에게는 어찌 그리 용감한가. 자네는 나를 꾸짖는 그 용기를 도적을 몰아내는 데에로 옮길 수 없는가.[12]

심산은 이 사건을 소개하며 수구파 유학자들과 "사이가 나빠진 것은 이로부터 비롯되었다"라고 밝혔다. 사실 따지고 보면 그가 우국의 충정으로 큰 포부를 갖고 가입했던 대한협회라는 단체의 복잡한 정체를 회원들은 몰랐던 것이다.

함경남도 북청 출신인 이준은 법관양성소를 졸업 후 한성재판소 검사시보로 재직 중 한 왕족^{이재규}이 친일파와 손잡고 농민들의 토지를 강탈한데 격분하여 징역 10년을 구형한 강직성을 지녔다. 이 저질 죄인 왕족에게 은사령을 내리려 하자 검사 고유 권한임을 밝히며 이를 거부하고는 자기 직속 상관인 형사국장^{김낙헌}을 고소하자 도리어 이준 자신이 피체 당했다. 이런 의기의 검사에 대해 시민들이 석방을 요구하는 집회가 이어지자 3일 만에 이준은 풀려났으나 검사직에서는 해임당했다. 한국 검찰사에서 민중검사 제1호가 바로 헤이그 밀사로만 알고 있는 이준 열사다.

야인이 된 그는 독립협회 평의장을 지내던 중 친일파 내각 인사들이 살해

---

12 「벽옹 73년 회상기」, 국역 심산유고 간행위원회, 『국역 심산유고(國譯 心山遺稿)』, 성균관대 대동문화연구원, 1979, 684~685쪽. 앞으로는 『국역 심산유고』로만 표기한다.

당하는 사건이 일어나자 일본으로 망명, 와세다대학 법학과를 다녔다. 체포령이 풀리자 귀국한 그는 여러 애국활동을 전개하다가 법조인답게 헌정연구회憲政研究會를 조직[1905]했다. 함께 했던 인사들[윤효정, 장지연 등]이 보다 폭 넓은 애국계몽운동을 펼치고자 헌정연구회를 발전적으로 해체하고 대한자강회大韓自強會를 발족[1906]했으나 통감부의 뜻에 어긋나서 해체당했다.

이에 윤효정, 장지연 등에다 천도교의 권동진, 오세창 등이 합세하여 만든 게 대한협회[1907]였다. 법이 허용하는 범위 안에서 애국계몽운동을 한다는 한계성에도 불구하고 감시망을 피하고자 일인 고문을 두고는 대구에서 시작된 국채보상운동을 전개하는 등 막강한 세력을 과시했으나 일제의 강제병탄 이후 사라졌다.[13]

정작 심산이 지닌 그 올곧은 선비정신으로 오체투지五體投地할 만한 계기는 세칭 '파리 장서사건' 때였다. 인류 역사상 가장 규모가 큰 제국주의자들끼리의 식민지 쟁탈 다툼이었던 제1차 세계대전[1914~1918.11.11]의 마무리 행사인 파리강화회의[1919.1.18~1920.1.21 국제 연맹 총회 개회로 마무리]는 제2차 세계대전 이전까지 국제정치의 기본 틀이 정해진 중요한 계기였다. 세계 제국주의 세력의 주축이었던 영국을 비롯한 유럽이 제1차 세계대전을 전후하여 그 주도권을 미국으로 넘기게 되었는데, 마침 이때 미국의 대통령은 윌슨[재임 1913~1921]이었다. 프린스턴 대 총장 등을 지낸 학자 출신인 그는 "유럽 문제에 관여하지 마라"는 조지 워싱턴 이래의 고립주의 대신 제1차 세계대전 등에 본격적으로 관여한 첫 대통령으로 한국에서는 민족자결self-determination이라는 겉보기에는 매력적인 주장으로 인기가 높을 뿐만 아니라 국제정세에 어두웠던 그 당시

---

13 대한협회(1907.11~1910.9)는 전국에 37개 지회에 5천여 회원을 가진 막강한 조직이었으나 지도부 인사들은 아예 의병과 같은 무장투쟁에는 비판적이었고 일본의 조선 통치를 수용하는 자세에서 애국계몽운동을 전개했다. 그러나 이 단체의 결성을 허락한 통감부의 속내는 일진회 임원까지 합세시켜 여타의 항일 성향의 지도급 인사를 모이게 해서 적극적인 투쟁을 누그러뜨리고 궁극적으로는 강제병탄을 지지하도록 유도하려는 것이었다. 당시 조선의 지도급 인사들이 이런 모습을 보인 것은 제국주의의 추악한 정체에 대한 인식이 희박했기 때문이었을 것이다.

에 미국에 대한 의존성과 신뢰도를 한껏 높인 장본인이기도 하다.

그가 '민족자결의 원칙Principle of National Self-determination'을 선양1918.1.8한 것이 과연 조선이 일제로부터 독립을 쟁취하려는 우리 민족의 염원과 일치하느냐는 문제는 곰곰이 따져보면 오히려 부정적인 측면이 강하다. 영국의 식민지 신분에서 독립한 미국은 여전히 유럽의 2등 국가 처지였다가 남북전쟁1861~1865으로 국가체제를 재정비한 데다 국방력까지 갖추게 되자 저절로 유럽 열강들처럼 식민지 쟁탈전으로 시선을 돌렸으나 이미 온 세계는 다 임자 있는 땅이었다.

그러나 강력해진 국방력이라 그 욕망을 이룩하고자 미국에서 가까운 카리브해 국가부터 아시아 진출을 위해 태평양 건너 필리핀에 야심이 생겼다. 원 임자인 스페인은 이미 1588년 무적함대가 영국에 아작나면서 약체가 되어 미국이 집적거렸지만 시비를 피했다. 미국은 은근슬쩍 쿠바의 독립운동을 부추겼다. 쿠바가 스페인으로부터 독립해야 미국이 한입에 털어넣기가 편하기 때문이었다. 기다리다 지친 미국은 자국민 보호 명분으로 전함들을 파견했는데, 그 중 USS 메인 함이 폭발, 엄청난 희생자를 냈다. 스페인의 공동조사단 제안을 거절한 채 미국은 애초에는 석탄저장고의 자연발화로 탄약 유폭이라 했다가 한 달 뒤 스페인의 공격이라고 선전해대며 국민들로 하여금 반 스페인 적대감을 부추겨 일으킨 게 미-서전쟁1898년 4월부터 8월이었다. 이 사건은 미국이 세계 무대에서 저지른 첫 침략전쟁 시나리오로 그 뒤 반복해서 공연되고 있기에 자세히 설명했다. 이 전쟁 직전에 해군차관으로 임명받은 뉴욕 부잣집 출생인 시어도어 루즈벨트는 "어떤 전쟁이든 대환영이다. 우리나라는 전쟁이 필요하다고 생각하기 때문이다"라고 했다. 이 전쟁의 승리로 미국은 여유롭게 쿠바와 필리핀을 차지했고, 전쟁영웅이 된 루즈벨트는 43세로 당시 최연소 대통령재임 1901~1909이 되었다.

바로 이 대통령 재임 시에 한국의 운명을 좌우한 태프트-가쓰라 밀약Taft-Katsura Secret Agreement, 1905.7.29이 체결되었다. 국방장관이던 태프트William Howard Taft는 루즈벨트의 뒤를 이어 대통령재임 1909~1913이 되었으니 일본은 마음 푹

놓고 조선을 강제병탄[1910]할 수 있었다.

이런 미국을 믿고 외교를 통한 독립이 가능할까. 윌슨이라고 그 전임자와 다를까. 필자는 감히 윌슨의 민족자결주의란 제국주의가 점령했던 나라에서 그들이 물러나면 그 자리에 미국이 진출하겠다는 고도의 술수였다고 본다. 사실 베르사유 체제는 기존의 유럽 식민지는 거의 그대로 유지하는 국제질서를 확립했다. 일부에서는 윌슨 자신은 자기 의사를 주장했지만 다른 강대국들이 반대했다고도 하지만 별 의미가 없다.[14]

파리강화회의가 제국주의자들끼리의 이득을 보장하기 위한 모임이었음을 간파한 식민지의 독립투사들은 아무도 없었다.[15]

조선에서는 도리어 파리강화회의에 너무나 과분한 기대를 걸고 파리행을 감행했는데, 그 첫 시도는 다양한 경력에 국제적인 감각에다 여러 외국어에도 능통한 김규식[金奎植, 1881~1950.12.10]이 감행했다. 1913년 중국으로 망명한 김규식은 중국 각지와 몽골까지 다니며 여러 활동을 하다가 여운형의 초청으로 상하이로 간 게 1918년이었다. 그해 8월 신한청년당[新韓靑年黨] 창립 때 여운형, 조동호 등과 함께 참여한 뒤 11월에 제1차 세계대전이 끝나자 신한청년당은 발 빠르게 윌슨 대통령에게 독립청원서를 보내고는 이듬해 1월에 개최 예정인 파리강화회의 참가단의 수석대표로 뽑혔다.

큰 기대를 안고 김규식이 파리에 도착한 것은 1919년 3월이었는데 즉시 여러 선전물을 제작하여 홍보에 전력하며 프랑스 외교부와 접촉했으나 파

---

14 친미주의자들은 미국 선교사를 비롯한 친한파 인물들을 거론하기 마련인데, 그들의 인도주의 정신은 높이 평가하지만 미국이란 국가체제 자체는 불변임을 상기하기 바란다. 혹자는 제2차 세계대전 후 조선을 독립시킨 걸 거론하겠지만 그 뒤 미군정은 앞에서 본 것처럼 한반도를 장기 주둔할 수 있도록 했으며, 베트남이 자력으로 프랑스로부터 독립하자 그 공간에 미국이 침투했음을 상기하기 바란다.

15 가장 널리 알려진 대표적인 예가 호찌민이다. 그는 청원서 「베트남 인민의 요구서」를 미리 프랑스의 진보적인 일간지 『뤼마니테(L'Humanité)』에다 제출, 보도되어 여론을 환기시키고는 가게와 거리 배포를 통해 널리 보급했다. 그러나 이 경험으로 호찌민은 소련의 코민테른만이 약소민족의 해방을 돕는다는 생각을 가져 모스크바로 갔다. (윌리엄 J. 듀이커, 정영목 역, 『호치민 평전』, 푸른숲, 2003, 109~181쪽.)

리강화회의에는 정부 대표라야 참석할 수 있다며 거절당했음에도 불구하고 엄청난 활동을 펼쳤던 업적은 높이 평가받아야 할 것이다. 김규식은 독립운동 투쟁부터 8·15 이후 서거할 때까지 민족사에서 잊지 못할 활동으로 너무나 유명하기에 여기서는 생략한다.

두 번째로 파리강화회의 참석을 시도한 건 대중들에게 널리 알려지지 않은 유관순의 스승 하란사일 것이다. 평양 무역업자 집안에 태어난 그녀의 본명은 김란사로 인천항 감리서 고관 하상기河相驥와 결혼한 뒤건만 기혼녀 입학 불허인 이화학당을 나와 일본을 거쳐 도미하면서 남편 성을 따라 '란사 하'가 되었다. 유학 후 그녀는 고종과 엄비嚴妃의 통역과 자문을 맡기도 했고, 이화학당 총교사교감 겸 기숙사 사감을 거쳐 교수가 되어 학생 동아리以文會를 지도했는데, 유관순도 참여했다. 김란사는 1919년, 왕족으로 독립유공자가 된 의친왕의 밀지에 따라 파리 강화회의에 가려고 베이징에 도착, 동포들의 환영만찬회에 참석했다가 독살당했다. 1995년 건국훈장 애족장이 추서됐고, 2018년 국립서울현충원에 위패가 봉안되었다.[16]

국내에서 세 번째로 파리강화회의 참가를 위해 심산이 적극 나선 배경에는 삼일혁명1919 때의 「기미 독립선언서」의 서명자들이 "천도교, 예수교, 불교 3파의 대표"뿐이어서 통탄을 금할 수 없었기 때문이었다. 그가 모종의 사건을 준비 중임을 연락받고 향리에서 상경한 건 2월 말일로 이튿날의 행사 준비가 끝난 시점이라 서명의 기회를 놓친 것이다. 이에 심산은 말한다.

우리 한국은 유교의 나라이다. 진실로 나라가 망한 원인을 궁구한다면 바로 이 유교가 먼저 망하자 나라도 따라서 망한 것이다. 지금 광복운동을 인도하는데 오직 세 교파가 주장하고 소위 유교는 한 사람도 참여하지 않았다. 세상에 유교를 꾸짖는 자는 '쓸데 없는 유사儒士, 썩은 유사는 더불어 일하기에 부족하다' 할 것이다. 우리들이 이런 나쁜 명목을 덮어 썼으니 무엇이 이보다 더 부끄럽겠는가.[17]

---

16   하란사(Nansa Ha, 河蘭史, 혹은 김란사, 1872?~1919.3.10). 인터넷 『민족문화대백과사전』을 비롯해 나무위키, 위키백과를 참고해 축약한 것.

그러나 심산은 어떤 어려움 속에서도 그 해결책을 천착하는 지혜를 가졌기 때문에 만고의 사표가 된다. 그는 독립선언서가 "국민을 고취 시켰는데 국제적인 운동이 있다는 말은 듣지 못했다. (…중략…) 파리 강화회의에 대표를 파견하여 열국 대표들에게 호소해서 국제여론을 확대시켜 우리의 독립을 인정받도록 한다면 우리 유림도 광복운동의 선구가 됨에 부끄러움이 없을 것이다"라고 대안을 제시했다.

그 구체적인 방법도 금방 강구했다. 전국을 대표할 유림 대표를 내세워 각 지역 대표 책임자를 물색해 그들에게 서명을 받도록 하자는 것이었다. 이 방법은 실로 삼일혁명의 주도세력보다 한발 앞선 묘책이었다. 맨 먼저 거론된 대표는 곽종석이었다. 누구도 부인할 수 없는 우국지사에다 김창숙과 마찬가지로 한주 이진상 학파라 모든 문제에 대해 자문받기에 가장 훌륭한 스승이었다. 심산은 거창으로 직접 가서 건강상태가 좋지 않은 그에게 미리 준비해 간 청원서의 수정 보완을 거듭 앙탁仰託하여 완성본을 만들었다. 그 정본을 미투리麻履날 줄로 꼬아서 숨겨 다니기 좋게 만들었다. 스승은 비록 몸은 거창에 담고 있었지만 국제정세에도 밝아 김창숙에게 나아갈 길을 세세히 일러 주었다.

파리에 가게 될 김창숙은 외국어도 모르는 데다 외국 나들이 경험이 없을 터이니 중국 내왕을 했던 인사를 추천해 주었고, 비용은 유림 전체가 부담하니 염려 말라고 했다. 이어 이미 외국에 나가 있는 선구자이승만, 안창호, 이상룡들과 상의하라는 것, 파리에서 귀로에 중국엘 들릴 텐데, 귀국을 않고 거기서 활동하게 될 것을 예견하고서 현지에서 지원받을 수 있는 국민당과 가까운 구체적인 인물까지 소개해 주었다. 실로 이런 구체적인 세세한 사항까지 일러줄 수 있는 놀라운 스승이었다.[18]

17 『국역 심산유고(國譯心山遺稿)』, 698쪽.
18 위의 책, 702~704쪽. 곽종석(郭鍾錫, 1846~1919)은 석학답게 자는 명원(鳴遠), 호는 면우(俛宇), 별칭은 곽석산(郭石山), 곽도(郭鋾)라 했다. 이진상(李震相)의 문하생인 그는 선진시대(先秦時代)의 경전부터 도가(道家)와 불가(佛家)를 거쳐 양명학까지 섭렵한 데다 서양철학, 특히 그리스 사상과 기독교 교리에도 일가견을 가졌다. 이런 학식에다 전국 유명 유

이렇게 전국 각 지역별로 서명을 추진 중 호서지역 유림들이 별도로 파리에 보낼 문서를 준비해 왔음을 알고 직접 만나 단일 대오를 형성하기로 하고는 김창숙이 마련한 청원서에 전국 유림 137명의 서명을 얻어 일사천리로 진행하는데, 곽종석이 추천해 준 동행인이 나타나지 않아 다른 인물을 물색해서 김창숙은 1919년 3월 23일 밤 10시에 멀고도 낯선 곳을 향해 한성을 떠났다.

3. 중국대륙에서의 항일투쟁

한유로운 여행길이라도 첫 행로라면 긴장할 텐데 중대 사명을 부여받은 모험이니 얼마나 초조했을 건가는 독자들의 상상에 맡긴 채 김창숙은 유학자답게 마치 시저의 『갈리아 전기』처럼 건조체로 속도감 있게 기록을 남긴다.[19]

안동^{현 丹東}을 거쳐 봉천^{奉天, 현 沈阳}에서 옹은 고구려 벽화에도 등장하는 유구한 역사를 가진 상투를 자르고 중국 옷과 모자로 바꿨다. 고향에서 서울로

학자들과 깊은 교유관계를 맺었기에 막힘과 거침이 없었다. 여러 차례 조정의 부름을 받았으나 다 거절하다가 딱 한 번 나아가 왕에게 나라를 구할 방도만 설파하고는 이내 사직했다. 이런 식견을 가진 그는 의병투쟁이나 망명에는 공감대는 가졌으나 동참은 사양한 채 일개 죄인으로 누항에 남아야 한다는 신념으로 거창에 자리 잡았다. 그러나 을미사변(1895)을 당하자 영국 영사관에 일본침략의 부당함을 호소했고, 을사늑약(1905)에는 열국공법(列國公法)에 호소하라고 상소하는 등 범세계적인 안목을 가진 유학자답게 국제사회를 향한 여론을 중시했다. 김창숙을 해외에 보낸 후 2년형을 받은 그는 노구에 건강이 악화되어 위독해지자 풀려 났으나 병사했다. 1963년 건국훈장 독립장이 추서된 그를 기려 거창에 다천서당(茶川書堂)이 세워졌다.

19 시저, 『갈리아 전기(Gallia 戰記)』, 간결, 함축성 문체로 시저 자신이 무엇무엇을 했다는 자술 형태가 아닌 시저는 뭣뭣을 했다는 객관적인 서술로 유명하다. 김창숙도 자신을 옹(翁)으로 등장시켜 건조체로 썼다. 물론 심산의 서술 체제는 사마천의 『사기』처럼 기전채(紀傳體)를 따른 것이지만 그 문체는 박람강기(博覽强記)한 굴원의 일련의 회상조의 작품과는 달리 건조체라는 점이 돋보이기에 구태여 시저에 빗댄 것은 필자가 심산을 경모한 데서 나온 것이다.

가니 모두들 상투를 자르라고 권했으나 "왜놈에게 신하 노릇"을 거절하는 뜻에서 굳이 지켜왔던 것이지만 이제 "국가 독립을 위해서 이 몸"을 바칠 각오에서 결행했다고 그는 의미를 부여했다.

천진, 제남, 남경, 소주를 지나 심산이 상해에 도착한 건 3월 27일이었다. 바로 이시영, 조성환, 신채호, 조완구, 신규식을 비롯한 독립투사들에게 파리 행의 취지를 알렸더니 "민족대표로 김규식을 파리로 특파"하여 이미 7, 8일 전에 파리로 떠났다며 그들과 함께 못했음을 안타까이 여겼다. 이어 그들은 갖고 온 문서를 일단 서양 말로 번역하여 김규식에게 전해 주도록 하고, 중국에 머물기를 권해 그러기로 했다.

그래서 심산은 외지에서 상해로 온 안창호, 김구, 박은식을 비롯해 상하이 거주 주요 인사들과 임시정부⁴·¹³가 구성되는데 김창숙은 의정원國會 격에서 경상도지역의 의원으로 선임⁴·³⁰ 되었다.

이 해 5월, 심산은 보도를 통하여 국내에서 '파리 장서 사건'이 터진 걸 알게 되었다. 이 사건은 심산이 추진했던 파리장서의 파장으로 5백여 명의 국내 유학자들이 체포되었는데, 심산의 스승 곽종석도 연루되었음은 물론이다.

이제 심산은 대륙에서 독립투지의 웅휘한 꿈을 맘껏 펼칠 때를 만난 것이다.

그런데 예기치 못했던 중국인의 권고로 심산은 쑨원孫文을 상해에서 만나게 되었다. 1919년 7월이었다. 당시 중국은 청 왕조의 붕괴¹⁹¹² 후 군벌 위안스카이袁世凱, 1859~1916가 온갖 패악질을 자행하다가 죽자 군벌軍閥들이 서로 베이징의 권력을 차지하려고 암투 중이었다. 이에 신해혁명의 주역인 쑨원은 1917년부터 광저우廣州를 근거지 삼아 베이징을 향해 북벌전北伐戰을 준비 중이었다.

쑨원은 김창숙에게 "중국과 한국은 형제이며 순치脣齒이어서 한국이 망하면 중국도 또한 병들게 됩니다"라며, "동양의 한국은 서구의 발칸과 흡사"하다고 적시한데 이어 아래와 같이 강조했다.

한국이 광복되지 않으면 동양에도 또한 평화로운 날이 영구히 없을 것입니다. 지금 우리들 중국사람으로서 한국의 독립을 원조하는 것은 이에 스스로 우리 중국의 독립 보전을 위하는 것입니다. 그런 까닭으로 일찍이 우리 중국 혁명동지가 한국의 혁명을 원조함이 마땅함을 말한 지가 오래입니다. 지금 여러분이 이미 중국을 운동하는 근거지로 했으니 모름지기 우리 국민당 여러 사람과 긴밀하게 제휴해서 중한中韓이 상호 원조하는 방책을 강구함이 매우 좋겠습니다.[20]

쑨원은 이렇게 강조하며 김창숙에게 한국의 임시정부가 쑨원의 국회가 있는 광저우로 가서 여러 가지 제휴방법을 모색하기를 요청했다.

심산은 8월에 상해에서 광저우로 가서 중화민국 상하 양원 의장단을 예방, 그들로부터 '한국독립후원회'를 조직하겠다며 그 발기인대회에 참석해 줄 것을 요청받았다. 발기인대회는 중국 각계 지도급 인사들 3백여 명이 운집, 성황을 이뤘고, 바로 모금운동 전개와 상해 한국 임정으로 송금하는 것까지 결정했다. 여기에다 형편상 학업을 계속하지 못할 한국 청년들 40~50명을 보내면 지원해 주겠다는 확약도 받았다. 심산으로서는 중국 대륙에서 거둔 성공적인 뿌듯한 성과였다.

그러나 성취의 환희는 그리 길지 못했다. 엄청난 거금은 전달자가 도중에서 가로채어버린 데다 이 비밀을 아는 심산을 도리어 암살하겠다고 벼른다는 것이었다. 게다가 지원을 받던 청년 학생들 역시 갑자기 시국이 어수선해지고 상하원 국회가 다 흩어져 버려 도로아미타불이 되었다. 아무리 도량이 넓은 심산인들 그냥 넘기기가 아쉬워 그들을 추적했으나 도리어 위험에 처해 더 이상 추적하기조차 어려워졌다.

화불단행禍不單行이라서 임정에서도 큰 악재가 터졌다. 바로 미주의 이승만이 강대국에 독립을 청원한 문제가 불거져 나온 것이다. 파리강화회의 때 1919.3 이승만과 정한경이 제기했던 위임통치론은 그가 대통령을 참칭한 뒤

20 『국역 심산유고(國譯 心山遺稿)』, 714쪽.

에 일어난 우여곡절 후였다. 3·1혁명 후 임시정부 간판을 내건 곳은 하도 복잡다기하여 일일이 기억할 수조차 없는데 거의가 선전물로만 떠돌았지 그 실체조차 없었다. 그 중 국내의 '한성임시정부'라는 게 있었다. 그 선전물에는 이승만이 '집정관 총재'로 나왔는데, 미국의 이승만은 이를 한성 정부 대통령으로 고쳐 행세했다. 상해 임시정부는 행정수반으로 국무총리제를 채택하며 그 적임자로 이승만이 거론되자 위임통치론을 제기한 인물이라며 이회영, 신채호, 박용만 등 무장투쟁론자들이 격렬하게 반대하고 나섰으나 결국 이승만이 선출되자 반대론자들은 회의장에서 퇴장해버렸다.

미국에서 황제처럼 군림하는 대통령제의 위력을 익히 알고서 이를 자신의 인생 목표로 삼았던 대통령 병 환자로 화신한 이승만은 임정의 이 소식을 듣고는 미국에서 임정 대통령으로 당당하게 행세하며 도리어 자신을 비판하는 임정을 향하여 국무총리제를 대통령제로 바꾸라고 강제하여 순진한 임정은 그대로 따랐다. 첫 단추부터 잘못 끼워진 것이다. 그러자 외무총장 박용만과 교통총장 문창범은 취임을 거부했고, 이회영, 신채호는 상하이를 버리고 베이징으로 떠나버렸다.[21]

소원대로 대통령 감투를 쓴 이승만은 미국에서만 행세하면서 상하이의 정부청사에는 나타나지 않다가 1920년 12월 5일에 처음 나타났지만 앞으로도 자신은 미국에서 업무를 처리하겠다는 고집과 독립투쟁에 대해서는 어떤 복안도 내놓지 않으며, 위임통치론에 대한 반성 촉구와 비판에도 다 지나간 일이라고 얼버무렸다.[22]

이승만은 1921년 5월 29일 상해를 떠나버렸다. 이때 미국은 태평양지역

---

21 이 항목은 김삼웅, 『독부 이승만 ─ 권력의 화신, 두 얼굴의 기회주의자』, 책보세, 2012, 104~127쪽. 여기서 김삼웅은 이승만의 망언과 임정의 의정원에서 탄핵, 면직(1925.3.23) 까지 자세히 다룬다. 탄핵 사유는 흔히들 위임통치 청원 외교론으로 착각하는 것과는 달리 반헌법적인 독선, 독재적인 일탈 행위였다. 후임 임시 대통령은 박은식이었다.

22 서중석의 『이승만의 정치이데올로기』(역사비평, 2005)에 따르면, 이승만이 상하이 방문 중에 위임통치 청원 문제를 제기, 성토에 앞 장 선 것은 신채호 등으로 「성토문」(1921.4.19) 을 발표했는데, 서명자에는 김원봉, 김창숙, 이극로, 신채호, 오성륜, 장건상 등 54명이었다. (361쪽)

의 안정을 위해 워싱턴회담을 주관했다. 이승만은 이 절호의 기회에 본회의에 참석하려고 시도하자 정부의 공식 신임장을 요구하여 임정에게 요청했고, 임정은 민족의 운명이 더 중요하기에 이승만에 대한 갈등을 유보한 채 오히려 큰 기대를 가지고 적극 협력해 주었다. 뉴욕에서 유학 중이었던 조병옥과 허정을 비롯한 학생들까지 가세하여 이승만을 도왔을 정도로 기대가 컸던 회의였다. 그러나 이승만의 회의 참석은 좌절당했고, 구미 한국위원회의 명의로 된 「한국독립 청원서」를 비롯한 어떤 청원서조차도 아무런 성과가 없었다.[23]

선비 김창숙은 이런 역사의 흑막을 두루 보았을 것이다. 그는 독립에 도움이 될 일을 찾아 베이징을 비롯한 여러 지역을 돌며 독립투사들을 두루 찾아다니며 각종 투쟁방법을 모색했다. 엄청난 독서도 했는데, 그 중에는 사회주의와 무정부주의까지도 포함되어 있으나 그 이론에는 동조하지 않았고, 사회주의자들과도 각별하지 않은 채 아예 중국 국경을 넘어 소련의 연해주로 망명길을 함께 하자는 권유도 뿌리쳤다. 일부 기독교 신앙인들이 투쟁에 앞서 신앙을 강권하자 신뢰를 갖지 않게 되었다. 역시 옹은 한주학파에 곽종석의 충직한 제자의 범주를 넘어서지 않았다.

그러던 그에게 경천동지할 일대 변화를 가져올 계기가 생겼다. 그 첫 고리로 독립운동사의 한 획을 그은 우당 이회영又堂 李會榮, 1867~1932을 만난 건 1924년이었다. 아나키스트였던 우당인데도 옹이 유독 신뢰했던 건 유추컨대 폭

---

23 각주 21과 같은 책 참고. 워싱턴 회의는 미국이 동아시아를 포함한 태평양지역 문제를 광범위하게 다룸. 이 회의에는 영국, 프랑스, 이탈리아, 벨기에, 네덜란드, 포르투갈, 중국, 일본에 '군비제한을 위한 회담을 열자'고 제안하면서 1921년 11월부터 1922년 2월까지 열렸다. 임정조차 이 회의에 일말의 기대를 가지고 이승만의 활동을 지지했는데, 아마 임정과 이승만이 동시에 강대국에게 기대를 걸었던 황홀한 순간이었을 것이다. 필자의 견해로는 파리강화회의 때와 마찬가지로 이 회의의 참석 강대국 누구도 관심을 갖지 않은 냉대를 계기로 민족해방 투쟁을 위해서 코민테른(Comintern, Коминтерн)으로 관심을 돌리게 만든 계기가 되었다고 본다. '공산주의 인터내셔널(Communist International, Коммунистический интернационал)의 약자인 이 조직은 1919년부터 1943년까지 활동했던 세계공산주의운동 국제기구로 식민지 약소국의 독립투쟁에 큰 영향을 미쳤다. 일제하 조선의 각종 사회주의 주도 항일민족해방 투쟁은 이 조직의 영향을 강하게 받았다.

넓은 인간미에다 유학에도 조예가 깊은 명문가 출신이라는 무의식의 작용
이었을 것이다. 어쨌거나 옹은 그에게 민족의 독립이 그리 쉽게 달성될 전망
이 없으니 일제의 세력이 미치지 못할 중국 북동부 지역의 드넓은 황무지에
다 활동무대를 삼을만한 땅을 확보할 수 있다면 만주 일대의 동포들을 이주
시켜 실력배양에 힘써야 할 때라고 호소했다. 이에 우당은 당장 중국 요인들
과 접촉하여 땅을 구해보고, 자금은 그때 다시 논의하면 된다는 실천혁명가
다운 새 진로를 제시했다.

이에 심산은 중국의 참의원을 통하여 그 지역^{열하 일대}은 군벌 풍옥상^{馮玉祥,}
^{1882~1948}이 지배하니 어렵지 않다고 하여 대륙의 북부 수원^{綏遠}, 포두^{包頭} 등지^돌
^{다 현 내몽고 자치구}의 3만 정보를 얻었다. 용기백배한 심산은 국내로 잠입¹⁹²⁵하여
부유한 유학자들로부터 독립자금을 모으기로 결심했다. 그러나 심산이 모
국을 떠난 지 불과 8년 만에 민심은 급변하여 신변의 안전조차 어려운 지경
이었다. 어떤 부호에게 모금하러 갔던 사람은 도리어 심산을 귀순시키면 경
무국에 선처를 주선하겠다고 전하더라고 하여 심산은 이렇게 대꾸했다.

> 친일 부자의 머리를 독립문에 걸지 않으면 우리 한국이 독립할 날이 없을 것이
> 다. 자네가 나를 위해 그 부자에게 이 말을 전하게.[24]

8개월 동안 머물며 최선을 다 했으나 목표액 20만 원에는 턱없이 모자라
는 3천5백여 원이었다. 이 쓰라린 체험에서 심산은 투쟁방법을 급선회한다.

> 당장 이 돈을 의열단의 손에 직접 넘겨주어 왜정 각 기관을 파괴하고 친일부호
> 들을 박멸하여 우리 국민들의 기운을 고무시킬 작정이오.[25]

1926년 3월, 모국에서 모금운동을 결산하며 그간 도와준 국내 동지들에

---

24 심산사상연구회, 『김창숙 문존(文存)』, 성균관대 출판부, 2005, 331쪽.
25 위의 책, 340쪽.

게 하직 인사로 남긴 이 말은 심산이 지녔던 한주학파와 스승 곽종석의 열국공법列國公法에 호소하는 유학적 금기를 넘어서는 전환기가 된 것이다. 결국 어떤 이론이나 사상도 현실이라는 만고 불변의 스승을 이길 수는 없음을 이 대목은 생생하게 증언해 주며, 이게 도리어 심산 김창숙의 존재를 독립투쟁사에서 돋보이게 했다.

그는 천신만고 끝에 5월 그믐께 상하이에 닿아 김두봉 집에 머물면서 여러 동지들을 만나다가 백범을 찾아가 조용히 국내 정세 설명과 함께 자신의 각오를 이렇게 토로했다.

인심이 이미 죽었으니 만약 비상수단을 써서 진작시키지 않으면 우리들 해외에 있는 사람들도 또한 장차 돌아갈 곳이 없이 궁박하게 됨을 면치 못 할 것이오. 지금 내가 약간 가지고 온 자금으로 대규모 사업을 착수하기는 실로 어렵습니다. 청년 결사대들에게 자금을 주어 무기를 가지고 국내로 들어가서 왜정 기관을 파괴하고 친일부호를 박멸하여 한 번 국민의 의기를 고취시켜 봅시다. 그런 연후에 다시 국내와 연락을 취하면 되겠지요.[26]

이에 백범은 흔쾌히 수락하며 유자명과 상의해서 추진하도록 했다. 심산은 유자명에게 무기 구입비를 미리 줘서 구한 뒤 함께 베이징으로 가자 나쁜 소식을 신문을 통해 알게 되었다. 자신이 국내 모금운동을 펼쳤던 시건을 빌미로 관련 유생들을 6백여 명이나 검거했다는 것이다. 파리 강화회의 시기에 벌어졌던 검거사건이 제1차 유림단 사건이라면 이건 제2차 유림단 사건으로 둘 다 김창숙이 주범인 셈이다.

국내 밀파 요원을 물색했던 인물 가운데 나석주를 선택, 그에게 무기와 경비를 주며 장도를 빌었다. 나석주는 기대했던 이상으로 치열하게 의열단원답게 투쟁하다가 장렬한 최후를 맞았다.[27]

---

26 위의 책, 342쪽.
27 나석주(羅錫疇, 1892~1926), 임정 경무국 경호원, 신흥무관학교, 중국 한단 군관학교 육군

심산은 이동녕이 의장직을 맡고 있는 임정 의정원 부의장[1926.8]으로 취임, 독립투쟁을 효율적으로 수행하고자 통일전선을 추진하던 중 치질이 악화되어 그 해 12월, 김구, 이동녕, 김두봉, 정세호, 김원봉에게만 알린 채 극비리에 상하이 공동조계 공제共濟병원에 입원, 3차에 걸쳐 수술을 받았다. 치료를 위해 장기 요양 중이었으나 위에 거론한 인물 외에는 일체 비밀에 부쳤기에 면회도 오로지 이들만 번갈아 다녀갔다. 그러나 공동조계란 특정 국가가 아닌 여러 나라의 공동구역이라 일제를 비롯한 밀정들의 소굴이라 무척 조심했건만 어느 날 중국 광주에 있을 때 중국어를 가르쳐 주었던 두 청년이 문병을 다녀가자 바짝 긴장되어 바로 퇴원하고 싶었으나 입원비 3백여 원을 당장 청산하지 못해 머뭇거리던 참이었다. 예상대로 이튿날 8시 경 일본 총영사관 형사 6명이 들이닥쳤다. 1927년 6월 10일이었다.[28]

그들은 8일 후 심산을 나가사키로 압송, 시모노세키를 거쳐 부산-대구경찰서에 가뒀다. 극히 악화된 건강상태는 더욱 나빠졌지만 고문과 회유에도 전혀 동요를 않는 이 선비 앞에 어떤 형사들은 도리어 경외심을 나타냈다. 절차에 따라 검찰과도 입씨름을 거쳐 재판정에 섰으나 그가 변호를 거절한 일화는 너무나 유명하여 여기서 생략한다. 이후 심산의 족적을 축약해 보면 14년 형을 받고 대전형무소로 이감했을 때는 앉은뱅이에 이동조차 어려울 지경이었다. 생명조차 위태로워지자 형집행정지로 풀려났으나 이내 다시 대구감옥에 재수감하여 대전형무소로 옮겼다.[1929] 5년 만에 다시 형집행정지[1934]로 풀려나 요양 중 건국동맹 결성 문제로 1945년 8월 7일 성주경찰서로 연행, 왜관 경찰서로 옮겨졌다. 그로부터 8일 뒤 8·15를 맞아 환호 속에

제1군사강습소 군관단 등 화려한 경력의 소지자다. 중국군 장교 복무, 임정 김구 경호관을 거쳐 의열단원으로 활동. 1926년 김구, 김창숙 등의 요청으로 국내의 일제 수탈 기관을 파괴하려고 위장 잠입, 조선식산은행에 폭탄 투척 했으나 불발, 동양척식주식회사에서 권총으로 일인 사살하고 폭탄 투척했으나 역시 불발하자 일인 경찰 7명을 사살하며 대치하다가 군중들을 향해 "나는 조국의 자유를 위해 투쟁했다. 2천만 민중아, 분투하여 쉬지 말라!"고 외치며 경찰과 총격전을 이어 가다가 자결했다.

28 일제 시기 심산의 독립투쟁 전모는 조동걸, 「심산 김창숙의 독립운동과 유지」, 제5회 심산 김창숙선생 숭모학술대회(2014) 발제록 『선비정신과 민족운동』 수록, 참고 (88~116쪽)

풀려났으나 재수감당했다가 이튿날 석방되면서 해방의 기쁨과 기대를 만끽했다.[29]

4. 이승만과 맞장 뜬 심산

8·15 직후부터 심산의 활동은 한마디로 축약하면 일제 압제하에서와 다를 바 없는 독립투쟁의 연장선에 서 있었대도 지나칠 게 없다. 분열된 독립운동의 통합론자였던 그의 뿌리는 상하이-충칭重庆, 重慶임정 지지자로 정국의 급변상황에 따라 시행착오와 수정을 거듭하면서도 일체의 외세 배격일본, 미국, 소련 등을 바탕삼아 민족 주체적인 하나의 민주적인 통일 정부 수립이 그 궁극 목표였다. 따라서 그 주축 세력은 친일파와 민족반역자는 당연히 제외되어야 했다.

8·15 직후의 대혼란기에 심산은 독립운동으로 단련된 확고한 신념으로 이 목적을 수행할 수 있는 참된 지도자 물색과 그 이상을 실현할 정파를 찾고자 면밀히 관찰하느라 분주했다. 여기서는 그 정치 행적을 일일이 거론하지 않고 단정 수립 후 대통령이 된 이승만과의 관계에만 초점을 맞춰 심산이 겪었던 넓은 의미의 필화와 관련된 사항에 국한하여 약술하고자 한다.

상하이 임정 때 이승만의 위임통치 주장을 비판했던 심산은 8·15 후 첫 대면부터 삐걱댔다. 그는 8·15 후 해외 주요 인물 중 맥아더의 주선으로 맨

---

29 강만길, 「심산 김창숙의 해방 후 정치활동」(위와 같은 자료집 117~131쪽)에 따르면 심산은 8·15 전에 건국동맹에 가입하거나 직책을 맡지 않았다고 한다. 그럼 1945년 8월 7일 심산이 왜 피체당했는가에 대해서는 예비검속 확대 실시 조치일 가능성만 제시했다. 일제는 이미 중일전쟁에 대비해 조선사상범보호관찰령(1936)을 실시할 정도로 철통같은 감시와 구금체계를 유지하다가 태평양전쟁(1941.12.8)에 대비해서는 조선사상범예비구금령(朝鮮思想犯豫備拘禁令, 1940.11)을 실시해 오고 있었다. 일제 말기에 사상범에 대한 탄압은 최악의 단계인 대화숙(大和塾, 야마토주쿠, 위험인물 예비검속, 구금)제도(1941.1)였다. 이밖에도 일경은 아무런 죄명이 없어도 체포가 가능했기에 심산을 투옥 시켰을 수도 있지 않았을까.

먼저인 10월 16일 귀국한 이승만에게 애초부터 호감을 못 가진 채 만나지 않고 있다가 미 국무부 극동국장 빈센트가 미국 외교정책협의회에서 한국은 자치 준비가 안 되어 있기에 신탁 관리제를 실시할 것을 제청한다는 기사[10.20]를 보고 주변인들이 그 배경이 궁금하다며, 갓 귀국한 이승만에게 가서 알아보라는 권유로 비 호감에도 불구하고 이승만을 찾아갔다. 명함을 내민 지 두 시간 남짓만에 변영태의 안내로 이승만을 만난 심산은 인사를 마치고 바로 신탁통치에 대해 문의하자 그는 "내가 미주에 있을 때 이미 그런 말이 있었지요. 그러나 그것은 미국 정부의 확정한 정책이 아니니 깊이 우려할 것은 못 됩니다"라고 하기에 심산은 재삼 캐어 물었으나 우스개로 받아넘기고는 이렇게 말했다. 이 대화는 이승만의 이해에 매우 중요하기에 그대로 옮겨본다.

"지금 건국사업에 가장 긴요한 것은 재정이오. 당신은 필요할 때 재력을 동원할 수 있습니까?"

"나는 본래 집이 가난해서 그럴 능력이 없소."

"자신은 재력이 없더라도 유력한 자를 움직일 수는 있지 않겠소? 내가 미주에 있을 적에 이미 큰 돈을 준비해 둔 것이 있어 틀림없이 곧 부쳐 올 것이오. 당신도 친한 사람들과 의논하여 두루 모금을 해서 대비토록 하십시오."

"지금 수많은 정당이 난립하여 서로 다투고 있는 실정입니다. 현재 시급한 일은 전 민족의 단결이요, 소위 자금의 마련은 제2에 속한 문제입니다."

"금력만 있다면 단결되지 않는 것이야 무어 걱정할 것이 있겠소?"

"단결하지 않고 한갓 금력에만 의지한다면 싸움을 더하게 만들어 결국 건국사업에 도움이 없을 것으로 봅니다."[30]

30 심산사상연구회, 『김창숙 문존(文存)』, 성균관대 출판부, 2005, 376~377쪽. 8·15 이후 심산의 정치활동에 대해서는 ① 서중석, 『이승만의 정치이데올로기』(역사비평, 2005) 중 「김창숙의 반 이승만 투쟁과 정치문화」, 353~441쪽, ② 김삼웅, 『심산 김창숙 평전』, 시대의창, 2006, ③ 강만길, 「심산 김창숙의 해방 후 정치활동」(위와 같은 자료집, 제5회 심산 김창숙 선생 숭모학술대회(2014) 발제록 『선비정신과 민족운동』수록, ④ 서중석, 「해방직후 김창

8·15 이후 이승만과의 첫 소회를 그는 훗날 이렇게 요약했다. "중국서 독립운동 했다니 돈 있으면 내달라더군. 하도 어이가 없어 돈 없으면 독립운동 못하노? 했더니 돈 없이 어이 운동하노, 하길래 난 당신 모양 교포들 등쳐서 호사하지 않구서도 독립운동 얼마든지 하겠더라 카고, 돈 없어 줄 수도 없지만 돈 있어도 못 주겠다! 했더니 그 후부터 나와는 사사건건 앙숙이오, 핫핫하……."[31]

심산의 이승만과의 두 번째 대결은 더 치열했다. 시국은 모스크바삼상회의 결정으로 어수선해지자 1946년 2월 경 남한의 정계는 ① 임정 계의 비상국민회의, ② 이승만 계의 남조선대한국민대표민주의원, ③ 좌익 계의 민주주의민족전선이 각각 생겨나 정립鼎立했다. 이 중 ①의 '대한민국비상국민회의'가 이승만, 김구, 김규식, 권동진, 오세창, 조만식, 홍명희, 김창숙 등 대의원을 선출2.1, 이들은 과도정권 수립을 맡을 최고정무위원의 설립을 결의하고는 이승만, 김구에게 28명의 최고 정무위원 선출을 일임했다. 김창숙도 포함된 이 최고정무위원회는 어떤 정치세력도 인정하지 않는 미군정의 하지 중장에 의하여 '민주의원'으로 둔갑하여 하지의 한갓 자문기구로 탈바꿈되고 말았다. 이에 격분한 것은 일부 임정계와 중도계로, 여운형, 함태영, 김창숙, 정인보, 조소앙 등 5명은 민주의원 결성대회2.14에 참석조차 않았다. 2월 18일, 김창숙은 이승만에게 따져볼 작심으로 덕수궁에서 열린 민주의원 제2차 회의에 참석했다. 회의는 벽두터 이승만에 대한 성토 분위기였는데, 첫 포문을 연 것은 조완구였다. 그의 공략에 이승만은 시간과 논의할 사항이 많아 답변을 할 시간이 없다며 피하자 심산은 조에게 "그대는 잠깐 중단하시오. 내가 이어 하오리다"라며 "이승만을 크게 불러 질문을 시작하였다." 심산은 여러 공격을 하던 중 "당신은 오늘 이미 민족을 팔았거니와 어찌 다

<hr />

숙의 정치적 활동」, 제7회 심산 김창숙선생 숭모학술대회(2016) 발제록『선비정신과 민족운동』, 11~65쪽 수록 등 참고. 여기서는 서중석의 ④는 ①과 비슷하기에 ①을 기본 텍스트로 삼아 요약한다.

31 『동아일보』, 1960년 10월 29일 자 「5분간 스케치」. 사월혁명으로 이승만 퇴진 후 기자와의 만남이니 어쩌면 이게 심산의 보다 진솔한 속내일 것이다.

른 날에 국가를 (또) 팔지 않는다고 보장하겠소?"라며 "책상을 치고 호통"했으나 여전히 이승만은 "조완구에게도 답변 않았으니 당신이 아무리 강요해도 결단코 응답하지 않겠소"라고 튕겼다. 이어진 아래 대목은 향후 심산과 이승만의 대결 양상을 상징하는 장면이기에 그대로 인용해 본다.

> 나는 회의 석상의 사람들을 돌아보며 "오늘 이승만의 답변을 듣지 않고는 나는 해가 질 때까지 질문을 멈추지 않겠다"고 했다.
>
> 이승만은 이내 성내어 부르짖으며 일어나서 "나는 결코 당신의 질문에 응하지 않겠오" 하며 퇴장을 선언하였다.
>
> 나 역시 책상을 치며 "당신이 내 질문에 응하지 않고 퇴장한다니 어찌 그리 비겁한가!" 하고 꾸짖었다.
>
> 이승만은 그 비서와 함께 허겁지겁 퇴장하고 나 역시 그 자리에 오래 있고 싶지 않아 곧 자리를 떴다. 그 후로 다시는 민주의원 일을 묻지 아니했다.[32]

그 뒤 남한 정세는 미국의 각본대로 단정 수립을 위한 수순을 밟았고, 그 결과는 당대의 지도자들 중 가장 대통령이 되어서는 안 될 첫 번째 인물인 이승만 정권이 들어서서 멋대로 독재체제를 구축해 나갔다. 나라가 둘로 갈라져 가는 처량한 처지를 바라보며 그는 모든 당파 싸움을 민족통일 노선에서 바라보며 이렇게 조감도를 그려내듯이 노래했다.

> 해방의 우렁찬 종소리에 / 깊은 잠 홀연히 깨어났는데 / 이때라 기회 엿본 온갖 거간꾼 / 제 세상 만난 듯 설쳐대었네 / 육십여 개 많은 당파들 / 제각기 들고 높다란 깃발 // 나의 옛 친구 삼주공^{三洲公 이진상의 손자은} / 민중당 하겠다고 몸소 나서서 / 나더러 당수되라 추대했지만 / 나는 한 번 웃었을 뿐 / 헌신짝 버리듯 외면하

---

32 『김창숙 문존』, 400~402쪽. 이 대목에는 사실과 다른 기록이 많다고 서중석은 『이승만의 정치이데올로기』, 362~363쪽에서 하나하나 바로 잡아주었기에 이 인용은 틀림이 없는 부분만 골라 뽑은 것.

였네 / 나의 동지 백범 옹은 / 한독당 만들어 기세 떨치는데 / 내 내 그때 진심으로 걱정하면서 / 옥석을 가리기 충고하였네 // 벽초는 나의 편벽 조롱하더니 / 스스로 차지했다, 민독당민주독립당 당수 / 소앙은 나의 고집 어리석다 하더니 / 스스로 걸터앉다, 사회당 당수 / 얄미울손 남로당 / 음흉한 소련을 조국인양 우러러하고 / 두려울손 자유당 / 낮도깨비 떼지어 함부로 날뛰고 / 놀라울손 민주당 / 턱없이 자기 과장 요란스럽고 / 가소로울손 군소정당들 / 하는 짓거리 점점 더 괴상하구나 // 아, 이 세상 모든 당인 / 그대들 목적한 바 권세와 이익일 뿐 / 나는 원래 당이 없으니 / 일찍부터 버려진 사람 / 버려진다 한할 바 아니고 / 오직 원하노니 정의로운 죽음 / 굶주림 헐벗음 두렵지 않거니와 / 발 자르고 코 베어도 무섭지 않네 / 나는 나의 지키는 것 따로 있으니 / 당인들이여, 나를 원망 마시오.[33]

웬만한 우국지사들이 모두들 충고했던 그대로 분단은 필연적으로 전쟁으로 치달아 심산은 1950년 인민군 점령 아래서 고초를 겪다가 1951년에는 부산으로 피난 갔다. 그는 피난지에서 "이승만의 실정과 독재를 신랄하게 꾸짖는 내용"으로 「하야 경고문」을 발표했다는 설이 있다. 이로써 그는 "한동안 부산형무소에 수감되었다가 불기소 처분으로 풀려났다"고 한다.[34]

이제 심산이 본격적으로 이승만과 정면 대결했던 세칭 국제구락부 사건을 살펴볼 때가 되었다. 1952년은 정치사에서 '부산 정치파동'이라 부르는 살벌한 시기였다. 좀 심하게 말하면 전쟁은 미군에 맡겨두고 이승만은 장기 집권의 계략을 위해서 못 할 짓이 없었던 시기였다. 그러나 역사에는 탄압이 있으면 반드시 그 반작용으로 저항이 발생한다.

6월 20일 임시수도 부산 남포동의 양식집 국제구락부 입구에는 '문화인 간담회'라는 쪽지가 붙어있었다. 그러나 막상 안으로 들어가면 '호헌구국선

33 「당인탄(黨人歎)」, 『김창숙 문존』, 82~84쪽.
34 김삼웅, 『심산 김창숙 평전』, 416~417쪽. 서중석은 이 기록이 김창숙 자신의 기록에만 나와 있고 다른 데서는 찾지 못했다고 『이승만의 정치이데올로기』 378쪽 각주 57에서 밝힘. 그러나 심산의 『벽옹 일대기』가 이런 큰 사건을 잘못 기억할 것 같지는 않다.

언대회'라는 쪽지가 붙어 있었다. 분단 고착화 이후 남한에서 전개된 반독재 민주화운동의 첫 포문이었다.

이승만의 폭거가 이어지자 당시 야당이었던 민국당의 간부였던 서상일, 조병옥, 유진산, 제씨가 노 독립투사인 이시영, 김창숙, 이동하李東厦 등도 참여시켜 조직한 호헌구국대회의 준비위원에는 이시영, 김성수, 김창숙, 장면, 조병옥, 서상일, 신흥우, 전진한, 유진산, 이정래, 김동명, 최희송 등으로 당시 범야권 재야 인사들이 거의 망라된 위세였다.

심산은 여기에 참여하면서 "우리가 일본놈의 헌병 정치 밑에서도 싸웠는데 그까짓 이승만 하나를 가지고 '무엇을 시정해라' '계엄을 해제하라' 다 안 될 소리다. 이승만 보고 '당장 물러나라'고 들이대야 돼!"라고 강경했다.

서상일이 '반독재 호헌 구국선언 대회'의 선언문을 읽고 있는데, 수십 명의 청년들이 들이닥쳤다. 단상에 앉아있던 김창숙, 조병옥 등이 호통을 치자 도리어 조병옥에게 달려들어 행패를 부리며 의자와 화분을 집회장으로 던지는 등 더욱 난장판을 가속시켰다. 심산은 강단 있게 "이승만이가 폭도를 시켜 이 판을 만들어? 어디 두고 보자"라며 소리쳤지만 하반신이 불편했던 심산은 피를 흘리며 쓰러져 흰 모시 두루마기를 붉게 물들였다.이동하는 길거리에서 과격하게 어서 폭군을 몰아내야 한다고 이승만을 규탄했다.

김창숙, 서상일, 조병옥은 불구속 입건, 유진산, 김동명, 최희송, 이정래, 김수선 등은 구속되었다가 8월 14일에야 풀려났다. 유진산, 김용성 등은 반독재호헌구국대회에 발맞춰 청년학생들을 동원할 계획이었다고도 한다.

"국제구락부 사건이 있은 뒤 14일 만인 7월 4일 국회에서는 발췌개헌안이 '기립 표결'로 통과되었다. 이 헌법은 30일간의 공고 기간을 거치지 않았다는 점에서 위헌이었다."[35]

그러니까 이승만의 대통령 직은 상하이 임정시절부터 위헌으로 시작되어

---

35 서중석, 『이승만의 정치이데올로기』, 377~381쪽. 직접 인용문은 380쪽. 국제구락부 사건의 배경인 부산 정치파동에 대해서는 이미 제2장 제10절 「고관부인, 작가 김광주를 린치하다」에서 소상하게 다뤘기에 여기서는 생략했다.

단정 수립 때도 내각제 체제로 된 헌법을 대통령제로 강제로 수정케 한 반윤리성에다 부산 정치파동 역시 반헌법적이니 그 뒤 역시 반헌법적이라 한들 지나치지 않을 것이다.

5. 친일파에게 추방당한 정통 유학의 민족혼

심산은 8·15 직후부터 유림 통합운동을 전개, 유도회 총본부를 결성하여 그 위원장 겸 성균관장1946.5을 맡은 데다 성균관대 학장1953년부터 총장까지 겸직하면서 유림계만은 친일세력이 아닌 독립운동정신을 되살리는 풍토를 조성하고자 진력했다. 물론 몇몇 친일 유림들이 임원을 맡았지만 심산의 권위와 대의명분이 앞섰기에 감히 도전할 엄두를 못 냈다.

유학적 민족주의자였던 김창숙은 차제에 전국 향교의 조직화와 위패매안位牌埋安운동을 전개1949했다. 압도적인 다수였던 중국의 성현 위패 대부분을 묻어버리자는 이 유교적 민족주체 혁명운동은 춘천, 개성 등 일부 유림들의 강력한 반발을 야기하여 조직의 분열을 초래했다.[36]

여기에다 성균관 대학에서는 교수의 대학 겸임 금지당시에는 모든 대학 교수들이 다른 대학에서도 교수직을 겸하는 게 허용 등 개혁정책을 추진하자 교수와 학생 다수가 반대했다.

이 고매한 심산의 유교적인 민족주체사상 찾기 정신을 이해하려면 유장한 조선 유학사부터 더듬어야 하겠으나 여기서는 할애하고 일제 식민통치

---

36 반대의 앞장에 섰던 건 간재 전우(艮齋 田愚, 1841~1922)다. 그는 심성론(心性論)을 주장했다는 점에서는 심산과 같으면서도 '심즉이(心卽理)가 아닌 심을 기(氣)라는 점에서 달랐다. 그는 나라를 바로 세우려면 유학을 지켜야 한다면서 그 뿌리는 중국이기에 중화사상을 지키고자 항일 의병이나 파리 장서(斥洋을 어긴다고)도 거부, 왕도정치를 주장했다. 만년에는 부안의 계화도(界火島)에 잠시 머물며 '중화를 잇는다'는 뜻인 계화도(繼華島)라고도 했다. 이런 관점에서 보노라면 유학의 민족 주체화가 얼마나 황당했겠는가. 그 외에도 압도적인 다수가 수구 유학자들인지라 김창숙의 어려움은 당연지사다.

에 의해 유린당했던 유학을 8·15 이후 김창숙이 개조해 나갈 때부터만 다루기로 한다.[37]

8·15 이후 전국유림대회가 처음 열린 것은 1945년 11월 30일, 성균관 명륜당에서 천여 명의 참여로 6일 동안 열렸다. 이듬해 2월 10일에는 오랫동안 분립됐던 유도회 간부회의를 성균관에서 개최, 합동키로 했다. 3월 13일 성균관 명륜당에서 2천5백여 전국유림대표자대회를 유도회 창립총회로 삼아 김창숙을 위원장으로 선출했다. 이후 김창숙은 유도회 총본부가 결성되자 1946.5 총본부 위원장에다 성균관장까지 겸했다. 심산의 전 생애 중 가장 맡고 싶었던 직책이었을 것이다.

김창숙은 이후 유교대학 설립을 위한 재단 구성의 기초작업으로 성균관대학 기성회정인보,변영만 등 22명를 결성하여 이석구李錫九, 1880~1969,『친일인명사전』 등재. 보령 출신의 대지주로부터 재단법인 학린사의 재산토지을 희사받고, 재단법인 선린회와 명륜전문학교 재단을 통합하여 재단법인 성균관대학을 구성했다. 이석구를 소개한 인물은 이명세李明世, 창씨명 春山明世, 1893~1972로, 나중 큰 화근이 된다.

『친일인명사전』에 따르면 이명세는 충남 홍주현 홍성, 청양군 소속으로 양정고보를 거쳐 경성전수학교 졸업 후 대구지방법원 상주지청 서기 겸 통역생이

---

37 김창숙의 성균관 개혁부터 좌절, 자신이 친일파로부터 강제 추방당하기까지의 과정은 아마 심산의 생애 중 가장 극적인 박력을 가진 부분일 것이다. 성균관을 재창조할 때가 아마 심산에게는 가장 행복했을 것이다. 워낙 복합적으로 얽히고설킨 이 전말기를 다룬 자료로는 ① 金錫源 편,『儒道會 成均館 受難史』, 成均館 발행, 단기 4295(서기 1962)가 가장 총체적인 모든 자료와 기록을 싣고 있다. ② 이 자료를 기본 삼아 보다 학문적인 접근법으로 탐구한 게 김시업,「근대 유가 지식인의 현실대응」,「심산 김창숙의 선비정신과 민족운동」,「김창숙의 대학 설립과 유교 교육정신」이다. 세 글 다 제5회 심산 김창숙선생 숭모학술대회 (2014) 발제록『선비정신과 민족운동』(2014)에 게재, ③ 김시업,「심산 김창숙의 교육과 유교개혁운동」, 제7회 심산 김창숙선생 숭모학술대회 (2016) 발제록『선비정신과 민족운동』(2016) 게재, ④ 한겨레신문사,『발굴 한국현대 인물사』3, 1992. ⑤ 서중석,『이승만의 정치 이데올로기』, ⑥ 김삼웅,『심산 김창숙 평전』, ⑥ 석사학위 논문으로는 조한성,「1950년대 중후반기 유도회사건 연구」, 성균관대 석사논문, 2003, ⑦ 임경석,『독립운동 열전 2 - 잊힌 인물을 찾아서』, 푸른역사, 2022 중 제5장「김창숙과 두 아들」등이 있다. 이 중 정치사적인 관점으로 가장 쉽게 축약한 글은 ⑤ 서중석이다.

되어 이후 공주지법 서산지청, 공주지법 홍성지청의 서기 겸 통역생을 지냈다. 이 경력을 바탕으로 그는 호서은행湖西銀行에 입사, 곧 은행장으로 승진, 홍성지점장 등을 지냈다. 법과 재정 능력을 두루 갖춘 그는 충남 도평의회원을 잠시 지내다가 호서은행과 한일은행이 합병한 동일은행東一銀行의 검사역檢査役을 지내는 등 기업체와 사회단체 관련 업무 분야도 두루 겪었다.

그가 방향 전환하여 본격적인 친일 조직에 몸 담은 것은 1939년 조선총독부가 조직한 조선유도연합회朝鮮儒道聯合會의 상임참사常任參事 겸 참사를 거쳐 상임이사까지 되면서부터다. 1940년 조동식趙東植, 1887~1969, 『친일인명사전』 등재 등과 재단법인 학린사學隣舍를 설립, 그 이사를 맡은 그는 이듬해에 이석구가 설립한 보학원保學院 감사도 지냈다. 보학원이란 조선유림연합회의 5대 강령 중 보합대화혁고국본保合大和革固國本에서 나온 말이다.

유림의 친일화에 투신한 이명세는 『유도儒道』 창간호1942.5에 「동아공영권과 유교의 역할」東亞共榮圈と儒教の役割을, 이어 한시 「신가파함락일지희新嘉坡陷落日志喜」에서는 일제의 싱가포르 침탈을 찬양했고, 「축징병제실시祝徵兵制實施」에서는 "집안에선 아들 난 것 중한 일임을 더욱 알고 / 나라 위해 죽는 것은 가벼이 여겨야 하리 / 우리들은 후회 없나니 / 하루빨리 전란의 시대가 평화의 시대 되길 바랄 뿐이라네在家倍覺生男重 爲國當思死敵輕 無憾吾儕仍有願 遄勘戰亂返昇平"라고 썼다. 여러 지역을 돌며 친일 독려 강연도 했으며 특히 유림단체를 순방하며 유학자들의 친일화 강습도 했다.

8·15 후 조선사회교육협회이사장 조동식의 부이사장, 1946년 10월 성균관대학교 강사와 재단법인 성균관대학교 상임이사, 1954년 4월 재단법인 성균관대학교 이사장을 지내며 유학계와 성균관대학 등에서 심산을 추방하는데 앞장섰다.[38]

---

38 "이명세 후손 중에는 출세한 사람이 많다. (…중략…) 아들 이종덕은 조흥은행 임원과 세방석유 사장을 지냈다. 손자 이문호는 LG그룹 부회장 출신이고, 장손녀인 이인호는 뉴라이트의 대모"이다. 이준식, 「한 시대, 다른 삶; 마지막 선비 김창숙과 황도유학의 선봉자 이명세」, 『내일을 여는 역사』 게재, 98쪽.

1946년 9월 25일 문교부[미군정청]로부터 성균관대학의 설립을 정식으로 인가받은 김창숙은 종합대학으로 승격시키려고 전국의 향교재단을 규합, 기부를 받아 재단법인 성균관대학을 강화하여 1953년 2월 6일 종합대학으로 승인받아 성균관대 초대 총장을 맡았다. 부총장은 심산 자신의 측근인 이정규[李丁奎,1954], 재단이사장은 이석구, 상임이사는 이명세였다. 심산은 민족 유학정신에 걸맞는 대학을 세우고자 이듬해에 부총장 이정규를 해임하고 민족문학사관으로 유명한 조윤제[趙潤濟, 1904~1976]로 대체했다. 그러나 이상과 현실은 언제나 멀기만 하다. 당시 널리 행해지고 있었던 교수 겸임제[2개 대학에서 동시에 교수 가능]를 심산-조윤제가 중심이 되어 과감히 폐지하려 하자 교수와 학생들이 이에 강력하게 항의했다. 1955년 7월에는 이명세 등이 8천만 환 기부 조건으로 유도회 부위원장으로 윤우경[尹宇景, 일제 하 尹洪益, 8.15 개명]의 영입을 시도하자 김창숙은 반대했다. 일제 때 경찰관으로 출세한 그는 8·15 이후에도 수도경찰청 경무과장 겸 중부경찰서 서장, 헌병사령부 조사과장, 서울특별시경찰국 국장, 내무부 치안국장 등을 지낸 인물이다. 그러나 윤우경은 1956년 5월 유도회 총본부 감사로 선임되었다.

이때 문교부 장관은 여러 분야에 걸쳐 권력층이 필요로 하는 이론과 실천방안을 제공하는 팔방미인 격인 이선근[재임 1954.4~ 1956.5, 그 후임은 최규남] 이었고 그의 최측근은 충남 당진 출신의 안인식[안인식 安寅植, 1891~1969. 『친일인명사전』 등재] 이었다.

김창숙의 총장 자격 시비의 발단은 1955년 문교부로부터 불씨가 날아들었다. 이미 76세 고령인 김창숙에게 '정년'을 초과했다는 억지를 부리며 물러가라는 것이었다. 공무원에게 해당 되는 정년제인 데다 총장직은 해당 되지도 않는 데도 트집을 잡은 것이다. 그렇게 따지면 이승만은 진작 대통령직에서 물러나야 하지 않겠는가!

이 협박이 별 효력이 없자 1956년 1월이 되자 총장 공관 등기 이전 문제를 구실 삼아 김창숙을 횡령죄로 고소했다. 연이어 문교부는 총장 자격을 인정할 수 없다는 공문서를 보내더니, 졸업생들에게 줄 졸업장에 문교부 장관 인장 찍기를 거부했고, 신입생 공고도 총장 명의로는 불가능하다고 우격다

짐하자 일제에도 고개 안 숙인 천하 고집 심산 옹은 부득이 사직[2월]했다.

당시 성균관과 유도회는 3파가 정립했다. ① 김창숙 등이 주축인 민족 정통파와, ② 이명세, 이범승[李範昇, 1885~1976.『친일인명사전』등재], 윤우경 등 친일파가 주축인 재단파, ③ 유도회 제3대 정부통령선거[1956.5.15] 대책위원회를 조직한 이우세[李佑世, 1751~1830] 등 자유당 주도의 정치 활동 세력으로 이뤄진 농은[農銀]파 등으로 구성되어 있었다.

농은파를 이해하려면 먼저 자유당과 이승만의 정치적 입장을 파악할 필요가 있다. 대통령 선거를 앞두고 심산의 본령인 막강한 이 세력을 묵과할 수 없었던 자유당은 ①의 세력을 몰아내기 위해 ②와 ③을 내세워 공격했는데, ②는 이미 이명세의 용의주도한 계획으로 친일세력들을 골고루 영입해 두었기에 별 문제가 없었다. 그래서 ③까지 동원했다.

대통령 선거가 끝나고 한참 지난 1956년 11월, 자유당 요인들은 내무부 고위층과 유도회 주요 간부 연석회의를 개최, 유도회에서 김창숙[대학 총장직은 물러났으나 유도회 등의 직함은 유지]을 비롯한 30여 인사들을 축출할 방법을 강구했다.

마침 자신이 창립한 성균관대학 총장직에서 물러난 김창숙으로서는 그 부당성을 시정하고자 '전국유도회대표자 및 향교대표자대회를 개최[1956.12.15. 10시]하기로 했다. 그러자 경찰과 반대파 유림들이 이를 적극 저지하려고 단합대회[14일]를 열었다. 그 장소가 서대문에 있는 중앙농업은행 강당이어서 농은파[農銀派]란 명칭이 생겼다. 이들은 별도의 유도회를 구성했는데, 실세는 이성주[중앙위원회 부의장]였고, 의장은 경북 영천 출신 자유당 국회의원 김상도였다. 전남 고흥 출신 송경섭도 참여하는 등 정치조직을 닮은 집단으로 자유당과 경찰과 밀접했다.

그들은 이튿날 정통 유도회 총회를 경찰을 앞세워 불법 집회라며 방해했다.

이 사건은 1957년 1월 13일부터 22일에 걸쳐 고지를 점령하는 군사작전처럼 치열하게 진행됐다. 제1막은 13일 비정통파가 물리력으로 성균관 사무실을 접수했으며, 제2막은 15일 새벽에 정통파가 사무실을 재탈환했으나 동대문경찰에 의해 연행되면서, 제3막은 다시 비정통파 손으로 넘어갔다. 제4막은 16일 정통파가 사무실을 넘겨달라고 철야농성을 했으나 비정통파들은 사무실 안에서 문을 걸어 잠근 채 방어했다.

그로부터 6개월 뒤인 7월 10일, 김창숙은 전국지방유도회 및 향교대표자대회를 소집했으나 이명세 일파가 60~70명의 폭력배를 동원해 장내를 소란케 만들어 버려 심산은 유회를 선언하지 않을 수 없었다. 이튿날, 속개된 대회 역시 이명세 일파의 난동으로 정통파가 회의를 연기하자 도리어 이명세 파는 회의를 속개하여 모든 주도권을 장악하는 계기를 굳혔다.

결국 심산 옹은 대학과 유도회와 성균관에서 다 쫓겨난 처지가 되었고, 이후 유도회 총재는 이승만, 고문은 이기붕이 차지했고 성균관 이사장에는 이명세가 복귀했으며, 성균관대 총장은 이선근이 취임했다. 법정 공방과 이후의 사태에 대해서는 생략한다.

대학과 유도회 등을 다 약탈당한 채 낙향하며 심산 옹은 이렇게 장탄식했다.

태학太學은 원래 / 수선首善의 곳이라 / (···중략···) // 국자감國子監 바뀌어 / 도깨비 굴 되고 보니 / 날뛰는 반민도배反民徒輩 / 구름처럼 모였어라 / 늙은이의 굳은 뜻 / 굽히지 않았거늘 / 올빼미 개구리를 / 어찌 좇고 따르랴「태학太學은 수선(首善)인데 - 성균관 명륜당이 친일파 민족반역자에게 점거된 것을 한탄하여」

서중석은 이런 심산의 근거지를 산산조각 낸 이승만의 처사에 대하여 반공·냉전 이데올로기에도 활용하고자 했다고 평가했다.[39]

---

6. 통곡하며 부르노라 / 일곱 선열의 영혼을

성균관 문제로 분주한 가운데서도 심산 옹은 1956년 5·15 정부통령 선거를 전후해서 야권 단일화에 앞장서면서 반 이승만 노선을 주장했으나 실패했다. 뒤이은 시·읍·면장 및 시·읍·면의회의원 선거가 8월 8일, 서울특별시, 도의회의원^{광역의원} 선거가 8월 13일에 실시되었는데 심산은 자유당 해체와 선거 무효화를 주장, 재선거를 실시하라며 이렇게 일갈했다.

국가 원수인 각하로서 국민의 여론을 전연 모르신다면 이는 각하의 총명이 불급함이라 하겠으나 만일 알고도 모르는 채 하신다면 이는 각하의 실덕이 더욱 크다 않을 수 없습니다. 각하의 행정 전후 8년 동안에 많은 실덕이 있었으나 과거는 모두 덮어두기로 하고 만근^{輓近} 선거를 통하여 드러난 각하의 실덕은 천하인의 이목을 엄폐치 못할 사실입니다. (…중략…) 그러므로 일반 국민이 5·15이후 금차 선거까지를 가리켜 이구동성으로 선거 망국이라 지적하는 바입니다. (…중략…) 이제 전국의 민심은 이미 각하에게 이탈되었나니 이 이탈된 민심을 회수하려면 각하께서 반드시 절세의 대용단을 분발하시라, 대통령의 권위로써 자유당 총재의 직권으로써 현재 각료 중 몇몇 조고배^{糟糕輩}를 즉일 척축하시고 조작 민의의 주동체인 자유당을 해산하는 동시에 (…중략…) 전국적 재선거를 특명 실행함이 각하의 대통령 3선 취임 초정^{初政}의 급부 중 가장 급무이며, 각하의 대 정치가적 재완이 여기에 비로소 발휘되는 것이며, 민심 회수의 유일무이한 방법임을 주저치 않고 단언하는 바입니다.「대통령 3선 취임에 일언을 진함」

1957년 최남선이 죽자^{10.10} 조의문을 보낸 이승만을 규탄하며 심산은 "아아, 우남 늙은 박사여 / 그대 원수로 앉아 / 무엇을 하려는가 / 고금 성현의 일 / 그대는 보았으니 / 응당 분별하리 / 충역^{忠逆} 선악 갈림길을 // 진실로 올바른 세상 / 만들려거든 / 우선 역적들 / 주살하라. / (…중략…) / 나라 배신 백성 기만 / 어찌 다 말하랴 / 이 나라 만세의 부끄러움."「경무대에 보낸다」이라고 질책했고, 1958년에는 아예 자유당을 도국당盜國黨, 망국당, 멸종당「기(寄) 자유당」이라고 저주했다.

아무리 충고해도 노 독재자에게는 쇠귀에 경 읽기였고 도리어 정통 민족사를 파괴하려는 작전만은 치밀했다. 국민의 성지로 승화되었던 7선열김구, 이동녕, 조성환, 차리석, 윤봉길, 이봉창, 백정기의 묘지인 효창공원에 공병부대 불도저가 등장한 건 1956년 5월이었다. 운동장을 만들려고 이장을 강요하자 효창공원선열묘소보+존회김창숙 회장가 구성되어 "효창공원 작업을 중지하는 재특명을 요청한다! (…중략…) 그렇지 않는다면 남산공원, 탑동공원 각처 이 대통령 동상도 다음 세대 불도저에 짓밟힐 것을 각오해야 한다"라는 성명을 발표하였다.『경향신문』, 1956년 6월 10일 자

효창공원孝昌公園은 원래 5살 어린 나이에 죽은 정조의 첫째 아들 문효세자와 몇 달 뒤에 죽은 그의 어머니 의빈 성씨의 묘지로 효창원이라 불렀고 그 규모는 255만 평으로 동쪽은 청파로, 서쪽은 마포로, 남쪽은 활터가 있던 용산 도원동과 마포 도화동에 이르는 광활한 지역에 울창한 소나무 숲으로 특별 관리 되었다. 이곳이 훼손되기 시작한 것은 청일전쟁 때 일본군 혼성여단 3천 여 병력이 야영하면서부터였다. 을사늑약1905 이후 도원동에는 유곽촌이 생겨나 8·15 이후까지 지속되었다. 1924년에는 청파동 일부를 유락공원을 만들어 점점 넓혀 가다가 봉분 부근까지 넓혀진 데다 그 주변은 철도 관사와 숙소가 들어서서 점점 규모는 좁혀져 5만여 평만 남았다. 그 땅도 1945년 3월 문효세자와 어머니 의빈 성씨 묘를 고양군 서삼릉으로 옮기면서 효창공원이 되어버렸을 때 8·15를 맞았다.

백범은 귀국 후 그 바쁜 중에도 일본에서 처형당해 묻혀있던 이봉창, 윤봉길, 백정기 3의사를 비롯해 중국에서 서거한 이동녕, 차리석 두 열사의 유해를 모실 적당한 묘지를 찾던 중이었다. 마침 문병차 병실을 찾은 김창숙에게 백범은 답답하니 소풍이나 가자며 효창공원엘 들렀는데, 그곳이 묘지로 좋겠다고 합의를 보게 되었다. 여기에다 그 뒤에 서거1948한 조성환까지 합친 데다 안중근 의사의 가묘까지 조성했다. 그 뒤 백범이 서거1949하자 이곳에

들어서면서 효창공원은 민족의 성지로 떠올랐으나 이승만 독재 치하에서는 누구나 떳떳하고 자유롭게 참배할 수 없는 금족의 땅이 되어버렸다.

그런데 이 성역에 1956년 5월 4일, 10만 명 수용 가능한 제2의 서울운동장을 세운다며 공병대대가 등장하여 공사판을 벌리기 시작했다. 계획대로 진행된다면 일부 독립유공자 묘소는 옮길 수밖에 없고 백범 묘소 바로 밑으로는 스탠드가 들어설 판이었다.

왜 이런 사태가 벌어졌는지 추궁했으나 절대 권력자 치하에서는 유언비어만 난무하며 독재자의 입장을 옹호할 뿐이었다. 말인즉슨 한국이 홍콩에서 열린 제1회 아시안컵 축구대회에서 우승하자 다음 대회[1960.10] 개최권을 얻어 그 준비를 위한 축구장이 필요했다는 그럴싸한 명분이었다.

오래전부터 우이동에다 큰 운동장을 만들고자 설계하였다는 말이 있음에도 불구하고 이번에 체육회에서도 모르게 효창공원에 운동장을 만들기 위하여 공병대에서 공사에 착수하였다는데 하필 혁명선열들의 묘지를 이장하면서까지 효창공원에다 만들어야할 이유를 알 수 없다는 기사도 떴다.[40]

이런 판세라 효창운동장에 축구 경기장 건립 시도의 전모가 밝혀진 건 1960년 4월의 혁명이 지난 후였다. 가장 믿을 만한 기사에 따르면 1956년 5월 9일 자로 경무대의 이원희 비서관이 내무 재무 국방 농림의 4장관에게 내린 특명 지시문이 보내졌고, 그 중 농림장관이 서울시장에게 사본을 붙여 지시한 공문이 나왔다. 10만 명을 수용할 운동장 터를 물색 중 효창공원이 가장 적당하다고 인정되므로 육군 공병감 책임 하에 건설하기로 되었으니 소관부처에서는 "하기 사항을 신속 처리하여 지장이 없도록 하라는 분부 지시옵기의 명 전달하나이다"라고 한 다음 분묘 이전 문제는 내무장관이 서울시장에 지시하도록 하라는 것이었다. 공문의 말미에 "분부지시옵기"로 라는

---

40 「당국 처사는 국민을 모독」,『조선일보』, 1956년 6월 3일 자. 그러나 이런 변명이 거짓인 건 제1회 아시안 컵 축구대회가 홍콩에서 개최된 것은 1956년 9월 1일 부터 9월 15까지여서, 이 기사가 나온 6월에는 아직도 대회조차 열리지 않았는데, 어떻게 한국이 우승을 해서 차기 대회 개최지가 되었단 말인가. 1950년대라면 냉전 한국은 닫힌 사회라 권력자들은 쉽게 국민을 속이려 들었을 터였다.

건 이승만의 특명이었다고 밝혔다. 그러나 이 박사에게 그러한 흉모를 제시한 자가 있었는지? 있다면 어떠한 자인가는 아직도 수수께끼 속에 묻혀 있다는 것이다.[41]

뒤늦게 효창원 공사 소식을 접한 김창숙, 신창균 등이 불도저 날 앞에 드러눕는 사태가 벌어졌다. 신창균은 "지금의 효창 축구장이 설치되기 전", "드디어 그 음모^{묘소를 파 옮겨 뿔뿔이 흩어 놓으려는 행위}를 행동으로 옮기는 작업으로 공병대 중령을 현장감독 지휘관으로 임명하고 불도저 5~6대를 동원하여 그 ^{운동장}공사 착공을 하게 되었다. 이 소식을 들은 김창숙 선생과 나는 불도저 앞에 드러누워서 그 공사를 저지하였다"라고 썼다.[42]

효창공원에 대해서 남다른 각별한 인연을 가진 심산은 그 처량한 심경을 이렇게 읊었다.

효창공원에 / 스산한 바람 불고 / 처절한 비 내리는데 / 통곡하며 부르노라 / 일곱 선열의 영혼을. / (…중략…) / 저 남한산 / 저 탑골공원을 보라 / 하늘을 찌르는 동상이 / 사람의 넋을 빼앗는구나. / 독재의 공과 덕이 / 지금은 이렇듯 높을지나 / 두고 보시오 / 상전^{桑田}과 벽해^{碧海} / 일순간에 뒤집힐 것을.「효창공원에 통곡함」

김창숙을 비롯한 270여 명의 투사들이 '효창공원선열묘소보존회'를 구성하고 회장은 심산이 맡았다. 이들은 바로 "효창공원 작업을 중지하는 재 특명을 요청한다! (…중략…) 그렇지 않는다면 남산공원・탑동공원 각처 이 대통령 동상도 다음 세대 불도자에 짓밟힐 것을 각오해야 한다"라는 성명을 발표했고, 유족들과 대한학도의용군동지회도 "순국선열 영령을 모신 효창공원에 운동장 건설은 지극히 부당하다"라는 성명을 발표하는 등 여론이 들끓자 국회 문교조사위원회가 나서서 조사 결과를 보고했다. 이에 따르면 경

---

41 이 항목도 위와 같은 서중석의 책 참고할 것. 사월혁명 후 기사는 「혁명 전후」, 『경향신문』, 1960.6.11.

42 송암 신창균 회고록 『가시밭길에서도 느끼는 행복』, 해냄, 1997, 161쪽.

무대 비서실에서 내무부, 서울시, 국방부에 운동장을 만들라는 공문을 보냈고 이로 인해 묘소가 파괴된 사실이 밝혀졌다고 했다. 이승만이 비서에게 독립투사들의 묘지 이장을 강구하도록 지시했고, 이에 육군 209공병단이 동원 됐으며 공병감 엄홍섭嚴鴻燮 소장은 일하라기에 할 뿐이라고만 답했다. 체육회장 이기붕은 모르는 일이라고 발뺌했고, 문교부는 선열의 묘지는 보건사회부 소관이라고 떠넘겼다. 이런 조사보고에 이어 국회는 공사 중지를 결의하였다.

보존회를 비롯한 각계의 비판 여론으로 중단되었는데, 심산은 군 관계 책임자로부터 경기장은 순국선열의 묘지를 전혀 훼손하지 않게 공사하겠다는 확약을 받아냈다. 그 결과가 지금의 효창구장으로 2만 명 수용 가능한 축구장 만드는 것으로 독재자의 체면치레를 해 주면서 1959년에 착공 11.19 , 사월혁명 이후에야 축구장 개장식 1960.10.12 을 가졌다.

사월혁명으로 이승만의 동상이 청소차 트럭으로 끌어 내려졌다. 이로써 심산과 이승만의 맞장 뜨기는 끝났으나 그가 품었던 이승만시대를 총괄한 한맺힘은 아래와 같은 시로 남았다.

뉘라서 말했던가 서울이 좋다고 / 나는 싫어하노라 노린내 나는 낯선 사람들 / 뉘라서 말했던가 요즘 세상 좋다고 / 나는 미워하노라 그릇된 양풍洋風 // 해방이 되고 나서 / 한 사람 돌아오자 춤추며 기뻐했고 / 한 사람 욕심부터 삼선三選을 도모하니 / 그의 독재 너무도 포학했다 // 이른바 행정부라 일컫는 곳 / 오로지 한 사람에 묶이어지고 / 이른바 사법부라 일컫는 곳 / 한 사람 손아귀에 죄다 들어가고 // 이른바 민의원이라 일컫는 곳 / 매양 한 사람의 들러리가 되고 / 이른바 경찰이라 일컫는 것 / 한 사람 칼날만 쳐다보고 // 이른바 자유당이라 일컫는 것 / 모두가 한 사람이 잡아 쥐고 / 이른바 민주당이라 일컫는 것 / 움직이기만 하면 한 사람에게 찍혔다 // 한 사람이 한 번 성내고 호령하면 / 만백성이 온통 넋을 잃는다 / 한 사람이 천하를 바꾼다 해도 뉘 감히 나서서 바른 말 하리 // 한 사람이 벼슬 팔기 좋아하니 / 반역자들 모두가 승진 발탁되고 / 한 사람이 뇌물 문 열어 놓으니 / 공공연히 청탁이 활개 친다 // 큰 벼슬아치 꺼리는 일 없으니 / 작은 벼슬아치 무엇 두려워하랴 / 도둑질하는 놈들 도시에 가득 차서 / 대낮에도 멋대로 죽이고 약탈한다 // 부잣집 개들 고기로 배불리는데 / 가난한 집 아이들 날로 구렁에 쓰러 지네 / 국가는 나날이 오그라들고 / 민족은 나날이 파리해진다 // 남북은 어느 때 나 평화로우랴 / 백성은 어느 때나 즐거워지랴 / 아, 슬프다! 한 사람 세상 / 만 가 지 경륜 모두 틀려 버렸네 // 천운이 진실로 이와 같으니 / 부질없이 술잔만 다시 기울이네 / 크게 취해 이 노래 지어 부르며 / 한바탕 통곡하다 한바탕 껄껄 웃노 라.「한사일부가漢師一夫歌」. 한사란 한양, 일부는 모든 권력을 쥐고 있는 한 사람 곧 이승만.

심산 김창숙의 필생의 염원은 독립투쟁 때 품었던 민족 자주 민주화된 통 일이었고, 이런 그의 바램은 아래 시에 응축되어 있다.

천하는 지금 / 어느 세상인가 / 사람과 짐승이 서로들 얽혔네. 붉은 바람, 미친 듯 / 땅을 휘말고 / 태평양 밀물, 넘쳐서 / 하늘에 닿았네. // 아아, 조국의 슬픈 운 명이여 / 모두가 돌아갔네. / 한 사람 손아귀에 / 아아, 겨레의 슬픈 운명이여 / 전 부가 돌아갔네 / 반역자의 주먹에. // 평화는 어느 때나. / 실현되려는가. / 통일 은 어느 때에 / 이루어지려는가. / 밝은 하늘 정녕 / 다시 안 오면 / 차라리 죽음이 여 / 빨리 오려므나.「통일은 어느 때에」, 1957

그러나 잘못된 역사는 고약한 승냥이를 쫓아내면 더 사나운 호랑이가 덮 친다. 효창공원에 대한 학대는 5·16쿠데타 이후에는 더 노골적이고 저질스 럽게 이어졌다. 지금 효창공원의 순국선열 추모와는 상관없는 온갖 잡다한 시설들은 다 5·16쿠데타 이후에 이뤄진 것들이다. 다행스럽게도 심산은 험 한 꼬락서니를 더 보기 전인 1962년 민족의 애도 속에 서거했다. 서거하기 2년 전인 1960년에 기자와 인터뷰한 게 마지막인데, 여기서 그는 1958년 12월 24일, 국가보안법 개정안 변칙 통과세칭 2·4파동 후 순화동의 장면을 찾아 가 부통령 감투를 "벗어던지고 야에서 싸우라고 권고했더니 이 양반 말"이 없기에 "그대는 월급도적이다. 국민의 세금으로 녹을 까먹으며 하는 일 없이 붙어있는 월급도적이야!"라고 힐난한 일화를 털어놓았다.[43]

대체 스승이었던 심산의 사상은 지금 어디서 찾을 수 있을까? 그 후일담은 『오마이뉴스』의 기사 한 토막에 눈을 번쩍 뜨게 만든다. "유림 120여 명은 오는 27일 오전 11시 청와대가 있는 효자동주민센터에서 대통령에게 드리는 상소문을 낭독하고 대국민 호소문과 반대결의서를 청와대에 전달할 예정이다. 이어 국회를 방문해 정세균 국회의장과 면담을 하고 지역 주민들의 요구를 전달한다"라는 것이다.[44]

이런 예고기사의 후속담도 나왔다.

"성주유도회·성주향교·성주청년유도회 등 성주군 내 8개 유림단체 회원 128명은 27일 오전 청와대 인근인 서울 종로구 청운효자동주민센터 앞에서 기자회견을 열고 청와대에 '상소문'을 제출했다." 그들 중 "일부는 상례喪禮 때처럼 삼베 도포를 입었다. 갓 또는 머리에는 '사드배치 결사반대'라고 적힌 머리띠를 둘렀고, 가슴께에는 성주 주민임을 뜻하는 푸른 리본을 달았다." 그들은 심산 김창숙의 고장이란 자긍심으로 "성균관·청와대 방향으로 늘어서서 문묘향배文廟向拜를 한 뒤 청와대를 향해 부복한 채 상소문을 읽었다." "기자회견을 마치고 나서 유림들은 현장에 나온 청와대 국민소통비서관에게 두루마리에 쓴 상소문을 전달하고, 대표자들은 비서관과 함께 청와대 면회실로 이동해 면담했다. 유림들은 오후에는 국회로 이동해 국회의장과 사드 배치와 관련한 면담을 할 계획이다."[45]

43 「5분간 스케치」, 『동아일보』, 1960년 10월 29일 자.

44 조정훈, 「성주 유림, '사드 반대' 상소문 들고 청와대 찾는다」, 『오마이뉴스』, 2016년 7월 24일 자.

45 「성주 유림, 청와대 상소문…"희생 강요·일방결정 묵과 못 해"」, 『서울신문』, 2016년 7월 24일 자.

제3부
이승만
집권 후기

제1장

가수 계수남과
시인 노천명

1. 한국판 킬링필드

1950년 6월 25일에 일어난 한국전쟁은 불과 3일 만에 남한의 수도 서울을 북한의 인민군에게 빼앗겼고, 8월 15일 경에는 낙동강 이남을 제외한 거의 모든 지역을 점령당했다. 7월 1일 유엔군의 참전으로 9월 28일에 서울을 수복, 북진을 계속하여 10월 20일에는 북한의 수도 평양을 탈환했으나 10월 19일 중국군의 참전으로 한국군과 유엔군은 후퇴를 시작, 1951년 1월 4일 다시 서울을 잃었다. 한국군이 서울을 재탈환한 것은 1951년 3월 14일, 5월 이후부터는 현재의 휴전선 부근에서 전쟁은 교착상태로 들어갔다가 1953년 7월 27일 휴전했다. 이 전쟁으로 남북한은 250여만 명이 죽거나 실종됐고, 부상자까지 합치면 전 인구의 6분의 1인 500여만 명이 피해를 입었다. 총알에는 눈이 없기 때문에 누구에게나 평등하게 잔인성을 드러냈다.

이때 국가테러리즘의 대량 살상 희생자들은 아직도 그 묻힌 곳조차 모르는데, 일부 유족들은 '한국전쟁전후민간인피학살자전국유족회'에서 계속하는 유해 발굴작업으로 간신히 일부를 찾았으며 지금도 전국적으로 그 발굴작업은 계속되고 있지만 한 구덩이에다 여러 시신이 함께 묻혔거나 바다, 강, 폐광산 등등에 유기시켜버린 경우에는 영원히 발굴할 기회조차 오지 않을 것이다. 더구나 국가가 책임지고 나서면 그 학살지를 바로 찾을 수 있을 텐데도 언제나 학살자는 영원히 침묵하기에 묘지도 사망 일자도 모른 채 생일날에 제사를 올리는 경우가 허다하다.

학살 그 자체만으로도 천인공노할 일이지만 시신 유기는 인류를 저버린 죄악임은 고대부터 내려오는 관습법이다. 같은 학살행위를 저질렀지만 타이완의 리우장리공동묘지六张犁公墓는 그나마 소털 한 가닥 같은 인간미가 전하지만 우리나라에는 그런 흔적조차 없다. 이 묘지는 1950년대 장제스 독재정권이 자행한 백색 테러리즘으로 학살당한 200여 희생자의 묘지가 있는데, 어떤 묘지에는 작은 석비가 서 있고, 다른 묘지에는 나무토막 묘비가 서 있거나 아예 아무런 묘비조차 없는 분묘만 있는 경우도 있다. 너무나 은밀한 곳이라 유족들이 방방곡곡을 찾아 헤매면서도 찾을 수 없었는데, 꿈에서 암시를 얻은 한 유족이 처음으로 발견했다. 이미 목비는 다 썩어버려 그 이름조차 판독하기 어려웠지만 석비는 그대로여서 유족들이 쉽게 알아볼 수 있었다는 것이다.[1]

한국에는 학살자들이 묘지를 만들 시도조차 아예 없었으니 그 잔혹성은 천륜조차 저버린 형국이다. 오죽하면 전후에 오랫동안 말깨나 하는 사람에게 '똑똑한 사람 6·25 때 다 죽은 줄 알았더니 여기에 하나 남아있네'라는 새로운 유행어가 생겨났겠는가. 영락없는 한국판 킬링필드였다.

그것뿐이 아니다. 온통 부정부패에 윤리의식까지 붕괴된 찌들어버린 사회라 사바사바, 빽, 골로 간다, 얌생이 몬다, 공갈 때린다, 사쿠라 등이란 신조어가 어린애들의 입에서도 자연스럽게 흘러나올 정도였다.[2]

극도의 절망 속에서 인간이 미치지 않고도 살아남을 수 있을까. 아도르노처럼 아우슈비츠 이후 서정시는 불가능하다며 아우슈비츠 이후에 시를 쓰는 것은 야만이라고 할 수 있을까. 박완서는 이 명제에 대하여 아니다, 쓰는 게 오히려 문명이라고 항의한다.

작가 박완서는 저 경황없던 광기의 난무 속에서 이렇게 다짐한다. "그때

---

1   서승 등 주재로 한국, 일본, 타이완, 오키나와의 관계인들이 '동아시아의 냉전과 국가테러리즘'이란 주제로 국제 심포지엄을 처음 연 건 1997년 타이페이에서 였고, 이 때 장제스 독재가 자행했던 집단학살 현장을 찾은 곳이 리우장리공동묘지(六张犁公墓)였다. 필자도 여기에 참여, 현장에서 비석이 화두에 올랐는데, 비록 학살은 저질렀을망정 천륜인 유해는 묻어주면서 묘비 값도 지불했으나 정직한 장교들은 비싼 석비를 세워줬고 양심불량 지휘관들은 석비 값을 뻥땅하고는 목비나 아예 그것조차 없었을 것이라고 해서 한바탕 웃었다.
동아시아 냉전과 국가테러리즘 전반에 대해서는 徐勝 編, 『東アジアの冷戰と國家テロリズム—米日中心の地域秩序の廢絶をめざして』, 御茶の水書房, 2004 등 참고할 것.
2   김삼웅, 「유행어로 본 해방 이후사」, 월간 『다리』, 1990.1, 게재, 267~268쪽. 빽이란 영어의 Back 즉 배경으로 능력이나 재능보다 배경이 중요함을 뜻하는데, 전쟁 중 "사병들이 죽을 때 빽 빽 하고 소리쳤다는 재담"도 전한다. '골로 간다'는 학살자들을 산골짜기에 끌고 가 총살시켰다는 데서 유래해서 죽는다는 걸 의미했고, 공갈은 거짓말이나 과장의 뜻으로 지금도 상용되고 있다. 사쿠라는 일어의 바람잡이나 야바위꾼, 한통속, 동원된 박수꾼 등등의 뜻이다. 얌생이 몬다는 방목한 염소가 미군부대에 들어가자 주인이 그걸 몰고 나올 때 물품을 슬쩍 훔친 데서 유래했다. 사바사바는 온갖 부정행위를 남몰래 하는 행위인데 그 어원은 프랑스어의 사바(ça va, 잘 지내? 라는 물음과 대답에 두루 사용)에서 나왔다는 설도 있다.

내가 미치지 않고 온전한 정신으로 살아남을 수 있었던 비결은 그래, 언젠가는 이걸 소설로 쓰리라, 이거야말로 나만의 경험이 아닌가라는 생각이었다. 그건 집념하고는 달랐다. 꿈하고도 달랐다. 그 시기를 발광하지 않고 살아남을 수 있는 유일한 방법이었고, 정신의 숨구멍이었고, 혼자만 본 자의 의무감이었다『목마른 계절』의 「작가의 말」라고 썼다.

한국전쟁 직전 이 작가는 고교 교복을 벗어 던지고 갓 대학생이 되었다. "학기 초가 6월이었다고 했지만 무슨 까닭에서였는지 서울대학은 입학식이 제일 늦어서 6월 20일경에 있었던 것으로 기억된다. 입학식을 치르고 한 사날이나 강의를 들었을까 할 때쯤 인민군의 남침 뉴스가 전해졌다."「나에게 소설은 무엇인가」

이미 이런 뉴스는 여러 차례 있었던 터라 모두들 크게 걱정하지 않았다. "이(승만) 대통령은 북진만 하면 점심은 평양에서 저녁은 압록강에서 어쩌고 하며 호언장담하던 때"였던 데다 대포소리가 바로 미아리고개 너머에서 들리는데도 "서울을 사수할 테니 시민들은 안심하고 생업에 종사하라는 방송"이 나왔기에 더더욱 그랬다. 그러나 실상은 달랐다. 6월 27일 이미 정부는 대전으로 옮겨간 뒤 대통령의 목소리는 녹음을 통해서 전파를 타고 흘렀을 뿐이었고, 28일에는 인민군의 남하를 저지하고자 유일한 통로였던 한강 인도교를 폭파하여 피난을 갈 수조차 없도록 내몰렸다. 박완서는 이렇게 증언한다.

졸지에 일어난 난리라 시민들을 안전한 곳으로 다 피난시키고 나서 정부가 후퇴한다는 것은 불가능한 일이었을지도 모르지만, 빈말 대신 한마디의 참말을 남기고 떠날 수는 없었을까. 사태가 급박하여 정부만 후퇴하는 게 불가피하나 곧 전력을 가다듬어 반격해 올 테니 국민들은 정부를 믿고 앞으로 닥쳐올 고난을 인내하고 기다려 달라는 비장한 참말을 한마디만 남기고 떠났던들 국민들의 석 달 동안의 고난은 훨씬 덜 절망스러울 수도 있었으련만.

그렇게 국민을 기만하고 도망갔다가 돌아온 주제에 국민에 대한 사죄와 위무 대신 승자의 오만과 무자비한 복수가 횡행한 게 또한 9·28수복 후의 상황이었다.

나는 그때 생각만 하면 지금도 분통이 터지고 생생하게 억울하다.

남들은 잘도 잊고, 잘도 용서하고 언제 그랬더냐 싶게 상처도 감쪽같이 아물리고 잘만 사는데, 유독 억울하게 당한 것 어리석게 속은 걸 잊지 못하고 어떡하든 진상을 규명해 보려고 집요하고 고약한 나의 성미가 훗날 글을 쓰게 했고 나의 문학정신의 뼈대가 되지 않았나 싶다.「나에게 소설은 무엇인가」

작가는 "이념 때문에 꼬이고 뒤틀린 가족관계로 인하여 공산 치하에서는 우익으로, 남한 정부로부터는 좌익으로 몰려서 곤욕을 치르지 않으면 안 되었다. 그게 얼마나 치명적인 손가락질이라는 건, 그 더러운 전쟁의 와중에 있어 보지 않고서는 도저히 상상도 못 할 일이었다. 단지 살아남기 위해 온갖 수모와 만행을 견디어내야 했다. 그때마다 그 상황을 견디어 낼 수 있는 힘이 된 것은 언젠가는 이걸 글로 쓰리라는 증언의 욕구 때문이었다."면서 아래와 같이 이어간다.

도저히 인간 같지도 않은 자 앞에서 벌레처럼 기어야 하는 상황에서도 오냐, 언젠가는 내가 벌레가 아니라, 네가 벌레라는 걸 밝혀줄 테다. 이런 복수심 때문에 마음만이라도 벌레가 되지 않고 최소한의 자존심이나마 지킬 수가 있었다. 문학에는 이런 힘도 있구나. 내가 글을 쓰게 된 것은 그 후에도 이십 년이나 뒤였지만 지금까지도 예감만으로 내가 인간다움을 잃지 않도록 버팅겨 준 문학의 불가사의한 힘에 감사한다.「포스트 식민지적 상황에서의 글쓰기」

이렇게 해서 박완서 문학은 통곡처럼, 지노귀굿처럼, 구토처럼, 호소처럼, 증언처럼, 증오처럼, 사랑처럼, 원한처럼, 복수처럼, 그리고 구원처럼 형성되어 왔다.[3]

이런 억울한 일을 당했던 게 어찌 박완서만이었겠나. 오히려 박완서보다

---

3   박완서에 대한 서술은 임헌영, 『한국소설, 정치를 통매하다』, 소명출판, 2020, 161~163쪽에서 부분 발췌한 것임.

더 가혹해서 아예 일생을 벌레처럼 살아야 했을 뿐만 아니라 그 후손들까지도 연좌제에 묶여 지내야 했던 시절이 얼마였던가. 대체 그때 그 시절에 무슨 일이 있었던가.

2. "내가 왜 국민 앞에 사과해?"

1950년 한국전쟁 직전 서울시민 144만 6천여 명 중 6월 28일 인민군이 수도를 점령하기 전에 피란을 떠난 사람은 대략 40여만 명이라고 한다. 그중 80%는 월남자들이고 나머지 20%는 정부 인사, 우익 정치인, 자유주의자, 군인 및 경찰 가족이었다고 한다.[4]

그 해 6월 25일 새벽 4시에 T-34 탱크 240여 대와 함께 인민군 7개 사단 9만여 명이 기습하자 오후 2시에야 첫 국무회의가 열렸으나 채병덕 육참총장은 반격이 가능하다며 모두를 안심시켰다. 국회 본회의가 열린 건 27일 새벽 1시였는데 210명 의원 중 절반만 출석했지만 수도 사수를 결의, 신익희 의장과 조봉암 부의장이 경무대로 그 뜻을 전하려고 갔으나 이미 대통령은 떠난 뒤였다.

대전 충남 도지사 공관을 숙소로 정한 이승만을 제외한 많은 고위 공직자들은 여관 성남장을 숙소로 잡았다. 3천여 평 부지에 건평이 2백여 평이었지만 3백여 각료와 국회의원, 고급관리, 장군, 재계 인사가 가족까지 동반했으니 북적댈 수밖에 없었다. 이런 정황 속에서 벌어진 작태를 한 기록은 아래와 같이 묘사했다.

마당에는 그들이 타고 온 승용차가 80대 이상 주차해 있었고, 그들 중에는 가재도구에다 키우는 개까지 데려온 사람들도 있었다. 이시영 부통령은 다른 반찬이

---

4   김동춘, 「서울시민과 한국전쟁 – 잔류, 도강, 피란」, 『역사비평』 봄호, 2000.

있어도 김치와 찌개만을 먹고 검소하게 처신을 해서 훌륭한 인품을 보였지만, 반찬 타령을 하면서 맛있는 요리를 내오라는 사람들도 있었다. 이들은 모여 앉아 전시의 위급상황에 대해 대책을 논의하지 않고 자신들의 안전한 피난 방책 얘기만 나누고 있었다.[5]

이승만은 서울을 버렸듯이 대전도 버린 채 비밀리에 7월 1일 떠나버렸다.

임시수도였던 항도 부산은 어땠을까. 1951년 1·4후퇴 후 부산 함락도 시간 문제라는 유언비어로 가진 자들은 일본 밀항을 도모하기에 급급했다. 일본 밀항을 은어로 '돼지몰이'라고 불렀는데, 두당 50만 원이었다가 점점 올라 100만부터 150만 원까지 호가했다고 전한다.

기독교인들은 달랐을까. 교역자들을 제주도로 피난시킨다는 계획이 수립되어 미군 수송선 하나를 제공 받아 목사와 그 가족들을 먼저 태우기로 하고 그 책임을 강원룡이 맡았는데, 그 참상을 이렇게 적었다.

어떻게 알았는지 장로들까지 몰려와 '어떻게 목자들이 양떼를 버리고 자기들끼리만 살겠다고 도망칠 수 있느냐'면서 달려들어 수송선은 서로 먼저 타려는 목사와 장로들, 그 가족들로 마치 꿀단지 주변에 몰려든 개미 떼처럼 혼잡의 극을 이루고 있었다.

심지어는 자기가 타기 위해 올라가는 사람을 끌어당기는 사람들도 있었고, 여기저기서 서로 먼저 타기 위해 욕설과 몸싸움이 난무했다. 난장판이 되자 헌병들이 와서 곤봉으로 내려치며 질서를 잡으려고 해도 사태는 나아지지 않았다. 사람들은 곤봉으로 두들겨 맞으면서도 '이 배를 놓치면 죽을지 모른다'는 생각 때문에 필사적으로 배에 달려들었다.

---

5   여관 성남장 여주인 김금덕 씨의 기록이라고 소개했지만 여기서는 임기상, 『숨어있는 한국 현대사―일제 강점기에서 한국전쟁까지, 아무도 말하지 않았던 그날의 이야기』, 인문서원, 2014, 267쪽에서 재인용. 이 항목에 대해서는 전적으로 임기상의 글을 중심으로 축약, 인용한다.

다른 사람도 아닌 목사들과 장로들이 서로 자기만 살겠다고 그런 추악한 모습을 보이고 있었다. 지옥이라는 것이 별 게 아니었다. 천당에 가겠다고 평생 하나님과 예수님을 믿어온 그 사람들이 서로 먼저 배를 타기 위해 보여준 그 광경이 바로 지옥이었다.[6]

국회의원 50여 명이 대통령의 대국민 사과문 발표 결의를 하고서 신익희, 장택상, 조봉암이 대표로 대통령을 찾아갔으나 그의 대답은 명료했다.

"내가 왜 국민 앞에 사과해? 사과할 테면 당신들이나 하세요"
이승만은 화를 버럭 내며 자리를 박차고 나가 버렸다.[7]

세상에서 가장 무서운 인간은 사과할 줄 모르는 사람이다. 그런 사람에게는 인정머리라고는 찾을 수 없는 냉혈한으로 어떤 범죄도 서슴없이 저지를 범죄형 인간이다.

작가 박완서가 그토록 바랐던 한 마디 사과는 이렇게 해서 영영 들을 수 없게 되어버렸고, 결국 그녀는 훌륭한 작가가 되었다. 그러나 세상에는 그녀처럼 작가가 될 수 없는 억울한 사람들이 훨씬 더 많았다. 그들은 아예 이승만에게 사과 같은 걸 요구할 줄도 몰라서 일생을 '역사의 죄인'이란 누명을 쓴 채 그 상처를 자식들에게까지 물려 주어야만 되었다.

그들이 쓴 누명은 '빨갱이'였다.

빨갱이라는 누명을 뒤집어씌우려는 계획은 언제 생겼을까. 이미 8·15 후 대구10·1항쟁과 제주4·3을 거쳐 여순사건까지 겪으며 단련된 관료들은 이런 경황 중에도 일찌감치 이에 대한 예비책을 세웠는데, 바로 첫 피난지였던 대전에서 '비상사태하의 범죄 처벌에 관한 특별조치령'을 만들었다. 담당자는 김갑수 내무차관과 장경근 국방차관이었다.

---

6   위의 책, 268~269쪽.
7   위의 책, 271쪽.

비상사태를 맞아 적에게 협력한 사람들을 사형, 무기 또는 10년 이상의 유기징역형에 처하는 대통령 긴급 명령이었다. 살인, 방화, 강간, 중요시설 파괴, 중요물자 약탈 및 불법처분 등에 대해서는 사형 하나만 규정했다. 재판도 3심제가 아니라 1심 단독 종심終審으로 끝나도록 했다. 법령의 시행도 전쟁이 발발한 6월 25일로 소급되었다. 9·28수복 이후 내내 논란이 된 대표적인 악법이다. 혼자 살겠다고 시민을 버려두고 도망친 최고위 공직들이 대전에 자리 잡자마자 가장 먼저 이런 악법부터 제정한 것이 놀랍다.[8]

역설적이게도 김갑수는 9·28 수복 후 변호사를 시작하면서 자신이 만든 법으로 억울하게 희생당할 위기에 놓인 사람들을 상당수 구출해 주는 역할을 했다.

이렇게 공포스러운 시대에 정녕 의로운 판사가 하나도 없었을까. 그럴 수는 없다. 함남 함주 출신의 유병진柳秉震, 1914~1966 판사는 메이지대학明治大學 법과 출신으로 8·15 후에 옹진에서 법조계에 입문, 1949년에 서울로 자리를 옮겼다. 한국전쟁이 발발하자 그는 직장 사수를 외치며 출근했으나 이미 피난민들로 시내는 아수라장으로 변해갔다. 인민군이 입성하자 그는 간신히 서울을 탈출, 대전에 도착했는데, 그곳엔 서울지방법원 소속 40명의 판사

8   김두식, 『법률가들─선출되지 않은 권력의 탄생』, 창비, 2018, 479쪽. 이 악법 실무를 맡았던 김갑수(金甲洙, 1912~1995, 『친일인명사전』 등재)는 경기 안성 출신으로 경성제국대학 법문문학부를 졸업, 고등문관 시험 사법과에 합격한 뒤 법조계에 투신, 대구, 평양 등지에 근무했다. 8·15 후 월남, 미군정청 사법부 조사국장, 단정 수립 후 법무부 차관을 거쳐 내무부 차관을 지내다가 1950년 8월 퇴직, 변호사 개업 중 1953년 6월부터 1960년 6월까지 대법관을 지내다가 4월혁명의 여파로 사퇴 후 변호사로 지내며 제5대 총선 때 고향에서 무소속 국회의원이 되었으나 이듬해 5·16 이후에는 민주공화당 관련 직책을 맡았다.
평북 용천 출신의 장경근(張暻根, 1911~1978, 『친일인명사전』 등재)은 도쿄 제국대학 법학부에 재학 중 고등문관시험에 합격 후 경성에서 판사를 지냈다. 8·15 후 미군정에서 경성지방재판소 수석판사를 거쳐 서울지방법원장을 지냈다. 단정 수립 후 내무차관, 국방차관, 국회의원, 내무부 장관 등을 지내면서 여러 정치관련사건에 관여하다가 장관직을 사퇴했다. 1958년 총선에서 국회의원이 된 그는 이기붕계로 1960년 3·15부정선거에 연관되어 4월혁명 후 피체, 병보석으로 석방되자 일본으로 밀항(1960.11~1973.8), 이후 도미, 브라질로 갔다가 1977년 귀국했다.

중 4~5명 정도뿐이었다. 그런데 이튿날 출근해 보니 정부는 이미 대전을 떠나버렸다. 어디로 갔느냐는 물음에는 아무도 답을 못했다. 상의 끝에 대전역으로 가서 기차로 부산까지 가서 이튿날 겨우 김병로 대법원장을 만나 다시 판사로 근무했다.

유병진 판사는 저절로 많은 부역자 재판을 맡게 되어 이에 대해 많은 생각을 하게 되었다. 그가 보기에는 "진짜 빨갱이로서 우리 대한민국에서는 도저히 용납할 수 없는 사람은 거개가 이미 도망한 상태였다". 예외적으로 남게 된 악질 등은 당연히 처벌해야 된다는 논리 앞에서 그는 "내가 만약 서울에 남아있었더라면 어떻게 되었을까"라는 자문을 던지며, 그는 판사로서 자신이 할 수 있는 것 이상을 그들에게 요구할 수는 없지 않을까 라고 생각하게 되었다. 정작 그들에게 피난길을 막은 건 오히려 정부가 아니던가. 그리고 살상을 일삼는 인민군에게 잡히면 포로수용소에 수감 되는데, 그 조력자인 부역을 사형에 처한다면 형평의 원칙에도 안 맞는다.

그러니 "부역을 하여서는 안 된다고 하기보다는 부역을 할 환경을 주지 말라. 일단 후퇴할 때라도 국민을 속이지 말고 피란할 여유를 주라"라고 그는 주장했다. 바로 작가 박완서의 생각과 일치한다. 유병진 판사의 생각이 이럴진대 얼마나 많은 억울한 부역자들을 구하려고 애썼을까는 불문가지다. 그런 그에게 '빨갱이 판사'라는 낙인이 찍힐 건 뻔했다.

이런 판사라면 그 뒤에도 권력에 굽히지 않고 소신 판결을 내렸을 것임은 누구나 예견할 수 있을 것이다. 1957년 서울대생 류근일이 국가보안법으로 기소당했을 때 무죄를 내린 것도 바로 유병진 판사였다. 뒤이어 조봉암사건에서도 간첩죄는 무죄를 내리고 국가보안법 해당 사항만을 유죄로 보고 징역 5년을 선고한 것도 그였다.[9]

1950년대의 풍토에서 유병진 판사는 판사 재임용에서 탈락당했지만 그의 양심적인 법사상은 법조계에서 영원히 사라지지 않도록 계승해야 될 것이다.

---

9 김두식, 『법률가들-선출되지 않은 권력의 탄생』, 창비, 2018, 481~487쪽.

3. 도강파와 잔류파, 그리고 부역자의 탄생

그러나 세상은 다 유병진 판사 같은 인물들만 사는 게 아니다. 1950년 9월 28일 서울이 수복되자 한강을 건너 피란을 떠났던 도강파渡江派들은 미처 떠나지 못했던 잔류파殘留派들에게 개선장군처럼 군림하면서 그들에게 '불순분자, 부역자, 빨갱이'라는 올가미를 씌우려고 했다. 도강파들은 자신들이 고난에 찬 피란살이를 하게 만든 원인이 마치 잔류파에게 있는 것처럼 터무니없는 대리보복을 감행했다. 시인 조영암은 잔류파를 향하여 "너희들 무슨 낯짝으로 다시 안한安閑히 '삶'을 누려 우리와 함께 하늘을 머리에 이고 다닐 수 있을 것이냐"라고 격앙했다.[10]

이런 분위기여서 관계 당국이 정식으로 부역자 처리업무에 착수하기도 전에 잔류파로 은신했던 각종 반공관련 조직들이 나타나 아무런 절차도 거치지 않은 채 고문과 린치에다 재산 약탈까지 감행하여 여론을 악화시키기도 했다.

부역자 처리를 위한 공식기구인 계엄사령관丁一權 육군참모총장, 부사령관 李皓의 지휘 감독하에 군. 검찰. 경찰의 합동수사본부가 설립된 것은 10월 4일이었다. 경인지구는 CIC대장 김창룡에 검사는 오제도를 비롯한 잔류파였던 정희택 등이었고, 경찰은 60여 명이었다.[11]

10　趙靈巖(1918~2001), 시인, 작가, 승려. 극우적 논객으로 이승만 예찬론자. 나중 호남인들을 비상식적으로 비하한 「하와이 근성 시비」로 필화를 일으켰는데, 그 때 자세히 다룬다.
　　이 대목의 출처는 그의 「잔류한 부역 문학인에게－보도연맹의 재판을 경고한다」(『문예』, 1950.12)이다.

11　金昌龍(1916~1956, 『친일인명사전』 등재)은 워낙 악명이 높기에 여기서는 그 경력은 생략한다. 그가 악행으로 직속 부하들에 의해 저격당한 뒤 묘비의 묘주명(墓主名)은 이승만이 썼고, 묘갈명(墓碣銘)은 이병도가 썼다. 미국 대통령의 공로훈장 수여(1954)에 이어 이승만 정부로부터 은성태극무공훈장을 수여(1955) 받았다. 안양 사설 묘역에 묻혔던 그의 유해는 1998년 특무대 후신인 국군기무사령부의 노력으로 대전 국립묘지로 이장됐다,
　　평남 안주 출신의 吳制道(1917~2001)는 압록강 건너편의 안뚱(安東, 현 단둥)에서 성장, 검표원을 하다가 도일, 와세다대 전문부 법과를 졸업, 귀국 후 신의주지방법원 서기(인사과장) 겸 통역을 지냈다. 1945년 11월 월남한 그는 법조인 부족으로 대학에서 3년 이상 법과

피란지 대전에서 김갑수. 장경근이 만든 '비상사태하의 범죄 처벌에 관한 특별조치령'의 요지는 기존의 형법이나 국가보안법으로도 충분히 처벌이 가능함에도 불구하고 기소 후 20일 이내에 공판 개시, 40일 이내에 판결, 재판을 단심제로 끝내는 등 속결과 처벌 편의주의를 주목적으로 삼고 있다. 이 특별조치령에 기초하여 수사기관에서 정한 처벌 기준의 요지는 아래와 같다.

첫째는 이념적 공명자로서 공산주의 사상을 이념적으로 공명하고 그것을 정당하다고 긍정하여 실천에 옮기려 한 자들이다. 이와 같은 공산분자는 대개가 조직계통에 속하는 공산당원이고 가장 악질적으로 행동한 자들이다.

둘째는 반정부 감정 소지자로서 이들은 비록 공산주의를 신봉하지 않더라도 막연히 기존 조직의 변혁을 희구하였던 만큼 6·25 전란이 일어나자 돌발적인 파괴세력에 가담하게 된 소극적인 공산분자들이다.

셋째는 대세 뇌동자들로서 공산주의를 이념적으로 공명할 판단력도 없을 뿐만 아니라 반정부적 감정도 갖고있지 않지만 일시적으로 대세에 부화뇌동하여 부역한 자들이다.

넷째는 피동분자로서 그릇된 개인사상으로 소악적 견지에서 일신의 명철보신을 도모하여 기회에 편승하는 자들이 본의 아니게 또는 피동적으로 부역한 자이다.[12]

계엄사령관은 서울 수복 후 치안질서가 잡힌 10월 12일 "시내 각 구, 동회

를 이수한 뒤 법조계 경력 7년 이상인 대상을 특별 임용한 시험(1946.9.19)을 통해 검사가 되었다. 그런데 오제도는 법조계 경력이 고작 5년이라 자기소개 글에서는 이를 슬쩍 7년으로 수정해서 선전하여 착각할 수 있지만 실은 자격 미달자다. 그 이후의 경력은 너무나 널리 알려져 있기에 여기서는 생략하지만, 그가 그토록 충성을 바친 이승만 정권으로부터 쓸모가 없어지자 부패사건에 연루되어 토사구팽당했음은 기억해두자. 그럼에도 사후 국가유공자로 인정받아 법조인 최초로 국립현충원에 안장(2001)됐음도 기억하자.
오제도에 대해서는 김두식, 『법률가들—선출되지 않은 권력의 탄생』, 창비, 2018, 233~237, 487~497쪽에 자세히 나온다.
정희택은 오제도. 선우종원과 사상검사 3인방을 이뤘지만 피란을 못 간 채 땅굴 속에서 하루 한 그릇 죽으로 지냈다.(김두식, 앞의 책, 503쪽)

12 박원순, 「전쟁부역자 5만여 명 어떻게 처리되었나」, 『역사비평』 여름호, 1990 게재, 186쪽.

를 통하여 적치에 부역한 자는 반원 연대 책임하에 철저히 적발"하라고 지시했다. 이어서 내린 지시는 20일까지 부역자 명부를 작성, 동회를 거쳐 소관 파출소에 제출하도록 했다.

비단 서울지역뿐이 아니라 전국에 걸쳐 강제된 이런 조치로 총부역자 검거수는 5만 5천909명[11.13 통계]이었다. 그러나 합동수사본부에서 검찰과 경찰이 철수[1951.4.10]한 이후에도 군부를 비롯한 일부에서는 여전히 존치 의견이 강했다. 이에 국회가 이 조치령의 불합리성을 거론하여 합동수사본부의 해체를 결의[5.2], 정식 해체된 것은 5월 23일이었고, 본부장 김창룡은 특무대장으로 영전했다. 기구가 없어진 이후에도 검경은 부역자 색출과 처벌을 계속하여 1955년까지 자수자를 포함한 부역자 조사 총 수는 55만 915명에 이르렀다. 이 중 자수자는 39만 7천90명, 검거자는 15만 3천825명, 인민군 1천448명, 중공군 28명, 빨치산 등 유격대 9천979명, 노동당원 7천661명도 포함되어 있다.[13]

잔류파들 속에는 명망가들이 무척 많았는데 이를 분야별로 나눠보면 아래와 같다.[가나다 순]

관계[官界] : 전선덕 경찰서장

법조계 : 김홍섭 판사, 민복기 경무대 비서관, 박경재 검사, 방순원 판사, 심상복
　　　판사, 정희택 검사, 조흥복 판사, 홍진기 법무부 법무국장 등

재계 : 박청렬 서울시 메리야스공업협회장 등

학계 : 양주동, 유진오, 이인수[영문학자] 등

문학예술계 : 김용호 시인, 김팔봉 평론가, 노천명 시인, 모윤숙 시인, 박계주 작가,
　　　백철 평론가, 손소희 작가, 송지영 작가, 염상섭 작가, 조경희 수필가, 최
　　　정희 작가 등[14]

13　박원순, 위와 같은 글 185쪽.

14　이 명단은 매우 불완전하나 당시 사회적인 혼란상을 이해하는데 도움을 주고자 정리했다.
　　참고 자료는 ① 박원순, 위의 글, ② 김두식, 『법률가들 - 선출되지 않은 권력의 탄생』, ③ 유

이들은 각자의 신분과 처지에 맞는 심사와 형을 받은 인사부터 단정수립의 혁혁한 공로자였던 모윤숙처럼 오히려 더 유명해진 경우, 김팔봉 처럼 인민재판을 받은 체험으로 반공의 전범으로 추앙받은 경우 등 다양하다.

8·15 이후 분단사에서 강력하게 형성됐던 반공이념이 연좌제를 유발한 데다가 한층 공고해지는 계기를 만든 게 바로 한국전쟁과 부역자 문제임은 공인된 사실이다. 더구나 여기에다가 납월북자 문제까지 겹친 걸 감안하면 연좌제가 얼마나 가혹했을까를 유추하기란 그리 어렵지 않다. 이 연좌제는 역대 독재정권이 들어설 때마다 철폐하겠다고 공언했지만 2024년 현재까지도 어딘가에 의해서 그대로 존속하고 있다고 해도 지나치지 않을 것이다.[15]

9·28 후 서울에서는 10월부터 부역자附逆者 재판으로 뒤숭숭했다. '부역자'란 한국전쟁이 만들어 낸 신조어이다. 전통적인 우리 말의 부역夫役, 賦役은 "국가나 공공단체가 백성에게 공과公課 시키는 노역"이다.[16]

일본인으로 남북한 문학에 가장 조예가 깊으며, 한국문학 전공자를 길러 낸 데다 윤동주의 길림성 묘소를 가장 먼저 발견한 오무라 마스오大村益夫, 와세다 대학 교수가 조직한 '조선문학연구회' 회지로 낸 창간호『조선문학-소개와 연구朝鮮文學-紹介と硏究』1970의 후기에서 한국전쟁 후 부역자를 소개하면서 재래식 한자賦役를 쓰자 한국에서 정정해 준 적이 있을 정도였다.[17]

임하『반공주의와 한국문학』, 글누림, 2020. 특히 유임하의 저서에는 적치하 체험기인 각종 수기와 이런 기록들이 반공 이데올로기 구축에 얼마나 깊게 영향을 미쳤는가를 자세히 다루고 있다.

15 이 쟁점을 총괄적으로 다룬 글로는 정길화,「분단의 너울, 연좌제」,『우리들의 현대 침묵사』, 해냄, 2006, 게재일 것이다. 이를 가장 강력하게 폐지하겠다고 천명한 정권은 박정희였다. 1963년 대통령 선거 때 연좌제 폐지를 공약으로 내걸었고, 엄민영 내부장관이 이미 폐지되었다고 언명(1966.5)했으나 여전히 기승을 부렸다. 공교롭게도 역시 쿠데타 정권이었던 전두환은 광주대학살을 상쇄시킬 의도로 1980년 8월 1일 연좌제 철폐를 발표한 이후 5공화국 헌법 12조 3항에 "모든 국민은 자기의 행위가 아닌 친족의 행위로 인하여 불이익을 받지 아니한다"고 했으나 구두선(口頭禪)에 그쳤다.

16 한글학회 지은『큰사전』전 6권, 을유문화사 1950.6.1 초판. 당시 가장 권위 있는 사전임. 이 술어가 附逆으로 바뀌어 한참 지난 뒤에야 모든 사전에 등장했다. 그러나 북한의 모든 사전에도 이 단어는 없다.

17 이를 지적해 준 것은 김병익이었다. 그만큼 '부역'이란 단어는 일본의 문학 연구자에게도 낯

그러나 한국에서는 이 단어의 위력이 대단했고, 지금도 그 여세는 여전하다. 부역자 재판의 혹독한 절차를 겪으면서 많은 지식인. 예술인들이 고초를 겪었는데, 이 저서에서는 재판에서 가장 가혹한 형벌을 받은 가수 계수남과 여류시인 노천명 둘만 다루기로 한다.

4. 인기가수 계수남의 반전된 운명

전남 영광 출신인 가수 계수남桂壽男. 본명 鄭德熙, 1920~2004은 경성음악전문학교 성악과1939년 졸업 재학시절부터 경성방송국 합창단원으로 활동을 하다가 콜럼비아 레코드사의 전속가수1940가 되었다. 이때 그가 부른 첫 노래는 「울리는 백일홍」이가실 작사, 전기현 작곡이었다.[18]

백일홍 꽃 다루에 싸늘한 눈물비는 / 서름의 실마린가 / 오~ 그리운 날에 희미한 추억이어 / 배 젖는 백일홍에 내 마음도 운다 운다. // 창 앞에 노래하던 새장의 카나리아 / 어디로 날아났나 조그만 발자욱아 / 오~ 날러간 꿈에 희미한 사랑

선 조어였다는 뜻이다.

18 이 노래 작사자 이가실은 조영암 혹은 조영출의 여러 필명 중 하나로 본명은 조영출(趙靈出, 1913~1993.『친일인명사전』등재)이다. 충남 아산 출신인 그는 어려운 가정 탓으로 절에 들어가 성장, 한용운의 천거로 보성고보를 다녔다.『동아일보』신춘문예를 통해 본격적인 시인(1934)이 된 그는 노래 가사 작사자로 맹활약하며 도일, 와세다대 불문과에 다니면서도 가사 작사 활동은 이어가 식민지시대 유명 유행가 작사 최다를 기록했다. 「꿈꾸는 백마강」, 「신라의 달밤」, 「목포는 항구다」, 「고향초」, 「낙화유수」, 「진주라 천리 길」등등 엄청난 가사들을 쓴 그는 이에 못지않게 친일 군국가요도 엄청나게 썼다. 이랬던 그가 8·15 후에는 조선연극동맹과 조선문학가동맹에 가입, 독립군과 항일적인 작품에 손댔고, 월북 이후에는 문화성 부상, 민족예술극장 총장, 조선문학예술총동맹 부위원장 등 문화예술 관련 고위직을 지냈다(강옥희, 이영미, 이순진, 이승희,『식민지시대 대중예술인 사전』, 소도, 2006, 참고).
작곡가 전기현(全基炫, 1909~?.『친일인명사전』등재)은 서울 출생으로 인천에서 성장, 인천상업학교 졸업, 유일(劉一), 하영랑(河英琅) 등을 예명으로 쓰며 많은 활동을 했다. 1940년대 초부터 아편 중독, 1944년 이후 공식 행적이 안 나타났고, 사망 시기는 1950년대로 추정.

이여 / 텅 빈 새장 안에 내 마음이 운다 운다. // 나리는 부슬비에 외로운 새장 옆에 / 그 누굴 기다리나 쓸쓸한 내 가슴은 / 오~ 못 잊을 님의 희미한 얼굴이여 / 백일홍 꽃 다루에 내 마음이 운다 운다.「울리는 백일홍」

이 노래를 부를 때 가수 계수남의 음색과 창법을 시인 이동순은 "맑고 잡티가 없는 깨끗한 보이스컬러로 어절을 길고 유장하게 뽑으면서 후두를 덜덜 떠는 창법"으로, "마치 에코 같은 느낌의 다소 기계적인 바이브레이션을 반복"한다고 평했다.[19]

이 노래를 전후해서 계수남은 〈밤 주막〉금상화 작사, 전기현 작곡, 〈오호라 김옥균〉이서구 작사, 김준영 작곡 같은 몇몇 곡도 불렀지만 이미 일제는 군국주의가 극에 이르러 군가만을 독려하자 이를 피해 라미라 가극단이나 조선악극단의 참가자로 공연에 열중하면서 자신의 음반 출반은 자제했기에 친일이란 그물망을 벗어났다.

그랬던 계수남이었기에 8·15를 맞아 발 빠르게 가까웠던 김해송 등과 어울려 좌익계 예술단체에 가담하여 김해송이 조직한 KPK악극단 등에서 활동했다.

1947년 남북분단이 거의 고착단계로 접어들었을 때 고려레코드사가 발매한 〈흘러온 남매〉는 미묘한 반향을 일으켰다. 김해송 작사에 작곡까지 한 이 노래에는 이난영, 심연옥, 남인수, 노명애가 번갈아 노래를 부르고 가수 계수남이 비장한 분위기를 자아내며 대사를 맡았다.

작곡가이자 가수인 김해송金海松, 본명 金松奎, 1910~1950?, 『친일인명사전』 등재은 평남 개천价川 출신으로 평양과 공주에서 성장, 일본 조치上智대에 유학했다는 설도 있으나 확인되지 않았다. 1935년부터 연주단, 여러 레코드사를 전전하며 연주, 작곡, 가수, 연기 등 다방면에 걸쳐서 활약하던 그는 1936년 이난영과 결혼, 작곡이 190여, 가수로 부른 노래가 80여 곡에 이를 정도로 맹렬했다.

19   이동순의 가요 이야기, 「'분단의 희생양' 가수 계수남 (상)」, 『매일신문』, 2013.8.22 게재.

이난영과 함께 가극단 활동도 하던 그는 1945년 8월 조선문화건설중앙협의회_{남로당 계열} 무대음악무용부 집행위원을 비롯해 직접 KPK악단을 조직, 독보적인 악극단으로 발전시켜 〈남남북녀〉¹⁹⁴⁷ 등 맹활약했다. 이 시기에 취입한 작품 중에 계수남이 낭독으로 참여했던 유명한 노래 〈흘러온 남매〉^{작사 작곡 김해송}는 당시 누구나 바라던 통일에 대한 열망이 고스란히 담겨있다.

레코드판 A면. 노래 가사.

1절, 이난영 노래.

비 오고 바람 부는 하늘 밑에서 / 팔베개로 꿈을 꾸는 흘러온 남매 / 운다고 이 설움이 풀어질 소냐 / 눈물 어린 눈초리엔 원한이 있다.

2절, 심연옥 노래.

하늘을 지붕 삼고 떠도는 신세 / 동서남북 바람 속에 갈 곳이 없어 / 밤이슬 찬 바람에 쓰러져 울면 / 어머님의 옛 사랑이 다시 그리워.

3절. 이난영. 심연옥 교대로 노래.

이북의 어머님은 안녕하신지 / 이북의 아버님도 평안하신지 / 집 없는 몸이라고 한할 소냐 / 울지 말자 이북에는 부모가 있다.

레코드판 B면. 대사와 노래.

1절. 어머니의 대사^{이난영}

이 에미는 너희들이 한없이 그리워도 / 삼천리 강산 우에 삼팔선이 웬 말이냐 / 가로 맥힌 운명이라 천추의 한이로구나 / 목을 놓고 울어봐도 시원치 않다 시원치 않다.

이걸 독백 뒤에 노래로 부름^{이난영}

2절. 아버지의 대사^{계수남}

너희들은 남쪽에서 끝까지 참어다오 / 이 애비는 북쪽에서 힘차게 싸우겠다 / 다 같은 민족이요 우리나라 민족이 아니냐 / 원수같은 삼팔선을 우리의 힘으로 뚫고야 말 것이다.

가사를 약간 바꿔 남인수가 노래.

너희들은 남쪽에서 끝까지 참아다오 / 이 애비는 북쪽에서 힘차게 싸우겠다 / 다 같은 혈족이요 우리나라 민족이다 / 붉은 피 한 방울을 아끼-ㄹ손가.

3절. 합창.

아버지와 어머니는 대지를 지키시오 / 우리들은 남쪽에서 바다를 지키리다 / 다 같은 혈족이요 우리나라 민족이다 / 이 강산 넓은 땅에 꽃을 피우자._{유튜브 1947년 판에서 옮김}

이 음반은 바로 K.P.K.악단이 공연한 악극 〈남남북녀〉에서 활용할 정도로 주목을 끌었다. 여기에 출연했던 인물들은 서로가 밀접하게 얽혀 있다. 김해송이 월북 후 실의에 빠진 이난영과 결혼한 남인수에 대해서는 제2부 제4장 「여순항쟁과 가수 남인수의 〈여수야화〉」에서 자세히 다뤘다. 남인수 역시 김해송처럼 〈가거라 삼팔선〉을 비롯한 분단의 아픔을 다룬 노래를 불렀다.

그러나 민족사는 작곡가 김해성이나 가수 계수남의 뜻대로 되지 않았다. 1948년 남한 단독정부가 수립되면서 이들에게는 가혹한 시련이 닥쳐왔다. 김해송은 오페라를 원용한 뮤지컬 형식을 빌려 전위적인 무대 공연을 펼쳐 주목을 끌어 대중음악협회 초대 회장을 지냈다.

가수 계수남은 반공 교육의 교본이 된 대형 반공악극 〈육탄10용사〉[1949]의 주연으로 날렸다.[20]

한국전쟁이 발발하자 계수남의 운명은 요동쳤다. 계수남은 당시의 처지를 이렇게 썼다. "1950년 6월 28일 아침 전세가 불리함을 알고 노모와 처, 두 살 난 어린애, 장인 장모 등과 함께 한강을 건너려 했으나 이미 인도교가 끊긴 뒤"였다. 어쩔 수 없이 "서빙고를 거쳐 창신동의 장인 집으로 갔더니

---

20 이 사건은 1949년 5월 4일 개성 송악산 주둔 인민군 토치카를 자폭으로 격파한 제1사단 11연대 국군들의 투지를 기리는 실록으로 굳어져 있다. 그러나 이 사단 13연대장 김익열 대령(제주4·3의 진실을 밝힌 참 군인)은 나중에 지휘관들의 업적 과장이나 오류라고 주장했으나 그 진상은 현재에도 규명되지 않은 상태다.
좌경활동을 했던 계수남은 1949년에 반공의 증표로 이런 작품을 남겼을 것이다. 이런 공적을 인정받은 그는 공보처 산하 무대예술원 이사직을 맡는 등 한국사회에 튼실하게 착근하여 좌경의 흔적을 씻었다.

민청원조선민주청년동맹원의 약칭이 와서 대기하고 있다가 나를 반역자라고 하면서 국립도서관 자리당시 중구 소공동 소재 민청 본부"로 연행됐다. 가장 큰 원인은 반공극 『육탄 10용사』 주연을 맡은 것이어서 혹독한 심문을 받으며 2주일간 갇혀 있었다. 그들은 다시 계수남을 시민관현 서울시의회으로 연행했는데, 그 건물은 북에서 내려온 예술관련 단체들의 총본부가 있었다.[21]

여러 예술 장르 중 대중음악 부분에서는 계수남이 가수가 되어 처음 불렀던 노래인 「울리는 백일홍」의 작사자 조명암조영출이 북에서 내려와 상당한 위치를 차지하고 있었다. 계수남을 속속들이 파악하고 있는 그로서는 북에서 요긴하게 활용할 능력이 있다고 보고 적극적으로 편의를 봐주는 한편 더욱 많은 기대를 가진 듯했다.

그들은 계수남을 가극동맹 서기장으로 임명하고는 다른 지역에서 온 2백여 명과 함께 평양으로 데려 갔어요. 평양 제3고녀 교사 지하실폭격을 피하려고에다 숙소를 정해 주고는 소위 김일성대학, 만경대, 국립촬영소 등을 구경시켜 주면서 선전문구 등을 늘어놓더군요. 사흘만에 기차로 개성까지 와서 도보로 서울에 다시 돌아왔지요. 8월부터 연예인들을 각 극장으로 배속했기 때문에 별로 활동할 시간적 여유도 없었습니다. 저는 그 후 소사에 피난하고 있다가 9·28수복을 맞게 되었지요.[22]

인공북한을 지칭하는 '인민공화국'의 약자 치하 3개월간의 수도 서울은 실로 요지경이었다.

당시 서울은 한국전쟁이 터지자 미처 피난할 겨를도 없었던 서대문형무소 교도관들이 급히 도주해버려 갇혔던 사람들이 전원 살아남는 진풍경이 벌어졌는데, 이때 수감 중이던 좌익수들은 거의 대부분이 전향서에다 대한민국에 충성하겠다는 '서약서'까지 썼으나 그 서류 일체를 인민군들이 다 가

21 김태호, 『법정에 선 사람들 − 재판 중심으로 본 문제 사건의 내막』, 삼민사, 1982 중 「가수 계수남 재심사건」, 181쪽.
22 위의 책, 182쪽.

져가 버렸기 때문에 수복해도 그걸 볼 수조차 없었다. 그러나 이들 중 상당수는 출소 후 북의 정치보위부원들에게 심사를 거친 뒤 각자의 신분에 맞는 직책을 부여받고 부역에 임하면서도 상당수가 세월의 무상함을 알기에 피신자들을 직간접적으로 도와주기도 했다고 전한다. 물론 이와는 반대로 자신의 원한이나 다른 이유로 북에서 내려온 사람들보다 더 잔혹하게 행동한 경우도 많았겠지만 이들은 대개 인민군의 후퇴와 함께 피신해버렸다. 그래서 군검경합동 수사본부는 부역자 처리 기준에서 ① 전쟁 전 선량한 자로서 자신의 생명을 보호하고자 소극적으로 부역한 경우, ② 우익진영 인사와 군경 및 공무원이나 그 가족에게 편의를 제공해 준 경우, ③ 피동적으로 부역했으며 대한민국에 충성을 맹세한 경우에는 정상참작을 했다. 그러나 문제는 ③의 경우 이미 전쟁 전에 형무소에서 썼던 서류들이 다 없어져 버려서 억울한 희생자가 발생할 여지가 생겼다.

군경합동수사본부에서 다룬 부역자 수는 대략 2만여 명에 달했는데, 이들에 대한 재판은 육군 중앙고등군법회의와 전국 계엄사 안에 설치된 계엄군법회의가 맡아 했다.

서울에서 사형판결을 받은 자는 신촌 뒷산에서 처형됐고, 계엄군법회의의 사형수는 절차 문제로 마산형무소에 수감했다가 김종원 대령의 지휘로 거창에서 형이 집행되었다.[23]

---

23 위의 책, 186쪽. 이 시기를 희생자나 피신자의 시각으로 가장 심도 있게 밀착 취재한 예로는 『중앙일보』의 「적치하의 3개월 — 6·25 20주…3천여의 증인회견 내외자료로 엮은 다큐멘터리 한국전쟁 3년」(1970년 10월 21일 연재 시작)이 있다.

5. 사형 판결을 받은 인기 가수 계수남

계수남은 부역자 처벌이 본격화된 1950년 10월, 서울시경에 자수, "그해 11월 15일 형무소 강당에서 열린 약식재판에서 부역 혐의로 사형판결을 받고 마포형무소에 수감당했다. 거기서 계수남은 "수감자들로 구성된 '계수남과 그 악단'을 조직하여 악장으로 활동하면서 그 힘든 옥중생활"을 하던 중 "특사령으로 사형에서 20년으로 감형되어 복역"했다.[24]

이런 가운데, 정전협정[1953.7.27]을 거쳐 점점 전쟁으로 인한 증오심이 조금씩 누그러져 가던 1955년에 신 형사소송법이 개정, 실시됐는데, 이 개정의 특징은 수사 절차, 재판 개시, 재판 절차, 판결의 선고, 선고된 판결에 대한 불복 및 확정 등을 다룬 점 말고도 가장 중요한 점이 '재심청구'의 길을 열게 된 것이었다. 재심이 받아들여지면 형의 집행을 정지하고 출소 시키도록 되어 있었다. 그러나 전문 법조인이나 알 정도였던 이 중요한 인권 사항을 옥중의 계수남의 귀에까지 이르는 데는 역시 더 많은 시간이 소요되었다.

계수남 자신은 재심절차를 밟게 된 경위와 출소까지 하게 된 배경을 이렇게 소상하게 증언해 준다.

> 어느 핸가 3·1절 행사 때 제가 공연을 맡게 됐는데, 최대교崔大敎 변호사[전 서울고검 검사장]가 형무소 측 초청을 받고 왔다가 저를 알게 되어 무료로 재심 절차와 함께 변론까지 맡아 살려 주셨습니다. 제가 형집행 정지로 출감하게 된 기쁜 소식은 『조선일보』 법원 출입기자였던 목사균睦四均씨가 처음 전해줬어요. 전 그때 옷도 없어서 어느 형무관의 사복을 빌려 입고 나왔던 기억이 나는군요.[25]

---

24 이동순, 「분단의 희생양 가수 계수남 (하)」, 『매일신문』, 2013.8.29 게재.

25 김태호, 각주 21과 같은 책, 182쪽. 이때 계수남을 도와준 동료로는 박시춘, 박호, 이난영, 남인수, 현인 등이었다고 이 저서는 밝힌다.

그러니까 계수남은 재심 재판 청구[1957.8]를 했고, 그 뒤 법원에서는 이 재심을 수용하여 형 집행정지로 미리 풀려난 것인데, 그게 1958년 2월 7일 밤 9시 44분이었다. 마포형무소에서 줄곧 복역했던 그는 복역 중 아내가 개가하면서 외아들까지 데리고 가버린 뒤였다.

출소 3일 뒤인 2월 10일 서울지방법원에서 열린 재심 재판은 윤학노尹學老 재판장에 위청룡韋靑龍 검사, 최대교 변호사의 참여로 진행됐다. 검사의 논고 요지는 "6·25 때 그가 괴뢰집단에 협력했던 것만은 입증된다." 피고인은 사형 확정 판결을 받고도 집행 전에 20년까지의 감형을 받아왔다는 사실에 대하여 감사해야 할 것"이라면서 재심에서는 "10년을 구형하지만, 그가 이미 만 7년 2개월 복역했다는 점을 고려하여 재판소에서는 관대한 조처가 있길 바란다"라는 논고를 했다.

이에 최대교 변호인은 아래와 같은 명 변론을 펼쳤다.

> 피고인이 사형을 받게 된 7가지 범행은 전혀 근거가 없는 것이고, 문제가 된다면 가극동맹에 억지로나마 가맹했다는 것과 평양까지 끌려갔었다는 점 등 두 가지를 말할 수 있겠는데, 이것은 어디까지나 강요된 행위이니 신형법 제12조에 의해 무죄가 되어야 할 것이다, 꼭 벌을 줘야 한다면 1, 2년에 해당되는 것으로 생각되는 만큼 이미 그 이상 복역한 피고인을 위해 영광의 날을 베풀어주기를 바란다.[26]

이런 재판 절차를 다 거친 뒤인 1958년 2월 24일 윤학노 재판장은 국가보안법 제1조 2항을 적용하여 징역 3년을 선고했다. 그러나 이미 계수남은 7년 2개월간 복역했기 때문에 결과적으로 보면 4년 2개월을 더 복역한 것이다. 지금 같으면 초과 징역분에 대한 보상을 받겠지만 당시에는 그런 건 엄두도 못 낼 때였다. 항소와 상고로 대법원까지 올라갔던 이 사건은 대법원에서 1958년 12월 26일 기각함으로써 3년 형이 확정됐으나 계수남에게는

---

26 위의 책, 182~183쪽.

별 다른 신분상의 변화는 없었다.

　이 재판에서 검사를 맡았던 위청룡은 그냥 지나칠 수 없는 법조사의 한 사건으로 기록되고 있다. 검찰국장까지 지낸 위청룡이 세인의 화두에 오른 건 5·16쿠데타 세력이 집권했던 1962년 1월 10일이었다. 국가재건최고회의 이후락 공보실장이 그를 "북한 괴뢰의 간첩으로 암약타가 검거되자 구치감실에서 미리 숨겨 가지고 다녔던 면도칼로 왼쪽 목을 잘라 자살했다"라고 밝힌 것이다. 정작 위청룡의 사망 날짜는 1961년 12월 24일이었으니 발표하기까지 관련자들의 숙고과정을 밟았을 것으로 추정된다. 그 발표에 따르면 1950년 북에서 검사로 재직 중 간첩 교육을 받고 남하, 검찰국장으로 있으면서 북에서 내려온 자들로부터 금궤와 공작금을 받고 정치 군사 기밀자료를 수집 보고했다는 것과, 여러 부역자를 비롯한 좌익사범들에게 편의 제공과 관대한 처분을 내리도록 했다는 것이다.

　그러나 2005년 12월, 진실화해를 위한 과거사청산위원회에 위청룡의 억울함을 호소하는 진정이 제출, 그 규명에 의하면 위청룡은 극히 검소한 검사로 그의 아내가 장사로 생활을 유지했으며, 당시의 법조인들을 통해 알게 된 진상은 1961년 설치된 중앙정보부가 요구한 수사권 지휘에 승복하지 않았다는 것이었다. 이에 중정은 그를 연행 조사 중 자살사건이라고 발표된 것이다. 그래서 김두식은 이를 서울법대의 최종길 교수사건[1973.10.19]과 유사하다고 평가했다.[27]

　석방된 계수남은 기독교 신자로 변신하여 법정이 미처 다 씻어주지 못한 사상적인 신분을 재 세탁했다. 한국전쟁 후 투옥자들이나 석방된 자들 상당수가 기독교 신자가 된 데는 이승만의 기독교 특혜에 의한 형무소에서의 교화 영향과 그 연장선인 사회적인 분위기 탓으로 볼 수 있다.

27　김두식, 『법률가들 ─ 선출되지 않은 권력의 탄생』, 창비, 2018, 537~546쪽에서 자세히 다루고 있다.

다시 가수로 무대에 섰지만 "그가 많은 갈채를 받았던 악극은 영화 등에 밀려 이미 사양길에 접어들고 있었다. 많은 시간이 흘러 세상도 변하고 그 자신도 변한 상황이었으므로, 계수남이 예전과 같은 인기를 그대로 회복할 수는 없었다".[28]

그러나 출옥 후에 박인환의 시 「세월이 가면」[1956]을 계수남이 부른 노래[이진섭 작곡, 1960]는 자신의 잃어버린 꿈을 한탄하는 정한이 듬뿍 묻어나는 절창으로 느껴진다. 모진 정치사가 남긴 부산물인 부평초 같은 예술인의 삶의 편린을 절감토록 해준다.

6. 문학예술인들의 수난 기록

이 난리통에 문학인들은 어땠을까? 시정잡배들과 다를 바 없이 체제에 순응하는 게 대세였다. 이미 김광주 작가가 고위관료 부인에게 강제연행되어 폭행을 당했을 때도 예술인 단체의 연합체인 문총文總은 어정쩡하게 관료의 편을 들어준 경력이 있지 않는가.[29]

문총 역시 특별위원회를 구성, 회의에서 A급은 적극 부역자, B급은 자진 부역자, C급은 소극 부역자로 나누기로 결의했다. 회의 때마다 도강파들은 가혹한 처벌을 주장했고 잔류파들은 특정인 몇 명 정도를 빼고는 전원 불문에 붙이자고 했다.

이 회의가 진행되는 회의장 밖에는 자기의 신상 문제가 어떻게 처리되는가를

---

28 이준희, 「반공악극 주연에서 용공 사형수까지 ─ 가수 고 계수남의 굴곡진 삶을 반추하다」, 『오마이뉴스』, 2004년 4월 9일 자 게재.

29 문총은 전국문화단체총연합회(1947.2.12 창립)의 약칭이다. 5·16쿠데타 이후 모든 단체의 해산령에 따라 해체당했다가 재구성한 것이 현재의 한국예술문화단체총연합회(약칭 예총. 1962.1.5 창립)이다. 김광주 폭행사건은 제2장 제10절 참고.

초조히 기다리고 있는 여러 잔류파 문단인들이 회의의 결과를 기다리고 있었다[30]

문학예술인이나 지식인 계급이란 바람에 흔들리는 갈대 같은 자연의 섭리에 따르는 경우가 지사형보다 더 많기가 일쑤다. 그래서 설사 부역자일지라도 그들은 글로 반공텍스트를 만드는 전위로 활용되기 마련이다. 그 중 가장 유명한 게 『적화삼삭구인집赤禍三朔九人集』1951이다. 이 결실을 보면 생존을 위해 글이란 게 얼마나 민첩하게 시세에 적응하는가를 느낄 수 있다. 1950년 10월 시작된 부역자 심판은 이듬해 1·4후퇴로 그 무대가 수도 부산으로 옮겨 갔다가 다시 서울 탈환 후 서울로 환원됐는데, 이 책은 피난지 부산에서 바로 나왔으니 유명 문사들의 속필에 놀랄만하다. 국제보도연맹이란 단체 명의로 출간된 이 적치 하의 서울에서 석 달 동안 잔류했던 문인들의 체험 반공수기 모음집이 바로 이 책이다.

오제도 검사는 서문과 결말인 「민족양심의 반영」을 써서 마치 유명문인들보다 한 차원 높은 데서 훈육하며 심판하는 설교자처럼 느껴지게 한다. 서문에서 "적치 3개월간에 예민한 감수성과 추단력을 가진 지성인들이 민족과 함께 신음과 황홀의 아슬아슬한 생명의 절정에서 직접 체험하고 목도한 것을 탁월한 묘사로서 일관한 본서"라고 찬양했는데, '황홀'이란 단어가 여기서 가당키나 한지, 그 고난을 생명의 절정이라 해야 하는지 도저히 구분이 안 된다. 검사답게 그는 「민족양심의 반영」에서 "타공멸공전에 용승하고 있는 유엔군과 국군장병에 보답할 수 있도록 전국민이 거족적으로 자진분발, 총무장하여 타공전선 강화"에 앞장 설 것을 강조했다.

책의 표지를 비롯해 가장 효과적인 만화 컷, '표 3'을 장식한 김용환은 단테의 『신곡』 중 지옥편의 삽화를 연상하는 반공화의 전형이며, '표 4'의 김의환 만화는 토마스 홉스의 명저 『리바이어던Leviathan』을 연상케 하는 거대한 괴물 문어공산주의 체제를 유엔군의 포탄으로 섬멸하는 그림이다. 김용환 화백

30 조연현, 『내가 살아온 한국문단』, 어문각, 1977, 280쪽.

은 냉전체제 아래서 가장 엄청난 수난을 당한 화단의 필화 제일인자일 것이다. 그는 모국에서는 '코주부'로 인기를 끌었지만 후반생을 일본과 미국에서 보낸 고향 상실자이자 자기의 땅에서 버림받은 생을 마친 희생자였다.[31]

『적화삼삭구인집』의 필진에는 양주동, 백철, 최정희, 송지영, 장덕조, 박계주, 손소희, 김용호가 참여했다. 여기에다 두 화가까지 합치면 예술인 10명과 검사 1명의 참여로 이뤄진 책이다. 이들 중 양주동, 백철, 최정희는 부역행위로 조사를 받았고, 손소희는 여맹^{조선사회주의여성동맹의 약자}에 가입했다. 송지영은 인민군에 강제징집당했다가 탈출했으며, 박계주, 김용호, 장덕조는 연행되어 북으로 끌려가던 중에 탈출했다. 각자의 처지와 체험은 다르나 북한체제에 대한 통렬한 비판과 남한체제의 긍정이란 줄거리는 다 엇비슷하다. 그러나 공통적으로 도강파가 되지 못한 원인이 자신들에게 있는 것이 아니라 권력자들의 잘못이었음을 은근히 꼬집기도 한다.[32]

잔류파이면서도 여기서 빠진 인물들로는 시인 모윤숙과 평론가 김팔봉을 비롯하여 시인 노천명, 수필가 조경희 등등이 있다. 모윤숙은 너무나 거물이라 자신이 직접 경무대의 이승만에게 왜 자신을 버려두고 피난 갔느냐고 따

---

31 코주부 만화로 유명한 김용환(金龍煥, 1912~1998)은 김해시 진영 출신으로 동래고보 입학 시험 답안지에다 만화를 그려 합격했다는 신화적인 인물이다. 도일, 유학 중 이미 재능을 인정받은 그는 8·15 후 진보적인 활동으로 단정 수립 후 국민보도연맹에 가입하여 신분세탁 후 한국전쟁 때 잔류파로 적치에서 연행되어 직업이 그림 그리기라고 하자 춘화도를 그리게 해서 그 솜씨를 파악한 그들은 선전부에 배치, 각종 선전물을 그렸다. 수복 후 유엔군의 포로가 되어 반공 선전물을 그렸으나 미군 정보부대의 추적으로 서대문형무소에서 복역했다. 출소 후 미군은 그를 도쿄 미군 극동사령부(1959)로 배속시켜 작전국 심리전과에서 많은 반공 관련 작품을 남겼다. 은퇴 후에도 그런 분야에 복무하다가 LA로 이민, 그곳에서 작고했다.
김의환(金義煥)은 김용환의 동생으로 형처럼 일본 유학 때부터 그림을 그리다가 8·15후 귀국, 조선아동문화협회를 통해 어린이용 만화를 주로 그렸다. 한국전쟁 후 형처럼 도일, 유엔극동군사령부 발간 『자유의 벗』 편집부에 근무했다.
당시 만화가들은 거의가 선전용 만화를 그렸다고 해도 지나치지 않을 것이다.

32 잔류파들에 대해서는 유임하, 『반공주의와 한국문학』, 글누림, 2020, 44~73쪽에서 가장 자세히 다루고 있다. 여기서 기억해야 될 점은 이들의 속죄형 기록을 박정희 정권 시기인 1972년 월간 『북한』(6월호부터 8월호까지 3회 분재)에서 재수록했다는 사실이다. 오제도 가 발행인이었던 이 월간지는 이런 점에서 너무나 파렴치했다고 볼 수 있다.

질 정도이니 당연히 심사대상이 아니며, 김팔봉 역시 적치하에서 인민재판을 받아 죽음의 직전에 이른 고난을 당했던 체험기를 매년 6월이면 되새겼을 정도로 반공사상 대중화에 크게 기여했다.

작가 박노갑^{朴魯甲, 1905~1951}은 충남 논산 출신으로 휘문고보를 거쳐 일본 호세이대학^{法政大學} 수학 후 작가로 등단, 기자를 지내다가 8·15후에는 조선문학가동맹^{朝鮮文學家同盟}에 가입, 활동했다. 좌익 단체활동이 불법화된 이후에는 자신의 모교였던 휘문중학교 교사로 있다가 숙명여고 교사로 있을 때 작가 박완서와 한말숙이 그의 제자였다. 한국전쟁이 발발하자 도강을 못했던 그는 잔류파로 적치하에서 있다가 국군이 서울을 수복하자 학교에서 연행되어 종로경찰서에서 부역자로 조사를 받은 뒤 마포형무소에 수감 중 서대문형무소로 이감됐다. 그러나 1951년 1·4후퇴 때 행불됐다고도 하고 정치범 일괄 처벌 때 처형됐다고도 한다.

노천명과 조경희는 엄중한 조사 대상이었다. 조경희의 경우에는 당시에 겪었던 수난 일체를 깨끗이 매장해버렸으나, 노천명의 수난사는 널리 알려져 있다.[33]

---

[33] 이화여전 출신 저명문인 1세대는 모윤숙(毛允淑, 1910~1990)과 노천명(盧天命, 1911~1957)이다. 문인은 아니나 세인의 관심을 끌었던 김수임(金壽任, 1911~1950)은 모윤숙과 절친이었다. 김수임에 대해서 관심 있는 독자들은 전숙희,『사랑이 그들을 쏘았다―한국의 마타하리, 여간첩 김수임』, 정우사, 2002를 참고.
그 후세대로 조경희(趙敬姬, 1918~2005)와 전숙희(田淑禧, 1919~2010) 두 수필가가 있다. 성공회 신앙 집안 출신인 조경희는 조선일보를 비롯해 여러 언론사에서 근무했기에 기자로 널리 알려져 있는 수필가였기에 다른 문인들과는 달리 가장 정치사회적인 인식이 깊고 도량이 넓고 컸다. 그래서 한국전쟁 같은 혼란기에서도 그 능력을 발휘했을 것으로 추정된다. 그러나 사형 구형을 받은 그녀를 구출해 준 것은 동향 강화도 이웃으로 매우 가까웠던 죽산 조봉암이었다. 이에 대해서는 나중 조봉암사건 때 자세히 다룰 것이다. 어쨌건 부역자 문제를 잘 극복한 조경희는 언론계와 정계에서 맹활약할 수 있었다. 노천명과는 좋은 대조가 된다.

7. 사형 구형 받은 시인 노천명의 비극

노천명과 조경희는 적치하에서 문학가동맹에 가입한 것 때문에 중앙고등 군법회의에서 사형을 구형[1950.10.27] 받았다. 당시 문학예술인들은 문총이나 각 장르별 단체에서도 심판 했는데, 오히려 군법회의보다는 더 가벼웠다고 한다. 그러나 그게 개인이 선택할 수는 없었을 것이다. 군법회의라 그 진행이 빨라 노천명과 조경희에게는 1950년 10월 30일에 20년 징역이 언도되었다.

『친일인명사전』에도 등재되어 있는 데다 시창작 세계 전체를 면밀히 관찰해 봐도 전혀 진보적인 낌새라고는 없는 노천명이 왜 적치하에서 적극적인 부역자가 되었을까를 알기 위해서는 그녀의 사생활을 깊숙이 파고들 수밖에 없다.

1911년 9월 1일 장연에서 태어난 노천명의 아명은 기선이었으나 여섯 살때 홍역을 너무 심하게 앓아 죽는 줄 알았다가 살아나자 하늘이 내린 명이란 뜻으로 오히려 시인에 더욱 걸맞는 '천명'이라는 멋진 이름을 얻었다. 진명여고를 거쳐 이화여전 영문과를 졸업[1934]한 깡마르고 고적해 보이는 그녀가 일약 문단의 목이 긴 사슴으로 명성을 얻은 건 첫 시집『산호림珊瑚林』을 내고 꽤나 호사스런 경성호텔에서 출판기념회를 개최하고서였다. 1938년 1월이었는데, 이 해가 그녀에게는 길운이었다. 조선일보사 출판부가 발행한 월간『여성』지 기자로 취직이 된 데다, 극예술연구회에 가입, 체호프 원작『앵화원櫻花園』의 여주인공인 라네프스카야[모윤숙 扮]의 귀여운 딸 아냐로 출연했다.

보성전문 김광진 교수는 무대 위의 노천명에 매료되었고, 그들은 이내 깊고 심각한 관계로 빠져들었다. 유진오는 단편「이혼」[『문장』, 1939.3 창간호]에서 이들의 연애사건을 다뤄 장안의 화제가 되어버린 건 문단 가십의 하나다. 소설은 홍윤희란 여학교 교사인 영문학 전공의 27세 노처녀[당시로서는 이 정도가 노처녀였다] 여주인공과, 조혼으로 아내를 외면한 채 여급, 유한마담 등과 빈번한 관계를 가진 상사회사 회계주임인 38세의 박재신이 열애에 빠진 사건으로 변형시켜 다뤘다. 유진오는 김광진과 같은 보성전문^{고려대 전신} 교수^{1936~1945. 3월} 폐교 때까지였다. 소설 속의 등장인물은 나이나 성격 등이 비슷하여 입방아에 올랐는데, 남주인공은 아내에게 논 열마지기를 떼어주고 서류상으로는 이혼했으나 언제든지 시댁에 와도 좋다는, 한 번 시집 간 여인은 영원히 그 댁의 귀신이라는 철칙을 지키는 기묘한 형태의 헤어짐을 강박했다. 사실 신여성을 얻기 위해서 필요한 것은 이혼서류였으며, 남자는 이걸 위해 고향에 장기 체류했다가 상경했는데, 여주인공은 그새 삐쳐서 싸우는 장면에서 소설은 끝난다.

이 소설이 딱히 실제와는 다를지라도 노천명과 김광진의 애정행로에 가로놓인 난관을 이해하는 데는 많은 도움이 될 것이다. 예를 들면 데이트 중 여인은 주로 로렌스의 『채털리 부인의 사랑』이 어떻고 계속 이야길 하지만 남자는 시큰둥하고, 남자는 해군 비행기가 중경重慶을 폭격했다는 등의 다분히 시사적인 화두를 끄집어내는데, 이에 대한 여인의 반응은 냉담 정도가 아니라 대륙의 지리에 대하여 너무나 무지하여 놀랄 지경이었다고 묘사하고 있다.

시인 김기림의 구애도 냉정히 사절할 정도로 도도한 목이 긴 노천명이 흔쾌하게 빗장을 벗기게 만든 주인공 김광진은 대체 어떤 남성이었을까.

1902년 평남에서 태어난 김광진은 동경상대를 졸업 후 보성전문에서 경제사를 강의했던 투철한 마르크시스트였다.[34]

---

34 김광진(金洸鎭, 1902~1986)은 평남 성천(현 평양시 중구역 대동문동)에서 출생, 일본 도쿄상과대학(현 히토츠바시대학)을 졸업했는데, 이 학교 선배로는 백남운이 있다. 귀국 후 유진오, 박문규, 이강국 등과 조선사회사정연구회(1931)를 결성했다. 김성수가 보성전문을 인수(1932)한 뒤 유진오, 오천석과 함께 전임교수가 된 그는 황민화 교육을 강요당하던 1939년까지 재직했다. 평양으로 간 그는 못 만드는 작은 회사를 거쳐 고무공장을 경영했다. 8·15 후 평양에서 민족운동에 투신한 그는 이내 김일성대학 교수(1947)로 정착, 경제사 분야에 많은 업적을 남겼다. 그의 조선 경제사 연구의 특징은 사회주의 학자들의 정통인 5단계 사회발전론(원시공동체-노예제-봉건제-자본제-사회주의)에서 조선은 노예제를 거치지 않고 삼국시대라는 봉건제로 발전했다는 것이었다. 북한에서는 고조선. 부여. 마한 등을

유진오의 소설에 격분한 것은 모윤숙과 이선희 등등으로 그녀들은 유진오에게 모델을 밝히라며 막무가내로 대들었지만 도리어 이 소문조차 가십이 되어 노천명의 애틋한 사랑은 꼬여들기만 했다.

이 무렵 여류 4인방은 의기투합하여 "모윤숙을 '다알리아'라고 하고, 이선희를 '백일홍'이라고 하고, 노천명을 '들국화'라고 하고, 나^{최정희}를 '채송화'라고 했다."³⁵

그러나 이선희를 제외한 세 여인은 그 밀착도가 유별났는데, 여기에는 각자가 유부남 애인을 가졌다는 점과 서로가 도와가며 의기투합하여 친일활동을 했다는 점이 동지애적인 결속을 다졌대도 지나치지 않을 것이다. 모윤숙과 이광수의 사랑은 너무나 유명하여 장편소설 소재로도 손색이 없을 정도며, 최정희와 시인 김동환의 러브 스토리 또한 이에 못지 않는 은메달급이고, 노천명의 깨어져 버린 김광진과의 사랑도 동메달로 손색이 없다. 다만 최정희는 김동환과 동거하는 수준까지 성공한 유일한 경우였고, 모윤숙은 멀리서나마 이광수를 쳐다볼 수는 있는 처지였으나 노천명의 사랑은 사실상 아작나버린 가장 비극적인 처지였다.³⁶

유진오의 소설에서 감지할 수 있듯이 노천명이 김광진에게 강권한 것은 본처와 서류상의 이혼을 단행하여 그 증명서를 떼어 오라는 것이었고, 김광진은 새 여인을 첩으로 삼아도 좋으나 절대 호적은 고칠 수 없다는 아내를 간신히 설득하는데 예정보다 더 시일이 걸렸다. 기다리던 노천명은 이 길어진 시간을 초조히 기다리면서 온갖 망상이 떠올라 행여 본처를 보자 애정이

노예제 사회로 규정하면서 그의 이론을 비판했다. 한국에서는 그의 이론이 일제 식민지-분단체제를 '식민지반봉건론'으로 풀이하면서 1980년대 사회구성체 논쟁의 핵이 되기도 했다. 일부에서는 박현채의 식민지반봉건론이 김광진의 이론과 상응한다고도 평했다.(이공순, 「식민지반봉건론의 기치를 들다-김광진」, 한겨레신문사, 『발굴 한국현대사 인물 3권』, 1992 게재, 참고)

35 최정희, 「'삼천리' 시절」, 『조광』 게재.
36 임헌영, 「한국문단의 이면사」, 임헌영 평론집 『불확실 시대의 문학―문학의 길을 다시 생각한다』, 한길사, 2012, 게재에서 이 세 여인의 은밀한 사랑과 친일로 빠져드는 과정을 자세히 다루고 있다.

살아나기라도 한 건 아닌가 등등의 망상으로 안절부절이었을 터였다. 그런 와중에 김광진은 서류상으로는 이혼을 한 것으로 하되 자신은 절대로 시댁을 떠나지 않는다는 선에서 타협한 김광진이 의기양양하게 상경하여 노천명에게 나타나자 노천명은 성깔이 폭발했다. 역사관이나 시국관 등등에서 자신과 너무나 큰 차이가 난다는 사실을 진작부터 알았던 김광진으로서는 이 성깔 있는 여인과는 부부생활이 원만치 않겠다는 예감이 들어 헤어지기로 용단을 내리게 된다. 노천명으로서는 전혀 바라지 않았던 영이별의 결단임을 인식했을 때는 이미 늦어버렸다. 그녀는 그를 되돌려보려고도 했으나 실패했다. 더욱 노천명의 자존심을 구긴 건 김광진에게 멋진 새 여인이 생겼다는 사실이었다. 기녀 출신의 명가수 왕수복과 김광진은 너무나 궁합이 맞았다.[37]

노천명은 8·15 후인 1946년에 잘 다니던 서울신문사를 사직하고 엉뚱하게도 유학을 빙자하여 일본 밀항을 감행했는데[1947], 가족들의 맹렬한 반대로 이듬해 귀국했다. 아무려면 김광진이 그리워 취했던 해프닝은 아닐테지만 노천명답지 않은 돌출이었는데, 그 상상 밖의 행위가 바로 6·25 때도 반복되었다.

인민군 점령하의 서울에서 그녀는 문학가동맹에 가입, '반동문학인' 체포에 협조한 혐의로 서울 수복 직후 피체, 20년형을 선고받아 서대문형무소에 갇혔다가 1·4후퇴 때 부산형무소로 이감됐다. 이헌구·김광섭·모윤숙 등 문인들의 석방운동으로 1951년 4월 4일 출옥한 그녀는 부산에서 최정희에게 외로운 자신의 처지를 하소연하는 편지를 보냈다.

공군 종군작가단[1951년 1·4후퇴] 직후 과 육군 종군작가단[1951. 5. 26]은 다 대구에서 결성되었는데, 최정희는 공군 종군작가단 소속으로 대구에서 지내고 있

---

37 왕수복(王壽福, 1917~2003)은 평남 강동군 입석면 화전 농부의 딸로 출생, 기생학교를 나온 인기 가수로 작가 이효석의 만년을 지킨 연인이었다. 1935년 인기투표에서는 이난영을 제키고 1위를 차지한 명가수였는데, 평양에서 고무공장을 하던 김광진과 동거, 이후 평생을 함께 하며 북한에서도 맹활약했다.

었다.

석방 후 부산 중앙성당에서 가톨릭에 입교, 베로니카란 세례명을 얻은 그녀는 공보실, 중앙방송국에 근무하는 등 안정을 되찾았으나 이미 목이 긴 사슴으로서의 센티멘탈한 여성 시인은 아니었다. 그녀의 시에는 잡식성이 침윤되어 청순 단아하던 세계는 시들어 버렸다.

노천명의 일본 밀항이나 전쟁 중 문학가동맹에 가입한 등등이 혹 김광진에 대한 그리움 탓은 아니었을까.

출옥 후 노천명이 주변으로부터 받은 수난 한 토막은 짚고 넘어가자. 1954년 9월 7일 서울 소공동 조선호텔 앞 노상에서 노천명은 우연히 평론가 조연현을 조우하자 "허남희 씨 오래간만입니다. 그런데 『현대공론』에 쓴 허남희라는 익명이 당신이지?"라고 말을 걸었다. 그 말이 끝나기 무섭게 조연현은 "노 씨의 멱살을 잡고 후려갈긴 후 다시 노 씨를 세단차에 강제로 태워 가지고 종로 화신빌딩에 있는 현대공론사에까지 끌고 갔다.

> 노씨의 말에 의하면 조씨에게 화신까지 가는 동안 자동차 안에서도 두들겨 맞았다는 것이며 현대공론사에 이르러서도 조 씨는 다시 달겨들었으나 사무실에 있는 사람들이 말려서 하는 수 없이 양복저고리를 입고 사라졌다는 것이다. 그런데 문제의 허라는 익명에 대해서 조 씨는 극력 자기가 아니라고 부인하고 있으며 허 씨의 정체는 밝혀지지 않고 있는데 대해서 아직 노 씨의 의심은 가라앉지 않고 있다.[38]

『현대공론』6월호이 6·25를 맞아 「6·25와 문화인의 양심 — 그 당시 부역문인을 돌이켜 보고」란 글을 허남희란 가명으로 실었는데, 거기에는 노 시인과 그 외 몇몇 문인들에 대해 언급했기에 생긴 사건이었다. 발단이야 어땠던지 도강파와 잔류파 사이의 독기가 아직 빠지지 못한 걸 보여준다.

---

38 「조연현(평론가, 예술원 회원)의 노천명(여류시인) 구타사건」, 『서울신문』, 1954년 9월 18일 자.

어느 조그만 산골로 들어가
나는 이름 없는 여인이 되고 싶소
초가지붕 박넝쿨 올리고
삼밭에 오이랑 호박을 놓고
들장미로 울타리를 엮어
마당엔 하늘을 욕심껏 들여놓고
밤이면 실컷 별을 안고
부엉이가 우는 밤도 내사 외롭지 않겠소.

기차가 지나가 버리는 마을
놋양푼의 수수엿을 녹여 먹으며
내 좋은 사람과 밤이 늦도록
여우 나는 산골 얘기를 하면
삽살개는 달을 짖고
나는 여왕보다 더 행복하겠소. 노천명,「이름 없는 여인이 되어」

부역자란 죄명으로 살아야만 했던 노천명으로서는 만년의 심경이 여기에 고스란히 담겨있을 것이다.

친일, 친공, 반공 행위를 두루 거친 이 목이 긴 외로운 사슴 시인은 1957년 6월 16일, 서울 종로구 누하동 자택에서 세상을 등졌는데, 최정희는 문인장으로 치러진 그녀의 장례식에서 울먹이며 약력을 낭독했다.

"이승만 정부가 서울을 수복하자마자 대대적으로 부역자 색출 작업을 벌였던 것은 전쟁 초기의 패전 책임을 모면하고 체제 유지를 위한 국가의 법적 권위를 확보한다는 정치적 이유에서였다."[39]

사실 정권 담당 세력은 자신들의 모든 과오를 부역자들에게 전가해서 오히려 '레드 콤플렉스'를 심화시킬 수 있는 일대 전환기로 만들었고, 이로써 그들은 1950년대 후반기를 독재체제 유지의 발판으로 삼았다. 이를 비판할

만한 용감한 지식인도 없었고, 게다가 야당조차 제 구실을 못하는 처량한 처지에다 언론 역시 극우 보수 성향이어서 오히려 이런 부당한 조치의 응원부대로 전락한 게 이승만 집권 후기의 한국사회였다.

39 한수영, 「한국전쟁기 도강파와 잔류파」, 『역사비평』 편집위원회 편, 『논쟁으로 읽는 한국사 2 근현대』, 역시바평사, 2009 게재, 228쪽.

제2장
간첩으로 몰린
시인 한하운

1. 전쟁은 멈췄지만 정치는 더 엉망진창

3년 1개월 만에 정전협정[1953.7.27]으로 끝난 한국전쟁은 "양쪽 모두 전쟁에 이겼다고 선언하지만 양쪽 모두 실제로는 자신이 졌다고 느끼는 것 같다"라고 브루스 커밍스는 평가했다.

남북은 공동 패자인데 싸우지도 않은 일본이 승전의 영예를 누렸다. 이 전범국은 "태평양전쟁의 수많은 기억을 쉽게 몰아내고 서방세계에 훨씬 안전하게 묶여졌다."[1]

우리 피로 통통히 살찐 이 범죄 국가는 태평양전쟁 패자 부활전에 나서고 있다.

두 번째 덕을 본 건 장제스였다. 타이완 접수로 중국 재통일을 노렸던 마우쩌둥의 야망은 항미원조抗美援朝로 유보되어 장제스 독재는 탄탄해졌다. 뿐만 아니라 국공 내전 때 엄청난 원조로 장제스 정권을 도와주었던 미국이 패전자 장제스에게 등을 돌린 채 잠시 외면하던 터에 중국대륙이 공산화되자 화들짝 놀라 다시 독재자 장제스를 적극 보호해 주도록 노선을 수정했다.

마오쩌둥의 갓 태어난 중화인민공화국[1949.10.1]은 미처 기저귀를 마련할 겨를도 없는 혼란 속에서 미제와 장제스가 행여 급습이라도 감행할 틈을 노릴까 불안했던 걸 일시에 불식시키고 온 세계를 향하여 새로운 중국의 출발을 정착시키는 계기를 얻었다. 뿐만 아니라 친소적이었던 이웃 북한을 친중적까지는 아니더라도 균형 잡힌 자세를 갖도록 만드는데 성공했다.

개전 일주일 뒤인 7월 2일, 중국은 "미국이 한국전쟁에 대규모 부대를 증파할 가능성이 있기 때문에 북한의 조선인민군이 한반도 남부의 중요한 항구를 하루빨리 점령해야 한다고 제안했다. 또 그 속에는 마우쩌둥은 서울을 지키기 위해 인천에도 강력한 수비부대를 두어야 한다고 주장하는데, 이는

---

1 브루스 커밍스 · 존 할리데이, 차성수 · 양동주 역, 『한국전쟁의 전개과정』, 태암, 1989, 203~204쪽. 이 저서는 한국전쟁 후반기의 국내외 정세를 이해하는데 큰 도움을 준다.

미군 해병대가 거기에 상륙할 가능성이 있기 때문이라는 구절이 있다."[2]

이미 중국은 한국전쟁 발발 직후부터 "조선 인민을 지원하고, 타이완 해방을 늦춘다"는 결정을 내린 상태였다. 전쟁이 쉽지 않고 남북한 모두에게 도로아미타불이 될 것임을 내다본 이런 충고에 전혀 귀 기울이지 않은 게 북한이었다.

권력 연장을 위해서는 잔혹하고 국가이익 앞에서는 음흉한 스탈린은 1930년대에 저질렀던 악명 높은 대숙청과 소수민족 학살의 만행을 히틀러의 침공으로 덮을 수 있었다. 그런데 한국전쟁으로 스탈린은 불안했던 동유럽 지배권을 굳히게 되는 절호의 기회를 얻을 수 있었다. 민족의식이 강했던 동유럽의 유구한 역사는 제2차 세계대전 중에도 빨치산의 강력한 저항을 이어 갔지만 소련군에 의하여 해방을 쟁취할 수 있었다. 그럼에도 불구하고 민족주체적인 사회주의 혁명 세력들이 집권할 수 있는 분위기라 불안했던 소련으로서는 미국과 서유럽의 시선을 극동의 한반도 분쟁으로 돌리게 함으로써 동유럽 전체를 일시에 친소적인 사회주의 세력권으로 자리 잡을 수 있게 되었다.

미국은 차마 떠나기 싫었던 남한의 주둔군을 유엔의 결의 때문에 철수시키기는 했으나 여전히 미련을 뒀던 터에 중화인민공화국이 형성되자 다시 진주시킬 필요성을 절감하던 터에 유엔이란 모자를 쓰고 재진주할 기회를 획득할 수 있게 되었다. 이로써 미국은 서태평양시대를 연 데다 매카시즘으로 제국주의적 이미지를 표백시킬 수 있었다.

그래서 우리 민족은 우리의 피의 제전으로 남의 나라들을 살찌게 만들어 주었을 뿐만 아니라 '동서냉전 체제'를 굳게 쌓도록 해주는 보시를 베푼 게 한국전쟁이었다. 미소 두 강대국을 비롯한 세계의 많은 제국주의자들과 사회주의 혁명 세력은 저마다의 이해득실을 따지며 한반도의 남과 북을 지지하며 쾌재를 불렀다.

---

2   주지안룽, 서각수 역, 「모택동은 왜 한국전쟁에 개입했을까」, 역사넷, 2005, 164쪽. 朱建荣
     은 1957년 상하이 출신으로 국제 정치, 특히 중일 문제 전문가이다. 현 일본 동양학원대학
     (日本東洋学園大学) 교수.

그러나 당사국인 우리는 국민과 군대 모두에게 인기 없는 첫 전쟁을 치르며 너무나 희생이 많았다. 그런데도 몽매한 다수의 국민들은 이승만을 국부로 받들며 평생 대통령 직을 보장해 주려고 혈안이어서 이를 비판하는 민주세력에게 '빨갱이'라는 야만적인 마녀재판시대의 악습을 이어갔다. 이런 덕분에 국민들이 진흙탕에 코를 박건 말건 이승만 독재의 사슬은 전쟁으로 더욱 탄탄해졌다. 그러나 역사는 독재의 사슬이 옥죄일수록 저항의 장엄한 서곡은 크게 울린다. 그에게 정면 대결하는 민주투쟁을 향한 저항의 도도한 흐름이 형성되기 시작한 것도 한국전쟁기였다.

가장 분노한 것은 역시 항일독립투사들이었다.

1952년 6월 25일, '한국전쟁 2주년 기념식 및 북진 결의대회'가 부산 충무로 광장에서 열렸다. 10시 50분쯤 기념사를 더듬거리던 대통령에게 단하 뒤 3미터에서 권총을 겨냥한 사건이 일어났다. 불발이어서 다시 당겼으나 역시 불발이었다. 현장에서 체포된 유시태는 제2대 국회의원 김시현의 양복에다 그의 신분증을 챙겨 기념식장에 들어갔다. 김시현. 유시태 둘은 안동 풍산 동향 출신이었다.[3]

유시태 옹은 사월혁명으로 석방되면서 "그때 내 권총 탄알이 나가기만 하였으면 이번 수많은 학생들이 피를 흘리지 않았을 터인데, 한이라면 그것이 한"이라고 목이 메었다.[4]

세칭 대통령 저격사건으로 백남훈, 서상일, 노기용, 최양옥 등이 체포되었는데, 모두 독립유공자였다.

---

3   김원봉과 사상적 동지인 김시현(金始顯, 1883~1966)은 메이지대 법과 졸업 후 의열단 활동으로 투옥과 석방을 번갈아 겪다가 옥중에서 광복을 맞았다. 고향 안동에서 제2대 국회의원에 당선, 이승만 저격을 감행했다. 무기징역으로 복역 중 4·19혁명으로 석방(1960.4.28), 제5대 국회의원이 되었다.
    유시태(柳時泰, 1890~1965) 역시 독립운동가로 두 차례나 투옥당했다. 1952년, 62세의 유시태는 김시현으로 행세하며 귀빈석에 있다가 이승만의 연설 중간쯤에 일어나 독일제 모젤 권총으로 방아쇠를 두 번 당겼으나 불발되었다.
4   김삼웅, 『독부 이승만 평전』, 책보세, 2012, 270쪽.

이 무렵 서민호^{徐珉濠, 1903~1974}의원의 활약상은 야당사의 사표가 됨직하다. 그는 국민방위군사건을 폭로하러 "국회에 나갈 때 무슨 위험이 있을 것을 각오하고 사전에 가족들에게도 밝히고 유서까지 써 놓았다." 온갖 폭로와 반 이승만 활동에 중진 정치인들은 그에게 피신을 여러 번 종용했다.

부산에서 배로 여수, 거기서 자동차로 순천까지 계속 미행하던 군 장교가 순천 평화별관 식당에서 밤 9시쯤 "서민호 나오너라!"라고 난동을 부리며 권총 두 발을 발사하자 서 의원이 호신용 권총으로 방어한 것이 대위 서창선^{徐昌善} 살해사건^{1952.4}이다. 정당방위를 확대 조작하려고 노덕술, 최난수 등이 관여하여 증인들을 위협, 고문, 기소했다. 서민호는 옥중에서 손녀 손자 이름을 이승만을 징치하라는 뜻인 치리^{治李}, 치승^{治承}, 치만^{治晚}이라고 지을 정도로 비분강개한 정치인이었다.[5]

여담이지만 서민호의 차남 서해룡은 휴스턴에 살면서 2016년 민족 문제 연구소로 사신을 동봉한 채 선친의 글을 모은 2권의 책을 보내주었다. 필자에게 보낸 사신에서 그는 이렇게 썼다.

선친이 미국 컬럼비아대학 때부터 우남과는 막역한 사이여서 건국 후에도 서로 공조하는 사이였으나 대국적으로 국가를 생각하지 않을 수 없어 선친에게 필히 큰 불이익이 닥칠 것은 명약관화였으나 좌시할 수 없어 거창 양민이 수천 명 도륙된 사건, 국민방위군사건에서 몇 천 명 분의 양곡을 횡령한 사건, 그리고 세계사에서 그 유를 찾아볼 수 없는 영구집권을 꾀한 사사오입의 부산 정치파동 등…… 일련의 이승만 정권의 비행을 파헤친 선친의 우국의 행적들을 수록한 책자를 소생이 간행한 후 이승만의 아류인 정상배들이 수두룩한 조국을 등지고 태평양을 넘

---

5   서민호, 서해룡 편, 『자유민주주의와 나 1─옥중기편』(비매품 100부 한정판), 1997, 108쪽. 이 저서 제2권은 '정치 평론편'이며, 서해룡은 서민호의 차남이다. 옥중기에서 서민호는 아들 원룡이가 "결혼하게 된 것을 가족 면회에서 듣고 자식 결혼식을 기뻐하면서도 식에 참석할 수 없는 아버지로서의 현재 처지와 도리를 다 하지 못함을 슬퍼하였다." 그 뒤 원룡이 딸을 낳았다는 소식에 치리(治李), 아들을 낳자 치승(治承)이라 작명했고, 그 다음 아들이 생기면 치만(治晚)이라 지으라고 일러주었다.

남북은 공동 패자일 뿐이다. 이승만은 작전권을 아예 유엔군 사령관에게
넘겨두고 자신은 집권 야욕에만 전념했다.

2. 미남 농학도, 두 여인과의 비련에 종지부 찍다

이런 난세에는 반드시 불행한 시인들이 생기기 마련이다.

나환자 시인으로 유명한 한하운韓何雲, 1919~1975 역시 한국전쟁 후 극우파들
로부터 '빨치산 시인'이란 누명으로 혹독한 고초를 겪은 예에 속한다.

한하운의 본명은 한태영韓泰永으로 함남 함흥군 덕천면 쌍봉리현 함흥시 쌍봉리
에서 부유한 선비 집안의 2남 3녀 중 장남으로 태어났다. 일곱 살 때 함흥
으로 이사, 함흥제일공립보통학교를 졸업할 무렵 피부에 이상한 증세가 나
타나자 금강산의 한 온천에서 요양 후 회복, 전남 이리농림학교 수의축산과
에 들어갔다. 함경도에서 이리까지 간 배경에는 당시의 학제와 관련이 있다.
1922년에 개교한 이 학교는 5년제 관립 농림학교로 나중 6년제가 되면서
졸업생에게는 수의사 자격증을 주는 명문이라 입학시험도 전국 단위로 13
도 도청에서 치러졌기 때문이다.

육상선수에다 미남이었던 한태영은 여동생의 친구로 〈솔베이지의 노래
〉를 즐겨 불렀던 R이경희과 첫 사랑, 그는 〈오 나의 태양〉으로 화답하곤 했다.
그러나 상급학년이 되면서 팔다리에 심한 통증과 피부에 팥알같은 결절이
생겨 병원을 찾았으나 피부병이라며 치료를 받다가 이리농고 졸업 1년을 앞
두고 나병임을 확진 받아 다시 금강산 온천 요양으로 회복, 졸업 후 도일1937
년, 도쿄 세이케이고등학교成蹊高等學校 2년을 수료했다.[6]

---

6   이 무렵 한하운의 첫 애인이 이경희라고 밝힌 건 양승본, 「한하운 평전」, 『수원문학 작고문
     인 평전』, 수원문인협회, 2018, 290쪽이다.

그에게 학교에 대해 자부심을 심어주었던 이 학교 졸업 후 중국으로 가서 베이징대학 농학원農學院 축목학계畜牧學系를 전공, 「조선 축산사」란 논문으로 졸업했다.[7]

한태영은 베이징 유학 중 한국인 2세의 의대생 S라는 두 번째 연인을 가졌던 것으로 자신은 기록하고 있다. 그녀는 한태영이 나환자임을 알고는 자살했다고 하며, 첫 연인 R은 1947년 북한에서 체포되어 행방불명이라고 한다.[8]

중국 유학 후 귀향한 한태영을 아버지는 함경남도 도청 축산과에 근무토록 조처했으나 고향을 떠나고 싶은 심경에 장진군 개마고원으로 들어가 황무지 개척에 투신했다. 그러나 심한 추위로 나병 증세가 심해지자 남부지방인 경기도 용인군으로 내려갔으나 증세는 점점 악화되기 시작했다. 직장 동료들이 눈치 챌 정도가 되자 사직, 귀향하여 잠시 서점 경영에 열심이었다가 그것마저 포기한 채 두문불출하는 처지가 되었다.

8·15를 맞았으나 한태영은 그 기쁨도 향유하지 못한 채 함흥에서 일어난 반공학생 데모사건[1946]에 연루 혐의를 받고 체포되었다가 이내 석방됐다.[9]

세이케이(成蹊)고교는 1925년 설립된 구제(旧制)고교다. 구제란 1950년 새 교육제도(6-3-3-4) 이전의 일본 고교제도로 대학 예과(豫科)에 해당되며, 이 과정을 거쳐야 정규 대학 입학자격을 갖게 된다.

'성혜(成蹊)'라는 명칭은 사마천의 『사기(史記)』에 등장하는 한나라의 명장인 이광(李廣) 장군 일대기인 「이장군 열전(李将軍列伝)」에서 이광을 예찬한 "복숭아와 오얏은 말하지 않아도 저절로 그 아래로 작은 길이 생긴다桃李不言下自成蹊"에서 유래한다. 이광의 손자는 이릉(李陵)장군으로 역시 명장이었으나 부득이한 조건에서 흉노족의 포로가 되자 당시 군법이 포로는 무조건 역적으로 몰았기에 이릉에게도 궐석재판에서 중형을 내리자 절친인 사마천이 적극 옹호하다가 그 역시 극형을 언도받아 복역 중 부형(腐刑)을 자청하여 석방, 명저 『사기』를 남겼다.

세이케이 고교는 당시 일본 규정대로 남학생만으로 이뤄져 있던 명문으로 부유층이나 지배층 자제들이 많았다. 이 구제 고교에 여학생 입학이 허용된 건 1947년이었다.

7   이에 대해서는 ① 최원식이 친일정부가 세운 북경대 농학원일 가능성, ② 최옥산(中國對外 經濟貿易大學 교수)과 요시카와 나기(릿쿄대 강사)가 일본 세이케이 고교와 베이징대 농학원 경력을 한하운이 부풀렸을 가능성을 제기했으나 확인 불가능.
    여기서는 김용성, 『한국현대문학사 탐방』, 현암사, 1984, 493~500쪽 참고.

8   한하운, 『나의 슬픈 반생기』, 인간사, 1959; 강홍규, 『문학동네 술 동네』, 일선기획, 1990; 중 「시인 한하운의 비련」 등 참고.

9   함흥반공학생 시위사건은 1946년 '학원의 자유를 달라!' '우리의 쌀은 어디로 갔는가?' 등

그러나 이듬해에 아우가 체포된 데 연루, 연인 R과 한태영도 체포당해 원산형무소에 수감됐다가 나병환자인 그 혼자만 보석으로 석방되었다. 약을 구하려고 월남, 서울-대구-부산까지 다니며 약을 구해 월북하다가 피체, 원산 송도원 부근 어느 건물에 갇혔다. 간신히 탈출한 그는 남한 각지로 깡통을 두드리며 걸인 신세로 전락, 떠돌다가 상경, 명동에 자리를 잡고 연명하던 중 시인 이병철을 조우하게 되었다.

이병철은 "외우畏友 박용주朴龍周 형의 간곡한 소개로 정처 없는 유리遊離의 가두에서 방황하고 섰는 걸인 하나를 알게 되었던 것이다"라고 썼다. 이게 1948년 여름이었고, 그 이듬해에 이병철은 한태영을 시인 한하운으로 다시 태어나게 만들었다. 물론 한하운이란 필명은 이미 본인이 개명하여 1947년부터 써오고 있었다.[10]

3. 한하운, 빨치산 신분을 위장한 간첩으로 몰리다

서울신문사의 월간 『신천지』1949년 4월호를 통해 한하운은 등단했는데, 추천인은 한국전쟁 때 월북한 시인 이병철이었다.[11]

이병철은 한하운을 시인으로 추천하면서 이렇게 극찬했다.

의 구호를 외치며 함흥공업학교 학생 가두시위(3.11)를 계기로 함흥농업학교 생들까지 나서자, 함흥인민위원회가 학년말 방학(3.20 예정)을 13일 조기 실시토록 했다. 이에 반발한 학생들이 방학식이 끝나자 시내 모든 학교 학생 5천 여에다 1만 5천여 시민들까지 합세하여 일으킨 군중 시위가 되었다. 보안서원만으로는 치안유지가 어려워 소련군까지 동원되었으나 발포와 강력한 진압으로 쌍방이 적잖은 중경상을 입었고, 대규모 검거 선풍도 잇따랐다.

10 한하운의 약력은 김용성, 『한국현대문학사 탐방』, 현암사, 1984, 493~500쪽에 의거했고, 이병철의 글은 1949년 잡지 『신천지』를 통해 시인으로 등단시키면서 쓴 추천사 격인 「한하운 詩抄를 엮으면서」의 서두 부분이다. 그가 한하운이라 개명한 게 1944년이라고 한 것은 양승본, 「한하운 평전」, 『수원문학 작고문인 평전』, 수원문인협회, 2018, 291쪽이다.

11 이병철(李秉哲, 1918~1995)에 대해서는 제2부 제6장 「조직활동 문학인들의 검거」에 자세히 나온다.

인세人世의 하늘 밖에 쫓겨난 고독과 자학과 저주뿐이라 참을 길 없는 그의 울음
이 구천에 사무치도록 처절한 생명의 노래임은 독자의 감상에 맡기기로 하거니
와, 한하운 형의 시초詩抄를 내 손으로 엮음에 느낀 바 두어 마디 다음날을 위하여
적어두고 싶다.

일본문단 30년대의 작가에 호조 타미오北條民雄, 1914~1937이라는 소설가가 있었다.

물론 그도 문둥이였다. 그의 「생명의 초야いのちの初夜」단편, 「나병원 일기癩院記録」 등
소설을 한때 이땅 식민지 창백한 문학청년으로서 센티멘탈을 생리生理하던 내가
탐독한 바 있었던 그 문학과는 달라, 오늘 여기에 소개하는 하운 형의 문학은 모름
지기 그 문학적 제네레이션을 달리하고 있을 뿐만 아니라, 근본적으로 지향하는
문학정신의 차이에서 나는 감히 한하운 형의 문학을 훨씬 더 호조 타미오에 비하
여 높이 평가한다. (…중략…) 여기 하운의 문학은 적어도 어떤 역사적 현실 앞에
서 건강한 인간으로서 자기를 부정한 그것을 다시 부정해버린 다음의 높은 경지
의 리얼리티를 살린 데서 높이 평가되어야 할 것이다.[12]

이병철은 한하운의 발견에 감탄하여 무려 13편이나 월간 『신천지』에 실
었는데, 나중 문제가 된 작품은 「데모」였다.

뛰어 들고 싶어라

---

[12] 호조 타미오는 어렸을 때 서울에서 잠시 지내다가 어머니를 잃고 이내 귀국해버렸다. 결혼
이듬해에 나환자임이 밝혀져 파혼, 요양소에서 창작을 시작해 가와비타 야스나리(川端康
成)에게 보내 지도받아 활동 중 장결핵으로 23세에 죽음. 나환자에 대한 편견으로 사후 77
년 동안이나 본명을 공개 못하다가 탄생 1백주년인 2014년에야 시치조 테루시(七條晁司)
임을 밝히고는 각종 기념행사가 열리기 시작했다.
발표 때는 「최초의 초야(最初の一夜)」였으나 나중 「いのちの初夜」로 개제. 제2회 문학계상
수상, 제3회 아쿠다가와상(芥川賞) 후보작. 나환자가 요양시설에서 맞은 첫날 밤의 느낌을
묘사함. 뒤의 작품도 제목 그대로 비슷한 내용. 나환자의 비관적인 인생론으로 일관한 주제
인 이 작가와는 달리 한하운의 시에는 삶에의 낙천성과 긍정성에 바탕하여 세상 사람들의
편견을 극복하려는 의지가 스며 있는 데다 정상적인 사람들도 갖지 못한 정치사회에 대한
날카로운 비판의식까지 겸하고 있다.
추천사 격인 이병철의 이 글은 이후 한하운의 첫 시집에도 그대로 실림.

뛰어 들고 싶어라.

풍덩실 저 강물 속으로
물구비 파도소리와 함께
만세 소리와 함께 흐르고 싶어라.

물구비 제일 앞서 핏빛 깃발이 간다
뒤에 뒤를 줄대어
목 쉰 조선사람들이 간다.

모두들 성한 사람들 저이끼리만
쌀을 달라! 자유를 달라!는
아우성 소리 바다소리.

아 바다 소리와 함께 부서지고 싶어라
죽고 싶어라 죽고 싶어라
문둥이는 서서 울고 데모는 가고. 「데모」전문

　이밖에도 잡지에 함께 실렸던 작품에는 「전라도길-소록도로 가는 길에」,
「손꼬락 한 마디」, 「벌罰」, 「목숨」, 「열리지 않는 문」, 「파랑새」, 「삶」, 「막다
른 길」, 「어머니」, 「개고리」, 「명동 거리」, 「비오는 길」이 있었다. 한 편 한 편
이 다 대중들에게 인기를 끌면서 한하운은 일약 유명 시인이 되었다.
　그러자 정음사가 발 빠르게 추천작으로 실렸던 시 13편에다 12작품을 추
가해 낸 첫 시집이 『한하운시초詩抄』정음사, 1949.5로, 이병철이 『신천지』에 썼던
추천사를 그대로 싣고, 표지는 당대 삽화와 표지화의 최고 인기였던 화가 정
현웅鄭玄雄, 1911~1976이 맡았다. 70쪽의 얇은 분량이었으나 당시 열악한 출판
사정으로는 이례적으로 모조 100g의 고급 용지를 사용했다.

이듬해에 한국전쟁이 일어났고, 이때 이병철과 화가 정현웅은 월북해버렸다.

그 난리 통에도 한하운의 인기는 여전하여 정음사는 이병철의 해제를 뺀 대신 시인 조영암趙靈巖과 박거영朴巨影과 정음사 사장 최영해崔暎海의 글로 채우고, 정현웅의 표지 디자인은 색채를 바꾸고 이름은 삭제해버린 채 신작 7편을 추가해 재판1953.6을 냈다.

초판본에 게재했던 시「데모」는 재판본에서 제목을「행렬」로 바꾼 데다 "물구비 제일 앞서 핏빛 깃발이 간다 / 뒤에 뒤를 줄대어 / 목쉰 조선사람들이 간다"는 연과, "쌀을 달라! 자유를 달라!"는 구절을 삭제해버렸다. 재판에 실린 시「행렬」은 아래와 같다.

뛰어들고 싶어라
뛰어들고 싶어라.

풍덩실 저 강물속으로
물구비 파도소리와 함께
만세소리와 함께 흐르고 싶어라.

모두들 성한 사람들 저이끼리만
아우성소리 바다소리.

아 바다소리와 함께 부서지고 싶어라
죽고 싶어라 죽고 싶어라
문둥이는 서서 울고 데모는 가고.

이렇게 분단체제와 전후의 냉전체제를 고려해서 취한 재판본이건만 이게 한하운에게 예상치 못한 시련을 가져오게 되었다.

주간지 『신문의 신문』^{발행인 최흥조}이 8월 1일 자에서 한하운을 "문화 빨치산"으로 낙인찍고는 유령인물로 문둥이는 위장이며 좌익 활동을 하고 있다고 고발했다. "세간에 커다란 물의와 비난을 자아낸 가운데 전국 각 서점에서 팔리우고 있던 문제의 『한하운 시초』는 정부수립 이전 이미 좌익 선동서적이란 낙인을 찍었던 것으로서 동 서적의 재판발행에 즈음하여 당국의 태도가 자못 주목되어 오던 바 경남경찰국에서는 치안국의 명에 의하여 지난 8월 초순 이래 예의 내사를 거듭해 오던 바 드디어 일제히 압수하였다고 하는데 앞으로도 수사는 계속될 것이라고 한다"라고 밝혔다.[13]

이런 비난이 들끓던 중 한하운이 서울신문사에 등장한 것은 1953년 10월 15일 오후였다. 그는 운동선수처럼 튼튼해 보였고, 문제안 차장이 취재도 잘 끝냈다. 그러나 기자들은 한하운이 돌아간 뒤에 그가 만진 모든 것에 나병균이 붙었다는 통에 오소백은 관련된 것들을 모아 싸서 휴지통에 버렸다. 그래서 쓴 글이 『서울신문』^{1953.10.17}의 「하운 서울에 오다―레프라 왕자 환자 수용을 지휘」라는 제목의 기사와 한하운의 작품 「보리피리」였다. 특종이었다.

"4만 5천 명의 나병환자를 지도하는 문둥이의 왕자가 서울에 나타나서 서울 거리를 방황하는 나병환자들을 시 위생과의 협조 아래 수용하기 시작했다"를 서두로 시인이자 나환자로서의 그의 각종 사회봉사 활동을 간략히 소개한 뒤 "더욱이 한하운 시집으로 말미암아 문단에 여러 가지 파문이 던져지고 더구나 일부 신문에서는 마치 한하운이란 사람은 유령과 같은 가상 인

13 『태양신문』, 1953년 8월 24일 자 기사. 이 신문은 강인봉(姜仁鳳)이 창간(1949년 2월 25일)한 신문으로 나중 경영난으로 임원규(林元圭)를 거쳐 장기영(張基榮)이 판권을 이양(1954년 4월 25일)받아 『한국일보』로 게재(6월 8일), 지령은 그대로 계승했다.
『신문의 신문』 발행인 최흥조(崔興朝, 1918~2000)는 경기 개성 출신으로 평양에서 성장, 연희전문 문과 2년 중퇴한 희곡작가로 일제 말기부터 다양한 체험을 한 언론인에다 정치활동가. 8·15 후 월남한 그는 주로 동아일보사에 장기간 근무하며 많은 업적을 냈으며 시종 반탁, 반공, 기독교 신앙의 입장을 견지했다. 그는 이 신문 이외에도 월간 『진상』(1956 창간), 월간 『반공』(1957 창간) 등 많은 활동을 했다. 5·16 이후 그의 모든 간행물은 폐간당했으나, 1964년 중앙정보부 판단관에 몸 담았던 중 상부와의 의견 충돌로 잠시 구속당했다가 풀려나 기독교 신앙인으로 지냈다.

물이라고 까지 말하고 있는 지금 한씨의 출현은 나병환자들에게는 물론 문단과 일반에게도 크나큰 센세이션이 아닐 수 없다"라고 이 기사는 밝혔다. 사회부 오소백吳蘇白부장과 문재안文濟安차장의 이 특종은 사진까지 게재했다.

그러나 문제를 일으킨 인물들은 서울신문사로 찾아가 행패를 부리기도 했다.

조작을 일삼는 사람들은 진실을 보지 않는다. 『태양신문』은 되레 한하운과 그 주변 인물에게 좌익 연관 비밀을 밝히라고 요구했다. 대구 출신으로 언론인이자 영화평론가인 이정선李貞善, 평화신문 문화부장은 「민족적인 미움을 주자ㅡ적기가赤旗歌 『한하운 시초韓何雲 詩抄』와 그 배후자」『평화신문』, 1953.11.5~8에서 "간밤에 얼어서 / 손가락이 한마디 / 머리를 긁다가 땅 위에 떨어진다"한하운 시 「손가락 한마디」라는 구절이 "당국에 대하여 문둥이와 빨갱이를 판별 못하도록 하자는 농간"이라고 강변했다. 그는 시 「데모」와 「명동거리 1」 등과 이병철의 추천사 중 한두 구절씩 따내어 "공산주의 프로파간디스트"로 둔갑시켰다. 최영해 사장은 서울신문 취체역이사이며, 한하운을 칭찬한 장만영은 서울신문 출판국장으로 서울신문이 좌경이라고 우겨댔다. 조작은 힘이 세고 감염력이 높아서 특종을 했던 명기자 오소백과 문제안은 퇴사당했다.

어떻게 이런 일이 벌어졌을까. 이정선, 최홍조, 김영일金英一, 1914~1984, 『친일인명사전』 등재. 아동문학가로 주간지 『소년태양』 근무이 모여 "『한하운 시초』의 발간은 문화 빨치산의 남침"이며, 조영암의 「후기」는 "민족적인 것으로 캄푸라쥬하여 전국 서점에 배본하고 있음은 틀림없는 신 각도의 북한 괴뢰들의 대남공작"이라는 견해에 일치한 게 계기였다.

이런 발상을 하게 된 동기에 대해서는 ① 당시 나환자들이 서울에 유입되는 수가 늘어나자 나환자를 빨갱이처럼 대하던 당시의 인식 수준, ② 나환자들이 생산하던 계란, 야채, 수박 참외 등등의 유입에 대한 경계심이 작용하지 않았나, ③ 한하운의 시집이 잘 팔리자 이를 시기한 몇몇 출판사가 이들을 사주했다는 설 등등이 거론되고 있다. 어떤 동기에서든 이런 사건은 삼인성호三人成虎라는 속담처럼 1950년대 한국의 언론이나 문학예술인들의 의식의 상황을 나타낸 것으로 쉽게 접근하는 게 합리적일지 모른다.

이미 11월 초부터 내사하던 관계 당국은 본격 수사를 공언[11.20]했고 무책임한 언론들은 이에 박자를 맞췄다. 빽도 돈도 없던 문둥이 시인은 졸지에 검경에 불려 다니며 온갖 고초를 다 겪었다. 한하운은 치안국 특수정보과를 비롯하여 문교부, 보건사회부, 검찰청, 지방의 경찰서 등등에 호출당해 문초를 받는 일대 시련이 벌어졌고, 심지어는 국회에서도 거론되는 등 일파만파였다.

무슨 뚱딴지인지 본격 수사에 착수한다던 바로 이튿날[11.21] 이성주 내무부 치안국장은 한하운이 좌익이 아니라고 언명했고, 사흘 뒤[11.24] 치안국은 무혐의임을 밝혔다. 모든 신문들이 다 이 내용을 기사화했으나 『서울신문』[사장 박종학]은 침묵했다.

한하운은 문제된 구절이 원작엔 없었는데 편자[이병철]가 임의로 고친 것이라고 둘러댔다. 그는 나중에 낸 『한하운 시전집』[인간사, 1956.6]에서 「데모」의 문제 구절을 삭제하고, "문둥이는 서서 울고 데모는 가고"를 "지나가고"로 고쳤다. 이어 "아 문둥이는 죽고 싶어라"를 첨부하고는 시 끝에다 "주[註, 1946. 3. 13, 함흥학생사건에 바치는 노래]"라는 사족을 달았다.

그걸로도 불안했던지 자작시 해설 『황토길』[신흥출판사, 1960.8]에서 「데모」의 배경을 함흥시절이라고 밝혔다. 이후 시집에서는 '주' 항목을 부제로 승격시켜 앞머리로 올렸다. 판연히 원작과는 다른 반공작품으로 둔갑시키고 말았다. 이렇게 몇 차례에 걸쳐 성형수술 해버린 「데모」의 전문은 아래와 같다.

뛰어들고 싶어라
뛰어들고 싶어라.

풍덩실 저 강물 속으로
물구비 파도 소리와 함께
만세 소리와 함께 흐르고 싶어라.

모두들 성한 사람들 저이끼리만

아우성 소리 바다 소리.

아 바다 소리와 함께 부서지고 싶어라

죽고 싶어라 죽고 싶어라

문둥이는 서서 울고 데모는 가고.

아 문둥이는 죽고 싶어라.

　매카시즘에 의하여 미군정을 비판한 시가 반공시로 변모해버린 시 「데모」는 원상복구 되어야 할 것이다.[14]

　한국전쟁 직전인 1949년 한하운은 수원시 세류동 수원천 근처의 나환자촌에 정착촌을 만들어 8개월간 지냈다. 그러던 차에 정부가 부평에 새로운 나환자 수용소를 만들어 한하운에게 그리로 옮기도록 권해서 1949년 12월 30일 환자 70여 명과 함께 옮긴 곳이 성혜원成蹊院이었다. 보건사회부가 관리하던 성혜원은 나환자들에게 임신을 못하도록 하는 시설인데, 그 이름 성혜원은 바로 한하운이 일본 유학 중 다녔던 학교명과 같다. 바로 한하운과 부평 지역의 인연이 처음 맺어진 계기였다. 성혜원은 국립부평나병원, 공회당, 감금실 등이 있었고, 자립을 위해 양계를 했다.[15]

　한하운이 초대 원장을 맡은 신명보육원新明保育院은 나환자들인 부모로부터 아이들을 격리시키고자 설립[1952]한 시설이었다. 성혜원과 신명보육원 사이

14　한하운 필화에 대한 글 중 중요한 건 오소백, 『올챙이 기자 방랑기』, 인간사, 1973; 정진석, 『전쟁기의 언론과 문학』, 소명출판, 2012; 정우택, 「한하운 시집 사건의 의미와 이병철」, 『상허학보』 제40집, 2014; 최원식, 「한하운과 한하운 시초」, 『민족문학사연구』 제54집, 2014 등이다.

15　부평 인천지역에서의 한하운에 대해서는 전적으로 신현수, 「인천에서 한하운의 흔적 찾기」, 『작가들』 봄호(통권 64호), 2018를 참고 인용했음.

에는 철조망을 쳐서 서로 부모와 자식들이 서로 만날 수 없도록 했기에 그들은 해가 진 뒤 산을 돌아 넘어 만나곤 했다고 전한다.

1953년 대한한센연맹위원회장이 된 한하운은 나환자 구제사업에 헌신적으로 활동했다.

신명보육원은 현재 부평 삼거리역 근처 신명빌딩 뒤쪽에 있으며, 신명재단이 소유, 신명요양원도 함께 운영하고 있다고 한다.

1961년, 성혜원에서 음성판정을 받으면 가톨릭 신자들은 십정농장으로, 개신교 신자들은 처천농장으로 떠났다. 한하운 역시 이때 음성판정을 받아 십정동 자택에서 간경화로 타계할 때^{1975.2.28}까지 살았다. 물론 외부활동을 위해 서울 명동을 비롯한 곳으로 들락거리기는 했으나 그가 정착했던 곳은 여기였다. 1966년에는 한국사회복귀협회장을 역임하는 한편, 명동에 무하문화사無何文化社라는 출판사를 냈으나 성공적이지는 못했다.

한하운이 십정동에 거주하던 1970년 어느 여름 날, 작가 천승세가 전갈을 받고 찾아갔다. 이런저런 이야기 끝에 한하운 시인이 살아오면서 받은 설움과 억울함을 풀 길이 없다고 하소연하자 천 작가는 이렇게 제안했다.

"글월 文 자에다 아이 童 자, 그리고 저 伊 자, 이렇게 세 자 합치면 '문둥이'가 된다, 선생께서는 어느 때고 그 중 자랑스럽게 읊는 말씀이 바로 '문둥이올시다' 아니겠습니까. 그리고 죽는 날까지 선생께서는 문학청소년이길 소원할 것이다" 운운하며, 아호를 '문둥이'로 바꾸면 위로가 될 거라고 하자 "선생께서는 새색씨처럼 수줍어하며 함빡 웃었다. 아호를 꼭 문둥이로 바꿔 짓겠다고".[16]

유해는 김포시 장릉공원 묘지에 안장되었다.

그의 시비는 국립 소록도 병원 내 중앙공원, 수원시 세류동 수원천변, 이리농림학교 교정, 김포 장릉공원묘지 등등에 세웠는데, 거의 대표작 「보리피리」가 새겨져 있다.

---

16 천승세, 「나민 문둥이 올시다」, 『문학과 행동』 봄호·여름호, 2017, 31쪽.

보리피리 불며
봄 언덕
고향 그리워
피-ㄹ 닐니리.

보리피리 불며
꽃 청산靑山
어린 때 그리워
피-ㄹ 닐니리.

보리피리 불며
인환人寰의 거리
인간사 그리워
피-ㄹ 닐니리.

보리피리 불며
방랑의 기산하幾山河
눈물의 언덕을 지나
피-ㄹ 닐리리.「보리피리」전문

그는 사후에 자신이 되고 싶었던 파랑새가 되었을까.

나는
나는
죽어서
파랑새 되어

푸른 하늘
푸른 들
날아다니며

푸른 노래
푸른 울음
울어 예으리

나는
나는
죽어서
파랑새 되리. 「파랑새」 전문

제3장
『자유부인』과
간통 쌍벌죄

1. 제3차 세계대전을 선동하는 이승만

한국전쟁은 멈췄지만 독재자의 집권 야욕에 휴전이란 없다. 우상화된 독재를 유지하는 데는 민주화가 천적이다. 혼란과 위기 조장, 갈등과 빈곤이 오히려 우상화된 권력을 탄탄대로로 만들어준다. 그러나 그 길항관계가 무너지면 저항으로 치닫는다.

휴전 1주년을 이틀 앞둔 1954년 7월 25일, 이승만은 아이젠하워 대통령 초청으로 방미 여정에 올랐다. 워낙 껄끄러웠던 두 대통령은 정상회담으로 불화를 증폭시켰다. 이에 아랑곳 않고 이승만은 푸른 빛깔의 양복을 입고 미 상하원 합동회의^{7.28} 연설에서 소련이 수소탄을 대량 생산하기 전에 제3차 세계대전을 일으킬 것을 강력히 촉구했다. 제3차 세계대전이란 북한, 중국, 소련을 상대로 하는 전쟁을 뜻한다. 왜냐 하면 중국 본토 수복 전에는 승리가 없다는 것이 이승만의 계산법이었다. 개전하면 "미국의 공군과 해군의 힘이 필요한 것이지만, 미국의 보병은 단 1명도 필요치 아니하다"라면서, 한국이 "20개 사단을 여러분에게 제공하였고, 또 앞으로 새로운 20개 사단을 구성할 수 있는 인원을 제공할 것입니다"라고 유창한 미국말로 호소했다. 그는 미주 주요 도시와 교회, 미국의 해외 참전 재향군인회 등등에다 하와이까지 두루 거치면서 미국의 대 공산권정책은 실패이기에 한국전쟁의 휴전도 공산군에게 차기 돌격전 준비 기간을 주는 격이라고 비난하고는 오로지 전쟁만이 출구라고 사자후를 토했다.

그의 귀국^{8.13}에 발맞춰 국내 언론들은 "웅대한 반공전략 갈파 / 빛나는 이 대통령의 방미 성과"라고 대서특필했다. 이틀 뒤에 맞은 8·15 기념사에서 그는 우리의 희망은 압록강 진격으로, 대공 양보책은 자유진영의 패배라는 취지를 강조했다.

그러나 불과 5일 뒤부터 "미, 대한 경원^{경제원조} 부진!" "주한 미군 중 4개 사단 수개월 내 철수 / 전략적 이익 위해 재배치 예정"이란 기사가 큼직하게 떴다. 이미 이승만의 미국 방문 때 통고했다는 것이 워싱턴 측 해명이었다.

국제정세에 밝고 외교의 귀재라는 이승만의 진면목이다. 이런 흐름 속에서 국회는 미군 철수 반대 결의[8.18]를 한 게 고작이었다.

이승만 종신집권을 위한 새 개헌안을 제출했으나 부결당해 선포[1954. 11.27] 한 뒤 하루 만에 부결을 가결로 재선포해버린 게 바로 악명 높은 사사오입 개헌[四捨五入改憲]안이었다.

나라는 엉망이었다. 특권은 호랑이처럼 날뛰며, 부패와 부정은 여우처럼 간교해졌고, 불륜과 부도덕은 들고양이처럼 나댔다. 댄스 붐 판에 김해 출신으로 단국대학 사학과 2학년 재학 때 한국전쟁을 맞아 입대, 해병대 헌병 병과를 받아 근무하던 박인수는 해병대 헌병 대위까지 승진했다. 그는 약혼녀가 배신하여 어느 대령과 결혼해버리자 실의에 빠져 군기를 위반, 불명예제대[1954.4]를 당했다.

졸지에 실직자가 된 그는 현역 헌병 대위로 행세하며 1년여 동안 70여 여인들과 놀아나다가 이듬해에 법정에 서면서 전후의 타락상을 폭로했다. 그의 폭로에 의하면 대다수의 상대는 여대생이었는데, 그녀들 중에는 1명만 처녀였고, 그 외의 여인 중에는 미용사 하나만 처녀였다고 증언했다. 요즘 같으면 난리 날 일이지만 그 당시에는 입소문으로만 풍성했다. 이를 고발한 건 모 형사였다. 사건이 터지자 피해자 중에는 여관집 딸과 탁구장 집 딸만이 처벌을 원했고, 고관집 영양들은 시침 뚝 따버렸다.[1]

E여대생 상당수는 이 사건에 고발당해 소환조사를 하려 했으나 쉬쉬하며 도리어 그런 사실을 부인해버렸다. 이런 사회풍조에 빗대어 권순영 판사는

---

1   김태호,『법정에 선 사람들』, 삼민사, 1982. 이 책에는 1950년대 한국의 윤리의식의 붕괴 현상을 법정사건으로 입증해 주는 글로「박인수사건 – '보호할 가치 없는 정조'의 파문」,「고관 부인 탈선사건 – 가깝고도 먼 부부의 거리」,「제2의 정조사건 – 강제키스와 정당방위론」,「성행위 실험사건 – 판사를 신임케 한 성기능 감정」,「간통 쌍벌 제1호사건 – 가정의 문턱과 법률」등이 있다.
    이 글들에는 흥미진진한 사건들이 나오지만 여기서는 생략하고 다만 한국전쟁 이후 윤리의식이 붕괴되어 가는 단면을 성적인 탈선사건을 중심으로 이해하도록 제목 소개만 한다.

"E여대가 박인수의 처가"라고 공공연하게 떠들며, 법정을 S여대생 단체 관람을 허용하는 등 상류층의 반윤리성을 한껏 조롱했다. 권 판사는 "인생의 청춘을 향락하기 위해 스스로 제공한 정조를 법은 보호할 수 없으며 거기에 간섭해서도 안된다"라는 일관된 논리의 연장 위에서 "법은 보호할 가치가 있는 정조만을 보호한다"는 판결로 일약 명성을 얻은 한편 적잖은 설화^{舌禍}도 당했다.[2]

박인수는 1심에서 풀려났으나 항소심^{김세완, 김홍섭, 임항준 판사}에서는 "아무리 혼란한 사회상황 아래서라 해도 그 여성들의 정조가 법의 보호권 밖에 있다는 것은 지나치다고 하지 않을 수 없다"는 이유로 1년 6월 구형을 받은 박인수에게 1년 실형이 내려졌다. 대법에서도 쌍방 상고를 기각, 1년 형이 확정된 박인수는 서대문구치소에서 형기를 마치고 출소, 결혼하여 만년을 잘 보냈으며, 연루된 여성 둘은 마산의 댄스홀에서 댄서가 되었다는 후문이며, 시침 뚝 떼고 재판 증인도 마다한 고관집 규수들은 깨끗이 신분 세탁하여 상류층에 편입되었을 것으로 유추할 수 있다. 그래서 권순영 판사는 한참 세월이 흐른 뒤에도 이 사건을 회고하며 자신의 판결이 옳았다는 소신을 굽히지 않았다.

1950년대 중반 무렵의 한국사회는 이혼율이 0.27%^{1955년도 수치}에다 댄스붐이 일어나기 시작하여 70여 여성을 농락한 박인수사건¹⁹⁵⁴이 터졌는가 하면, 일제 강점기부터 단벌죄로 여자만 처벌해 오던 간통죄를 남녀 쌍벌로 수정한 조항을 국회가 통과^{1953.7.3}시킨 자체가 전쟁으로 인한 윤리의식의 폐단

---

2   권순영(權純永, 1920~1977) 판사는 나중 자원해서 서울지방법원 소년부 책임, 서울아동상담소를 설립해 초대 소장, 서울가정법원 설립 등에 앞장섰다. 윤형중(尹亨重, 1903~1979) 신부가 "고의적인 살인범은 사형에 처하는 것이 당연하다"고 주장한 「처형대의 진실」에 정면으로 맞서 사형폐지론을 펴기도 했다.
    은퇴 후 변호사가 된 권순영은 1974년 '문학인간첩단사건'(이호철, 김우종, 임헌영 등 5명) 때 김우종의 변호를 맡은 인연으로 필자와도 가까워졌는데 그때도 박인수 판결이 옳았다는 소신을 거듭 밝혔다. 물론 현대적인 관점으로는 어불성설이나 한국전쟁 직후 서민층과는 동떨어진 상류층 자제들의 향락풍조에 대한 비판의식의 발로로 볼 일이다. 권 판사에 대해서는 그의 영애 권용은, 『인간가족―영원한 청년 권순영 판사』, 신촌책방, 2019, 가 있다.

을 반증한다. 그 첫 고소사건[1954]이 세인의 시선을 끄는 등에서 엿보듯이 윤리의 붕괴 현상이 가속화되고 있었다. 다만 쌍벌죄라도 친고죄였기 때문에 여성 측에서 남편을 고발하면 이혼을 각오해야 되었기 때문에 남편의 불륜을 알고도 넘겨버리기 일쑤였다. 인권의식이 증가하면서 계속 시비가 되어오던 간통죄가 한국에서 폐지된 것은 2015년 2월 26일이었음을 상기하면 격세지감이 있다.

당시 한국은 서울에서도 춤다운 춤을 추자면 해군장교 구락부에나 가야 할 정도로 사회적인 시설은 미비했었음을 이 소설은 밝혀주고 있다.

후일담으로는 박인수의 모의재판을 『여원』사가 주관, 1955년 10월 14일 동화백화점[현 신세계백화점] 4층 영화관에서 개최하려고 만반의 준비를 끝냈다. 우선 이 모의재판의 출연진 자체가 큰 화제가 될 정도였다.

재판장 김내성[작가]
고문 재판관 이태영[여류변호사]
검사 박순천[정치인]. 당일 불가피한 사정으로 조재천이 대행.
배석판사 김철안[여성 정치인] / 정충량[평론가]
변호인 정비석
고문 변호인 황산덕
피고 오사량[신협 배우]
총지위 정후영[변호사]
시일 10월 14일 오후 1시.
장소 동화백화점 4층 영화관.

개최 당일 동화백화점은 인산인해를 이루는 등 대 인기였으나 갑자기 내무부 치안당국의 압력으로 중단되고 말았고, 이후 도하 여러 언론들은 이 행사를 이런저런 이유로 비난 일색이었다.[3]

2. 중공군 50만 명짜리 소설?

이런 시대를 가장 충실하게 그린 소설이 정비석의 『자유부인』『서울신문』, 1954
년 1월 1일~8월 6일까지 215회. 많은 연구자들이 8월 9일까지 251회라고 하나 잘못이었다. 한 작품으로
작가가 소설 연재를 하는 동안 연거푸 필화를 입은 건 이게 처음이자 마지
막일 것이다.

우선 다섯 차례나 오간 논쟁의 필진과 제목을 보면 아래와 같다.

① 황산덕, 「'자유부인' 작가에게 드리는 말」, 『대학신문』, 1954년 3월 1일 자

② 정비석, 「탈선적 시비를 박(駁)함-'자유부인' 비난문을 읽고 황산덕 교수에게
   드리는 말」, 『서울신문』, 1954년 3월 11일 자

③ 황산덕, 「다시 '자유부인' 작가에게-항의에 대한 답변」, 『서울신문』, 1954년
   3월 14일 자

④ 홍순엽, 「'자유부인' 작가를 변호함-'다시 『자유부인』 작가에게'를 읽고」,
   『서울신문』, 1954년 3월 21일 자

⑤ 백철, 「문학과 사회와의 관계-'자유부인' 논의와 관련하여」, 『대학신문』,
   1954년 3월 29일 자

첫 공격의 화살을 쏜 것은 서울대 법대 교수 황산덕이었다.

①에서 황산덕이 내세운 교수 모독이란 "권력도 돈도 없는 불행한 족속입
니다. 대학교수는 본래 진리탐구에 적극적이지만 권세와 치부에는 소극적
인 것입니다 (…중략…) 그러면서도 그들은 일국의 문화건설에 이바지해 보
려고 가진 모욕과 불편을 감수하면서 학원을 지키고 있는 것입니다. 세상 사
람이 다 부패했지만 나 혼자만은 부패해서는 아니 된다고 스스로를 채찍질
하고 있는 것입니다"라는 것이었다.

---

3   월간 『여원(女苑)』, 1955년 12월, 기사; 계훈모 편, 『한국언론연표 3−1951~1955』, 관훈클
     럽신영연구기금, 1993, 885~888쪽 참고.

이 말이 자유당 독재 치하에서 얼마나 설득력이 있었던가를 여기서 따질 계제는 아니다. 다만 공교롭게도 이 소설의 주인공 장태연 교수야말로 바로 황산덕이 옹호해 마지않는 교수상과 너무나 일치하고 있다는 점을 간과해선 안 된다. 소설 전편을 통하여 장태연이 지닌 이미지는 강직성과 진실성으로 일관하고 있다. 그는 처남 오병헌 의원이 마련해 준 중앙청 국장이나 중학교장 겸직 자리를 완강하게 거절했을 뿐만 아니라 입학 청탁이나 성적 채점에서도 융통성조차 보이지 않는다.

어떻게 이런 인간상이 박은미란 미군부대 타이피스트에게 에로티시즘적인 상념을 지녔던가 의심스러우리만큼 장 교수의 "진리탐구" 자세엔 흠집이 없다. 그중 가장 그를 돋보이게 만든 사건은 '한글 간소화'로 불려지는 이른바 '문화파동'에 대한 의연한 태도일 것이다.

그런데도 황산덕은 이 소설이 "대학교수를 양공주에 굴복시키고 대학교수 부인을 대학생의 희생물"로 삼으려 한다는 것이었다. "대학 교수는 권력도 돈도 없는 불행한 족속"들이지만 "아직 부패하지 않은 데 대하여 우리 민족은 크게 희망을 가지고 있는 것"이라고 황산덕은 주장했다. 황산덕의 비판은 이 소설이 교수 모독뿐만 아니라 그 아내들까지 모독한다며, "대학교수의 부인들은 봉건적 가정부인의 모습을 가장 많이 유지하고 있는 것"이라고 했다. 이런 대학 교수와 그 부인들을 정비석은 "스탈린의 흉내를 내면서 수백 명의 대학 교수와 수천 명의 그 가족과 수만 명의 대학생과 그리고 더 나아가서는 우리 민족 전체의 비난성 쯤 문제시 하지 않는다는 배짱이십니까"라고 작가에게 따졌다.

황산덕이 이 글을 쓴 건 정비석의 소설이 연재되기 시작한지 겨우 두 달이 지난 시점이다.

그러니까 소설 『자유부인』 중 「화교회」^{신문 게재일 1.1~12}, 「그리운 세계」^{1.13~22}, 「평화혁명」^{1.23~2.2, 32회}, 「직업전선」^{2.3~13, 54회}, 「환상교향악」^{2.14~24, 54회}, 「어심수심_{魚心 水心}」^{2월 25일~3월 7일. 75회까지} 중 마지막 「어심수심」은 초반까지밖에 안 나간 상태에서 황산덕은 특정 대목을 읽었을 수 있다. 이 가운데서 황산덕이 치욕을 느꼈을 개연성이 있는 대목을 찾아보기로 하자.

소설의 첫 장면은 가을, 맑게 갠 일요일 아침이다. 무대는 주인공 장태연 교수^{42세}의 자택인 적선동이다. 주인공은 한글학자로 한글 맞춤법을 개정하라는 이승만의 지시에 따라 문교부가 앞장서서 담화를 발표하는 기사가 신문에 보도되어 거기로 눈길이 쏠렸다.[4]

그의 부인 오선영^{35세}은 R여자전문 재학 때 장 교수에게 한글학을 배우면서 "학자적 인격에 감동되어 졸업 후에 자진해서 그와 결혼"하여, "열 살짜리와 여덟 살짜리 두 아이의 어머니"지만 "열 살쯤은 젊어보일 수 있는 요술"을 가졌다. 그녀는 대학 동창 모임^{花交會}과 동대문 오빠네 집까지 들렀다 오겠다며 집을 나섰다. "여자들이 외출을 위하여 화장을 할 때에는 얼굴만을 화장하는 것이 아니라, 자유라는 화장품으로 마음까지 화장을 하는 것"이다. 그녀가 버스 정류장으로 가고 있는데 구두 소리가 나더니 그녀의 어깨를 치며 "체! 어떤 미인인가 했더니 아주머니셨군요!"라고 하며, 내외 없이 드나드는 옆집 하숙생^{신춘호}이 나타났다. 무슨 대학 영문과 학생이라는데, 밤낮 춤만 추러 가는 멋쟁이였다.

이어 화교회에서 참석자들의 면면과 시답잖은 잡담, 남편의 지위 자랑 등등으로 끝나자 오선영은 국회의원으로 낙산 밑에 살고있는 오빠^{오병헌, 국회의원}네로 갔다. 그는 자신의 출신구인 M읍이 인구 3만이 넘건만 중학교가 하나도 없어서 학교 건립을 추진 중이었다. 그런데 작가는 국회의원이 못 마땅

---

4   이승만이 1950년대의 혼란 속에서 한글 간소화를 지시한 것은 1953년 한글날이었다. 영어에는 능통한 그는 도미 전에 익힌 맞춤법이 옛 표기법에 의한 신구약 성서 수준이어서 공문서나 보고서는 물론이고 신문조차 쉽게 독파하기 어려웠다. 그래서 자신이 익힌 그 시절의 맞춤법으로 돌아가도록 하자는 취지가 바로 한글 간소화의 요지였다. 복잡한 받침을 열 개만 남기고 없애며, 어간(語幹)을 무시하는 취지로 '믿다'를 '밋다'로, '갚다'를 '갑다'로 하고 소리나는 대로 '길이'를 '기리'로, '높이'를 '노피'로 고치자는 게 이승만의 주장이었다. 아무리 독재자라도 이 문제는 너무나 심각하고 여론도 나빠 두 총리(백두진, 변영태)에 두 문교장관(김법린, 이선근)을 계속 볶아댔지만 쉽지 않았다. 특히 이선근 장관(1954.4~1956.5)이 한글 간소화에 열을 올렸던 시기가 『자유부인』 연재와 일치한다. 온갖 억지와 고집을 부리던 이승만도 이 문제에 대해서는 국민적인 저항에 굴복, 철회(1955년 9월 19일)했다.

한지 그들의 아내를 호칭할 때마다 '국회의원 마누라'라고 부른다. 그 댁은 대낮인데도 전기가 다 들어오자 이런 대화가 오간다.

> "언니 댁은 상시선이구려?"
> "그럼! 언제부터 상시선이라구 … 참, 보통 선에는 밤에도 전등이 제대로 들어오지 않는다지?"
> 오선영 여사는 아무 대꾸도 아니하였다. 다만 밤마다 침침한 등잔불 밑에서 눈을 비벼가며 한글에 대한 연구논문을 쓰고 있는 남편을 가엾게 생각할 뿐이었다.『자유부인』 중「그리운 세계」

오빠 집에서 오선영은 태창기업 사장으로 오병헌 의원의 자금줄인 한태석을 만났고, 저녁 8시 경 그 댁에서 나오다가 우연히 질녀인 여대생 명옥과 그녀의 애인 신춘호와 마주친다. 결국 신춘호와 오 여사는 함께 귀로에 오른다.[5]

소설은 다시 그날 오전으로 돌아간다. 장 교수가 독서에 열중하고 있는데 두 집 건너편에 사는 박은미가 오선영에게 선물할 미제 화장품을 주러 찾아온다. 박은미는 "해방 후 싱가포르에서 돌아왔다는 처녀로 지금은 미군부대에 영문 타이피스트로 있는 여자다. 나이는 이십오륙 세 가량 되었을까." 그녀는 서슴치 않고 대청에 걸터앉아 장 교수에게 한글에 관한 이야기를 이어간다. 대화 중 장 교수의 시선은 문득, 그녀의 다리 쪽으로 갔다.

5　이 소설의 진면목을 이해하려면 작가 정비석(鄭飛石, 1911~1991,『친일인명사전』등재)에 대한 사전 정보가 필요하다. 평북 의주 출신으로 일제 하의 신의주고보 때는 치안유지법으로 징역 10월에 집행유예 5년 선고(1929)를 받았다. 도일, 히로시마 중학 졸업 후 도쿄 니혼(日本)대학 재학 때는『프롤레타리아신문』에 단편소설을 응모, 당선됐다. 중퇴하고 귀국(1932)한 그는 본격적인 작가로 등단했다. 8・15 후 그는 한국 대중문학의 일인자로 부각, 많은 활동을 했다. 다른 대중작가들과는 달리 사랑 이야기에만 국한하지 않고 시대를 반영한 작품이 많았는데,『자유부인』이 그 대표작이다.

감색 스커트 밑으로 드러나 보이는 은미의 하얀 종아리가 눈에 띄는 바람에 별안간 가슴이 설레었다.

젖빛으로 뽀얗고도 포동포동 살이 찐, 무척 아름다운 종아리다. 향기가 모락모락 피어나는 것만 같고, 손으로 어루만져 보면 손끝에 분가루가 묻어날 것만 같은 종아리다. 무슨 뛰어난 예술품처럼 황홀함이 느껴지도록 아름다운 종아리다. 사람의 육체에 이렇게까지 아름다운 부분이 있는 줄은 몰랐다.『자유부인』중 「평화혁명」

이 묘사로 서울법대 교수 황산덕이 교수 모독이라고 했을까? 알 길이 없으나 그가 정비석을 향하여 첫 화살을 날려 보낸 시점까지의 대목 중 가장 에로틱하긴 하다.[6]

박은미는 미군부대 내의 여직원들 대개가 한글 철자법에 백지라 장 교수가 허락한다면 배우고 싶다는 청을 했다. 그녀의 전화를 받고 장 교수는 아내가 사 준 약혼기념 회중시계를 전당포에 맡기곤 돈 3천 원을 갖고 나갔으나 그녀가 낸 돈으로 영화를 한 편 보았으며, 아내가 돌아오지 않은 밤 열 시 넘은 시각에 자신도 모르게 백지에다 박은미란 이름을 낙서하는 이야기가 2월 28일 경까지의 내용이다.

여기서 작가는 교수부인 오선영을 다시 등장시킨다. 그녀는 옆집 건달 대학생 신춘호 네로 갔다가 그의 제안에 따라 춤을 배우게 된다. 그의 시선은 "호소하는 듯, 애원하는 듯, 감격에 사무치는 정열의 시선"이어서 "오 여사는 가슴이 터질 듯한 감동을 느끼며 고개를 치켜든 그대로의 자세"로, 왜 그래? 라고 속삭였다.

"그 순간, 허리에 감겨있던 사나이의 팔이 서서히 몸을 조이며 얼굴이 점점 가까이 다가오더니 다음 순간 입술을 고요히 스쳐갔다." 이에 오 여사는 "남편에게 미안한 생각과 신춘호가 명옥을 껴안았던 광경이 번개같이 떠올

---

6   황산덕(黃山德, 1917~1989)에 대해서는 이 책 제2권 제5장 「5·16쿠데타 시기의 필화」중 「박정희 쿠데타에 정면 도전한 황산덕 교수와 송요찬 장군」에서 자세히 다루게 된다.

랐다".

그녀는 "아이 이러지 말아요! 정말 이러면 난 갈 테야" 하고 신춘호의 어깨를 때리며 나무랐다. "그러나 기실은 입술과 입술이 스쳤던 그 순간에, 영혼이 세례를 받은 것 같이 정신과 육체가 아울러 신성한 감격을 느끼고 있었다." 신춘호는 사과했고 오 여사는 춤이나 가르쳐 달라면서도, "신춘호의 미지근한 태도가 오히려 불만이었다. 좀더 정열적인 행동을 생리적으로 요구하고 있었던지도 모를 일이었다."

이 장면 또한 황산덕 교수에게 눈에 거슬렸을 충분할 개연성이 있다.

정작 이보다 더 놀랄 장면은 이 「평화혁명」의 마지막 부분에서 작가가 직접 개입해서 언급한 말일지 모른다.

성인군자 같던 장태연 교수는 건넛집 처녀의 아름다운 종아리에 가슴을 설레었고, 현모양처이던 마누라는 가정에 불만을 품고, 담배도 피워보고 입술도 허락해 가면서 옆집 대학생에게서 춤을 배우고 있다. 모두가 혁명인 것이다. 한글학자 장태연 교수 댁에도 민주혁명의 시대 풍조는 기어이 불어오고야 말았는 모양이었다.「평화혁명」

아마 2월 말일까지의 내용 중 교수와 교수 부인의 품격 운운할 만한 후보에 떠오를 장면은 여기까지일 것이다. 이 뒤에도 오선영이 화장품 상점 파리양행 관리인으로 취직해 사기꾼 백광진과 사장 한태석을 번갈아 가며 만나는 게 2월 말일까지의 줄거리이긴 하지만 앞에서처럼 진한 장면은 없었다.

3. 소설의 실체 벗어난 논전 공방

이런 윤리의식의 붕괴 현상 말고 교수의 품위 문제는 오히려 정비석 작가가 최고로 높여주고 있음을 이 기간에서 다룬 장면들에 나온다. 장태연 교수는 중앙청 국장 자리를 거절했고, 교수의 수입과는 차원이 다른 우대를 보장하는 손위 처남이 신설한 중학교 교장을 맡아 달라는 걸 단칼에 잘랐으며, 부정입학을 부탁하는 것 역시 거절했으며, 학점으로 들어오는 뇌물도 일체 사양했다. 이만하면 가히 교수의 위신을 세웠다고 함직 않을까.

그러니 황산덕의 불만의 요체는 아무래도 에로티시즘적인 장면 묘사가 아닐까 싶다. 그의 비난에 대해서 작가 정비석은 (2)에서 "대학교수를 양공주에게 굴복"시켰다는 대목을 들어『자유부인』에는 아예 양공주는 등장하지도 않는다며 타이피스트 박은미를 양공주로 칭한 걸 맹타했다.

이에 대하여 황산덕은 (3)에서 "남녀관계만 문학이고 성욕만이 예술이라고 생각하시는 모양"이라고 정비석에게 해당되지 않는 비난을 전제한 후 "성욕 자체, 성적 흥분을 돋우는 표현 자체가 문학인 것이 아니라, 그것이 인간의 휴머니티라든가 인간현실의 리얼리티라든가 작품 내용의 모랄이라든가 예술의 순수성이라든가 기타 그 무엇에 호소하는 바가 있어야만 그것은 문학이 되는 것"이라며,『자유부인』은 "단연코 문학작품이 아닙니다"라고 단정했다.

그러고는 "중공군 50만 명에 해당하는 조국의 적"이라고 작가를 공격했다. 왜 하필 중공군 50만 명인가란 문제는 한국전 때 참전했던 중국 인민해방군의 숫자가 적게는 10만부터 많게는 100만 명 설까지 분분한데 당시에는 대략 50만 명으로 잡았던 데서 유래한 것 같은데 정작 중요한 대목은 공격자가 매카시즘적 수사법을 태연하게 동원하고 있다는 점이다. 말하자면 이 소설의 작가는 '빨갱이'같은 한국사회 파괴범이라는 은유가 스며있어 휴전 직후의 상황에서는 끔찍한 사상적 표적 사격의 효과를 노리고 있지 않았나 하는 의도성이 엿보인다.[7]

---

7 황산덕이 이처럼 지성의 금도를 넘은 글을 쓴 동기에 대하여 "서울대 법대에는 훗날 유신헌법을 기초한 한태연이 헌법교수로 재직 중이었다. 순전히 우연이었다. 이름이 비슷한 한태연은 주변에서『자유부인』의 모델이라는 오해와 놀림을 받았다. (…중략…) 황산덕의 이상한 기고문은 서울대 동료 교수들의 부추김을 받아 쓴 글이었다. 황산덕 자신은『자유부인』을 읽지도 않은 상대였다"는 것이다(김차웅,「명대결, 화세의 논생. 갈채의 승부 뒤안길 4─

황산덕의 논리대로라면 아마 박인수는 중공군 숫자로는 계산이 안 되는 마우쩌둥毛澤東 쯤이고, 권순영 판사는 저우언라이周恩來 격은 될 판이다.

이런데도 "여성단체가 나서서 정비석 작가를 고발하고, 대학교수들이 문교부와 공보처를 찾아가 『자유부인』의 연재 중단을 요구하는 해프닝이 이어졌다. 심지어 군정보기관CIC까지 나서서 정비석 작가를 들쑤셨다."[8]

역사는 역설적이게도 이로부터 20년 후 인혁당 관련자 처형1975년 4월 9일 때 황산덕은 법무부장관1974~1976이었고, 권순영은 당시 재야 법조인으로 시국사범들을 변호했었다.

황산덕은 인혁당 관련자 8명의 사형을 집행 후 그 유해를 가족들에게 돌려주지 않았고, 천주교 사제들이 나서서 응암동 성당으로 함께 운구하려는 걸 크레인으로 강탈하여 벽제 화장터에서 화장시켰다. 정의구현사제단과 유족들의 강력한 진상 공개에 그는 "고문은 없었다"라며, 향후 "인혁당사건과 관련, 조작설을 퍼뜨리거나 '민주 인사', '애국 인사'로 지칭하여 석방을 요구하는 등의 언동에 대해서는 반공법을 적용해 엄중히 단속하겠다"라고 했다.

아마 이 글 (3)을 읽고 정비석은 대응할 생각을 버렸을 것이다. 모든 권력기구와 압력단체가 서울대 법대 황산덕 편이라 더더욱 그랬을 터였다.

그런데 정작 작가의 입장을 옹호해준 건 변호사 홍순엽이었다.

그는 ④에서 황산덕이 주장한 대학의 위신과 대학에 의하여 건설된 민족문화의 권위를 모욕했다는 지적을 정면 부정한다. 『자유부인』의 교수 부부가 이성異性의 매력에 끌렸다고 민족문화의 권위를 훼손한 건 아니라면서 이렇게 보론해 준다.

『자유부인』 파동 1·2」, 『동아일보』, 1982년 1월 6~7일 자. 여기서는 김두식, 『법률가들—선출되지 않은 권력의 탄생』, 창비, 2018에서 재인용).

8   김두식, 『법률가들—선출되지 않은 권력의 탄생』, 창비, 2018, 152쪽.

나는 아직 『햄릿』의 작가 사옹沙翁이 왕실을 모독하였다는 비난이 있었다는 말을 듣지 못하였으며, 『인형의 집』의 작가 입센이 법률가를 모욕하고, 『파우스트』의 작가 괴테가 학자의 권위를 손상시켰다는 힐책을 받았다는 말을 과문의 탓인지는 모르지만 아직 듣지 못하였습니다.[9]

홍순엽은 "적賊이니 적敵이니 하는 용어를 남용해서는 아니 되겠습니다"라며, '중공군 50만' 운운한 점을 "수긍할 수 없는 언사"로 에티켓이 없다고 했다.

이런 홍순엽의 지적은 1950년대 한국사회가 '반공' 열풍에 들떠 억울한 희생자를 남발시키는 데 대해 은근한 비판의식을 담은 글임을 느끼게 해준다.[10]

이들 논쟁에 대한 백철의 글은 미지근하고 두루뭉술하다. 같은 평북 출신으로 정비석과 절친했던 백철로서는 작가의 편을 들어줄 법한데 냉철했고, 오히려 황산덕의 입장에 관대했는데, 이건 아마 당대 대학 교수들의 동향을 감안한 듯하다.

그러나 황 교수의 우려와는 달리 논쟁 이후의 소설 전개에서 장 교수는 박은미를 처음 보았을 때의 에로티시즘에서 오히려 후퇴해버렸는데, '교수'의 위신 세우기에 작가가 협조한 흔적이 역력하다. 오선영은 신춘호와 세 번,

9 『자유부인』을 둘러싼 논쟁 전문은 임헌영 편, 『한국문학대전집 부록 1 – 문학논쟁집』, 태극출판사, 1976에 게재, 인용했음. 이 논쟁집은 편자가 1979년 세칭 '남민전사건'으로 투옥당하자 출판사 측에서 편자의 이름을 삭제한 채 발매했다.
10 홍순엽(洪淳曄, 1911~1992)은 황해 연백 출신으로 해주고보–경성법전을 졸업한 후 목포에서 서기 겸 통역생으로 근무 중 조선변호사 시험에 합격, "1941년 경성고등법원에서 열린 동우회사건 최종심 재판에 김병로. 이인. 이승우. 김익진 변호사 등과 함께 참여했다. 1937년에 시작된 동우회사건은 끔찍한 고문, 전향 강요, 예심의 지연 때문에 1941년까지도 재판이 진행 중이었다. 결국 1941년 11월 17일 관련자 전원은 무죄판결을 선고 받았다." 8·15 후 홍순엽은 조선법학자동맹(1946년 2월 12일) 부위원장을 맡았고, 조선학병동맹사건 등의 변호도 맡았으나, 조전정판사 위폐사건 이후 좌익에서 멀어지기 시작했다. 변호사와 대학강사를 겸하던 그는 도미, 사던 메소디스트(Southern Methodist)대학에서 법학석사(LLM) 학위(1957)를 받았다. 1961년 대법원판사, 1973년 재임명되어 1976년 정년을 맞았다(김두식, 『법률가들 – 선출되지 않은 권력의 탄생』, 창비, 2018에서 홍순엽 관련 사항을 간추렸다).

한태석과 한 번, 도합 네 번이나 육체관계 직전까지 갈 뻔한 분위기를 조성했지만 아이들이 부르러 오거나 오빠나 남편이 불쑥 나타나는가 하면 본처가 미행하다가 현장을 덮치는 등 번번이 방해당하고 만다. 결국『자유부인』은 '자유를 꿈꾸는 부인'이 자유의 미수에 그치고 말았다는 내용인데도 세인들은 이 소설의 윤리적인 측면만을 주시해 왔다. 그러나 작가는 신춘호의 뺨을 쓸어주는 오선영을 "젊은 대학생이 제멋대로 씨부리는 말을 그대로 믿고" 황홀해 하는 어리석음을 꼬집으며 결국은 가정의 소중함을 깨닫는 귀가형 결말로 대미를 장식했다.

1954년 만우절에 소극이 일어났다. 「수░! '자유부인' 말썽 / 정비석씨 대 황산덕 교수 간에 난투극 / 쌍방 중상으로 입원 중」이란 제목 아래 사건 현장 하모니 다방 사진에다 레지 미쓰 최, 대학 측, 신문사 측, 담당 문 검사 측의 소견까지 게재했다. 만우절에 발생하는 각종 촌극 중 아마 금 메달급일 것이다.[11]

이렇게 해서『자유부인』사건은 일단락되는가 싶었는데, 전혀 예기치 않았던 데서 또 터져 나왔다.

---

11 『제일신보』, 1954년 4월 1일 자. 이 사건 1년 뒤 정비석은 「속은 이야기 속힌 이야기」(월간 『신태양』, 1955 4월호)에서 이렇게 회고했다. 1954년 3월 말 경, 정비석은 북아현동 자택에서 후암동으로 이사, 4월 1일에는 외출도 못하고 이삿짐 정리로 분주했다. 그런데 친척 한 분이 찾아와 "얼굴에 부상이 없으니 웬 일이냐!"는 것이다. 놀란 정비석은 그날 오후 5시 경 서울신문사로 가서야 문제의 기사를 보고서 거짓말치고는 너무 심했다고 느꼈다. 9단짜리 기사에다 다방 사진까지 실었으니 만우절을 깜빡 잊고 속을 만 했다. 신문사와 입원했다는 세브란스 병원으로도 문의 전화와 방문객으로 한바탕 곤욕을 치렀다는 후문이었다. 계훈모 편, 『한국언론연표 3 − 1951~1955』, 관훈클럽신영연구기금, 1993, 349~350쪽.

4. 도장 하나 찍어주고 수천만 금 뇌물

　세 번째는 진짜 필화인데, 연구자들이 황산덕과의 논쟁에만 쏠려 간과하고 있다. 오선영의 대학 친목회인 화교회의 친구 중 최윤주는 남편이 정부 중앙부처의 국장으로 끝발이 나가는 처지였는데 이혼을 했다. 오선영이 그녀의 집엘 들렀는데, 마침 안주인은 부재중이었고, 가사도우미였던 계집아이가 최윤주의 화장품을 몰래 바르고 있었다. 그 아이는 너무나 놀라 겁먹은 얼굴로 안절부절했다. 이에 오선영은 이렇게 생각한다.

　　국록을 먹는 공무원이 도장 하나 찍어주고도 수천만 금의 뇌물을 예사로 받아 먹는 이 세상에서, 주인 아주머니의 화장품을 잠깐 도용하다가 불시에 나타난 손님에게 겁을 집어먹는 아이라면 그처럼 양심적인 아이가 어디 있겠는가 말이다. 우리나라의 공무원들이 이 계집아이만큼만 양심적이었다면, 오늘의 현실은 훨씬 명랑해졌을런지도 모를 일이다.『자유부인』 중 「수지불계(收支不計)」; 『서울신문』, 1954년 6월 21일 자

　『자유부인』의 인기가 높아서 연재가 끝나자 바로 단행본으로 출간했는데, 이때부터 아예 이 대목은 고의로 삭제된 채 출간되었다. 그 목청 높던 문인 권익 옹호 단체들은 이런 구절 하나를 제대로 지켜주지 못했다. 이 구절이 없는 시판『자유부인』은 어쩐지 앞뒤 연결이 잘 안 되는 어색한 부분으로 처리되어 있다.[12]

　작품을 불륜의 시각으로만 접근하여 저속한 관심에 집중시키다가 정작 다른 알맹이를 잃어버리는 경우가 문학사에는 자주 있다.『자유부인』도 그렇다. 교수 부부의 '바람기'로만 이 소설에 접근하는 풍조 때문에『서울신문』에

12　『서울신문』 연재 당시부터 절찬을 받았던지라 연재가 진행 중에『자유부인』上(정음사, 1954년 5월 30일), 연재가 끝나자마자『자유부인』下(1954년 8월)를 냈다. 이 소설이 얼마나 인기가 높았던지 연재가 끝나자『서울신문』 판매부수가 급속히 하락할 정도였다. 그런데 문단에서는 이 구절이 빠진데 대하여 누구도 이의를 제기하지 않았다.

연재될 때 분명히 있었던 한 대목을 고의로 빼어버린 채 단행본을 냈지만 아무도 주목하지 않아 잘못된 텍스트가 그대로 전수되어 시판되고 있다.

연재 당시에는 엄청난 물의를 일으켜 작가는 "시경, 치안국, 특무부대 등등 온갖 기관의 취조"를 받고 연재 중단 압력까지 받았다. 일부 자료들은 『자유부인』이 실지로 중단된 것처럼 기록하지만 6·25 하루만 휴재되었을 뿐이다. 그 전날 자로 작가의 사과문인 '석명서'가 광고란에 게재 됨으로써 간신히 문제는 해결되었다. 석명서釋明書 전문은 아래와 같다.

석명서. 본인은 지금 『서울신문』 지상에 장편소설 『자유부인』을 연재 중이온데 해該 소설 6월 21일부 제171회분 중에 "국록을 먹는 공무원이 도장 하나 찍어주고도 수천만 금의 뇌물을…" 운운은, 실상은 일부 부정 공무원들의 양심적 반성을 촉구하자는 의도에서 쓴 것이었으나, 일단 발표해 놓고 보니 표현이 조홀粗忽했던 관계로 전체 공무원들의 위신을 손상케 하는 의외의 결과를 초래케 되었사와 심히 죄송스럽기에 자에 지상을 통하여 깊이 석명하는 바입니다. 단기 4287년 6월 22일 우 정비석『서울신문』, 6월 24일 자 광고

국회나 국회의원에 대해서는 온갖 난도질을 가해도 끄떡없었는데 행정부의 국장을 지적하자 금방 제재를 당했다는 사실은 한국 정치가 얼마나 비정상적인가를 반증해 주는 사건으로 남을 만하다. 신문의 잉크도 마르기 전에 문제가 되어 아예 삭제당해버린 이 사건은 실로 그 '도장'의 위력을 보여준 예라 하겠다.

『자유부인』에는 국회의원에 대한 비하나 인격 모독이 필요 이상으로 심하고 빈번하게 언급되어 있다. 오선영의 오빠 오병헌이 M읍 출신 국회의원인데, 그녀의 시선에조차도 올케언니는 "국회의원 마누라"로 권세욕과 물욕을 겸한 속물의 전형으로 비친다. 한 번도 올케언니로 나오지 않고 언급될 때마다 "국회의원 마누라"다. 사업가이자 오병헌 의원의 돈줄인 한태석은 오선영에게 "정치 말입니까? 가만히 앉아서도 정치가들을 얼마든지 움직일

수 있는데, 무엇 때문에 그런 어릿광대 노릇을 한단 말입니까. 내가 국회의원이 된다면 한 사람 몫의 국회의원 구실밖에 할 수 없지만, 뒤에 가만히 앉아서는 국회의원을 열 사람이고 스무 사람이고 마음대로 움직일 수 있다는 비밀을 아셔야 합니다"라고 말한다. 이 말대로 오병헌은 중학교 건립 같은 사회 사업조차도 오로지 표 때문에 한 것으로 드러나고 만다.

소설은 그 다음 장「백척간두」에서 1954년 5월 20일 총선을 다룬다. 장 교수가 투표하러 가려는데 아내 오 여사가 누구를 찍겠느냐고 묻자 평소 소신대로 "국민의 대변자"인 X를 찍겠다니까 오 여사는 A씨를 찍으라고 권한다. 아는 사이니까 지프 차라도 한번 얻어 탈지 모른다는 게 이유였다. 한 교수는 아내를 설득, 오 여사도 X씨를 찍기로 마음을 고친다. 정비석은 작심하고 이런 장면을 삽입시킨 듯하다. 모리배와 진배없는 오선영의 오빠 오병선은 이 총선에서 낙선하는데, 이는 필시 정비석 작가의 민주주의에 대한 신념의 반영일 것이다.

그러나 소설의 기본 줄거리는 오선영의 일시적인 분출임을 부인할 수 없다. 그녀의 주변에는 세 남자가 유혹의 덫을 놓고 있다. 그 중 오선영의 호기심을 가장 심하게 유발한 것은 대학생 신춘호였다. 친정 질녀오명옥의 애인으로 이들 둘은 곧 도미할 처지면서도 그는 모국을 떠나기 전에 오선영을 유혹하고자 온갖 노력을 기울였지만 다 좌절당하고 만다. 두 번째 남자는 친정오빠국회의원의 재정적 후원자인 한태석이다. 그는 오선영을 자기 처가 운영하는 양품점 책임자로 고용하여 그녀를 정복하려고 틈새를 부단히 파고 들었으나 역시 실패하고 만다. 셋째 남자는 양품점 일을 하던 중 고객을 위장하여 찾아온 사기꾼 백광진으로 그는 오선영에게 육체와 돈을 다 가지려고 획책하나 역시 실패하고 만다. 오선영이 갈망하던 바를 이루려고 노릴 때마다 어린 아이들이 엄마를 찾거나, 친정 오빠가 등장하기도 하고, 한 번은 화신 앞에서 신춘호를 기다리고 있다가 남편에게 들키기도 했으며, 가장 가능성이 높았던 한태석과는 여관에까지 들어갔으나 그의 본처가 등장하여 혼쭐나기도 했다.

이런 소문들이 어찌 무사하겠는가. 장태연 고수에게 익명의 투서가 날아들어 아내의 화냥기가 너무 심하다는 충고까지 받으면서 어느 날 통금을 어겨 파출소에서 밤 새고 귀가한 아내에게 가출을 명령하는 지경에 이르렀다. 아내는 이에 지지 않고 가출, 방황과 초조 속에서 20여 일을 보내며 가출한 걸 후회하고 있었다.

마침 사회는 온통 이승만의 한글 간소화 반대 여론으로 들끓던 참이었다. 이승만에게 한글은 헌신짝처럼 팽개쳤던 자신의 본처처럼 낯설었다. 어느 날 시내 외출에서 돌아온 이승만이 뭔가 궁금증에 사로잡혀 있는 모습에 비서진들이 그 이유를 묻자 '심조불'이 무슨 뜻이냐고 물었다. 아무도 아는 사람이 나타나지 않아 대체 그걸 본 곳이 어디냐니까 동화백화점^{현 신세계}의 외벽에 커다랗게 적혀있더라는 것이었다. 알아보니 '불조심'인데, 이 영감님은 옛날식으로 오른쪽부터 독파한 것이었다는 일화가 나돌기도 했다.

그는 이미 1949년 11월에 발표한 담화에서 "국어학자들이 정한 한글 표기법이 괴이하여 문명의 전도에 장애물이 된다고 비난하고, 자신이 누차 설명한 바와 같이 이전에 쓰던 방식^{조선 말기}으로 돌아갈 것을 촉구했다."[13]

그의 주변에는 견마지로를 다하는 온갖 충성파들로 붐볐지만 이런 '각하'의 고충을 눈치채고 시원하게 해결책을 제시하는 안을 내는 사람은 없었다. 참다못해 이승만은 1952년 한글날 담화에서 이와 비슷한 고충을 또 털어놓았으나 마찬가지였다. 드디어 1953년 한글날을 맞은 이승만은 한글 맞춤법을 즉시 간소화할 것을 내각에 지시했다. 그러나 이승만의 지시 중 이 문제처럼 논란이 많은 건 없었다. 도무지 진전이 없자, 국방부 정훈국장이던 이선근^{李瑄根}을 문교장관에 발탁^{1954.4.21}하자 이선근은 장관 취임 2개월여 만에 가진 기자간담회에서 느닷없이 '한글 간소화 성안'을 발의^{6.19}하고는 1주일 뒤^{1954.6.26} 한글 간소화 추진 담화를 냈다.

공교롭게도 문교장관의 발의는 작가 정비석이 '공무원 도장'사건으로 곤욕을 치르기 이틀 전의 일이었다. 아무리 작가가 속이 비었대도 그런 수모

---

13   서중석, 『이승만의 정치 이데올로기』, 역사비평사, 2005, 186쪽.

를 당하고서 비판의식이 솟아나지 않을 수는 없을 터였다. 마침 모든 언론매체들은 '정부안'을 비판하기에 바빴다. 박수와 찬성에 익숙했던 문화풍토에서는 낯선 장면이 전개되기 시작했다. 한글정책 비판 기사와 함께 언론 자유 문제까지 병행하여 거론하면서 여론은 악화일로로 치달았다. 그런데 정치적으로는 그 비등하는 반대여론에도 불구하고 문교장관은 반대 발언 금지령을 비밀리에 내렸으나 그것조차 탄로 나버렸다.

1954년 7월 11일, 국회 무소속동지회 주최로 한글간소화 문제 방청회가 열렸는데, 반대론자 명단에는 김윤경, 최현배, 이숭녕, 김선기, 오종식, 이관구, 모윤숙, 이하윤, 조지훈, 서울사대 부속국민교장 김기서, 대한출판문화협회 이사장 김창업 제씨가 올랐고, 이승만 안을 지지하는 학자로는 정경해, 서상덕이 참여했다.

『자유부인』의 장 교수는 어땠을까.

"장태연 교수는 일본 제국주의의 압제 밑에서도 한글을 고수해 온 만큼 조국 광복의 날을 맞이한 대한민국시대에는 문화훈장 하나쯤은 받는 것이 당연하건만, 오히려 독립 국가가 되면서 장 교수의 시세는 화폐가치와 마찬가지로 저락일로低落一路의 현실에 직면하게 된 셈이었다." 그러나 그는 결코 이런데 구애 받을 학자가 아니다. 당연히 이승만 안에 대해 반대하는 입장이어서 국회 청문회에 참석하도록 예정되어 미리 신문에 공개되었다.

그의 아내 오선영은 이 소식이 너무나 반가웠고, 새삼 부군이 돋보이면서 존경과 긍지가 생겼다. 그녀는 몰래 국회 청문회 방청석에서 남편이 소장학자답게 논리정연하게 설파하는 걸 들으며 감동했다. 청문회가 끝나자 아내를 만난 장 교수 역시 그녀의 출현이 반갑고 새삼스러워 둘은 다정하게 적선동 집으로 돌아가는 게 이 소설의 마지막 장면이다.

한글 문제는 어떻게 되었을까. 정부. 자유당 연석회의에서도 반대를 결의 7.12했건만 이튿날 이승만은 거듭 한글 철자법 폐지를 지시하자 줏대 없는 자유당은 대통령의 견해를 지지하는 쪽으로 선회7.16하는 등 갈팡질팡이었다. 리승만은 이에 힘입이 당장 고치기 어려우면 정부와 정부 상내 단체부터 쓰기 시작하고 민중은 그 뒤에 익혀서 쓰도록 하자는 해괴한 한 나라 두 맞춤법안을 내놓기도 했다[7.24].

그러나 인중승천 人衆勝天 이다. 두 총리 백두진, 변영태 에 두 문교장관 김법린, 이선근 을 볶아대다가 국민적인 저항에 굴복, 이승만의 한글 간소화는 철회 1955.9.19 됐다.

이선근 문교부 장관은 1956년 정.부통령 선거에 개입했다가 국회가 불신임안을 통과[1956.6.5]시켜 불명예 퇴진하였다.

그러나 이미 필화의 운명을 타고난 『자유부인』은 1956년 영화로 나오면서 검열에 걸렸다.

"제일 문제가 된 게 키스신이었다. 대학생과 포옹하는 장면, 댄스신도 풍기 문란이라고 문제 삼았다. 그런 이유로 상영을 못하게 되어 사회 문제가 됐다. 그래서 나중에 일부 장면을 삭제하고 상영했다. 영화는 공전의 히트를 쳤다. 그 무렵엔 『자유부인』처럼 10만 명 넘게 본 영화가 별로 없었다. 소설도 많이 팔렸다. 그때는 5만부 이상 팔린 책이 거의 없었다. 『자유부인』하고 『얄개전』, 『영어 구문론』이 당시 5만부를 넘긴 책들이다."[14]

언론, 국회의원, 여성운동가들조차 여성비하라며 비판에 합세했다.

한국에서 키스 신이 처음으로 나온 영화는 『운명의 손』[1954]이라는 간첩영화로, 여간첩에게 특무대 대위가 스치듯 2초간 하는 것이었다. 여주인공이 담뱃갑의 셀룰로이드를 붙이고 키스 신 촬영을 했지만 그 남편이 감독을 고소하고 남자배우를 죽이겠다고 협박하는 소동이 일어났다.[15]

이래저래 물의가 그치지 않았던 이 작품은 문학사적으로는 큰 의의를 지니고 있다.

『자유부인』은 연애소설이라고 보기는 어렵다. 오선영을 중심으로 한 '부인'들의 문화로서 댄스나 계, 양품점 같은 사회활동 등이 다루어지고 있으며, 장태연을 중

---

14 서중석·김덕련, 『서중석의 현대사 이야기』 2, 오월의봄, 2015. 125쪽.
15 위의 책, 127쪽.

심으로 1950년대 한글 대중화 문제, 교수사회, 그리고 정치분야로서 국회의원의 부패상, 경제분야로서 거간꾼에 해당하는 브로커들의 부정과 비리, 협잡 등 사회 전 분야의 문제를 사회비판적 관점에서 다룬다. (…중략…) 이전에 연애서사를 중심으로 신문소설을 썼던 것을 생각해 보면, 연애서사 만으로는 이런 대중적 관심을 설명할 수 없을 정도로 파격적인 인기를 얻는다.[16]

---

16 이선미, 「공론장과 '마이너리티 리포트'-1950년대 신문소설과 정비석」, 이영미·김현주·이선미·김병길·이길성·최애순, 『정비석 연구』, 소명출판, 2013, 95쪽.

제4장
연옥의 한 가운데
떨어진 지식인 군상

1. 이종률, 이동화, 박진목, 고정훈, 김낙중의 지성사적인 좌표도

문필인은 아니지만 설사 문필인이래도 손색이 없는 문재文才를 가진 인물들. 정치가라 부르기에는 애매하지만 그렇다고 정치인이 아니라고도 단언할 수 없는, 오히려 정치인보다 더 넓은 민족의 경륜을 펼친 민족 지도자급의 역량을 가졌던 선두주자들. 학자는 아니지만 사실은 학자들보다 훨씬 심오한 학문적 축적을 쌓은 백과사전적인 박학다식가들. 한 시대의 민족적 과제를 가장 진지하게 고뇌하다가 가장 심한 수난을 당했던 기라성처럼 삼천리 하늘을 찬연히 빛낸 인물들이 있다. 그들은 다 남북한 어디에서도 환영받을 수 없다는 공통점을 지닌 채 분단시대에 남한에 투사되어 각자의 소신과 역량을 펼치다가 명멸해 갔다. 이들은 각자가 다 두꺼운 평전이나 대하소설의 주인공으로 다룰만한 가치가 충분하지만 한국 지성사는 이들을 소중히 여기지 않거나 설사 그럴 용의와 실행력을 가진 지성들조차도 한국 정치사회사가 그런 걸 실천할 틈사리를 주지 않아 방치되기 일쑤다.

이런 인물들 중 한국에서 넓은 의미의 필화를 당했던 중요인물 몇 명만 골라 여기서 간략하게 소개한다. 편의상 출생 연도 순서대로 ① 이종률, ② 이동화, ③ 박진목, ④ 고정훈, ⑤ 김낙중, 5명을 주마간산 격으로 살펴보기로 한다.

2. 계급혁명보다 민족혁명 위한 유일당 주창자

이종률은 독립운동으로 2015년 건국훈장 애국장을 추서 받았다. 그의 항일투쟁이 혁혁한 데 비하여 이토록 늦게 훈장을 받았다는 사실 자체가 8·15 이후 그의 삶이 얼마나 고난에 찼던가를 반증해 준다. 자는 도성度聲, 산수山水, 선교공남汕僑空男, 호는 정약당靜若堂, 별칭은 남철, 태양, 철생, 이균, 옥교량 등이 있을 정도로 이종률의 삶은 다층적인 스펙트럼으로 이뤄져 있다.

그는 경북 영덕군 남정면 남정동 126번지 동대산 아래서 중농 집안의 3형제 중 차남으로 태어났다. 경주 이씨 집안의 윗대는 안강이 세거지였으나 할아버지가 동대산으로 이주, 정착하였고, 아버지는 사육신 성삼문이 달군 쇠로 고문할 때 이 쇠가 식었으니 다시 달구어 오라고 항거한 기개를 가훈처럼 들으며 한학으로 자랐다.

유행하던 역병을 피해 경북 의성으로 일가가 가서 점곡공립보통학교 2학년 편입[1921]한 그는 이내 안동의 동명학교를 거쳐 서울의 배재중학에 보결시험을 거쳐 2학년으로 진학[1924], 이듬해에 한국 최초로 생긴 사회주의 사상의 추동으로 생긴 북풍회北風會 계열의 조선공학회朝鮮共學會 대표를 맡아 배재중학에서 퇴학당하자 경신학교 4년에 편입, 여기서도 7월에 퇴학당했다. 공학회 해산령에 불복하여 검거당했지만 이내 풀려났다. 해체당한 공학회 회원 일부가 초기 사회주의운동의 중요한 단체였던 화요회계火曜會系와 제휴, 조선학생과학연구회를 창립[1925.9.27]하자 이에 함께 했다. 6·10만세운동[1926]을 준비하던 때 이종률은 배재고보의 핵심원으로 참여, 준비 중 경기도 경찰부로부터 예비검속에 걸려 구속당했다.

1927년 도일한 이종률은 와세다대학 정치학과에 들어가 이내 신간회 도쿄지회 결성에 참여, 정치문화부 부원, 재일본 조선청년총동맹 위원으로 활동했다. 여름방학 때 귀국한 그는 밀양에서 신간회 서기장을 맡았던 황상규를 만나 중국의 황푸군관학교 입교를 권유받았으나 그 뜻은 이뤄지지 않았다.

일본에서는 여러 활동 중 재일본조선인단체협의회 의장 조헌영의 제안으로 이종률이 부인부 부장을 맡은 건 화재로 남아있다. 여성 모임인지라 꽃바람에 넘어가기 쉽고 말이 많아 남자가 맡으면 안전할 것이라는 이유였다. 조헌영의 예견대로 이종률은 묵묵히 강의에만 열중하여 여성 회원들로부터 '민주환관'이란 별명이 생겼다고 한다.

도쿄에서 우리말연구회사건으로 와세다대학에서 제적[1928.7]당한 그는 도쿄-서울-대구 일대를 돌며 학생맹휴 활동을 지원하다가 조선학생맹휴동맹

사건에 연루, 서대문형무소에 투옥됐고, 이듬해에는 광주학생 항쟁을 배후에서 지원했다.

1931년, '민족단일당 민족협동전선'이란 기치 아래 일제 치하에서 좌우가 연합하여 전국 및 해외에까지 범민족적인 조직을 이뤘던 신간회가 해체되는 과정을 면밀히 관찰한 이종률은 이를 극력 반대했으나 역부족이었다. 그의 신간회 해체 반대주장은 이후 일생 동안 투쟁해온 민족자주 통일 투쟁노선의 기본이 된다.

이종률이 경성제국대 경제학부 교수로 일제하 조선공산당에 큰 영향력을 가졌던 미야케 시카노스케三宅鹿之助를 처음 만난 건 1932년이었다. 이종률은 그의 문하에 들어가 식민지 조선의 혁명은 계급혁명이 아닌 민족혁명이란 교훈을 얻었다. 이것은 코민테른1919년 3월 창립한 제3인터내셔널의 제2차 대회1920.7~8 때 레닌이 제기했던 '민족 식민지 문제에 관한 테제'의 한 대목으로 민족해방을 위해서는 프롤레타리아와 부르주아가 함께 투쟁해야된다는 요지로 풀이한 것이다.

이후에도 이종률은 형평사운동에도 관여1936했다가 배후자로 몰려 2년 6개월간 투옥당하는 등 민족해방을 위해서라면 무슨 일에나 투신하다가, 마지막으로 출판법과 치안유지법 위반 혐의로 공주형무소에서 1개월여 갇혀 있으며 혹심한 고문1938을 당한 뒤 풀려났으나 보호관찰 대상으로 묶이자 1940년 경기 가평군 설악면 가일리로 들어가 동지들과 숯을 구워 팔면서 동지들과 구성한 '가일리회의'를 통해 새 나라 건설의 설계도를 준비하며 지내다가 8·15를 맞았다.[1]

---

1   이종률(李鍾律, 1905~1989)의 약력이나 전기는 각종 인터넷 자료도 많은 데다 ①「반제, 반봉건, 반매판의 민족사인 이종률」, 『발굴 한국현대사 인물 3권』, 한겨레신문사, 1992, ②『산수 이종률 선생 탄생 100주년 기념사업 심포지엄 자료집』, 산수 이종률선생기념사업회, 2005, 의 첫 쪽에 실린 「산수 이종률 선생 연보」 등을 참고. ①은 「자주통일론의 면면한 흐름」이란 장(章)에다 김용중, 이종률, 배성룡을 함께 묶었는데, 여기서 필자는 이종률의 활동을 중시하여 그를 선택했다. ②는 산수 이종률 선생 탄생 100주년 기념사업 추진위원회(위원장 김인세 부산대학교 총장, 이사장 송기인 부산민주항쟁기념사업회 이사장, 회장 배다지)가 주관한 심포지움으로 정확한 연도나 지명, 인명 등은 여기에 따랐다. 이 심포지움

식민지 시기의 이종률은 국내의 거의 모든 주요 사건에 참여하면서 한학자적인 기개와 마르크스주의 사상에 입각해서 민족해방을 위한 통일노선을 추구한 것으로 요약할 수 있다.

3. 서민성 자본민주주의로 민족혁명 위한 투사 이종률

일제 때 단련시킨 이종률의 혁명 투지로서의 내공은 8·15 후 독창적인 면모로 표출되었다. 맨 처음 그가 출현한 분야는 조선학술원 창립^{1945.8.16}에 참여한 것인데, 백남운이 초대 원장을 맡은 이 기구는 학문연구자들의 좌우 합작 결실로 이종률의 기본노선과 잘 맞았다. 학술원의 서기국 회원이면서 상임위원이 된 그는 에스페란토조선학회 결성^{1945.12.15}에도 적극 참여했고, 조선문화단체총연맹이 주최하는 마르크스 추모 강연회에도 학술원 대표 자격으로 초청 강연^{1946.3}을 맡기도 했다. 서울대를 비롯한 여러 대학에서 정치학 강의도 하는 등 분주한 그는 민족문화연구소^{백남운 소장}창립^{1946.5.6}에도 참여, 노동자와 시민을 상대로 정치학과 노동 문제를 강의하기도 했다. 이 시기에 이종률은 민족사의 가장 긴급했던 친일파 청산에 대해서는 "너무 산만하게 해서도 안 되지만 너무 가혹하게 해서도 안 되는 거야. 친일파의 세력이 만일 국제적인 어느 세력과 악수가 되면 큰 코 다치네. 신중하면서 역학적 역습을 당하지 아니할 정도로는 관용스럽게 다루어야 하는 거야"라고 했다고 전한다.[2]

의 연구논문은 『산수 이종률 민족 혁명론의 역사적 재조명』, 선인출판사, 2006 및 후속 작업으로 『산수 이종률―민족 혁명을 향한 도정』, 민주주의사회연구소, 2009가 나왔다.

2   장동표, 「8·15 이후 민족건양회 창립과 민족혁명운동 전개」, 『산수 이종률 선생 탄생 100주년 기념사업 심포지엄 자료집』 게재, 122쪽에서 재인용. 그 원문은 『산수 이종률저작자료집 제2집』, 「8·15 이후 '非左非右'인 나의 정치학 苦戰談」, 474~475쪽. 이종률의 중도적인 정치철학 중 가장 치명적인 실수는 아마 친일파 청산 방법 대목일 것이다. 그들은 어떤 처지에 서든 재기할 것이라는 사실이 이미 8·15 직후부터 사회 곳곳에서 횡행하고 있었다.

이 대담은 당대 최고의 철학자 중 하나였던 신남철과 한 것이라고 전한다.[3]

그러나 여기까지 그의 활동은 8·15 직후 혼란을 거듭하던 정국을 간보기 위한 단계로 볼 수 있을 것이다. 온갖 정당들이 난립하면서 이뤄지는 혼란상 속에서 그는 자신의 이상적인 정당을 찾지 못하다가 뛰어든 것이 민족건양회民族建揚會, 1946.1.5 결성였다. 사실상 이종률의 사상이 그대로 반영된 이 조직은 사회운동과 정치활동을 동시에 겨냥한 단체로 수석의장 김창숙, 의장 이시영, 부의장 안경근, 총책임 간사 박진, 사학연구부 책임 간사 조윤제, 정치실천부 총무간사 문한영으로 구성됐다.

이종률의 역사론이나 정치론은 너무나 특이해서 개념과 가치판단에 착시현상을 일으킬 여지가 많지만 두루뭉술 요약하면 마르크스의 계급투쟁론도, 크로포트킨의 상호부조론相互扶助論도 아닌 "민족자주 강화에서의 외세영어領御, 그 통일건국과 전진"이라고 했다. 여기서 '외세 영어'란 술어는 국제우호를 귀중히 여기는 곳에 민족자주는 가능한 것이며, 민족자주성을 귀중히 여기는 곳에서만 국제우호를 효과화시킬 수 있는 것으로 풀이했다. 그래서 모스크바삼상회의에서 내세운 신탁이란 술어가 영어로는 trustship이지만 러시아어의 오페카опека는 '후견'이라며 이는 곧 국제우호를 귀중히 여기는 것이라고 주장했으나 한국에서는 전혀 수렴되지 못했다.[4]

이 조직은 정당으로서는 빛을 못 봤지만 민족자주혁명 유일당운동과 통일 조국 건설이라는 민족사적인 대전제를 세운 데서는 큰 기여를 하였다. 이승만, 김일성의 외세 의존적인 노선을 비판하며 당장은 남북에서 외세를 몰아낸 뒤 통일정권을 수립한 뒤 그 다음 문제는 역사의 순리에 따르겠다는 건양회 사상은 다분히 전통적인 유학사상과 혁신적인 마르크스주의가 좀

3　신남철(申南澈, 1907~1957?)에 대해서는 제2부 제7장에서 다뤘듯이 헤겔과 마르크스 이론을 서양철학으로서가 아니라 민족 주체적인 상황에 걸맞게 수용해야 된다는 매우 특이한 사상가로, 8·15 직후 한국에서 베스트셀러 급에 오를 정도로 대중적인 인기가 있었다. 그의 주체철학이 김일성의 주체사상에 영향을 끼치지 않았을까 조심스럽게 추측한 것은 박노자다.

4　장동표, 「8·15 이후 민족건양회 창립과 민족혁명운동 전개」, 119~122쪽.

어색하게 결합한 모습으로 비춰져서 민족 진로 문제에서 특이한 주장을 펼쳤다고 평가받을 만하지만 다른 한편 현실정치의 입장에서는 "민족자주 강화에서의 외세영어領御, 그 통일건국과 전진"이라는 이상적인 사항이 과연 국제정치에서 어떻게 받아들여질지 반문을 낳게도 한다. 외세란 바로 제국주의의 수단 방법을 가리지 않는 각축을 의미하며, 일본의 조선 침탈 역시 제국주의적 약탈임을 체험한 이종률이건만 왜 이처럼 온유한 주장을 했던가는 연구과제로 남을 것이다.

이러매 그 뒤 이종률의 삶은 일제 식민지시대보다 더 가혹한 연옥의 계절로 들어설 수밖에 없었다.

명백히 반미, 반 이승만 노선인 이극로 등과 함께 결성한 민주주의독립전선1947은 바로 영구분단을 저지하려는 단정수립 반대 투쟁에 나서게 했고, 그 결과는 단정수립1948.8.15 후인 1949년 빨갱이로 몰려 투옥, 일제 때에도 뒤지지 않는 가혹한 고문을 당했다.

대구 청구대학 재직 중 한국전쟁을 맞은 그는 경남 함안의 안의중학 교감1951으로 옮겼다. 와세다대학 동창 하기락이 이사장을 맡고 있던 학교였다.[5]

---

5 하기락(河岐洛, 1912~1997)은 경남 함양 출신으로 학창시절부터 항일투쟁으로 옥고를 치르다가 도일, 와세다 대학 철학부 유학 때부터 아나키즘에 경도했다. 8·15 후에도 계속 그 분야를 주도하며 대구대학(영남대 전신) 철학과 교수(1947), 안의중(나중 안의고 설립 후에는 중고교)이사장 재임 중 유치환 시인을 안의중 교장으로 초빙했다. 하기락은 경북대 철학과(1953~1968) 교수로 있으면서 유치환을 국문과 교수로 초빙했으나 시인은 1학기 강의 후 사임 했지만 그의 소개로 하기락은 해인대(현 경남대)에 있던 김춘수를 경북대로 초빙했다. 경북대 문리대 학장(1960~1961)을 지낸 하기락은 한국철학연구회 회장(1965~1969)을 지냈다. 이후 안호상과 함께 동아대학교 초빙교수가 되어 매월 1~2일 강의만으로 생활할 수 있었다(1969~1972). 그러나 박정희의 유신독재(1972.10~1979.10.26)로 동아대를 사퇴한 뒤부터는 곤궁하게 지냈다.
서울로 거처를 옮긴 그는 신민당의 반 유진산계가 주축을 이룬 민주통일당이 창당1973.1.27), 양일동이 대표최고의원이 되면서 반유신정책을 펼치는 유일한 야당성을 선명화하자 여러 진보계 인사들(김홍일, 장준하, 윤제술, 김선태)등과 아나키스트 계의 인물들(정화암, 최갑용, 하기락 등)이 이 당에 합세했다. 그러나 양일동이 도쿄에서 김대중을 만난 걸 계기로 '김대중 납치사건'(1973.8.8)이 터져 민주통일당은 국민 지탄의 대상으로 전락, 1980년 해체됐다.
이런 난관을 뚫고 하기락은 유신헌법 아래서 치러진 총선(1973)에서 이효상 후보와 맞대 이때 그는 부산대와 동아대에도 출강했다.

그러나 조용히 지낼 이종률이 아니어서 1952년 최익환, 박진목과 한국전쟁 종식을 위한 논책을 냈는데, 그 요지는 '대아민족승리大我民族勝利'의 남북동경통일론南北同慶統一論이었다. 남북 어느 한쪽이 승리하는 게 아니라 민족 모두가 함께 승리해야 된다는 게 앞 구절이고, 뒷구절은 남북이 함께 경사를 누릴 수 있는 통일을 이룩하자는 것이다.[6]

이를 위해 이종률은 부산에서 '민족평화통일추진위원회' 회의1952.1를 열었다. 그 실현을 위하여 이종률은 1952년 대선에서 후보가 정책 공약 중에 "유엔에 협력하고 유엔을 계도하여 휴전회담을 곧 성공시키고 군은 화평을 유지할 정도의 '민족화평군'으로 재편성하고 기타는 제대시킨다"는 걸 삽입토록 하기 위해 대선 입후보자로 이시영을 지원했으나 정치파동으로 좌절당하고 말았다. 차기 대통령 선거는 1956년이어서 이종률은 그해 4월 김창숙

결하고자 출마했지만 낙선했다. 중앙정보부는 하기락의 협조를 얻고자 회유와 협박을 거듭했지만 그는 고향으로 내려가 다시 대구로 이사, 대학 시간강사로 지내면서 한국아나키즘 운동을 연구했다.
전세살이로 대구와 서울을 오가며 지내던 그가 좀 자유로워진 건 박정희 유신의 종말 이후였다. 세계아나키스트 대회에도 참여한 그는 6월시민항쟁 전후에는 경북 민주통일민중운동연합의 고문을 맡기도 했다. 전국아나키스트 대회를 비롯하여 세계 아나키스트대회 서울 유치 및 「세계평화를 위한 국제 세미나」도 개최(1988)했다. 그의 활동이 세계무대로 뻗어가면서 샌프란시스코 아나키스트대회 기조연설, 국제아나키스트연맹 한국 대표(1989), 소비에트 과학아카데미 공식 초청으로 방소, 스웨덴 신디칼리스트(노동조합운동) 대회 강연, 국제평화협회 이사장 등을 맡았다. 국내적으로도 이에 상응할만한 많은 활동을 한 그는 작고 후 상주 낙동강문학관에 모든 유품을 맡겼다.

6 박진목은 이 장에서 다룰 인물이고, 최익환(崔益煥, 1890~1959) 역시 깊이 다룰 후보군 중 하나다.
충남 홍성 출신인 그는 당대의 바람직한 진로 모색 중 동학(東學)을 거쳐 일진회(一進會)에 가입하는 오류를 저질렀다가 지방 공직자로 재직하면서 잘못을 뉘우치고 해외망명을 시도하다 피체되어 약 6년간 첫 옥고를 치렀다. 1919년 파리강화회의에 각계 대표들을 보내기 위한 대동단(大同團)을 조직, 활동 중 체포, 6년형을 받았다. 출옥 후 민족연합전선을 결성하려고 권태석(權泰錫), 명제세(明濟世) 등과 조선민흥회(朝鮮民興會)를 조직, 활동하다가 1927년 신간회(新幹會)에서 출판부 간사 등등 여러 활동으로 옥고 중 8·15를 맞았다.
한독당 중앙상무위원을 비롯해 정당활동 중 민주의원(民主議院) 의원을 지냈다. 한국전쟁때 전쟁종식에 앞섰으나 고초만 겪다가 민주혁신당(民主革新黨)의 통제위원장(1957)을 맡았으나 사월혁명 전(1959. 7.21)에 타계했다.

집에서 '민족건양회' 모임을 갖고 '민족자주 화평통일 단일 대통령 입후보를 위한 모임'을 개최, 신익희 후보를 밀고자 아예 그의 집에 기거했다.[7]

한국을 선진 자본주의 체제가 아닌 '서민성 자본주의'로 본 이종률은 민족혁명조차도 노동자계급 영도가 아닌 '노력성 민족대중'이 영도해야 된다고 보았다. 따라서 한국이 추구하는 사회란 '서민성 자본민주주의'로 민족혁명을 이룩해야 되며, 이는 반드시 인간혁명과 함께 뿌리와 둥치가 된다고 보았다. 그는 인간혁명이란 계급혁명을 부정한다고 보았다. 계급투쟁을 독단적 유물사관으로 비판한 그는 반민족적 및 반인간적 사람들도 배척의 대상이 아닌 만민공생의 대상이라고 했다.

1960년 사월혁명이 성공하지 못한 원인은 이종률에게는 자신이 주장하는 민족건양회와 같은 전위정당의 부재라고 했다.[8]

그는 1958년 자신의 집 동래 명륜동으로 찾아온 남파 간첩 김창주를 신고하지 않아 간첩 불고지죄로 부산형무소에 수감, 많은 고통을 겪었다. 옛 지인으로만 알았지 간첩인 줄 몰랐다는 항변에다 부산대학교 동료 교수들과 와세다대학 동문들의 도움으로 그는 무혐의로 풀려났다.

이후 그는 『국제신보』 편집고문과 『부산일보』 논설위원으로 있으면서 민족계도를 위한 글과 논설을 엄청 쏟아냈다.

사월혁명이 진행 중이던 1960년 4월 21일 그는 서울에서 민족건양회 주최행사에서 이 사건을 민족항쟁이라 규정하며, 당장 민족건양회를 중심으로 민족자주통일중앙 및 각 지역 협의회를 조직, 확대하여 고려민족건양당

---

7 민족건양회가 대통령 선거를 앞두고 펼쳤던 것에 대해서는 여러 기록이 있지만 장동표, 「8·15 이후 민족건양회 창립과 민족혁명운동 전개」(123~126쪽)를 참고할 것. 이 글에는 ① 1952년 대선 때 이시영을 대통령에 당선시켜 민족자주평화통일을 관철시킬 것과, ② 1956년 대선에서 야권에서 신익희 단일후보로 내세우기로 나눠 접근한다. ①은 이승만의 각종 국회 탄압으로 좌절당했고, ②는 신익희와 조봉암 두 대통령 후보 단일화 시도로 근접했으나 민족건양회의 관점에서는 조봉암이 자신들의 제의를 사실상 거부한 것으로 이 글은 보고 있다. 그러나 진보당계나 다른 쪽 시각은 이와 달리 신-조가 유세 막판에서 단일화를 선언하기로 했다는 주장이 오히려 무게가 실리지 않을까 싶다.

8 이호룡, 「산수 이종률의 민족주의 사상」, 『탄생 100주년 심포지움 자료집』, 별지 게재, 참고.

또는 고려민족당 당명으로 할 것을 제안했다. 그는 조윤제, 임창순 등 지식인을 앞장세우기 위해 교수단 데모 조직도 주장했다.

이승만 퇴진 후 이종률은 제자들과 민주민족청년동맹을 창립한 데 이어 민족자주통일중앙협의회 약칭 민자통 발기에도 함께 했다. 특히 통일 문제에 관심이 높았던 그는 민자통의 통일이란 어느 특정 세력의 확대도 아니고, 평등한 제휴도 아닌 '민족혁명적 민족통일'을 주장했다. 여기서 그는 평소에 주장했던 대로 분단시대 때 저질렀던 범행을 잊은 채 인간혁명의 단계로 승화되어야 한다고 주장했다. 1961년 2월 25일 천도교 중앙본부 대강당에서 민족자주통일중앙협의회 창립대회가 열렸다.

4. 사월혁명, 그리고 민자통과 민통련

민자통의 형성과정과 이종률의 활동상을 보다 객관적으로 조망하려면 먼저 1950년대의 항도 부산으로 잠시 시선을 옮길 필요가 있다. 1954년부터 이종률은 자신의 제자들을 중심으로 민족운동의 면면한 계승을 위해 이어질 수 있도록 심혈을 기울였다고 하는데, 이를 전후해서 부산은 고교생을 중심으로 민족 문제에 대한 소모임이 움트고 있었다.

부산고등학교의 김금수, 이영호, 김용원, 김태수, 황영만 등과 부산사범학교 교육대학 설립 이전의 구제 고교 3년 과정의 이수병, 유진곤, 김종대, 김정위, 박영섭, 염광섭 등에다 이들과는 달리 신문배달 등 고학으로 경남공업고등학교에 다녔던 박중기 등이 함께 했던 부산시내 고교생 사회과학 공부모임 일꾼회인 암장嚴獎, 땅속 깊이 암석이 지열로 반액체화된 상태, 1954년 설립이란 조직이었다.

이 모임의 맏형 격인 박중기는 1955년 졸업, 서울대 도서관 책정리 알바 등을 하며 건국대 정외과에 진학했고, 다른 회원들은 이듬해에 졸업, 사범학교 출신들은 다수가 초등학교 교사가 되었고, 김금수, 김용원, 이영호 등은 서울대 문리대에, 이수병은 경희대, 김정위는 고려대로 진학했다. 그러나 방학 때면 부산에서 며칠씩 함께 지내며 내공을 쌓아가던 중 1960년 사월혁명 후 암장 주최로 '사회과학 발표회'가 열렸는데, 여기에 이종률_{당시 부산대 정치학과 교수}의 제자였던 민주민족청년동맹_{약칭 민민청} 간부들_{김상찬, 하상연, 나중 배다지로 알려진 배준홍, 조현종 등}이 참석했다. 그들은 서울지역 대학에 다니는 '암장'이 중심이 되어 민민청 중앙부를 서울로 옮겨 활동할 것을 제안, 암장은 이를 받아들였다. 예상대로 이종률의 민주주의 민족혁명 이론에 입각한 노선을 수용하면서 '서민성 자본민주주의' 같은 술어만 고쳐서 그대로 썼다. 민민청 중앙맹부는 간사장 김금수, 투쟁국장 박중기, 조직국장 박영섭 등등으로 기구를 갖춰 공보부에 정식 등록도 했다. 뒤이어 민민청 경북맹부가 결성, 위원장 서도원, 간사장 도예종이 맡았는데, 암장 맴버들보다는 10여 년 선배들이었다.[9]

이 민민청이 추진한 것이 민족자주통일중앙협의회였는데, 이들은 1960년 8월 20일 천주교 본부 서울사무실을 근거지로 삼고 박진, 박내원, 문한영이 조직을 발기, 이종률, 박진, 문한영, 신인철, 강등인, 기세충_{기준성}, 정운채, 함석회 등 20여 명의 준비위원회가 구성[9.3], 1961년 2월 25일, 천도교 중앙본부의 대강당에서 1천5백여 대의원의 참석으로 창립총회를 개최했다.

> 여기에는 사회당, 혁신당, 사회대중당, 사회혁신당, 동학당 등 5개 정당과, 광복동지회, 유도회, 민족건양회, 민주민족청연동맹, 통일민주청년동맹, 천도교, 천도교 부녀회, 4월학생청년연맹, 피학살자유족회, 출판노조 일부, 교원노조 일부, 교수협의회, 사회문제협의회 등 14개 사회단체가 가입하여……[10]

---

9   김금수, 「고난 속에서 대간을 일구다」, 헌쇠 박중기 선생 산수문집 발간위원회 편, 『헌쇠 80년－헌쇠 박중기 선생 산수문집』, 공동선, 2013, 게재, 참고. 이 글은 부산지역 고교생 활동이었던 암장이 이종률의 제자들과 협심해 발 빠르게 사월혁명 직후의 민족통일운동으로 승화시킨 과정을 가장 요약적으로 기술해 준다. 김금수는 이들이 5·16 후 시련을 당하다가 제1, 2차에 걸쳐 인혁당사건으로 면면히 이어져 왔음을 세세히 밝혀준다.

10 문한영(민자통 조직위원장), 「60년대의 민족자주통일운동－민자통을 중심으로 한 증언」, 사월혁명연구소 편, 『한국사회변혁운동과 4월혁명』 2, 한길사, 1990, 게재, 151쪽. 이 항목에 대한 뒤의 글도 다 이 글을 참고 인용했다.

총회는 위원장 김창숙, 부위원장 주옥경의암 손병희의 미망인과 장건상, 사무총장 박진을 선출했으며, 결의문도 발표했는데, 이 글은 역사적인 의의가 깊기에 좀 길지만 전문을 소개한다.

1. 우리는 외세에 의존하는 사대노예들의 난무를 배격하고 민족통일 역량을 총발휘하여 통일에 매진할 것을 엄숙히 맹세한다.
2. 우리는 통일 유보 또는 선건설 후 통일로 국민을 현혹케 하여 통일을 방해하는 일체의 세력을 분쇄한다.
3. 우리는 유엔총회에 진정한 민족의 의사를 대표할 수 있는 민족자주통일협의회의 대표를 사절단으로 참가게 하여 국민 총체의 의사를 반영시킬 것을 주장한다.
4. 우리는 유엔 및 미·소 양국이 이상 더 우리 조국을 냉전의 제물로 삼지 말고, 유엔의 기본정신에 입각하여 하루 속히 통일이 성취되도록 협조하기를 강력히 요구한다.
5. 우리는 평화통일에 있어서 민족의 한 사람도 피해가 없도록 하기 위하여 전국결성대회 이전의 일체의 범죄자에 대하여서는 평화통일 된 후에도 망각법을 제정하여 일체 불문에 부친다.
6. 우리는 통일에 앞서 민족 친선의 정신 밑에서 다음 사항을 실천에 옮기도록 노력할 것을 정부 및 국회에 건의한다.
① 완충지대에 우편국을 설치하여 남북간의 서신왕래를 실시할 것.
② 남북간의 경제교류를 촉진케 할 것.
③ 완충지대에 민족친화의 기구를 설치하여 때때로 남북동포가 서로 만나 민족혼과 민족정기가 엉키도록 할 것.
④ 신문기자 및 민간인 사절단을 파견하여 이북동포를 위무하고, 실정을 호소토록 할 것.
⑤ 금후, 국제적인 모든 경기대회에는 남북한이 혼성선수단을 파견할 것.[11]

면밀주도한 이 결의문 중 이종률이 아니면 빠졌을 대목은 ⑤일 것이다.

총회는 이외에도 미 케네디 대통령을 비롯해 국민에게, 그리고 국무총리에게 보내는 메시지도 통과시켰다. 이후 민자통은 그 여세를 타고 전남북과 경남북 결성대회를 마쳤고, 서울시협의회5.10까지 마치자 대규모 군집대회를 기획했다. 1961년 5월 13일, 서울운동장에서 개최한 첫 대규모 집회는 3만 여가 운집, 유엔군 사령관에게 보내는 메시지에서는 "귀하와 귀하의 휘하 장병들이 빨리 고국으로 돌아갈 수 있도록 남북학생 회담을 지지해 달라"라고 호소했으며, 당시 제기되었던 남북청년학생의 회담 제의를 적극 지지했다.

참석 군중은 서울운동장-동대문-종로 광화문-중앙청 앞까지 행진하며 "가자! 북으로! 오라! 남으로! 만나자! 판문점에서!"라는 구호를 외쳤다.

한편 이런 청년학생들의 흐름과는 다른 모임들이 서울대와 고려대를 중심으로 움트게 된 건 1950년대 중반이었다. 서울대 문리대 중심의 신진회와 법대의 신조회가 있었고, 고려대에는 협진회가 있었다. 이들은 점점 서울대 문리대의 정치학회와 후진사회연구회, 법대의 사회법학회와 농촌법학회 등등으로 발전되었고, 따라서 4월혁명 이후 혁신계 정당들의 원내 진입의 기대가 예상보다 저조하자 통일 문제로 대중적인 진로를 모색하는 단계였던 민자통의 활약상을 겪고 있었다. 이보다 더 충격적인 건 미 하원 외교위원장 풀브라이트가 한국민의 자발적인 통일 가능성을 거론한 데 이어 상원의원 맨스필드가 한국 역시 오스트리아식 중립화 통일방안을 제시하는 등 세계사적인 지각 변모가 싹트고 있었다.

이에 서울대가 주축이 되어 서울대 민족통일연맹 약칭 민통련 이 발기인 대회를 개최한 것은 1960년 11월 1일이었고 같은 장소에서 11월 18일에 결성대회를 열었다. 결성 때 264명이었던 회원은 1961년 4월에는 5백여 명으로 급

---

11   위와 같은 글, 151~152쪽,

증, 활기를 띠자 건국대, 경북대, 경희대, 고려대, 국민대, 국학대, 단국대, 대구대, 동국대, 부산대, 서울대, 성균관대, 연세대, 전남대, 조선대, 중앙대, 청구대, 한국외대, 항공대 등으로 민통련 관련 단체 대학생은 급히 확산되었다. 이에 걸맞게 민통련은 '매국적인 한미경제협정'의 철회, 장면 정권이 추진하려는 반공임시특별법과 데모규제법 반대에 앞장서서 전국 단위의 투쟁에 나서자 주동자들이 구속 ^{그러나 4·19 1주년 때 석방}되는 등 탄압을 받았다. 4·19 1주년을 맞은 민통련은 '4월혁명 제2선언문'을 낭독 후 침묵시위로 장면 정권의 사월혁명정신의 퇴색에 강력히 저항했다.

그러던 중 1961년 5월 3일, 서울대 민통련이 '남북학생회담'을 제의하여 엄청난 파장을 일으켰다. 이에 북한은 5월 5일 자로 내무부, 조선학생위원회, 민청중앙위원회, 노동당의 명의로 열렬히 환영한다며 장소는 평양이나 서울 어디든 좋다고 즉각 개최하자고 회신했다. 이에 민통련은 전국학생연맹^{약칭 민통전학련}을 결성, 여기에는 전국 18개 대학과 1개 고교^{경북고}의 대표와 옵저버 등 30여 명이 참여했다.[12]

위에서 보았듯이 이런 상황에서 자민통이 5월 13일 오후 2시 서울운동장에서 대규모 군중대회를 개최했고, 민통련은 학생운동의 순수성을 이유로 공식 참가는 자제했지만 학생 연사 1명과 가두 방송차로 데모대에 적극 참여했다. 4월혁명에 못지않은 민족사의 대서사시였다.

---

12 황건, 「민통련과 민족통일운동」, 사월혁명연구소 편, 『한국사회변혁운동과 4월혁명』 2, 한길사, 1990 게재,
    이밖에도 사월혁명 이후 통일운동 전반에 대해서는 김낙중, 「4월혁명과 민족통일운동」, 사월혁명연구소 편, 『한국사회변혁운동과 4월혁명』 1, 한길사, 1990, 게재,가 좋은 참고가 된다.

5. 『민족일보』와 이종률

이종률에게 1961년 2월은 일생의 절정이었다. 『민족일보』 창간에서 조용수와 발을 맞춰 부산대 교수직도 사임한 채 최선을 다했으나 근본적인 정치노선의 차이와 인사 문제의 불일치로 이내 몸을 뺐다. 그래서 전력투구한 것이 민자통이었는데, 그의 정치적 이상을 실현시키기에는 한반도의 이념적인 한류는 너무 차가웠다.

1961년 5월 13일, 민자통의 군중집회의 함성의 메아리가 미처 사라지지 않은 3일 뒤인 5·16 쿠데타는 이승만보다 더 잔혹했다. 일찍 몸을 뺐던 『민족일보』 사건으로 구속된 그가 1심에서 무죄로 풀려나자 검찰은 민족자주통일방안심의위원회 건으로 재구속, 군사혁명 특별재판으로 넘어가 사형 구형에 10년 형을 받았다. 마침 청구대 제자^{서기석}가 소장으로 있던 안양교도소에서 엄청난 집필을 할 수 있었다.

1965년 12월 25일 가출옥한 그는 경남 양산의 개운중학교 교장¹⁹⁶⁶으로 그가 미처 못했던 많은 연구를 이어갈 수 있었다.

1974년, 그는 경남 의령의 독립운동가 안희제 사적지 답사 중 뇌졸중으로 졸도, 타계 ^{1989.3.13} 때까지 투병생활과 구술원고 작성, 후진 양성에 이바지했다.

그의 수제자인 청간 배다지^{靑幹 裵多枝, 1934~2024}는 부산 기장군 장안면 월내리 출신으로 동래중 학생 때¹⁹⁴⁸ 단독정부 수립 반대 동맹휴학 투쟁과 유인물 살포 준비로 고문을 당한 이후 일생을 민족운동에 이바지했다. 1954년 부산대 정치학과에 입학한 배다지는 이종률 교수의 문하생으로 민족건양회 노선에 따른 민족문화협회를 결성¹⁹⁵⁵했다. 이종률 문하생인 김상찬, 하상연, 이영석, 조현종 등이 함께였다.

1958년 『국제신문』 기자가 된 그는 4월혁명 후 민주민족청년동맹^{민민청} 경남도맹 간사장을 맡았고, 바로 이어 결성한 민족자주통일중앙협의회^{민자통} 결성에도 참여, 활동 중 5·16쿠데타로 지명수배당해 1년 남짓 피신했다.

1964년부터 『마산일보』^{현『경남신문』} 기자로 있다가 『경남매일신문』으로 옮긴 뒤 통일혁명당사건¹⁹⁶⁸의 김질락과 회합, 통신했다는 죄목으로 3년 옥고를 치렀다. 출옥 후 그는 부산지역 민주화와 통일운동의 대부로 활동했다.

1987년 6월시민항쟁 이후 여러 단체의 대표나 의장을 맡았던 그는 2024년 4월 13일 작고했다.

배다지의 많은 활동 중 부산 주둔 하야리아 미군부대를 부산시민의 품으로 돌아오게 만든 투쟁은 매우 상징적이다. 일생을 반외세, 휴전협정 종식, 평화협정 추진, 민족주체성에 바탕한 통일 달성이라는 이종률과 그의 꿈이 이룬 성과였기 때문이다.

캠프 하야리아^{Camp Hialeah}는 부산진구 범전동과 연지동에 걸친 미군 군영이었다. 원래 일본의 경마장이었다가 8·15 후 유엔기구가 되었으나 한국전쟁 후 주한 미군 부산 사령부 기지였으나 폐쇄^{2006.8.10}된 땅을 시민단체와 배다지의 개입으로 부산시로 반환하는 협상에 성공^{2010.1.27}한 것이다.

6. 이동화 정치사상의 형성 과정

두산 이동화^{斗山 李東華, 1907~1995}는 평남 강동군^{江東郡 勝湖面 貨泉里, 현 평양시 승호구역 화천1동}에서 출생, 유소년기에 안중근의 애국적 활동에 감동하며 성장, 평양에서 광성고보 4년 수료 후 도일¹⁹²⁵, 야마구치^{山口}고교 때¹⁹²⁸ 사회주의 문헌을 처음 대한 후 이듬해에 도쿄제대 법문학부 정치학과에 들어가 본격적인 마르크스사상을 익히게 되었다. 그러나 폐결핵이 심해져 귀향, 요양 중 지적 호기심이 근질거려 이동화는 1년 만에 도쿄로 떠났다. 그는 여러 벗들을 만났는데 그 중 개성 갑부의 아들로 마르크스주의를 섭렵한 한 친구^{나중 행불}의 조언에 따라 러시아어를 독학, 레닌의 『제국주의론』과, 플레하노프의 『예술론』을 거쳐 투르게네프, 고리키 등을 독파할 수 있게 되었다.[13]

그러나 각혈로 폐결핵이 악화되자 다시 고향에서 요양, 1935년에야 쾌유가 된 듯하여 도일, 이미 군국주의로 치닫고 있는 일제의 광기와 맞서게 되었다. 그러나 건강상 이동화는 학문에 열중하여 프랑스판 『마르크스 엥겔스 전집』 독파에 열중했다.[14]

1936년 3월 도쿄제대를 졸업한 이동화는 귀국, 고향에 머물렀다가 상경, 평안도 선배인 현상윤을 제일 먼저 찾았고 그를 통해 송진우도 소개 받았다. 둘 다 김성수와 막역한 관계로 여기에 장덕수를 더하면 동아일보사를 중심으로 한 우파 민족주의자 4인방이 된다. 송진우는 마침 손기정 선수의 일장기 말살사건으로 잠시 사장직을 그만둔 상태였으나 이동화 청년에게 동아일보사에서 일할 생각이 없느냐고 물었고 이동화는 흔쾌히 기회가 되면 그렇게 하겠노라고 했으나 실현되진 않았다.

두산은 다시 귀향, 1937년 2월 상경, 아예 경성제대 앞에다 하숙을 정했다. 그해 봄, 조선일보사 대강당에서 모윤숙. 노천명의 문학 강연회엘 갔다가 두산은 평남 출신의 인정식印貞植, 1907~?.『친일인명사전』 등재을 만났다. 도쿄의 호세이法政대학을 졸업 3개월 앞두고 자퇴한 그는 사회주의운동을 하다가 1931년 치안유지법 위반으로 징역 6년형을 선고받았다. 1934년 11월 가출옥한 그는 1935년 여운형의 『조선중앙일보』 기자 겸 논설위원으로 입사했다. 이 음악회에서 인정식은 두산을 여운형에게 소개했다.

이후 몽양 여운형과 가까워진 이동화는 종로구 원서동의 유명한 송진우의 사랑방도 자주 찾았다. 일제 치하 민족주의 세력의 아지트였던 이 사랑방 단골에는 김병로, 김준연 등도 있었다. 이 무렵 동향 선배인 광성고 은사김대우가 그에게 중앙불교전문학교 전임강사1938.1직을 알선해 주었다. 중일전쟁1937이후 강화된 민족교육 탄압으로 총독부의 요구에 따라 아시아의 지도자를 양

---

13 김학준, 『두산 이동화 평전』, 단국대 출판부, 1987(2012 재판), 127~131쪽(여기서는 재판을 참고). 이하 이동화 관련 글 전체는 김학준의 이 책에 전적으로 의존해서 썼다.

14 위의 책, 134~135쪽. 김학준은 이동화가 읽은 프랑스어판의 전집의 편자를 데이빗 보리소비치 리아자노프(David Borisovich Riazanov, Дави́д Бори́сович Ряза́нов, 1870~1938)라고 소개했으나 필자는 확인할 필요성이 없어 그대로 인용했다. 문제는 이동화가 이 시기에 여러 외국어를 통달했다는 사실 그 자체에 있기 때문이다.

성한다는 흥아과興亞科에 이동화는 첫발을 내디뎠다.

두산은 대학 강의 못지않게 여운형의 '몽양 집단' 핵심인물로 활동하는데 열을 올렸다. 갑과 을 두 서클로 나뉜 이 지하 모임은 모두 상당 수준의 이론가들로 이뤄진 구성원들이어서 자연스럽게 경성콤그룹과 연계되어 있었다. 결국 두산은 치안유지법으로 피체1941, 종로경찰서에서 온갖 문초를 당했는데, 여기서 그는 경제학자 전석담全錫淡, 1916~?과 영화감독 전창근全昌根, 1908~1975도 만났다. 며칠 뒤 그는 서대문경찰서 감방으로 옮겨졌다가 다시 서대문형무소로 넘겨졌다. 고문으로 이미 온몸이 상처투성이인 데다 식사조차 불가능해진 그는 단식을 결행한 보름 뒤 가석방 통보에 이어서 절차를 밟아 석방1943.1.6됐고, 이후 이동화 관련자 모두에게 무죄 판결1944.9.27도 내려졌다.

1945년 봄, 두산은 고향에서 다시 상경, 세브란스의학전문학교 부속병원 약국 상무로 있던 지인의 권유로 이화여전 부속병원 사무장으로 가라는 충고에 따라 김활란 교장을 만난 후 그대로 따랐다. 이화여전은 이미 일제의 강요로 경성여자전문으로 개명된 뒤였는데, 이 전문학교 2층 방에서 기거하며 두산은 병원 업무를 수행했다.

1945년 7월 초순, 자신을 찾은 두산에게 여운형은 국제정세에 관한 글을 부탁했고 이에 부응한 글이 이동화의「현하 국제정세에 대한 분석과 전망」이다. 당대의 진보적인 논객들이면 거의가 전개했을 내용을 담은 이 글은 8·15 이후에 쏟아져 나온 한반도 정세의 글과 너무나 닮았지만 한두 달 먼저 썼다는 점이 돋보였다.

7. 광복 후의 좌절과 방황

몽양은 곧바로 건국준비위원회 중앙집행위원회 서기국 서기로 이동화를 임명했다. 그러나 두산은 건준이 정권기관으로 발전될 것이라는 주장에는 반대였다. 더구나 건준이 '조선인민공화국'9.6을 선포하자 두산은 이를 극좌적 공산주의자들의 과오로 비판했다. 이러는 동안 남한은 미군정이 들어섰고[9.8], 지하에서 활약하던 박헌영도 등장하여 공산당의 기세를 급성장시키고 있었다.

이동화를 찾아온 한 지인이 박헌영이 그를 만나고 싶어 한다며 어디론가 데려가더니 잠시 기다리라고 했다. 돌아온 그는 다른 일로 박헌영을 만나는 건 미루고, 마침 평양으로 가는 차편이 있으니 그곳 실정도 파악할 겸 가자고 권유, 그대로 따랐다. 그런데 막상 평양엘 가보니 서울과 마찬가지로 이미 소련이 장악한 상태였고, 현지인들에 의하여 모든 조직은 착착 진행되는 모습이었다. 거기에다 평양으로 안내한 지인까지 박헌영의 지시라며 평양에서 활동하기를 바란다고 했다. 이미 박은 남한뿐이 아니라 북에도 조직을 확대하는 낌새였다. 더구나 두산에게는 고향에다 지인과 어머니까지 평양에 남기를 바라는 터라 순리대로 따랐다. 더구나 고당 조만식을 모시도록 배려해 그대로 열성을 다해 언론계를 비롯한 여러 분야에 걸쳐 일했다.

그러나 모스크바삼상회의 문제가 부각 되면서 감시와 탄압의 대상으로 신분이 뒤바뀌어 버린 조만식의 처지에 김일성 체제가 굳어져 가면서 전개되는 모든 일에 회의를 느껴 이동화는 김일성대학의 강좌조차 그만 두었다.[1950.5]

한국전쟁이 치열해지면서 국군과 연합군이 평양에 입성하자 이동화는 월남을 결심, 백인엽·백선엽 형제를 소개받아 항공편으로 서울[1950.10 말]로 왔다. 이동화는 백씨 형제의 도움으로 육본 정보국 제5과에 근무, 1952년 3월까지 복무했다. 바로 경북대 교수가 된 그는 이듬해에 부산으로 가서 미 공보원의 도움을 받아 한국내외문제연구소를 개설, 자신이 소장을 맡았고 뒤이어 성균관대 교수, 국방대학원 고문교수[1955.9]를 지냈다. 이 기간에 그는 이미 익힌 마르크스주의에다 영국 노동당 정치이론가로 런던대 경제정치대학교 교수인 해롤드 래스키[Harold Joseph Laski, 1893~1950]의 다원주의 강조와 노동자 혁명의 필요성 등을 역설했다.

이어 프랑스의 정치학자이자 법학자인 모리스 뒤베르제[Maurice Duverger,

1917~2014를 한국 정치학계에 가장 먼저 소개한 것도 두산이었다. 소선거구제가 양당제에 친화적이고 비례대표제는 다당제에 친화적이라는 이론을 '뒤베르제의 법칙'으로 부를 정도로 유명하다. 그는 정당 구성론을 간부정당과 대중정당을 구분하여, 간부정당은 당원의 양보다 질을 중시하며 느슨한 조직으로 정치자금은 후원자로부터 받으며 많은 권력은 선출된 의원에서 나오는 의원중심 정당이라고 풀어준다. 이와 대조적으로 대중정당은 피라미드구조로 잘 조직되어 있고, 당원들이 정당의 이데올로기에 대하여 일체감을 가진 데다 정치적 결정 역시 당원들의 참여로 이뤄지며 재정 역시 모든 당원의 당비로 충당하기에 최대한 많은 당원이 모이도록 하는 것이다.

이런 탁월한 정치이론을 강조했는데도 한국의 정당정치는 래스키나 뒤베르제의 주장은 전혀 먹혀들지 않았다.

이렇게 정치원론적인 강의만으로도 당대 학생들에게 인기가 높았던 그에게 당대 세계사적인 변모에 대한 강의를 초청한 것은 서울대 정치학과 학생 자치기구인 정치학과회였다. 이 특별강연회에는 학생들만 아니라 외부인도 경청할 수 있도록 1955년 5월 오후 4시부터 서울대 대강당에서 개최되었는데 이 강연회의 강사와 주제는 아래와 같았다.

> 5월 18일(수), 이용희, 「아시아민족주의의 전망」
> 5월 19일(목), 이동화, 「소련 외교정책의 해부와 비판」
> 5월 20일(금), 전진한, 「세계 노동운동의 현상과 전망」
> 5월 21일(토), 신도성, 「한국정치의 역사적 현실과 그 전망」

이 강연이 끝난 후 이동화는 동대문경찰서에 연행되어 혹독한 고문을 당했다. 강연 장소인 서울대가 대학로에 있었던 시절인 데다 성균관대 역시 동대문경찰서 관할이었다. 이 중요한 필화의 원고는 전하지 않으나 심문의 흐름은 기록으로 남아있다.

그들은 나를 거꾸로 매달아 소위 비행기를 태운 후, 물에 적신 손수건으로 코를 막는 고문을 했다. (…중략…) 김일성대학에서의 나의 강의 내용 때문에 나는 일찍이 북조선로동당 간부들의 문초를 받은 바 있었는데, 이번에는 민주주의를 국시로 하는 대한민국의 국립대학인 서울대학교에서 강연을 하다가 이승만 정권의 경찰에 끌려가 고문을 받았다.[15]

이동화 교수의 국보법 기소사건[1955.5.27]으로 알려진 이 필화[엄격히 구분하면 舌禍]는 심문 도중 성균관대에서 1954년 1학기 말 시험에 그가 출제했던 「자유진영과 공산진영이 공존할 수 있다는 볼셰비키의 주장을 설명하라」라든가, 「마르크스주의 국가론을 설명하라」는 것까지 파고들어 용공행위로 구속[5.27], 서울지방검찰청에 송치[6.6]되었다. 그러나 서울지방법원은 긴 시간을 끌지 않고 7월 30일 선고유예해서 사실상 무죄로 끝났다. 월남 후 군 정훈계통과 국가기관에 헌신해 오면서 북에서의 경력이 세탁되었을 것이란 이동화의 믿음은 이 사건으로 흔들렸을 것이다. 결국 학문탐구의 자유조차도 허용되지 않는 게 독재정치란 점에서 남북은 별로 다르지 않았다.

1956년 제3대 대통령 선거를 앞두고 정계는 요동치기 시작했다. 야권 대통령 후보 단일화라는 국민적 여망과는 상관없이 야권의 통합체인 민주당이 창당 발기[1955.7.17]에 나섰는데, 주로 민국당 출신들과 흥사단 계열에 자유당 탈당 인물들로 꾸려졌다.

이에 진보세력은 포천군 광릉에서 야유회를 명목으로 한자리에 모였다.[1955.9.1.] 여기에는 일제하에서 항일투쟁을 했던 김성숙, 서상일, 신창균, 장건상, 정화암, 조봉암 제씨와, 8·15 진보세력에 참여했던 고정훈, 신도성, 윤길중, 조향록 제씨가 주축이었다. 이들 중 상당수가 1955년 12월 22일 진보당 추진위원회를 꾸렸다. 여기에 이동화를 초치한 건 경북대 시절에 가까이 지냈던 서상일이었다.

---

15   김학준, 위의 책 271쪽에서 재인용.

창당을 앞두고 서상일의 요청으로 이동화가 그의 집으로 갔더니 이미 조봉암, 윤길중, 신도성, 고정훈 제씨가 있었고 이들은 진보당 강령에 대해 논의 중이었다. 결국 이동화에게 그 작업이 떨어졌다.

두산은 200자 원고지 170매 정도의 분량에 여덟 부분으로 나눠 강령을 구성했다. ① 자본주의의 공죄, ② 자본주의의 위기, ③ 자본주의의 수정과 변혁, ④ 후진 국가의 새로운 방향, ⑤ 제2의 산업혁명과 20세기적 사회혁명, ⑥ 6·25사변의 교훈, ⑦ 현 한국정부의 본질, ⑧ 당의 성격과 임무.[16]

이동화는 이렇게 진보당 기초 작업은 해주면서도 정작 발을 빼어버리는데, 여기에는 서상일의 권유 탓으로 보인다. 서상일은 조봉암의 사회주의 노선이라기보다는 우파적 성향이라 하지만 진보계의 노선이란 이현령비현령이라 주도권 다툼으로 보는 견해도 있다. 서상일은 고정훈, 김성숙 등을 끌어들여 민주혁신당 창당준비 위원을 꾸렸다. 당연히 이 당의 주요 이론도 이동화가 맡았다. 그는 이번에는 정당에서 몸을 빼지 않고 제4대 민의원의원 총선[1958.5.2]에 대구에서 민주혁신당 후보로 출마까지 각오하고 있었다.

그런데 1958년이 밝아오자 진보당사건이 터지면서 9명을 우선 체포했는데, 모두 당원들이었고, 비당원은 이동화 혼자였다. 그는 남일사로 연행, 일제 이후 가장 혹심한 고문을 당했다. "먼저 닷새 동안은 잠을 못 자게 하면서 나를 치고 밟고 때렸다. 그 다음에는 세모난 각목을 나의 무릎 사이에 끼우고 눌렀다. 또 화분을 들고 서 있게도 하였다. 이렇게 약 열흘 동안 줄곧 고문을 당했다."[17]

이동화는 진보당 관련이란 사실만으로 성균관대에서 버려졌다. 이미 성

16   위의 책, 334쪽.
17   위의 책, 361쪽. 이 옥중기의 원문은 희망출판사 편, 『명인 옥중기』의 「이동화 편」이나 여기서는 김학준의 글을 재인용한다. 남일사에서의 고문에 대해서는 경북대 교수 때 이동화의 제자였던 이상두의 『옥창 너머 푸른 하늘이』, 범우사, 1972에도 자세히 나온다. 진보당사건에 대해서는 나중 조봉암을 다룰 때 자세히 다루기로 한다.

균관대도 김창숙의 영향권에서 완전히 벗어난 친일파들과 이승만 추종자들의 지배에 들어가 버린 것이다. 그는 결국 대법원에서 무죄가 확정[1959.2.27]됐다. 그러자 갈 곳 없는 이동화를 불러 준 곳은 동국대 총장 백성욱이었다.[18]

사월혁명 후 이동화는 제2의 8·15를 맞았을 때처럼 부풀어 올랐다. 그는 사회대중당 창당준비위원회에 참여, 여러 요직을 맡았는데, 혁명 후 첫 총선[1960.7.29]에 대구시 무구에서 출마했으나 낙선했다. 그는 통일사회당 창당[1961.1.20]에 또 참여, 당 대표로 등록했다. 한국의 진보정당사는 이처럼 자칫 철새정치인으로 오해받을 정도로 당적을 바꾼 것으로 나타나지만 그 내면적인 흐름 속에는 각자의 신념과 이념이 자리매김하고 있어 함부로 용훼할 일은 아니다. 더구나 의회 내에 착근하지 못하도록 작동해온 보수정당들의 연대의식이 진보계로 하여금 계속 새로운 정당 창당을 하지 않을 수 없었기 때문이다. 이동화 역시 진보정치의 현장에서는 이런 추세에 따를 수밖에 없었는데, 그 기본원칙은 서상일 노선이라는 것이었다. 이동화는 사회대중당의 분해 이후에 생긴 여러 정당 중 통일사회당을 선택했다. 정치위원장 이동화, 당무위원장 송남헌에 고정훈이라는 트리오가 함께 한 것인데, 이들은 그 뒤에도 오래도록 혁신정치를 위해 활동했다.[19]

그러나 5·16쿠데타로 피체, 혁명재판소로부터 7년 형을 받아 복역 중 형집행정지로 출소[1964.8.26]했다. 이미 이동화는 57세였고, 시대도 바뀌어 후진들이 유학에서 돌아와 변모하는 세계정세를 펼쳐내던 때였다.

그럼에도 그는 대중당 대표최고위원 권한대행과 민족통일촉진회 최고위

---

18 백성욱(白性郁, 1897~1981)은 3·1운동과 상해임시정부에 참여한 독립운동가로 프랑스를 거쳐 독일에 유학, 철학박사를 획득하고 귀국 후 중앙불교전문학교 교수로 재직 중 이동화와 처음 만났다.
8·15 후 이승만과는 밀접한 관계를 맺어 많은 후원을 아끼지 않아 내무장관까지 지냈으나 5개월 만에 사직했다. 그러나 이승만에 대한 지지와 지원은 계속했기에 이동화를 초치할 수 있었으나 교수 발령은 못 내다가 사월혁명 이후에야 교수가 되었다.

19 이 셋 중 두 인물은 여기서 다뤘지만 송남헌(宋南憲, 1914~2001)도 기억해야 될 인물 중 한 분이다. 대구사범 출신인 그는 8·15 후 김규식의 비서장을 지냈고, 사월혁명 후 진보적인 관점에서 민족 문제에 접근, 많은 활동과 연구를 병행했다.

원[1972], 고정훈이 창당한 민주사회당 고문 및 독립동지회 지도위원[1981], 민주사회주의연구회 의장[1983], 여운형탄생1백년기념사업회 발기준비위원회 대표[1986]로 활동하며 후학들에게 많은 도움을 주며 존경의 대상이 되었다.

만 89세를 맞은 1995년 1월 10일. 두산 이동화는 파란 많은 생애를 접었다.

8. 박진목, 독립투사에서 남로당원을 하고도 무사

이동화와는 대조적으로 "근근히 보통학교를 마친" 가방끈이 짧으면서도 활동은 엄청 많이 했던 박진목朴進穆, 1918~2010은 경북 의성점곡면 사촌동의 독립운동가 집안 출신이다.[20]

박진목 집안은 임시정부 임시의정원 의원을 지내기도 했던 맏형 박시목을 중심으로 사형제시목, 진목, 준목, 중목를 비롯해 조카들에 이르기까지 독립운동가들을 많이 배출한 것으로 유명하다. 배다른 맏형 시목과는 20여 세 차이가 났지만, 그의 영향으로 독립운동에 투신한 박진목은 1942년부터 만주와 북경을 오가며 경북 일대에서 비밀조직 활동을 했다.[21]

그는 연안으로 국내의 청년들을 보내는 역할을 수행하던 중 형 시목을 비롯한 베이징의 동지들이 일본경찰에 먼저 체포됨에 따라 1944년 5월 치안유지법 위반혐의로 대구에서 체포되어 1년 2개월간 감옥살이를 하던 중 대

---

20 박진목, 『내 조국 내 산하 – 원제 '지금은 먼 옛 이야기』, 계몽사, 1994. 14쪽. 그는 몇몇 회고록, 자서전을 남겼으나 최종적으로 이 저서로 총정리했다. 여기서는 주로 이 저서를 중심으로 서술, 인용한다.

21 박시목(朴時穆, 1894~1945), 3·1운동에 참가, 이듬해 망명, 임시정부의 임시의정원을 지내다가 감찰원으로 국내에 파견되어 경북지역에서 군자금을 모집하여 상해로 돌아갔다. 일본으로 건너간 그는 1927년 신간회(新幹會) 동경지회(東京支會)에서 활동했다. 1930년 대구 팔공산(八公山)에서 위장으로 광산경영을 하면서 청년들을 옌안(延安)으로 밀파했고, 종교계와 함께 군자금을 모금, 국내외 무장투쟁 및 한국광복군과 대일 선전포고 등을 계획 중 일제에 피체, 베이징에 아들(박희규)과 함께 투옥됐고, 시목은 옥사했다.

구형무소에서 8·15를 맞았다. 일제 치하에서 많은 활약상을 박진목은 기록하고 있으나 정작 이 글에서 그를 주목하는 이유는 8·15 이후의 활동들, 그중에서도 한국전쟁 때 가장 먼저 반전 평화운동을 전개했던 장면이기에 거기에 초점을 맞춘다.

8·15 이후의 정치적인 난맥상에 대해서 박진목은 구체적인 기록을 피해 버린다. 뭉뚱그려서 공산당-남로당의 조직원으로 활동했다고는 하면서도 어떤 조직에서 무슨 지위를 차지하고 무슨 활동을 했는지에 대해서는 수묵화처럼 독자들의 상상력에 맡겨 버린다. 미군정, 이승만의 귀국 등에 대한 비판보다는 좌익계의 활동이 너무나 비도덕적이며 잔인하다는 대목이 자주 나오지만 그것 역시 구체적이지 않다.

그러던 중 박진목이 투신했던 조직이 처음 나타난 것은 1946년 11월이었다. 조선공산당, 신민당, 인민당 3당이 합쳐서 만든 '남조선노동당'이었다.

> 나는 이때부터 남로당 경상북도당 소속으로 당 활동을 하게 되었다. 얼마 후 달성군 조직책을 맡아보다가 다시 도당 조직부로 옮기어 도당 간부가 되었다. 이러한 나의 위치는 일제 때 항일운동 전선에서 일했다는 경력이 중요한 발판이었고 해방 후 활동의 평가도 높았기 때문이었다.[22]

박진목은 자신과는 다른 반대진영 사람들과도 원활히 지낼 정도로 대인관계나 처세, 대화술 등등에서 탁월한 능력의 소유자였음이 선명하게 드러난다. 이미 불법화된 데다 점점 탄압의 도가 높아가는 데도 당 중앙에서는 투쟁을 다그치면서 보통 사람들의 정서로는 용납되지 않는 요구까지 늘어나자 일반 당원들에게 점점 소외의식이 늘어나면서 당에 대한 기피 현상이 퍼지고 있었다. 이에 박진목은 직속 상부인 조직부장 한동석에게 직언을 올리며 도당과 중앙당에까지 이런 현상을 반영해 달라고 요청했다.

---

22   박진목, 『내 조국 내 산하-원제 '지금은 먼 옛 이야기』, 91쪽.

얼마 후 중앙당 지도 책임자 배철裵哲, 1912~1953?이 박진목을 불러 '당성에 대해 교양'을 주기에 박은 그 기회에 하고 싶은 말을 다 했다.

개성 출신인 배철은 고교 때부터 투사로 활약, 도일, 니혼대 재학 때는 일본공산청년동맹원으로 반제 투쟁, 일본공산당에 입당, 노동운동에 투신, 투옥과 석방을 가듭하다가 일본에서 8·15를 맞았다. 동포들을 위해 재일조선인연맹에 몸 담았다가 1946년 귀국, 민주주의민족전선의 상임위원을 거쳐 남로당의 지도책이 된 것이다. 이후 배철은 경상북도 위원장으로 유격대를 이끌다가 1952년 한국전쟁 중에는 조선인민군 유격지도처장으로 지리산 등지의 유격전을 지휘했다. 남로당 숙청 때 배철은 리승엽의 폭동사령부 군사조직 담당으로, 성공하면 노동상이 된다는 시나리오로 사형 언도를 받았다.

이런 급의 인물에게 박진목은 자신의 의사를 다 개진하면서도 도리어 영전하는 계기로 삼았으니 그의 구변술은 가히 짐작할만하다.

박진목의 회고에 따르면 배철과의 상담 며칠 뒤 경북도당 위원장에게 호출당한 박진목은 도당 특수재정 책임자가 되었다. "나의 자리는 당내 기미를 알 수 있는 당성이 강한 핵심 당원들이 모인 곳"이었는데, "당에서는 나를 한급 올려주고 당의 핵심에서 몰아낸 셈이었다."

"사무를 인계받고 보니 경북 도내에 남로당이 잡고있는 사업체와 이권이 상당히 많고 재정부원은 사업가와 고급관리들이 상당수였다. 전과는 달리 나의 상부는 바로 도당위원장이었다. 그러므로 중앙당 지도책과 도당위원장은 하루에도 몇 차례씩 나와 정기적으로 만나고 사업을 의론해야 되었다."

출입할 때에는 좋은 옷을 입고 자동차를 타고 다니라는 지시도 있었다. 그리고 요정에도 자주 출입을 하고 누가 보더라도 사업하는 사람으로 보이도록 행동하라는 것이었다.

대인관계에 있어서는 언사도 전과는 달리 우익적인 말을 하고 인심 좋은 사람으로 보이라는 것이었다. 아주 원만하고 남을 이해하고 예의를 지키는 사람이 되라는 것이었다. 그것은 내 성품에 맞는 일이고 수월한 지시이기도 했다.[23]

그렇게 당원들이 희생해가며 투쟁 했으나 결국 단정이 수립됐고 당원들의 희생은 점점 늘어나자 박진목은 배철에게 당 중앙의 정책을 따지며 허위보고가 아닌 사실 그대로의 보고를 해달라고 졸랐다. 며칠 뒤 경북도당 위원장 최흥봉崔興峰이 연락해 와 만났더니 내 자세를 고칠 것을 강조하다가 결국 "서울에 가서 좀 쉬라는 지시"를 했다. 최흥봉이나 배철은 박진목과 개인적으로 친밀한 관계여서 그 다음 날 셋이 어우러져 격의 없는 자리를 마련, 많은 이야기를 나눴으나 결론은 이미 난 것이라 박진목은 당을 떠난 대신 대구에 그대로 남아 지내고 있었다.

그로부터 한 달 가량 지난 어느 날 경찰국의 한 친구로부터 피신하라는 연락을 받고 그는 서울로 가서 지인을 찾아 지내던 중 종로 한청빌딩의 고려동지회로 가서 김시현을 만나 경과를 아뢰자 그는 육군사관학교에 입교하여 보신할 것을 권했다. 그러나 박은 그럭저럭 지인들을 만나며 지내던 중 다시 대구로 내려가 명륜동의 서상일을 찾았더니 경찰이 자신을 남로당 비밀당원이라며 체포하려고 혈안이라는 것이었다.

다시 서울로 피신한 박은 1949년 후반에 접어들자 당으로부터 연락이 와서 일본으로 피신하라고 했으나 그럴 수 없었기에 김시현, 서상일, 박노수 제씨와 상의해 그들의 주선으로 1950년 3월 경북 경찰국에 출두, 취조도 구속도 되지 않는 선에서 무사할 수 있었다. 이 대목은 아마 박진목의 여러 기록 중 가장 부자유스러운 부분이다.

1950년, 박진목은 대구, 부산, 등지를 오가다가 여름에는 서울에 머물고 있을 때 한국전쟁 호외를 보고서야 전쟁 발발을 알게 되었다. 그는 바로 신당동의 이종률에게 찾아가 상의했으나 별 대책을 못 찾은 채 7월 중순을 맞았다.

7월 중순 경, 박은 경북도당 위원장 출신 최흥봉을 만나고자 서울시인민위원회를 찾아갔다. 필시 궁여지책이었을 것이다. 그는 반가이 맞으며 한 자

---

23   위의 책, 98쪽.

476   제3부 / 이승만 집권 후기

리를 마련하겠다고 했으나, 박은 경북도당 시절에 고생했던 친구들 중 서울에서 고생하는 분들 생각이 나서 최에게 말하자 서슴치 않고 "정부 자금으로 정부에 물자 납품 회사를 만들라고 했다". 기막힌 구상이었다. 그래서 박이 옛 동지들과 만든 것이 '조선물산공사朝鮮物産公司'라고 그는 쓰고 있다.[24]

유추하건대 기존의 이 조직에서 한 분야소를 하루에 3백 마리 정도 납품하는 회사를 맡아 그럭저럭 지낼 만했음은 틀림없어 보인다. 박진목은 여유가 생기자 최익환, 김시현을 비롯한 독립투사들을 만나며 전쟁의 잔혹성을 한탄하다가 어느 날, 거리에서 노력 동원 요원에게 잡혀 인민군복을 입은 채 전방으로 끌려갔다. 안동에서 다시 북으로 춘천까지 갔다가 이탈, 천신만고 끝에 서울에 닿았다. 이 대목도 좀 어색하다. 박진목의 전기에는 이처럼 어색하거나 미심쩍은 대목이 너무나 많기에 냉철한 검토가 필요할 것이다.

이미 국군이 수복한 서울에서는 부역자 색출에 혈안이었다. 그러나 그것도 잠깐이어서 1951년 1·4후퇴로 텅빈 서울에 남겨진 박진목은 다시 인민

---

24 정순택(鄭舜澤, 1921~2005), 『보안관찰자의 꿈』, 한겨레신문, 1997에 의하면 인민군 점령 당시 서울시당 청사는 덕수궁 골목길 옆 옛 법원 자리에서 중앙고교로 옮겼고, 시당위원장은 김응빈이었다. 정순택은 시당에서 서울시 인민위원회에 배치, '서울시 특수사업소'라는 간판으로 각종 생필품을 사들여 보관하는 업무였다. 이 증언과 대조해 보면 각종 물품에 따라 여러 구매처를 따로 정했음을 알 수 있다.

정순택은 충북 진천 출신으로 경성고등상업학교 재학 시절부터 좌익활동, 중국 탈출 시도 실패로 강제징집에 연행, 부민관에서 대규모 학도병을 모아 개최하는 대대적인 장행(壯行) 행사장으로 끌려갔다. 고이소 구니아키(小磯國昭, 재임 1942~1944) 총독이 장행사(壯行辭)를 마치고 단상을 떠나려 할 때 벼락치듯 큰 소리로 "고이소 총독! 총독한테 한 가지 묻겠습니다. 총독은 우리가 출정한 후에 2천5백만(조선민족)의 장래를 보장할 수 있습니까? 명확한 대답을 바랍니다"라고 따졌다. 정순택의 막역한 고향 친구인 한운사였다. 이에 총독은 "그런 것을 의심하고 있는 자는 황국신민으로서의 훈련이 아직 모자란다고 할 수 있다"라며 위세 등등하게 단상을 떠났다. 한운사는 나고야에서 온갖 박해를 당했던 학병 체험을 쓴 게 『현해탄은 말이 없다』였고, 정순택은 지바현에서 복무, 8·15 후 한은 서울대 불문과, 정은 서울대 상대를 다녔다. 정은 서울대 당 세포조직에서 맹활약하다가 미군정 시기에 상공부 근무 중 1949년 월북, 상업성 재정경리처 재정부장으로 근무 중 한국전쟁 때 서울에서 복무했다. 이렇게 자상하게 소개한 것은 그만큼 이 기록이 신뢰할만 하다는 점을 부각하고자 함에서다. 후퇴 때 당연히 북행, 고위직을 지내다가 1958년 한운사와 접촉하려고 남파, 체포당해 비전향 장기수로 징역을 살다가 1989년에야 출소했다.

필자와는 1981년 대구교도소에서 비전향 장기수 특사에서 함께 지낸 적이 있다.

군 치하를 맞았다. 우연히 만난 지인을 통해 많은 옛 동지들이 서울의 인민위원회 간부를 맡고 있음을 알게 되었고, 이들을 통해 이승엽 위원장과도 만나게 되었다.

1951년 1월 25일, 박진목은 최익환과 함께 이승엽이 정한 보성중학 입구 어느 식당 2층에서 한자리했다.

9. 이승엽과 남북평화 실현 논의하다

이승엽은 최익환의 항일투사로서의 경력을 익히 알고 있었기에 정중히 무슨 건의든 경청하는 자세였다. 최익환은 민족사의 수난을 축약한 뒤에 이렇게 호소했다.

> 무엇 때문에 중국사람이 이 땅에 와서 죽어야 하며 미국 사람을 비롯해서 여러 나라 사람들이 여기 와서 죽어야 합니까. 또 무엇 때문에 우리 동포가 수없이 그들의 폭탄과 총에 죽어야 합니까. 남의 나라 비행기 폭격에 의하여 선량한 우리 동포가 죽어야 하며 수천 년 동안 우리들의 조상이 소중하게 보존해온 귀중한 재산을 불태워야 합니까? 북쪽이나 남쪽이나 우리는 모두 같은 민족입니다. 서로 아껴야 하고 서로 도와야 합니다. 이 선생, 전쟁을 그만 두도록 하십시다.[25]

절절한 호소에 이승엽은 흥분과 절조의 표정을 나타내더니 "우리나라가 언제 미국을 해친 일이 있습니까? 뉴욕이나 워싱턴에나 어느 미국 농촌에 가서 우리가 미국사람 뺨 한 번 때린 일이 있으며 그들의 영토를 침범하고 해롭게 한 일이 있습니까?"라고 하더니 이렇게 역공했다.

---

25   위의 책, 200쪽.

우리는 한 번도 미국을 해친 일은 없습니다. 그런데 그들은 우리 강토를 침범하고 평화로운 시민에게 무차별 폭격을 가하여 국토를 초토화하고 있지 않습니까? 절대로 우리가 싸우고 싶어 싸우는 것은 아닙니다. 선생은 먼 역사를 말씀하시는데 일제가 우리나라를 강점할 때 미국이 일제에 협력했습니다. 당시 미국무장관책^{오.육군장관} 테프트와 일본 수상 가츠라의 회담을 보더라도 미국은 우리 민족의 철천지 원수입니다.[26]

이에 최익환은 역사의 시비를 가리기 위해서가 아니라 비참한 전쟁을 당장 멈추도록 하는 게 중요하다며 이를 위해 나서줄 것을 강조했고, 이승엽은 좋은 취지를 "수상님을 만나 말해서 무언가 종전에 대한 상의를 해보겠습니다"라고 했다. 이어 그는 "그러나 선생님이 대한민국 정부와 아무런 연결이 없고, 또 행동에 옮길 아무런 권한이 없으니, 앞으로 일하는데 있어서 선생님을 상대로 어떤 계획을 세우기가 곤란합니다"라고 맺었다. 양쪽 다 할 말을 한 뒤라 다시 만나기로 하고는 헤어졌다.

한동안 연락이 없다가 2월 중순이 지난 어느 날 지난번과 같은 집에서 저녁에 재회했다. 이승엽은 "수상님께 두 분의 뜻을 그대로 전했습니다. 수상님도 퍽 흥미있게 듣고, 종전 문제"를 지지하며 그렇게 되어야 한다고 했다며 그 방안을 논의하자면서, "두 분께서 남쪽으로 내려가서 이승만 대통령이나, 미국측의 신임장을 받아 가지고 오십시오"라고 요청했다. 이에 최익환과 박진목은 좋은 의견이라며 전선을 안전하게 넘어가도록 협조를 당부했다.

최익환과 박진목은 1951년 3월, 부산으로 내려갈 준비를 마치고 대기 중인데, 갑자기 북한이 후퇴하게 됐으니 괜히 힘들게 내려가지 말고 한국 정부가 상경하면 만나 일이 잘 되면 개성의 당 사무실까지 와서 이승엽 동지를 찾으면 연락이 될 것이란 전갈을 보내왔다. 3월 15일 국군이 다시 서울을 수

---

26 위의 책, 201~202쪽.

복했으나 정부는 당분간 부산에 머문다고 하여 두 평화주의자는 부산행을 서둘렀다. 둘은 유성의 지인 집에 머물며, 박진목은 거기에 남고 최익환만 부산으로 내려갔으나 실패했다.

1951년 5월 25일, 유엔에서는 소련 측이 휴전을 제안, 미, 중 두 나라도 찬성하면서 정전회담이 공식적으로 열리게 되었다. 그러나 별 진전이 없이 시간만 끄는 형국이라 박진목은 조급함에 미 대사관과 접촉을 시도, 오랜 면담 후 미군이 최전방 부근까지 경호해 주기로 했다.

1951년 7월 28일, 미군 지프로 박진목은 개성과 가까운 전방을 향해 달렸다. 박진목과의 동행자는 이용겸李容謙이며, 안내자는 미군 대령이었고 기사는 대위였다. 이용겸은 미군정의 하지 사령관의 보좌관 출신으로 최익환이 민주의원으로 있을 때부터 알던 사이였다. 이용겸은 항일 투사 경력을 가진 데다 평화 지지자로 최익환이 신뢰했다. 이용겸은 바로 전선 앞까지 안내하고는 박진목 혼자서 걸어가도록 했다.

북쪽 최전방 초소는 중공군이 검문을 맡아 까다롭지 않게 통과, 인민군에게 개성시당으로 간다니까 더 따지지 않고 한 한옥으로 안내했다. 여러 자질구레한 절차와 심문을 거쳐 10여 일이 지나고서야 평양으로 간 박진목은 이승엽을 만났으나 대화는 정전이 절박하다는 호소로 일관했고, 이승엽은 시종 미국 비판만 거듭했다. 다시 만나기로 하고는 기다렸다가 재회한 이승엽은 동석자가 둘이나 있었다. 이승엽은 이렇게 불쑥 말했다.

> 남으로 가거든 정전이 되도록 노력하시오. 그리고 합의가 되거든 10일 이내에 사람을 보내서 판문교에서 기를 흔들도록 하시오. 그러면 그것이 합의된 표시인 줄 알고 다시 만나서 구체적인 의사를 교환하고 정전회담을 돕는 별도의 모임을 마련해서 정전회담이 순조롭게 진행되도록 합시다.[27]

"나는 그 말이 여간 반갑지가 않았다"라고 박진목은 썼다. 일이 성사된 기쁨으로 많은 음식과 맥주를 즐겼다. 그런 한편 여러 대화를 통해 박진목은

"비로소 개성에서부터 사회안전성에서는 나를 미국 정보기관에서 보낸 사람으로 규정하고 수사 대상 인물로 주목하여 취조할 의사를 가지고 있었는데 이승엽이 그것을 물리치고 자기와 상의해서 한 일이니 끝을 맺어보자는 데서 서로^{사회안전성과} 의견 차이가 생긴 것이 아닌가 하는 생각이 들었다".

그런 분위기를 눈치 챈 박진목으로서는 약간 불안했지만 이승엽의 신분 때문에 잘 풀릴 것이라는 기대도 있었다.

이 대목은 주시할 필요가 있다. 이미 북로당과 남로당 출신 사이의 깊은 골이 생긴 것이다.

그러나 일단 이승엽의 주장대로 박진목은 판문교까지 안내를 받아 도착, 혼자 귀로에 오른 게 1951년 9월 8일, 북행 후 40일이나 지난 때였다. 원래 미국측과의 약속은 10일 이내로 다녀오기로 했기에 너무 오랫동안 지체됐다.

경계선을 넘으면 일단 피체 되리란 예상대로 특무대에 잡혀 막막하던 차에 순시 중이던 미 대위에게 미군이 해줬던 증명서를 보여주자 바로 한국군 군단을 거쳐 서울로 돌아오게 되었다.

가장 먼저 찾아온 것은 박진목을 미군과 연결시켜 줬던 이용겸이었다. 북에서의 자초지종을 그에게 보고한 박은 10일 이내로 판문교에서 신호를 보내주기로 한 이승엽과의 약속 때문에 초조히 미군 기관으로부터의 회신을 기다렸으나 엉뚱하게도 미군 수사기관인 705 CIC였다. 박진목뿐이 아니라 최익환까지 연행한 그들은 밤중까지 취조한 뒤 서대문경찰서 유치장에 가뒀다가 이튿날 다시 소환하더니 한국 경찰과 특무대에서 파견한 수사관들이 아예 간첩으로 규정하고 따지기 시작했다. 결국 최와 박은 간첩으로 조서가 작성된 채 그 처분을 기다리다가 구속 20일 만에 석방되었다.

박진목이 청진동 집에서 온갖 번뇌로 지내던 어느 날 이용겸이 미국인을 대동해 와서는 다시 북엘 다녀와달라고 요청했다. 705 CIC와 상의했기에

---

27 위의 책, 259쪽.

이번처럼 고생을 하게 되진 않을 테니 맘 놓고 다녀오라는 청이었다. 박은 즉시 최익환과 상의했으나 그 역시 반대였다. 그러자 미군 측은 끈질기게 설득에 나서자 최익환이 자신이 가겠다고 자청했다.

1951년 12월 하순, 추운 날씨에 노익장 항일투사 최는 미군의 안내로 사선을 넘었다. 돌아오기로 한 날짜를 한참 넘겼지만 종무소식인 데다 전쟁은 점점 치열해져 1952년 1월 하순 임시수도 부산으로 떠나기로 했다. 경찰 간부의 안내로 대구를 거쳐 부산엘 가보니 "주전론主戰論은 애국이요, 반전론反戰論은 매국이라고 규정짓는 판국이었다."

박은 온갖 인맥을 두루 동원하여 이승만을 면담하고자 고심참담하던 차에 국회의장 신익희에게 앙탁하기로 해서 갔더니 부재 중이라 부의장 조봉암을 찾았다. 간곡히 단독 면담을 청해 단 둘이 마주하자 박진목은 민족 평화를 역설하며 자신이 북에 다녀온 사실과 최익환이 북엘 가서 돌아오지 않고 있다는 것까지 실토하며 이승엽을 만난 것도 그대로 말하자 조봉암은 응대했다.

"이승엽을 만났어? 그래 그 사람 잘 있습디까? 나하고 인천서 같이 살았지."
그는 옛 친구의 소식을 들어 반갑다는 얼굴을 했다. 지난 날의 얽혀진 여러 가지 일들을 회고하는 듯 한숨을 쉬기도 하고 더욱 친밀감을 느끼게 했다.[28]

박진목은 조봉암에게 이런 뜻을 직접 대통령에게 전할 수 있도록 만남을 주선해 달라고 간곡히 청하자 이승만의 본질을 꿰뚫고 있던 조는 전혀 그런 말이 통하지 않는 노인이라며 사양하다가 마지못해 힘써보겠다고 했다.

기다리다 조급증에 박은 다시 조봉암을 찾아가자 그는 이미 박진목과 최익환의 평화 추진활동이 알만한 사람들 사이에 퍼져 있다며, "특무대장 김창룡 같은 사람이 그런 내용을 알아보오. 큰일이나 난 것처럼 달려들 테니 그

---

28   위의 책, 305쪽.

에 대비하는 방편을 써야 되겠소"라고 일침했다. 며칠 뒤 약속한 시간에 다시 만난 조봉암은 이런 일에 대한 이해심이 있고 미국과도 잘 통하는 내무장관을 소개해 줄 테니 찾아가 상의하라고 하며 당장 전화 연락을 해주었다.[29]

임시수도 부산에서는 국회와 내무부가 같은 경남도청사를 썼기에 국회 부의장실과 내무장관실은 바로 가까이 있었다.

내무장관은 박의 말을 경청한 뒤 곧 연락하겠다며 귀가해 기다리라고 하여 회신을 고대하던 4, 5일 뒤 경위가 내방, 내무부 장관에게 보고서를 작성해야 된다면서 경찰국으로 데려갔다. 필시 그들도 박이 북의 첩자가 아닐까 본격적으로 조사했을 터이나 혐의점이 없자 풀려났다.

10. 특무대를 거쳐 고등군법회의에서 일반 재판으로

그러나 조봉암의 염려대로 결국은 특무대에 걸려들었다. 1952년 5월 1일 밤 10시 경, 부산특무대원들이 연행, 묻지도 않은 채 밤을 새우고는 이튿날 기차로 대구 특무대 본부로 압송했다. 건물구조부터 공포 분위기였으나 예상과는 달리 고문은 없이 웃어가며 찬찬히 심문하더니 2주 만에 간첩으로 취조를 마쳤다. 1952년 5월 14일, 박진목과 관련된 '공범'들은 모두 석방시켰고, 군인 관계자들은 군법회의에 회부했다.

박진목의 수감실로 찾아온 김창룡은 "남이 처음 들을 때는 민족을 위하는 일 같고 또 군인들이 들으면 호감이 갈만해"라는 전제를 달고는 그러나 "전쟁하는 나라의 국민정신을 흐리게 하고 군인들의 사기를 떨어뜨리는 이적

29　이 무렵, 1952년 1월부터 8월까지 내무장관은 장석윤(1월부터 5월), 이범석(5월부터 7월), 김태선(7월부터 8월)였다. 박진목이 내무장관을 만난 시기는 안 밝혔지만, 그가 특무대에 연행 된 게 1952년 5월 1일 밤이었음을 감안하면 그 이전에 내부장관을 만났으니 장석윤((張錫潤, 1904~2004)일 가능성이 있다. 임정 광복군으로 OSS 훈련에 참여했기에 조봉암이 다른 장관들과는 달리 높이 평가할 수 있었다. 그는 윤치영의 5촌 질녀 사위(堂姪 壻)였다.

행위"라고 하곤 나가버렸다. 저녁 때 다시 나타난 김창룡에게 박진목은 자신의 뜻을 밝혀야겠다는 취지에서 평소의 소신을 호소하자 김은 "검찰관이나 재판소에 가서 하라"며 나가버렸다.

바로 그 날[5.14] 밤 낯선 상사의 호출로 끌려나갔더니 그는 두 취조관과 함께 박진목을 지프차에 태워 어딘가로 달렸다. "차 바닥에는 가마니 몇 장과 삽, 괭이 등"이 있었다. 대구 시내 지리를 익히 알던 박진목의 시선에는 대신동 시장을 거쳐 현풍 가도를 지프는 달리고 있었다. 차가 멈춘 곳은 화원 유원지 뒷산이었다. 박진목을 내리게 한 그들은 지상에서 마지막이라는 듯이 담배를 한 개 주고는 "무슨 할 말이 있거든 지금 하십시오"라고 했다. 다른 둘은 땅을 파고 있었다.

박은 자신의 생애를 뉘우치며 가족과 민족에 사죄하는 장광설을 늘어놓았고 상사는 받아 적는 듯이 보였다. 검정수건 같은 것으로 박의 눈을 가린 그들은 어떤 벽돌 기둥 같은 데다 박을 묶었다. 박은 마지막으로 외쳤다.

"동족 간에 전쟁을 중지하고 서로가 위하는 민주주의 조국 통일 만세!"[30]

그런데 상사가 말했다. "나는 당신을 구하고 싶소. 평화운동자라는 것도 알았소. 무엇 한 가지라도 참고될 새로운 사실이 있으면 이 순간에 죽음을 면토록 할 수 있는데 참 안타깝소"라고 유혹했다. 여러 말이 오간 뒤 박 문관이 박진목에게 낮은 음성으로 말했다.

"혹 북에서 신익희, 조봉암 두 분께 무슨 전하는 말이라도 없습디까?"[31]

순간, 박진목은 이들의 음모를 눈치채고 죽음을 각오했다. 그들은 다시 박에게 최후의 유언을 요구했고 박은 평소 신념을 그대로 말했다. 이제 총소리

---

30 각주 28과 같은 책, 339쪽.
31 위의 책, 340쪽.

만 기다리는 참이었다. "순간 총소리가 연달아 몇 발이 터졌다."[32]

지프에 실린 박진목이 특무대 본부에 도착한 것은 이튿날 아침 7시 경이었다. 한 잠 자고 난 박진목은 자신이 김창룡의 농간이었음을 눈치챘다.

오후 4시 경 육군 고등군법회의 검찰부로 넘겨졌다. 검찰은 중위 계급장을 단 최대현이었다. 그는 별로 깊이 묻지도 않은 채 박을 동촌의 육군형무소로 보냈다. 최대현 검사의 취조와 육군형무소에서 고생하던 박진목은 민간법원으로 이송 조처를 받아 대구 경찰서 앞을 지나 종로국민학교를 임시 청사로 쓰고 있는 대구지방 검찰청으로 간 게 7월 중순이었다. 검찰은 신분을 확인하고는 바로 대구형무소로 보냈고, 박을 연행한 헌병은 그 날 임무가 박을 대구형무소까지 데려다 주는 것이라며, 가는 길에 어디든 들리고싶은 곳이 있으면 가도 좋다고 인심을 썼다. 그런데 오후 3시 경, 박진목의 아내가 등장했다. 군법회의 검찰실로 갔다가 행방을 추적해 찾아왔다며 사 온 중국 빵 보따리를 풀어 허기를 채우는데, 임문석 변호사가 나타났다. 그를 통하여 박진목이 이렇게 되기까지의 경위를 들을 수 있었다. 임 변호사가 군법무감실에서 민간인을 군 검찰이 다뤄서는 안 된다는 주장을 폈고, 최대현 검사가 이를 수용, 민간법정으로 옮겨진 것이었다.

박진목 부부는 만경관을 지나 대구 시내를 관통, 대구형무소에 닿았다. 박은 일제 때부터 익숙해진 대구 교도소로 들어갔다. 푸른 수의로 갈아 입은 박은 수번囚番 1252번을 받아 제1사 14호 감방에 갇혔다. 박진목은 당시의 감방 풍경과 갇힌 사람들의 면면을 자상하게 소개한 데 이어 검찰과 법정의 성의 없는 절차과정도 여지없이 그대로 보여준다. 1년 징역을 받은 그가 석방된 것은 1953년 6월 18일이었다. 박진목은 당분간 정양하면서, 그간 북으로 갔던 최익환도 1년여 만에 귀환, 서울에서 지낸다는 소식도 들었다.

1953년 7월 27일, 최익환, 박진목이 그처럼 바랐던 휴전이 이뤄진 이후 나라는 여전히 어지러운 게 아니라 더욱 암담해지고 있었다. 박진목은 이제

---

32 위의 책, 342쪽. 이 위장 총살의 장면은 333~343쪽에 박진감 넘치게 서술된다. 우리나라 실록문학에서 보기 드문 이 장면은 아마 박진목의 회고록 중 가장 감동적인 절정일 것이다.

원상을 회복해 예 그대로 자신이 추구하던 진보세력 인사들과 어울려 민족과 민주화의 진로를 모색했다.

여기까지가 박진목 생애의 황홀하고도 뜨거운 투쟁의 절정이었을 것이다.

이런 남한의 변모에 비해 북한은 휴전 이후 어떻게 변했을까. 특히 박진목이 만났던 이승엽의 운명은 어땠을까.

> (가) 피소자 리승엽은 인민군대의 진격으로 인하여 패주한 관계로 절단된 노블과의 간첩 련락선을 다시 회복할 목적에서 소외^{공소 외} 최 모와 박 모 등을 활동케 한 결과 박 모는 1951년 7월 피소자 리승엽에게 전달할 노블의 새로운 지령을 받아 가지고 입북하였다.
>
> (나) 피고 리승엽은 인민군의 진격에 의해 패주하면서 단절된 노블과의 간첩 연락선을 재차 회복할 목적으로 소위 최익환. 박진목 등을 활동케 한 결과 박진목은 1951년 7월, 피고 이승엽에게 전달할 노블의 새로운 지령을 받아 입북했다.[33]

(가)는 '조선민주주의 인민공화국 최고재판소 군사재판부'의 판결문이고, (나)는 일본의 진보적 추리작가 마츠모토 세이초의 소설 『북의 시인 임화』가 북의 판결문을 그대로 소설에 실은 인용이다. 노블은 미군정 시기 주한미군사령관 하지의 최고 정치고문이다.

한국전쟁 후 북은 전쟁 책임과 전쟁 중 엄청난 희생 등에 대한 모든 책임을 박헌영의 남로당이 '미제의 간첩'으로 저지른 범죄로 몰아 간 것으로 본 이 사건을 북한은 「미제국주의 고용간첩 박헌영 리승엽 도당의 조선민주주

---

33 (가)의 북한 원문은 「미제국주의 고용간첩 박헌영 리승엽 도당의 조선민주주의 인민공화국 정권 전복 음모와 간첩사건 공판 문헌」, 조선민주주의 인민공화국 재판소, 국립출판사, 1956. 6.10이다. 여기 인용한 것은 김남식 편, 『'남로당' 연구자료집』 제2집, 고려대학교 아세아문제연구소, 1974, 620쪽.

(나)의 원전은 마츠모토 세이초(松本清張, 1909~1992), 『北の詩人 林和』, 여기 인용한 것은 김병걸 역, 『북의 시인 임화』, 미래사, 1987, 277쪽,이다.

의 인민공화국 정권 전복 음모와 간첩사건 공판」이라 불렸다. 남한에서는 통상 '남로당 숙청사건'으로 통한다. 그러니 사건 전체의 줄거리는 박헌영-이승엽의 남로당이 8·15 직후부터 미 CIC와 깊은 관계를 맺고 그 지령을 받았을 뿐만 아니라 중요 남로당 관련자들을 밀고하여 피체당하도록 하여 만약 전쟁이 발발하더라도 북이 불리해지도록 암약했다는 것이다. 전쟁 중에도 이런 암약은 지속하여 북의 정권을 약화시켜 남로당세력들로 하여금 북의 정권을 탈취하여 미국의 지배하에 두도록 한다는 시나리오였다.

이 사건 연루자 중에는 문학인으로는 임화를 비롯하여 이육사의 동생 이원조, 시인 설정식 등도 들어 있다.

박진목이나 이승엽의 본질을 이해하는데 아무런 도움이 되지 않는 이 사건을 굳이 덧붙인 건 개인이나 사건이나 역사의 진실을 추구하는 게 얼마나 어려운가를 새삼 상기시키고 싶어서이다.

남재희는 『북의 시인 임화』를 읽은 후에 박진목을 처음 만날 때부터 "그가 결과적으로는 김일성의 남로계 숙청에 구실만 제공한 것이 아니냐는 약간 비판적 또는 회의적 인상을 가졌었다"라고 털어 놓았다.[34]

그러나 이내 박진목의 진면목을 보고는 그런 선입견을 버리고 가장 공정한 입장에서 역사적인 평가를 내려주었다. 박진목은 학벌에 관계없이 사람됨의 기본만 제대로 갖췄으면 누구나 사회와 역사의 바람직한 진로에 기여할 수 있음을 평생을 통해 몸으로 보여준 인물이다. 일생 동안 박진목에게 따라다녔던 몇 가지 의문점인 남로당 탈당이나 전향 전후의 의문점, 북에서의 여러 행적, 미 CIA와의 관계 등등과 여러 진보계 정당에 투신하면서도 그 조직을 분열시키는 역할을 하지 않았느냐는 의구심 등등에 대한 선명한

---

34 남재희, 『진보열전─남재희의 진보인사 교유록 오십년』, 메디치, 2016, 에 실린 「민간 통일 운동가로 한평생─박진목」, 39쪽. 여러 글 중 박진목의 전모를 이해하는데 가장 좋은 참고가 될 것이다. 이 글에 따르면 박진목의 직계 인맥은 이기택, 강신옥, 김도현이며 만년에 통일운동 모임인 '민족정기회'를 주도했다. 남재희 역시 누구나 가졌던 미국과 한국의 정보기관과의 석연찮은 관계들에 대한 석연찮은 의구심을 완전히 탈피하진 못한 것으로 보고 있다.

해명은 불가능하다. 그러나 이런 의구심으로 그의 많은 기여도를 지나쳐버리기에는 아쉬움이 남기에 이 장에서 다뤄봤다.

11. 고정훈, 첩보장교 출신 진보주의자

8·15~한국전쟁 기간 중 기인에 속하는 인간상이 여럿이지만 고정훈처럼 대중들에게 깊은 인상을 남긴 인물은 흔치 않을 것이다. 자신의 전반생을 정리한 『부르지 못한 노래』의 헌사獻辭에서 고정훈은 이렇게 썼다.

> 몽정夢精처럼 흘러내린 이 얄
> 팍한 정신적 토사물의 끔을
> 아내에게 바친다.
>
> 배설해 놓은 마음의 정액
> 은 너무나 적고, 아내가 나
> 의 창자를 채우기 위해서 애
> 쓴 비명은 너무나 컸다.
> 그래서, 영문 옥중 수기도
> 아울러 그녀에게 바친다.[35]

그는 "4·19 후 6개월, 5·16 후 4년 6개월, 캡슐 속에 갇혀서" 지내며, 동

---

35 고정훈((高貞勳, 1920~1988), 『부르지 못한 노래, 吐瀉－정치와 감옥과 나』, 홍익출판사, 1966. 이어 「자서(自序)」에서 그는 "이 수기는 한국혁명이란 고체연료의 거센 추진력으로 발사된 정치적 인공위성"이라고 축약한다. 이처럼 그는 수사력에서 문학적 상상력을 맘껏 활용한 진보주의자이기도 하다.
 이 책은 나중 『촛불처럼 비누처럼』(예지사, 1981)으로 개제, 수정보완판을 내면서 헌사에서 "촛불처럼 내 몸 태워 세상을 밝게! / 비누처럼 내 몸 풀어 세상을 맑게"라고 썼다.

시대의 지식인들이 옥중에서 어떻게 지냈던가를 이렇게 증언해 준다.

> 정치학 교수인 이종률李鍾律 씨는 매일같이 신이 나서 원고지의 칸을 메우고 있
> 고, 한국의 도스토옙스키라는 영광스러운 칭호로 불리게 된 송지영宋志英 씨도 종이
> 위에 펜의 설사를 내갈기고 있고, 영어공부에 열중하고 있는 권대복權大福 군도 일
> 기체의 수기를 장만하고 있고, 1963년도 수형자受刑者 작품전시회의 시부에서 1등
> 의 영예를 차지한 류근일柳根一 군도 영·불·독·서西의 4개국어로 칵테일된 산문시
> 를 누에처럼 내뿜고 있고, 교원노조 부위원장이었던 강기철姜基哲 교수도 문명비평
> 의 결정판을 짜내고 있고, 학비는 한 푼도 안 들고, 공짜로 검정시험과 고문高文
> 시험을 떡 먹듯이 패스해버린 독학의 천재 윤길중尹吉重형은 자작 한시를 영문으로
> 번역하는 한국의 린위탕林語堂이 되어가고 있다.[36]

고정훈은 평남 진남포부현 남포시에서 없는 거나 마찬가지인 아버지와 조만
식曺晚植, 1882~1950과 같은 집안의 여인인 어머니의 아들로 태어나 고모의 영향
아래서 자랐다. 감리교 예배당에 열심이었던 고모에게 이끌려 미션계三崇유
치원을 거쳐 진남포제일공립보통학교를 졸업 후 도일, 아오야마靑山학원 영
문과를 2년 중퇴했는데, 시인 백석의 후배였다. 이때 고정훈은 일계 미국 시
민인 여의전 학생과 연애, 미국 유학이 목표였으나 중일전쟁 이후 도미의 길
이 어려워진 데다 독서회사건과 연애 소동으로 도쿄를 떠나야 했기에 중국
펑톈奉天으로 갔다. 장제스 지배 지역이냐, 홍콩을 거쳐 도미하느냐를 놓고
망설이던 중 도스토옙스키를 읽고자 헤이룽장黑龍江성 하얼빈哈尔滨시로 가서
북만학원北滿學院대학 노어노문학과에 들어갔다. 일제 치하에서 하얼빈러시
아교민대학哈爾濱俄僑學院과 성 블라디미르 전문학교를 병합해 설립1938됐으나
제2차 세계대전 후 없어진 여기서 고정훈은 영, 러, 불, 중국어를 달통했다.
고정훈답게 러시아어를 동급생인 영어에 능통한 러시아인 여학생에게 개인

---

36   위의 책, 12~13쪽.

교습을 받았는데, 3시간째부터는 연인관계로 발전해서 더욱 빨리 익혔다.

8·15 후 그는 하얼빈 한인거류민단과 한국청년단 일을 보던 중 점점 도시의 분위기가 친소파로 기울어지자 고향 진남포로 서둘러 귀환했다. 시인 백석의 소개로 어머니의 인척인 조만식을 알게 된 그는 이후 소련공보원의 통역원으로 들어가 많은 문서를 번역하면서 특수정보도 많이 취득할 수 있었다.

1947년 4월, 그가 중요한 소련 정보를 갖고 38선을 넘자 바로 미군이 서울의 반도호텔로 안내, 미 제24군단 정보처 북한과에 배속시켰다. 월남할 때 그는 백석에게도 함께 하자고 했으나 그는 응하지 않았다. 미군들이 그를 이처럼 특대한 것은 당연히 그가 갖고 온 평양의 기밀 문서였는데, 그 중에는 아래와 같은 중요 문서도 있었다.

> "그 당시 소련 점령군 당국은, 제2차 미소공동위원회 회의를 통하여 좌우합작, 남북통일 정부를 수립한 후, 미·소 양군을 한반도로부터 철수케 하고, 곧 이어 체코슬로바키아에서의 공산당쿠데타와 같은 쿠데타를 한반도에서 일으켜, 우리나라를 공산 위성 국가로 만들려고 획책했습니다. 나는 이러한 소련측의 세밀하고 구체적인 정보를 가지고 있습니다."[37]

이런 정도니 그는 다음 달부터는 미소공동위원회 미국측 대표단 일도 함께 맡았다. 미 사령부의 추천으로 고정훈은 육군사관학교 제7기 특별간부후보생으로 들어가 수료했다. 임관[1948] 직후 여순사건 때는 정보장교로 활동했고, 곧 대위로 승진, 한국군 육군참모총장 보좌관, 국방장관 특별보좌관, 미 군사고문단장 보좌관 등을 겸직하다가 소령으로 진급, 정보국 차장 겸 유엔 한국위원회 연락장교단장이 되었다.

한국전쟁이 일어나자 고정훈은 바로 미 극동사령부 특별파견대에 배치, 곧바로 미 육군성 파견대에 채용되면서 한국군에서는 중령으로 예편[1950]됐

다. 휴전¹⁹⁵³되자 원용덕元容德장군에게 호출당해 나라를 위해 봉사해 달라면서 맡긴 일이 정부의 영문기관지 『코리언 리퍼블릭』 초대 편집국장을 거쳐 『조선일보』 논설위원^{1953.7~1960.4}을 지냈다.

『조선일보』의 논설위원 시절에 고정훈이 쓴 국제관계 해설은 당시 제3세계의 부각과 함께 민족의식이 급부상하는 모습을 너무나 재미있게 써줘서 대인기였음은 널리 알려진 사실이다.

고정훈은 군복을 벗은 이후부터 진보당, 민주혁신당, 구국청년당, 신민당, 민주사회당 신정사회당 등 진보계 정당에 전념했다. 논설위원을 하면서도 정당 활동도 가능했던 때 그는 군복을 벗은 이후부터 열렬한 반독재 민주화의 투사로 변신했다.

사월혁명을 전후하여 고정훈은 그의 다혈증적인 기질을 여지없이 발휘했다. 시위대에게 선동 연설을 했을 뿐만 아니라 이승만 하야 뒤인 5월 21일에는 단국대 학생들이 국회의사당 앞에서 제4대 국회의 즉각적인 해산 요구 데모를 하자 고정훈은 곽상훈 국회의장실로 들어가 국회 해산을 요청하여 커다란 물의를 빚었다. 고정훈의 의견은 뚜렷했다. 사월혁명을 맞아 고정훈은 구국청년단을 결성, 즉각 국회를 해산하고 제2공화국 헌법은 국민투표로 이뤄져서 거기에 바탕한 새로운 국회가 모든 걸 결정해야 된다는 것이었다. 그런데 이승만 독재 치하에서 형성된 낡은 제4대 국회가 제2공화국을 위한 내각제 개헌안을 제출^{1960.5.11}, 국회가 통과^{6.15} 시킨 뒤 그에 따라 민의원. 참의원 양원제 국회 총선을 실시^{7.19} 하겠다는 것이라서 고정훈은 과감히 나선 것이었다.

12. 쿠데타의 예언과 조봉암사건의 진실 폭로로 필화

그는 한국에서의 내각제가 얼마나 위험한지를 이렇게 경고했다.

"수년 안으로 이 나라는 군부쿠데타를 겪게 되든지, 아니면 공산주의자들의 폭동을 또다시 맛보게 될 것이 틀림없다고 나는 확신하기 때문에 개헌을 반대하는 것이며, 또 4대 오욕 국회의 해산을 주장했던 것이오. 나의 주장과 행동이 가져온 결과는, 그것이 어떤 것이건 달게 받죠. 그러나 두고 보시오. 나라 꼴은 꼭 내 말대로 될 테니……."[38]

그의 말이 사실이었음을 알기까지는 그리 오래 걸리지 않았다. 제2공화국 내각은 불과 1년도 못 버티고 5·16쿠데타에 의하여 그대로 진상되었다.

4월혁명 후, ① 고정훈은 서상일徐相日의 통일사회당通社黨 선전국장을 맡고, 김철金哲은 국제국장이었다. 혁신 정당과 사회단체들은 민족자주통일중앙협의회民自統로 결집해서 두 파로 나뉘어졌는데, 통사당은 당시는 북이 남보다 경제 발전이 앞섰기에 남북 협상이 전개되면 남쪽이 북쪽에 말려들 것이라는 우려 때문에 고정훈은 민자통에서 통사당이 탈퇴할 것을 주장했다. 고정훈은 또한 중립화 통일론을 폈으나 별 반응을 못 얻었다. 이렇게 되자 민자통은 남북협상파가 주류를 이뤘는데, 서울대 문리대의 민족통일학생연맹이 앞장 서 "가자 북으로, 오라 남으로"라는 구호까지 외쳤다.

고정훈의 구국청년당은 중립화 통일론과 승공. 민주사회주의론이란 두 가치를 높이 들었다. 중립화란 압록. 두만강 일대에 유엔 감시군을 배치한다는 전제에서 통일논의가 전개되어야 한다는 것이었고, 정치는 자유민주주의, 경제는 혼합체제, 사회·문화는 승공·민주사회주의의 정강·정책을 내걸었다.

이런 가운데 고정훈은 제2공화국 헌법으로 치른 제5대 총선에 성북구에서 무소속으로 출마했지만 사퇴해야 했는데, 그건 자신의 소신이 필화로 비화, 정계와 진보계에 큰 파장을 주었기 때문이었다.

그가 당했던 필화와 투옥은 ① 김준연의 명예훼손과, ② 유진산의 명예훼손이었다. 앞의 것은 조봉암의 사형이 당시 통일당 당수였던 김준연이 관련

38　위의 책, 88~89쪽. 이 역시 1960년 법정에서 진술한 것임.

된 듯한 발언 때문이었을 뿐만 아니라 통일당의 명예까지 심하게 손상시켰기 때문이었다. 뒤의 것은 유진산이 일본에서 주일대표부 공사였던 유태하柳泰夏, 재임기간 1958~1960.4로부터 금품을 받았다는 것이었다. 유태하는 재임 중 교민들 상대로 비자 장사를 한다는 등 악명으로 추방의 대상이 되어 사월혁명 후 직위 해제당했지만 귀국을 않다가 5·16 후에야 구속됐다.[39]

고정훈은 김준연이 당수였던 통일당 소속이었음에도 이런 발언으로 물의를 야기했는데, 이에 대하여 그는 "1960년 5월 24일, 서울 소공동 소재 국제호텔에서 내외신 기자 40여 명과 회견하고, 조봉암이가 대남 간첩 양명산으로부터 정치자금을 받아 쓴 것처럼 사건을 허위 날조해서 그를 사형에 처하였고, 또 김구 살해범 안두희의 배후에는 이(승만) 정권 최고위층 간부가 개재하고 있었다는 등 요지의 발언을 한 사실"을 법정 심문에서 인정하였다. 증거를 대라는 법관에게 고정훈은 이렇게 말했다.

"이승만 대통령이 고 김창룡 중장에게 '조봉암은 공산당이니 빨리 없애버려라' 하고 지령한 쪽지를 김창룡이가 나한테 보여준 것을 직접 내 눈으로 본 이상, 조봉암씨를 처형한 것은, 법의 공정한 심판에 의한 정당한 판결에 따랐다기보다, 이 대통령의 지령에 의해서 조봉암 씨를 합법적 절차에 따라 모살謀殺했다고 믿을 수밖에 없는 것입니다."[40]

---

39 김준연(金俊淵, 1895~1971), 전남 영암 출신으로 도쿄제대 독법과(獨法科)를 거쳐 독일 베를린 대학과 영국 런던 대학을 수료한 당대 최고 엘리트였다. 귀국 후 조선공산당 결성에 참여, 많은 활동을 하다가 언론계에 투신, 『조선』, 『동아』 등에서 주요직을 맡았다. 8·15 후 우익으로 전향, 여러 정당을 거쳤는데, 정치노선은 이승만 지지와 반공, 분단 옹호로 일관했다. 국회의원, 장관 등을 역임한 그는 5·16 후 박정희를 좌익으로 비판하며 한일회담도 반대했다.
유진산(柳珍山, 1905~1974)은 전북 진산군(현 충남 금산군 진산면)출신으로 고교 때부터 민족운동에 투신, 도일, 와세다대 중퇴, 귀향해 농민운동 중 중국으로 망명, 충칭(重慶)임정에 관여하다 피체, 송환되었다. 8·15 후에는 극우반공단체(白衣社)에 관여하며 정계에 투신, 야당에 계속 몸담았으나 항상 물의를 일으켰다.
40 각주 35와 같은 책, 84쪽. 이어 고정훈은 1956년 5·15 정부통령 선거 때 "진정한 득표수를 정확하게 파악할 수 있었던 곳은 대구뿐이었는데(대구 개표 중단사건이 이 대통령 특명으로 수습된 결과, 정확한 득표수가 발표되지 않을 수 없었다) 조봉암 후보는 거기서 10만 표

한국 정치사, 진보운동사에서조차도 쉬쉬하던 조봉암사건을 이렇게 밝힌 것은 처음이자 일대 모험이었다.

이뿐이 아니라 고정훈은 백범 암살과 관련해서도 언급하는 등 첩보장교 출신답게 사월혁명으로 다 불태워버려 사라진 증거로 변해버린 역사의 진실을 서슴없이 폭로해 보수정계에 일대 충격을 던졌다. 1년 형을 끝내고 그가 출소한 것은 1960년 11월 28일이었다.

고정훈 자신의 예언대로 1961년 5·16군사쿠데타로 제2공화국이 허망하게 종막을 고한 뒤 고정훈은 「특수범죄처벌에 관한 특별법」 위반으로 1961년부터 1965년까지 복역해야만 되었다.

1964년 안양교도소로 이감됐다가 다시 서대문으로 옮겨진 그가 출옥했던 1965년 12월 25일은 한국 현대사에서 한일협정, 월남파병, 각종 반쿠데타 민주화와 통일운동의 범람을 가져온 일대 혼란기였다. 이미 고정훈의 진보세대는 퇴조하고 신진 서구 유학파들이 새로운 사회의 진로를 모색하던 일대 변혁의 연대였다.

이 무렵 고정훈은 사업에 투신, 재미를 보았다고도 한다. 남재희는 인도가 소련의 원조로 대규모 제철소를 지어 철강재를 수출했는데, 고정훈은 인도로부터 그걸 수입했다는 것이라고 했다. 당시 총리였던 정일권이 뒤를 봐준 소문이 사실일 가능성이 있다는 것이 남재희의 소견이었다.[41]

너무나 통큰 고정훈은 사업도 전성기를 지나자 접은 채 철원으로 은퇴, 은둔의 기간을 맞았다. 거기서 다시 상경, 전성기 때의 꿈을 실현시키게 된 계기는 1980년 전두환 쿠데타 때였다. 전두환이 둘러리세력으로 진보계를 내세웠던 흐름을 탄 고정훈은 1981년 민주사회당을 창당, 제11대 총선에서 강남구에 출마, 1구 2인 당선제의 안전망에 들어 국회에 진출했다. 그러나 이

를 얻었고, 이승만은 후보는 겨우 3만 8천 표밖에 얻지 못했다는 사실을 들어, 이승만 대통령이 벌써 5·15 선거에서도 협잡으로 당선된 것이 틀림없었으니까, 조봉암 씨를 꼭 죽여야만 후환이 없으리라고 생각했음직 하다는 것이었소"(86쪽)라고 말했다.

41   각주 34, 남재희, 『진보열전-남재희의 진보인사 교유록 오십년』 중 「혁신계의 풍운아 고정훈」, 103쪽.

미 김철의 사회민주당이 사회주의인터내셔널SI, Socialist International에 가입해버린 뒤라서 고정훈은 신정당과 합당해 신정사회당으로 활동했다. 그의 전성기는 이미 전두환 타도, 민주쟁취라는 시대정신을 거슬렀기에 제12대 총선1985에서는 전통적인 야당세였던 신한민주당 후보에 밀려났다. 정계에서 물러난 그는 '민주사회주의연구회'를 결성, 이동화를 의장, 송남헌을 부의장으로 모시고 자신은 실무를 총괄하는 이사장을 맡았다.

실로 기구한 운명의 사나이 고정훈은 이로써 역사의 현장에서 사라졌다.

13. 김낙중, 대학생 통일운동가 북에서 보낸 1년

이제 이승만의 연옥을 체험했던 가장 젊은 통일운동가였던 김낙중을 만날 때가 되었다.[42]

그는 경기 파주군 탄현면 법흥리의 소작농 집안 출신이다. 온 가족이 밤새 조미糙米, 매통에다 벼를 갈아 왕겨만 벗긴 쌀를 찧어놓으면 아버지가 먼동이 트기 전에 그걸 걸머지고 90리 길을 걸어 서울에다 팔아 다시 벼를 사오면 밤새 찧어 조미를 해야 하는 처지였다.[43]

소년시절의 김낙중은 허약하여 식민지 말기의 고통을 견디며 별 감동도 없이 8·15를 맞아 그 전에 다녔던 학교 대신 서울중학 2학년1947으로 들어갔다. 집안 형편도 너 좋아서 지금의 서대문 독립공원에 방 한 칸을 빌려 할머니가 손자들을 뒷바라지 해주었다. 1949년 들어 거처는 용산으로 옮겼다. 김낙중 소년은 신문 배달을 하는 등 고학생 처지로 지내다가 이듬해 한국전쟁을 만났다. 그는 서울에 인민군이 들어오자 서둘러 귀향, 별 탈 없이 국군

---

42   김낙중(金洛中, 1931~2020).

43   김낙중. 김남기(金男起), 『굽이치는 임진강─민족통일의 갈망을 안고 임진강을 건너간 한 젊은이의 열정과 고난』, 삼민사, 1985, 61~63쪽. 공동저작자 김남기는 김낙중의 부인. 집안은 김낙중이 7세 때 지주 허 모 씨의 신임을 얻어 아버지가 소작 관리인이 되면서 형편이 폈다고 한다.

수복을 맞은 뒤인 1950년 11월 상경, 학교엘 갔다가 엉겁결에 미군 제62 공병중대의 식당 취사부가 되었다. 11월 하순이 되자 미군부대는 한강 남쪽으로 이동한다며 떠나려는데, 한국인 종업원은 데려갈 수 없다는 걸 사정하여 식당 취사도구가 실려있는 트레일러에 몇몇 학생들만 탔는데, 다음날 부산에 닿았다. 그들에게 사정하여 간신히 천막 하나에 네 학생이 미군들이 남긴 찌꺼기를 먹으며 지내던 중 1951년 봄 우리가 복무했던 미군 부대가 대구로 이동하며 정식으로 채용되어 비교적으로 편하게 지냈다. 9월, 김낙중은 그 미군부대를 나와 서울의 가족들에게 돌아가고자 작심, 미군의 도움으로 화차를 탔다. 그런데 미군 장교가 뜻밖의 제안을 했다. 두 미군 장교를 위한 고용원이 되어 달라는 것이었다.

> 하우스보이 겸 쿡 겸 통역 겸 연락병 겸사겸사의 일을 하는 것입니다. 많은 시간을 서울과 부산 간의 왕복여행에 충당했습니다. 여행이랬자 그 화차칸을 아무 때나 아무 객차나 화차의 맨 뒤 끝에 연결하기만 하면 잠을 자면서 또는 식사를 하면서 남북으로 이동하는 것뿐이었습니다. 그리고 서울, 대전, 대구, 부산 등지에 머물러 있을 때에도 나는 별로 그 화차를 떠날 일이 없었습니다. 식사 준비를 하고 실내 정돈을 하고 때때로 미군 장교들이 접촉하는 한국인 철도국원들의 통역을 해주면 남은 시간은 나 자신의 독서에 충당할 수가 있었습니다.[44]

1951년 겨울, 운 좋게 김낙중을 돌봐주던 미군 소령이 부산의 미 제765철도 수송대대의 대장으로 부임하게 되자 열차를 벗어나 부산에 정착하게 되었다. 그들의 도움으로 김은 부산 송도에 피난 중이었던 서울고교에 복교, 1952년 서울대 문리대 사회학과에 입학, "굶주린 늑대처럼 강의실 마다를 누비고 다니면서 각 부문의 강의를 열심히 들었습니다".[99쪽]

자신을 돌봐주던 미군 대위는 김낙중에게 자기 아들로 삼고 공부시켜 주

---

44   위의 책, 93쪽.

겠다고 제안했으나 그 길이 자신의 많은 고뇌를 풀어주는 길은 아니라고 판단해 완곡하게 거절하고 대학 친구들과 서클을 꾸리는 등 자신의 안목을 넓혀갔다.

1953년 7월 27일, 한국전쟁은 휴전했고, 학교는 여름방학 중 서울로 환도, 2학기는 서울에서 열린다고 했다. 이미 김낙중에게는 자신이 해야 될 민족사적인 과업에 대해 확신이 섰다. 서울 환도 후 김낙중은 한복 차림에 삭발을 한 채로 교정에 나타났다. 주변의 냉담한 반응과 외면도 아랑곳하지 않고 그는 「통일독립청년 공동체 수립안」을 작성, 남북 수뇌에게 보내기로 작심했다.

그의 주장은 남북 두 정권은 서로 비동맹 불가침으로 존속하되 청년들에 대한 통치권을 포기하고 독립된 청년공동체를 수립하여 이를 주축 삼아 통일을 이룩해 나가도록 해야 된다는 논리였다. 그는 이를 대통령에게 청원 형식으로 제출했는데, 며칠 뒤 시경으로 압송당해 국가보안법 위반 혐의로 구속되었다. 중부서에 갇혀 있다가 어느 날 지프차에 실려 청량리 뇌병원으로 옮겨져 며칠 동안 지내다가 과대망상증이란 진단서와 함께 부모에게 인수되었다. 이로써 그는 서울대에 자퇴서를 제출하고 귀향했다.

그는 군 교육청 장학관인 친척의 도움으로 고향과 가까운 문지리의 삼성초등교 교사가 되어 3학년을 맡았다. 민통선 안 구역으로 바닷물이 밀려오면 강물이 역류할 정도로 세지고 빠져나갈 때도 급류로 내려가기에 이 일대에는 물결을 타고 남북을 내왕한다는 곳이었다. 상류에서 물이 빠져나갈 때 물의 흐름을 타고 가만히 있기만 하면 아래로 흘러가면서 자연스럽게 북녘 기슭에 닿는다는 곳이었다.

1955년 단오날[6.24] 오후 5시, 김낙중은 즉각 용단을 내려 실시하기로 했다. 김낙중은 자신이 월북할 날짜를 6월 25일로 작정하고 있었다. 버드나무 숲속에서 포도주 한 병을 통째로 마시고 어둠이 내리기를 기다렸다. 갈대밭에다 양복과 구두를 벗어 던지고는 두 개의 미군 침낭용 고무보트에다 바람을 잔뜩 넣어 올라타고 강 가운데쯤에서 아래로 떠내려가며 북한인 오른쪽으로 알고 상륙했다. 이미 어두워져서 날이 밝기를 기다리기로 하고 잠이 들어버렸다. 그런데 한참 만에 잠이 깨서 보니 북한이 아니라 고향 아랫마을인 오금리 뒷펄이었다. 이미 날이 밝아오기에 얼른 서둘러 다시 강물을 타고 북으로 가야 했다. 악전고투하며 간신히 북녘 기슭에 닿은 그는 발가숭이 알몸에다 자신의 문서는 잘 보관하고 있었다.

그는 한 오두막집 할머니에게 추워서 못 견디겠으니 잠시 쉬어 가게 해달래서 비닐에 싸서 간 내의와 고이적삼 등을 꺼내 입고는 잠이 들어버렸다. 한참만에 "손 들엇" 소리에 깨어나 연행 된 곳은 판문군 내무서 월정분주소였다. 긴 입씨를 끝에 김낙중은 개성 내무서를 거쳐 평양 행 열차에 올랐다.

김낙중이 평양에서 첫 날 관련 기관^{내무성}에서 조사관에게 맨 먼저 내민 건 「통일독립청년 공동체 수립안」이었고, 이를 읽던 심문관은 계속해서 "대한민국과 조선인민공화국은……"이란 데서 "이런 국제조약과 같은 문서에서 한 편은 대한민국이라고 했으면서 한 편은 엉터리 국호를 뜯어다 쓴 것은 우리를 욕하려는 고의적 수단이 아니오?"라고 음성을 높였다. 이어 그들이 계속 따지고 드는 건 남한의 어떤 기관이 파견해서 왔느냐는 것이었고, 이에 김은 결코 그런 게 아니라 한국에서도 도리어 불순분자로 보고 내무부 치안국 특정과 중앙분실 오충환에게 혹독하게 당했다고 했다. 그러자 그들은 10분 후에 명함판 사진 한 장을 갖고 와 보여주며 "바로 이 사람이오?"라고 물었다. 바로 치안국에서 김을 맡았던 그 담당자여서 그렇다고 하자 흡족한 듯 진작 그렇다고 할 것이지, 라며 그들끼리 상의하더니 2층으로 데려갔다. 그들로서는 김낙중을 오충환이 보낸 밀정으로 본 것이었다. 김낙중을 맞은 건 북의 내무상 방학세^{方學世, 1914~1992}였다. 김낙중은 그의 이름도 몰랐겠지만 연해주에서 태어난 그는 1917년 혁명 후 검찰로 재직하면서 스탈린 치하에서 조선인 강제 이주 때도 무사했을 정도의 신임을 얻었다. 8·15 후 친소파들과 함께 북으로 간 그는 소련군정에서 큰 역할을 했고, 1952년부터 내무상을 맡았다.

방학세는 김낙중에게 대뜸 "왜 하필 6월 25일 날 넘어가라고 합디까?"라고 따졌다. 이 말은 김이 한국 내무부 치안국의 지령에 따라 북행했음을 확신하는 태도였다. 아무리 김이 지령에 따라 한 것이 아니라고 우겨도 들어주지 않고는 방을 나가버렸다.

평양에서 2일째인 1955년 7월 1일, 오후 2시, 김낙중은 소련제 지프에 실려 내무성 예심처 감옥으로 옮겨져 제3호 감방에 갇혔다. 미처 검찰로 송치되지 않은 사람들을 내무성이 가둬두고 조사하는 곳이었다. 그 8호실에는 박헌영이 있는데, "간첩 혐의를 받고 있으면서 그것을 시인하지 않기 때문에 근 1년이 되는데도 그대로 갇혀 있다"며, 은근히 김낙중을 위협했다. 이 말은 시인할 때까지 무기한으로 갇혀서 심문을 당할 수도 있다는 뜻이기도 했다. 그들이 집중해서 추구한 건 김낙중이 분명히 한국의 치안국에서 파견한 건 맞으나 그 임무가 뭐냐는 것이었으니 김으로서는 부인할 수밖에 없었다. 이어 그들은 북으로 오기 전에 받은 특수교육이 뭐냐, 미국 기관의 특수교육이 있었느냐 등등도 따졌다.

김낙중은 만감이 교차했다. 당장 북의 예심처 감옥에서 자신의 삶이 끝나버릴 수도 있는 공포감부터 장기수로 투옥당해야 할 운명의 기로를 그는 상상하다가 그는 그 위기로부터 탈출할 수 있는 방법인 그들이 원하는 대로 그들의 시나리오에 스스로 응해 주는 병식을 택하기로 했다.

김낙중은 가난했던 가정에서 자라며 폐결핵까지 걸려 고심 중 친구 K군의 소개로 치안국 특정과엘 가서 20여 일간 특수교육을 받았다는 것, 그 방법이 자의로 「통일독립청년 공동체 수립안」을 써서 순전히 자의로 북으로 갔다는 것, 교육 중 미국인도 다녀갔다, 북으로 떠나기 전에 50만 환을 받아 어머님께 전했고, 돌아가면 50만 환을 받기로 했다는 것 등등이었다.[45]

이런 진술 뒤에 그는 어느 기관에서나 하듯이 자술서를 썼는데, 자신의 심경을 절절히 털어내준다. 이 사실을 김낙중은 『굽이치는 임진강』에서 이렇게 정리해준다.

---

45 위의 책, 195~197쪽. 이 부분이 아마 김낙중의 고뇌가 가장 깊이 반영된 것으로 보인다.

나는 이런 허위자백의 결과가 어떻게 되리라는 것에 대해서 별로 심각하게 생각하지 않았습니다. 어차피 내 삶이 뜻을 가질 수 없게 된 막다른 자리에서 삶을 위하여 꿈틀한 것에 불과합니다. 미국 사람이라면 두 눈에 쌍심지를 돋구어 잡아 먹으려 하는 북한 공산주의자들의 호구 속에서 나는 삶을 위하여 결백한 자기 자신을 스스로 미국의 고용간첩이라고 말해야만 되었다는 것은 너무도 지나친 파라독스가 아니겠습니까? 지금 생각하면 생각할수록 소름끼치는 아슬아슬한 순간들이었습니다. 나는 북한에 와서 미국 간첩으로 정식 등록을 마친 셈입니다. 삶을 위해서.[46]

김낙중의 운명은 이제 자신의 능력을 벗어나 북녘 관계자들이 손으로 넘어가버렸다. 이 감방에서는 여러 갇힌 사람들과 대화했고, 지난 이야기들도 듣다가 '박모'라는 사람의 사연도 듣게 된다. 바로 남북평화 협상을 제안했던 박진목이었다.

법의 절차대로 그는 검찰에 기소당해 재판을 받아야 할 처지였는데, 1955년 8월 14일 오후 7시 경, 모란봉이 올려다보이는 어떤 가정집 툇마루로 연행된 김낙중에게 두 신사가 그간 고생 많았다며 곧 고향에 가게 될 것이라는 말을 하게 된다. 그 집에서 자고 난 이튿날 8·15에는 전날의 두 신사가 김일성광장이 내려다보이는 고층 건물 옥상으로 데려가 8·15 경축행사대열을 보여주었다.

김낙중은 민가에서 온갖 보살핌 속에서 잘 지냈고, 가끔 나타난 두 신사는 이제 김을 고향으로 돌려보내기로 했다는 뜻을 전했다. 그러고는 아무런 조치도 없다가 10월 중순 경 평안북도의 어느 병원으로 옮겨졌다. 김낙중의 건강이 너무나 악화되었기 때문이었다. 용암포에서 내려 간 곳은 '양시 영예전상자 병원'이란 간판이 붙어 있었다. 10여 일에 걸쳐 종합검진 후 그들은 함북 주을로 가서 요양하는 것이 어떻겠느냐고 했지만 김은 그대로 여기서

---

46 위의 책, 198~199쪽.

몇 달 더 쉬는 게 좋겠다고 했다. 3호실에서 1개월가량 잘 지내고 있다가 어느 날 이동준비가 내려졌다. 다른 병실 환자들이 중앙 검사반이 왔을 때 3호실이 특별대우를 받는다고 하여 이 방을 분해하게 된 것이었다. 그래서 감낙중은 제3병동 2호실로 옮겨졌다. 병원생활에 익숙해진 김은 틈내어 산책도 하고 농촌 풍경도 보면서 건강을 회복해나갔다.

해가 바뀌어 1956년 봄을 맞았다. 건강을 회복한 김은 다시 평양으로 연행, 용암포로 떠나기 전에 머물렀던 농가로 옮겨졌다. '부장 동지'로 호칭되는 인물이 김에게 건강회복을 축하하고는 "우리 공화국 정부는 당신의 신분을 완전히 보장해 주기로 결정"했다면서, 일체의 과거를 묻지 않고 "우리는 당신이 북반부에서 대학에 들어가 공부하겠다면 공부시켜 주겠고 또 부모형제가 있는 남반부로 돌아 가겠다면 언제라도 돌려 보내 주겠소"라며 결단을 촉구했다. 김은 생각할 시간을 달라고 미룬 뒤 온갖 경우를 두루 상상해 보았다.

1년씩이나 북에 머물렀다가 남한으로 돌아가면 당국에 의해 무서운 박해를 받으리라는 게 명백했지만 조국 통일을 위해서라면 그런 수난을 각오해야 된다는 결심이 섰다. 그 뜻을 전하자 그들은 선뜻 응낙하기에 김낙중은 한 가지 조건을 달았다. 바로 자신이 갖고 온 「통일독립청년 공동체 수립안」을 북에서 하나하나 검토해 주기를 요청하자 그것도 바로 들어주었다.

4, 5일 동안 김낙중은 그들의 안내로 평양을 비롯해 부근의 많은 관광지를 관람하기에 바빴다. 그가 본 곳 중에는 조국해방전쟁기념관, 민족해방투쟁기념관, 역사박물관, 산업전시장 등등도 포함되었는데, 이 중 한국전쟁 전후를 두루 다룬 조국해방전쟁기념관에 대해서는 김낙중이 민족상잔을 위해 온갖 비인도적인 만행들이 전시된 걸 보고는 이렇게 한탄한다.

잘도 기념관을 만들어 자손만대에 두고 오늘의 인간을 자랑하다니! 가련한 인간들입니다. 도대체 무엇이 죽음이며 누가 누구를 죽음의 길로 인도하는 것인지도 모르면서![47]

그들은 김낙중을 골고루 관람시켜 주었다. 저녁에는 영화나 연극 등도 보여주는 등 세심하게 배려했으며 틈틈이 대화를 통해 북의 입장을 주장하기도 했다. 5월에는 소련제 세단차로 평양방직공장, 강선제강소, 남포조선소, 남포유리공장 등을 도느라 3일 뒤에야 평양으로 돌아갔다. 6월에 접어들자 그들은 김낙중이 제기한 「통일독립청년 공동체 수립안」을 두고 토론을 열어 그걸 실천하려면 먼저 남북 불가침조약이 체결되어야 하고 군대를 20만 명 이하로 축소해야 된다고도 했다. 청년공동체 운영 대의원 수는 인구수에 따른다는 것도 논의되었다.[48]

이제 김낙중은 북을 떠날 때가 되었다. 1956년 6월 22일 오전 9시 경, 고급 세단차에 실려 김낙중은 그들의 안내대로 출발, 개성에서는 잠시 선죽교와 개성박물관을 관람 후 하룻밤을 자고는 이튿날 새벽에 휴전선으로 향했다. 최전방에 이르자 안내원은 "통일 되는 날 다시 만납시다"라고 작별하며 곧장 걸어서 가라고 이르고는 차를 돌려 떠나버렸고, 인민군 소위가 나타나 경의선 철길까지 안내를 받아 가다가 그도 이젠 더 이상 못 간다며 혼자서 철길을 따라 걸어가면 이내 남한지역이라고 일러주곤 헤어졌다.

14. 통일운동가의 가혹한 시련

파나마 모자를 쓴 신사복 차림인 김낙중이 휴전선 무인지대를 4, 50분 걸어가자 한길에다 차단목을 설치해둔 미군 보초가 나타났다. 그들은 김의 출현이 뜻밖이라 몸 수색을 했고, 김은 영어로 자신은 서울 시민으로 평양엘 다녀왔다며 서울로 안내해 줄 것을 부탁했고 5분도 안 되어 나타난 지프차에 실린 김은 한 시간 남짓 달려 미군 막사에 닿았다. 한참만에야 심문관이 나타나 북의 지령을 물었고, 김은 그런 건 없었다고 하자 한국인 통역사가 김의

---

47   위의 책 301쪽.
48   이 논의는 중요한 사항이 많기에 위의 책 311~314쪽을 직접 참고할 것.

뺨을 후려치며 "이 새끼, 여기가 어딘 줄 알고 되지도 않은 거짓말을 지껄이고 있어?"라고 따졌다. 그 날 밤 늦게 김은 파주의 미군부대에서 의정부의 미군 제1군단 방첩대로 이송, 영창에 갇혔다. 다음 날 군단본부로 끌려가 간단한 취조를 받은 뒤 오후에 지프차로 서울로 이송, 대방동 어느 부대로 가서는 미군 작업복으로 갈아 입혀져 'C. 239'라는 호칭이 주어져 감방에 갇혔다.

다음 날 아침부터 김의 취조를 맡은 미군은 일본인으로 영어와 일어에 능통했다. 바로 포로수용소 심사실 소속이었다. 그러나 이내 용산의 미군부대로 데려가 미군 일등상사가 심문을 맡았다. 아무리 민족통일의 당위성을 강조해도 전혀 이해 못 하겠다는 그에게 자신은 한국인이니 대한민국 수사기관으로 넘기라고 하자 민간인 포로이기에 그 수사 관할권이 유엔군에 있다는 것이었다. 거짓말 탐지기까지 동원된 취조에서도 전혀 거짓말을 않았으나 기계가 거짓말로 판정 내리자 그들은 도리어 기계를 신뢰하여 재검을 요청하자 기계가 틀렸음이 밝혀지자 그들은 곤혹스러워했지만 별 대책은 없었기에 포로수용소에 갇힌 신세가 되었다.

그렇게 10월 말경까지 지내다가 지프에 실려 간 곳은 남산 중턱의 '++사'라는 회사 간판이 붙은 양옥이었다.[49]

그를 연행한 미군은 수갑을 풀어주며 "네가 원하는 대로 이제 한국 기관에 왔으니 이야기 잘 해봐"라며 떠나버렸다. 두 번째 심문 때부터는 분위기가 험악해지더니 고함에 매질에다 비행기 태우기 등 고문도 서슴치 않았다. 그렇게 일주일 정도 시달리다가 구속 영장이 떨어져 중부경찰서로 이송됐다가 서대문형무소로 들어간 것은 1956년 11월 초순이었다.

국가보안법으로 기소한 김에게 검사는 7년을 구형했고, 판사는 1년형을 내렸고, 항소심에서는 1년 형을 파기하고 징역 1년의 형을 2년간 집행유예

---

49 김낙중은 위의 책에서 회사명을 복자로 처리했으나 시인 최두석은 김낙중의 실록을 장시집 『임진강』(청사, 1986)으로 펴내면서 '남일사'라고 밝혔다. 시인이 직접 김낙중과 만나 보충 취재하며 얻은 정보였을 것이다.

판결을 내려 석방되었다. 1957년 6월 21일이었다.[50]

김낙중의 통일 열기를 담은 「통일독립청년 공동체 수립안」은 이로써 남북한으로부터 혹독한 처벌로 막을 내렸다.

건강을 회복한 김낙중은 옛 학우들을 찾아 고려대의 진보성향 서클인 협진회協進會에 가입, 이와 연결된 서울대의 여러 진보 서클과도 교류했다. 서울대를 자퇴한 그는 고려대에 편입, 재학 중인 1958년부터 한국농업문제연구회^{주석균 대표}에 가입, 이와 함께 노동 문제에도 관심을 쏟았다. 여기까지가 김낙중의 기록이었다.

고려대에서 대학원까지 마친 석학이었지만 이미 '간첩'이란 꼬리표가 붙여진 김낙중에게는 이후 평온할 날이 거의 없었다.

1961년 5·16쿠데타는 그를 '김낙중 남파간첩사건'으로 군법회의에 회부, 사형을 내린 걸 신호탄으로 그는 1973년에는 '간첩 예비죄'로, 1992년에는 국가보안법 위반 혐의로 구속되는 등 총 5차례에 걸쳐 사형선고를 받아 통산 18년간 수감 생활을 했다.

1998년 김대중 정부 때 형집행정지로 석방 됐지만 그는 일생 동안 '무기수' 신분이었다.

그는 이런 가운데서도 『한국노동운동사』를 내는 등 이 분야 연구자로서 명성을 얻었다.[51]

그는 만년에 혼신을 다 해 『인류 문명사의 전환을 위하여』를 썼는데, 이 저서는 지인들에게 큰 감동을 주는 김낙중의 세계사관과 민족관, 통일관이 교향악적으로 어우러진 귀한 저서로 평가 받았다. 여기서 그는 자신의 생애

---

50   제1, 2심 판결문(위의 책 349~356쪽)에는 김낙중이 구상했던 「통일독립청년 공동체 수립안」의 윤곽이 나타나 있는데 그 요지는 (1)청년 공동체의 성원은 1950년 6월 25일 현재 만 20세 미만으로 한다, ② 남북 두 정권은 점차 주권을 여기로 이양한다, ③ 청년동맹은 판문점 부근 휴전선 중심에다 운영을 위한 도시를 설치한다는 것 등이었다.

51   김윤환·김낙준, 『한국노동운동사』, 일조각, 1977. 일제하부터 1959년까지 다룬 이 통사적인 노동운동사는 그 뒤 많은 연구자들의 지침이 되었다. 김낙중, 『한국노동운동사 ─ 해방후편』, 청사, 1982는 8·15 후 미군정─이승만─장면 정권까지의 노동 운동사에 대한 치밀한 연구서이다.

를 이렇게 축약했다.

> 북측에서 한 번, 남측에서 네 번 "너는 죽여 없애야 할 원수들 편의 간첩"이라며
> 온갖 고문과 죽임을 요구당하며 수 없는 죽음의 고비를 넘어야 했습니다. 그런데
> 아직도 동족 간의 살인적 싸움질은 계속되고 있으니 어떻게 눈을 감을 수가 있겠
> 습니까?[52]

이 저서를 통해 그는 민족통일이 단순한 민족적 과업이 아닌 인류문명사의
일대 전환을 위해서 절실하다며 이를 역사적인 사실을 들어 예시해 주고 있다.
이 불행한 통일운동가에게 아마 가장 행복했던 건 『굽이치는 임진강』의
공동저자인 부인 김남기 여사의 든든한 버팀목과, 자녀들, 그 중 『탐루探淚:
평화통일운동가 김낙중의 삶, 사랑, 가족』한울 2005을 펴낸 김선주, 그리고 많
은 후학들 중 특히 김낙중의 통일운동 사상에 전념해 온 노중선 등등의 동
반자가 항상 김낙중을 지켜줬다는 사실일 것이다. 특히 『탐루探淚』는 김낙중
의 전 생애를 객관적이면서도 근본적으로 수용하는 자세로 서정미 넘치게
서술해준 중요한 기록으로 남을 것이다. 『굽이치는 임진강』이후의 김낙중
의 생애는 이 저서를 통해서만이 진상을 알 수 있다고 해도 지나치지 않을
것이다.

---

52 위의 책, 7~8쪽.

제5장

'학도를 도구로
이용말라'

1. "백주의 테러는 테러가 아니다"

1955년 9월 14일 오후 4시 25분 경, 대구시 태평로 7가 소재 대구매일신문사 현관 앞에 버스市營420호 한 대가 서더니 거기서 20여 명의 장정들이 곤봉과 큰 해머를 든 채 사옥 안 업무국 사무실로 난입했다. 그들은 신문 발송 중인 업무국 사원과 신문 배달 소년들을 곤봉으로 후려쳐서 사무실 밖으로 쫓아낸 다음 자물쇠로 잠긴 공장문을 큰 해머로 부수고는 공무국 사원들을 무차별 구타하면서 한편으로는 인쇄기와 발동기를 해머로 난타해 파괴했다. 이어 문선부로 들어가 활자 케이스와 식자부植字部의 모든 시설과 인쇄부 속물들을 부수고는 업무국의 전화기까지 파괴했다. 이어 2층 편집국과 사장실의 전화기를 탈취하고는 발송 중인 9월 15일 자 신문까지 약탈한 뒤에 신문사 간판까지 떼어 버스에 싣고 오후 4시 35분 경 떠났다. 작전처럼 신속 치밀하게 10분간에 신문사를 쑥대밭으로 만들어버린 것이다.

후문에 따르면 이 버스는 국민회관 앞에 정차, 대구매일신문사에서 약취한 물품들을 회관 2층에 내려 두고서 다시 대구역 수하물계와 역전 여객 버스회사에 위탁한 『대구매일』을 탈취해갔다. 이때 한 역원驛員이 책임상 못 주겠다고 하자 구타해버렸다.

이로 말미암아 대구매일신문사는 17명의 인명 피해에다 인쇄기 및 동판 파손, 발동기 1대 일부 파손, 활자 시설 등 막대한 피해, 전화기, 신문 발송대장, 신문용지, 신문사 간판, 그 날자 신문 5천6백52 부 등등의 막대한 피해를 입었다.

한국언론사에서 유명한 '대구매일신문사건'의 발단이다.[1]

대체 이 백주 테러 집단은 누구며, 그들의 소속은 어디고 지휘세력은 누구

---

1   이 사건을 다룬 글, 저서 등은 엄청나게 많은데, 가장 직접적인 제1차 자료를 집대성한 기록으로는 계훈모 편, 『한국언론연표-1951~1955』 3권, 1195~1337쪽이 있다. 사건 배경, 진행 과정, 기소 및 재판 과정, 판결, 국회에서의 물의, 대법원 무죄판결까지의 모든 자료가 여기에 망라되어 있다. 따라서 이 글은 전적으로 이 자료에 의존한다.

일까를 보다 정확이 이해하려면 독자들이 약간의 인내심을 가지고 찬찬히 접근해 주기를 바란다. 우선 대구매일신문사란 어떤 곳일까?

대구에서 『남선경제신문』이 창간^{1946.3.1.}, 발행 중 『대구매일신문』으로 제호를 바꿨는데^{1950.8.1.}, 불과 두 달 뒤 이 신문을 천주교 대구대교구 유지재단^{大邱}^{大教區維持財團}에서 인수^{1950.10.1.}, 타블로이드 판 2면으로 발행하면서 지령은 그전 신문들의 것을 그대로 이어 받았고^{제1339호}, 초대 사장은 최덕홍 대구교구장이 맡았다.²

이때 대구매일신문사의 사옥은 대구시 태평로 7가에 있다가 남일동으로 이사¹⁹⁵⁸, '대구매일신문'이란 제호를 '대구매일'을 거쳐 '매일신문', '대구매일신문' 등으로 바꿔 쓰다가 1988년 이후 『매일신문』으로 정착, 오늘에 이르고 있다.³

이런 비판의식이 살아있는 『대구매일신문』은 1955년 8월 9일 대구 시내 가창동 도로에 놓인 중동교^{中洞橋}를 철거 중 붕괴사건 보도로도 널리 알려졌다. 5명이 사망, 10여 명이 중경상을 당하자 그 책임소재를 따지는 시민들의 여론이 들끓었다. 이튿날 이순구^{李舜九} 경북도경국장이 그 책임소재를 추궁하는 『대구매일신문』 기자에게 "교량이 무너진 것은 대구시에는 하등의 책임이 없으며 책임을 추궁할 의향도 없다. 중동교 교량 사고는 다리 밑에 들

---

2 최덕홍(崔德弘, 1902~1953)은 대구 출신으로 대구서 성장, 사제서품(1926)을 받아 제주 목포 등지의 성당을 거쳐 1948년 12월 대구교구장이 되어 해성병원과 효성여자대학을 설립하는 등 많은 기여를 했다. 특히 남북분단 이후 함남 덕원의 성 베네딕토회 수도원을 왜관에 정착시킨 공로자로 알려져 있다. 경북 군위 출신의 김수환 추기경이 최덕홍 주교의 비서 신부를 지냈다.

3 『대구매일신문』은 가톨릭 재단이었기에 같은 가톨릭 재단인 서울의 『경향신문』처럼 1950년대 중반부터 이승만 정권에 비판의식이 강했다. 1955년의 이 필화사건 이후 시종 자유당 정권에 비판적이었던 이 신문은 '2·28 대구 학생의거'의 선봉장 역을 수행한 데 이어 5·16 쿠데타에도 비판적이어서 박정희가 군정 연장을 선언(1963년 3월 16일)한데 항의로 무사설 신문을 내기도 했고, 군부독재가 만든 언론윤리위원회 법에 반대하는 데도 중앙 언론사들과 함께 했다. 1969년 7월 박정희의 3선 개헌 때도 반대했던 이 신문은 1970년대 유신 이후 대구 가톨릭의 보수화에다 대구시민의 정치의식이 극우화되면서 이 신문도 그에 따르게 되었다.

어간 사람들이 나쁜 것이다"라고 말했다. 이에 『대구매일신문』은 「죽은 사람의 잘못」[8.11]이라는 기사와 함께 계속해서 이튿날에도 신문 2면 '단침란短針欄'에다 논평도 내보냈다. 이를 계기로 경북도경찰국에서는 담당 기자權石珍에게 온갖 협박과 모욕을 가하다가 복도로 나간 권 기자를 수사과 형사가 명예훼손 및 병역기피 혐의로 체포하겠다며 막무가내였다. 8시간 동안이나 구류시켜 두고서, 경찰이 뒤로는 대구지방법원에 구속영장을 신청했으나 거부당해 석방된 상태였다.

이 사건이 알려지자 경찰 출입 기자단이 들고일어나 항의문을 준비하는 등 분위기가 심상찮았건만 도 경찰국은 끝내 아무런 조처도 취하지 않았다. 그러던 중 도경 임원들이 신문사를 찾아 화해하자고 제의해서 이에 대한 답례로 『대구매일신문』은 최석채 주필이 직접 도경을 찾아가 주요 경찰 임원들과 대화를 하다가 도경국장과도 회동, 둘은 언중유골言中有骨의 농까지 오갔다. 이순구 도경국장은 최 주필에게 "까불면 다친다 다쳐" 등 언사가 나왔고, 이에 최 주필은 "법을 다스리거던 좀 더 똑똑히 해라"라고 응수하는 등 아슬아슬했다. 이러니 둘 사이의 타협은 불가능해 보였을 즈음에 와병으로 오랜만에 출근한 신辛尙洙 사찰査察과장이 등장하여 국민회國民會 총무부 차장 김민金民과 자주 만나면서 들었다는 소식을 전했다. 그의 말에 의하면 『대구매일신문』이 9월 13일 자 사설 「학도를 도구로 이용하지 말라」를 이적행위로 규정하면서 적성감위敵性國監視委員會 축출 경북도연합회 본부의 명의로 시내 각 시민단체 대표를 소집하여 대구매일에 대하여 처벌을 행사하겠다는 취지였다. 정전협정에 따라 휴전 감시단으로 중립국 감시위원단이 판문점에 주둔하게 되면서 체코와 폴란드 등 공산 국가 대표도 포함되었다. 이를 추방하려는 관제 대규모 궐기대회가 1955년 8~12월 전국을 휩쓸었다. 당시 이 단체의 위력은 대단했다.[4]

---

4 1950년대 중반 이승만 치하의 극우 시민단체들은 매우 많았는데, 그 중 대구에서 가장 막강했던 게 국민회와 '적성 감시위원단 축출위원회'였다. 1953년 7월 27일 한국전쟁이 정전협정을 체결하면서 남북의 전쟁 도발을 방지하고자 중립국감독위원회(中立國監督委員會)를

신 사찰과장은 고의로 대구매일을 위협할 목적으로 말한 것일 텐데, 사실은 그대로 진행되었다. 그들은 14일 오전 8시 40분 경 국민회 경북도본부 사환을 시켜 사설 「학도를 도구로 이용하지 말라」를 민족의 뜻과 어긋난다며, ① 이 글 일부를 취소하고 집필자를 처단할 것, ② 사과문을 대구 시내 4개 언론사에 실을 것, ③ 이 두 요구사항을 9월 14일 오전 11시 50분 전까지 알려 줄 것을 요청했다. 이에 대구매일 측에서는 경찰에 이를 통보, 사전 예방책을 강력히 요청했지만 전혀 듣지 않았다.

한편 적성감시위 축출연합본부는 오후 1시에 국립극장에서 대구매일 성토대회를 개최, 2시 경 산회했으나 간부들은 점심 회동에서 대구매일에 대한 폭력행사를 결의했다. 이래서 앞에서 보았듯이 1955년 9월 14일 오후 4시 25분 경 언론사상 중요한 대구매일 테러사건이 발생하게 되었다. 이 테러단 총책을 맡은 게 국민회 총무부 차장 김민과 자유당 경북도당 감찰부장 홍영섭洪永燮이었다.

이로써 대구매일은 당분간 신문제작도 할 수 없게 되어 가톨릭출판사에서 임시판형인 타블로이드 판으로 발행했다. 이런 위협 아래서도 대구매일은 문제의 사설이 과연 무엇이 잘못인가를 알리고자 재수록함과 동시에 사건을 자세히 보도하며 이 사건의 배후는 경찰의 비호 아래 자유당과 국민회 간부라고 못 박아 버렸다.

대구고법원장, 고검장, 대구지검장 등이 모두 법치 국가에서 용납할 수 없는 행위라고 비판했다.

그러나 사건 발생 3일 뒤[9.17] 대구매일 최석채 주필은 구속당했는데, 이때 최석채는 "언론인으로서 징역살이하는 것은 조금도 두렵지 않지만, 할 말 못 하고 보도의 사명을 다하지 못하는 것이 가장 큰 괴로움이 아닐 수 없다"

구성, 휴전 조약 준수를 감시하도록 했다. 중립국이란 한국전쟁에 참여하지 않는 나라를 뜻하며, 남북이 2개국씩 추천했는데, 미국 측은 스웨덴과 스위스, 북측과 중국은 체코슬로바키아와 폴란드를 추천하여 4개국 감시위원단이 남북에 주제 하도록 되었다. 이에 한국은 체코와 폴란드가 중립국이 아니라 사회주의 적성 국가라며 맹렬한 축출운동을 전개하여 전국을 휩쓸었다.

라고 말해 필화사에 일대 명언을 남겼다.

같은 날 경북도경 사찰과장 신상수는 "백주의 테러는 테러가 아니다"라고 말해 일대 회오리를 몰아치게 만들었다. 세상 민심이야 어떻든 상관없이 경북애국단체연합회는 "전 민족의 사상 건전에 막대한 영향을 주는" 이 사건을 응징한 청년들의 희생적인 행위를 찬양하며 대구매일의 불순을 응징해 주기를 바라는 성명9.19을 냈다. 완전히 대구는 상상을 초월한 극렬주의자들의 무법천지로 변해 가는 듯했다.

과연 이들의 뜻대로 세상이 따라 줄까?

서울의 분위기는 전혀 달랐다. 『동아일보』부터 이 사건을 중시하면서 중앙의 언론들은 언론 자유 수호의 입장에서 신랄하게 따졌다. 국회에서는 서동진 의원이 동료 29명의 의원들의 동의를 받아 조사단 파견 긴급동의안을 제출, 그 사건의 배경을 자세히 호소9.21했다. 그는 8·15 이후 많은 테러가 있었지만 대구매일처럼 송두리째 공공연히 파괴한 사례는 없었다면서, "그 장소는 대구역전에서 왼편으로 약 3백 미터 지점에 있어 대구에서 사람 통행이 제일 많은 곳"으로, "인산인해를 이루고 구경을 하고 소란하였던 것이 그때의 상황"이라고 했다. 마침 국회가 휴회 중이라 서 의원 자신도 이곳 출신 이우줄李雨茁, 1915~1976 의원과 함께 대구에 머물고 있다가 급보를 받고 현장으로 가 보았다는 것이었다. 이어 서동진 의원은 이들 테러단의 활동을 더 추가했다.

대구에 있는 각 일간 신문사에 협박장을 보내고 만일 대구매일신문에 대해서 무엇이든지 동정을 하는 기사를 쓴다든지 행동을 한다든지 위문한다든지 하면 너희들도 벌을 받는다고 하는 선전 삐라를 내서 심지어 수많은 각 인쇄공장에까지 직접 사람이 와서 이것을 강행하고 있는 것입니다. 그 뒤에도 지금까지 어제 돌아온 사람의 말을 듣더라도 아직도 그런 삐라가 돌아다니고 있는데 심지어 교육자 문화인 언론인 모든 지식인층 사람들이 이 일을 동정해서 어떤 행동이 있을 때에는 우리로부터 철퇴鐵槌를 받아라 이런 삐라를 뿌리고 있는 것입니다.5

서 의원의 발의로 특위는 7명으로 구성, 신속하게 진행되어 9월 22일부터 대구 현장으로 나가 조사에 착수, 10월 7일에는 국회에서 진상조사 보고와 함께 피해 측 대구매일신문사 측과 가해자 측 시민단체, 경찰 측 증인들을 다 출석시켜 증언을 들었다. 특히 구속된 최석채 주필에 대해서도 추궁했는데, 구속 이유를 묻자 "수사기밀이니 말할 수 없다"는 대답은 이때나 지금이나 변함이 없었다.

그러자 대구의 분위기는 순식간에 확 뒤바뀌어 갔다. 가톨릭대구교구는 처음부터 대구매일신문사 편이라 말할 것도 없고 자유당조차도 슬슬 발뺌하기에 급급했다.

최석채 주필은 테러 발생 한 달 만인 10월 14일 석방되어 불구속 상태에서 법정에 섰다. 재판 역시 착착 진행되었다. 대구매일신문은 일약 전국적인 인기를 타고 대구 지역신문의 한계를 넘어 지방지로서는 전국적인 독자를 확보하는 일대 전성기를 누렸다.

국회에서는 최석채 주필의 구속 사유도 따졌는데 요지는 3가지였다. ① 사설 「학도를 도구로 이용하자 말라」를 국가보안법 위반으로 구속시킨 뒤 아무래도 너무 빈약해 보여서 두 가지를 추가했다. ② 1949년 10월 최석채가 살인을 저질렀다는 것과, ③ 한국노동조합총연맹韓國勞動組合總聯盟 경북도연맹 결성을 둘러싼 『대구매일신문』의 기사 문제였다.

②는 이승만 단정 수립 직후였다. 당시 경북도경찰국장은 조재천曺在千, 1912~1970이었고, 최석채는 도경 사찰과 부과장이었다. 경국 의성경찰서 안사출장소7명이 근무 주임 배동암이 국군을 죽인 사건이 터졌다. 휴가 중인 국군이 귀향, 지서주임과 언쟁이 있었는데, 그 군을 지서에 데려다 혼쭐을 내주고

5   계훈모 편, 『한국언론연표-1951~1955』 3권, 1204쪽.
      서동진(徐東辰, 1900~1970) 의원은 대구 출신으로 계성고보 재학 중 동맹휴학 주도로 퇴학, 휘문고보를 졸업, 수채화가로 활약하며 대구미술사(大邱美術社) 대표를 지냈다. 8·15 후 계성고, 대륜고 교사를 지냈고 영남일보사 취체역, 전국문화단체총연합회 경북 위원장 등등 많은 사회활동을 하다가 정계에 투신, 민주당 후보로 대구 갑 선거구에서 당선(1954), 이후 계속 야당으로 지냈다. 4·19 후에는 민의원 외무위원장을 맡았다.

산으로 연행해 총살 후 암매장해버린 것이었다. 지금 독자들의 이해를 위해 설명을 보태면 당시에는 이승만이 경찰을 너무 편애하여 군이 경찰에게 학대당하는 예가 많았는데, 여순사건도 군이 경찰에 대한 보복심리가 작용했다는 설까지 있을 지경이었음을 상기하기 바란다.

군인 가족의 진정으로 이 사실을 인지한 경찰로서는 사전 조치가 필요하여 경북도경에서 최석채 사찰과 부과장이 이를 책임지고 출장을 간 것이다. 최는 현지 의성경찰서의 보안계장 등을 대동했는데, 그 지서의 전원을 집합시켜 무장해제를 시킨 다음 전원 구속시켜 연행하려는데 배동암이 이(李)가 물어 가려워서 내의를 잠깐 갈아입겠다기에 허락했더니 바로 뒷문으로 도주했다. 동행 경찰들이 추적하며 정지 명령을 내려도 계속 도주하여 발사를 했는데 최석채가 쏜 총에 맞은 것이었다. 제3사단장 이응준(李應俊, 1891~1985) 중장이 이 사건 수습을 맡았는데, 최석채에게 공로를 세웠다며 표창까지 하면서 끝났다.

③ 노총 도연맹 건은 경찰의 간섭과 도연맹 내부의 갈등이 빚은 사건으로 그 기사가 『대구매일신문』에 짤막하게 나간 걸 특정 개인이 문제 삼은 것인데, 그 시비곡직을 따지기 전에 신문기사란 편집국장이 관여할 문제이지 주필의 소관인 아니라는 것으로 결말났다.

2. 문제의 발단이 된 사건

사건의 발단은 언제나 사소해 보인다. 독재정권 아래서는 강제 집회라면 휴전회담 반대부터 이골이 난 터였다. 이것만도 바쁜데 권력자가 행차하면 학생들을 대량 동원해 태극기를 손에 잡고 연도에 늘어서서 몇 시간이고 기다리다 자동차가 휘익 지나가는 불과 2~3분 동안 만세를 부르며 태극기를 흔들던 시절이었다. 일상사처럼 굳어져 버린 시절이었다.

당시 대구의 시민 정서는 이승만 정권에 대한 반감이 강한 지역으로 알려져 있지만 그렇다고 관변 어용단체까지 허약하지는 않았다.

바로 이 도시로 이승만의 미국 시절 최측근 인사로 유엔대표부 상임대사로 재직 중인 임병직이 무슨 연유 때문인지는 모르겠으나 대구를 방문하게 되었다. 그게 바로 1955년 9월 10일^土이었다. 소문에 의하면 임 대사가 외무부 장관에 취임하게 될 것이라고도 했다. 그러니 경북 지방 행정 고위직으로서는 곧 수석 국무위원이 될 분이 왕림하니 다른 인물들과는 달리 유난히 신경을 썼을 수도 있다는 유추다.[6]

경북도 학무과 지시로 동원된 학생들은 초등교 상급생, 중고교생 전원에 이르는 수만 명으로 참석 학생 전원은 10환짜리 태극기를 사서 들고서 시가지 거리에다 3시간 이상 4시간에 걸쳐 아침 9시부터 12시가 넘어 거의 1시 가까이 되도록 세워 두었던 것이다. 물론 임 대사는 비행기로 내구했지만 그 비행기가 늦어져도 미처 알 수도 없던 시절이라 환영준비를 하는 주최로서도 답답했을 것이다. 그러다가 자동차나 트럭이 지나가면 '임 대사 만세'를 외치며 태극기를 흔들곤 했을 테니 교통에 큰 지장을 일으킬 정도였다. 이러니 시민 상당수가 이 광경을 그대로 목격할 수 있었다.

임병직 대사 자신인들 자기 행차에 이런 부작용이 있으리라는 걸 예견하지는 못했을 것이기에 굳이 책임을 묻는다면 독재 치하에서 권력자 한 사람과 그 측근들 앞에서는 모든 질서가 파괴되는 국민의식일 것이다. 거기에다 '애국'이 무엇인지를 모르는 청맹과니 수준의 국민들이 너무 많아 관제 어용

---

6   임병직(林炳稷, 1893~1976)은 부여 출신으로, 이승만의 권유로 도미, 그의 비서 역을 맡았다. 이승만의 전폭적인 지지자로 임시정부 구미위원회 실무를 총괄했다.
8·15 후 이승만의 귀국 후 미국에 그대로 남아 구미위원회 대표직을 승계, 이승만의 대미 창구역을 맡았다. 1947년 임영신과 유엔 한국임시위원단 구성에 진력했고, 남한만의 총선 실시를 위해 전력을 쏟았다. 이승만의 지시로 1948년 말 귀국, 장택상의 후임으로 외무장관. 주한미군 철수 반대 실패. 한국전쟁 발발하자 외무장관 겸 유엔 한국대표단 단장을 겸했다. 1951년 주 유엔 한국대표부 대사에 임명, 1960년까지 재임. 1955년 대구 방문은 바로 주 유엔 대사 재직 때임.
장면 정권에서도 유엔 대사 고문으로 뉴욕에 거주했고, 5·16을 지지, 재건국민운동 본부장, 민주공화당 고문. 주 뉴델리 총영사(1964~1967), 한국반공연맹 이사장(1974) 등을 지냈다.

단체가 범람한 것 또한 중요 문제가 아닐 수 없다.

이에 최석채는 분개하여 사설을 썼는데 당대의 문제작이었다.

(1)

이즈음에 와서 중·고등 학생들의 가두행렬이 매일의 다반사처럼 되어있다. 방학 동안의 훈련을 겸한 모종의 행렬만이 아니라 최근 대구 시내의 예로서는 현관顯官의 출영에까지 학생들을 이용하고 도열을 지어 3~4시간 동안이나 귀중한 공부 시간을 허비시키고 잔서殘暑의 폭양 밑에 서게 한 것을 목격하였다. 그 현관이 대구 시민과 무슨 큰 인연이 있고 또 거시적巨市的으로 환영하여야 할 대단한 국가적 공적이 있는지 모르겠으나, 수천 수만의 남녀 학도들이 면학을 집어치워 버리고 한 사람 앞에 10환씩 돈을 내어 수기手旗를 사 가지고 길바닥에 늘어서야 할 아무런 이유를 발견 못 한다.

또 학생들은 그러한 하등의 의무도 없는 것이다. 특히 우리가 괴상하게 생각할 수밖에 없는 것은 그것이 학교 당사자들의 회의에서 이루어진 것이 아니고, 관청의 지시에 의하여 갑자기 행해졌다는 것을 들을 때 고급 행정 관리들의 상부 교제를 위한 도구로 학생들을 이용했다고 볼 수밖에 없는 것이 아닌가?

입을 벌리면 학생들의 '질'을 개탄하고 학도들의 풍기를 운위하는 지도층이 도리어 학생들을 이용하고 마치 자기네 집안의 종 부려먹듯이 공부시간도 고려에 넣지 않는 것을 볼 때 상부의 무궤無軌한 탈선과 그 부당한 지시에 유유낙락唯唯諾諾하게 순종하는 무기력한 학교 당국자에 대해 우리들 학부형 입장으로 분개 않을 수 없다는 것이다.

(…중략…)

그러나 지나친 출영出迎 소동은 도리어 그 현관을 욕되게 하는 것이고 이번처럼 학생들을 동원하고 악대까지 낸다는 것은 무슨 영문인지는 알 바 없으나 불유쾌하기 짝이 없는 노릇이다. 그로 인하여 고위 현관의 비위를 맞추고 환심을 산다고 하더라도 국민들로부터 받는 비난과 비교하면 문제가 안 되는 것이다.

"백주^{대낮}의 테러는 테러가 아니다."

사실 이 사설이 유명해진 것은 이 명문 때문만은 아니었다. 이 사설을 보고 난리를 떨었던 군상들의 대응들이 너무나 유치하고 어이가 없음과 동시에 야만적이었던 탓에 최석채의 사설은 더욱 이름을 떨치고 역사의 한 페이지를 더 크게 장식해준 격이 된 것이었다.

최석채는 구속된 지 1개월 만에 지지 여론으로 풀려난 채 불구속 기소[10.14]된 이 사건은 예상대로 제1, 2심 무죄를 거쳐 1956년 5월 8일 대법원에서 무죄를 쟁취했다. 8·15 이후 필화사에서 첫 무죄의 성취였다.

이처럼 필화사에서 일대 영광의 승리를 가져온 주인공 최석채^{崔錫采,} ^{1917~1991}는 그만큼 내공이 축적된 인물이었다. 김천 출신인 그는 일제 치하에서 보통문관 시험에 합격, 주쿄법률학교^{中京法律學校} 수료¹⁹⁴⁰, 주오대학^{中央大學} 법학부를 졸업했다.

8·15 후 그는 대구에서 언론인으로 잡지 『건국공론』 편집부장으로 첫발을 내딛고서 여러 신문사의 편집 관련 간부를 지내다가 1948년 한국 정부가 수립되면서 경찰에 투신, 경북도경찰국을 거쳐 성주·문경·영주의 경찰서장을 지냈다. 그러던 최석채가 경찰을 떠난 것은 악명 높은 이승만 정부와 자유당의 발췌 개헌안 통과^{1952.7.4} 때였다.

1954년 언론계로 돌아간 그는 『대구일보』를 거쳐 『대구매일신문』에서 편집국장, 주필을 지내던 중 필화를 당했다. 이 필화가 대법원에서 무죄로 확정되자 그는 홀가분하게 대구매일신문사를 떠났는데, 이 또한 최석채다운 품위를 느끼게 해준다. 그러나 이미 그는 전국적으로 명성을 얻은 최고 언론인으로 일약 스타였기에 『조선일보』 논설위원¹⁹⁵⁹이 되었다. 이미 자유당과

이승만 독재가 최후의 발악을 펼칠 무렵이었다. 1960년 3월 15일 정부통령 선거를 위해 못할 짓이 없었던 시절이었다.

3·15부정선거가 예상대로 전국적으로 말썽을 일으킨 데다 마산에서는 선거 당일 오전부터 부정선거 범죄 현장을 확인했다. 민주당 측 참관인은 안 맹선이었다. 마산지역 민주당 정남규의 부인인 안맹선이 투표함을 뒤엎어 버린 게 사월혁명의 첫 봉화였다.[8]

1960년 3월 15일 오전 10시30분에 민주당 마산시당이 선거 포기를 선언 하고는 바로 항의 집회를 준비하던 순간이야말로 마산의거의 출발이자 사 월혁명의 출발이었다.

이 꿈틀거리는 현장을 가장 예리하게 담아낸 사설을 쓴 게 최석채였다. 그 는 바로 3·15마산의거 이틀 뒤 사설 「호헌구국운동 이외의 다른 방도는 없 다」[3.17]를 썼다.

사월혁명 이후에 치러진 제5대 국회의원 선거에 최석채는 사회대중당 후 보로 대구시 갑구에 출마 했지만 민주당 후보[서동진]에게 밀려났다.

『경향신문』 편집국장[1960.9]을 맡으면서 다시 언론계로 돌아선 그는 이 내 『조선일보』 편집국장[1961.1]으로 옮겨 논설위원[1961.10]이 되었다. 그 사이에 5·16쿠데타가 있었고, 그 살벌한 가운데도 군사정권에 대한 비판의식은 잠 재해 있었는데, 1963년 3월 '군 본연의 자세'로 돌아가겠다고 선언한 박정 희의 발언을 취소하고 민정 참여를 촉구하는 관제 군사데모가 일어나자 최 석채는 다시 진가를 발휘해 사설 「일부 군인들의 탈선 행동에 경고한다」[3.16] 를 썼다.

---

8   정남규(鄭南奎, 1917~1994)는 경남 함안 출신으로 8·15 후 언론계에서 일하다가 1952년 초대 마산시의회 의원에 당선되면서 정계에 입문했다. 민주당 창당(1955.9.18)에 참여, 경 남도의회 의원(1956)이었던 시기에 3·15를 맞았다. 마산시위가 소요사태로 확산되면서 경찰에 체포된 정남규에게 경찰은 남조선로동당 출신이란 누명을 씌웠다.
정남규는 제5대 총선에서 민주당 후보로 출마해 당선되었다.
사월혁명사는 희생자 김주열은 충분히 부각되어 있으나 이처럼 변혁주체적인 활동가에 대 해서는 인색한 편이다. 역사서술에서 희생자 중시 사관과 함께 변혁운동 주체자 중시 사관 도 병행되어야 할 것이다.

군사독재가 언론의 정치비판을 금지시키고자 선포한「비상사태임시조치법」에 항의하는 취지로 12일간^{3.17~3.28} 사설 없이 신문을 발행하기도 했다. 군부독재가 제정한 언론윤리위원회법¹⁹⁶⁴에 대하여 "악법을 반대하는 논리"를 펼친 최석채는 1965년부터 조선일보 주필이 되었다. 그러나 국회에서 날치기 통과된「국가보위법」^{1971.12}에 대한 지지 보도 요청을 받자『조선일보』주필을 떠났다.

그러나 그의 이런 행적이 오히려 범국민적인 언론인상으로 부조되었기 때문에 MBC사장^{1972.4}이 된 최석채는 박정희의 지시로 MBC와『경향신문』이 통합^{1974.11}된 뒤에도 문화방송 회장을 맡았다. 이 두 기구가 분리된 것은 1981년 3월이었다.

필화사 중 승리와 영광으로 장식된 드문 예에 속한다.

제6장

조봉암, 냉전체제와
진보정치의 역학구도

1. 한국 정치사의 비밀의 황금 열쇠

한국 정치는 수구세력의 부패와 무능과 철면피로 당장 정권을 빼앗길 것 같지만 야당(권)은 그 자체 내에서의 지리멸렬과 편협성과 분파성 때문에 국민이 쟁취해준 집권의 기회조차 도로화徒勞化 시킬 것 같은 막장 드라마식 반전의 연속이다. 온갖 분당질에 분당까지 해도 지켜야 할 사리사욕 앞에서는 염치불구하고 가면을 쓴 채 다시 굳게 뭉치는 철면피 오뚝이 수구세력과는 달리 야권은 같은 당 안에 몸담고 있으면서도 꿍꿍이 속셈이 제각각인 콩가루 집안이다. "악마는 나이 지긋하다."괴테 누대에 걸친 갖은 악랄과 교활로 단련된 탁월한 둔갑술로 종횡무진하는 능구렁이의 괴력 앞에 알몸으로 맞선 야권. 순진한 정의가 교활한 불의에 패배하기 쉬운 역사의 반복이다.

이런 정치행태, 수구세력의 몰염치와 민주세력의 지리멸렬이란 정당구조가 굳어진 갈림길에 죽산 조봉암竹山 曺奉岩, 1899~1959의 필화와 진보당의 강제해산이 자리하고 있다.

8·15 직후, 공산당과 결별한 조봉암은 불가피한 상황이면 남한만의 단정 총선에라도 참여하여 통일을 추구해야 된다는 현실적인 행보를 취했다. 그는 극우 극좌 노선인 친미 친소나, 반소 반미가 아닌 비미비소非美非蘇 민족노선을 주창했다. 그러나 한국전쟁 이후 남한의 정치 역학구도는 유럽식 이념 지향성의 보수와 진보의 대립으로서의 양당구조가 아니라, 미국식 보수 양당제로 얼어붙어 버렸다. 야당의 아킬레스건인 레드 콤플렉스에 기죽어 이승만의 북진통일 노선에서 한 치도 벗어날 수 없었던 시대의 비극이 조봉암의 필화이자 진보당 해산이었다. 그는 자신이 창당에 관여했던 조선공산당으로부터 배척당한 데다 8·15 이후에는 거의 모든 정치세력으로부터 왕따를 당했으나 끝내 민족의 올바른 진로를 본능적으로 체득한 채 '인민'의 사랑을 얻는 데서는 성공한 정치가의 참모습을 보여준 드문 예에 속한다. 물론 '인민'의 사랑을 얻은 정치인이 조봉암만이 유일하다고는 할 수 없으며, 그의 노선만이 정당했다는 확증도 없지만 우리 민족사가 밟아볼 수 없었던

'또 하나의 길'이었다는 점에서 민족사의 미완의 꿈으로 무지개처럼 역사의 창공에 그려진다는 점은 부인할 수 없다.

역사는 언제나 그랬다. 자칭 '인민'의 꿈을 대신해주는 지도자들이 많을수록 세상은 흉악해져 참다운 지도자를 핍박하면서 자신들이 정의라고 자화자찬하고 있다. 사이비들이 지배하기에 인류 역사는 '애국'이란 가짜 약을 기치로 내걸고 필요조차 없는 전쟁과 살육을 감행한다. 반전과 평화를 외치면 '반역자'로 처단시켰다. 몽매한 민족일수록 큰 나라를 섬기며 자국의 민족을 살육하는 걸 '애국'으로 포장해댔다. 가련한 민족!

죽산은 강화군 선원면 가지마을에서 태어났다. 선원사의 가지밭이었대서 생긴 이름인지도 모른다. 이내 강화 남문 안으로 이사 간 죽산의 어릴 적 친구는 조광원이었다.[1]

조광원趙光元, 1897~1972은 어릴 적부터 성공회 신자였다. 1890년부터 한국에 전도된 성공회는 일찍부터 강화도에도 전파되었기에 자연스러운 현상이었다. 그가 다닌 교회는 고향인 강화도 온수리 성공회 교회로 1906년 영국인 트롤로프 신부가 건축한 한옥 문화재인천시 문화재자료 15호로 명소가 되어있다.

조광원은 초등교 2학년 때 강화 내성 남문 밖으로 이사했는데, 두 살 연하인 조봉암남문 안과는 이웃에다 막역한 관계였다. 가난했던 조봉암과는 달리 비교적으로 넉넉했던 조광원은 인천상업학교를 졸업1919 직전에 동기생들과 만세 시위에 앞장섰다. 이미 기혼자로 일본계 야스다安田은행에 취직까지 됐

---

1   조봉암이나 진보당 관련 연구로는 ① 권대복,『진보당, 당의 활동과 사건 관계 자료집』(지양사 1985), ② 정태영,『조봉암과 진보당』(한길사, 1991), ③ 서중석,『조봉암과 1950년대』상, 하,(역사비평사, 1999), ④ 이원규,『조봉암평전 – 잃어버린 진보의 꿈』(한길사, 2013), ⑤ 김삼웅,『조봉암 평전』(시대의 창, 2019) 등이 있다. ⑥ 조봉암에 대한 기록으로는 조봉암기념사업회,『죽산 조봉암 어록 1948~1954』(2019),『죽산 조봉암 기록 1899~1950』(2020),『죽산 조봉암 기록 1950~2011』(2022)이 있다.
    조봉암의 8·15 이후의 정치사적인 중요 쟁점은 뒤에서 다루기 때문에 도입부에서는 주로 조봉암의 사적인 기록을 이원규 강연,「죽산 조봉암과 인천 정신」(『작가들』가을호, 2013 게재)을 참고하여 약술한다.

기 때문에 만세 시위가 발각당하자 일단 마니산으로 피신했다. 안전해진 뒤 은행에 다니며 신앙에도 열심인 그에게 성공회 주교^{M.N. Trollpe}가 하와이로 가라는 권유로 모국을 떠났다. 이미 그에게는 맏딸 조경희를 비롯해 두 아들과 두 여동생^{총 2남 3녀}이 있었는데, 그 중 아들 조병선이 나중 8·15 후 조봉암 농림부 장관 때 비서가 되었다.[2]

이때 비서진에는 김제영 여류작가도 있었다.[3]

가난했던 조봉암은 초등학교에 다닐 때 하교하면 책 보따리는 마루에다 팽개치고 이튿날 그대로 갖고 학교로 갔을 정도로 공부할 엄두도 못냈다. 그는 4년제 초등학교 19명 중 10등 졸업 후 농업보습학교로 진학했다. 제대로 진학할 형편이 안 되는 학생을 대상으로 만든 이 농업보습학교는 인천상고 안에다 2년제 특수 과정을 설치한 것이었다. 이 과정을 마친 죽산은 군청 서원으로 있다가 대서소 보조원이 되었고, 잠두교회에도 나갔다.

여기서 죽산은 두 번째 아내가 될 운명의 여인 김이옥을 만났다. 6백 석지기의 금지옥엽 같은 딸인 김이옥은 강화 출신으로 첫 경성여고보에 들어갔는데, 재학 중 3·1운동에 참가했다. 휴교령으로 귀향한 김이옥은 조봉암과 함께 「기미독립선언서」를 베꼈는데, 그게 나중에 들통나자 조봉암이 연행당해 김이옥이 함께 하지 않았느냐는 험악한 추궁 중에도 끝까지 그녀를 지켜내면서 둘은 연인관계가 됐다.

둘의 관계를 눈치 챈 김이옥의 집에서는 결사반대하여 그녀의 오빠가 조봉암에게 학자금 돈봉투를 주면서 자기 누이를 잊고 학업에 열중하라고 달

---

2   이원규 강연, 「죽산 조봉암과 인천 정신」을 주축으로 삼고, 필자가 알고 있는 조경희 관련 자료를 첨가한 것.
      조경희(趙敬姬, 1918~2005)는 언론계를 비롯해 정계, 수필계에 걸쳐 많은 활동을 했는데, 한국전쟁 때 부역자로 몰려 사형 구형의 위기 속에서 조봉암이 구출해 준 것은 제3부 제1장 「가수 계수남과 시인 노천명」에서 이미 밝혔다.

3   김제영(金濟英, 1928~2018)은 제주 출신으로 이화여고 졸업(1946) 후 조봉암의 비서를 지냈다. 『민국일보』 기자도 지냈던 그는 조치원에 정착, 현지 문학단체의 중추 역할을 하면서 많은 창작활동도 했는데, 일생 동안 사회비판의식을 가진 작품활동을 하면서 항상 조봉암에 대하여 말했다. 필자는 김제영의 만년까지 매우 가까이 지냈다.

랬지만 죽산은 사양했다. 그는 난생 처음으로 서울 서대문 감옥에 갇혔고, 김이옥은 그를 사랑, 이화학당으로 진학할 거냐 집을 나가 조봉암과 함께 할 거냐는 갈림길에서 후자를 선택하게 되었다.[4]

출옥한 조봉암은 김이옥의 당부로 YMCA중학부를 다니다가 대동산사건으로 또 구속, 석방된 후 주변의 권고로 도일, 엿장수 고학이었지만 세이소쿠正則 영어학교를 거쳐 주오대中央大에 들어갔다. 이때 죽산은 조선 독립 방법을 탐구 중 3·1운동의 민족자결주의가 제국주의 열강의 외면으로 무산된 걸 상기하며 러시아혁명에 관심을 가지고 러시아어를 익혔다. 주변의 권고로 러시아에 가 보니 상하이파니 이르쿠츠파니 고려공산당파니 하는 당대의 재사들이 150여 명이나 모여 다들 자신이 제일 옳은 노선이라고들 우겼겠다. 이에 코민테른은 각파 3명씩만 선발해 9명을 특별 초청하여 부하린이 이들을 영접했다.[5]

여기서 조봉암은 러시아 말로 "동지, 저는 일본 유학 시절 동지의 책을 읽고 공산주의자가 됐습니다"라고 했다. 이 한 마디로 그는 부하린의 환심을 사기에 충분했을 것이다. 부하린이 무슨 책을 읽었느냐니까 답했고. 이를 그의 보좌관이 적었다. 부하린 앞에서도 9명의 논쟁이 결론을 못 내자 다들 내보내면서 부하린은 조봉암만 남으라고 했다. 그에게 부하린이 제안한 건 코민테른 직원이냐 모스크바공산대학 진학이냐는 것 중 선택하라는 것이었고 죽산은 후자를 선택했다.

1년 뒤 폐결핵에 걸린 조봉암은 공산대학을 중퇴하고 귀국해야만 되었기에 귀국, 김찬, 박헌영, 김단야, 김원근 등등과 조선공산당을 창당, 코민테른

---

4   「이원규 강연」, 303쪽.
5   니콜라이 이바노비치 부하린(Никола́й Ива́нович Буха́рин, 1888~1938)은 고교 때부터 사회주의 혁명투쟁에 투신, 모스크바대학 시절에 입당(1906. 러시아 사회민주노동당), 투옥, 이감 중 탈옥, 레닌, 스탈린 등과 투쟁하다가 뉴욕 행(1916), 이듬해 러시아 2월혁명이 발발하자 일본을 경유해 귀국, 레닌과 함께 했다. 이론가였던 그는 특히 예브게니 프레오브라젠스키(Евге́ний Алексе́евич Преображе́нский, 1886~1937)와의 공동저작인 『공산주의 ABC』(Азбука коммунизма, The ABC of Communism)(1920)가 세계적인 베스트셀러였다. 이 밖에도 유명한 저서들이 즐비했다.

에 신고차 다시 모스크바로 갔다. 이때 조봉암은 코민테른을 설득해 모스크바 공산대학에 조선 유학생을 21명 배정해 주도록 했다는 것이다.[6]

귀국 후 죽산은 일약 인기 연사로 맹활동 중 창원 군수를 지낸 집안의 규수 김조이가 구애하여 둘은 결혼했다.

한편 모스크바의 요청으로 공산대학에 보낼 인재를 선발하는 책임은 박헌영이 맡고 죽산도 강화 출신으로 인천에서 노동운동을 하는 정경창과 죽산 자신의 동생 조용암, 그리고 부인 김조이를 모스크바로 보냈다. 이후 조선공산당은 일망타진 당하자 코민테른은 조봉암에게 상하이로 가서 당을 재건하도록 했다.

이런 격랑이 일고 있을 때 죽산의 첫 연인 김이옥은 이화여전 음악과로 진학해 학업 중 폐결핵에 걸려 절망상태에 빠져 죽을 바에는 상하이로 가서 죽산이라도 한번 만나자며 간 것이 바로 동거로 들어가서 조호정이란 딸[1928]을 낳았으나, 김이옥은 강화도로 귀환 후인 1934년에 작고했다.[7]

상하이에서 조봉암이 옛 애인과 동거에 들어갔다는 소식은 모스크바의 첫 아내 김조이에게도 전해졌다. 울화통이 치밀어 올랐을 때 김조이가 수하에 둔 인물에 양이섭이 있었는데, 이 인물이 나중 조봉암 조작 재판 때의 주인공이 된 양명삼이었다. 김조이는 모스크바공산대학 후배인 김복만과 동

---

6 「이원규 강연」, 305~306쪽.
7 조봉암의 맏딸인 조호정(1928~2022)의 이모부는 윤길중이다. 죽산이 상하이에서 일경에 피체, 신의주로 압송(1932)된 다음 해에 귀국, 인천 박문여학교-이화여대를 졸업했다. 조봉암이 국회부의장일 때 비서를 지냈고, 아버지 사후 일생을 그 복권을 위해 헌신했다. 조호정의 부군은 이봉래(李奉來, 1922~1998)로 그는 함북 청진 출신이다.
나남중학(羅南中學)-부산수산전문 양식과(養殖科) 2년을 수료한 그는 릿쿄대학(立敎大學) 2년을 중퇴 후 함북 경성 출신으로 조치(上智)대 철학부를 나온 시인 유정(柳呈)과 어울려 일어시운동(日語詩運動) 활동을 하다가 귀국, 한국전쟁기 때 종군 작가, 모더니즘운동이었던 '후반기(後半期) 동인', 영화, 시나리오, 영화감독 등 다방면에 걸쳐 활동했다.
이런 중에도 이봉래는 진보당 창당(1956.11.10) 때는 중앙상무위원 명단에 올라 있다. 이 명단에는 그와 가장 절친했던 박지수 시인(창당대회 서두의 묵념시 작사자)도 있었다. 1960년대 이후의 이봉래는 창작보다 문학단체와 예술문화단체의 감투를 두루 썼다. 1960년대 중반 이후부터 필자는 이봉래와 가까이 지낸 관계여서 그의 집에도 가 본 적이 있다.

거, 부부 공작단으로 활동하다가 일경에 피체, 3년 형을 마치고 석방되면서
둘은 헤어졌다.

조봉암의 운명도 순조롭지가 않아 1932년 상하이에서 피체, 신의주로 연
행, 투옥당했다. 그가 풀려난 것은 1939년 7월 비전향한 채로 만기 석방되
어 귀향, 주변의 권고에 따라 김조이와 재결합했다.

이때 조봉암은 강화의 후배들이 미곡업계에 상당한 영향력을 갖고 있어
서 쌀겨와 쭉정이를 공급하는 인곡배급조합^{비강업조합}의 조합장을 맡아 생계
를 유지했다. 당시 빈민들은 쌀겨를 먹기도 했고, 쭉정이는 뗄감으로 널리
활용됐다. 이렇게 지내던 조봉암이 다시 체포 구금당한 것은 1945년 1월이
었다. 구실은 예비 구금령이었고 그래서 그는 8·15를 옥중에서 맞았다.[8]

2. 만세 함성의 메아리가 사라지기도 전에 민족 내분

8월 15일에 석방된 조봉암은 바로 인천보안대 조직에 이어 인천 건국준
비위원회 조직을 서둘렀다. 그러나 혹독했던 일제 말기의 경성콤 그룹들<sup>박
헌영, 이현상, 이관술, 이재유, 김태준</sup>의 투쟁에 비하면 조봉암으로서는 약간 낯이 간지럽
기도 했을 것이다. 더구나 8월 16일부터 종로 한복판의 한청빌딩에 나붙기
시작한 박헌영 동지를 열망하는 구호들을 상기하면 자신의 안일했던 삶과
단순하게 투옥당했다는 그것만으로는 상쇄할 수 없는 투쟁의 현장감에서

---

8   이런 조봉암과는 달리 그의 어린 시절의 벗 조광원은 하와이신학대학에 다니면서 동포 2세
     들에게 민족의식 고취와 독립운동 자금 모금도 하면서 1931년 사제품을 받고 성공회 사제
     가 됐다. 1941년 한인자위단 조직 등에 앞장선 그는 미 해병대 종군 신부에 지원, 사이판 전
     투에 참전(1944)했다.
     1945년 9월 미 군종신부로 귀국한 그는 통위부(統衛部) 담당 장군 고문 역을 하다가 2년 후
     하와이로 돌아갔다. 일본의 초청으로 고베에서 복무 중 1957년에야 귀환, 온수리교회 사제
     와 성미가엘신학원(현 성공회대) 교수를 지냈다.
     이렇게 지낸 조광원 사제는 1952년 임시수도인 부산 광복동 냉면집에서 조봉암과 해후, 회
     포를 풀었다고 전한다.

엄청난 거리를 감지하지 않을 수 없었을 것이다.

　그러나 거대한 역사의 격랑은 이런 사소한 개인적인 감상은 전혀 고려해주지 않는다. 과거야 어쨌든 당장 지금 어떻게 하느냐만이 중요할 뿐이다. 오늘 하는 행위로 미래가 결정되며, 그러노라면 어제에 대한 평가는 달라질 수도 있기 때문이다.

　미군정은 한반도 남반부를 점령하는 순간에 지난 모든 영광과 상처를 일체 부인하는 성능 좋은 지우개가 되었다. 그들의 유일한 목표는 오로지 한반도 남부에 반소 기지를 튼튼히 만들고자 아예 모든 진보세력을 분쇄하는 것뿐이었다. 목표를 향해 수단 방법을 가리지 않는 제국주의적인 통치 방법은 무궁무진했고, 이에 대응할 조선의 당대 정치인들은 미처 그런 세련된 마술을 익힐 여유가 없었다. 그래서 네 팔 하나 잘라주면 안 잡아먹지 하는 민담 속의 호랑이 앞에 전라로 나선 조선은 조선건국준비위원회부터 상하이 임정까지 팔 다리 다 잘라 미군정에 바쳤고, 미처 도망갈 수조차 없게 되자 몸통 채 잡아먹히는 신세였다. 그런 꼬임에 안 빠진 채 팔 다리를 안 내준 유일한 세력이 진보진영이었다.

　이런 미국의 속내를 파악한 박헌영의 조선공산당은 진보세력의 연합체인 민주주의민족전선을 결성[1946.2]했다. 공동의장단은 여운형, 박헌영, 허헌, 김원봉, 백남운이었고, 임시정부 국무위원인 김원봉, 장건상, 성주식, 김성숙, 중도우파의 이극로, 천도교의 오지영 등이 망라된 데다 조선공산당, 조선인민당, 남조선신민당, 조선민족혁명당 등 정당과 전평, 전농, 청년총동맹, 부녀총동맹, 각종 문화단체들도 두루 망라했다.

　그러나 미국은 그리 호락호락하지 않았다.

　면밀주도한 미군정은 미소공위 제1차 회의[1946.3~5]가 결렬되는 시점을 잡아 좌우합작 추진[6월]이란 알사탕을 던져주면서 여운형·김규식이 주도권을 잡을 듯한 신기루를 조선의 하늘에다 환등기의 화려한 화면으로 보여주자 민주주의민족전선은 금이 가기 시작했고, 이에 때맞춰 미 CIC와 경찰, 하지 중장의 정치브레인인 버치 중위 등이 주축이 되어 좌익 분열 책동 3가지를 작동시켰다. ① 여운홍여운형의 동생의 인민당 탈당 소란, ② 조선정판사사건 날조, ③ 조봉암이 박헌영에게 보내는 사신 공개 소동 등이 연이어 터졌다. 앞의 두 가지는 생략하고 여기서는 주인공 조봉암과 관련된 ③에 대해서만 간략히 소개한다.[9]

1946년 5월 7~9일 사이에 『동아일보』, 『조선일보』 등에 조봉암의 「존경하는 박(헌영)동무에게」란 글이 공개됐다. 조봉암의 사신인데, 이 문건은 같은 해 3월에 미 CIC가 민주주의민족전선 인천지부 사무실을 수색할 때 빼앗았던 걸 몇 군데 개악 가필하여 박헌영의 공산당과 여운형의 인민공화국을 싸잡아 비난한 내용이었다. 이 사신이 공개된 직후인 5월 15일 조봉암은 민주주의민족전선을 사임했고 6월 12일에는 미 CIC에 연행당했다가 열흘 만에 풀려난 다음 날6.23, 민주주의민족전선 주최 미소공동위원회 촉진 인천시민대회 때 3만 명이 운집했다. 여기에다 조봉암 명의로 된 좌익 비난 성명서가 뿌려졌다. 실로 가공할 흑색선전이었다.

조봉암이 1946년 2~3월 경에 썼다는 「존경하는 박헌영 동무에게」는 조봉암의 글 중에서는 보기 드문 졸문으로 "내가 붓을 들어서 동무에게 편지를 쓴 것은 1926년 상하이에서 동무에게 암호 편지를 쓴 것 외에 이것이 처음인 것 같소"로 서두를 뗀 이 글은 "내가 얼마나 동무를 존경하고 또 과거 10여 년간 동무가 얼마나 영웅적 사업을 계속했는가 하는 것에 대한 혁명가로서의 숭정崇情의 발로는 아첨이라고 생각할까" 해서 생략한다는 전제를 달았다.

이어 조봉암은 8·15 이후 인천에서 당, 노조, 정치 등 모든 문제에 대하여 "입을 봉하고 오직 당부의 지시하에서 내가 할 수 있는 일을 최대의 정열을 가지고 정성껏 해" 왔다고 자평했다. 그런데 이렇게 붓을 들어 쓰게 된 건 "오직 당을 사랑하고 동무를 아끼는 마음"이라며, 이렇게 하는 것이 "좋은 볼셰비키가 되는 유일한 방법으로 믿기 때문이라고 하며 거두절미하고 요

---

9   미군정의 세 가지 음모에 대해서는 이미 제1부 제2장 「조선정판사 사건 위폐사건과 해방일보 등 좌익지 탄압」에서 자세히 다뤘음.

점만 쓰겠다면서 ① 민족통일전선 및 대중투쟁 문제와 그 운영, ② 당 인사 문제, ③ 반중앙파에 대해서, ④ 나 자신의 비판으로 나눠 논했다.

①에서 조봉암은 여운형의 인민위원회와 인민공화국의 조직 방법이 졸렬했다면서 특히 "정권접수 기관이 될 것 같은 환상을 가지게 하는 것은 더욱 과오를 거듭"하는 처사로 매도했다. 이어 통일전선 정책인 민주주의민족전선은 "당원이 과대히 침투했기 때문에 비당원 군중의 능동적 활동을 스스로 제약시키고 있다"라고 비판하며 "대중을 그 길로 나아가도록만 하면" 된다고 했다.

②에 대해서는 무원칙, 종파적, 무기력의 척도이기 때문에 당의 "권위가 실추되고 있는 것"이라고 치부했다. ③에서는 당 중앙만 강조하지 말고 반중앙의 목소리도 경청하라고 충고했다. 이어 ④에서는 당원을 버리고 비당원 여자와 결혼했다는 것_{첫 아내가 모스크바 유학 중 강화도의 옛 연인과 동거}에 대해서 그 여인도 중국 당내에서 중요역할을 했다고 옹호했다. 조봉암이 출옥 후 부자로 살았다는 소문에 대해서는 자신이 결코 그러지 않았음을 밝혔고, 홍남표 등 당시 조선공산당 주류파에서 조봉암이 옥중 전향을 했다거나 가출옥 특혜를 받았다, 동지의 가족을 속여 돈을 사기했다는 등등을 전면 부인했다.

찬찬히 뜯어보면 ①, ②, ③은 당시 여운형이나 박헌영으로서는 미군정의 철옹성 앞에서 취할 수밖에 없었던 활동들이었음을 역사는 입증해주고 있기에 오히려 조봉암의 비판은 지엽적이고 비역사적인 관점으로, 미군정이나 이승만의 입장임을 감지할 수 있다. 사실 1946년 5월 이전까지 여운형이나 박헌영은 미군정에 대한 비판도 자제하면서 미군정 체제 내에서 정치적으로 유리한 조건을 확보하려던 시기였다. 그들은 이 시기까지는 합법적 방법을 추구하던 때여서 조봉암의 비판은 여운형-박헌영의 내재적인 문제 지적에 머물고 있음을 감지할 수 있다.

미 CIC가 호재로 삼은 건 바로 이 점일 것이고 이건 적중했다.

조선공산당이 대중적인 일상생활에 영향을 끼치는 노조투쟁이나 대구 10·1항쟁 등등은 다 미군정이 1946년 5월부터 공산당 소탕전을 펼친 이후의 대응에 지나지 않는다.

이런 관점에서 보면 이제 조봉암은 조선공산당으로 돌아갈 수 없는 루비콘 강을 건너버린 처지였다. 이에 대한 총체적인 평가는 서중석이 아래와 같이 내려준다. 좀 길지만 8·15 후 조봉암의 총체적인 실루엣을 보여주는 대목이라 그대로 옮겨본다.

1932년 상해에서 체포당해 7년 형을 살고 1939년 7월에 출옥했다. 조봉암보다 1년 늦게 체포된 박헌영은 6년 형을 받아 오히려 조봉암이 1년 더 형을 산 것이다.

출옥 후 조봉암은 '유휴분자'로 지내면서 왕겨조합^{粃糠組合}의 조합장으로 지내다가 반복되는 예비검속으로 들락거리다가 8·15를 맞은 곳은 서대문형무소였다. 미군정기에 그는 1946년 2월에 결성된 민주주의민족전선에서 한직인 인천민전 의장을 맡은 이외에는 활동사항이 알려지지 않았다. 아마 그의 신념이었던 노선과 이념의 사소한 차이를 넘은 조직이라서 몸담았을지 모른다. 그러나 불과 석 달 뒤인 5월 7일 자에 그는 원제목이 「존경하는 박헌영 동무에게」^{신문에 공개된 제목은 「박헌영 동무에게 보내는 사신」}란 지극히 민감한 글이었다. 이 해 5월은 한국 현대사에서 매우 중요한 교차점이 된다.

일말의 기대라도 걸었던 미소공동위원회가 열렸으나 5월 6일 휴회로 들어가서 사실상 파탄^{2차 공위가 이듬해 5월에 열렸으나 예상대로 7월에 완전 결렬}을 예견했다. 그러니 시간순으로 보면 제1차 미소공위의 파탄 이튿날 조봉암은 폭탄선언^{사실상 공개 전향서 격}을 했고, 그 다음 날 조선공산당 기관지 『해방일보』를 인쇄하는 조선정판사 주요 간부들을 가짜 돈을 제작하여 공산당 자금으로 썼다는 '조선정판사 위폐사건'^{위조화폐범}으로 체포하면서 바로 공산당 탄압의 수순을 밟았고, 신문도 5월 18일 발행정지 처분을 내렸다.

이 일련의 역사적인 흐름에서 볼 때 조봉암의 이 글은 "조선공산당 죽이기의 일환"으로 "미군 방첩대^{CIC}공작으로 발표된 것이라고 볼 수 있다"고 서중석은 썼다.

이어 조봉암은 한 달 뒤인 6월에는 공산주의와의 결별을 의미하는 성명서를 냈고, 그의 입장은 분단시대 남한에 뿌리내리기로 작심한 것을 의미했다.[10]

3. 이승만 단독정부 수립 전후의 죽산

조봉암은 이제 자신의 비장의 가능성의 상징인 진보사상의 지팡이란 지휘봉을 스스로 분질러 버린 채 일개 야인으로 돌아왔다. 그러나 아무리 조봉암이 미 정보기관의 더러운 공작정치의 희생자로 전락해도 국민들의 눈에는 '썩어도 준치'였다. 친일의 지울 수 없는 '민족의 죄인'으로 낙인찍힌 사람들의 감각으로는 결코 이해할 수 없는 역사의 저류를 형성한 민중들의 정치의식은 결코 학식이나 종교나 교양의 차원과는 또 다른 본능적인 공감대가 형성되어 있다. 그들은 일제 식민통치 아래서 양반들이 상상도 할 수 없었던 삶의 질곡을 축적시킨 데다가 8·15 이후 미군들이 저지른 결코 일제보다 더 나을 것이라고는 없는 혼란과 윤리적인 해이와 공출과 억울한 농민 잡아 가둬 족치기 등등을 두루 겪으며 '살아있는 정치학 교재'로 학습한 사람들이었다. 그들은 공산주의란 어떤 것이고 민주주의와 뭐가 다른지를 이론이 아닌 현장감각으로 익힌 농민들이었다.

이들이 보는 조봉암은 분명 '썩어도 준치'였다. 아니, 그들이 기대하는 조봉암은 그 이상이었다. 조봉암이란 인물은 이제 미 제국주의자들에게 아무리 비인격적인 모욕을 당해도 그것은 썩은 거름에 푹 농익은 홍어처럼 별미로 되살아날 인물이란 기대치를 지니고 있었다.

1946년 5월 이후 조봉암은 어쩔 수 없이 운명적으로 '신분갱신을 서둘러

---

10 서중석 김덕련, 『서중석의 현대사 이야기』 3, 오월의봄, 2016.
   이 권 전체가 조봉암을 다룸. 눈여겨 볼 사항은 사회주의 혁명에 투신하면서도 "유연한 태도"로 융화와 통합을 중시했다는 점이다. 3권 59~76쪽.

야 했을 것이다. 미군정은 자신들의 시간표대로 공산주의 세력을 1946년 5월부터 1948년 5월까지 불과 2년 사이에 말끔하게 청소해 주었고, 그 반석 위에다 이승만 정권을 세울 준비를 서둘렀다. 이만한 시간이면 조봉암으로서는 자신의 변신을 위해 충분했다.

① 조봉암은 평소 자신의 정치적 입장이 '전향'이라 불리는 것을 못마땅하게 생각했으며, 자신은 분명히 볼셰비즘을 '지양'한 것이라 주장했다. 그는 시종일관 여하한 폭력혁명도 여하한 독재도 반대하는 입장을 고수했다. 조봉암의 '평화'통일론, 자유민주주의론도 이러한 맥락에서 해석되어야 한다. 왜냐하면 그는 정치적 음모로 교살당할 때까지 이러한 입장에서 이탈된 일이 없었기 때문이다.

그는 극소수 친일민족반역자를 제외하고는 모든 민족세력과 진지하게 국사를 논의하고 더불어 나라를 건설해 나아가야 한다고 굳게 믿었다.

② 사상이라는 갈등으로 좌우익이 폭력투쟁을 벌이고 더더구나 무력투쟁을 벌이는 것은 안된다고 믿었다. 일시적 갈등으로 폭력적 대립 관계에 섰던 세력 간에도 서로가 서로를 용서하고 관대하게 받아들이는 인간미 흐르는 사회가 이룩되어야 한다고 굳게 믿었다. (…중략…) 그는 좌우익 양극 대립투쟁의 소산으로 양산된 좌익의 굴레가 씌워진 이른바 '전향자'들에 가해지는 박해와 비인간적 취급에도 항의했다.[11]

이 글은 전향 이후 조봉암의 사상을 가장 잘 축약한 것으로, ①은 1946~1948년 남한 단독 총선 직전까지의 동향이고, ②는 단정 수립 후 한국전쟁 이전까지 이승만 정권이 추진했던 보도연맹의 폐단을 지적한 것이다.

한국전쟁 이후의 조봉암의 정치의식은 이보다는 약간 달라지는데 그건 한마디로 '사회적 민주주의자' 내지 '민주적 사회주의자'라는 술어로 대변할 수 있을 것이다. 세계 정치사적인 관점에서 본다면 1951년 7월의 '프랑크푸

---

11   정태영, 『조봉암과 진보당』, 한길사, 1991, 147~148쪽.

르트 선언' 이념이야말로 분단 이후 조봉암을 비롯한 대부분의 진보세력이 취했던 기본자세였다. 조봉암 자신이 '프랑크푸르트 선언'을 어떻게 받아들 였는지에 대한 언급은 서중석이 밀접했음을 밝혀주었기 때문에 이념 노선 으로는 이렇게 보는 게 가장 편할 것 같다.[12]

조봉암이 ①의 단계[1946~1948]에 처했던 시기의 처지는 서중석이 자상하게 풀어준다. 1948년 4월 김구·김규식 등의 북행을 "북에 이용당하고 남의 극 우세력의 탄압을 받을지언정 민족의 대의에 부합되는 결단"으로 본 서중석 은 이렇게 진지하게 질문을 던진다.

> 그렇지만 민족해방운동을 펴온 주요 인사들이 모든 남북 지도자회의에 참여해 야 하는 것일까. 5·10선거에 대해서는 양자택일의 흑백논리만 있는 것일까. 아무 리 분단이 타율적으로 강요된 것이라고 하더라도, 1948년의 시점에서 분단을 현 실적으로 피할 수 없었다면, 5·10선거에 대한 대응은 여러 가지가 있을 수 있는 것이 아닐까.[13]

---

12   서중석, 『조봉암과 1950년대』 상, 376~378쪽.
       프랑크푸르트 선언(das Manifest der Frankfurt, Frankfurt declaration). 프랑크푸르트 암 마인에
       서 1951년 7월 2일, '사회주의 인터내셔널'이 선언한 강령.
       마르크스-엥겔스 노선에 입각한 국제조직은 족보가 복잡한데, 간추리면 제1차 인터내셔
       널(1864~1876)과 제2차 인터내셔널(1889~1916)을 거쳐 레닌의 소비에트 혁명 이후
       제3차 인터내셔널(1919~1943)을 코민테른이라 부른다. 이후 국제조직은 ① 코민포름
       (Коминформ, Cominform, 1947~1956)은 소련 및 동유럽 사회주의 국가들로 구성된 것이
       고, ② 제4차 인터내셔널(1938~1963은 반스탈린주의자인 트로츠키파들의 조직이다.
       이런 가운데 수정주의자들이 계속 새로운 이론을 제기하면서 생긴 사회민주당들의 국제교
       류가 형성시킨 것이 '사회주의 인터내셔널(Socialist International, 약칭 SI)'인데, 이들은 사회
       민주주의, 개혁적 사회주의 제3의 길로 민주사회주의라고 한다. 이 조직은 1951년 6월 30
       일 프랑크푸르트에서 첫 총회를 개최, 소련의 코민포름과 스탈린주의를 비판하면서 서구적
       민주주의 체제를 인정했다.
       일제 시기 조선공산당이 코민테른의 인정을 중시했다면 분단 이후 한국의 진보세력은 '사
       회주의 인터내셔널' 가입을 중시했다. 한국에서 공식적으로 사회주의 인터내셔널의 이념에
       공감한 것은 일본 체재 중이던 김철로 그는 일생을 브란트와 친밀하게 지내며 SI에도 가입
       했다.
13   서중석, 『조봉암과 1950년대』 상·하, 역사비평사, 1999 중 상권 30쪽.

조봉암의 고민을 대신해 주는 것 같은 대목이다. 조봉암 자신은 이때의 처지를 이처럼 절박하게 기록하지 않고 건조체로 아래와 같이 썼다.

그때 공산당에서는 물론이고 일부 우익진영에서도 단독정부니 반쪽 선거니 해서 그 총선거를 반대했었습니다. 나는 공산당이 반대하는 것은 소련의 지시를 받은 미국세력 반대운동으로 간주했기 때문에 문제 삼지도 않았지만 김규식 등 여러 선배에게는 총선거에 참가함이 옳다는 것을 많이 주장도 해보았고 노력도 해보았지만 전연 통하지 않았고 끝끝내 반대 태도를 견지했었습니다. 그래서 나는 하는 수 없이 단독으로 총선거에 응해서 인천 을구에 입후보해서 당선됐습니다.[14]

이 글에서 조봉암은 공산당 세력을 소련의 지시를 받는 것으로 묘사한 것은 큰 오류로 아마 전향자의 반감이 반영된 것으로 이해해야 될 대목이다.

1948년 5·10 총선은 국회의원 임기가 2년이었지만 이제 그는 국회의원이 되어 신분증을 반쯤은 갱신했다.

국회에서 자신의 역할에 대해서 언급한 것은 헌법제정위원으로서의 활동이었다. "헌법이 최초에 기초된 것은 내각책임제"였으나, "한민당에서 이 박사와 무슨 타협을 했던지 하룻밤 새에 대통령 중심제"로 고쳐버렸다면서 조봉암은 국회에서 대통령 중심제가 가져올 폐단을 소상히 밝혔다고 썼다. 이어 그는 자시의 예언이 적중했다고도 썼다.[15]

그러나 약간 껄끄럽지만 중요한 대목인 조봉암 자신이 중심이 된 6·1구락부 혹은 무소속구락부에 대해서는 언급하지 않았다. 제헌국회의원을 정치적인 성향으로 ① 미·소 양군 철수와 남북협상에 의한 남북통일 전에 한국 정부를 수립하는 데 반대하는 그룹, ② 미국, 유엔 그리고 이해 당사국들의 입장을 고려하면서 신중히 정부를 수립해야 한다는 그룹, ③ 내전이 일어나건 말

---

14 조봉암, 「나의 정치백서―투표에 이기고, 개표에 지고」, 『신태양』, 1957.5. 별책 수록. 여기서는 정태영, 『조봉암과 진보당』, 한길사, 370쪽에서 재인용.

15 각주 14와 같음, 370쪽.

건 즉각 정부를 수립해야 한다는 그룹으로 나눈 건 바로 조봉암 자신이었다, ①은 소수이고 ②는 상당히 다수, ③은 가장 강력하다는 것이다.[16]

무소속구락부는 ②가 주류였고, 이들 중 소장파들은 1949년 3월 외국군 즉시 철퇴 진언서 연판장을 돌렸는데, 이때 조봉암은 반대였다. 이게 세칭 국회프락치사건의 단서가 되었다. 이래서 아마 조봉암 자신은 이 대목을 직접 기록하지 않았을 것이다.

조봉암이 이승만에 의해 초대 농림부장관에 임명된 것은 1948년 8월 2일이었다. 그가 평소의 소신대로 농림부 장관으로서 추진하고자 한 것은 토지개혁과 농민의 자발성을 위한 협동조합 장려책, 농업기술 개발 및 수련을 위한 기구 창설, 그리고 농림관련 신문 창간 등등 일대 농업혁명이었으나 다 좌절당한 채 토지개혁조차도 농지개혁으로 마감했다.

이를 서중석은 "조봉암의 농림부에서 처음 만든 것은 토지개혁안이었다. 국회에서 구체화하면서 농지개혁 법안이 됐다. 무슨 차이가 있느냐. 국회에서 만든 농지개혁안을 보면 과수원이라든가 염전이 빠져 있다. 모든 토지가 들어간 게 아니다. 그래서 일부 대토지 소유자들이 농지개혁 대상 토지를 염전으로 바꿔버려 나중에 문제가 생기고 그런 거다"라고 그 변질 모습을 지적했다.[17]

조정래는 『태백산맥』에서 일인으로부터 물려받은 양조장 사장으로 물질 숭배자인 정현동이 토지개혁 때 지주들에게 넘어갈 논을 빼앗기지 않으려고 골몰하다가 염전은 예외라는 조항에서 쾌재를 부르며 추수가 끝난 10월 중순 이후 논에다 바닷물을 끌어대려고 발동기를 돌리라고 전진명령을 내리는 지휘관처럼 설치다가 소작농들에게 집단 린치를 당해 피투성이가 된 시체로 버려진 과정을 그려준다.[18]

---

16   『미군정 정보보고서』 전15권, 일월서각, 1986. 이 자료는 영문을 그대로 실었는데 이를 정태영이 조봉암 관련 기사만 발췌하여 「미군정보보고서」로 번역해 『조봉암과 진보당』에 실었음. 여기서는 정태영의 글을 재인용.

17   서중석·김덕련, 『서중석의 현대사 이야기』 1, 오월의봄, 2015, 214쪽.

18   「니만 사람이냐!」, 『태백산맥』 6권(조정래 등단 50주년 개정판), 해냄, 2020, 44~49쪽.

조봉암은 유상몰수 유상분배 원칙의 토지개혁을 수행하면서 지주에게는 지가증권地價證券을 주었다. 그래서 은행에 지가증권을 담보로 대출을 해주게 하여 "지주를 산업자본가로 유도하려고 했다. 그러나 전쟁이 일어나 이 증권이 휴지가 되면서 산업자본가의 육성은 무산되었다. 토지개혁과 산업화의 동시 추진은 무산되었지만 토지개혁 자체는 성공이었다. 그때 이승만이 조봉암을 기용하지 않았더라면 지금 대한민국은 없었을 것이다"라는 평가를 받는다.[19]

이것조차도 엄청난 개혁이어서 높이 평가받고 있을 지경이니 그가 아니었으면 한국 농촌과 농민들은 어떻게 되었을까.

이병주는 이승만이 조봉암을 농림부 장관으로 임명한 정치적인 배후를 지주세력이 기반인 한민당의 세력을 약화시킴과 동시에 농촌 문제를 근본적으로 손을 보고자 한 데서 취한 조치라고 했다. 그러면서 이병주는 그걸로 농민의 인기가 오르는 걸 막기 위해서 누명을 뒤집어씌워 바로 불명예스럽게 목을 자른다는 계획도 처음부터 가졌다고 했다.[20]

이병주의 소설 그대로였다. 부정을 저지를 이유가 없는 조봉암은 장관 관사 수리비 등을 공금 횡령이란 누명을 씌운 독직사건으로 몰아 법정에 세웠으나 무죄였지만 어쨌든 그는 실컷 부려먹히고는 1949년 2월 22일 농림부 장관을 사직해야만 되었다.

2년 임기였던 제헌의원 조봉암은 제2대 총선1950.5.30에 역시 인천에서 출마, 당선되어 6월 19일 장택상과 함께 국회부의장으로 선출됐다. 의장단 임기는 2년이었는데 1952년 7월 10일에도 재선되어 1954년 5월까지 국회부

정현동의 아들은 정하섭이고 그는 빨치산이며 무당 소화의 연인이다. 정현동은 소화의 어머니와 관계를 가져 소화를 낳았기에 그 비밀을 알고 있는 정하섭의 어머니(낙안댁)는 남편 몰래 아들을 지원하면서도 소화에게는 매우 비정하게 대한다.
『태백산맥』의 제2부 「민중의 불꽃」은 대규모 민중항쟁의 불길이 퍼지게 된 1949년은 국회 프락치사건, 김구 암살, 토지개혁 등등이 연이어 세밀하게 다뤄지고 있다.

19 이정훈, 「역대 대통령직 인수위원장에게 듣는다」, 『신동아』, 2013.1, 151~152쪽.
20 이병주 대하소설 『산하』 4권(전7권), 한길사, 2006, 274~275쪽.

의장으로 그는 활동하면서 본격적인 정치무대에 올랐다. 그러나 이게 조봉암에게는 절정이었다.

4. 재야 정치인으로 범야권 통합 주장

그간 한국전쟁, 온갖 정치파동과 이승만 독재의 참상을 가까이에서 겪으면서 조봉암은 1952년 8월 5일 제2대 정부통령 선거에 무소속으로 대통령에 입후보했다. 원래 그는 출마 의사가 없어서 이시영에게 출마권유를 했으나 사양하며 도리어 자신에게 출마하라고 해서 나섰다고 했지만, 결국 이시영은 대통령 후보로 출마했고 조병옥이 그를 돕고자 부통령에 출마했다. 그래서 이시영은 나중에 조봉암에게 했다는 권유는 인사치레였다며 비판했고, 조병옥은 조봉암에게 대놓고 '빨갱이'라고 비판하며 만약 그가 인기를 끌면 자신은 도리어 이승만을 지지하겠다고 공언했다.

그러나 선거결과는 이승만 대통령 당선에 조봉암이 2위였고, 이시영-조병옥은 부자들 정당이라는 비판여론으로 지지율이 저조했다.

이로써 죽산의 고난의 길은 시작됐다.

그 첫 신호탄은 김성주 살해사건이었다. 어찌 보면 조봉암과 직접 연관은 없다고도 할 수 있으나 아무리 혁혁한 반공투사라도 이승만을 비판만 하면 쥐도 새도 모르게 골로 간다는 교훈이었다.[21]

---

21 김성주(金聖柱, 1924~1954)는 서북청년회에서 활동하다가 한국전쟁이 일어나자 의용호림부대(義勇虎林部隊)를 조직, 공로를 세운 후 육군 소령으로 예편했다. 정계에 투신한 그는 신익희(申翼熙, 1892~1956) 보좌관 등 야당에서 당직 활동을 지내다가 조봉암이 대통령 후보가 되자 그를 도왔다. 반 이승만 노선을 선택한 그는 반공포로석방(1953.6)을 비난한 게 빌미가 되어 헌병총사령부(총 사령관 元容德 중장, 1908~1968)에 연행(1953.6) 되었지만 그의 심문 사항에는 조봉암의 대통령 선거전 때의 경비 내역과 신당 창당 계획까지도 두루 포함되어 있었다. 김성주는 군인 신분이 아닌 데도 고등군사재판에서 징역 7년 형을 선고 받고도 여론이 나빠 민간법원에서 형사재판을 받았으나 사실상 원용덕의 자택에서 살해당했다.

1954년 5·20 총선을 앞둔 3월에 조봉암은 「우리의 당면 과업-대 공산당 투쟁의 승리를 위하여」란 글을 발표했다. 그 해 제네바의 한국 통일 문제 국제회의^{4.26}에 맞춰 조봉암은 통일 문제를 도도하게 피력했다.

대공정책의 근본은 민주주의 실현이라며 통일은 동족상잔을 배격하고 반전 평화를 정착하는 게 목표라고 그는 말했다. 그러려면 주권을 강화하여 분단으로 인한 외세와 강대국의 직간접적인 간섭을 배제해야 된다고 그는 보았다. 국제관계에서는 냉전체제를 극복해야 된다면서, 냉전체제 자체가 독재 체제의 밑거름 역이 된다고 했다.

이런 한편 8·15 이후 반정부, 혁신계 등으로 몰려 정치활동을 할 수 없게 된 모든 인사들의 자유로운 보장을 주장하기도 했다.

그러나 그의 주장은 빗나갔다. 그간의 여러 정황으로 제3대 총선인 1954년 5월 20일 국회의원 선거에서 조봉암은 이승만 정권의 방해로 국회의원 선거 후보 등록도 못한 채 야인이 되었다.

한편 늙은 여우 이승만의 종신 집권을 막기 위해서는 지리멸렬한 야권은 뭉쳐야 한다는 게 국민적인 정언판단이었다. 그래서 조봉암은 민주당 창당 이전인 1955년 2월 자신도 민주당 창당에 참여하겠다는 성명까지 발표했다.

김성수^{金性洙, 1891~1955}까지도 범야권 창당에 죽산을 끌어들이고자 그에게 다시 공산당과의 절연을 재강조해 달라는 무리한 요구도 서슴지 않고 따랐다. 죽산은 "나는 8·15 이후 즉시 공산당과 절연하고 오늘날까지 민주주의 국가로 장래가 약속된 대한민국에 비록 미미하나마 모든 심력"을 바쳐왔다는 굴욕적인 성명서까지 냈다. 신익희^{申翼熙, 1894~1956}도 제3의 정당 태동을 막고자 이에 동조했다.

그러나 장면 그룹과 흥사단, 김준연과 정일형 등은 완강하게 조봉암 참여

<hr>

사월혁명 후 김성주 가족의 청원으로 원용덕은 강제 예편당해 징역 15년형을 받았지만 5·16 이후 특별사면(1963.3.23)됐다.

를 거부했고, 조병옥도 내심은 비슷했다. 김성수는 병석에서도 그들을 설득했지만 타계[1955.2.18]함으로써 조봉암을 배제한 채 민주당은 창당[1955.9.19]됐다. 민주당의 조직 요강 (1)항이 "좌익 전향자와 악질 부역자를 제외한다는 것이었고, (2)항은 독재행위와 부패행위가 현저하여 사회의 주목을 받는 자를 제외한다는 것이었다.[22]

이게 한국 야당의 주류인 민주당으로 현재까지 지속되고 있다.

그러나 이듬해에 막상 대통령 선거[1956.5.15]가 닥치자 야권이 서로 비방하는 이전투구 속에서 장건상, 정화암, 김창숙 등이 연합노선 재추진을 강력히 촉구[4.21]했다. 민주당의 정부통령 후보는 신익희와 장면이었고, 미처 정식 창당 대회도 치르지 못한 진보당 정부통령 후보는 조봉암과 박기출이었다. 이들 4자 회담에 장면은 불참했지만, 극우편향 인사의 입각 배제 선에서 투표일 직전에 진보당 후보가 사퇴키로 합의하고는 불참한 장면을 설득하기로 했다. 그러나 미국 헤게모니의 보수 양당체제론자인 조병옥은 조봉암이 우세하면 차라리 이승만을 지지하겠다고 공언했고, 장면 역시 요지부동이었다.

그럼에도 죽산과 해공은 지방 유세 중 5월 6일 회동키로 약속했으나 그 하루 전 신익희는 이리에서 의문사[5.5] 해버렸다. 이제 독재를 종식 시키려면 조봉암 대통령 후보에 부통령은 장면으로 단일화하는 게 삼척동자도 다 아는 순리였다. 그러나 "타당 후보는 지지하지 않는다"고 민주당은 공식 성명[5.6]을 냈고, 결코 조봉암은 지지 않는다고 선을 긋고서는 신익희 에 대한 추모표를 호소했다. 김준연은 "조봉암에게 투표 하느니 차라리 이승만에게 투표하라"고 어깃장까지 놓았다.[23]

조봉암은 대통령 후보로 나서면서 「나는 이렇게 하련다」라는 제목으로 포부와 공약을 유장하게 펼쳤는데 실로 한국 선거사상 길이 남을 만하다.

---

22   정태영, 『조봉암과 진보당』, 한길사, 1991, 224~225쪽.
23   위의 책, 234~238쪽. 이 문제에 대한 학구적인 탐구는 서중석, 『조봉암과 1950년대』상·하(역사비평사, 1999) 중 상권 120~126쪽, 참고. 여기서는 대중적인 이해를 위해 정태영의 글에 의존한다.

나는 입후보 변을 한마디로 요약하면 '이 겨레의 삶을 찾기 위해서'라고 명언하고 싶다. 우리는 군정 3년을 체험했고 이 박사 영도 하의 수난 6년도 겪어봤다. 지금 선거전에서 표방하고 있는 집권당의 구호 등등 슬로건을 보라. 그 얼마나 훌륭한 것인가. 그들이 집권하는 동안에 조금이라도 그런 것을 실천에 옮긴 일이 있었다고 하면 오늘날 같은 이 처참한 현실을 가져오지는 않았을 것이다.

정당이란 정권을 잡기 위한 정치 집단임에는 틀림없으나 만일 정당이 스스로 대중에게 약속한 자기 주장을 식언하기 일쑤라면 그것은 자살행위인 동시에 인민으로부터 버림을 받지 않을 수 없는 행위인 것이다.

어쨌든 이 나라의 기형적 현실은, 대통령이 되어야만 행정의 책임을 지고 고치고 바로 잡을 것은 바로잡을 수 있게 되어 있기에 나는 재차 대통령에 입후보하기로 결심한 것이다.[24]

이 글은 이어 조봉암이 대통령에 당선되면 ① 만성적인 부패 청산과 민주개혁, ② 남북 통일을 위해 총력 기울이기, ③ 공무원 최저생활 보장과 행정 간소화, ④ 산업 진흥과 자주 경제 건설, ⑤ 고도의 외교전략, ⑥ 국방을 정병주의화하고 집단안전보장 체제 확립, ⑦ 제대 군인이나 상이군경의 생활 보장책 강구 등등이라 밝혔다.

자유당과 민주당은 이런 쟁점에는 별 관심도 없이 국민들이 듣기 좋은 만병통치 공약만 하면서 오로지 집권에만 관심을 쏟았다.

신익희 서거 후 민주당은 장면 부통령의 표를 공정관리 한다는 담보로 조봉암 표를 샌드위치표로 조작하는 걸 묵인했다.

박기출은 투개표가 선거민의 감시하에 실시된 도시 등에서는 죽산이 이승만을 압도하고 있다고 했다. 그래서 진보당은 선거결과에 관한 논평에서 '득표에는 이기고 개표에는 졌다'고 선언했다.

---

24   원문은 『동아일보』, 1956년 4월 13일 자 게재지만 여기서는 정태영의 저서 235~237쪽에서 재인용.

조병옥조차도 "3대 대통령 선거에 있어서, 내 판단에는 만일 자유 분위기의 선거가 행해졌더라면 이 대통령이 받은 표는 200만 표 내외에 지나지 못하리라고 나는 판단합니다"제22차 국회 본회의, 1956.6.5라고 할 지경이었다.

조봉암 표가 이승만을 압도한 지역은 영남지역에서는 대구, 김천, 경주, 달성, 월성, 영천, 부곡, 울릉, 진주, 충무, 진해, 진양, 창녕, 양산, 울산, 통영, 고성 등지였고, 호남지역에는 전주, 정읍, 목포, 완도 등이었다.

총 득표수는 이승만 504만 표, 조봉암은 216만 표였다.

"만일 그때 범야신당이라는 민주당 창당 과정에서 죽산을 따돌리지 않았거나 후보 단일화 협의를 위해 만나기로 한 신익희가 급서하지 않았다면, (조봉암이 처형당하는) 그런 비극은 일어나지 않았을 것이라는 부질없는 가정"일까 라고 한승헌은 개탄했다.[25]

5. 진보당 창당

죽산은 대통령 선거 전에 이미 독자적인 정당인 진보당 창당에 박차를 가했다. 분열이 특기인 진보세력인지라 광릉 회합1955.9.1 간담회에 참석했던 서상일, 신도성, 윤길중, 이명하, 이동하, 장건상, 김성숙, 정화암, 최익환, 박용희, 서세충, 정이형, 남상철, 양우조, 김기철, 이명하, 조규희, 김경태, 김수선 등 40여 명은 사회민주주의 이념에 대해 논의했다. 여기서 이념 정당 중심을 주장한 장건상, 정화암 등은 당 조직에서 이탈했고, 결성 뒤에 이념 통일은 충분히 토의해 나가자는 조봉암과 서상일이 당 조직에 시동을 걸었다. 죽산계에는 윤길중, 이명하 등이 있었고, 동암 서상일 계에는 신도성, 고정훈 등이 있었다.

진보당 추진위원회 결성1955.12.22에는 조봉암, 서상일, 박기출, 이동화 김성

---

25 한승헌, 『재판으로 본 한국현대사』, 창비, 2016, 109쪽.

숙, 박용희, 신숙, 신백우, 양운산, 장지필, 정구삼, 정인태 등 12인이 발기인
이 되었고, 전국창당추진대표자대회[1956.3.30]에서는 임박한 정부통령 후보를
선출했는데, 예정대로 대통령 후보에 조봉암, 부통령 후보에 서상일을 선출
했으나 서상일의 사퇴로 나중 박기출로 대체했다. 이런 체제에서 정부통령
선거를 치른 후에야 정식으로 진보당은 창당의 나팔을 울렸다.

　1956년 11월 10일, 상오 10시 30분 진보당은 서울 시립극장에서 전국 대
의원 900명 중 853명이 참석한 가운데 개막을 선포했다. 개회에 이은 묵념
시 「피땀 흘리고 가신」[박지수]이란 작품이 낭송되었다.

　　인민의 대열과 목자의 영령에 / 알뜰히 다듬어 새긴 반만 년 배달의 성서를 / 땀
　으로 지키며 이어온 겨레의 횃불 (…중략…) 오! 인도 세력의 굳건한 전위는 / 이
　겨레와 온누리 / 길이 함께 / 번영할 터전을 닦으며 / 자유 평등과 우애로 맺힌 / 훈
　훈한 복지사회를 이룩하는 / 세계의 깃발을 높이 들고 / 바라고 그리던 낙원의 광
　장을 향하여 / 보무도 우렁차게 / 이제 권고 하나니 / 피땀 일궈 가신 / 인민의 대열
　이여 / 거룩한 목자의 영령이여 / 마음 편히 쉬시라. / 고이고이 잠드시라.

이어 〈당가〉[박지수 작사]가 울려 퍼졌다.

　　자유는 우리의 생명 / 평화는 우리의 이상 / 이 땅에 구현하여서 / 역사를 창조
　하리. / 조국의 새 날에 이름하여 / 혁신의 새 깃발 높이 들어 / 오! / 희망과 사랑의
　거름 되리.

　조봉암은 개회사에서 "민주적 평화적 방법으로 국토를 통일해서 완전한
자주 통일 평화의 국가를 건설하자는 것이고, 모든 사이비 민주주의를 지양
하고 혁신적인 참된 민주주의를 실시하여 참으로 인민의, 인민에 의한, 인민
을 위한 정치를 펼치자는 것이고, 또 계획적인 경제체제를 수립해서 민족자
본을 육성. 동원시키고 산업을 부흥시켜 국가의 번영을 촉구하자는 것이고,

또 조속히 사회보장제도를 실시해서 모든 국민의 생활을 보장하고 향상시키려는 것이고, 교육제도를 개혁해서 점차적으로 교육의 국가 보장 제도를 실시하여 이 나라에 새로운 민족문화를 창조하고 나아가서는 세계의 문화진운進運에 이바지하자는 것입니다."[26]

조봉암정책의 핵심의 하나인 평화통일론의 첫 단계는 「내가 본 내외정국」[1955]이다. "필요가 있고 유익하기만 하면 공산블록과 회의도 하고 협상도 해야 될 것"이라는 게 이 글의 요지였다.

진보당의 정책 중 제1항 통일 문제는 "우리는 오직 피 흘리지 않는 통일만을 원한다"라면서 이렇게 논리를 전개해 나간다.

> 오늘날에 있어서의 남한의 소위 무력통일론도 이미 불가능하고 또 불필요한 것이다. 평화적 통일에의 길은 오직 하나 남북한에 있어서 평화통일을 저해하고 있는 요소를 견제하고 민주주의적 진보세력이 주도권을 장악하는 것뿐이다. 우리는 조국의 평화적 통일방안이 결코 대한민국을 부인하거나 말살하는 데 있지 아니하고 도리어 그것을 육성하고 혁신하고 진실로 민주화하는 데 있음을 확신한다. 그렇기 때문에 우리는 우리 자신이 대한민국의 정치권력을 획득해야 하며 그런 연후에 국제정세의 진운에 발맞추어 제우방과의 긴밀한 협조하에 유엔을 통한 민주적이고 평화적인 조국 통일의 구체적 방안을 책정하려는 것이다. 민주주의 승리에 의한 조국의 평화적 통일 이것만이 우리의 유일한 길이다.진보당 정책.

진보당의 공약 10장 중 제1장이 "남북한에 걸쳐 조국의 통일을 저지하고 동족상잔의 유혈극의 재발을 꾀하는 극좌극우의 불순세력을 억제하고 진보세력이 주도권을 장악함으로써 국제연합 보장 하의 민주방식에 의한 평화적 통일을 성취한다"라는 것이다.

조봉암이 「평화통일에의 길」『중앙정치』 1956.10을 발표하자 이 글을 실은 잡지

---

26   정태영, 『조봉암과 진보당』, 258쪽.

는 발매금지조치를 당했다. 11월호를 내고 종막을 고해버린 이 잡지는 나중 진보당사건 재판 때도 기소된 평화통일론의 핵심이었다.

통일방안을 비교적으로 자세히 언급한 이 글은 통일 방안으로는 ① 한국 주장 유엔 감시하의 북한만의 선거, ② 북의 주장인 협상에 의한 연립정부안과 남북 양 국회의 대표로 구성되는 전국 위원회안, ③ 중립국 측이 낸 중립화안, ④ 중립국이 낸 국가 연합안, ⑤ 유엔총회 결의에 의한 유엔 감시하의 남북총선을 거론했다. 여기서 ②, ④는 한국이 수용하기 어렵기에 제외 시키고, ③도 어려울 듯하다는 것이 조봉암의 평가다. 그러니 ①, ⑤안 만이 검토 대상이라고 본 조봉암은 ①은 북이 거절할 것이기 때문에 ⑤만이 가능할 것이라고 했다.

"그러니 다섯째 안, 즉 유엔의 결의와 같이 우리 대한민국이 이북괴뢰와 동등한 위치에 서서 동일한 시간에 선거가 실시된다는 것은 좀 불유쾌하기는 하지만, 기왕에 더 유엔 감시하에서 몇 번씩이나 선거를 해왔으니 또 한 번 한다고 해서 그게 그렇게 나쁠 것도 없을 것이다"라고 조봉암은 보았다.

여기서 관계당국은 "우리 대한민국이 이북괴뢰와 동등한 위치에 서서"란 구절을 국가보안법 저촉으로 문제 삼았다.

조봉암은 휴전협정이 조인된 이후 국제정세가 지극히 미묘해서 무력적 주장에 의한 남북통일의 수행은 완전히 불가능한 데 이르렀기에 정치적 평화적 방법에 의한 통일의 길을 개척하고 또 그 길을 향해서 용감히 나아가지 않으면 안 된다는 것이다.

국제적으로는 이미 니키타 흐루쇼프Никита Хрущёв, Nikita Khrushchev, 1894~1971가 평화공존론을 외쳤고, 아이젠하워 역시 냉전체제의 수정을 주장하던 세계 추세에도 조봉암의 주장은 설득력을 가졌다.

미·소의 원자탄 개발로 제3차 세계대전은 일어나지 않을 가능성이 크다고 평가한 조봉암과는 반대로, 민주당의 조병옥은 민주당 전당대회1956.9.28에서 "1960년은 제3차 세계대전의 발발 시점으로 적극 추진"해야 한다고 주장했고, 이승만도 미 국회에서 소련이 미국을 침략할 무장력을 갖추기 전에 제3차 세계대전을 일으켜야 한다고 역설하며 극동에서는 한국이 그 일익을 담당하겠다고 자청[1954.7.28]했다.

1958년, 집권 10년을 맞은 이승만은 사법권마저 장악하여 초기의 어설픈 백범 암살 같은 단계를 지나 사법살인을 저지를 정도가 되었다. 조봉암 처형과 진보당 해산은 그 절정을 이뤘는데, 역사는 이를 사법살인이라고 하지만 엄밀하게 따져보면 야당이 공조한 추악한 권력 게임의 내면을 드러낸 사건이었다.

1958년 5월의 제4대 국회의원 총선을 앞두고 자유당과 민주당은 짝짜꿍하여 세칭 '협상 선거법' 개정안을 국회에서 통과[1958.1.25] 시켰다. 자유당이 주장한 선거공영제와 민주당이 주장한 참관인 권한 확대를 두루 수용하는 협상이었다. 그러나 정작 중요한 것은 언론 조항이었다.

> 누구든지 후보자를 당선 또는 낙선시킬 목적으로 신문. 통신. 잡지 기타 간행물의 경영자 또는 편집자에게 금품향응 기타 이익을 제공하거나 제공할 약속 또는 신입申쓰을 하고 선거에 관한 보도 기타 평론을 게재할 수 없다.[제72조]

이어 허위사실 유포 금지[제84조]와 관련된 모든 사항에 대해서도 아래와 같이 규제했다.

> 누구든지 연설. 신문잡지. 벽보. 선전문 기타 여하한 방법을 불구하고 당선하거나 당선되지 못하게 할 목적으로 후보자의 신분. 직업 또는 경력에 관하여 허위의 사항을 공표하거나 공표하게 하는 자는 3년 이하의 징역. 금고 또는 30만 환 이하의 벌금에 처한다.[제167조][27]

이 선거법을 둘러싸고 이미 오래전부터 언론계 전체가 극렬하게 반대해

---

27   송건호, 「이승만 정권과 언론」, 『민주언론 민족언론』 2(『송건호 전집』 9권), 한길사, 2002, 134~135쪽에서 재인용.

왔음에도 불구하고 "신문을 싫어하고 여론을 두려워하는 당시의 대부분 정치인들의 심리를 반영"한 것이 이 선거법이라고 송건호는 논평하면서, 자유당과 민주당의 속내를 이렇게 밝혀준다. 자유당은 고령인 이승만의 유고 시에 야당인 민주당 출신 부통령이 계승할 위험이 있기에 부통령의 계승권을 삭제하기 위한 개헌 정족수를 확보하려는 술책이었고, 민주당은 혁신계의 진출을 저지하려는 음모가 이기붕과 조병옥의 밀약이라고 송건호는 썼다. 그러나 언론이나 국민들은 바보가 아니다.

> 자유당과 결탁한 조병옥에 대한 비난이 극도에 달했다. 때문에 조병옥은 한때 대표최고위원 자리를 백남훈에게 양보하지 않을 수 없었다. 그러나 민주당의 혁신세력에 대한 태도는 바꾸지 않고 조병옥은 이승만에 호응하여 "한국에서는 자유. 민주 양당이 합동해서 혁신세력에 대립하지 않으면 안 된다"고 공언하였다. 민주당의 배신에 언론이 크게 실망하고 분노하였음은 말할 것도 없다.[28]

그러고도 안심이 안 되는 보수세력은 드디어 검거를 시작했다.

1958년 1월 12일, 진보당 간부 검거 선풍이 시작됐다. 부위원장 박기출, 간사장 윤길중, 선전부 간사 조규희, 재정부 간사 조규택, 민주혁신당 간부 이동화 등과, 종로 2가 진보당 사무소에 대한 수색에 돌입했다. 조봉암은 자진출두했다.

이튿날, 정순석 검찰총장은 담화에서 "조봉암 진보당 위원장 등 일당은 북괴 김일성의 지령으로 남파된 간첩 박정호, 정우갑, 이봉창, 허봉희 등과 수차에 걸쳐 밀회하고 동 당의 정강정책이 북괴가 주장하는 공산 평화통일과 부합되고 있다는 사실을 인정하고, 북괴와 야합할 목적으로 평화통일을 추진해 왔다"고 했다.

문제의 단서는 「평화통일에의 길」『중앙정치』, 1957.10이었다.

---

28   위의 책, 135~136쪽.

6. 검거 선풍, 진보당 등록 취소, 그리고 조봉암의 최후

계속 추가되는 검거 속에서 신태악, 김춘봉 두 변호사가 변호를 맡았고, 1958년 2월 25일 진보당은 등록이 취소되어버렸다.

진보당의 재판 기록과 이에 대한 논평은 너무나 많고 다양하여 여기서는 과감히 생략하고 일지 형식으로만 간략히 정리한다.

1958년 7월 2일, 1심 판결의 재판장은 유병진배석 이병용, 배기호이었다.

그는 평화통일론과 간첩죄에 관련해서는 무죄를 선고했고, 사회민주주의의 지향으로 국헌 위배도 인정할 수 없다고 했다.

다만 조봉암이 양명산에게 금품수수, 무기 불법 소지는 다 유죄로 보고 둘 다 징역 5년 형을 내렸다. 피고인 중 4명은 집행유예, 17명은 무죄였다.

판결 3일 뒤인 7월 5일 정오, 반공청년단 200여 명이 "용공 판사 유병진을 타도하라!"는 구호를 외치며 법원 정문으로 난입, '진보당사건 판결 규탄 반공청년 궐기대회' 현수막을 걸고는 지프차에 마이크를 장착, 항의 집회를 열었다. 나중에야 기마경찰이 와서 해산했고, 조용순 대법원장도 이런 소란을 비판했다. 그러나 난입 청년 두어 명 구속 영장으로 흐지부지되고 말았다.

9월 4일, 항소심재판장 김용진, 배심 이규대, 최보현 공판에서 양명산이 법정 진술에서 종전 주장을 번복하며 거짓말을 했다고 주장했다. 그는 주사 고문도 받았다고 폭로까지 했다.

그러나 10월 14일, 검사는 1심과 같은 구형을 했고, 피고인 최후 진술도 끝났는데, 1심서 무죄판결로 석방된 피고들을 전원 재구속해버렸다.

10월 25일, 선고 공판에서 평화통일 등을 다 유죄로 인장하고, 조봉암, 양명산에게 간첩죄 등을 적용시켜 사형을 선고했다.

해가 바뀌어 1959년이 되었다.

2월 20일, 대법원 변론 공판의 재판장은 김세완 대법관, 주심은 김갑수 대법관이었다. 변호사는 임석무, 이태희, 신태악 등 14명이 맡았다. 검사는 오제도였다.

2월 27일, 대법은 조봉암 사형을 확정했고, 진보당의 정강정책과 평화통일에 대한 주장은 무죄라면서 그러나 두 피고에게는 사형을 확정했다.

잠시 대법 합의 변경설이 나돌아 무기징역으로 했는데, 한 대법관이 협의를 변경하도록 고집, 선고 예정 시간이 1시간 20분 지연되기도 한 판결이었다.

5월 2일, 대검찰청은 법무장관에게 조, 양을 형집행 상신했고, 변호인단은 재심청구를 했다.

재심 대법관은 김갑수였다. 김달호 변호사가 그 부당성 강조를 조용순에게 요구했으나 7월 30일, 재심청구는 기각당했다. 양명산은 바로 그 전날 이미 사형을 집행해버렸다.

변호인단이 이튿날 즉각 다시 재심청구를 하려는 날 사형 집행이 행해졌다. 1949년 7월 30일 오전 11시 3분이었다.

치안국장 이강학은 각 언론사에 경고 서한을 보냈다.

"그들의 행적과 기타에 관한 모든 기사는 민심을 자극할 뿐만 아니라 적을 이롭게 하는 결과를 초래하는 것이므로" 사형자와 그 주위 환경 등 처형 기사는 법에 저촉된다고 경고했다.

조봉암의 지상에서의 최후 모습을 작가 이원규는 아래와 같이 묘사했다.

커다란 미루나무 한 그루가 우뚝 서 있었다. 그 곁을 지나는 순간 죽산은 자신에게 남은 시간이 60년 평생을 돌아보기에도 부족할 만큼 짧다는 생각이 들었다. (…중략…) 형무관이 가볍게 등을 밀어 그는 목조건물로 들어섰다.

닫아 놓은 커튼 사이로 올가미가 보이는데 반대편에는 10여 개의 의자가 놓여 있고 검사, 형무소장, 보안과장, 목사, 형무관들이 앉아 있었다.

인정심문이 시작되었다.

(…중략…)

죽산은 곧 숨이 끊어질 사람답지 않게 담담하게 말했다.

"나는 공산당도 아니고 간첩도 아니오. 그저 이승만과의 선거에서 져서 정치적 이유로 죽는 것이오. 나는 이렇게 사라지지만 앞으로 이런 비극은 없어야 할 것이오."

(…중략…)

그렇게 말하고 술 한 잔과 담배 한 대 피울 수 있느냐 물었으나 거부되었다. 그는 곧바로 교수대로 옮겨졌다. 당당한 걸음걸이, 흔들림 없는 눈빛, 몸 전체에 기품과 위엄이 흘렀다. 목사는 성경을 펴들고 누가복음 23장을 읽었다.

"빌라도가 세 번째 말하되 이 사람이 무슨 악한 일을 하였느냐. 나는 그의 죽을 죄를 찾지 못하였나니 내려서 놓으리라 한대 저희가 큰 소리로 재촉하여 십자가에 못 박기를 구하니 저희의 소리가 이긴지라."

"장례식을 준비하던 유가족들에게 경찰서장이 와서 조선총독부령 제120호를 다시 들이댔다. 일제가 순국한 독립투사의 공개 장례를 금지하고 묘비조차 세우지 못하게 했던 규정인데, 그대로 적용하겠다는 것이었다. 유족들은 5일 장을 하려고 했지만 내일 매장하라고 하고, 조문을 받지 말고 묘비도 세우지 말라는 것이었다. 그리고 정복과 사복 경찰을 빈소로 향하는 길목에 배치해 조문객들의 출입을 막았다."이원규, 『조봉암 평전』, 한길사

얼마나 원혼이 서렸으면 서대문형무소에서는 한 시절 죽산조 전설이 전해졌겠는가. 진보당 관련자였던 이상두는 바로 조봉암이 갇혔던 2사 옆 동에 있었다. 그러나 사형집행의 그 순간에도 모르고 있다가 교도관이 알려 줘서야 묵상을 올렸다. 그리고는 이렇게 썼다.

그 후 사형장의 버드나무엔 전에 볼 수 없었던 낯선 진귀한 새가 나타나 슬피 운다는 것이며, 이것이 소위 '봉암새' 혹은 '죽산조竹山鳥'라는 얘기다.

언제부터 생겼는지 누가 지어냈는지조차도 확실치 않는 '봉암새' 얘기가 서대문 징역꾼과 형무관 사이에 마치 하나의 전설이나 민화처럼 구전되고 있다.

형무소의 일기예보라느니 진보당사건으로 투옥됐던 동지들에게만 보인다느니 하는 별별 그럴사한 얘기가 있으나 막상 이 새를 본 이도 이 새의 정체를 아는 이도 없는 듯 하다.

(…중략…)

죽산조의 전설은 인간과 날짐승과의 깊은 애정관계와 그리고 한 지도자의 사형과 그 지도자에의 추모의 염이 서로 얽혀 이루어진 것이라 하겠다.[29]

당연히 조봉암 무죄설은 너무나 많아 그 주장을 여기서 미처 다 나열할 필요조차 없을 것 같고, 여기서는 가장 총괄적인 개략을 한 자료로 진실화해위원회가 실시했던 『2007년 하반기 조사 보고서』[2007.12.31] 중 「진보당 조봉암사건」 한 가지만 추천한다.

조봉암에 대한 재심은 2011년 1월 20일, 대법원[이용훈 대법원장]이 전원합의체 [주심 박시환 대법관]로 무죄를 내림으로서 그는 완전히 복권되었다.

---

29   이상두, 『옥창너머 푸른 하늘이』, 범우사, 1972, 118~120쪽. 이상두는 윤길중의 사위로 일생을 진보와 통일운동에 바쳤고 만년에는 서울시립대학 교수를 지냈다. 필자와는 1960년대 후반부터 아주 가까이 지냈다.

강산도 눈물겨운
독재체제

1. 우상화에 대한 마력

권력에 도취되면 신앙조차도 갈대처럼 흔들거리는 것일까. 이승만은 고작 집권 8년 만인 1955년 그토록 신심 깊은 기독교의 십계명 중 제1계명을 잊은 듯이 자신을 '우상화'의 늪 속으로 서서히 밀어 넣는다. 아니, 우상화라니! 이미 3백여 년 전에 프랜시스 베이컨이 종족의 우상, 동굴의 우상, 시장의 우상, 극장의 우상을 타파하라고 일렀건만 이승만은 권력에 취해 슬그머니 시장의 우상을 실현하고 싶어진 것이다.

그 첫 증상이 1955년 3월 26일 이승만 80세 생일 때부터 작동됐다. 1875년 3월 26일이 생일인 이승만은 팔순을 맞은 이 날 『서울신문』에 의하여 우상화의 작동이 걸렸다. 김광섭의 헌시 「우남 선생의 탄신을 맞이하여」부터 함태영 부통령의 특별담화는 각별했다.

> 세상에는 애국자도 많지만 이 대통령의 지조와 용감성을 따를 만한 사람은 없으며 또 시종여일한 의지력은 그의 초지를 굽히지 않고 꾸준한 독립투쟁으로 응고되었다고 할 수 있는 것이므로 (…중략…) 이 대통령을 더욱 추앙하고 경모함은 물론 그 분의 모든 의도를 충심으로 받들어야 할 것이며 이것이야말로 80회 탄신을 맞이하는 이 대통령에 대한 보답의 길이라 할 것이다.[1]

이 해 초에 시인 청마 유치환은 전임지였던 경남 안의중학교장을 사임하고 2월부터 경주고등학교 교장1959.9까지으로 전근했다. 백범 김구의 서거1949.6.26 비보를 듣고 절규했던 그였다.

---

[1] 원문은 『서울신문』, 1955년 3월 26일 자에 실렸으나 여기서는 김삼웅, 『곡필로 본 해방 50년』, 한울, 1995, 85쪽에서 재인용.
엄밀히 따지면 이미 이승만에 대한 우상화는 더 거슬러 올라가겠지만 대중적 우상화의 차원으로 들어선 것은 1954년부터로 볼 수 있다. 이때부터 각종 전기물 등 단행본들이 연이어 나오게 된다.

때는 20세기의 인문을 자랑하는 오늘 / 그러나 이 어인 조짐이리오! / 내 오늘 이 거리를 가건대 / 비린 바람은 음산히 비수匕首의 요기妖氣를 띠고 / 뭇 눈은 오히려 중세의 암우暗愚에 흉흉하나니. / 보라 여기선 / 도적과 의인을 섞고 // 피의 진한 참과 입에 발린 거짓을 뒤죽하여 / 진실로 원수를 넘겨야 할 칼이 / 창광猖狂하여 그 노릴 바를 모르거늘 / 이는 끝내 제도濟度 못할 백성의 근본이러오. / 이 날 이 불의의 저지른 슬픈 치욕을 / 여기 기幟를 삼는 자 또한 있거들랑 / 하늘이여 마땅히 삼천만을 들어 벌하라. // 아아 겨레 된 벌로 함께 묻힌 / 손바닥의 이 죄스런 피를 내 두고 두고 앓으리니.「죄욕(罪辱)―백범옹 피살의 비보를 듣는 날」

바위처럼 의지가 굳건한 이 시인, 저 1949년의 치욕을 "두고 두고 앓으리니"라고 다짐했던 청마는 1955년의 한국 정치 상황을 어떻게 보았을까. 고도 경주에서 화랑의 후예를 기르던 그는 이제 1950년대의 한국 시문학사에서 가장 시인다운 기백을 보여주는 시 한 편을 도탄에 빠진 국민들에게 선사했다.

고열苦熱과 자신의 탐욕에
여지없이 건조 풍화乾燥 風化한 넝마의 거리
모두가 허기 걸린 게사니 같이 붐벼 나는 속을
―칼 가시오!
―칼 가시오!
한 사나이 있어 칼을 갈라 외치며 간다.

그렇다
너희 정녕 칼들을 갈라.
시퍼렇게 칼을 갈아 들고들 나서라.

그러나 여기

선善이 사기하는 거리에선
윤리가 폭행하는 거리에선
칼은 깍두기를 써는 것밖에는 몰라
칼은 발톱을 깎는 것밖에는 감쪽같이 몰라
환도도 비수도
식칼처럼 값없이 버려져 녹슬거니.

그 환도를 찾아 갈라
비수를 찾아 갈라
식칼마저 모조리 시퍼렇게 내다 갈라.

그리하여 너희들 마침내 이같이
기갈 들여 미치게 한 자를 찾아
가위 눌려 뒤집이게 한 자를 찾아
손에 손에 그 시퍼런 날들을 들고 게사니 같이 덤벼
남나의 어느 모가지든 닥치는 대로 컥컥 찔러
황홀히 뿜어 나는 그 새빨간 선지피를
희광이 같이 희희대고 들이켜라는데
그리하여 그 목마른 기갈들을 추기라는데
가위눌린 허망虛妄들을 채우라는데—

그러나 여기 도둑이 도둑맞는 저자에선
대낮에도 더듬는 무리들의 저자에선
이 구원의 복음은 도무지 팔리지가 않아
—칼 가시오!
—칼 가시오!
사나이는 헛되이 외치고만 간다.[2]

바로 이해, 즉 유치환의 복음이 헛되이 메아리로 사라져 갈 만한 두 달 뒤인 1955년 9월 16일, 이승만은 홀연히 외국 사람들이 발음하기 어렵다면서 '서울'이란 이름을 바꾸라는 담화를 발표했다. 이에 서울시는 "수도명칭조사연구위원회를 구성^{9.30}하였고, 우남雩南, 한양漢陽, 한경韓京, 한성漢城 등이 후보에 올랐다".[3]

이승만의 한 마디면 당대의 두뇌들이 경쟁하듯이 덤벼들어 그 정당성을 입증해 주던 세태였다. 서울이란 보통명사로 특정 지명을 나타내는 고유명사가 아니라느니, 외국인이 붙인 잘못된 것이라느니, 프랑스 신부가 '소울'이나 '솔' 등이라 읽는다느니 온갖 구실과 명분을 제자백가라도 된 양 설쳤다. 이러매 최남선, 이병도, 최현배, 김윤경, 이희승 등도 나서서 한양, 한성 등에다 한벌이란 우리말도 등장시켰고, 국무위원과 정부위원 등으로 '수도명칭 제정연구위원회'까지 구성됐다. 아! 진짜 세금 아깝다.

그러지들 말고 그냥 입 맞춰 '우남'으로 결정하면 간단할 걸 왜 헛돈 펑펑 써대며 현상 모집 광고까지 내가며 수집된 게 ① 우남, ② 한양, ③ 한경韓京, ④ 한성을 두고 여론조사 해보니 단연 우남시가 1423표로 압도했다. 이승만 만세!

그러나 반대 여론이 여간 아니었으나 당연히 당시 언론들은 크게 다뤄주지 않았을 것이다. 우상화의 기미를 알아챈 것인지 김영삼은 아예 "이 대통령은 점점 독재적인 경향을 보이고 있다"^{『경향신문』 1956년 8월 25일 자}면서, 이승만 동상 건립비 40만 달러면 굶주린 국민 2만 명을 1개월 이상 먹여 살릴 수 있다고도 했다.

서중석은 "1956년 8월의 지방의회 선거에서 다른 지방은 부정선거로 여당이 압도적 다수를 차지했으나, 서울만은 시의원 47명 중 민주당 후보가

---

2   유치환, 「칼을 갈라!」, 『동아일보』, 1955년 7월 28일 자. 청마는 이 시를 2년 뒤인 1957년 『제9시집』(한국출판, 1957)에 수록했다. 여기 인용한 것은 『동아일보』 원전에 충실하면서도 『제9시집』의 작품을 참고하여 자구를 약간 수정했다.
3   서중석, 『이승만의 정치 이데올로기』, 역사비평사, 2005, 199쪽.

40명이 당선되어^{자유당 1명} 야당이 3분의 2를 넘음으로써 서울의 이름은 우남으로 바뀌지 않게 되었다"라고 했다.⁴

이승만의 자기 우상화 작업은 국민들의 여론을 고려해서 에둘러가는 방법을 택했는데, 그게 충효를 중시하는 유교문화에 대한 긍정적인 태도와 권장으로 나타났음을 서중석은 주목한다.

> 그러므로 유교와 예수교에는 별로 모순이 없는 줄로 나는 판단하는 바이며 (…중략…) 부자유친, 군신유의, 부부유별, 장유유서, 붕우유신의 오륜으로 인생이 금수와 같지 않은 그 대지로 예의지국에 이르는 것에 들어서는 오히려 유교가 더 세밀하고 또 이 도리에 벗어나고는 소위 문명 정도에는 나가기가 충분한 정도에 이를 수 없는 것이다.⁵

이처럼 그는 권력 유지를 위한 우상화라면 어떤 명분이든지 활용하는 유연성을 가졌다. 특히 이승만이 유교문화를 강조한 배경에는 '복종의 미덕'을 통해 비판의식을 말살시키려는 저의가 있었음을 부인하기 어렵다.

이런 통치자 아래서 우주의 섭리 따위는 아랑곳없고 그저 강산도 눈물겨울 뿐이라 억울한 필화의 희생자만 늘어날 판이다.

이승만 정부 수립 후 첫 연재소설 중단은 『태양신문』에서 이광수의 장편연재소설 『서울』일 것이라고 밝혀 준 건 김팔봉이다. 『태양신문』은 이승만

---

4 위의 책, 199쪽. 서울시 명칭에 대한 여러 자료나 글들이 있는데, 나중 이승만 스스로 우남시 설을 철회했다는 식의 미담으로 승화시킨 예가 넘쳐나는데, 이건 이승만 우상화를 위한 수식이 아닐까 싶다. 이후에 파고다 공원(1956.3)과 남산(1956.8)의 이승만 동상이 세워졌고, 남산의 팔각정도 '우남정'(1959.11)으로 부르는 등에다 언론을 통한 우상화는 계속 강화되었기 때문이다. 물론 남한산성 도로를 우남로로 하자거나, 남산공원을 우남공원, 시민회관을 우남회관을 하자는 경우는 좌절 됐지만 그것은 민의의 승리이지 이승만 자신의 우상화 포기는 아니었다.
참고로 말하면 서울이란 명칭은 미군정청이 1946년 9월 18일 '서울특별시의 설치' 군정법률 제106호의 공표로 생긴 것이다.
5 서중석, 위의 책, 201쪽에서 재인용.

정부 수립 후인 1949년 2월에 창간됐는데, 주필 겸 편집국장은 작가이자 언론인인 송지영宋志英, 1916~1989이었다. 당시 춘원 이광수는 친일파로 몰렸다가 미군정과 이승만 정권의 덕분에 회생했으나 은인자중할 시기였는데, 독립운동가 출신 송지영이 강권하여 이 신문에다 연재소설을 쓰게 된 것이다.

그런데 날이 지나면서 소설에는 공산청년동맹 대학생들이 연일 등장하더니 그 활약상까지 나오자 공보처가 연재 중단을 시킨 것이었다. 천하의 이광수도 공보처 앞에서는 별 수가 없었다. 아무려면 춘원이 공산당을 어찌 찬양했겠는가![6]

이승만이 한참 우상화에 열을 올릴 때인 1955년 작가 이종환李鍾桓. 1920~1976은 『서울신문』에 연재 중이었던 『인간보』를 중단1955.6.1당했다. 경주 출신으로 독실한 기독교 신자였던 그는 투철한 반공의식의 작가였는데, 미군 상대 성매매를 다루는 장면이 나오면서 여지없이 잘렸다.

이외에도 자질구레한 연재 중단이 있지만 생략한다.

이 시기 인기만화는 단연 '고바우 영감'이었다. 작가 김성환金星煥, 1932~2019보다 '고바우'로 더 유명한 네 컷 짜리 시사만화 연재물 『고바우 영감』은 『동아일보』에서 1955년 2월 1일에 첫 선을 보인 이후 1980년 8월 9까지 최장기 인기 연재물이었다.

그는 1954년 사사오입 개헌을 비판한 '고바우 영감'으로 일약 대인기를 얻었다. 사사오입 개헌을 반대하던 야당 의원이 경찰에게 끌려가 경무대 밖으로 쫓겨나자 고바우가 "아니? 어쩌다가 그리 다쳤습니까?"라고 묻자 "퍼런 제복을 입은 개 경찰공무원에게 물렸다오"라고 말하는 줄거리였다.

그런데 1958년 1월 23일 자 고바우는 세칭 '경무대 똥통사건'으로 널리 회자 되었다. 똥 치우는 분에게 공손히 인사 올리자 누구냐고 물으니 "경무대는 똥 치우는 사람도 권력이 있다"라고 끝 맺었는데, 타부의 성곽인 경무대를 들먹였으니 작가 김성환이 연행되기까지 했으나 여론 악화를 우려해

---

6   홍정선 편, 『김팔봉문학전집 – 논설과 수상』 5권, 286쪽. 이 증언은 다른 어느 곳에도 안 나온다. 『태양신문』은 나중 경영난으로 장기영에게 넘어가 현재의 『한국일보』가 되었다.

경범죄로 즉결심판에 넘겨 벌금 450환 처분을 받은 것으로 끝났다.

그러나 이런 가십용 필화가 아닌 본격적인 필화들이 줄이어 기다리고 있었다.

2. 헌법학자 한태연과 대학총장 조영식

헌법학자 한태연韓泰淵, 1916~2010이 국민들에게 가장 좋았던 시절은 아마 역저『헌법학』양문사이 문교부에서 '국론 통일 저해'로 1955년 4월 20일 발매중지를 당할 때였지 않았을까. 정치사의 비극은 독재자 자신이 국론을 분열시키고는 애먼 데다 그 죄명을 뒤집어씌우는 거다. 한태연의 국론 저해 구절은 이렇다.

> 과거 개헌 파동1954.11.27 초대 대통령에 한해 3선 제한조항 철폐 당시 자유당에서 발동한 사사오입은 논리상 부당하며 그러므로 결국 사사오입 식으로 개헌을 통과시킨 그 자체가 헌법에 위반되는 처사여서 그 효력은 금후에도 충분히 논의될 수 있다.『헌법학』

헌법재판소가 없던 시절이라 이 주장은 이승만 대통령의 3선은 위헌이고, 사사오입 개헌 자체가 국론 분열이라는 것이다. 발간 즉시 공보처에 납본했고, 출판기념회1955.2.21까지 한 데다 8할이 판매된 상태였다. 정부조직법 개편으로 관련 업무가 문교부로 이관된 지 25일이 지나서야 나온 조처였다. 문교부는 "관례에 따라"라고 변명했지만 정작 그런 관례는 없었다. 학생들은 판금 도서 구하기에 바빴고 치안국은 내사를 시작했다.『경향신문』, 1955년 4월 25일 자

윤제술尹濟述, 1904~1986 의원이 국회에서 출판 자유를 역설4.26하던 중 모 의원이 "한군은 이쪽에는 이런 글을 발표하고 저쪽에는 저런 글을 쓰는 친구"라해서 폭소가 일었다는 지적『동아일보』의 「단상단하」은 나중 유신헌법에도 관여할 수 있는 기회주의적 속성을 예견한 대목이다.

여기서 한태연 교수가 분기탱천하여 문제 구절에 대해 끝까지 자기 주장을 폈다면 역사는 어떻게 됐을까? 안타깝게 책은 사라져도 쟁점은 남는다. 그러니 3선 이후 이승만은 위헌적 대통령이란 논법이 성립한다. 위헌적 대통령 아래서 국민들은 불행할 수밖에 없기에 합법적인 지도자를 세우는 수밖에 없었다는 논리도 나올 법하다.

한인섭은 칼럼 「한태연과 유신헌법」『한겨레신문』, 2015년 11월 2일 자에서 그 악법 공모자로 지탄받던 '한갈이'한태연, 갈봉근, 이후락보다 "개정안은 이후락과 신직수가 주도하여, 김기춘당시 법무부 법제과장 등 검사들을 시켜 만들어 놓은 상태였다"고 했다. 골격은 손대지도 못한 한태연은 개정안 자구 수정에 조금 관여했다는 것이다. 그렇다고 면죄부는 안된다고 한인섭은 단단히 대못을 박았다.

이 필화가 있은 지 석 달 뒤인 1955년 7월 31일 신흥대학교1960년 경희대로 개칭 조영식 趙永植, 1921~2012 총장이 국가보안법 위반으로 구속되었다. 노래 「내 사랑 목련화」1973의 작사자인 그는 저서 『문화세계의 창조』1951년 출간에서 이렇게 썼다.

레닌은 카우츠키의 민주주의를 비판하는 가운데서 '민주주의는 변증법적 발전 과정에 의하여 이렇게 발전한다. 즉 전제정치로부터 부르주아 민주주의에로, 부르 주아 민주주의에서부터 프롤레타리아 민주주의에로, 프롤레타리아 민주주의에서 아무것도 없는 민주주의에로'라고 말하였는데, 현재 프롤레타리아 민주주의까지는 도달하였다고 볼 것이라면 아무것도 없는 민주주의라고 하는 그 미도 未到 의 민주 주의 사회는 과연 어떠한 것을 의미한 것일까. 즉 그 민주주의 사회라는 것은 민주 주의의 완성된 형식의 사회를 의미한 것으로 추정되며 그야말로 진정한 민주주의 요 (…중략…) 우리의 맞이할 다음 세계라는 것은 레닌 말과 같이 아무것도 없는 민주주의 사회, 즉 완성된 고도의 국가사회라는 것이 자명해지게 되는 것이다.『문화세 계의 창조』

도서담당 부서였던 이철원 공보처장^{재임 1950.11~1953.1}이 출판기념회에서 축사까지 했던 저서였다. 이선근 문교장관, 이호 법무장관 등이 적극 옹호한데다 대학 경영권을 노린 모략성 고발이었음이 밝혀져 6일 만에 석방은 됐으나 기소당해 학술원 감정까지 받고 무혐의 처분^{1957.6.13}을 받았다.

이 대학은 독립투사 이시영^{李始榮, 1869~1953}이 신흥무관학교^{1911년 개교} 전통을 살려 신흥전문학원을 설립¹⁹⁴⁷한 데 뿌리를 두고 있는 경희대학교이다. 정작 경희대학교가 이 전통을 계승하면 얼마나 영광스러울까마는 경희대 민주동문회가 적극 권고해도 여전히 오불관언이다. 하기야 육군사관학교조차도 신흥무관학교에서 기원을 찾아야 한다는 논리가 정당한 데도 여전히 미해결인 점에서는 경희대와 비슷하다.

3. 대구에서 이호우의 외로운 투쟁

이런 시대에 시인들은 무엇을 노래했을까. 나라에 도^道가 사라져 버렸는데도 필화가 없으면 문사로서의 도리가 아닐 터였다. 체면을 살려준 건 시인 유치환과 함께 시조시인 이호우^{李鎬雨, 호 爾豪愚, 1912~1970}였다.

유치환의 영혼의 애인으로 청초한 이영도^{李永道, 1916~1976} 시조시인의 오빠인 이호우의 외로운 투쟁은 그간 너무 묻혀있었다.

두 남매의 증조부^{이규현}는 영남학파의 거두로 일제의 병탄 후 삭발, 대운암^{大雲庵}에 들어간 지조의 유학자였고, 조부는 농사를 지으며 의명^{義明}학당을 건립하는 등 계몽에 투신했다. 그런데 아버지^{이종수, 『친일인명사전』 등재}는 상투 잘라 집으로 우송한 뒤 신학문을 익혀 친일의 길로 들어서 선산, 영양, 영천 등지의 군수를 거쳐 경북도청 총무과장 발령을 받았으나 신병으로 8·15 전에 죽었다. 집안에서는 가족묘지 매장을 거절하여 가묘를 썼다가 나중에야 이장했으나 반골 아들 이호우는 한동안 비석도 안 세웠다.

아버지는 출향 후 다른 여인까지 얻었기에 호우·영도 남매는 조부의 보살림으로 성장하며 생부의 친일행위를 수치스럽게 여겼다. 이호우가 경성 제일고보와 도쿄예술대학을 중퇴한 원인인 신경쇠약도 아버지 때문이었다.

이 할아버지가 광주 학생항일운동[1929.11.3]이 일어나자 호우와 영도 남매에게 개인교수로 현창식을 모셔와 투철한 민족정신을 가르치게 했다. 이호우는 신식 교육을 받았으나, 이영도는 밀양초등학교만 나온 채 1935년에 결혼[남편 박기주]했으나 딸[진아] 하나만 남겨두고 8·15 닷새 전에 부군이 작고해버려 29세에 홀몸이 되었다. 그러나 초등학교 교사 자격증을 취득하여 대구 서부초등교에 근무하면서 가풍으로 쌓아온 역사 공부를 바탕으로 중등학교 역사교사 자격증을 얻어 통영여중 역사교사가 되면서 유치환과 평생에 걸친 영혼의 연인관계가 되었다. 아마 이들의 사랑은 세계문학사에서도 찾아보기 어려운 아름다운 로맨스일 것이다.

한국전쟁 이전의 유치환의 편지를 잃어버렸는데도 5천여 통에 이르는 절절한 청마의 서신은 남아 독자들에게 너무나 유명하기에 여기서는 더 이상 언급은 않겠지만 한 가지 사실만은 기록해 두고 싶다. 청마와의 사랑 때문에 이영도를 그저 청초한 여인에다 맑은 서정 시조시인으로만 기억하기 쉬우나, 그녀 역시 오빠 이호우처럼 민족의식과 역사의식에 투철했던 문학인이었음을 함께 기억해 주기 바란다. 그녀는 제주4·3항쟁의 아픔의 눈물이 「백록담」이 되었다고 읊었고, 지리산에서 희생된 영혼들에 대해서는 「피아골」에서 이렇게 한탄했다.

한 장 치욕 속에 / 역사도 피에 젖고 // 너희 젊은 목숨 / 낙화로 지던 그날 // 천년의 / 우람한 침묵 / 짐승같이 울던 곳. // 지친 능선 위에 / 하늘은 푸르른데 // 깊은 골 칠칠한 숲은 / 아무런 말이 없고 // 뻐꾸기 / 너만 우느냐 / 혼자 애를 타느냐.[이영도, 「피아골」]

1960년 마산의 김주열의 참극에 대하여 이영도는 "눈에 포탄을 박고 머리는 매 자국에 찢겨 / 남루히 버림받은 조국의 어린 넋이 / 그 모습 슬픈 호

소인양 겨레 앞에 보였도다"라고 현장감을 드러내기도 했다.[7]

식민지 시기에 이호우는 호구지책으로 고향에서 정미소, 만물상, 재제소 등을 경영했는데, 8·15 후에는 대구로 이사, 대구고법 재무과장 등을 거쳐 『대구일보』 편집과 경영에 참여하여 1952년에는 문화부장과 논설위원 등을 지냈고, 『대구매일신문』으로 옮겨서도 편집국장과 논설위원을 지내며 아버지에 대한 속죄로 반골 기질을 꺾지 않았다.

집 전화번호가 815에다 전용차에 금고도 갖췄던 윤택한 시인은 1949년 남로당 도당 간부라는 모략에 걸려 군재에 회부 되면서 모든 재산이 파탄 난 뒤 1950년 봄에 시인 김광섭의 노력으로 석방됐으나 육신은 폐인이었다.

대구의 유명한 『죽순竹筍』 동인들의 집합소였던 시인 이윤수李潤守,1914~1997의 시계점名金堂에서 알게 된 한 여인이 화근이었다. 그녀를 좋아하던 헌병 대위가 모함, 남로계로 몰아 여순사건의 16연대 반란에 연계시켰으니 한국판 『25시』였다. 나중 대구 시내에서 빨치산에게 노획한 물품 전시회가 열렸는데, 맨 앞에 이호우 시인의 금고가 있었다고 전한다.

이 잡지 『죽순』은 1946년 5월 1일 1천 부가 발행된 이후 1949년 12집 종간까지 60여 시인의 작품 235편을 실었다.

이호우의 첫 필화는 「바람벌」이었다. 이 시는 『현대문학』1954.3과 『대구대학보』에 동시에 실렸다. 미칠 것 같은 세상에서 "더불어 미쳐보지 못함이 내 도리어 설구나"라며 "일찍이 믿음 아래 가신 이는 복되기도 했어라"라는 이 작품은 1950년대의 절명사絶命詞다.

그 눈물 고인 눈으로 순아 보질 말라

---

7   이승하, 「모진 그 세월에 안으로 영근 사랑 ─ 이영도 시조의 다양성과 깊이」, 『월간문학』, 2016.11.

미움이 사랑을 앞선 이 각박한 거리에서

꽃같이 살아보자고 아아 살아보자고.

욕慾이 조상에 이르러도 깨달을 줄 모르는 무리

차라리 남이었다면, 피를 이은 겨레여

오히려 돌아앉지 않은 강산江山이 눈물겹다.

벗아 너 마자 미치고 외로 선 바람벌에

찢어진 꿈의 기폭旗幅인 양 날리는 옷자락

더불어 미쳐보지 못함이 내 도리어 설구나.

단 하나인 목숨과 목숨 바쳤음도 남았음도

오직 조국祖國의 밝음을 기약함이 아니던가.

일찍이 믿음 아래 가신 이는 복福되기도 했어라.이호우, 「바람벌」

　이 작품으로 호된 고통을 당한 시인은 무척도 자제를 했으나 KNA납북사건1958.2.16 이후 『매일신문』의 사설로 두 번째 필화를 당했다. 귀환한 탑승객들을 반공강연에 동원하는 세태를 비하했으니 대단한 용기였다. 그러나 그 용기는 필화의 고통 앞에 꺾였다. 이후 그는 어용 언론계와 문단을 등지고 절필로 외롭게 지냈다.

　사월혁명 후인 장면 정권 때, 반민주행위자 조사위원회 구성 때 조사위원장은 대구고법원장이 맡았고, 이호우가 조사위원을 맡아 대구지역을 조사했는데, 다 반민주 인사라 아예 기소조차 않아 버려서 장면 정권과 불화했다. 이로 말미암아 이호우는 오랜 인연인 『대구매일』에 사표를 냈다. 사실 그땐 이미 이 신문이 여당지로 변질해 부수가 대폭 감소하는 추세였다.

　1961년 5·16 이후에 이호우는 월남파병을 신랄하게 비판한 작품 「삼불야三弗也」로 세 번째 필화를 입었다.

"무슨 업연이기 / 먼 남의 골육전을 // 생떼 같은 목숨값에 / 아아 던져진 삼불三弗 군표軍票여 // 그래도 조국의 하늘 고와 / 그 못 감고 갔을 눈."삼불야(三弗也)」,『현대문학』, 1966.10이라는 구절은 월남파병 때 한국군이 받은 처우가 나빴던 처지를 개탄한 이 시의「부기」에다 시인은 이렇게 썼다.

> 1966년 1월 12일,『중앙일보』월남 현지보도. 베트콩과 최전방에서 싸우는 사병들은 하루에 1불. 청룡부대 K하사가 캄란에 상륙한지 사흘 만에 죽었다. 부대 재무관은 고향으로 돌아가는 K하사의 유해 위에 삼불을 올려놓고 눈물을 뿌렸다. 사흘 복무했으니 삼불이 나왔던 것이다.「삼불야三弗也」의「부기」

이후에도 그는「추석」에서 "이 가을도 조상 앞에 / 한자리도 못하는 형제 // 한 얼굴 강산이요 / 하나로 둥근 달은 // 만고에 섧다는 은하엔 / 칠석이나 있어라"라고 분단의 아픔을 노래하는 등 노익장으로 활동하다가 작고했는데, 묘비명에는 "여기 한 사람이 / 이제야 잠 들었도다 // 뼈에 서리도록 / 인생을 읊었나니 / 누구도 / 이러니저러니 / 아예 말하지 말라"라고 했다.[8]

4. 부산의 대학생 백일장 필화 임수생

시인 임수생林秀生, 1940~2016은 경남 하동 출신으로 부모의 사상 전과 때문에 어렸을 때부터 피해의식 속에서 자라났다. 아버지는 감옥을 오가다가 1949년 행방불명이 되어버려 홀어머니 밑에서 자랐는데, 어머니 역시 민족통일 열망파였다. 하동군 고전초등교를 거쳐 진교중학 졸업 후 부산 동아고교로

---

8   이호우의 삶에 대해서는 세 아들(장남 이상붕, 차남 이상인, 3남 이상국) 중 차남이 작고하기 전에 증언해 준 것과, 청도의 기념관 자료, 민병도 시조시인협회 회장 등의 증언이 좋은 참고가 되었다.

진학, 졸업¹⁹⁵⁸ 후 서라벌예술대학 문창과를 수료¹⁹⁶²했다.

　그가 첫 필화를 당한 것은 1959년이었다. '부산·경남 한글날백일장' 대회 ^{1959.10.9}는 부산 화랑초등학교 강당에서 열렸다. 여기에 임수생은 대학 일반부에 응모해서 장원으로 선발됐는데 작품은 시 「지붕」이었다. 부산에서는 큰 행사였기에 장원 선발 작품은 『국제신보』^{현재의 『국제신문』}와 『부산일보』에 행사 다음 날^{10.10} 게재되었다.

　　화산이 불을 토하는
　　오늘의 문명지에서
　　우린 살아볼 지붕을 잃었다.

　　말갛게 터져오는 꽃봉오릴
　　피워줄 하나의 젊음은 없는가.

　　생활의 강물 위론
　　수 많은 배들이 지나치고,
　　남빛이며 젖빛으로 아우성하는
　　지붕이 갈라진 나의 조국.

　　슬프고 기쁜 눈짓들이
　　마지막 돌아가 안길 곳은
　　언제나 조용한 우리의 조국이다.

　　쓸쓸한 강변이나
　　여인의 웃음이 돈에 팔리는
　　사보텐의 거리에서

인간이여, 우린

우리의 생활을 찾아

빠알갛게 돋아오는 아침의 햇빛,

고향으로 돌아가자.임수생,「지붕」

임수생은 두 일간지에 실린 자신의 작품을 읽으며 새삼 뿌듯함을 느끼며 느긋하게 부산 시내 미화당백화점 건물 4층의 미화당음악실^{고전음악실}에서 고전음악을 감상하고 있었다. 오후 2시가 조금 지나서였다. 부산대학 철학과에 재학 중인 친구(그 친구는 젊은 나이에 풍이 심해 전신이 온전하지 않아 우리들은 그를 오토바이라 불렀다)가 헐레벌떡 달려오더니 널 잡으려고 형사가 수소문하고 다니니까 얼른 피하라고 일렀지만 시간이 너무 늦었다. 형사가 그의 뒤를 따르고 있다는 걸 그는 몰랐다. 그는 바로 그 자리에서 체포되어 미화당백화점 인근 창선동 파출소로 끌려갔다.

형사는 파출소 직통전화로 본서^{중부산경찰서}로 "검거했습니다"라고 보고 하더니 이내 본서에서 보내온 검은색 지프차에 실린 임수생은 부산중부서로 끌려갔다. 중부서 3층은 100평이 넘는 평수에 책상은 단 2개뿐이었다. 넓은 공간과 2개뿐인 책상은 임수생을 압도하여 공포가 전신을 엄습했을 것이다. 거기서 형사와 마주 앉은 임수생은 난생 처음 공포스러운 심문을 당했는데 시인 자신의 기록을 그대로 옮겨 보기로 한다. 아래 글은 임수생 시인이 필자에게 개인적으로 당시를 회상하며 보내온 메일 그대로다.

형사는 내 시를 조목조목 자기 쪼대로 해석하며 나를 조지기 시작했다.「지붕」이 빨갱이 시라고 단정하며 나를 빨갱이 시인으로 몰아가기 시작했다.

중요한 대목은 다음과 같다.

"지붕이 갈라진 나의 조국", 이것은 남북이 갈라졌다는 말이제? — 예.

"마지막 돌아가 안길 곳은 / 언제나 조용한 우리의 조국이다." 이것은 북쪽을 말하는 것이제? — 아입니다.

와 거짓말 하노. —묵묵부답.

"여인의 웃음이 돈에 팔리는", 이것은 한국을 말하는 것이제? —아입니다.

그럼 뭐꼬? —묵묵부답.

"인간이여, 우린 / 우리의 생활을 찾아 / 빠알갛게 돋아오는 아침의 햇빛, / 고향으로 돌아가자." 여기에서 '빠알갛게 돋아오는 아침의 햇빛'은 공산주의를 찬양하는 글이제? —아입니다.

와 아이라 카노! —정말 아입니더.

'고향으로 돌아가자.' 이것은 평양으로 돌아가자고 선동한 글이제? —아입니다.

'그럼 뭣땜에 이 시를 썼노? —묵묵부답.

빨갱이 시를 쓴 넌 빨갱이 시인이야. 5년간 네 행방이 없어. 그간 넌 일본에 갔지, 모스크바에 갔지, 평양에 갔지? —거기가 어딥니까!

이 새끼, 죽을라고 환장했나. 와 뻔히 알면서도 엉뚱하게 되물어. —묵묵부답.

담당 형사는 조서를 꾸미는 과정에서 내가 강압에 못 이겨 그렇다고 시인을 하면 마음에도 없는 시인을 한다고 조지고, 부인을 하면 또 마음에도 없는 부인을 한다고 몰아붙이고, 시인도 부인도 하지 않으면 또 그런다고 족쳤다. 그럼 나는 어떻게 답변을 해야 된단 말인가. 20살 밖에 되지 않은 나는 고통을 참지 못하고 결국 눈물을 흘리고 말았다.

나는 3시간 이상 취조실에서 구타를 당하며 조서를 받았다._{임수생의 메일 원문 그대로임}

담당 형사로부터 내일 다시 오라는 통보를 받고 임수생은 풀려났으나 그는 겁에 질려 바로 어머니에게 사연을 이야기하고 며칠간 도피생활로 들어갔다. 그러자 어머니_{하동 정씨}는 하동 정씨 집안의 가까운 친척 조카인 형사를 찾아가 사정을 이야기했고, 그 형사_{나에게는 외가쪽 형님뻘}는 자기가 해결하겠으니 걱정 말라고 했다. 결국 임수생은 구속되지는 않았지만 이 경험은 그에게 분단 조국의 현실을 실감나게 해준 원체험으로 일생을 지배했다.

유추해 보자면 임수생은 이미 아버지와 어머니의 전과로 요시찰 대상이었을 것이고, 그러던 그가 백일장에서 장원이 되자 더욱 주시했을 터이며,

그 작품을 읽고는 형사로서는 한 건 올렸다고 판단했을 것이다.

이후 임수생의 인생행로는 어떻게 되었을까.

1959년 11월에서 1961년 9월에 걸쳐『자유문학』을 통해 시「대화」, 「미스 강에의 연가」, 「동양철학초」 등으로 등단했다. 1960년 4·19혁명 때는 부산에서 맨몸으로 참여한 그는『국제신문』과『부산일보』기자를 지냈는데, 주로『국제신문』에 오랫동안 몸담아 여러 요직을 맡기도 했다.

시인으로서 임수생은『형벌』, 『깨꽃, 그 진한 빛깔의 철학』등 8권의 시집과 산문집 1권을 출간했는데, 출간될 때마다 그는 여러 국가 정보기관으로부터 번번히 조사를 받는 등 혹독한 시달림을 당했다.

뿐만 아니라 시「반도의 꽃노을」은 검열에 걸려 첫시집『형벌』에서 삭제 ₁₉₅₉당했고, 1986년에는 시집『깨꽃, 그 진한 빛깔의 철학』으로 부산시문화상 수상자로 선정되었으나 "빨갱이에게 줄 수 없다"는 중앙정보부의 압력으로 부산시문화상이 강제취소당했다. 1991년에는 계간『문학의 세계』봄호에 실린 임수생의 시 2편을 찢어버리고 발송하는 사태가 벌어졌다.

민주투사로서 임수생은 1979년 10월항쟁 때는『국제신문』기자로 항쟁의 대열에 섰고, 1987년 6월항쟁과 1991년 5월항쟁 때 역시 투쟁에 나섰다. 1989년, 임수생은 부산의 뜻있는 동지들과 부마민주항쟁기념사업회를 결성하여 송기인 신부와 함께 공동회장을 맡아 부산지역 민주화 단체를 이끌었다.

언론인으로서 임수생은 1980년 언론사 통폐합 조치 이후『국제신문』에서『부산일보』로 자리를 옮겼는데, 1988년 7월에 격시「연필은 총칼 앞에 굴하지 않는다」를 부산일보사 노동조합쟁의특보에 실어 한국언론사상 최초의 언론자유와 편집권 독립을 요구하며 전면파업에 돌입하는데 주도적 역할을 했다. 이 투쟁은 6일 만에 노조의 승리로 막을 내렸다.

신앙인으로서 임수생은 천주교인으로 한 평생을 하나님 앞에 정의가 무엇인지를 깨달았고 이를 실천하고자 최선을 다했다.

산천초목도 다 슬피 우는 것처럼 보이는 게 독재체제라면 이를 비호하는 관료나 특히 감시 세력들에게는 다 '빨갱이'로 보였을 것이다. 만약 그들이 빨갱이가 아니라면 어떻게 해서든지 빨갱이로 만들어 내야 하는 게 그들의 사명이었다. 그들이 만든 빨갱이는 설사 그게 조작일지라도 진짜처럼 여겨 영원불변의 법칙에 따라 일생을 감시 대상으로 삼아온 게 분단 한국의 현실이다. 심지어는 1955년 8월에는 빨치산을 매우 비판적으로 다룬 영화『피아골』이 상영 허가 취소당하기도 했다. 빨치산이 키스를 하는 장면이 마치 그들도 인간인 것처럼 그렸다는 게 이유였다. 그들의 시선에는 빨갱이란 인간이 아닌 괴물이어야만 했다. 이런 편견을 보편화시키려는 게 이승만 독재에서 비롯된 것이다.

임수생 역시 필시 부산지역에서는 '불순분자'로 낙인 찍혀 일생을 보냈을 것이다.

임수생처럼 억울하게 일생을 보낸 사람이 각계에 얼마나 많으랴. 서울 중심 문화형성 풍토 속에서 전국 각 지역에는 임수생처럼 널리 알려지지 않은 경우가 허다할 것이다. 그들을 일일이 다 챙길 수 없기에 우선 그 상징적인 인물로 선택한 게 임수생이었다. 이를 계기로 각 지역에서의 필화사가 속속 나오기를 기대한다.

제8장

류근일 필화

1. 분단 한국 대학생들의 냉전의식

8·15 이후, 서울학도대^{1945.8.17}의 단일조직은 이내 정치결사와 연계된 여러 조직이 명멸하다가 조선학병동맹^{1945.9.1, 좌익. 우파는 학병단}과 신탁통치 문제 ^{1946.12}가 부각되면서 좌우 분열이 가속화된 데다 월남 반공청년단이 가세하면서 혼탁해졌다.

이런 정치적인 일대 혼란 속에서 미군정의 문교부장 유억겸, 차장 오천석에 의하여 1946년 7월 13일 국립 서울대학교 설립안^{약칭 '국대안'}이 처음 모습을 드러냈다. 이는 곧바로 미군정령 102호로 선포^{1946.8.23}되면서 '국대안' 반대파와 찬성파로 분열되어 전국 청년 학생들이 들끓었다.

일제 하 경성제국대학의 후신인 경성대학^{경성제대의 법문학부, 의학부, 이공학부}에다, 그 부근의 대학들을 통폐합시킨다는 요지였다. 구체적으로는 문리과대학, 법과대학에는 경성대학 법학부에다 경성법학전문학교를 합치고, 사범대학은 경성사범학교를, 의과대학에는 경성대학 의학부에다 경성의학전문학교를, 상과대학은 경성고등상업학교를, 공과대학에는 경성대학 공학부에다 경성광산전문과 경성고등공업학교를, 치과대학은 경성치과전문을, 농과대학은 수원농림전문을, 예술대학은 음악부와 미술부를 신설하여 총 9개 단과대학의 종합이 국립서울대학교로 새로 탄생한다는 것이다.

아무리 극렬히 반대해도 이미 미군정의 수레바퀴는 친미 남한 단독정부 수립으로 굴러굴러 1948년 이승만 정권이 들어선 것은 이미 위에서 익히 보아왔다.

이승만 정권은 여러 청년조직과 사회단체를 결성하면서 1949년 9월에 발족한 것이 중앙학도호국단이었다. 전국 행정구분에 따라 시·도 및 각 대학 단위로 학도호국단이 설립, 중등학교 이상의 학생과 교직원을 이 조직에 포함시켰다. 이미 문교부는 이에 대비해서 1948년 12월부터 중등학교의 학생 간부들에게 중앙학도훈련소에서 군사훈련을 실시해 두었다. 그러나 학생들을 지도할 교관이 없었기에 체육 교사들을 육군사관학교에서 훈련시킨 후 육군소위로 임명해 각급 학교에 배치했다.[1]

이어 1949년 1월 「학도호국단조직요령」을 공포하여 중등학교는 2월 중에, 대학은 3~4월 중에 그 결성을 완료하였다. 이와 동시에 문교부 내에 학도호국단 사무국이 설치되었으며, 같은 해 9월에는 대통령령으로 '대한민국 학도호국단 규정'이 공포되었다. 학도호국단은 중앙 및 지방별로 조직을 가졌을 뿐만 아니라, 중등학교 이상의 각급 학교^{대학 포함} 학생과 교직원을 단원으로 하여 전국적으로 조직되었다.

분단 한국이라 이 조직은 애국심 함양으로 나라에 헌신하는 정신을 고취하고자 반공교육을 가장 중시하여 정신교육을 위해서는 각종 강연회를 열었고, 육체적인 단련으로는 여러 훈련을 실시했다. 호국단장은 각급 학교장이었고 학생은 학교 단위로 대대장이 있었다. 사월혁명 이후 허정 과도정부가 국무회의에서 호국단 해체를 의결^{1960.5.3}할 때까지 존속한 학도호국단은 막강했고, 그들은 아래와 같은 「호국단 선서」를 집회 때마다 했다.

1. 우리 호국학도는 화랑도의 기백과 3·1정신의 계승 발휘로 불타는 조국애·민족애로써 공산주의와 이북괴뢰집단을 타도, 조국통일 성업에 몸과 마음과 피를 바친다.
1. 우리 호국학도는 일민주의 지도원리 밑에 학원의 자유 민족문화의 향상을 위하여 전진한다.
1. 우리 호국학도는 국가의 기반을 좀먹는 일체의 부패분자를 소탕하고 이 민족의 도의와 양심을 바로잡기 위하여 과감한 투쟁을 전개한다.

그리고는 〈학도호국단의 노래〉도 불렀다.

---

[1] 이 항목은 한국학중앙연구원의 『한국민족문화대백과』를 올린 '네이버 지식백과'를 참조했다.

태평양 큰물 기슭 대륙 동녘에 / 우뚝 솟은 백두산 민족의 정기 / 화려한 금수강산 이루었으니 / 하늘이 주신 나라 지켜 나가세 / (후렴) 우리들은 삼천만 민족의 태양 / 피끓는 호국대 학도 호국대.

이들은 한국전쟁 때 그 진가를 발휘하여 1950년대 전반에 걸쳐 일정한 영향력을 행사했다. 이런 냉전체제 아래서 한국 제일의 상아탑인 국립서울대학교는 1950년대 후반기를 어떻게 장식했을까.

아들이 없었던 독재자 이승만은 83세 생일[1957.3.26]을 맞아 자신의 정치적 푸들이었던 이기붕의 아들 이강석을 양자로 맞았다. 그러나 이강석은 입적부의 잉크가 마르기 바쁘게 곧바로 서울대 법대에 편입생으로 들어가면서 물의를 자아냈다. 이 사건은 당시 서울대 재학생이었던 남재희, 이강혁, 김종호 등이 앞장서서 법대생 긴급학생총회를 개최[4.9]한 결과 한국전쟁 후 대학사상 첫 맹휴[4.10]투쟁으로 번졌다. 남재희 총회 의장 진행으로 열렸던 1천여 명이 참석한 4월 13일의 학생총회를 고비로 개강[4.15]하면서 막을 내리긴 했으나, 이내 이강석은 자퇴하고 육사로 적을 옮겨갔다. 실로 독재자 이승만의 빽도 통하지 않았던 서울대의 분위기였다.

2. 서울대의 신진회를 비롯한 여러 모임들

서울대에서 첫 진보적인 학생 동아리라 할 수 있는 신진회는 민병태 교수의 서양 정치사상사 수강에서 발단했다.[2]

---

2   공삼 민병태((公三 閔丙台, 1913~1977, 1953년 서울대 부임). 충남 부여 출신인 그는 경성제일고보를 거쳐 게이오대학(慶應大學) 법학부 정치학과에 이어 대학원 수료에다 연구원 과정까지 거친 뒤 게오대 부설 아세아연구소 연구원(조교수 대우)으로 있던 중 8·15를 맞았다. 귀국 후 연희대 교수, 동국대학 학장, 한국전쟁 중 대구대 교수를 지내다가 서울대로 갔다.
   그는 일본 관학이었던 국가 통치학의 범주에 머물렀던 한국 정치학계에 구미 정치학을 소

민병태는 해롤드 라스키[Harold Joseph Laski, 1893~1950]의 『정치학 강요綱要』를 중시했다.[3]

이 강의를 수강하던 김지주, 하대돈[4학년], 류한열, 유세희, 윤식, 이수정, 이영일, 이자헌, 정운학, 최서영[3학년] 등 정치학과 중심의 학생들이 헤럴드 라스키의 정치사상을 천착해 보자는 취지로 규약과 회칙 등을 최서영이 작성해서 조직한 임의 연구 서클로 1956년에 발족했다. 초기에는 3년생들이 주축이었다가 점점 늘어났다. 한국에 맞는 정치사상과 제도 연구에 초점을 맞춰 월 2회 모임을 가진 신진회는 후배들 중에서는 고교 수석졸업자인 정구호, 이채진[2학년]과 한영환, 류근일, 고건[1학년]을 입회시켰다. 나중 입회 희망자가 늘어나 20명 정도 되었다.

신진회는 러시아 볼셰비즘이 아닌 영국 노동당[페이비언 사회주의자들]과 독일 사회민주당[베른슈타인, 페르디난드 라살레 등]노선을 지향했다. 사회민주주의 혹은 민주사회주의가 신진회의 연구 관심사였다. 반공정책의 촉수를 피하려는 방편만이 아니라 독재적-전체주의적 극좌노선 대신 의회주의적-중도적-민주적-점진적 개혁노선을 의지적으로 선택했고, 이런 이념적 좌표를 회칙에 명시했다. 자유당 정권에 비판의식을, 민주당에 대해서는 호감을 가졌던 이 모임은 조봉암의 진보당에 더 깊은 호감을 가졌어도 직접적인 접촉은 없었다. 이동화[성균관대 교수], 조동필[고려대 교수], 고정훈[조선일보 논설위원]을 강사로 초청한 데서도 그 성향이 드러난다.

신진회가 추구한 것은 해롤드 라스키로, 페비언 소사이어티 연구도 포함시켰다. 한국은 북한이나 사회주의를 표방하면서 전체주의와 개인숭배를

개한 업적을 남겼는데, 이 시기, 즉 서울대 부임 초기였던 1954~1958년간을 김학준은 해롤드 라스키의 번역 완간 때였다고 밝혔다. 이 시기에 민병태는 라스키의 『정치학 강요(綱要)』와 『국가론』을 완역했다고 김학준은 밝혔다(김학준, 『공삼 민병태 교수의 정치학:해방 이후 한국에서 정치학의 소생-성장-발전한 과정의 맥락에서』, 서울대 출판문화원, 2013, 참고).

3 해롤드 라스키의 『정치학 강요(綱要)』는 민병태 번역으로 문조사에서 1949년에 처음 나왔으나, 1954년 민중서관에서 상하권으로 재출간했다.

하는 걸 미리 배격했다. 따라서 볼세비즘은 애초부터 제외된 것이었고, 독일 사회민주당^{베른슈타인, 페르디난드 라살레 등} 및 영국 노동당^{페이비안 사회주의자들과 시드니 웹 부부, E.D.H Cole 등}이 이들의 관심이었다. 말하자면 볼세비키를 배척하고 social democracy와 democratic socialism, 즉 코민테른이 아닌 사회주의 인터내셔널 노선이었다.

남한의 지배층을 지주, 친일파 득세의 독재체제로 보았기 때문에 그 개혁책으로 모색해 본 것이 그 취지였다.[4]

신진회는 이런 회원들의 열망을 담아 직접 현실정치에는 관여하지 않으면서도 초청강연회를 개최하는 등 당대의 시사 문제에 대해서는 관심이 높았다.

신진회가 가진 이런 점에 대해서는 1959년에 정치학과에 입학한 김정강이 왜 볼세비즘을 배격하느냐고 비판했음을 실토하기도 했다.

당시 정치학과에서 신진회와 쌍벽을 이뤘던 진보적 학생 동아리에 '정문회政文會'가 있었다. 진보주의를 지향한다는 점에서 이념은 신진회와 같았지만, '정치문학'이라는 '진보적 문학 애호가'들의 모임의 회장은 김질락金瓆洛, ^{1968년 김종태 이문규 등과 함께 통일혁명당 결성 혐의로 사형}이었다. 여기에는 노재봉, 박한수, 배춘실, 송복 등이 활동했다.

서울대 법대에는 신조회란 조직도 있었다. 김규현. 김동익, 남재희, 배병우, 이채주 등이 여기서 활동했는데, 이 중 김동익과 남재희가 류근일과 가까이 지냈다. 신조회는 나중 사회법학회로 방향 전환하여 심재택, 조영래, 장기표 등 투사급 인물을 배출했다.

고려대에서는 경제과 중심의 모임인 협진회가 있어서 김낙중, 김정규, 오

---

4 이 항목에 대한 기록으로는 최서영, 『내가 본 현장 여울목 풍경 – 한 언론인의 비망록』, 도서출판 선, 2009를 참고.
   증언으로는 류근일, 송철원, 김정강 등에 많이 의존했다. 특히 송철언은 필요한 자료를 많이 제공해 주었다. 여기서는 이들의 기록과 증언을 그대로 옮겨 쓴 대목도 많다.

경희, 이경식, 이진우, 정진두 등이 활동했다.

각 대학끼리의 연대도 이뤄져 1957년 가을에는 공동으로 고려대 학생회관에서 합동 토론회을 할 정도였다.

이처럼 대학에서 학생들이 움직이고 있다는 사실은 분단 냉전체제 아래서일망정 민주화의식은 자라난다는 증거였다. 이런 가운데서 류근일의 필화사건이 터졌다.

3. 정치학과 2년생 류근일

류근일柳根一, 1938~은 보성고교를 수석 졸업 후 1956년 서울대 문리대 정치학과에 들어갔다. 그는 2학년 때인 1957년 문리대 학생 비정기 간행물이었던『우리의 구상』11월 간행에다「모색-무산대중을 위한 체제로의 지향」이란 길지 않는 글을 실었다.[5]

한국에 있어서의 무산계급운동의 세력적 기반과 그 이념적 기초는 서구류의 프롤레타리아계급, 잉여노동가치를 착취당하는 산업 노동자군이 뚜렷이 하나의 대계급으로 확립되어 있지 않으므로 한국 무산운동은 그 계급적 기초를 인텔리겐차들에 의해 지도되는 근로 소시민과 농민과 노동자들의 전체 무산대중 층과 이

---

5   1950년대 후반기 서울대 문리대 학생 학보로 처음 나온 것은『문리대 청춘』이었고, 그 뒤를
    이은 게『우리의 구상』이었다. 이 간행물은 류근일 필화 이후 폐간당해버렸고, 그 후신으로
    나온 게『새세대』였다.『새세대』는 제목에 걸맞게 1960년대 학생운동의 지침처럼 풍향계
    역할을 했는데, 초대 편집장 윤혁기(방송개발원 원장) 이후 2대 이수정(문화부 장관 역임),
    3대 마종훈(미국 거주)에 이어 4대는 6·3항쟁의 주역 김도현(평통 사무차장), 5대는 심재주
    였다. 이후 이조연(『경향신문』워싱턴특파원 역임)이 마지막 편집장으로 1965년 복간 투쟁
    을 하다가 무기정학당했다.
    6·3항쟁 세대에 속하는 문리대 출신으로 언론계에 진출한 박범진(조선일보), 김용술(경향
    신문), 김승웅(한국일보), 송진혁·홍사덕·손승호·김재혁(중앙일보), 권근술·성유보·박
    지동·이부영·이종률(동아일보) 등 상당수가 있는데, 이들 중 권근술·박범진·박지동·성
    유보·이부영은 1970년대 동아, 조선의 언론자유 투쟁의 선두에 섰다.

에 협력, 합세하는 진보적 프롤레타리아 군중의 총화에 구해야 할 것이다. (…중략…) 특권적 관료적 부르주아 민주주의와 전체적, 억압적 공산주의를 다 같이 경험한 우리의 인민대중들은 새로운 형의 조국을 얼마나 갈구해 마지 않는가. 끝으로 한가지 제시하는 말이 있으니 그것은 '전체 무산대중은 단결하라!'는 외침인 것이다.[6]

이 글이 문제가 된 것은 1957년 12월 14일, 류근일이 동대문경찰서로 연행되면서였다.

동대문서로 연행된 그를 향한 첫 심문은 아버지 류응호로부터 지령을 받고 쓴 글이냐는 추궁이었다.[7]

이념성 필화로 걸려들면 일단 북으로부터 누구의 지령을 받고 쓴 것이거나, 누가 써준 것을 이름만 빌려 발표한 것이 아닌지를 추궁하는 것이 관례였다. 아무리 명망가일지라도 일단 북의 지령에 의해서 작성한 글이라야 간첩으로 몰아갈 수 있기 때문이었다. 이런 것으로 미뤄볼 때 이미 류근일은 연좌제로 평소부터 감시의 대상이었음을 드러내 준다. 그래서 경찰은 류근일에게는 물고문도 서슴지 않았다.

서울대 문리대 이희승 학장과 정치학과 민병태 주임교수까지 소환 조사하자 교수회의 개최 등으로 온 대학이 어수선해졌고, 소문은 일파만파였다. 동대문서 사찰과 형사들은 서울대의 학생 신상 카드조사부터 화장실의 낙서까지, 그리고 신진회 회원들의 하숙방까지 수색했다.

---

6 이 인용문은 류근일의 글 중 유일하게 전하는 일부분이다. 류근일의 필화 전문은 주인공인 류근일 자신도 보관하지 못한 채 묻혀버렸다. 필자는 당시 문리대 학생 비정기 간행물이었던 『우리의 구상』을 천관우가 보관하고 있었다는 정보를 추적, 그의 사후 모든 자료가 인하대 도서관에 기증된 사실을 알고 당시 국문과 교수 김명인에게 찾아줄 것을 신신당부했으나 끝내 못 찾고 말았다.

7 류응호(柳應浩, 1911~1994. 당시 김일성대학 교수. 도쿄제국대학에서 음운학을 전공, 경성제대 강사로 있으면서 조선어학연구회에 참여했다. 8·15 후 서울대 교수로 재직 중 제2대 총선(1950)에 무소속으로 출마했다가 남로당 소속으로 몰려 체포됐으나 한국전쟁 때 자동석방, 서울대 자치위원회 위원장으로 활동하다가 북행했다.

경찰은 영국 노동당과 소련 공산당을 동일시했다. 당연히 민주사회주의 니 사회민주주의조차 볼셰비즘과 동일시했다.

류한열 신진회 총무는 회와 관련된 활동 등 별로 중요하지도 않은 사항을 메모한 것까지도 태워버려 도리어 증거인멸로 구속당하기도 했다. 조사 중 초대회장 김지주는 병역법 위반으로 구속되는 등 구실만 있으면 뭐든 걸어 넣으려고 경찰은 철저했다.

이런 판국에 문교부 김선기 차관이 서울대에 좌익적 성향을 가진 교수가 있다고 말해 수사가 교수로 확산될 우려까지 낳았다.[8]

그 원인은 김선기 차관이 문리대 근무 때 월북한 류근일의 아버지와 동료 교수였는데, 사이가 나빴다는 소문도 돌았다.

그러나 수사에 별 진척이 없자 김선기 차관은 경찰이 돈을 먹고 수사를 제대로 않는다고 불평하자 서울시경찰국장 최치환은 즉각 "김선기 차관이 그런 말을 했다면 경찰이 돈을 먹고 수사를 않은 구체적 사실을 지적해야 한다"고 정면 반박했다.

학생을 감싸줘야 할 문교부가 도리어 처벌을 강요하는 진풍경 속에서 서정학 치안국장은 "경찰은 묵묵히 수사하고 있으며 사건 규명에 노력 중이다. 항간에 경찰이 매수되어 수사를 태만하고 있다는 말이 유포되고 있는데 사실무근이다"라고 해명했다.

그러나 아무리 뒷조사를 해봐도 나올 게 없자 1957년 12월 23일, 국회 예결위원회는 문교차관, 서울대 총장, 학장, 치안국장을 소환하여 질의를 했지만 경찰 수사 이상은 더 밝혀낼 게 없었다. 결국 이듬해인 1958년 1월 10일, 류근일만 기소하고 나머지 구속 학생들은 다 풀려났다.

기소 당한 류근일은 결국 법정에 섰는데, 부장 판사는 유병진이었다. 그는

---

8   김선기(金善琪, 1907~1992). 군산 출신으로 연희전문 졸업 후 런던대학 유학, 음성학 전공 후 연희전문 교수를 지냈다. 조선어학회사건에 연루되어 연희전문에서 해직됐다가 8·15 후 모교에서 영문과에 복직했다. 1950년 서울대 문리대 언어학과 주임교수로 부임 후 미국 코넬대 교환교수(1952)로 갈 때까지 재직했다.
그가 문교부 차관으로 재직(1958~1960) 때 류근일 필화사건이 일어났다.

기소장을 바탕 삼아 쟁점을 하나하나 분리시켜 순차적으로 따졌다. 판사는 류 피고에게 아버지의 이념에 동조 했느냐는 여부를 물었고, 이에 류근일은 아버지이기 때문에 내가 추종한다는 것은 나의 지성이 허락하지 않는다고 답했다. 연좌제의 고리를 잘라 낸 것이다.

이어 문제의 핵심인 평화통일론에 대한 판사의 추궁에 학구적인 토론의 차원으로 현실과 선을 그었기에 법망을 벗어날 수 있었다. 류근일의 글에는 일부 문구에 오해의 소지가 있다는 지적에는 북한식 공산주의가 아닌 민주국가에서 용인되는 사회민주주의를 강조하며 이를 주장한 것이라고 답하여 공산주의와 민주사회주의의 차이를 분명히 했는데, 이는 경찰이나 검찰이 동일시한 입장과는 다른 평가를 법정이 내려 준 것이었다. 특히 "전체 무산 대중은 단결하라"라는 문장에 대해서 류근일은 단결은 누구나 한다며 이 글은 사회민주주의자의 단결을 의미한다고 풀이해 「공산당 선언」의 위험망을 넘었다. 신진회를 정치세력이 아닌 학생들의 순수연구 모임으로 규정한 것도 중요한 판단의 근거가 되었다.

1958년 4월 3일, 검사가 징역 단기 2년 장기 3년 구형을 한 걸 유병진 부장 판사는 무죄를 선고했다.

그러나 이미 1958년 1월 말에 신진회는 문리대 7강의실에서 해산식을 올렸고 류근일의 필화를 계기로 신진회도 표면적으로는 일시 해체됐다. 그러나 곧 반*합법적인 형태로 재건됐고 1959년에는 합법적으로 활동을 시작했다. 당시의 정황을 잘 그려준 글이 있다.

1958년 10월 경 신진회 재건을 위한 모임이 개최되었다. 이 자리에서는 가칭 후진사회연구회로 명칭이 변경되었고 민주사회주의를 연구한다는 회칙을 분명히 하였다. 그리고 그해 입학한 윤식, 이수정, 유세희, 박종열 등 새로운 성원들을 충원하였다. 정구호, 유민수, 김지주 등 선배들이 찾아와 후배들을 독려하기도 하였다. 이들은 민족과 계급 혹은 사회주의 등에 대한 토론회를 지도하기도 하였다. 이때 충원된 후배들이 4·19 봉기와 이후 학생운동의 주역으로 성장하게 된다.

이 무렵 서울에서는 또 하나의 진보적인 지식인 그룹이 존재하고 있었다. 그것은 농림부 차관을 지낸 농업경제학자 주석균이 설립한 농업문제연구소였다. 당시이 단체에는 마르크스주의적 방법론을 수용하거나 적어도 그것의 학문적 유용성을 인정하는 경제학자나, 농업경제학자인 김준보, 박근창, 김병태, 최호진, 유병묵 등이 참여하였다. (…중략…) 연구소 측이 공식적으로 각 대학에 의뢰하여 우수한대학생과 대학원생들의 참가를 유도하였다. 학생들로는 임병윤, 최태호, 김병하, 정윤형 등이 관계하였고 박현채, 김낙중 등은 이 연구소의 연구원으로 공채되어같이 연구한 경력을 가지고 있다.[9]

오늘날 유병진 재판장은 "시대를 앞서간 형사법학자이자 사법권의 독립을 지킨 법철학자"최종고, 『한국의 법률가』, 서울대 출판부로 추앙받고 있다.

류근일은 석방은 됐으나 서울대에서는 복학을 안 시켜주어 입대[1958], 3대독자라 의가사제대6개월 복무 대상이었지만 서류 작성이 안 되어 1961년 4월에 제대, 바로 복학했다. 사월혁명으로 이미 그는 대학에서 그에 대한 퇴학조처가 취소된 상태였다.

사월혁명 직후라 복학한 류근일을 서울대 학생들은 그냥 두지 않았다. '민족통일 서울대 학생연맹'이 결성, 대의원 총회의 첫 의장을 맡았던 윤식전 국회의원에 이어 류근일이 맡게 되었다. 자의든 타의든 일단 이런 물결에 휩쓸리고 보면 개인적인 의사보다는 단체의 활동이 우선이다. 이미 가족적인연좌제로 묶인 데다가 필화까지 겪은 류근일로서는 신중했겠지만 민통학련 대의원총회 의장이란 명칭으로 추진됐던 남북학생회담이 전혀 무관하

---

9   박태순·김동춘, 『1960년대의 사회운동』, 까치, 58~59쪽. 이 저서는 "이 사건은 보수적인기성사회에 던져준 충격도 대단했지만, 전국 대학생과 고교생들 및 진보적 인텔리들에게미친 영향력과 관심은 더욱 대단한 것이었다. '어둡고 괴로운 밤이 길더니 산천리 이 강산에먼동이 트는…' 듯한 정신적 각성과 흡사한 것을 가져다 주었다고 당시 마산의 어느 고교 재학생 김정강은 최근 회고했다. 류근일의 글이 실린 신문은 전국으로 흘러 다녔다고 한다"라고 그 여파를 평가했다.

진 않았다.

더구나 1961년부터 서울대 신입생 환영회가 개최되었는데, 이를 신진회가 담당했다. 학교 공식행사도 아니고 학생회행사도 아닌데 신진회가 그냥 추진한 것이어서 류근일은 강연을 맡지 않을 수 없었다.

그러다가 1961년 5·16군사쿠데타가 일어났고, 류근일은 다시 대학에서 제적당했고, 당연히 구속됐다. 무죄를 받았던 필화사건조차도 2년형을 받은 데다 학생운동으로 15년 형을 받은 그는 통틀어 17년 형을 받게 된 것이다. 이때 신조회의 김동익, 협진회의 김낙중 등도 피체됐고, 남재희는 지명수배 전단이 붙었으나 피신했다.

민통련사건 관련자들과 류근일의 옥중생활은 조봉암사건으로 투옥, 이미 옥중에서 이골이 난 때인 1962년 이상두의 증언으로 서대문형무소에서의 한 장면이 나타난다.

민통련사건으로 들어왔던 학생들, 윤식, 이영일, 황건, 연현배, 심재택, 김승균, 노원태 군 등 징역 12년 이하짜리는 사월혁명 2주년 기념일에 모두 석방됐고, 황활원, 이창홍 군 등은 불기소로 나갔는데, 15년 형을 받은 류근일 군과 이수병 군만 나가질 못했다.[10]

고정훈은 "4·19 후 6개월, 5·16 후 4년 6개월, 캡슐 속에 갇혀서" 지내며, 동시대의 지식인들의 옥중생활을 묘사했는데, 그 중 류근일에 대해서는 "1963년도 수형자受刑者 작품전시회의 시부에서 1등의 영예를 차지한 류근일 군도 영·불·독·서西의 4개 국어로 칵테일 된 산문시를 누에처럼" 내뿜고 있다고 했다. 이로 미뤄보면 류근일은 시창작도 한 것 같다.[11]

---

10   이상두, 『옥창 너머 푸른 하늘이』, 범우사, 1972, 353~354쪽. 이 책에 보면 류근일이 서대문 형무소에 있다가 마포형무소로 이감되는 장면도 나온다.
11   고정훈, 『부르지 못한 노래, 吐瀉―정치와 감옥과 나』, 홍익출판사, 1966, 12~13쪽. 이에 대

류근일이 이처럼 민통련사건 관련자들 중에서 이수병과 함께 15년이라는 장기형을 받은 이유는 '5·16혁명재판소'의 판결문에 따르면 아래와 같다.

> 피고인 노원태가 초안한 '선언문'을 통과시켰으나 동 선언문은 적합지 못하다 하여 동 류근일이 초안한 우주과학 분야와 경제 성장면에 있어서의 사회주의 진영의 비약적인 발전을 찬양하고 쿠바의 적화를 민족해방투쟁이라고 열렬히 성원 하여 공산진영의 위장된 평화공존의 원칙을 찬양 동조하고 (…중략…) 외세 배척 반미사상의 고취와 남북학생 회담의 필요성을 강조하는 취지의 공동선언문을 채 택 발표키로 하여……[12]

물론 이런 판결문에 대해 류근일과 그의 측근들은 강력히 반박했으며 특히 류근일 당사자는 재판정에서조차 강력히 항변한 것으로 알려져 있다.

류근일은 수형 중 감형을 받아 7년 형이 되었고, 석방된 것은 1968년 8월 13일로 만기를 3개월 앞 둔 때였다. 출소하자 그는 바로 홍진기 사장의 주선으로 중앙일보 출판국 소년중앙부에 촉탁으로 입사한 후 1970년부터 외신부에 근무했는데, 이때 그의 외신 기사에 대한 신뢰도는 아주 높아 일약 명기자로 명성이 자자했다. 1973년 출판국 월간부장으로 있다가 이듬해부터는 논설위원이 되었다.

그러나 1974년 민청학련全國民主靑年學生總聯盟사건 때 배후 조종자(이현배 등)라는 터무니없는 죄명을 뒤집어씌워 구속, 무기형을 받았다. 그러나 국민적인 여망에 밀려 박정희 정권은 인혁당 일부를 제외한 전원을 1975년 2월에 석방했다.

이렇게 대학생 필화의 주인공 류근일은 세 번에 걸쳐 8년 6개월을 감옥에서 보냈다.

해서는 이미 제3부 제4장 고정훈 편에서 자세히 언급했다.

12 일월서각, 『4·19혁명론 2 - 자료편』, 「민족통일 전국학생연맹사건」 판결문, 359쪽. 혁명재 판소 판결문이란 점을 충분히 감안하기 바란다.

류근일이 『조선일보』 논설위원으로 옮긴 건 1981년이었다.

긴 세월이 흘렀고, 이제 이 세대들도 노쇠했다. 류근일은 어느 회고에서 자신의 첫 필화에 대하여 "이 글의 내용은 사회민주주의를 주장한 것이다. 이 글은 미숙하나마 한국사회의 성격에 대해 나름대로 분석하고자 했다. 그 것은 대체로 민중론적 시각에서 소수의 지배층과 광범위한 대중과의 대립 으로 한국 사회를 설명하고 그것의 극복을 위해 사회민주주의적 대안이 바 람직하다는 것을 주장한 것으로 기억한다. 그러나 민족 문제에 대한 시각은 결여되어 있었다. 이 글이 문제가 된 것은 글의 말미에 '무산대중의 단결'이 라는 말을 상기할 필요가 있다"라고 했다.

그런데 예상 밖의 미담도 전한다. 북에서 남으로 귀순한 김현식의 증언에 따르면 류근일의 부친 류응호는 김일성대학 교무처장 재직 중 대학을 방문 한 외국인들에게 통역 없이 대화한 죄로 평양사범대학 평교원으로 좌천당 했다가 8월 종파사건[1956] 이후 평양에서 추방당했는데, 류근일이 학생운동 의 거물이 되자 류응호에게 평양사범대학 교수로 재배치해 고급 아파트와 자동차도 받는 등으로 복권이 되었다는 것이다.[13]

류근일은 49년만인 2010년 징역살이를 했던 사건에 대한 재심에서 무죄 판결을 받았다.

---

13 김현식, 『나는 21세기 이념의 유목민』, 김영사, 2007 참고. 필자는 류근일에게 직접 이 이야 기를 들었다.

제9장

기독교가
일으킨 필화들

1. 송기동의 소설, 기독교계를 경악시키다

먼 미국 땅에 있을 때부터 이승만의 뇌리에는 모국을 극동의 기독교 국가로 만들기 위한 꿈을 가졌기에 미군정과 이승만 집권기는 가히 온 나라가 기독교 부흥회를 개최했대도 지나친 표현은 아닐 것이다.

미군정은 일인들의 종교^{신사와 천리교 등} 관련 시설을 개신교에 몰아준 것은 이미 상식화 되어 있고, 형목刑牧제도와 군목軍牧제도까지 정비했다. 여기에다 이승만 정권은 성탄절을 임시 공휴일^{1948. 석가탄신일은 1975년에 휴일}로 정했고, 가장 먼저 개국한 민간방송사도 기독교방송^{CBS, 1954}이었다. 연이어 극동방송¹⁹⁵⁶까지 생겼는데, 불교방송이나 천주교의 평화방송은 1990년에야 생긴 것과 대조된다.

이러니 기독교인들이 사월혁명이 일어날 판에도 정동제일교회에서는 이승만 당선 축하예배를 준비했던 건 놀랄 일이 아니다. 이런저런 기독교인들의 특권의식으로 당시의 『조선일보』와 『동아일보』는 기독교에 대한 부정적인 기사가 몇 배로 폭발적으로 증가할 정도였다.[1]

그러거나 말거나 비판세력의 눈치에 상관 않거나 그들에게 저주를 내리는 게 보수적인 신앙인들의 일반적인 경향인지라 기독교 세력은 특히 한국전쟁 이후 급증하여 한국 사회의 여론을 주도하게끔 변했다.

송건호는 이런 기독교의 동향을 특이한 관점으로 접근하여 분석, 평가한다.

일군이 연합군에 투항하고 조선이 해방을 맞았을 때 출옥 성도들은 주기철 목사가 시무하던 산정교회에 모여 1945년 9월 20일 교회재건의 기본 계획을 세웠다. 즉 교회지도자^{목사, 장로}들은 모두 신사참배를 한 몸이니 최소한 2개월간 휴직하

---

[1] 이승만 집권 초기 기독교 우선에 대해서는 제1부 제2장에서 이미 다뤘기에 여기서는 생략한다.

이에 대한 참고도서로는 ① 특집 「한국의 개신교」, 『역사비평』 봄호, 2005; ② 최천택·김상구, 『미 제국의 두 기둥 전쟁과 기독교』, 책과나무, 2013; ③ 강인철, 『종속과 자율─대한민국의 형성과 종교정치』, 한신대 출판부, 2013 등이 있다.

고 자책 또는 자숙의 방법으로 모두 권장의 길을 취할 것이라는 방법을 결의했다. 이러한 결의에 대해 1938년 9월 27회 총회 때의 총회장이었던 홍택기 목사가 맹렬히 반대했으나 당초의 결의안은 모두 받아 들여졌다.[2]

평양에서의 이런 분위기와는 달리 남한에서는 오히려 친일 교역자들이 다수라서 장로교와 감리교가 다 회합을 가졌으나 친일목사 제거 주장은 부결당했을 뿐만 아니라 오히려 친일 교역자들이 요직을 차지했다. 그러자 "1947년 2월 3일, 40명의 목사와 56명의 평신도 명의로 성명서가 발표되었고 특히 19명의 친일 교역자들의 추방을 요구"했으나, 좌절됐다.

결국 한국 그리스도교는 감리교, 장로교 할 것 없이 일제의 잔재를 청산하지 못하고 친일 교역자들이 여전히 주도권을 쥔 채 새 출발 아닌 출발을 하게 되었다. 이리하여 장로교는 고신파 예장, 기장으로 분열되기 시작했다. 다만 이 분열과정에서 김재준 목사를 중심으로 한 기독교장로회는 이 나라에 그리스도교가 들어온 이래 뿌리를 박아온 근본주의 신학에 반기를 들고 신학에 자유주의 사상을 도입하여 이로 말미암아 제명까지 당했으나 그를 지지하는 세력이 따로 기독교 장로

2   『한국 현대사의 빛과 그늘』(송건호 전집 5권), 한길사, 2002 중 「한국 그리스도교 운동사」, 260~261쪽.
    주기철(朱基徹, 1897~1944)은 경남 창원 출신의 장로교 목사로 일제 시기 신사참배 거부와 독립운동가로 유명.
    평북 정주의 오산학교 졸업, 조선기독대학(현 연세대학교) 상경대학 중퇴, 교회활동 중 3·1운동에 참가했다. 조선예수교장로회신학교 졸업(1926) 후 몇몇 교회 거쳐 은사 조만식의 요청으로 평양 산정현교회(山亭峴敎會) 초빙목사(1936)가 되었다.
    1938년부터 일제가 강요한 신사참배 거부로 10년 형 선고를 받고도 곧 풀려났다가 2차, 3차로 계속 구속과 석방을 되풀이하다가, 1939년 12월 19일 불법 총회에 의해 신사참배 거부로 목사직에서 파면당했다. 1940년 9월, 제4차 검속 때 신사참배 거부자들과 함께 피체, 고문으로 순교했다.
    홍택기(洪澤麒, ?~1950년) 목사는 평북 선천 출신으로 평양신학교 졸업(1925) 후 여러 교회에 시무했다. 조선예수교장로교 총회 회록 서기(1929)를 맡은 계기로 교단의 유력 인물이 된 그는 1938년 조선예수교장로회 총회장이 되어 "신사참배가 애국적 국가의식임을 자각"한다며 신사참배 반대론자를 추방, 탄압하는데 앞장 섰고, 국방헌금과 신사참배 반대 기독교계 학교 폐쇄에도 동참했다.

회를 조직해 떨어져 나갔다.[3]

특혜가 있는 곳에는 언제나 이를 악용하여 엄청난 특권을 누리는 집단이 생기기 마련이라 이런 기독교의 풍토 속에서 한국전쟁을 전후하여 대규모 기독교 집단이 발생하는 것은 사회 현상의 하나일 수밖에 없다. 그 대표적인 예를 송건호는 1950년대의 대표적인 예로 "용문산의 나운몽 기도원, 박태선 장로의 전도관, 문선명의 통일교 등 신흥교파"라고 보았다.[4]

이런 사회적인 풍토 속에서 예수를 감히 모독하는 소설이 나왔다. 예수의 부활은 실제가 아니라 자작극이며, 예수의 사후에 시신을 확인해 보니 성불구자였다는 충격적인 두 사건을 중심축으로 삼아 전개한 이 소설은 송기동宋基東, 1932~1993의 단편 「회귀선回歸線」『현대문학』, 1958.5이었다. 당시 『현대문학』은 소설 등단자로 하여금 2회에 걸쳐 추천을 받아야만 완료추천으로 소설가가 될 수 있었는데, 이 작품은 송기동의 2회 추천 완료작품으로 게재된 것이었다.

본명이 기동起東인 이 작가는 경남 통영시 출생으로 조선대학 법정대 경제학과 졸업 후 『일요신문』, 『현대경제일보』, 『한국경제신문』 등에서 편집부국장 겸 특집부장, 논설위원 등을 지낸 언론이었다. 그는 의수, 혼혈아 등 불구자나 결손 인물들이 절망에 이르는 심리적 과정을 주목하면서 위선적인 사회 환경을 비판하는 내용의 작품을 많이 썼다. 송기동이 등단할 때는 군 대위로 육군 본부에서 근무할 때였다. 그래서 정작 자신의 작품이 필화에 휩싸였을 때도 무사했을 것이다.

---

3   위의 책, 261~262쪽.
     이 대목은 좀 성글기는 하나 복잡한 개신교 유파를 개략적으로 축약했다는 뜻에서 인용했다.
     '고신파 예장'이란 대한예수교장로회(高神)로, 흔히들 약칭으로 '예장 고신'이라 한다. 한상
     동, 주남선 목사 등 일제 시기 신사참배 거부로 투옥당했던 교역자들이 주축이 된 교단이다.
     김재준 목사의 신도들은 1954년 6월 10일 총회를 계기로 '대한기독교장로회'로 개명했다.
4   위의 책, 263쪽.

이 소설의 첫 장면은 마리아가 몹시 건강상태가 악화된 예수를 인적을 피해 산속 동굴에서 돌보는 장면에서 시작한다.

> 겟세마네 동산에서 뛰어 내려와 그네^{마리아}의 품에 쓰러지던 그 날 밤에도 이같이 많은 땀을 흘리지 안 했었다.
>
> '그^{예수}의 몸이 회복될 때까지만 비가 더 계속해 주었으면.'
>
> 그 무엇을 머금은 듯 혼자 중얼거리며 무심히 하늘을 우러러봤다.
>
> 비에 젖은 허공 속에서 꿈같이 지내버린 며칠 동안의 일들이 줄줄이 다가오는 것이었다.
>
> '하느님은 정말 있는 것일까?'[5]

이 첫 장면을 온전히 이해하려면 독자들은 열심히 그 뒷이야기를 안 읽을 수 없도록 하는 소설구성법이다. 그것도 친절하게 시간 순서대로 차근차근하게 해주는 것이 아니라 앞뒤를 구분하지 않고 뒤섞어서 전개했다. 이 구성법을 무시하고 시간순으로 풀어보면 이랬다.

먼저, 예수는 이미 자신에게 위험이 닥쳐 처형에 처해질 것을 예감하고 자기 대신 처형당할 배역을 찾아냈는데 그 대행자는 칼프시스였다. 이 비밀은 예수 혼자만 알아야 했기에 연극이 끝난 뒤에야 가장 믿는 마리아에게만 털어놓는 형식으로 그 진행 과정의 얼개가 엮어졌다. 그러기에 예수의 십자가 조작과 부활 전모를 아는 사람은 오로지 예수 자신과 마리아뿐인 셈이다.

"원래 좀 부족한 놈"인 그^{칼프시스}는 예수 자신의 용모를 닮았기에 은 백삼십 냥을 주고 매수, "멋있는 말들을 훈련 시키느라고 혼"이 났다.

"겟세마네 동산^{예수가 유대 병사들에게 체포당했던 곳}에서 칼프시스와 마지막 서로 옷

---

5 송기동, 「회귀선」. 여기서는 정한출판사의 『한국대표단편문학전집』 23권, 1975, 편집위원이 김동리·안수길·오영수·조연현·최정희에다 당시 정한출판사 주간으로 이 단편집 제작을 총 책임 맡았던 작가 김문수가 교정을 본 신뢰할 만한 전집이기에 여기서는 이 텍스트를 기본 삼아 인용한다.

을 갈아 입을 땐 정말" 제자들이 눈치챌까 조마조마 했다. 오로지 예수 자신만의 비밀로 추진한 조작극이었다.

> "이걸 제자들이 눈치챌까봐 산 봉우리까진 못 오게 했어. 마지막…… 기도는 내
> 혼자 해야 되는 것처럼 눈치를 보이고서, 응 핫핫핫…… 한참 후에 내려가 보니까
> 모두들 잠들어 있지 않나. 응 순진한 놈들, 핫핫핫……."

칼프시스는 유대 병정에 체포당해 투옥, 빌라도의 법정에서 재판을 받는 과정도 작가는 나름대로의 관점을 취했다. 작가는 사실에 기인했겠지만 지나칠 정도로 빌라도에게 인간미를 풍기게 하여 예수를 처형시키지 않으려고 노력한 측면을 돋보이게 했다. 이 작품에서는 예수의 처형을 전적으로 유태인의 선동성에다 밀어붙인 흔적이 짙다. 유월절 풍습대로 사면을 할 때 예수 대신 바라바를 살려준 것 역시 마찬가지였다.

칼프시스가 처형장으로 끌려갈 때 예수는 변장한 채 제자들도 모르게 그 현장까지 다 지켜보며 자신이 반복해서 가르쳐 준 대사를 그대로 잘 하는지를 가슴 조이며 다 지켜봤다.

여기까지가 예수의 자작극 제1막이다. 일단 제1막이 성공하자 제2막으로 부활의 드라마를 연출해야 되는데, 이건 자기 혼자 힘으로는 불가능했기에 가장 신뢰하는 마리아의 도움을 받기로 한다.

십자가 형을 직접 확인한 예수는 마리아의 집엘 찾아가 제2막인 부활의 연극을 준비한다. 3일 후에 부활해야 하니까 이틀 밤을 함께 보내며 예수와 마리아의 속내는 사뭇 달랐다. 예수로서는 자신이 행했던 설교와 기적과 유다의 왕다운 이미지를 구축하고자 진력을 다했다. 그러나 마리아는 오로지 예수를 한 남성으로 보면서 행여나 오늘은 진한 사랑이 가능하지 않을까에만 온 신경을 곤두세운다. 그녀는 숫제 예수에게 "여보"라고 하며 아내처럼 살갑게 굴었지만 예수는 냉철하기만 했다. 마리아가 베다니의 시몬의 집에서 향유를 머리 위에 쏟아 버릴 때 가롯 유다가 귀한 향유를 쏟았다고 비판

한 걸 예수는 "가룟 유다는 괘니시리 내게 질투만 하거든…… 내 참"이라던 옛일을 회상하며 마리아에게 털어놓는다.

그런데 이 장면에서 작가는 마리아가 오로지 예수에 대해서 "키가 크고 날씬한 그때 시몬의 집에서는 유달리 더 멋있게 보였었다."면서, "한 번 만지기라도 해 봤으면……" 하는 생각밖에 없었다고 묘사한다. 이처럼 마리아에게 예수는 한 매력 있는 남성상으로 이제나저제나 안아주려나, 만져 보려나, 키스라도 할 수 있을까, 성행위라도 가능할까를 엿보는 여인으로 시종일관해서 묘사해 나간다.

"오늘 밤에야……", "오늘 밤에야 설마……"라며 기대했던 밤은 속절없이 허탕만 치고 지나가버렸다.

예수는 전혀 딴판이다. 그는 부활의 드라마를 연출하고자 마리아에게 닭을 한 마리 잡게 해서 처형당한 자의 증거가 될 피칠을 할 자료로 삼고자 진력했다. 그러자 마리아는 "여하튼 내일 하루만 무사히 넘기고 나면 그 다음에야 설마……"라는 간절함으로 예수를 힘껏 돕는다.

드디어 3일째 새벽, 마리아는 예수가 시킨 대로 처형당해 묻혔다는 무덤으로 찾아간다. 졸고 있던 병정들에게 자신은 "무덤의 친척 되는 사람"이라며, 그들에게 감사 올리며 위로한답시고 술을 잔뜩 먹여 취하게 하고는 이래저래 속여서 무덤의 시신을 치우고 예수가 흰옷을 입은 채 시신이 놓였던 자리에 앉아 있게 만들었다. 그 증인으로는 미리 짜두었던 대로 마리아가 야고보의 어머니를 데려와 함께 부활한 예수의 모습을 보게 했다. 예수는 "천사와도 같이 곱다란 미소를 머금고 그들을 지켜보았다." 그리고는 말했다.

너희는 무서워 말라. 십자가에 못 박히신 주님을 너희가 찾는 줄을 내가 아노라. 그의 말씀하시던 대로 다시 살아나셨고, 지금 여기 계시지 아니하니라. 더 가까이 와서 누우셨던 자리를 보라.

다들 놀라 그 소식을 전하려고 떠나버린 뒤 예수는 "다시 흰 옷을 벗어 보자기에 싸고, 올 때 모양 다시 옆구리에 끼더니 어디론가 사라져 버렸다.

마리아는 이 소식을 바로 베드로와 많은 사람들에게 전했고, 그들은 무덤을 확인했다. 이를 확인하겠다는 두 사나이들이 엠마오 마을이 바로 보이는 고갯길에 이르렀을 때 예수가 나타나 "나의 어린 양들아, 내가 다시 살아났노라"하며, 검붉게 말라 붉은 핏자국이 남아있는 손을 보였다.

"오! 주여."

"메시아여!"

두 사나이가 더 가까이 뛰어오자, 그는 두 걸음 물러서며,

"나의 양들아, 나를 만지질 말라. 내가 아직 아버지께로 올라가지 못하였노라"고, 부드럽게 말하면서 내밀고 있던 두 손을 휘저었다.

이로써 2막극도 성공적으로 끝났다. 마리아는 부활을 위한 자기 역할을 끝낸 뒤 자신의 집으로 돌아와 버렸기에 그 뒤에 예수가 어딜 어떻게 헤맸는지 모른 채였다. 그런데 예수는 사람들의 눈을 피해 힘들게 마리아를 찾아왔고, 둘은 바로 사람의 눈이 닿지 않는 산속으로 피신했으나 비를 만나 동굴에 머물고 있는 중인 장면이 이 소설의 첫 장면이 된다. 결국 이 동굴에서 예수는 죽게 되었고, 마리아는 그토록 갈망했던 자신의 욕망을 채우지 못한 채 허망하게 그의 시신 옆에 남았다. 이제 이 소설의 미자막 장면이 나을 때가 되었다.

싸늘해진 그의 얼굴을 만지작거리던 그녀의 손은 풀어 헤쳐진 가슴으로부터 배 위로, 또다시 그 아래로 차츰차츰 미끄러지듯 기어 내려갔다. 마치 아까처럼……

눈물에 얼룩진 그녀의 창백한 얼굴이 번거롭게 애씌웁다.

"앗!?"

뺏쳐 내려가던 손목을 급작스레 움츠리며 놀라는 표정으로 소리 지르며 멍하니 그의 얼굴만을 파고 헤치려는 그녀의 시선은 자꾸만 초점을 잃고 혼선이 되어

갔다.

한참 만에야 숨을 돌리곤 우중중한 그의 아랫도리를 풀어 해치기 시작했다.

"아, 아?"

풀어 헤쳐진 그의 몸뚱어리를 눈여겨보더니 또 한 번 비명을 울렸다.

배꼽에서부터 한 뼘쯤 밑에 마땅한 형태도 갖추질 못한 채, 새끼손가락보다도 작은 한 점 살만이 꼬부라져 있을 뿐…… 그 밑에 또한 맞붙어서 둥그렇게 늘어져 있어야 할 그 무엇이 없었기 때문이다.

성불구자……

어찌할 수 없는 반항이 아니겠는가? 잠시 말라붙었던 마리아의 눈에선 또 다른 슬픔들이 샘솟는다.

'이런 병신에게 뭣을 바라고 쫓아다녔던가?'

'내가 정말 너무나도 순진했어. 그의 말과 같이……'

'그런데 왜 나를 속여 가면서까지 부질없는 그따위 연극을 한단 말인가?'

결국 마리아는 "향락만을 알던 그 옛날의 생활로 되돌아가야지…… 한 사나이론 역시 내겐 부족해……"라고 생각한다. 그런 한편 그녀는 "정말 재미있는 연극이었어…… 좀 힘들기도 했었지만……"이라고 여긴다. "나밖엔 그 누구도 이 비밀을 아는 사람이 없거든…… 호호호"라고 만족한다. "어둠을 밟고 내려오는 막달라 마리아의 발걸음은 차츰차츰 가벼워지는 것이었다"란 구절이 이 소설의 끝을 장식했다.

2. 「회귀선」에 얽힌 후일담

파리의 선량한 기독교도로 부유한 직물업자인 자노 드 세비네라는 막역한 벗인 동업자 유태교도 아브라함을 개종시키고 싶었다. 완강한 아브라함이 세비네라의 우정에 감동, 개종 전 로마의 고귀한 성직자들을 직접 봐야겠다고 나섰다. 그들의 타락상을 훤히 꿰고 있던 자노는 아브라함이 성직자들을 만나는 것을 극구 만류했으나 그 친구는 듣지 않았다. 아브라함이 바티칸으로 떠나자 세비네라는 아예 그의 개종을 포기했다. 왜냐하면 바티칸이 얼마나 타락했는가를 그는 너무나 익히 알고 있기에 그런 성직자의 타락상을 직접 확인한 아브라함이라면 전혀 기대할 수 없었기 때문이었다.

한참 뒤 돌아온 아브라함은 로마의 높고 낮은 성직자들이 불결·음탕·탐욕으로 양심의 가책도, 염치도 없는 "악마의 소업을 만들어내는 제작소" 같다고 했다. 예상했던 터라 자노는 개종 권유를 포기하려는데 아브라함이 말했다. 그런 악행에도 기독교는 더 번성할 테니 자신을 어서 성당으로 데려다달라는 것이었다.[6]

여기서 아브라함이 기독교^{당시에는 가톨릭}를 선택하게 된 배경과 동기는 신앙의 숭고성이나 선량함이 아니라 온갖 죄를 저지르고도 번영할 수 있는 원인이 기독교의 신이 모든 죄를 짓는 사람들에게도 용서를 내릴 수 있다는 판단 때문이었다. 유태교가 온갖 정성과 기도와 의식으로 신을 받들어도 자신들은 세계 각지에 흩어져 살아야 하는 처지와 비교해 보면 당장 이런 판단이 설 수 있게 되기 때문이었다.

물론 이런 아브라함이 기독교도의 전형은 아니다. 자유·평등·박애의 횃불로서 핍박받는 민중을 위해 오체투지한 미카엘 같은 기독교도가 엄존하는 한쪽에는 그 행동을 보기만 해도 기독교 전체에 반감을 야기 시키는 루시퍼의 특전대 같은 신도들도 적지 않다.

그러나 현실적으로 보면 사악한 자들은 천국처럼 희희낙락거리는데, 착한 사람들은 지옥의 고통을 당하는 것처럼 보이는 세상이라면 대체 신앙이란 무엇인가? 역대 독재 권력의 방탄조끼 역을 해온 것도 모자라 지금도 정

---

6 보카치오, 『데카메론』, 첫째 날 둘째 이야기. 이 작품은 워낙 유명한 데다 번역본도 여러 가지라 굳이 특정본을 지정하지 않는다. 르네상스의 대표작의 한 편인 이 소설은 기독교가 그토록 강조했던 금욕을 풍자한 것으로 유명하며, 남녀가 누구나 육체적인 향락을 누릴 권리가 있으며 그게 신이 내린 것이라 주장하여 '인간성 해방'이란 평가를 받는다.

치와 사회의 온갖 비리와 부패 부정을 비호하는 교인들은 대체 누구인가? 배교와 친일로 얼룩진 치욕스러운 신앙 행태가 도리어 참신앙과 민주주의를 위해 투쟁하는 훌륭한 신도들을 핍박하는 신앙의 '그레샴의 법칙'은 중세 이후 상존하고 있음을 부인하기 어렵다.

이승만 장로의 기독교정책도 결국은 지난 시대의 유명한 독재자들^{나폴레옹부터 현대의 저질 정치가에 이르기까지}처럼 권력 방패용이란 부작용을 낳은 것에서는 자유로울 수 없다.

이미 1958년이면 기독교가 정치 권력과 밀착하여 그 위세가 한참 떨치던 때였다. 이럴 때 나온 송기동의 소설이 과연 무사할 수 있을까. 어림없는 이야기다.

이 작품이 발표되자 즉각적으로 반향이 터지기 시작했다. 일부 기독교계부터 일반 독자들에 이르기까지 화두에 올랐는데, 가장 강력하고 빠른 반응은 가톨릭계의 『경향신문』에 전5회^{1958년 6월 17일~21일 자}에 걸쳐 발표된 한솔의 글이었다.[7]

한솔은 「예술과 윤리성」 제1회에서는 송기동의 소설을 자세히 개관하면서 모델의 중요성을 부각 시켰다. 그는 비록 소설일지라도 모델의 진실성이 중요하다면서 역사적인 사실이 아니면 문학이라도 쓸 수 없다면서, 소설에 등장하는 예수가 매수했다는 칼프시스란 전혀 사실적 근거가 없는 허구라고 비판했다.

이 주장은 문학과 역사의 가장 큰 차이가 역사는 사실을 그리나, 문학은

---

7   가톨릭계 신문이었던 『경향신문』은 필자를 계속 '한솔'로만 표기하면서 경북대 문리대 학장으로 소개했는데, 바로 이효상(李孝祥, 1906~1989)이다. 도쿄제국대학 독문과 졸업에다 벨기에 루뱅대학에서도 수학한 그는 시인에다 독실한 가톨릭 신자로 8·15 후 경북도 학무국장을 거쳐 경북대학 문리대 교수, 문리대학장 등을 지냈다. 사월혁명 후 참의원이 되면서 정계에 투신, 5·16쿠데타 후 사퇴했다. 그러나 박정희의 민정이양 때인 1963년부터 다시 정계로 복귀, 국회의원, 국회의장을 지내는 등 공화당의 든든한 버팀목 역할을 하면서 탁월한 유머 감각과 품격 높은 인품으로 대구지역의 가톨릭과 주민들을 보수화시키는데 크게 기여했다.

허구라는 전통적인 아리스토텔레스의 『시학』의 정의조차 외면한 논리지만 1950년대의 한국적인 미망의 풍토 속에서는 그런 항의조차 없었다.

이 글 전체에서 가장 중요한 쟁점은 2회6.18에서 다뤄진다. 핵심은 바로 '성인 모독'이라는 신앙인으로서의 한솔의 가치관을 그대로 드러낸 대목이다. 좀 길지만 그대로 인용한다.

> 만일 누가 공자님이 절도하는 소설을 썼다면 그것의 근거를 제시하지 못하는 이상 소설이라고 하여서 아무 상관이 없을 일일까? 그런데 그리스도는 신의 아들이라고들 하지 않느냐. 신인神人 그리스도라고들 하지 않으냐. 수천 수만의 동포가 생명을 걸고 그를 신봉해 오지 아니하였느냐. 목전에 인류의 반수 가량이 그를 신봉하고 있지 아니하냐. 공자님은 모르는 사람이 있어도 그리스도가 신의 아들임을 모르는 사람은 없으리라. 성인 중에도 그냥 성인이 아니오 신의 아들인 성인이라고들 하고 있지 아니하냐. 이보다 더 지명知名의 인사가 또 어디 있을까. 인사가 아니오 성인이며 성인이 아니라 신이 아들인 그가 아닌가. 그런데 그를 모욕하여 왈 고자라 하니 왈 부활을 가장하였다 하니 무슨 근거하에서 이러한 소설을 쓸 수 있다는 것인가.
>
> (…중략…)
>
> 그것은 그리스도를 모욕하는 동시에 남의 신앙을 억압하는 것이요 그리스도를 신봉하는 전 인류를 모욕하는 것이 아닐까. 만일 그러한 근거가 있다면 아무리 싫더라도 모욕을 당하여야 마땅하리라 하지마는 아무 근거도 없는데 다만 소설이라는 조건으로써 만사가 허용된단 말인가. 혹은 작자의 모델 사용에 관한 무지에서 이러한 실수를 하였다고 하자. 그렇더라도 그것이 어찌 추천이 된단 말인가. 이 사실은 무슨 착오에서 발생한 것인 줄 알지마는 우리 문단의 수치요 우리 민족의 수치가 아닐까.[8]

---

8 『경향신문』, 1958년 6월 18일 자.

이어 한솔은 소설의 등장인물들은 행동 동기가 분명해야 되는데, 예수의 경우에는 그게 없다는 것이다. 이에 대해서는 필자가 이미 위에서 소설 줄거리를 소개하면서 밝혔기에 구태여 여기서 반복하지 않아도 될 것이다. 문학 독자라면 누구라도 상상할 수 있도록 작가는 충분히 묘사해 두었기 때문이다.

3회6.19부터는 한솔이 작가 송기동과 한국문단 전체를 향한 문학론 계몽과 비판으로 일관하고 있다. 한솔에 따르면 작가 송기동은 다분히 마리아와 같은 삶을 인정, 수긍한다면서 이런 풍조가 한국문단 전체에 해당되지 않을까를 지극한 노파심으로 경계하며 퇴폐문학 풍조를 비판의 도마에 올렸다.

4회6.20에서 한솔은 소설도 인간이 쓰는 것이기에 사회윤리에 따라야 한다면서 T. S. 엘리엇, 조르주 베르나노스와 같은 왕당파 가톨릭 문학인들의 말을 인용, 찬양하며 유럽에서 모파상 이후의 전위적인 초현실주의 등을 퇴폐주의라고 비판하면서 이런 풍조는 한 물 지나갔다고 하면서 은근히 한국의 당시 문단 풍조를 비판했다.

제5회6.21 결론에서 한솔은 민족문화가 발전하려면 건전한 문학이 절실하다면서 개신교에서 가틀릭으로 개종한 작가 자크 마리탱의 문학관을 강조했다.

당시의 『현대문학』 원로급공천 심사위원들 상당수는 한국전쟁 때 대구 피난시절에 집안이 넉넉했던 시인 이효상에게 직간접적인 신세를 진 분들이 적잖았던 데다 비록 시인으로서의 명성은 높지 않았으나 그의 해외 유학경력과 교양 때문에 충분히 이효상의 사회적인 위상을 인지했을 것이다.

여기에 뒤이어 나온 글이 나운몽 장로의 「회귀선의 탈선-'현대문학' 5월호 소재' 회귀선을 읽고」였다. 이 글의 비중 또한 만만찮았다. 우선 발표 매체였던 『신태양』지가 당시 월간지로서는 대중성과 시사성을 두루 갖춘 영향력이 막강한 데다 필자인 나운몽이란 인물이 당대 기독교계에서 대중적인 인기를 누리며 활약할 때였기 때문이다.[9]

이효상과 나운몽이라는 두 거물이 공격의 화살을 쏘아대자 『현대문학』은 발 빠르게 수습의 길로 들어섰다.

조연현 주간은 『현대문학』 9월호 머릿글에다 해명의 글로 4쪽에 걸쳐 쓴 「'회귀선' 문제에 대하여」를 통해 평론가답게 문제의 핵심을 파고들었다. 그는 기독교계가 항의하는 내용의 요지를 ① 모델소설은 전기적 사실 기본, ② 평범한 인물도 인신 문제 고려해야 하는데 하물며 "인류의 우상인 기독"은 더더욱 그렇다, ③ 기독은 여러 이설이 많으나 이 소설 같은 경우는 없다. ④ 기독교에 대한 비판은 자유이나 인격적인 모독은 정당한 비판 아니다, ⑤ 총체적으로 이 소설은 "기독을 모독하기 위한 조작"이라 용서되어서는 안 된다는 것으로 요약했다. 이 지적에 대해 조연현은 과오를 시인 하면서 해명했다.

그러나 이런 문학적인 실수를 일부 종교단체나 기관이 고소하겠다는데 대해서는 그 분노는 이해하지만 이건 어디까지나 "문학적 사상적 문제"이지, "법률로서 해결하고자 하는 것은 결코 기독교적인 것은 아니다"라고 못을 박으며, "무지와 우맹을, 탈선과 타락을 법률로서가 아니라 정신으로서 구원하는 것이 바로 기독교의 사상이 아니었던가. 누구나 이 「회귀선」과 같은 경우에 대해서 이에 대한 활발한 비판이 제출되는 것을 환영한다. 그러나 그것은 어디까지나 사상적인 문제로서 행하여져야 할 것이며 현실적인 압

---

9   나운몽, 「회귀선의 탈선」, 『신태양』, 1958년 8월호 게재. 1949년 창간된 이 잡지는 1959년 6월에 통권 제80호로 폐간됐다.
     평북 박천 출신인 나운몽(羅雲夢, 1914~2009)은 불문에 들어가 승려로 있다가 개신교로 개종, 경북 김천시 어모면 능치리의 용문산에 입산(1940.5.7), 신앙생활로 들어섰다. 수표감리교회에서 장로(1946)가 된 그는 이듬해에 용문산에다 애향숙((愛鄉熟))을 설립, 5명의 숙생과 빈곤퇴치를 비롯한 민중운동을 시작했는데, 이게 용문산기도원의 초석이 되었고, 한국 개신교의 첫 기도원이었다.
     그는 한국전쟁 때 신비주의적인 설교와 반공 애국 사상과 결부시킨 부흥회로 급성장하여 기드온고등성경학교 설립(1955)에 이어 기드온신학교, 기드온수도원 등으로 재단법인 인가를 받은 막강한 영향력을 가진 조직이 되었다. 단군이 바벨탑 붕괴 후 동방에 정착한 아브라함의 후손이라 한국 전통 신앙의 한울님도 이스라엘의 하나님과 같다는 등의 신비주의적이고 민족 토착적인 주장으로 계속 이단 시비에 휘말렸지만, 그 기세는 여전했다. 권력 지향적이었던 이 조직은 1963년부터 구국기도회 개최로 더 막강해졌다.

박이 형식으로서 나타나서는 안 될 것으로 안다"라고 단호히 주장했다.

물론 이 글을 통하여 조연현은 "송기동 군은 추천을 완료한 다른 작가와 동일한 대우를 받을 것이며 이 작품을 추천한 계용묵 씨도 계속해서 본지의 추천 작품 심사의 노고를 맡아 볼 것"이라고도 밝혔다. 이로써 조연현은 잡지를 살림과 동시에 추천작가와 피추천인의 지위도 지켜 주었으나 더 큰 문제들^{예컨대 퇴폐주의 문학비판 등등}에 대해서는 언급을 아예 피해버렸다.

송기동을 추천했던 작가 계용묵은 『현대문학』 10월호에 「소설 '회귀선'에 대하여—추천인으로서」라는 글을 실었다.

계용묵은 이미 1957년 송기동의 작품 「후천적 퇴화설」을 1회 추천하면서 그 실력을 인정했던 터에 "이번 것까지 이 작자의 작품을 세 편이나 보았으나 어느 것이나 그만한 수준은 늘 잃지 않고 확보하고 있는 데서 이번에 추천을 해도 좋으리라는 데 조금도 주저하고 싶지 않았다"라고 하면서, "글이 요만치 때가 빠졌으면 작품으로서 약간 결점이 있다고 하더라도 추천을 아니 할 수 없게 된다"라고 문장의 완숙미를 내세웠다.

그런데 「소설 '회귀선'에 대하여—추천인으로서」에서는 말썽을 고려하여 일신상 착잡한 데다 병 중이었고 너무 일이 밀렸던 탓에 이 소설의 "기술상의 우위점만을 인정한 나머지 작품의 주제에 관찰이 소홀했던 결과"라고 해명했다. "4대 성인의 한 사람으로 추존하는 기독에게 욕을 돌린다는 것은 본의도 아니었거니와 있을 수도 없는 일이기 때문이다. (…중략…) 이 점 교계의 양해를 바라 마지않으며, 또 이 점 실책이었음을 현대문학사에 대해서도 아울러 진사하는 바이다"라고 했다.

이 사건이 더 큰 문제로 비화하지 않은 배경은 이처럼 한국문단이 당대의 정치권력이 지닌 기독교 통치 원리를 인지하면서 기독교인들의 문학예술에 대해 너무나 초보적인 단계에서 이뤄진 부득이하고 조속한 화해의 결말이라고 평하는 게 옳을 것이다.

3. 이범선의 '인간은 신의 오발탄'설

「회귀선」사건으로 승기를 잡은 기독교는 1년 뒤 학촌 이범선 鶴村 李範宣, 1920~1981 의 문제작「오발탄」『현대문학』, 1959.10 에 대하여 또 필화를 일으켰다.

평남 신안주新安州의 대지주 집안 출신인 그는 진남포상공업학교 상업학과 5년제를 졸업1942, 평양제국은행에 다니던 중 홍순보와 결혼1943했다. 8·15후 북한이 토지개혁을 단행1946하자 단신 월남, 미군정청 통위부 금강전구회사 회계과에 취업 중 뒤따라 월남한 가족과 부인을 만나1947, 이듬해에 연희대 교무과로 옮기면서 대학 사택에 살며 동국대 전문부를 졸업1949했다. 한국전 쟁1950 때 피란을 못 해 온 가족이 다락방 등에서 고생하다가 이듬해 1·4후 퇴 때는 부산으로 피란 중 백낙준연세대 초대 총장, 1950~1952년간 문교부 장관의 소개로 거제고교 교사로 3년간 지냈다. 1954년 상경한 이범선은 이듬해에 김동리 추천으로『현대문학』지를 통해 등단, 1955년부터 대광고교 교사로 재직 중 에 쓴 작품이「오발탄」이었다.

주인공 송철호는 계리사 사무실의 서기로 월남한 집안의 가장이다. 북의 고향에서는 "꽤 큰 지주로서 한 마을의 주인격으로 제법 풍족하게" 살다가 토지개혁 후 월남, 해방촌解放村 판잣집에 자리 잡았다. 용산구 용산2가동과 용산1가동 일부에다 후암동 고지대 일부에 걸친 일대를 영락교회가 주선하 여 8·15직후부터 한국전쟁 이후에 걸쳐 북에서 월남한 피란민들의 거주지 로 삼으면서 생긴 게 해방촌이다.[10]

---

10 일제 때 조선신궁의 일부와 일본군 제20사단의 사격장이었다가 8·15후 미군정청의 통제 력이 못 미치자 월남 피란민들의 집단촌이 형성됐다.
영락교회(永樂敎會)는 한경직(韓景職, 1902~2000) 목사가 설립한 한국의 첫 대형교회다. 적산가옥인 천리교 경성분소를 미군정으로부터 불하받아 월남한 27명의 신자들이 1945년 12월 '베다니 전도교회'란 명칭으로 형성, 이듬해에 '영락교회'로 개명, 급성장했다. 월남한 사람들은 영락교회나 충현교회로 가서 남한에서의 삶의 길을 찾는 게 수순이었는데, 특히 영락교회가 대인기를 얻어 신탁통치 반대부터 여순항쟁 때 십자군 전도대 파견을 주도하는 등 반공 복음전파와 역대 보수정권 비호에 앞장섰다.

철호의 가족은 실성한 어머니와 만삭인 아내와 어린 딸, 상이군인으로 제대한 실직자 남동생(영호)과 양공주인 여동생^{명숙}이 있다.

멀쩡했던 어머니는 풍족했던 고향의 추억을 그리워하며 월남하게 된 것부터가 불만이라 도무지 그 이유를 납득시킬 수가 없었다. 삼팔선의 개념도, "그래도 남한은 이렇게 자유스럽지 않아요"라는 대목에서 '자유'의 의미도 전혀 이해 못 하는 어머니는 월남 이후 줄곧 고향으로 "가자!"는 말만 되풀이했다. 그러던 중 한국전쟁을 만나 격심한 폭격으로 불바다 속에 담벽이 다 허물어지는 참극을 본 뒤 실성한 채 "가자! 가자!"란 말만 복창하는 처지가 되어버렸다. 소설 「오발탄」에서는 어머니의 "가자! 가자!"란 복창이 무려 21회나 등장하는데, 그때마다 독자들은 1950년대 말기의 암울했던 한국적인 현실에 갇힌 채 갈 곳 없는 국민들의 절망감을 절감하게 된다. 아니, 그런 차원을 넘어 인간 실존의 궁극적인 위기에서 뭔가 새로운 출구를 찾아야 할 절박감을 느끼게 만든다.

철호가 밤 산책에서 귀가하자 술에 취해 늦게 돌아온 동생 영호와 마주하자 아우는 형에게 내뱉는다. 남들처럼 잘 살려면 허수아비를 두려워하지 않는 까마귀 같은 용기가 필요하다며, 그러려면 우선 "양심이고 윤리고 관습이고 법률이고 다" 벗어던져야 한다고 푸념했다. 형님처럼 "가난하더라도 깨끗이 살자는, 그렇지요, 깨끗하게 사는 게 좋지요"라면서 자신들의 처참한 처지를 환기시켰다. 아우는 독백처럼 말을 이었다.

"네, 가시지요. 양심이란 손끝의 가십니다. 빼어버리면 아무렇지도 않은데 공연히 그냥 두고 건드릴 때마다 깜짝깜짝 놀라는 거야요. 윤리요? 윤리. 그건 나이롱 팬츠 같은 것이죠. 입으나 마나 불알이 덜렁 비쳐 보이기는 마찬가지죠. 관습이요? 그건 소녀의 머리 위에 달린 리본이라고나 할까요? 있으면 예쁠 수도 있어요. 그러나 없대서 뭐 별일도 없어요. 법률? 그건 마치 허수아비 같은 것입니다. 허수아

한경직은 첫 설교집 『건국과 기독교』, 보린원, 1949에서 이승만 단독정부 수립을 위해 헌신한 모습을 잘 보여준다.

비. 덜 굳은 바가지에다 되는 대로 눈과 코를 그리고 수염만 크게 그린 허수아비. 누더기를 걸치고 팔을 쩍 벌리고 서 있는 허수아비. 참새들을 향해서는 그것이 제법 공갈이 되지요. 그러나 까마귀쯤만 돼도 벌써 무서워하지 않아요. 아니, 무서워하기는커녕 그놈의 상투 끝에 턱 올라앉아서 썩은 흙을 쑤시던 더러운 주둥이를 쓱쓱 문질러도 별일 없거든요. 흥."

형 철호는 아무래도 아우가 무슨 범죄라도 저지를 것 같은 낌새를 느꼈으나 어찌할 도리가 없었다.

점심조차 굶은 채 오후 근무를 하던 중 송철호는 X경찰서로부터 동생의 일로 급히 와달라는 연락을 받고서 서둘러 가보니, 영호가 권총 강도로 구속됐다고 했다. 어느 회사가 봉급액 1천5백만 환을 찾아 지프차에 싣고 떠나려는데 중절모를 깊숙이 눌러 쓴 색안경의 두 명이 차 속으로 올라 권총을 들이대고 "겁내지 마라! 차를 우이동으로 돌리라"고 해서 기사와 회사원은 순순히 따랐다. 으슥한 숲속에 정차시킨 그들은 기사와 회사원을 버려둔 채 전속력으로 시내로 달려 가버렸다. 그러나 영호의 지프 차는 미아리도 채 못 가서 경찰에 잡혔는데, 한 사람은 사라지고 송영호만 남았다.

형 송철호를 만난 동생 영호는 "형님, 미안합니다. 인정선人情線에서 걸렸어요. 법률선까지는 무난히 뛰어넘었는데, 쏘아 버렸어야 하는 건데"라고 말했다. 회사원과 그 기사를 살려 둔 것이 화근이 되어 체포당했다는 걸 에둘러 털어놓은 것이다.

형사들도 "쏠 의사는 처음부터 없었던 것 같은데"라고 철호에게 자못 동정의 눈빛을 보내면서 혹시 영호가 털어놓지 않은 공범을 아느냐고 물었다.

철호는 아무런 대응책이 없어 일단 귀가했는데, 여동생이 철호의 아내가 출산 중 위독하다며 S병원으로 가보라고 돈다발을 던져주며 독촉했다. 서둘러 병원에 가보니 이미 아내는 죽은 뒤였다. 그는 우두망찰 병원에서 나와 무의식적으로 사무실 앞까지 갔다가 다시 동생이 갇힌 경찰서 앞으로 갔다. 그러나 역시 갈 곳이라고는 집밖에 없어 가던 중 이가 너무나 아파 여동생이 준 돈으로 이나 뽑자고 치과에 들려 하나를 뽑은 뒤 나머지도 다 빼달라고 했으나 거절하자 다른 치과에 들러 기어이 우겨서 마저 뽑자 출혈이 심해졌다. 이런 와중에도 설렁탕 생각이 나서 식당을 찾았으나 출혈로 먹을 수가 없어 나왔으나 과다 출혈로 다급해졌다.

택시에 탄 그는 해방촌 집으로 가자고 했다가 이내 S병원으로 행선지를 바꿨다가 다시 X 경찰서로 변경했다. 가물거리는 정신을 차려보니 경찰서 앞이라서 거기 내려봤자 자신이 할 아무런 일도 없음을 알고는 택시에서 내리지도 않은 채 실성한 어머니처럼 "가자"라고만 기사에게 독촉했다.

"어쩌다 오발탄 같은 손님이 걸렸어. 자기 갈 곳도 모르게."

기사는 푸념을 했다. 송철호도 생각한다.

아들 구실. 남편 구실. 아비 구실. 형 구실. 오빠 구실. 또 계리사 사무실 서기 구실. 해야 할 구실이 너무 많구나. 너무 많구나. 그래 난 네 말대로 아마도 '조물주의 오발탄'인지도 모른다. 정말 갈 곳을 알 수가 없다. 그런데 지금 나는 어디건 가긴 가야 한다.

여기서 "조물주의 오발탄"이란 구절 때문에 이범선은 몸담았던 대광고교 大光高校 교사직을 사임1959했다. 필화치고는 직장을 빼앗긴 가볍지 않은 조치였다. 대광고교의 설립자는 한경직 목사였고, 초대 이사장 역시 그였다. 경천애인敬天愛人이란 교훈으로 '성실·근면·협동·봉사'라는 덕목을 함양코자 이순신, 안창호, 링컨, 슈바이처를 숭앙하는 학풍인 이 학교가 신봉하는 신과 이범선이 믿는 신이 얼마나 달랐는지는 알 길이 없으나 '조물주의 오발탄'인 작가와는 달리 이 학교의 설립자는 '조물주의 오발탄'은 분명 아니었던 것 같다.[11]

작가 이범선은 그 뒤 대학으로 진출, 만년을 한국외국어대학에서 보수주의적인 기독교 신자로 여생을 마쳤다.

「오발탄」이 다시 화두에 오른 건 영화화 되면서였다. 1960년 자유당 정권 때 제작을 시작한 이 영화는 1961년 4월 13일에 개봉 중 사월혁명이 일어나 작품성과 흥행성에서 인기를 끌었다. 유현목 감독에 김진규 ^{송철호 역}, 최무룡 ^{영호 역}, 문정숙 ^{철호의 아내 역} 등 유명 배우들의 출연으로 잘 나가다가 5·16쿠데타로 상영 금지조치를 당했다. 너무 암울한 데다 "가자!"라는 실성한 어머니의 외침이 마치 '북으로 가자'라는 오해를 받을 수도 있다는 가당찮은 구실이었다.

1963년 샌프란시스코 영화제에 출품한 걸 계기로 해금 조치를 받았다.

4. 박태선 장로의 신앙촌 사람들 법원에 난입하다

평북 덕천에서 출생한 박태선^{朴泰善, 1917~1990}은 어렸을 때부터 기독교 신앙인으로 덕천 초등교를 졸업 후 도일, 도쿄의 공업학교를 마치고, 소규모 기계 공장을 차려 지내다가 8·15 후 귀국, 기계 부속품 공장을 했다고 전한다. 남대문교회에서 집사가 된 그는 계속 신비 체험을 하다가 창동교회에서 장로가 된 뒤인 1955년부터 부흥사로 활약 중 한국예수교전도관부흥협회^{전도관}를 창시했다. 1957년 자신을 '참 감람나무' 또는 '동방의 의인'이라 선언하며, 교세가 확장되자 자신을 천부^{天父}라며 천부교^{天父教} 신도가 되었다. 경기 소사에 제1신앙촌^{1957~1962}, 경기 덕소에 제2신앙촌^{1962~1970}, 부산 기장에 제3

---

11 대광중고교는 '조선 고아의 아버지'란 별칭을 가진 소다 가이치(曾田嘉伊智, 1867~1962)의 일본 가마쿠라 고아원을 인수하여 영락보린원을 창설하면서 그 근거가 됐다고 전한다. 원래 이 터는 조선왕실에서 제사용 가축을 맡았던 관청인 전생서(典牲署)였다가 갑오경장 때 폐쇄되어 가마쿠라 고아원이 들어섰고, 한경직이 여기에다 '영락보린원'을 세웠다고 한다. 그러나 정작 대광중고교가 발전하게 된 곳은 서대문구 충정로의 피어선성경학원 건물이라고 한다.

신앙촌^{1970~}을 세워 '영생^{永生}'과 '천년성^{千年城}'을 설파했다.

천부교 신자들은 이처럼 집성촌을 형성하여 신앙촌이라 부르며, 한일물산, 시온합섬, 생명물식품, 신앙촌 식품 등을 경영했다. 여기서 생산된 유명 상품으로는 생명물 두부와 생명물 간장, 런 요구르트, 신앙촌 스타킹 등이 있다.

박태선은 인류가 처음에는 아담에 의해, 두 번째는 예수에 의해, 이어 세 번째는 '동방의 의인'이자 '이긴 자'인 박태선에 의해 새 삶을 얻는다고 주장했는데, 이 무렵까지가 박태선의 최절정기였다.

이때 그는 사기, 위증, 상해혐의로 구속, 기소당해 법정에 섰다. 1959년 3월 13일이었다. 서울지법 형사사건 재판정은 박태선 신도들이 운집, '하나님의 사자이고 동방의 감람나무'인 박태선 장로의 무고함을 주장하며 보호하고자 했다. 그러나 검찰이 이미 5년 구형을 한지라 판사는 징역 2년 6개월 형을 내렸다.

예상대로 신도들은 법정에 난입하여 법원 관계관들을 폭행하는 등 난장판을 만들어버렸다. 결국 경찰이 개입하여 난동자 63명을 연행, 5명을 구속하고 38명은 직결재판에 회부됐다. 신도들에게는 법정이란 필시 '하나님의 사자'를 모욕한 죄인으로 비췄을 것이다. 그러나 박태선은 1959년 12월 4일 대법원에서 1년 6개월 징역형이 확정됐다.

기독교의 세력이 세속의 법에 정면 도전한 기독교가 일으킨 필화라 하겠다.

역시 박태선 교도들이 일으킨 엄청난 난동사건이 바로 이듬해인 1960년 12월 10일 9시 경, 광화문 네거리의 동아일보사 난입과 기물파손으로 나타났다. 경찰의 증파로 간신히 이 사건이 정리된 건 1시간이나 지난 뒤였으니 그 아수라장을 상상할 만하다. 이야말로 박태선 교도에 의한 명백한 필화로 기억될만하기에 그 자초지종을 정리하면 이렇다.¹²

---

12 『동아일보』는 1960년 12월 11일부터 12, 13일에 걸쳐 작심하고 상세하게 사건 경위와 경과를 보도했을 뿐만 아니라 11일에는 사설 「무법. 무질서를 통탄한다」를 통해 치안당국의 무능과 무성의를 질타했다. 비록 사이비 시비가 있긴 하지만 박태선 신도들은 외피로는 엄연

수천여 명의 난동자들은 2백여 경찰의 경비망을 뚫고 동아일보사 1층 영업국, 2층 총무국과 중역실, 3층 편집국의 집기 및 공장 일부를 파괴하며 미친 듯이 날뛰었다. 증파된 경찰들이 최루탄까지 발사하여 10시 경에야 그들을 겨우 해산시켰는데, 피체된 인원만도 1천 여에 이른다고 했다.

왜 이토록 그들이 격분했을까. 박태선은 자신이 '성화^{聖火}'를 창출했다고 그 사진을 공개, 대대적으로 선전했는데, 『동아일보』는 이걸 『과학수사 연구소 얘기』라는 제목의 시리즈를 내보내다가 12월 7일 자에 9회째 기사로 「말 없는 증거물」이란 제목의 기사에서 '성화'란 얼마든지 손쉽게 조작할 수 있다며 그 사진과 함께 이렇게 썼다.

극히 초보적인 사진 감정이었으나 과학수사연구소에서는 다음과 같은 사진 감정을 한 적이 있다.

1960년 8월 경 그때는 세칭 'P 장로사건'이 떠들썩한 때였다. 종교계의 이단자와도 같은 P 장로는 그의 종교가 '사교'라는 비난을 받은 끝에 감옥에 간히는 몸이 되어버렸다.

일반 상식으로는 온갖 믿지 못할 일이 법정에서 마구 폭로되는 가운데서도 더욱 사람들의 이목을 끈 것은 소위 '성화' 사진이었다.

이 성화는 P 장로가 신도들이 기도를 올릴 때 일어난다는 것으로 P 장로 자신의 눈에는 똑똑히 보이지만 믿음이 부족한 신도들은 볼 수 없다는 것이다.

P 장로는 자기의 성스러운 영감²을 증명하기 위해 성화가 일어나는 순간 김세연^{가명, P장로 신도}이라는 사진사로 하여금 사진을 찍게 하였다.

그 사진에는 기도 중인 신도들 머리 위에서 번개와 같은 성화가 일어나는 광경이 똑똑히 나타나 있었다.

히 기독교를 표방했기에 이승만 정권 때부터 야당지였던 동아일보사로서는 이 사건을 계기로 싸잡아 난타한 것으로 보인다.
번거롭게 각주 따위를 생략한 채 『동아일보』의 기사와 사설을 중심으로 이 사건의 경과를 정리했다.

바로 이 사진이 문제가 되었다.

P 장로사건을 수사 중이던 경찰은 김 사진사가 현상과 인화한 성화 사진 7매를 과학수사연구소에 회송하고 그와 같은 사진을 인위적으로 조작할 수 있는지 여부를 감식 의뢰하였다.

과학수사연구소에서는 첫눈으로 그 사진의 조작된 것임을 알 수 있었다고 한다.12.7「말 없는 증거물」

이어 이 기사는 조작의 증거를 위해 창경원의 흥행단체 공연장에서 군중의 사진만 먼저 찍은 후 거기에다 어둠 속에서 전등을 마구 흔들어 대며 찍은 사진의 원판을 합쳐서 인화하여 P장로의 사진보다 멋지게 만들었다는 것이다. 김 사진사 자신도 위조했음을 경찰에서 밝혔다는 것을 기사는 말미에서 썼다.

이 기사를 본 박태선 신도들은 처음에는 기사 취소를 요구하다가 거절당하자 평소에도 동아일보사가 자신들에 대해 비판적이었음을 상기하여 난동을 부린 것이다.

이 난동으로 동아일보사는 사원 4명의 부상, 총무국과 업무국의 서무용품과 40년이나 보관해온 장부 일부가 분실당했고, 편집국의 일부 집기와 차량 3대, 공무국의 특호활자함이 파괴되고, 조사부와 출판부의 보관지 일부 등의 분실로 엄청난 피해를 입었다.

어떤 신앙이든 믿을 자유가 있지만 그건 특권이 아님을 이 사건은 명백히 보여주었다.

후일담으로는 박태선의 장남 박동명이 1970년대에 유명 여배우와 여가수들과 향락에 빠져 사회의 지탄을 받던 '7공자'란 술어까지 유행케 하면서 신앙이란 무엇인가를 자성토록 만들기도 했다.

제10장

광야에서
생각하는 백성
외친 선지자 함석헌

1. 신천옹, 바보새 함석헌 옹

이승만이 경무대를 떠나면 나라가 망한다고 자유당 추종자들은 포악질했다. 박정희 군사 독재와 유신통치가 무너지면 적화된다고 공화당 신봉자들은 으름장을 놨다. 전두환 쿠데타를 찬양하던 무리들은 그의 결단이 위기의 한반도를 구했다고 찬양했다. 박근혜가 탄핵당하면 공산화 된다고 태극기를 든 친박 세력은 기세가 등등했다. 그들은 다 대통령 직에서 물러났으나 한국은 여전히 건재하고 우리 민족은 생생하다. 이 네 전직 대통령 중 제 임기를 간신히 채운 건 고작 전두환뿐이었으나 그는 역사의 지탄을 받는 대상이 되었고, 나머지 셋은 임기를 못 채우고 쫓겨났으며, 한 명은 자신이 가장 믿었던 측근으로부터 그리 아름답지 못한 연회석에서 피격당해 비명횡사했다.

그런데도 그들을 찬양했던 몽매한 사람들은 여전히 이 생생한 역사적인 진실을 외면한 채 의연히 1950년대의 보리고개 시절의 뇌세포를 그대로 간직한 채 독재자를 찬양하고 민주주의 세력을 빨갱이로만 보는 사시안을 뽐내고 있다.

이런 몽매한 시대일수록 선지자는 되살아나기 마련인데, 분단 한국사 역시 마찬가지다. 많은 찬연한 민족 지성사는 필화사건으로 그 시비곡직을 가려주고 있는데, 그 중 심정 속에서 옹翁자를 붙일 만한 인물은 딱 둘이 있다. 한 분은 이미 우리가 앞에서 만났던 김창숙 옹이고 그 두 번째 인물인 함석헌 옹을 이제 만날 때가 되었다.

함석헌咸錫憲, 1901~1989 옹은 지금도 저승에서 가슴을 치며 우리들에게 「생각하는 백성이라야 산다」라고 우렁찬 수탉으로 계명산천鷄鳴山川을 절규할 것이다.

과연 우리는 생각하는 백성일까!

함석헌 옹은 자신을 바보새로 불렀다. 바로 신천옹信天翁이라는 새다. 거위보다 큰 몸에다 편 날개가 3미터나 되어 날아다니길 잘 해 '태평양의 제왕'이란 별명을 지닌, 주로 대양에 서식하는 이 새는 그 겉보기와는 달리 "고기를 잡을 줄은 몰라서 갈매기란 놈이 잡아 먹다가 이따금 흘리는 것을 얻어 먹고 살기 때문"에 '바보새'란 이름도 갖고 있다.

함석헌은 자신을 일러 신천옹이라 했다. "마음은 푸른 하늘에 가 있으면서 밥벌이 할 줄은 몰라 여든이 다 되어 오는 오늘까지 친구들의 호의로 살아가니 그 아니 바보새"냐는 게 그 사연이다.[1]

함 옹 자신은 바보새인 걸 더 구체적으로 이렇게 보충해준다.

> 의사를 배우려다 그만 두고, 미술을 뜻하다가 말고, 교육을 하려다가 교육자가 못 되고, 농사를 하려다가 농부가 못 되고, 역사를 연구했으면 하다가 역사책을 내던지고, 성경을 연구하자 하면서 성경을 들고만 있으면서, 집에선 아비 노릇을 못 하고, 나가선 국민 노릇을 못 하고, 학자도 못 되고, 기술자도 못 되고, 사상가도 못 되고, 어부라면서 고기를 한 마리도 잡지 못 하는 사람.[2]

이에 대하여 "만약 우리가 한 인간의 성공과 실패를 그가 살았던 시대에 한정시켜 평가한다면, 예수 역시 실패자, 패배자라고 할 수 있다"라는 말로 반격의 참호를 확보할 수도 있다.[3]

공자를 '상가집의 개'로 평가했던 사마천의 현실주의 역사관을 느끼게 하는 대목이다. 사적으로 보면 아버지는 징역 중 잃었고 어머니는 북한에 남겨둬 생사를 모른 채 타계한, 55세에 처음으로 자기 집이랍시고 가져본, 고기

1 김성수, 『함석헌 평전』, 삼인, 2011, 195쪽에서 재인용. 이하 책명은 생략하고 쪽수만 표기함. 재인용은 함석헌의 글이며, 이 말이 없는 건 『함석헌 평전』의 것임.
이밖에 함 옹의 전기는 ① 김용준, 『내가 본 함석헌』, 아카넷, 2006; ② 김삼웅, 『저항인 함석헌 평전—싸우는 평화주의자 함석헌의 거대한 생애와 사상』, 현암사, 2013; ③ 이치석, 『씨알 함석헌 평전—혁명을 꿈꾼 낭만주의자』, 시대의 창, 2015 등이 있다.
2 김성수의 책, 196쪽 재인용.
3 위의 책, 197쪽. 이건 함 옹 자신의 말이 아닌 김성수가 함옹을 비호하려는 취지로 한 말.

못 잡는 새에 다름 아니기도 하다. 그러나 한 인간에 대한 평가는 타자와 역사적인 흐름에 의하여 서서히 이뤄진다.

함석헌 — 그는 자신이 부정한 그 모든 것 이상이었다. 그는 신앙인에다 종교 철학자요 사상가였으며, 학자에다 예언자요 문학인이었다. 그는 민주화운동가이자 통일 일꾼에다 노동운동가이기도 했다. 분단 이후 함석헌만큼 모든 분야에 걸쳐 다각적인 활약을 했던 인물도 흔치 않을 것이다. 민족 주체론적인 정신사적인 족보를 만든다면 아마도 원효나 다산, 단재 같은 반열에 그를 올린대도 망발은 아닐 것이다. 진실로 위대한 것은 바보와 통하는 셈이다. 그가 들판에서 한낱 먹이나 잡는 새였다면 아무도 그 울음소리를 기억하지 못할 것이다. 그의 슬픈 울음은 바보새였기 때문에, 그리고 저 옛 선지자들처럼 빈 들판, 광야에서 홀로 울부짖었기에 세인의 심금을 울릴 수 있게 된 것이다.

1901년 평북 용천군 부라면 원성동(사자섬)에서 한의사인 아버지 함형택과 글은 몰랐지만 도리에 밝은 어머니 김형도 사이의 맏아들로 함석헌은 태어났다. 7남매 중 "위와 아래 둘은 낳자마자 곧" 죽어버려 2남 3녀로 아들로는 맏이였다.[4]

어린 시절 함석헌은 겁 많고 부끄럼을 타는 내성적인 아이여서 또래 사내아이들과 싸움이나 다툼을 해 본 일이 별로 없었다. 집안은 제사를 지냈던 전통적인 유교문화를 지켰기에 함석헌은 소년 시절에 혼자 교회엘 다녔고,

---

4   한길사, 『함석헌 선집』 5권, 『죽을 때까지 이 걸음으로』, 1996, 343쪽.
    함석헌 관련 연구단체나 기념사업회 등은 워낙 다양한 데다 각 단체와 회마다 뚜렷한 가치관과 관점이 다르다. 그런데 함 옹의 저작은 너무 방대할 뿐만 아니라 텍스트도 여러 종이기 때문에 정본을 정하지 못해 선집조차 못 나오던 차에 한길사가 제일 먼저 이 작업에 손을 대서 나온 게 『함석헌 선집』으로 제1권 『뜻으로 본 한국역사』를 1983년에 출간하면서 연차적으로 냈다.
    그런데 연구자들이 보다 정확한 텍스트를 열망해서 한길사가 2016년부터 새로운 『함석헌 선집』 제1권 『씨알의 소리』를 출간, 연차적으로 내고 있다.
    이 글은 필자가 편의상 한길사의 첫 『함석헌 선집』을 텍스트로 사용했기에 착오 없기를 바란다.

기독교계 덕일 소학교를 나왔다. 평양고보 시절에는 교회엘 나가면 모두들 놀려대는 풍조여서 교회에는 안 다녔지만 재학 중 황득순과 결혼[1917], 3·1운동 참가로 자퇴하고 오산학교五山學校로 옮기고서야[1921] 열심한 기독교 신자가 되었다.

이 시기의 함석헌은 '생각하는 기독교 청년'의 성장기인 제1기에 해당된다. 이 시기에 함석헌에게 깊은 영향을 끼친 인물은 오산학교 시절의 이승훈과 류영모가 있다.

오산학교는 교주였던 남강 이승훈南岡 李昇薰, 1864~1930의 운명과 함께했다. 평북 정주의 가난한 집안에서 태어나 어렸을 때 부모를 잃은 이승훈은 16세에 놋그릇 가게 점원에서 행상을 거쳐 공장 경영인이 되어 부자로 편히 살 수 있게 되었다. 그러나 자신이 겪어본 못사는 사람들의 처지를 생각하여 노동자의 신분과 계급을 가리지 않고 편안하게 일할 수 있도록 노동 환경을 개선하는 등으로 품질은 더욱 좋아지고 사업은 날로 번창해져 세계무대로 나갈 원대한 계획을 세웠으나 1904년 러일 전쟁이 일어나면서 파산의 위기를 맞았다.

거기에다 나라까지 위험해져 을사늑약[905]을 체결했다는 소식이 떠돌면서 중년의 처지에서 독립운동을 위해 민족교육에 이바지하기로 결심하고 평북 정주에다 세운 게 오산학교[1907]였다. 그러니 민족해방투사를 양성하고자 세운 학교였기에 사관학교에다 훈련원이며, 정치학교에다 인문중학교와 특수 모범자 양성소 역을 두루 수행하는 학교였다. 남강 이승훈은 교과와 상관없이 민족정신을 고취했다. 그는 전국을 통틀어 훌륭한 교사를 모셔와 자신의 이상이 실현되기를 간절히 바랐다.

그러나 나라를 통째로 삼킨 일제의 강제병탄[1910] 이듬해에 평안도의 강력한 독립운동 주체였던 기독교계와 신민회 인사들을 105명이나 구속한 세칭 105인사건에 연루되어 체포되자 오산학교는 경영이 어려워졌다.

그러자 부득이 학교를 살리고자 기독교계에 손을 벌려 이승훈의 기독교와는 다른 기독교 신앙 바람이 들이닥쳤다. 함석헌이 입학[1921]하기 훨씬 전인

1910년대의 오산학교 풍속도를 알기 위해 잠시 춘원 이광수가 교사로 몸담았던 체험기를 살펴보기로 한다.

2. 이광수, 오산학교 교사가 되다

천애 고아로 동학 접주의 사동으로 들어갔던 인연으로 이광수李光洙, 1892~1950가 일진회의 장학금으로 도일, 메이지明治학원 보통부5년제를 졸업1910하고는 바로 이승훈의 부름에 따라 오산학교에 가려고 평북 정주의 고읍역古邑驛에 내린 건 1910년 4월이었다. 역에서 학교까지는 10리 거리였다. 이승훈 자신과 학생 백여 명이 이광수를 환영차 맞았다. 이광수는 유학 중이던 1909년에 안중근 의사의 의거로 한껏 민족의식에 고무된 상태여서 귀국선을 탔을 때 "배가 부산에 입할 때에 나도 조국의 산천을 바라보고, / '아아 조국의 강토야 / 그 속에 이천 만 동포야 / 나는 너를 안으려고 돌아온다.' / 하고 결심하고 맹세하였다"던 터라 실로 감격스러웠다.[5]

이승훈이나 이광수가 다 정주 출신이라 지리에는 익숙했다. 오산학교는 교사가 4, 5인에 2백여 학생이 있었는데, 학생 중에는 20세에서 30세에 이르는 성인들도 많아서 18세의 소년 이광수보다 더 성숙했다. 고아로 살았던 그는 동료 교사의 누나청상과부가 중매를 서서 백혜순과 결혼7월했으나 철없이 중매해 준 청상과도 불륜관계를 지속했다. 이광수가 이러는 동안에 바로 8월에는 일제 강제병탄이 이뤄져 졸지에 나라 없는 백성이 되어버린 데다 오산학교도 더욱 어려워졌다.

이광수는 신혼살림 집을 이승훈 교주의 헛간을 수리하여 들어갔다. 학교 일보다 외부일이 더 바쁜 이승훈은 어린 이광수에게 학교 교무담당을 맡겼

---

5   원문은 이광수, 「나의 고백」에서 인용한 것이지만, 여기서는 편의상 김윤식, 『이광수와 그의 시대』 1권, 한길사, 1986, 238쪽에서 그대로 인용했음. 이 항목에서는 다 이 책에서 그대로 인용한다.

고, 그는 잘 처리해 나갔지만 경영의 어려움에는 속수무책이었다.

그래서 이승훈의 나라 우선 교육의 학교는 신앙 우선 학교로 서서히 탈바꿈 되어갔고, 여기에다 마을의 교회 목사까지 오로지 신앙만을 강조하는 통에 이광수의 민족의식은 한껏 긴장상태에 내몰리게 되어버렸다.

바로 이런 지경에서 이광수의 유명한 제국주의와 닭싸움사건이 일어났다. 어느 날 집에서 쉬던 참에 밖을 보니 주인댁인 교주 이승훈의 닭은 숫자가 엄청 많은데 이광수네 닭은 얼마 되지 않은 데다 항상 교주네 닭 무리에 쫓겨 마당 한구석으로 내몰렸다. 그런데 장닭의 생리는 별나서 모든 암탉을 혼자 독차지하는 습성이었다. 라이벌이 나타나면 반드시 싸워서 이긴 놈이 진 녀석의 암탉까지 차지하는 고약한 습성이 있었다.

마침 교주네 수탉이 이광수의 수탉에게 시비를 걸어 참담한 패자로 만들어 버리자 그 수하의 암탉들 중에는 간혹 몸을 사리는 경우도 있었지만 교주네 수탉에게 다소곳이 복종하는 꼴을 보자 이광수는 참을 수 없었다. 외갓집과 고모네에게 두루 자문을 구해 수탉의 기운을 돋구는 비법인 "날 쇠고기 한 근에 구리 가루를 두 돈중을 넣어 탕을 수탉에게 먹였다." 그래서 교주네 수탉과 쌈을 붙였더니 승리했다. 이를 본 이광수는 당장 제국주의 이론에다 대입시켜 이렇게 말했다.

'흥, 제국주의다'라고 춘원은 속으로 외쳤다. 독일이 영국과 쟁패하는 시절이요, 러시아라는 중치 수탉이 또 다른 수탉 일본에 지자 더 큰 수탉 루즈벨트가 싸움을 말렸으나〔포츠머스 조약〕 그 통에 우리나라는 중치 수탉 일본의 것이 되고 말았다. 우리나라가 이것에서 벗어나는 길은 두 가지뿐이다. 하나는 요행의 길이요, 다른 하나는 정당한 길이다. 요행의 길이란 다른 수탉이 일본의 수탉을 물어뜯어 쫓는 길이다. 이 길은 물론 순간적인 것이다. 이긴 수탉이 우리나라를 또 가만히 두지 않음은 새삼 말할 것도 없다. 방법은 하나뿐이다.[6]

6   김윤식의 저서, 1권 323쪽.

역시 이광수의 두뇌는 우수했다. 그는 하학 후 강당에다 학생과 직원, 동네 목사 등을 모셔다가 일장 연설을 했다. 닭싸움 이야기를 하고는 조선이 나아갈 길은 정당한 길, 그러니까 조선의 수탉에다 날 쇠고기와 구리 가루로 끓인 탕을 먹여 일본 수탉을 물어뜯는 수밖에 없다고 설파했다! 아, 이럴 때 이광수, 참 멋졌다. 아, 이렇게 그가 한평생 살았다면 우리 민족은 얼마나 뿌듯했을까!

그는 이후부터 이 이야기를 강조하며 제국주의 세력에다 기독교까지 갖다 붙여서 싸잡아 기독교 신앙과 제국주의를 신랄하게 쏘아댔다. "가증스러운 오줌병아리 놈들은 다 죽어라! 우리는 단군의 자손이다! 너희들은 이스라엘을 버려라, 차라리 로마인을 배워라!"라고 외쳤다. 기독교인들을 똥통의 구데기라는 비하 발언도 해댔다.

그러자 차츰 목사를 비롯한 기독교 신자들과 학생들 속에서도 독실한 신자들이 이광수에 대하여 비판의 소리가 높아졌다. 이 소문이 멀리 평양 교구에까지 퍼지자 현지의 목사 실력으로는 이광수를 제압할 수 없다는 결론에서 미국인 목사를 오산학교 교장으로 내려보냈다.

조선식으로 라부열羅富悅이라고 불렀던 로버츠Stacy L. Roberts, 1881~1947 목사는 아마 일제 치하에서 드물게 보는 친조선파로 높이 평가받을 것이다. 펜실베니아에서 목사의 아들로 태어나 프린스턴신학교를 졸업1907한 직후 바로 부부가 함께 내한, 평북 선천군에서 5년간 머물면서 평안도 사투리를 그대로 익혀 '이랬디오' '저랬디오'라고 발음해서 별명이 라디오였다고 한다. 이 시기에 그는 이승훈을 알게 되었고, 그래서 오산학교도 잠시 맡게 되었지만 1913년 평양장로교 신학교수로 떠났다.

그는 1924년에는 평양신학교 교장이 되었는데, 나중 신사참배를 거부하여 일제로부터 추방당해 귀국해서 작고했다.[7]

---

7 나부열에 대한 일화는 인터넷에 많이 올라 있다. 선천 시기에 어느 겨울날 기차역 근처에서 석탄을 주워 파는 걸인이 대문 앞에서 사달라고 간청하자 로버츠는 1원을 그냥 주고는 보내려 했는데 그는 석탄을 안 받으면 돈도 받을 수 없다며 그냥 가버렸다. 로버츠가 유리창 너

어쨌든 이런 인물을 교장으로 맞은 이광수는 그와 대화를 나눌 때 비록 그가 조선어를 알지만 이광수 자신이 영어로 했다. 아마 약간 우쭐대고 싶었을 수도 있다. 그러나 거기까지였다. 로버츠의 서재는 가난뱅이 이광수가 모아온 책꽂이와는 너무나 달랐다. 영미 출판사들이 킹 사이즈로 금박을 박은 멋진 포장으로 낸 큼직한 책들이 즐비했는데, 거기에는 유럽 나라들의 언어에다 라틴어와 그리스어까지 등장하자 이광수로서는 갑자기 초라해졌다. 지식의 폭도 사뭇 달랐다. 이 광경을 이광수는 재밌게 풍자했다.

> 영어는 노루 꼬리만큼이라도 알지마는 희랍어, 라틴어는 내게 쥐뿔이요, 거북이 털이었다. 나는 그만 로버츠 목사 앞에 땅을 핥는 참패를 당하였다. 내 얼굴에서는 쥐가 일어날 것 같았다. 나는 왜 고등학교를 아니 다니고 이 시골 구속에 초학 훈장이 되었는고 하고 분통이 터질 것 같았다.[8]

이광수의 분노는 더욱 심각해진다. 슬슬 그에 대한 배척운동이 노골적으로 번졌다. 춘원은 이제 오산학교를 떠날 때가 된 것이다. 1913년 10월, 그는 3년 6개월간 정성을 쏟았던 오산학교를 떠났다. 그를 열렬히 지지하던 학생들은 그에게 뻘건 담요부터 은전까지 주었고, 멀리까지 따라 나온 학생도 있었다. 오산학교 교사로 이광수가 얻은 제자로는 단연코 외과의사 백인제白麟濟, 1899~1950를 꼽는다. 나중 백병원의 창립자이기도 한 백인제는 정주 출신으로 한국전쟁 이전까지 이광수의 주치의라 해도 될 정도로 친근한 관계였다.

오산학교를 떠난 이광수의 행적은 여기서 늘어놓을 필요가 없기에 생략하지만 이때 생생하게 겪었던 기독교 문제에 대해서는 3편이나 썼다.[9]

머로 그를 보니까 비탈길에 넘어져 석탄이 흩어지자 그걸 언 손으로 주워 담아 갔다. 이 광경을 본 로버츠는 밤잠을 설치고 이튿날 비서에게 그 사람을 찾아서 주라며 5원을 줬다고 한다.

8   김윤식, 앞의 책, 336쪽. 여기서는 '오웬 목사'라고 했으나 이 글에서는 로버츠로 고쳤다.

9   기독교에 대한 이광수의 글은 「야소교의 조선에 준 은혜」(1917.7);「금일 조선 야소교회의 결점」(1917.11);「신생활론」(1918.9~10)이다.

이광수는 기독교가 조선에 준 은혜로 ① 서양 사정을 알려준 것, ② 도덕을 진흥시킨 점, ③ 교육 보급, ④ 여성의 지위 향상, ⑤ 조혼 폐습 교정, ⑥ 한글 보급, ⑦ 사상의 자극, ⑧ 개성의 자각 등을 들었다.

이와 반대로 기독교의 결점으로는 ① 교회조직이 너무 계급적이다, ② 교회지상주의다, ③ 교역자의 무식함, ④ 너무 미신적이다. 이 말은 표현이 적당치 않은데, 미신 추방을 외쳤던 기독교가 도리어 천당 지옥설부터 기복 신앙에만 열심인 걸 지칭한 것이다.

3. 함석헌의 오산학교 시절과 그 이후

오산학교는 이제 새로운 환경을 맞게 되었다. 3·1운동에 참여했던 이승훈이 피체, 3년형을 받았고, 오산학교의 교원들도 상당수가 검거된 데다 학교와 교회가 불타버렸다. 그러나 민족의식은 누군가에 의하여 다시 살아난다. 불에 탄 지 불과 몇 달 만에 오산학교는 다시 세워졌고, 여전히 학생들은 모여들었는데, 함석헌은 1921년에 입학했다. 당시의 정황을 함석헌은 3·1 만세 후 퇴학당해 썩다가 1921년 4월에 서울의 어느 학교라도 들어가려 했으나 실패하고 도로 내려오던 길에 오산엘 들렀다. 친지의 소개로 오산학교 보결생으로 들어간 함석헌의 시선에 비친 학교 모습은 "옛날 서당이었던 기와집이 한 채 있어 그것을 사무실로 쓰고 임시로 선생 학생이 합해 손수 세웠다는 교사인데, 기와도 못 얹고 이엉을 덮었고, 교실에는 책상. 걸상이 하나도 없이 마룻바닥에 앉아 공부"를 하는 처지였다. "집이 수십 채밖에 아니 되는 촌에 4, 5백 명 학생이 모여드니 있을 곳이 없어 농갓집 사랑방, 건너방에로 끼어 욱적거리니 옴이 성하고 장질부사(장티푸스)가 나고 더럽기 한이 없었다."

그런데도 오산학교의 기백은 "첫째는 청산맹호 식의 민중정신이요, 그 둘째는 자립자존의 민족정신이요, 그 셋째는 참과 사랑의 기독정신이다." 여기에다 함석헌은 단서를 이렇게 붙였다.

> 나는 오산이 만일 미션 학교였더라면 오산이 되지 못했으리라고 생각한다. 미
> 션 학교가 아니었기 때문에 도리어 자유로운 산 정신을 살릴 수 있었다. 미션학교
> 라고 다 그렇다 할 수는 없겠지만, 매양 미션 학교가 형식적인 교리를 강요당함으
> 로 말미암아 생각이 고루하고 어딘지 뼈다귀 빠진 듯한 데가 있음을 세상이 잘 알
> 고 있다. 이것은 선교사 밑에서 일하는 사람이 그릇된 추종으로 인하여 정신의 독
> 립을 잃고, 또 재정적 독립을 못 하는 데서 오는 폐단일 것이다. 간디의 말대로 경
> 제적 독립 없이 데모크라시 없다. 오산은 경영은 늘 어려웠으나 그 대신 독립정신
> 은 잃지 않았다. 교회 학교가 아닌 대신 민중의 학교가 될 수 있었다.[10]

이듬해에 이승훈은 가석방으로 출옥. 오산학교 경영에 열과 성을 쏟았다.
이승훈은 조만식에게 경영권을 넘기려고 했지만 조선총독부는 허락지 않았
다. 이승훈이 타계[1930]하자 명맥만 유지하게 되었다.[11]

여기서 함석헌의 스승 다석 류영모多夕 柳永模, 1890~1981는 전설적인 인물로 승
화된 존재다. 다석이란 호는 저녁夕 한 끼만 먹는다는 뜻으로 나중에 붙여진
것이다. 류영모는 서울 숭례문 근처의 경성피혁상점 맏아들로 태어났다. 한
학을 깊이 배운 그는 YMCA 한국 초대 총무김정식로 인해 개신교에 입문해
연동교회에 다녔다. 신식학교도 다닌 그는 1910년 이승훈의 초빙으로 오산
학교에 2년간 교사로 있었으니 필시 이광수와 함께였을 것이다. 이때 그는
톨스토이에 심취하여 평화사상을 익혔다. 더 공부하고자 도쿄 물리학교에
서 수학 중 신앙의 정수를 깨달아 출세를 멀리하고자 결심하여 1년 만에 귀

---

10 한길사, 「한길 그레이트북스 150」, 『인간혁명 — 함석헌 선집』 3, 2016, 483~488쪽. 이 '선
    집'은 한길사의 신판이다.
11 오산학교는 8·15 후 그 전통과 이념을 되살렸으나 한국전쟁 후 부산으로 옮겼다가, 서울 수
    복 후 용산구 원효로에 자리 잡았다가 1956년 서울 용산구 보광동에 터를 잡아 현재까지 이
    어 오고 있다.

국해버렸다.

1921년 조만식의 후임으로 오산학교 교장을 1년간 지냈는데, 이때가 바로 함석헌이 제자였다. 함석헌은 스승으로부터 참 신앙과 톨스토이 사상, 노자 등의 중요성을 익혔다.[12]

함석헌은 도일[1923], 동경고사[동경고등사범학교] 문과 일부를 졸업[1928] 했는데, 가장 절친했던 학우가 김교신[金教臣, 1901~1945]이었고, 그의 소개로 만난 게 무교회주의자 우치무라 간조[內村鑑三, 1861~1930]였다. 우치무라는 미국유학까지 했지만 유럽식 기독교가 아닌 일본식 기독교를 주장하면서도 1891년 일본이 천황의 절대권력를 국가정책의 기본으로 삼고자 만든 '교육칙어[教育勅語]' 봉독식[이 칙어 옆에는 천황의 사진]에서 일본식 숭배의 절을 하지 않은 불경사건에 걸려 국수주의자들로부터 테러의 표적이 되었다. 이로써 아내와 자식을 잃은 데다 교직에서도 쫓겨났다. 그러나 우치무라의 사상은 인기가 높아 일본에서는 물론이고 한국에서도 함석헌과 김교신을 비롯하여 많은 존숭자가 있었다.

일본에서 귀국한 함석헌은 모교 오산학교 교사[1928~1938]로 있었다. 주요 담당 과목은 역사였다. 당시 함석헌의 별명은 '함 도깨비'로 모르는 게 없다는 소문이 자자해서 인근 학생들이 찾아가곤 했는데, 어린 장준하도 친구들과 그를 보러 갔다고 한다. 당시 오산학교 학생들은 거친 학생 소동이 잦았는데 한번은 미운 교사를 혼내 주겠다고 교무실로 쳐들어갔으나 이미 다 피신 해버리고 함 도깨비 혼자 남아있어 그에게 손찌검을 저질렀다. 그때 함석헌은 피하지 않고 두 손으로 눈을 가리고 있었는데, 나중에 제정신이 든 학생들이 정작 패주고 싶은 선생이 아닌 함 도깨비를 그렇게 한 게 미안해서 사죄하며 왜 그때 눈을 가렸느냐고 물었다. 이에 스승은 답했다.

"나는 아직 수양이 모자라서 성인들 같이 너그러울 수가 없어, 맞은 것이야 별것

---

12 류영모에 읽힌 사건과 일화는 너무나 많기에 여기서는 생략하고, 그의 사상을 이해하기 위한 자료로 다석학회 편, 『다석강의』, 현암사, 2006,만 소개해둔다. 그는 나중 월남한 뒤 52세에 해혼식(解婚式)을 하고는 부부관계를 끊고 도인처럼 일생을 살았다.

아니지만 나를 때리는 학생이 누군지 알면 앞으로 그 학생을 대할 때마다 마음이 좋을 수가 없는 게 아닌가. 그래서 나에게 손찌검을 하는 그 학생의 그 얼굴을 안 보려고 눈을 가린 것이지."[13]

이에 제자들은 감읍했다는 일화는 유명하다.

함석헌은 김교신과 유학 중에 시작했던 동인지『성서조선聖書朝鮮』에 관여하며, 자신의 글『성서적 입장에서 본 조선역사』[1932~1933]를 연재했다.[14]

원래 이 동인지는 유학 때 우치무라 간조의 무교회주의 신앙을 배운 김교신, 함석헌, 송두용 등이 스기나미 마을杉並村에서 '조선성서연구회'를 결성하면서 첫 걸음을 내디뎠다.[15]

1927년에 창간한『성서조선聖書朝鮮』은 동인들이 각자의 일에 매달리다 보니 저절로 김교신 혼자의 몫이 되어 꾸준히 발간하다가 1942년 3월호에 쓴 권두 칼럼「개구리의 죽음을 슬퍼함弔蛙」이란 글이 검열에 걸려 강제 폐간당했을 뿐만 아니라 김교신, 함석헌, 송두용과 김교신의 수제자 류달영柳達永, 1911~2004과 장기려張起呂, 1911~1995 등과 독자 300여 명도 검거됐다. 너무나 가혹한 처사였다. 일제가 최후의 발악을 할 때라 걸려든 것이다.

"작년 늦은 가을 이래로 새로운 기도 터가 생겼다."로 서두를 뗀 이 칼럼형

13   김삼웅,『저항인 함석헌 평전─싸우는 평화주의자 함석헌의 거대한 생애와 사상』, 현암사, 2013, 90쪽.
14   함석헌의 기독교적인 민족사관을 가장 잘 반영한 이 글은 애초에는 유물사관을 비판하면서 민족정신의 주류를 유교와 불교 중심의 시대에서 기독교 중심으로 바뀌었다는 관점이었다. 그래서 8·15 이후『성서적 입장에서 본 조선역사』(성광문화사, 1950(1954년 개정 증보판))를 펴냈으나, 한국전쟁과 이승만 독재를 겪으면서 기독교조차도 민족 수난사에 대응하지 못했다고 평가하면서 씨알 주체의 민중적 민족사관을 주장하면서 이 저서의 제목을『뜻으로 본 한국역사』(1961)로 바꿔버린 후 다시 증보판(1965)을 낸 게 오늘에 이르고 있다. 함석헌은 민족사의 정통을 고조선-고구려 정통이라고 보았다.
15   송두용(宋斗用, 1904~1986)은 일본 유학 때 동경농업대학에 다니며 우치무라의 문하생이 되어 김교신과 함석헌을 만나게 되었다. 그는 학업을 중단하고 귀국, 무교회주의 신앙운동에 참가하면서도 오류동에 정착, 무산아동 교육에 진력했다. 영동 갑부 집안의 후계자였던 그는 많은 재산을 하나님의 소유물로 여겨 오로지 가난한 사람을 위한 선행에 바쳤다.

서정문은 "가느다란 폭포 밑에 작은 연못을 형성한 곳에 평탄한 반석 하나가 연못 속에서 솟아나 한 사람이 꿇어앉아서 기도하기에는 하늘이 마련해준 성전이다"라고 그 기도 터를 밝혔다. 그 연못 속에 바위 색으로 보호책을 이룬 개구리들이 늦가을부터 움직임이 둔해지더니 얼음이 굳어지자 안 보이게 되어버렸다. 그들이 제발 얼음 밑에서 무사하기를 빌면서 봄을 맞게 되었다. 행여 그간 겨울을 견뎌냈나 싶어 살펴보니 "오호라, 개구리 시체 두세 마리가 연못 꼬리에 둥둥 떠다니고 있지 않은가!"

필시 "지난 겨울의 비상한 혹한에 연못의 적은 물이 밑바닥까지 얼어서 이 참사가 생긴 모양이다. 예년에는 얼지 않았던 데까지 얼어붙은 까닭인 듯. 얼어 죽은 개구리의 시체를 모아 매장하여 주고 보니 연못 바닥에 아직 두어 마리가 기어 다닌다. 아, 전멸은 면했나 보다!"라고 이 글은 끝맺는다.

일경은 『성서조선聖書朝鮮』 동인들이야말로 종교의 허울을 쓴 '조선의 악질'로 종교를 위장한 조선의 민족정신으로 몇 백 년 후라도 독립할 터전연못을 마련해두려는 속셈이라며 기소했다. 김교신을 비롯한 거의 모두가 다 1년 형을 받아 서대문형무소에서 옥고를 치렀다. 김교신은 서대문형무소에서 옥고를 치른 후 환경공해로 악명높은 흥남 질소비료공장의 노동자들을 위해 봉사하다가 발진티브스에 걸려 8·15 석 달 전에 타계해버렸다.

이 사건에 연루당해 투옥됐던 장기려는 일생을 의료 봉사로 헌신했고, 류달영은 후진 한국의 농촌개발의 선구자가 되었다. 둘 다 일생을 미담으로 살다 간 인물로 진정한 신앙이란 이런 경지임을 일깨워주었다.

함석헌은 1938년 창씨개명과 일본어로 강의하는 걸 거부해서 오산학교 교직을 버리고 2년간 오산에 머물며 과수원 일을 하면서 학생들과는 계속 만났다. 그러던 중 함석헌은 예상치 못했던 평양의 송산고등농사학원1940.3을 맡게 되었다. 명칭만 보고는 잘 이해가 안 되는 이 학원은 1935년 10월 평남 대동군 송산리에 창립된 사설 농업학원인데 교장 김두혁金斗爀의 주도로 이뤄졌다. 고문은 안창호, 이사는 조만식인 이 학원은 기독교에 기반한 것으로 2년간 공동생활을 통해 각종 학습과 농업실습을 겸한 교육을 실시했다. 덴마크 국민고등학교를 시범 삼은 일본의 농촌 교육운동 사례에서 익힌 운영체계였다.

김두혁은 1937년 중일전쟁 이후 일제의 탄압이 심해지자 민족주의적 농촌계몽운동의 진로 모색을 위해 1년간 일본유학을 떠났다. 그는 도쿄농업대학에서 김태훈金泰薰과 김운하金雲夏 등 동지들과 손잡고 1938년 3월 귀국, 송산고등농사학원을 중심으로 도쿄농업대학 유학생과 연계, 민족의식을 가진 농촌지도자 양성에 매진, 독립운동도 병행했다.

일본 경찰은 1940년 2월, 송산고등농사학원 관계자와 일본 도쿄농업대학 유학생들을 일제히 검거한 데다 김두혁까지 평양에서 체포하여 도쿄로 연행, 치안유지법으로 투옥시켰다.

송산고등농사학원은 여기에 그치지 않고 도쿄의 여러 대학들의 조선인 학우회와 유대를 시도하면서 특히 평북 출신 13명으로 하여금 박천친목회도 조직1938했고, 보성중학 출신은 보성동지간친회를, 80여 명의 농대생들은 계우회鷄友會를 조직하여 그 단체의 본부를 송산고등농사학원에 두었다.[16]

함석헌이 송산고등농사학원을 인수받은 1940년 3월은 이미 그 관련자들이 전원 피체된 이후라서 어수선했을 터였다. 그런데 그로부터 5개월 뒤인 8월에 앞에 언급한 계우회鷄友會사건이 터지자 함석헌은 평양 대동경찰서에

---

16 일제의 감시를 피하고자 명칭을 붙이지 않은 이 사건은 '평안그룹의 독립운동'이라 하며, 여기서 참고 삼은 것은 ①『한국민족문화대백과사전』과, ② 윤소영, 「일제강점 말기 송산고등농사학원과 김두혁의 독립운동 - 이른바 '평안그룹' 독립운동에 대한 재검토」(『한국독립운동사연구』, 2018)이다.
이 자료에 의하면 이 조직의 기본 강령① 조선으로 하여금 일본 제국의 기반으로부터 이탈하게 하여 독립을 도(圖)하며, 국내에 민주공화국을 건설하여 조선 고유의 문화를 뚜렷이 나타내고, 세계 문화와의 교류로써 조선 민족의 행복을 증진할 것, ② 조선 민족의 의식을 앙양시키며 민족 대동단결에 의한 조선민족해방운동을 전개할 것, ③ 농민계몽운동에 중점을 두고 실천을 제일로 한 방법으로서는 기설(既設) 교육기관에 들어가거나 또는 계몽기관을 창설하여 교육 훈련에 힘쓸 것, ④ 각종 차별 문제를 들어 민족 대중의 불평불만을 터트려서 민족의식 앙양에 힘쓸 것, ⑤ 동화정책을 배격하고 관청에 취직하지 않도록 선전할 것, ⑥ 송산고등농사학원을 독립운동본부로 할 것 등이라고 한다.

1년간 구치시켜 버렸다. 구체적인 관련은 없지만 송산고등농사학원을 인수받은데 대한 보복조처였을 것이다.

석방된 이듬해[1942]에는 위에서 봤듯이 김교신의 『성서조선聖書朝鮮』사건이 일어나 함석헌은 바로 서울로 연행당해 1년간 미결수로 복역하다가 불기소 처분으로 석방된 게 1943년 3월이었다.

향리에서 건강회복과 농사에 전념하다가 맞은 8·15는 그에게 새로운 도전을 시도케 했다.

4. 절망의 8·15, 그리고 월남하여 들사람 되다

8·15를 맞은 함석헌은 고향에서 용암포 등 지역의 지치위원장이란 별로 어울리지 않을 것 같은 감투를 잠깐 썼다가 이내 평북 자치위원회 문교부장[1945.9]이 되었다. 이미 소련군정 체제가 자리를 잡아갔고 김일성 중심의 정권수립이 암묵적으로 추진된 때였다. 이처럼 한반도 남북이 미국과 소련에 의하여 농단당하자 남북이 다 대혼란에 빠져들었고, 이런 틈에 국민의 여망을 받았던 지도자들이 남북에서 연이어 비명횡사당하는 비극이 일어나던 때였다. 남에서 미군정에 반대했던 민족주체 세력들이 항거했듯이 북에서도 소련군정에 반대하는 세력들이 일어났다.

가장 저항이 격렬한 지역의 하나였던 신의주에서는 학생들이 일어나서 엄청난 충격[1945.11]을 던졌다. 이에 평북 문교부장이 무사할 수는 없었을 터였다. 아니 함석헌은 도리어 학생들을 지지했던 입장이어서 그는 소련군 사령부에 의해 체포되었다. 50일 간이나 갇혀 있다가 석방된 그는 다시 자신의 본 모습인 들사람이 되어 고향에서 조용히 농사에 전념했으나 1946년부터 시작된 토지개혁으로 농사도 제 뜻대로 못 짓게 되었고, 결국은 또 구속[1946.12.24]됐다.

한 달 만에 풀려난 그는 바로 월남할 채비를 갖춰 단행[1947.3.17]했다. 38선을 넘으며 그의 뇌리는 지난 시절의 여러 사건들이 스쳤을 것이다. 그 중 징역살이 한 것만도 도쿄 유학 중 대지진 때 하룻밤 유치장 신세[1923]를 서두로, 오산학교 교사 때의 독서회사건으로 일주일간 정주 경찰서 구치, 송산리 농사학원 때 계우회鷄友会사건으로 1년 형, 1942년『성서조선』사건으로 1년 형, 8·15 후 신의주 학생사건으로 2차에 걸쳐 수감당했던 일들이 스쳤을 것이다. 대체 이런 고통으로 무엇을 얻었던가. 고작 분단된 조국에서 이제 정든 고향을 떠나 남으로 떠나고자 그런 고투를 겪었던가.

함석헌은 이때부터 수염을 깎지 않게 되었다고 전한다. 이제 온전히 들사람으로 신분증을 갱신할 수 있게 되었다. 그러나 북에서 생각했던 것처럼 남한도 들사람으로 살기에는 쾌적하지 않음을 이내 간파한 함석헌은 나름대로 보람 있는 삶을 찾아냈다. 서울 YMCA강당에서 일요 종교집회를 열어 신앙심을 나누기도 하고, 성경공부 모임안병무, 김용준, 김동길 등이 대학생으로 참여을 꾸려가는 한편 스승 유영모에게는 노장老莊을 배우며 소일하던 신천옹에게 한국은 타락한 신앙적 소돔과 고모라로 보였다.

이 성경모임에 모였던 안병무安炳茂, 1922~1996, 김용준金容駿, 1927~2019, 김동길金東吉, 1928~2022은 저마다 전공과 진로가 달랐지만 한국 사회에 큰 영향을 끼쳤다. 일요일에 했던 이 모임은 오후 2시부터 시작하면 날이 저물 때까지 할 정도로 함석헌은 열성을 다했다고 전한다.

한국전쟁 때 함석헌은 부산으로 피란, 시집『수평선 너머』[1953]를 냈다.[17]

이 시집은 오랫동안 함석헌이 갈고닦아오던 학문과 신앙과 역사와 민족관과 인생론이 어우러진 명상의 화랑처럼 펼쳐진다.

맑은 꽃 / 골짜기 피는 난 / 썩어진 흙을 먹고 자라 / 맑은 향을 토해 // 맑은 시

---

17 함석헌 시집『수평선 너머』는 "본래 나 홀로나 하는 소리요, 소수의 흠 없는 벗에나 알려주잔 것이지, 공개하잔 생각이 아니었다. 그 일부분 부분이 연전 개성에서『영원의 젊은이』라 하여, 공주에서『장작불』이라 하여, 대전에서『기러기』라 하여 나왔던 일"이 있다고 밝혔다.(1953년 출간 시집『수평선 너머』의「머리말」). 이 시집은 수정 보완판으로 1961년 일우사에서 재출간됐다.

내 / 흐느적이는 바람에 부서지는 냇물 / 환란이 흔들면 흔들수록 / 웃음으로 노래 해 // 맘은 구름 / 푸른 하늘에 흘러가는 구름 / 한 때 한 곳 못 쉬건만 / 늘 평안한 자유를 얻어 // 맘은 높은 봉 / 구름으로 눈을 닦는 빼어난 바위 / 늘 이기건만 늘 부족한 듯 / 언제나 애타는 얼굴을 해 // 맘은 호수 / 고요한 산 속에 잠자는 가슴 / 새벽 안개 보드라운 속에 / 헤아릴 수 없는 환상을 길러 // 맘은 별 / 은하 건너 반짝이는 빛 / 한없이 먼 얼굴을 하면서 / 또 한없이 은근한 속삭임을 주어 // 맘은 바람 / 오고 감 볼 수 없는 하늘 숨 / 닿는 대로 만물을 붙잡아 / 억만 가락 천의 소리를 내 // 맘은 씨알 / 꽃이 떨어져 여무는 씨의 여무진 알 / 모든 자람의 끝이면서 / 또 온갖 병상의 어머니 // 맘은 차라리 처녀 / 수줍으면서 당돌하면서 / 죽도록 지키면서 아낌없이 바치자면서 / 누구를 기다려 행복 속에 눈물을 지어.「맘」전문

유심론자 함석헌의 총체적인 사유의 출발점을 묘사한 이 시는 형식을 가다듬으면서도 사유를 분방하게 개방한다. 함석헌의 모든 생각은 바로 여기서 형성된다. 그래서 자신이 추구하는 이상의 세계를 '그대'로 상징하여 "그대는 한 송이 꽃인가"「그대는 한 송이 꽃」의 서두라고 묻는다.

시집 전체에 산재해 있는 '그대'는 '님'과 같은 개념으로 여기에는 피끓는 함석헌 자신의 영원한 이상향이자 신앙의 원형이며 또한 지극히 세속적인 여성에 대한 연정까지 두루 상징하는 것으로 읽힌다.

그의 격정은 청년시절이나 만년에 이르렀을 때나 큰 변모가 없을 만큼 자신의 열정으로 남을 감동시키는 진동력이 강했는데 이 시집도 그런 함석헌의 진동력이 전편을 흐른다. 그래서 그에게 생이란 '으뜸'을 향한 경주에 다름 아니다.

"삶은 내기다. 으뜸이 되잔 것이 삶의 바탈이요 겨냥이다"로 첫 행을 시작하는 시 「으뜸」에서 그는 이렇게 썼다.

삶은 올라감이다. 생은 경쟁이다. 으뜸이 되잔 것이 생의 뜻이다.

지하실의 콩나물도 서로 먼저 고개를 들려 하고 똥간의 구더기도 제각기 먼저 기어들자 야단이다.

맵시 내기,

뽐내기,

수내기,

그러나 타고난 걸, 주어진 걸, 명인 걸 어떻게 하나?

그 하나 하나에 있어서도 아니되는 으뜸을, 하물며 그 셋을 다함일까?

(…중략…)

날쌤으로도 못 오르는 으뜸의 높은 하늘,

슬기롬으로도 못 오르는 높으나 높은 으뜸의 으뜸,

나로서는 못 하는 으뜸.「으뜸」 일부 발췌

이처럼 인간 생명 자체의 본질론에 입각한 이런 유의 시는 1950년대 한국 문단에서는 누구도 상상할 수 없었던 새로운 지평이면서도 생경하다. 여기에다 함석헌은 민중사상을 노래한 작품인 「이 폐병쟁이들아」부터 민족의 아픔과 희원을 그린 「민족 염원」과 「뉘우침」에 이르면 너무나 생뚱맞게 느껴질 것이다.

왜 함석헌은 이런 시를 썼을까. 그는 온갖 역사의 풍상을 겪으면서 당대의 정상급 지성들과 어울렸지만 신앙세계라는 울타리 밖은 관심을 가질 여유가 없었다. 그는 시종 민족과 민중과 역사를 고뇌했지만 그것은 전혀 사회과학적인 고려는 포함되지 않은 신학적 범주 내에서였다. 그는 적어도 신학에서는 당대의 전위에 위치했다고도 할 수 있지만 거기서 한 발자욱만 밖으로 나가면 인문사회과학적인 온갖 방법론들이 두뇌를 통해서가 아니라 바로 역사의 현장에서 피투성이로 투쟁하고 있었다. 함석헌이 당했던 여러 번의 투옥을 검토해 보면 다 자신이 직접 행동주체로 참여했다기 보다는 그 주변에서 어정대다가 걸려든 것임을 간파할 수 있다.

이런 어정댐의 자세, 사변적인 지식인에서 함석헌은 벗어나고 싶었을 것이다. 그런 욕구가 그로 하여금 '들 사람'이란 구상으로 다가왔고, 이 시집에서도 들 사람을 주제로 쓴 작품으로 「야인」과 「들국」이 있다. 그러나 그는 몸은 들판에 섰으나 영혼은 여전히 신학과 신앙의 범주를 떠날 수 없었던 게 1950년대 초반기 무렵의 함석헌이었다고 할 수 있다.

　한국전쟁을 겪고도 그 진정한 의미를 천착하거나 밝혀내고자 하는 욕구보다는 오히려 신앙의 자세를 고민했던 게 함석헌이었고, 그래서 이 시집에서 그는 이 문제를 부각시켰다.

> 내 기독교에 이단자 되리라
> 참에야 어디 딴 끝 있으리오
> 그것은 교회주의의 안경에 비치는 허깨비뿐이니라
> 미움은 무서움 섫고 무서움은 허깨비를 낳느니라.
>
> 기독교는 위대하다
> 그러나 참은 보다 더 위대하다
> 참을 위해 교회에 죽으리라
> 교회당 탑 밑에 내 뼈다귀는 혹 있으리다
> 그러나 내 영은 결단코 거기 갇힐 수 없느니라.
> (…중략…)
> 내 즐겨 낡은 종교의 이단자가 되리라
> 가장 튼튼한 것을 버리면서 약하면서
> 가장 가까운 자를 실망케 하면서 어리석으면서
> 가장 사랑하는 자의 원수가 되면서 슬퍼하면서 「대선언」 부분 발췌

이 시는 첫 구절에서 "1953년 7월 4일" 바로 미국 독립기념일에 맞춰 발상했다고 밝히고 있다.

　그러니 함석헌은 부산 피란지에서 이 시집을 낸 뒤 그해 연말에 서울로

이사했다. 그는 서울에서 이제 새로운 영혼의 둥지를 찾아 헤맸을 것이다. 그가 서울 용산구 원효로에 집을 마련해 이사한 건 1956년이었고 이때는 이미 함석헌이 『사상계』지와 인연이 맺어진 후였을 것으로 보인다.

1957년 함석헌은 천안의 씨알 농장에 몸을 의탁했고, 여기서 그는 참 들사람의 실천적인 삶의 자세로 전환했다고 볼 수 있을 것이다. 이런 참 들사람으로서의 현실인식이 『사상계』와 맞물려 후반기의 함석헌으로 부상되었을 것이다.

5. 생각하는 백성론의 충격

이런 처지의 함석헌에게 『사상계』는 전혀 별천지였다. 안창호. 이승훈. 조만식으로 이어온 그의 정신사적인 맥락은 1950년대 중반 장준하와 만나면서 명상과 은둔의 달밤의 기도자에서 행동하는 양심의 정오의 신앙인으로 탈바꿈했다. 장준하張俊河,1918~1975의 『사상계』1953.4 창간가 독재 비판으로 전환한 것은 민주당 창당1955.9.18이후였다.[18]

함석헌이 『사상계』에 처음 기고한 글이 「한국의 기독교는 무엇을 하고 있

---

18 평북 의주에서 태어나 삭주에서 성장했다. 아버지는 장로교 목사였다. 장준하는 니혼신학교(日本神學校) 재학 때인 1944년 학도병에 강제 징집당해 중국에서 6개월 만에 탈출, 많은 난관 뚫고 충칭의 임시정부에 합류(1945.1.30)했다. 유엔군 중국전구(戰區)사령부 웨드마이어(A. C. Wedemeyer) 주도 미 전략정보국(OSS, Office of Strategic Service. 미 CIA의 전신)이 주관하는 한미합작 특별군사훈련을 받았다.
8·15 후 김구의 비서로 귀국, 이듬해에 이범석의 휘하에 들어갔으나 이내 실망, 중단했던 신학을 이어가고자 한국신학대학에서 수학(1949)한 후 이승만 정부의 문교부 국민정신계몽 담당관(1950)을 거쳐 국민사상연구원(원장 백낙준)의 기획과장, 서무과장, 사무국장 등을 지냈다. 이때 국민사상연구원이 자유민주주의 사상을 고양시켜 반공의식을 고취하려고 냈던 기관지가 『사상(思想)』(1952)이었는데 4호로 종간하자 이를 장준하가 인수하여 낸 게 『사상계(思想界)』였다.
이런 경력으로 보건대 장준하는 『사상계』 창간 초기에는 문교부의 『사상』을 그대로 따랐으나 1955년 경부터 이승만 독재에 대한 비판의식이 강해진 것이라 할 수 있다.

는가?」[1956.1]였는데, 그 내용은 바로 위에서 본 시「대선언」의 연장선상으로, 자유당식 기독교 신앙 행태한국 보수 기독교의 원형를 신랄하게 비판한 것이었다. 정동 감리교회 장로 이승만이 자유당 고위직을 교인으로 채우자 친일파들이 대거 신자로 변신했다. 6·25 후 기독교는 외세와 권력과 결탁하여 온 나라를 대부흥회장으로 몰아갔다. 참 신앙인 함석헌으로서는 견디기 어려운 신앙적 모욕이었을 것이다.

함석헌은「한국의 기독교는 무엇을 하고 있는가?」에서 한국교회를 "뚱뚱하고 혈색도 좋고 손발이 뜨끈한 듯하나, 그것이 정말 건강일까? 일찍이 노쇠하는 경향이 아닌가?" 하고 쓴소리를 내뱉었다. 함석헌이 보기에 "신사참배 문제 때에도 그랬고, 미군정시대에도 그랬고, 공산주의 침입에 대해서도 그랬고, 6·25 때에도 그랬고, 교회는 결코 이겼노라고 면류관을 받으려 손을 내밀 용기가 없는 것"이라고 주장했다.

그는 한국의 교회를 "먹을 것 다 먹고 고치에 든 누에"에 비유했다. "죽은 누에는 자기의 힘이 아닌 신비에 의하여 변화해 영광스러운 생명으로 나오는 날이 올 것이요, 그때에 이때껏 보호와 압박의 일을 기이하게 겸해 하던 집을 대번에 깨치는 날이 올 것"이라고 자기반성과 전망을 내놓았다.

"석조 교회당이 일어나는 것은 진정한 부흥이 아니"라고 하면서, 함석헌은 "그 종교는 일부 소수인의 종교지 민중의 종교는 아니며, 지배하자는 종교지 봉사하고 정진하는 종교가 아니다. 석조전이 높아가면 그 밑에, 그 눌림 밑에 산 생명의 씨가 있어 역사적 대세의 분위기를 맡아야 할 것"이라고 예리하게 지적했다.

이 글로『사상계』는 판매가 늘어났고 함석헌은 일약 낙양의 지가를 올렸다. 그러자 안병욱의 안내로 장준하가 함석헌의 집으로 찾아간 게 두 인물의 일대 전환기를 만들었다.[19]

---

19 안병욱(安秉煜, 1920~2013)은 평남 용강 출신으로 평양고보를 거쳐 와세다 대학 철학과를 졸업, 평양 광성고보에서 러시아어 교사를 지냈다. 1947년 월남, 서울고교 국어 교사를 하다가『사상계』주간(1958), 대학 교직, 미국 유학 후 숭실대 교수로 오래 재직했다. 홍

그래서 『사상계』는 계속 함석헌에게 원고를 청탁, 몇 편을 쓰다가 논쟁적인 글 「할말이 있다」『사상계』, 1957.3를 발표했다.

> 우리나라 역사는 벙어리 역사다. 무언극이다. 이 민중은 입이 없다. 표정이 없다. 사람인 이상 입이 없으리만, 있고도 말을 아니 하고 자라온 민중이다. 사람인 담에야 속이 없으리만 그 속을 나타내지 않고 온 사람들이다. 할말이 없어서일까? 아니 있다면 세계 어느 나라의 문중보다 할 말이 많을 것이다. 입으로는 할 수 없는 말을 가슴에 사무치게 가진 사람들이다. 그러면서 발표할 생각을 않았다.[20]

참으로 묘한 글이다. 함석헌의 의도는 할 말도 못하는 독재 아래서 신음하는 민중들에게 은근히 동정하면서 그들의 입을 틀어막는 정치세력을 질타하는 것인데, 이를 에둘러 표현해서 언뜻 보면 그 주제를 알아차리기 힘들다.

그런데 역시 『사상계』의 단골 필자였던 천주교 명동 성당의 신부 윤형중이 너무나 신랄하게 반론을 제기했다.

> 복음서를 손에 들고서 천당 지옥도 믿지 않는 미지근한 함 선생이요, 현실의 모든 방면에 대하여 그처럼 지독한 불평과 불만을 품고 있는 함 선생이면 복음서와 함께 그 미지근한 태도를 버리고 현행질서의 전복을 목표로 하는 공산당에 본격적으로 입당함이 여하?[21]

사단 노선에 충실했고 철학적인 에세이스트로 유명한 그의 유품은 강원도 양구군 '철학의 집-철학자 김형석과 안병욱 공동 기념관'에 보존되어 있다.

20 한길사, 『함석헌 선집』 3권, 『생각하는 백성이라야 산다』, 1996, 200쪽.

21 윤형중, 「함석헌 선생에게 할 말이 있다」, 『사상계』, 1957.5, 45쪽.
이 논쟁은 함석헌이 「윤형중 신부에게는 할 말이 없다」(『사상계』, 1957.6)에 이어, 윤형중 「함석헌 씨의 답변에 답변한다」(『사상계』, 1957.7)로 오갔다. 그러자 전태수(全泰樹)가 「나도 몇 마디 한다-함석헌, 윤형중 씨 논전을 읽고」(『사상계』, 1957.8)로 끝났는데, 여기서는 생략한다.
함석헌-윤형중 논쟁은 개신교 중 진보파 함석헌과 가톨릭 중 보수파 윤형중이 지녔던 1950

이 논쟁으로 둘 사이는 과격해져 윤형중은 함석헌의 기독교 비판에 대한 글까지 싸잡아 반박하는 단계로 번졌으나 『사상계』의 중재로 더 커지진 않았다.

이제 함석헌의 시선은 기독교계를 넘어섰다. 그는 이미 한국 민족사를 다뤄봤기에 바로 민족사의 당면 과제를 사회과학적으로 접근할 수 있었고, 더구나 사회과학자들의 시선에는 안 비치는 인간존재의 그림자까지도 그에게는 훤히 보였다.

「생각하는 백성이라야 산다」『사상계』, 1958. 8라는 글 이전의 함석헌은 심하게 말하면 사회과학적 세례를 받지 않은 신학도의 글이래도 지나치지 않을 것이다. 아직 회갑을 3년 앞둔 중늙은이 처지인 함석헌은 이 글로 감히 옹翁으로 격상시킬만한 자격을 갖춘 격이 되었다. 이제 그는 기독교계의 황야의 선지자적인 외침으로부터 일약 민족의 스승으로 껑충 뛰어오르게 되었다. 이 뒤에 쓴 함 옹의 글은 그 세련미와 비유와 은유의 현란함과 호소력이 엄청나게 발전했지만 결국 그 주제에서는 「생각하는 백성이라야 산다」의 각주에 지나지 않는다고 해도 지나치지 않을 것이다. 장준하와 계창호桂昌鎬, 편집장가 각각 두 차례나 독촉 끝에 나온 게 이 글이다. 이 멋진 제목은 마감이 임박해 계창호가 함석헌이 다 쓸 때까지 기다렸다가 제목을 못 붙인 원고를 넘겨받아 지프 차로 귀사하는 동안에 붙인 것이다.

대체 어떻게 단 한 편의 글에다 민족사가 당면한 가장 핵심적인 문제를 족집게처럼 집어서 일목요연하게 정리할 수 있단 말인가.

나라를 온통 들어 잿더미, 시체더미로 만들었던 6·25 싸움이 일어난지 여덟 돌

년대의 냉전의식을 반영하고 있다. 그러나 역사는 바뀌어 1970년대의 박정희 군사독재에 항거하던 시기에 이들은 나란히 민주화운동에 섰다. 민주회복국민회의 창립(1974.12) 때 이들은 처음 만났다. 이후 윤형중은 민주화에 항상 앞서서 1950년대의 이미지를 불식시켰음을 ①『함세웅의 붓으로 쓰는 역사기도─해방에서 촛불까지, 기억하고 기리고 소망하다』, 라의눈, 2022와 ② 김삼웅, 『저항인 함석헌 평전─싸우는 평화주의자 함석헌의 거대한 생애와 사상』은 평가하고 있다.

이 되도록 우리는 그 뜻을 깨닫지 못하고 있다. 역사의 뜻을 깨달은 국민이라면 이러고 있을 리가 없다. 우리 맘이 언제나 답답하고 우리 눈알이 튀어나올 듯하고 우리 팔다리가 시들부들 늘어져만 있어 아무 노릇을 못하지 않나? 역사적사건이 깨달음으로 되는 순간 그것은 지혜가 되고 힘이 되는 법이다.[22]

이 명문의 서두다. 이어 함 옹은 전쟁의 직접적인 원인은 "38선을 그어 놓은 데 있다"면서, 그 밑바탕에는 "로키산의 독수리와 북빙양의 곰이 그 미끼를 나누려 할 때 서로 물고 당기다가 할 수 없이 찢어진 금"이 38선이라고 해명한다. 이러매 "우리는 고래 싸움에 등이 터진 새우다."

그러나 이 독수리와 곰이 한반도에 등장하게 된 데는 일본이 있었기 때문임을 상기시키며, 결국 8·15란 '해방'이 아니라 일본 하나의 상전에다 미국과 소련까지 붙어 세 상전을 모셔야 하는 처지라고 한다. 상전이 많다는 건 우리가 주인이 아니라 남의 머슴이란 뜻이라서 함 옹은 이렇게 일갈한다.

　남한은 북한을 소련, 중공의 꼭두각시라 하고, 북한은 남한을 미국의 꼭두각시라 하니 남이 볼 때 있는 것은 꼭두각시뿐이지 나라가 아니다. 우리는 나라 없는 백성이다. 6·25는 꼭두각시의 놀음이다. 민중의 시대에 민중이 살았어야 할 터인데 민중이 죽었으니 남의 꼭두각시밖에 될 것 없지 않은가?[170쪽]

이 꼭두각시 처지를 모면하려면 우리에게는 세 가지 과업이 있는데, "하나는 통일정신이오 하나는 독립정신이요 또 하나는 신앙정신이다"라고 풀었다. 그 해결책을 위하여 함 옹은 남북 정치인에게 아래 세 가지를 물었다.

　첫째, 이것[8·15]은 참 해방이냐?
　둘째, 이 정권들은 정말 나라를 대표하는 거냐?

22　『함석헌 선집』 3권(『생각하는 백성이라야 산다』), 한길사, 1996, 167쪽. 이하 이 글에 대한 모든 인용은 다 이 책에서 하기에 각주를 생략한다.

셋째, 너희는 새 역사를 낳을 새 종교를 가졌느냐?176쪽

첫째는 참 해방이 아니라서 미·소 두 세력이 압박을 가했다는 것이며, 둘째에 대해서는 정말로 나라를 대표하는 세력이라면 아무리 미국과 소련이 간섭을 해도 "남의 참견에 휘말려 동포가 서로" 찌르고 죽이진 않았을 것이라고 했다. 셋째에 대해서는 진정한 종교가 있었다면 "아들이 아버지에게 칼을 겨누고 형이 동생에게 총"을 내밀지는 않았을 것이라면서 어느 한쪽이 쳐들어오면 "너를 대항해 죽이기보다는 나는 차라리 네 칼에 죽은 것이 마음이 편하다"라며 이렇게 말을 이어간다.

"땅이 소원이면 가져라, 물자가 목적이면 마음대로 해라, 정권이 쥐고 싶어 그런 다면 그대로 하려무나. 내가 그것을 너하고야 바꾸겠느냐? 참과야 바꾸겠느냐?" 한 사람은 없었다. 대항하지 않으면 그저 살겠다고 도망을 쳤을 뿐이다.

그것이 자유하는 혼일까? 사랑하는 마음일까? 만일, 정말 그런 혼의 힘이 국민 전체는커녕 일부라도 있었다면 소련. 중공이 감히 강제를 할 수 있었을까? 우리 속에 참으로 인해 길러진 혼의 힘이 도무지 없음이 남김없이 드러났다. 해방이 우리 힘으로 되지 않았으니 해방이 될 리 없다. 이제라도 우리 손으로 다시 해방을 해야 한다.171쪽

함 옹은 이어서 정권 담당 세력과 지배층을 국민을 배신했다고 한껏 비판한다. "형제를 죽이고 훈장이 무슨 훈장이냐?"라고 장성도 비판했다.

선거는 북진통일 구호뿐이요, '내 비위에 거슬리면 빨갱이니, 통일하는 것은 칼밖에 모르나?' "국민 전체가 회개를 해야 할 것이다"라고도 했다.

그가 가져야 한다는 종교는 기독교를 특정한 게 아니다. 그는 도리어 전쟁 중 가장 보기 싫었던 게 종교 특권층이라 비판했다.

그럼 국민은 어떤가. "국민 전체가 완전히 낙제를 했다"는 것이 그의 평가다. 그러기에 국민들에게 생각하라고 간절히 호소하는 것이다.

이 글이 나간 지 열흘이 지난 1958년 8월 8일 함 옹은 경찰이 국가보안법 위반 혐의로 구속했고, 발행인 장준하와 주간 안병욱도 연행해 조사했다. 둘은 풀려났지만 함 옹은 20일 동안이나 갇혀서 경찰에 끌려간 함석헌은 뺨을 맞고 수염도 뽑혀가며 용공혐의 심문을 받았다.

자유당은 2년 뒤의 대통령 선거[1960.3.15]에 대비해 비판세력을 겁박하려고 국가보안법 개정안을 국무회의에서 의결[1958.8.5]했는데, 이즈음에 3건의 필화가 발생했다. 함석헌은 서울시경찰국 사찰과가 구속[8.8]했는데, 그보다 먼저 언론인 장수영[張秀永, 1924~1969, 전 편집국장]도 구속[8.1]됐다. 칼럼 「도박자의 정의 Definition of Gambler」[『코리아 타임스』, 7월30일 자]가 이라크에 빗대어 한국의 반 이승만 혁명을 부추긴다는 이유였다. 둘 다 국가보안법 3조[반국가 선전선동]위반이었다. 군 장비 현대화로 2개 사단이 해체 준비를 하고 있다는 기사[『동아일보』, 8월 10일 자]를 쓴 최원각[崔元珏] 기자는 일반 이적죄[利敵罪]로 헌병사령부가 연행[8.11]했다. 『경향신문』은 두 차례[8월 15일 및 20일 자]나 사설로 "혐의를 받고 있는 것에 대한 범의[犯意]는 절대로 없었음이 명백하다"라고 공박하며, 대통령 4선을 위한 공포 분위기 조성임을 까발겼다. 한국신문편집인협회도 결의[8.16]를 거쳐 내무, 국방, 법무 3부에다 항의서를 냈다. 최원각은 이내, 장수영은 17일, 함석헌은 25일에 풀려났는데, 신천옹의 글은 인구에 회자되고 있다.

이렇게 갇혀 있으면서 함 옹은 「'생각하는 백성이라야 산다'를 풀어 밝힌다」는 글을 써서 바로 『사상계』 10월호에 실었다. 이 글에서 그는 자신이 심문당했던 문제를 낱낱이 해명해 주고 있다.

그들은 함 옹에게 종교인답게 종교적으로 쓸 것이지 왜 현실정치를 직접 다뤘느냐고 따졌는데, 이에 그는 자신은 종교적인 관점으로 썼다고 해명했다. 둘째로 그들은 국체를 부인했다고 따졌고, 이에 함 옹은 오로지 종교와 도덕적인 관점에서 국가의 소임을 다 못 하는 걸 비판했다고 답변했다. 세 번째는 정부를 비판했다는데 대해서 정부의 부정부패사건을 들어 정부가 제 구실을 못 한 걸 지적했다고 했고, 네 번째 차라리 싸우지 말고 죽더라도 참아야 한다는 데 대해서는 평화주의의 원칙을 믿는다고 응수했다. 마지막으로 군에 대한 비판 역시 참 군인의 정신을 일깨운 것으로 응답했다. 함 옹은 이 글의 마지막에서 "8월 29일, 이 글을 쓰자니 만가지 생각에 가슴이 막히고 눈물이 앞을 가려 말을 다 못 합니다"라고 끝을 맺었다. 바로 국치일이다.

함옹과 기독교 사상의 연관성에서 빼어놓을 수 없는 것은 서북지역의 기독교 신앙과 한국 현대사를 둘러싼 문제이다. 같은 기독교면서도 미국 북장로회가 선교를 맡았던 평안도는 보수적인 근본주의에 치중한 것으로 알려져 있다. 식민통치 시기부터 서울지역의 기독교 세력과 대비를 보였던 이곳은 신사참배 거부 등 근본주의를 고수한 사건으로 유명했는데, 8·15 이후 월남하여 흥사단. 천주교 세력과 손잡고 반 이승만 독재 투쟁에 나섰고, 4월 혁명 땐 잠시 집권세력으로 부상했으나 5·16은 이들을 다시 권력 주류로부터 밀어냈고, 장준하를 비롯한 이들은 반박정권의 핵심을 이뤘다.[23]

함옹이 언제부터 현실 비판적인 지성인으로 활약했으며 그 동기가 무엇이었던가에 대한 연구도 치밀한 접근을 요한다. 『사상계』와 장준하와의 관계를 도외시하곤 불가능한데, 이 잡지는 초기엔 이승만 체제 긍정과 반공, 자유민주주의 옹호가 주된 논조였다가 1956년 이후부터 반독재 논조가 강해졌다고 한다.[24]

그러나 필자가 보기에는 『사상계』를 비롯한 서북지역 출신들 상당수가

---

23 김상태, 「평안도 기독교 세력과 친미 엘리트의 형성」, 『역사비평』 여름호, 1998 게재, 참고.
안창호. 이승훈. 조만식으로 이어지는 함옹의 정신사적인 영향 역시 이런 맥락에서 검증되어야 한다. 지역감정을 부추기는 것은 아니나 장면. 강영훈. 백낙준. 김옥길. 한경직. 조영식. 장준하. 양호민. 김준엽. 신상초. 황산덕 등 각계 거물들과, 특히 『사상계』 주요 필진이거나 편집위원을 감안하면 이 영향력을 간과할 수 없을 것이다.
24 한상구, 「1950년대 지배 이데올로기의 내용 ─ 『사상계』를 통해 본 1950년대 지식인들의 지적 구조와 그 내용」, 유병용 외 『한국 현대사와 민족주의』, 집문당, 1996, 게재, 114쪽.
박태순, 「민주. 민족이념을 추구하다 쓰러진 '사상계'」, 『역사비평』 여름호, 1997에서는 함석헌의 『사상계』 적극 가담 시기를 1956년으로 보고 있다.
장준하와 동서(同壻)로 『사상계』의 편집장을 지낸 유경환은 「월간 '사상계'에 관한 연구 ─ 기둥 잘린 나무」, 2000. 8.18(한국언론학회 언론사 연구 모임 발제 논문)에서 함석헌은 1956년 4월호부터 집필한 것으로 되어 있다(『황해문화』 여름호, 2001).

민주당 창당1955.9.18을 계기로 정치적인 풍향계를 바꾼 것은 부인하기 어렵다고 본다. 다만 함옹의 경우에는 이런 정치적인 현실을 보다 차원 높은 민족사적인 진로 모색의 단계로 승화시킬 수 있었다는 점에서 이 글의 생명력은 불사조와 같을 것이다.

6. 생각하는 백성은 평화를 원한다

이 글로 함옹은 교회나 기독교인보다 인류 전체가 중요함을 명백히 했고, 기독교가 유일한 참 종교도 아니요, 성경만이 진리도 아니라면서, 모든 종교는 따지고 들어가면 결국 하나요, 역사철학 역시 어디든 존재한다고 믿었다. 그래서 그가 주장한 생각하는 백성이란 곧 평화를 원하는 민족 주체성으로 전개된다.

함석헌에게 평화란 "대기大氣를 마시고 가스를 뱉으니 평화요, 먹을 것을 먹고 마실 것을 마시고 속에 담긴 찌꺼기를 내보내니 평화요, 햇빛을 보고 웃고 바람을 쐬고 죽지를 펴니 평화다." 그에게 평화란 연구의 대상이 아니라 구현해야 될 삶의 필수 요소이기 때문에 우주 삼라만상의 자연스러운 상태 그대로인 노장老莊의 경지까지를 시사한다. 그래서 "마시고 뱉으니 대기가 있었고 먹고 마시고 내보내니 밥이요 물이었으며 웃고 나니 햇빛이요 펴고 보니 바람이었다"는 묘사에서처럼 인간 본연의 생명욕으로서의 자태가 곧 평화다.

> 물질 속에 자기를 나타냈다면 냈다 할 수 있지만 그런 것 아니라 자기를 나타내니 산이 되고 바다가 된 것 아닌가? 빛이 어둠을 삼켰다면 삼켰다고 할 수 있으나, 그보다는 빛의 리듬이 어둠 아닌가? 말씀이 육肉 속에 파고들었다면 들었다 할 수 있으나 그보다도 새 말씀을 하니 옛 말씀이 육이 아닐까? 선善이 악惡을 이긴다면 이긴다 할 수 있지만 도리어 자라는 정신의 밑둥이 악惡 아닐까? 생生이 사死를 삼켰

다고 하지만 속을 말한다면 그저 스스로 좋아서 빚었다 뭉갰다 하는 것 아닐까? 그저 기쁨이요 평화일 것이다.[25]

우주의 섭리에 따르는 이런 평화 상태는 함석헌의 '들사람'을 곧 '씨알'과 통하게 만든다. 그에게 평화란 '한길'로 "대大인 동시에 또 일―"이다. 그래서 "삶이란 하나밖에 없는 유일의 길이요 운동이다. 그러므로 대도大道다. 그 대도가 곧 평화의 길이다. 여러 운동 중에 평화운동이 따로 있고 여러 길 중에 평화의 길이 따로 있는 것 아니라 삶의 꿈틀거림이 곧 평화운동이요, 평화의 길이다." 그러기 때문에 그 가능 불가능을 물을 게 아니라 "마땅히 하지 않으면 아니 되는 당위요 의무임을 알아야 하고 그것을 하자는 결심이 있을 뿐이다"고 못 박는다. "평화는 그 할 수 없는 데가 바로 할 수 있는 데다"라고 말한다. "평화는 이 긴장, 이 전쟁의 위협 속에서만 가능하다. 평화의 나라에 평화운동은 있을 수 없다. 평화는 전쟁의 불꽃 속에서만 피는 꽃이다. 삶은 죽음 속에서만 나오고, 기쁨은 근심 걱정 속에서만 나오고, 사랑은 미움과 싸움 끝에서만 나온다. 생명의 가는 길은 처음부터 언제나 그러했다. 늘 불가능의 가능이다."[26]

인간의 원초적인 평화로운 삶을 방해하는 가장 큰 요인으로 함석헌은 국가주의를 거론한다. "평화를 방해하는 것은 세계에 통하는 격언이 있는 대로 정치가들이다"라고 단언하면서 그들은 "갈라가지고 해먹는다Divide and rule"고 정치권력을 사갈시한다.

지배자들은 바로 민중을 위하기나 하는 척 조국을 건지자, 계급을 해방하자, 일치단결해라, 정의는 우리에게 있다, 오랑캐를 물리쳐라, 하며 싸움을 붙여놓고 자기네는 죽지 않을 안전한 자리에 앉아 어리석은 것들을 시켜 훈장까지 붙이게 해

25   함석헌, 「평화운동을 일으키자」, 『함석헌선집』 2, 『들사람 얼』, 484~485쪽. 이하 제목만 쓰고, 선집 권수, 쪽수 순서로 표기함.
26   위와 같은 글, 471쪽.

가면서 명군明君, 영웅英雄, 영도자 노릇을 하며 앉아 있다. 그러므로 그들의 철학으로 하면 전쟁은 없어서 아니 되고 상벌도 없어서 아니 되고 차별도 없어서 아니 된다.

그러한 세상에 평화는 있을 수 없다.[27]

분단시대의 반민족. 반민주적인 독재 권력만 체험했던 함석헌에게 평화의 적은 곧 당대의 지배계층을 겨냥할 수밖에 없었을 터인데, 바로 그 평화재판의 피고석에다 "세계를 망친" 제국주의를 올려놓고 증오와 타매의 난도질을 감행한다. 따라서 함석헌의 시야에 비친 한국 평화운동의 장애는 아래의 네 가지로 설정된다.

첫째, 남북의 긴장.
둘째, 주위 강대국들의 야심.
셋째, 인간의 본성.
넷째, 민중의 도덕 수준.[28]

이 중 첫째와 둘째 쟁점인 '남북의 긴장'과 '주위 강대국들의 야심'은 함석헌이 일생 동안 실천운동으로 감행했던 쟁점이다.

"전쟁을 포함한 직접적 또는 물리적 폭력이 없는 상태를 '소극적 평화 negative peace'라 부르고, 간접적 또는 구조적 폭력 및 문화적 폭력까지 없는 상태를 '적극적 평화positive peace'로 일컫는다"라는 요한 갈퉁Johan Galtung의 평화론은 이미 일반화되어 있다. 적극적인 평화를 그는 사회정의와 인권, 복지 실현, 심지어는 환경생태계 문제까지 확대시켜준다.[29]

---

27 위와 같음, 482쪽.
28 위와 같음, 472쪽.
29 요한 갈퉁, 이재봉 외역, 『평화적 수단에 의한 평화』, 들녘, 2000, 참고. 인용문은 「옮긴이의 말」, 9쪽.

함석헌의 평화사상은 요한 갈퉁의 이론에 완벽하게 들어맞는다고 할 만큼 소극적인 개념부터 적극적인 개념까지 두루 포함시킨 데다가 그 방법론에서는 무저항^{갈퉁의 술어로는 '평화적 수단'}일 뿐만 아니라, 씨알의 자아 혁명과 적극적인 평화가 동시에 구현되는 가히 열반의 상태를 지향하고 있다는 점에서 단연 돋보인다.[30]

이런 가운데서 함석헌의 국가관은 "악과 싸워 가자는 것', '국민의 생명재산'이나 '안녕질서'에 앞서서 '악과 싸우는 생명이요, 재산이요, 안녕이요, 질서'라고 풀이한다.[31]

그런데 문제는 악을 물리치려면 악과 싸워야 하는데, 그게 바로 전쟁이 아닌가. 지구상의 많은 나라들은 다 자국의 국민 보호라는 명목으로 전쟁을 수행하는데, 이 너무나 당연하고 소박한 현상 앞에서 함석헌은 "전쟁을 그만두려면 국경을 없애는 수밖에 없다"면서, '세계 정부' 혹은 '세계 연방'이라는 환상적인 평화론의 원칙을 제기한다.

"세계 평화를 생각할 때 제3세력이 나와야 한다 하는 것은 옳은 말이다. 그 제3세력은 둘을 다 합친 것보다 더 강한 무력을 가진 나라라 생각하면 어리석은 일이다. 그것은 또 되풀이다. 정말 제3세력은 약소민족일 것이다. 세계역사가 재미있게 되어가지 않나? 아프리카의 검둥이의 새로 일어나는 나라들이 국제관계에 결정권을 쥐게 되어가고 있다. 약하고 어릴수록 정신의

---

30 함석헌의 평화사상에 대해서는 ① 안병무, 「비폭력 저항운동과 평화사상」, 이 글은 평화사상의 핵심을 반정치, 반폭력, 반국가로 보면서 무정부주의 사상에 도달한 것으로 평가. 그 사상적 배경은 동양, 기독교, 힌두교, 퀘이커교, 한국 역사라고 주장. ② 박재순, 『함석헌의 철학과 사상』 중 제5장 「평화사상」. 그는 하늘을 지향하면서 한(恨, 韓)민족적 어진 마음을 강조하며 그 뿌리를 간디 등 사상가에서 찾음. ③ 황보윤식, 「함석헌의 퀘이커, 집단 신비주의」. 이 글은 넓은 의미에서 기독교 사상을 평화사상의 근본으로 풀이. ④ 김영호 「함석헌의 비폭력 평화 사상과 그 실천 전략」. 이 글은 도로우(Henry David Thoreau, 1817~1862)의 시민 불복종운동(civil disobedience), 톨스토이(Leo Tolstoy, 1828~1910)의 성서적 접근, 간디(Mahatma Gandhi, 1869~1948)의 ahimsa(不傷害, non-injury)에 바탕한 '무저항' 평화운동으로 풀이. 무저항이란 복종이나 저항의 포기가 아니라 '전투적 비폭력(militant nonviolence)'으로 풀이. 이 밖에도 많은 연구가 있지만 생략.
31 『선집』2, 「비폭력혁명」, 85~86쪽.

높은 것이 있고 그 높은 정신이 참 중재·화해를 하는 것이다"라는 그의 예언은 현재적 시점으로 보면 빗나갔지만 장기적인 세계사적 안목으로는 누구도 예단하기 어려울 것이다.[32]

제3세력을 형성할 수 있는 주체를 함석헌은 들사람 얼로 표현했고, 그런 얼을 가진 기본 단위를 그는 씨알로 표현했다. 씨알은 평화를 지향하고, 평화는 통일 위에서만 가능하며 통일의 주체는 씨알이어야만 된다는 것이 함석헌의 통일론 철학이다. 이 순환 논리에는 단순한 민족과 국토의 하나됨이 아닌 씨알의 평화로운 공존 곧 세계와 우주의 기본 원리를 지키는 데로 비약한다. 이런 씨알의 보금자리가 들사람인데, 그는 그 들사람으로서의 씨알의 근원을 위로는 단군신화 중 곰이 아닌 호랑이 정신부터 피지배자-민중-생명-씨알사상으로 이어지는 것으로 파악했다.

이를 역사에 대입시키면 신라-조선이 아닌 고구려-고려정신으로 상정되어 나타난다. 그의 이런 주장은 겉보기로는 평안도라는 특정한 지역에 대한 관심과 애정으로 보일 수도 있다. "평안도를 호랑이로 표시한 것은 그럴 듯하다"고 운자를 뗀 그는 민중적 저항의 표상으로서의 호랑이론을 펼쳐 나가면서 "평안도는 민중의 나라다. 상놈이 무언가? 사람대로 있는 사람이지. 맨사람이다"라고 향토애를 민중의식으로 한껏 승화시킨다. 우리나라 어느 도엔들 상놈이 없으랴만 호랑이와 고구려정신과 북벌론, 홍경래를 유난히 평가하는 자세로 함석헌은 한국 민족주의 씨알의 한 전형으로 자신의 고향 평안도를 거론하기에 주저함이 없었다.[33]

이 논리선상에서 조망하면 평안도는 호랑이 부족이 살던 땅인 고구려 혹은 고려가 멸망한 뒤 조선 왕조시대부터 온통 '들사람'^{상놈}이었는데, 거기에 기독교가 널리 전파되었다. 이 기독교조차도 서울지역과 미묘한 갈등으로 교계 내부의 '들사람'^{야당}처지였고, 그게 신사참배 거부로 나타났다. 8·15 뒤

32 『선집』 2, 「새 나라 꿈틀거림」, 274쪽. 이 글에 나타난 함석헌의 세계관과 민족-국가관은 감동적이다.
33 「백두산 호랑이」, 『선집 5』 게재, 참고 및 『선집 2 - 들 사람 얼』의 내용을 종합한 것.

엔 소련 점령 및 사회주의 정권 아래서 들사람 신세였고, 남한에서도 들사람, 잠시 민주당 정권이라는 들사람 아닐 뻔한 시기가 있었으나 이내 5·16 쿠데타로 역시 들사람으로 되돌아 갔다는 논법으로 이어진다.

그러나 함석헌을 이 틀에다 맞출 수는 없고 그래서도 안 된다. 굳이 말한다면 함석헌의 들사람 얼이 이런 평안도적 기질과 시대적 분위기와 무관하지 않을 뿐만 아니라 궁극적으로는 바로 평안도-오산학교로 이어지는 정신사적 맥락을 도외시하고는 논의가 진전되지 않는다고도 할 수 있다. 그는 오히려 이런 평안도식 들사람 무리 중에서도 더 황폐한 들에 홀로 우뚝 선 신앙인에다 사상가요 혁명가며 학자에다 시인을 겸한 선지자였다. 분단시대 민중이 당면했던 과업 중 그가 다루지 않은 문제는 거의 없었고 일단 그는 다뤘다 하면 쟁점을 철저히 그 근본까지 파헤쳐 당대 이론의 가장 심오한 경지를 보여주었다.

그는 모든 글에서 선악 이분법으로 나누는데, 민족론에서도 민족 주체성-선이란 한 흐름과 대칭적으로 제국주의 침탈-악이란 항목을 설정한다. 민족을 좀먹는 것이 대외적으로는 제국주의이고 대내적으로는 부당한 권력이라는 논리는 단순 명쾌하면서도 함석헌 나름의 명문장 때문에 감동을 자아내게 된다.

"아 미국 때문에 생긴 우리 썩음 아닌가? 미국의 자본주의의 하수도가 우리다"라는 직설은 차라리 사회과학적 방법론을 동원하지 않고 직관론적 에세이식 표현이었기에 가능한 수사법이 아닐까.[34]

역사관에서 그는 "고구려야말로 우리 민족의 프로메테우스"라며 긍정하는 반대급부에다 외세 통일의 신라를 "백 년이 못 지나서 썩고 말았다"고 비판하는 이분법적 가치관을 설정한다. 요약하면 고구려-고려라는 호랑이 식 들사람의 주체적 민족관은 궁예. 왕건. 묘청. 정지상. 최영. 김시습 등으로 이어지고, 신라-조선이라는 곰의 사대의식은 이성계. 김부식. 세조 등의 권력

34　「사상과 실천」,『선집 2 ─ 들 사람 얼』게재, 181쪽.

지향형 반민족. 반민중적 사상을 형성한 것으로 보았다. 더 흥미있는 사실은 전자의 논리선상에다 3·1운동이나 4·19혁명을 평가하는 한편 후자의 논리 연장선으로 이승만 정권과 5·16을 대입시켜 비판했다는 사실이다.[35]

함옹은 민족사에서 가장 큰 실책으로 꼽는 첫째가 8·15 후 친일파 청산을 못 한 것이라 했다. "해방부터 잘못 됐었다. 우리 해방은 우리 손으로 싸워서 얻은 것이 아니고 역사의 대세가 가져다준 것이었다"는 논리는 유명한 그의 '도둑 해방론'과 맥락을 함께 한다. 그 원인을 함석헌은 "어제까지 제 말 쓰지 말라면 말 못하고, 제 옷 입지 말라면 맞지도 않는 유가다에 게다 끌고 나오고, 성 고치라면 조상의 위패 똥통에다 던지고 일본 이름 쓰고, 젊은 놈 남의 전쟁에 나가 죽으라고 시국 강연 하라면 있는 지식과 말재주를 다 떨어 하던 사람들이, 사람이 아니라 놈들이 어떻게 그대로 해방 받아 자유하노라 할 수 있겠나?"라고 목청을 높인다.

> 그 다음 새 날이 오고 새 임 맞는다면 청소부터 하고 거치른 것으로나마 새 옷 입어야 하지 않나? 낡은 악을 청산했어야 하는데 못한 것이 많다. 잘못된 국민 성격이나 사회 풍습 같은 것은 하루 이틀에 아니 된다 하더라도, 지난날 일본의 앞잡이 노릇하던 것만은 싹 씻었어야 할 것이었다. 그런데 해방 후, 북한은 또 몰라도, 이 남한에서는 정치·군대·경찰이 주로 친일파로 되지 않았나? 이 무슨 운명인가? 이리해서 일본 제국주의는 여기서 새 모양으로 자라게 됐으니, 오늘 일본 사람이 다시 자기 옛집 찾아들 듯 꺼림도 부끄럼도 없이 오는 것을 이상하다 할 것이 없다. 이 점은 미국을 나무라고 싶고 죽은 이승만에 채찍을 더 하고 싶지만 아무리 그렇다 하더라도 민중이 정말 똑똑했다면 그들도 어떻게 할 수가 없었을 것이다. 썩었다.[36]

35   『뜻으로 본 한국 역사』, 『선집』 1이 가장 기본적인 텍스트가 된다.
      이밖에 「새나라 꿈틀거림」, 『선집』 2 게재, 「우리 역사와 민족의 생활 신념」, 『선집 3』 게재
      등등도 참고할 것.
36   「십자가에 달리는 한국」, 『선집』 3 게재, 126쪽.

"일제시대에 '친일파'란 말은 세계에서 제일을 자랑하는 일본군대보다도 더 무서웠다"라는 그는 분단의 책임 소재에서 외세 못지 않게 "그때와 그 후 나서서 스스로 나라 일 하노라는 정치인들의 야심에 있다. (…중략…) 이념, 구상이 서로 다른 것은 걱정할 것 없다. 여러 가지 사상과 의견이 있을수록 좋다. 그래야 네 생각만도 아닌, 내 생각만도 아닌, 보다 높은 참에 가까운 생각에 도달할 수 있다. 나쁜 것은 자기중심적인 야심이다"라고 정치 지도자들을 질타한다.[37]

이런 논리적 연장선에서 그는 민족주의론을 강조한다. "우리는 민족을 잊어서는 아니된다. 사랑해야 한다. 사랑하지만 또 민족에 미쳐도 아니 된다. 잊어버리지도 미치지도 않고 자기를 사랑하면서도 자기를 객관화"할 것을 강조하는 함석헌의 민족론은 탁월한 식견이 돋보인다. 여기서 민족의식은 "주체의식이고 또 하나는 사명감"이다. 그는 시종 남북한의 통일된 민족 주체성으로 세계사에 참여해야 된다는 입장인데, 어떤 면에서는 민족주의의 극복론으로 평가하기도 한다.[38]

그러나 함석헌은 민족주의를 극복하기 위해서는 도리어 민족의식을 더한층 강조해야 된다는 변증법적인 절차를 강조하는데 그 절규가 「통곡! 삼일절」이다.

> 삼일절이 죽었다!
> 삼일절이 죽었다!!
> 삼일절이 죽었단 말이야!!!
> 이 강산에 사는 사내들아 계집들아, 삼일절은 이제 죽었다. 삼월 초하루가 돼도 만세 소리 하나 나지 않으니 죽은 것 아니냐? 어느 입 하나고 기념이건 축하건 말 한마디도 없으니 죽지 않고서야 어찌 그럴 수 있느냐? 파고다야, 씨알의 밀물에 대해 문을 닫고 쇠를 잠그고, 네가 뭐 하자고 서울 복판에 무덤처럼 누웠느냐? 거

---

37 「민족노선의 반성과 새 진로」, 『선집』 3 게재, 150쪽.
38 「민족, 하나의 인격적 존재」, 『선집』 3 게재, 79쪽.

기 두더지를 기르잔 말이냐, 박쥐를 붙여두잔 말이냐? 북악산아, 네가 뭐하자고 6 백만 심장 위에 망부석처럼 우두커니 섰느냐? 그래 옛 귀신의 울음을 듣고 있느냐? 햇귀신의 울음을 들으려고 하는 것이냐?[39]

격정과 미문과 장엄체가 어우러진 이 글은 함석헌 산문의 선동성이 가장 잘 드러나 있는데, 요컨대 그로서는 삼일정신이야말로 민족주체성의 뿌리이자 4·19의 조상으로 민주화와 통일을 향한 평화운동 사상의 근본이란 것이다.[40]

그는 "삼일정신이 정말 있다면 38선이 걱정이겠느냐? 칼로 물을 쳐도 물은 또 합한다. 물같이 맑고 부드러우므로 하나 되는 정신을 잃어버린 것이 걱정이지 칼이 걱정이냐? 그리고 이 하늘이 준 정신을 민중에게서 빼앗는 자가 누구냐? 정치업자 아니냐?"라고 포효한다.[41]

8·15 직후 좌우익이 삼일절 기념식을 따로 실시하면서 분단의 싹이 커졌던 걸 상기하면 함석헌의 이 지적은 매우 정확하다. 분단의 싹이었던 삼일정신은 곧 통일로 가는 민족정신의 둥치가 될 수도 있다는 시사이기도 하다.

7. 함옹의 민족 통일 방법론

그의 주장에서는 매우 드물게 민중 책임론이 분단의 궁극적인 원인 분석에서 등장한다. "국민정신이 부족한 것"이 분단의 원인이라고 진단 내린 그는 바로 들사람답게 국민이 그렇게 된 원인을 "역대의 위정자라는 놈들이 민중을 짜먹기만 하고 조금도 가르치지 않았기 때문"이라는 권력 비판론으

---

39 「통곡! 삼일절」, 『선집』 3, 83쪽.
40 「삼일정신」, 「3·1운동의 현재적 전개」, 『선집』 3 수록 등 참고. 그는 한국의 국경일 중 평화사상과 관련하여 가장 중요시하는 정신은 바로 삼일운동이며, 그 다음이 사월혁명이다. 그는 이 두 운동정신을 평화사상의 기본으로 삼는다.
41 「삼일정신」, 『선집』 3, 100쪽.

로 논리를 귀착시킨다. 이어 신기하게도 그는 사회경제사적인 시각으로 "서민계급이 발달 못 했기 때문"이라는 것과, "더구나 중류사회가 없었기 때문"에 분단을 자초했다고도 규명한다.[42]

그의 통일론 제1장은 반외세·반권력이다. 외세(침략주의 혹은 제국주의)와 권력을 절대악으로 설정한 그로서는 통일의 주체가 씨알이어야 함은 너무나 당연한 귀결이고, 이건 민중주체 통일론의 기초가 된다. "정치업자 전쟁업자들의 집단"들이 만든 분단은 그들이 아닌 씨알의 힘으로 분쇄되어야 한다는 것이 함석헌의 논리이다.[43]

함석헌 통일론의 제2장은 평화적인 절차다. 평화주의자 함석헌의 평화통일론은 다른 어떤 이론도 흉내 낼 수 없는 그만이 할 수 있는 영원한 절대적 평화사상에 입각해있다. 이 부분은 너무나 중요하기에 그대로 옮겨보기로 한다.

이북에서 침입하는 경우에도 아무 무력의 대항이 없이 태연히 있을 각오를 해야한다. 심하면 죽더라도 할 각오가 있어야 한다. 그러면 정말 그런 평화적인 태도로 맞으면 나는 이북군이 아무리 흉악하더라도 절대로 그 흉악을 부리지 못할 것이라고 믿는다.

(…중략…)

우리가 죽음으로써 그들을 사랑했을 때 총칼이나 이론 가지고는 못 움직였던 그들의 양심을 움직여 우리 속에 있는 것과 같은 한삶의 숨을 마셔 인간 본래의 자세에 들어가게 될 것이기 때문이다.

(…중략…)

세계가 아무리 타락했다 해도 그래도 정의는 살아있다. 결코 우리를 죽도록 그냥 두지 않을 것이다. 아마 중공이 가장 먼저 일어날지도 모른다. 그러기 때문에 목숨을 희생하는 사람이 있겠지만 그리 많지 않을 것이다.

---

42 「새교육」, 『선집』 2, 408쪽.
43 「평화운동을 일으키자」, 『선집』 2, 473쪽.

이것도 저것도 다 실패되어 죽고 만다 해도 우리의 옳은 것은 남는다. 인류가 아주 멸망한다면 몰라도 적어도 인류가 생존하는 한 우리의 거룩한 희생으로 반드시 인류 운명에 바로 섬이 있을 것이다.[44]

함석헌 통일론의 제3장은 중립화론 혹은 제3노선론인데, 중립화란 그에게 "세계 문제는 둘 중 하나를 고름二者擇一으로 해결될 것이 아니다. 한 놈이 죽고 한 놈이 이김으로 결말 짓는 것"을 벗어나자는 것이다.

그의 통일론 중 마지막 제4장은 동양정신의 절실성을 든 것으로 함석헌 특유의 국제 정세적 감각이 느껴지는 대목이긴 하지만 가장 비현실적으로 보이기도 한다.

그런데 그의 통일 방법론은 매우 현실적이다. "남북이 불가침조약을 맺는 일이다." 지금 들으면 너무나 낡아버린 이 술어를 함석헌은 1971년에 주장했다.

"모든 정치가 군사 일색인 것은 말할 것도 없고 위수령을 펴고 학원을 짓밟으면서까지 군사훈련을 강화하고 있고, 미국이 군사원조 중지한다고 눈이 휘둥그래 걱정하고 국군의 현대화·자립화를 부르짖고 야단이며 심지어는 대통령이 고등학교에도 총쏘기를 열심으로 가르치라고 명령을 한다"고 비판하면서 함석헌은 불가침 조약을 권고했다.[45]

둘째 단계로 그는 군비축소를, 이어 "마지막 단계는 아주 평화를 국시로 하는 단계다. 첫째와 둘째 단계가 성공한다면 이 마지막 단계는 비록 쉽지는 않겠지만 반드시 불가능하지는 않을 것이다"라는 게 함석헌의 통일 단계론이다.

---

44 「우리의 살 길」, 『선집』 3, 385~386쪽.
45 위와 같은 글, 379쪽. 평화통일이란 술어를 "남한에서는 어떠했느냐? 기회 있는 대로 그 평화공세에 속아서는 아니 된다 하고 평화 소리 하는 사람만 있으면 용공주의자로 몰아쳤다. 그러면 그것을 미루어 결론을 짓는다면 남한 정부의 정책은, 말로는 분명히 하지 않지만, 통일은 무력에 의해 되는 수밖에 없다는 의견이었다고 해야 할 것이다"고 꼬집는다. 1971년의 박정희 군사독재 때 이런 주장을 했다는 건 대단한 용기다.

그런데 이 단계를 거치면서 평화사상을 위해 "그 세 단계가 다 처음부터 중립노선 이외에 살길이 없다는 것을 깊이 인식하지 않고는 할 수 없을 것이다. 반대로 중립노선밖에 살길이 없다는 것을 깨닫기만 하면 결코 못할 것 아닐 것이다. 내가 중립이라 하는 데는 두 가지 의미가 있다. 하나는 사상적으로 하는 것이요, 하나는 정책적으로 하는 말이다"고 주장한다.[46]

함석헌은 환상주의자일까? 그렇지 않다. "군비 강화를 하면 누구와 전쟁을 하겠다는 말인가"라고 반문하면서 주변 4강국이 개입하는 상태에서 남북의 전쟁은 무의미함을 역설한다. 그런 가망 없는 전쟁 준비보다는 차라리 평화통일정책이 더 효율적이라는 게 판단의 근거다.

"평화는 결코 비겁은 아니다"라고 함석헌은 강조하면서 "씨알을 엮어 일자진을 쳐라! 가르쳐라! 바보도 아니요, 정신없어서도 아니다. 가르치지 않은 것만이 죄다"라고 평화의 궁극적인 실천을 위한 무저항주의를 강변한다.[47]

그 자신이 투철한 반공투사로서의 경력을 지녔기에 그는 이승만. 박정희 두 독재의 탄압에도 굴하지 않고 민주주의와 통일을 평화적인 씨알의 혁명으로 이룩하고자 하는 소망을 여과 없이 밝힐 수 있었을 것이다.

분단이 고착화된 1950년대 이후 민족주의란 술어는 반미-용공사상으로 연계되는 금기의 언어였다. 세계사적으로는 1960년대가 비동맹을 중심한 민족해방 투쟁의 고조기였지만 한국은 4·19의 짧은 밀월이 5·16 군사쿠데타로 깨어지면서 '민족'이란 어휘가 독재정권의 방패막이로 동원될 뿐 반제 민족해방 투쟁의 이데올로기로는 작동할 수 없었다. 이는 마치 8·15 직후 분단을 획책했던 친일세력이 자칭 '민족진영'이라고 명명한 것과 마찬가지로 현대 한국사에서 민족이념을 진흙탕 속으로 몰아넣은 꼴이 되었다. 사회과학적으로 미처 연구, 정비 될 여유도 없었던 냉전체제 아래서 함석헌은 보기 드물게 민족주의란 어휘를 독점하면서 자유자재로 그 개념을 정립해

---

46   위와 같음, 380~381쪽.
47   「나라는 망하고」, 『선집』 5, 17쪽.

냈다.

들사람으로서의 생명과 씨알에 바탕한 함석헌의 민족 통일사상은 장준하, 문익환, 백기완 제씨를 비롯한 세칭 재야의 민중적 통일론과 무관하지 않을 것이다. 아니 1970년대 이후 민주화와 통일운동의 여러 흐름 중 함석헌의 평화 통일사상은 어느 특정 유파에도 속하지 않았으면서도 실은 모든 유파에 그 영향력이 스며든 민중적 통일론의 원론이 되었다고 볼 수 있다. 민족해방과 민중해방으로 상정되는 두 노선의 대립과 갈등 속에서는 어디에도 정작 함석헌이 설 자리는 마련하지 않았으나 곰곰 따져 보면 두 노선 어디에도 그가 앉을 자리는 큼직하게 마련되어 있었던 게 아닐까. 그건 바로 문익환과 백기완으로 상정되는 인물의 대비로도 충분히 납득할 수 있다. 민주화와 통일운동론에서 다분히 이질적인 요인이 있었던 이 두 인물에게 함석헌은 누구로부터도 배격당하지 않은, 다른 선배노인들은 거의 어느 한 노선으로 경사해버린 상황에서 그 혼자만이 참 씨알의 소리에 입각하여 누구로부터도 환영받는 민족 통일론을 전개한 것이 아닌가 싶다.

함석헌의 통일론은 여기에 그치지 않는다. 2000년대를 전후하여 남북한에서 이뤘던 정부 차원의 각종 교류와 화해는 어쩌면 그렇게도 함석헌의 주장대로 순서가 맞게 진행되는지 신통할 지경이다.

함석헌의 존재를 가장 정확히 간파한 것은 시인 김수영이었던 것 같다.

"오늘이라도 늦지 않으니 썩은 자들이여, 함석헌 씨의 잡지의 글이라도 한 번 읽어보고 얼굴이 뜨거워지지 않는가 시험해 보아라. 그래도 가슴속에 뭉클해지는 것이 없거든 죽어버려라!"라고 명령형 문장으로 이어가며 "언제까지 우리들은 미국 놈들의 턱밑만 바라보고 있어야 하나?"김수영, 「아직도 안심하긴 빠르다-4·19 1주년」라고 그는 일갈했다. 이 말은 아직도 유효하다.

함옹의 진가는 5·16쿠데타 이후에 발휘된다. 그의 3백, 흰 수염에 흰 두루마기와 흰 고무신이 민중들을 일떠서게 만들던 그 마력이 발산하던 절정은 군사독재에 맞설 때부터였다. 그는 「5·16을 어떻게 볼까」, 「5·16을 되돌아본다」, 「군인정치 10년을 돌아본다」 등에서 아예 군인정치를 작살 냈다.

혁명은 사람만이 한다.

학생은 사람이 아니다. 그러므로 먼젓번 4·19에는 실패했다.

군인도 사람이 아니다. 그러므로 이번도 군인이 혁명하려 해서는 반드시 실패한다.「5·16을 어떻게 볼까」

이렇게 운자를 뗀 함옹은 이렇게 주장한다.

5·16은 분명히 4·19에 맞서 일어난 것입니다. 혁명에 대한 반혁명입니다. 5·16정권이 5·16을 될수록 혁명으로 규정 짓고 4·19를 혁명이 아니라고 하려고 갖은 수단을 써서 구구한 억지 성명을 하는 그 일이 벌써 그것을 증명합니다. 나는 도둑이 아니다 하는 것이 도둑인 증거입니다.「5·16을 되돌아 본다」

그는 5·16을 이렇게 단정했다.

아니됩니다.

군인이 학생을 미워해가지고는,

권력이 지성인을 업신여겨가지고는,

현실이라고 이상을 무시해서는,

결과가 급하다고 도리를 짓밟아서는,

말 못하는 씨알이라고 칼만 들어서는,

아니됩니다.

5월의 햇볕을 바라고 갸웃해 웃는 아욱꽃을 네가 칼로 자를 수 있느냐? 칼은 다 하는 날이 와도 웃은 아욱꽃은 영원히 아니 없어진다!

오 일륙污一戮아!「5·16을 되돌아 본다」[48]

---

48 『선집』 3, 267~284쪽.

함옹의 5·16에 대한 질타는 여기서 멈추지 않는다.

나는 5·16은 오발탄, 곧 잘못 쏜 총이었다고 분명히 규정 짓는다. (…중략…) 그들은 오늘도 계속해서 쏘고 있다. 「군인정치 10년을 돌아본다」

이어 함옹은 아래와 같이 5·16을 심판했다.

5·16은 빗나간 칼이다. 빗나갔기 때문에 치노라 친 도둑은 못 치고 딴 것을 쳤다. 첫째, 그 자신의 목을 쳐서 군인정신을 잃게 했고 국민 자격을 잃게 했고 인간성을 잃게 했다. 그리고 나라도 죽고 도리도 죽었다. 내리쳤던 칼을 다시 뽑았을 때 거기 엎더져 있는 것은 공公이요, 남아 있는 것은 사당私黨이었다. 이 10년 정치는 한마디로 공화당을 위한 것이었지 '나라'는 그 눈 속에 있지 않았다.[49]

그럼 민중은 어떻게 해야 하나? 함옹은 분명히 그 진로를 제시해준다.

우리는 일찍이 생각하는 백성이라야 산다고 했다. 생각하는 데서 4·19는 나왔다. 그러나 그 다음 역사는 거꾸로 굴렀다. 이제는 생각만으론 건질 수 없는데 이르렀다. 이제 우리는 다시 부르짖는다. 꿈틀거리는 백성이라야 한다.
꿈틀거려라, 씨알아.
행동하라, 지식인아.
모든 신문인은 뭉쳐야 한다.
모든 대학교수는 결속해야 한다.
모든 예술인은 하나가 돼야 한다.
모든 대학생은 하나로 일어서야 한다.
조직을 가져야 한다.[50]

---

49 위의 책, 311쪽.
50 위의 책, 330~331쪽.

이런 겨레의 스승을 망각하면 그 민족은 비참해진다. 그를 기리는 많은 단체와 연구회와 기념사업을 위한 조직과 추모의 모임이 있다. 그러나 정작 그들은 함옹의 가르침인 뭉쳐서 하나의 조직을 가지고 꿈틀거려야 한다는 숭고한 가르침을 잊은 게 아닌지 모르겠다.

함옹이 깊은 인연과 가르침을 남긴 곳도 엄청나게 많건만 지금 가 볼만한 '함석헌 기념관'은 딱 한군데밖에 없다. 도봉구청이 관리하는 함석헌 기념관이다. 다들 한번씩 가보시기를 권한다.

제11장

'여적'사건과
한국 사법부의 풍향계

1. 미군정과 이승만과 『경향신문』

1959년 4월 30일 밤 10시 15분, 현대 한국언론사상 가장 가혹한 필화사건이 일어났다. 미군정법령 제88호에 의해 『경향신문』을 폐간 조처한 것이다. 그냥 신문만 못 나오게 한 것이 아니다.

> 이로 말미암아 『경향신문』은 5월 1일 자 신문의 조간 1판을 지방에 발송한 채 그날부터 목숨을 끊기었다. 신문 발행허가를 취소했으니까 '경향신문' 4자는 말살된 것이므로 사옥 위에 꽂힌 기도 내려야 한다, 마크도 떼어야 한다, 자동차 앞에 꽂고 다니던 깃발도 꽂지 못한다, 특보 용지에도 '경향신문' 4자가 있고 마크가 있으니까 그 종이도 뒤집어 가지고 써라, 사옥의 정문도 열어놓지 못한다, 대체로 취체하는 기관에서는 이 같은 지시와 주의를 내렸으므로 경향신문사에서는 이대로 복종하면서 경향신문 발행인은 서울 고등법원에 행정소송을 제기하는 동시 '허가 취소 효력 정지 가처분 신청'을 고법에 제기하였던 것이다.[1]

아니, 신문 발행허가를 취소하면 됐지 도대체 무슨 증오와 원한이 쌓였길래 이토록 잔혹한 조치를 내린 것일까. 대체 이승만 정권은 왜 『경향신문』을 그 글자와 존재 자체와 상징물과 건물까지를 지워버리려고 했을까. 세상에 온갖 필화사건을 다 보면서도 이런 비인간적인 처사는 무척 낯설기 짝이 없다.

이 의문을 풀려면 잠시 1946년 이승만이 미 국무부와 맥아더의 눈치보기에 분주했던 시절로 되돌아가 봐야 할 것 같다. 당시 한국 언론계는 백화제방이었다.

상하이 임정의 김구 계의 『조선일보』, 우익 한민당韓國民主黨, 민주당의 뿌리계의 『동아일보』, 중도 우파로 신민족주의를 주창했던 안재홍 계의 『한성일보』,

---

1 김팔봉, 「한국신문 수난사」, 홍정선 편, 『김팔봉문학전집 5권−논설과 수상』, 문학과지성사, 1989, 288쪽.

여운형 계에 가까운 『조선인민보』와 진보적인 성향의 『중앙신문』, 『현대일보』, 『자유신문』 등에다 극우지 『대동신문』, 그리고 무엇보다 최신식 시설을 갖춘 조선공산당 기관지 『해방일보』 등등이 한껏 언론자유를 누리고 있었다. 그러나 이승만을 지지해 주는 신문이라고는 고작해야 극우지로 평판이 고약했던 『대동신문』 정도밖에 없었으니 미군정과 이승만으로서는 씁쓸했을 것이다.

그러나 정세와 역사를 조작하여 뒤집는 제국주의적인 기교에 탁월한 미군정은 이런 판세를 그냥 두지 않았다. 일제 말기 국내 최고 수준이었던 고노자와^{近澤}인쇄소를 발 빠르게 접수한 조선공산당이 조선정판사로 개명하여 당 기관지 『해방일보』를 낸 건 이미 제1부 제2장에서 자세히 밝혔다. 『해방일보』가 창간한 것은 1945년 9월 19일이었다. 진보세력을 약화시키기 위해 미군정은 '조선정판사 위폐사건'을 조작¹⁹⁴⁶하여 『해방일보』를 종간^{1946.5.18}시킴과 동시에 아예 공산당 자체를 불법화해버린 뒤 압류한 그 멋진 인쇄시설을 미군정은 압류했다. 이를 계기로 미군정은 사실상 언론에 대한 최고의 족쇄인 '미군정법률 88호'를 선포^{1946.5.29}하였다. 신문 발행을 허가제로 바꾼 데다 언제든지 폐간조치할 수 있도록 규정했다[2]

이 악법으로 미군정은 조선공산당의 소유였던 모든 시설을 불법으로 간주하여 압수할 수 있었을 뿐만 아니라 여운형계나 진보적인 대표 신문이었던 『조선인민보』와 『중앙신문』, 『현대일보』까지도 정간^{1946.9.6}시켰다.[3]

---

2   이 악법 중 폐간에 관한 규정인 제4조는 이렇다.
　　"第四條 許可取消 또는 停止.
　　新聞 其他 定期刊行物 許可는 左記 理由가 有한 時는 許可 當局에 依하야 取消 또는 停止됨.
　　가. 許可 申請書에 虛僞 또는 誤解를 일으킬 申告 또는 怠慢이 有할 時.
　　나. 上에 要求한 바와 如한 申請書 記載 事項 變更 申告에 遺脫이 有할 時.
　　다. 法律에 違反이 有할 時.
　　許可 取消 또는 停止의 通知를 受理하면 卽時 新聞 其他 定期刊行物은 許可 當局에게 其 許可證을 讓渡 及 交附하고 發行 配付를 中止할 事. 許可 當局이 許可證을 返還 復舊, 再發하지 안는 時는 發行 配布는 繼續하지 말 事."
3   당시의 언론 상황과 조선정판사사건의 경위 및 『해방일보』의 폐간에 대해서는 제1부 제2장에서 자세히 다뤘기에 여기서는 개략적인 것만 언급한다.

빼앗기는 쪽이 있으면 반드시 득을 보는 쪽도 생긴다. 최고 인쇄시설인 조선정판사와 『해방일보』의 빌딩이 미군정의 손에 들어가자 정당과 사회단체, 언론기관들이 탐을 냈는데, 그 횡재를 차지한 것은 한국천주교 서울교구였다. 천주교는 이를 매입하여 '대건인쇄소'순교자 김대건로 개명하고는 가톨릭 서울교구의 삼두마차인 노기남, 윤형중, 양기섭 신부가 『경향신문』 창간 주역을 맡았다.[4]

적극파였던 양기섭이 많은 경쟁자를 물리치고 조선정판사 접수에 성공하고는 미군정으로부터 고품질의 신문용지까지 미리 확보했으나 노기남은 서울교구의 재정 문제로 망설였는데, 윤형중과 둘이서 노기남을 설득한 내용은 ① 신문이라고 다 적자는 아니다, ② 우리가 포기한다고 공산당이 예쁘게 보지 않는다, ③ 노동자들은 밥 먹기 위해 우리를 따를 것이다, ④ 미군정이 이렇게 도와줬는데 못하면 망신이다, ⑤ 신문 발간 적극파양기섭의 기를 꺾지 말자는 등등이었다.[5]

이런 언급으로 미뤄보면 당시의 세태와 민심의 동향을 이해할 수 있을 것이다. 미군정에 의하여 빼앗긴 『해방일보』와 조선정판사에 대한 동정심과 함께 미군정의 특혜를 받는 세력애 대한 적개심이 적잖은 인심의 동향이 감지되는 대목이다. 그러나 이미 정세는 미군정의 의도대로 흘러가는 대세임을 가톨릭 신부들은 간파하고 있었기 때문에 『경향신문』은 나오게 된 것이다.

---

4   노기남(盧基南, 1902~1984. 『친일인명사전』 등재), 평양 출신으로 서울 용산 예수성심신학교(聖心神學敎)에 다닐 때 영어 강사 장면을 만났다. 장면은 노기남보다 3세 연상이었다. 8·15 후 서울대교구장(1945~1967)으로 대주교로 임명(1962)됐다. 경향신문 회장(1946~1963)을 맡았다.
     윤형중(尹亨重, 1903~1979)은 충북 진천 출신으로 사제서품(1930) 받은 뒤 서울교구 출판부 보좌로 『가톨릭청년』과 『경향잡지』의 중책을 맡으면서 잡지, 언론 매체를 익혔다. 『경향신문』 3대 사장을 지냈다. 제3부 제10장에서 함석헌과의 논쟁 때 등장했던 인물이다.
     양기섭(梁基涉, 1905~1982)은 평남 평원 출신으로 북한지역에서 활동하다가 1946년 월남, 초대 경향신문 사장을 지냈다.
     이들은 셋 다 용산 예수성심신학교 동창으로 무척 가까웠다.
5   경향신문사, 『경향신문 50년사』, 1996, 63쪽.

신문 제호인 '경향'이란 술어는 양기섭의 제안을 윤형중이 찬성해 결정된 것으로 그 유래는 로마교황청 발행의 간행물 중 'Urbi et Orbi', 즉 앞의 단어가 로마시이고 뒤의 것이 로마의 바깥을 의미하는 데서 경향'이 된 것이라고 한다. 이래서 프랑스 신부 플로리앙 드망쥬^{Florian Demange}가 1906년 서울에서 창간했던 주간지『경향신문』^{1910.12.30 폐간}를 그대로 쓴 것이었다.[6]

초대 회장은 노기남, 사장^{발행인 겸 인쇄인} 양기섭, 부사장 윤형중, 주간 정지용, 편집국장 염상섭에 조사반원에 강처중姜處重이 등장한다. 연희전문 3총사였던 윤동주. 송몽규. 강처중이 바로 그다. 함남 원산 출신^{1916년생}인 그는 윤동주 시집『하늘과 바람과 별과 시』^{정음사, 1948}가 처음 나왔을 때 정병욱이 보관했던 시에 강처중이 일본 시절에 보유했던 걸 합쳐져 나온 것이었다. 이 초판에서는 강처중이 '발문'을 썼으나 그가 남로당 활동으로 피체, 서대문형무소에 갇혔다가 한국전쟁 때 풀려나 월북, 북에서 사라져 버린 인물이다.

이런 창간 배경이 있었던『경향신문』^{1946.10.6 창간}은 처음부터 친일파 청산을 강력히 주장했다. 창간호 4쪽에 실린 기독교적 민족주의 작가 박계주의 칼럼「나는 놀랐다」에는 8·15 이후에도 일본인에 대한 복수적인 폭동 한번 못 일으킨 민족이 남의 나라^{미국}명령엔 왜 고분고분하냐고 비꼬고 있다. 그는 자기 민족끼리는 어찌 이리도 용감하게 잔혹한 폭력을 일삼느냐라고 개탄했다.

창간부터 10개월간은 정지용이 직접 칼럼「여적餘滴」을 써서 일약 명성을 높였다.

『경향신문』은 좌우합작 추진과 친일파 청산을 유독 강조했지만, 정지용, 염상섭의 동시 사퇴^{1947.7.9}를 고비로 논조가 달라지기 시작했다. 정지용의 후임으로는 작가이자 영문학자인 조용만이 1개월 정도 이어받았다가 이내 직업적인 언론인 오종식, 이관구로 넘어가면서 한국정세는 슬슬 남한 단독정부 수립으로 방향 전환했다.

---

6   위의 책, 69쪽.

그렇게 되자 『경향신문』과 『서울신문』이 보수적인 논조로 변하기 시작해 버렸고, 양대 민간지인 『조선일보』와 『동아일보』도 이승만과 한민당 노선으로 굳어졌다.

그러는 한편 1948년 제헌의원 총선 때는 노기남이 장면을 부추겨 서울 종로을구에 출마시키고는 선거운동 총사령탑으로 자신이 진두지휘하면서 노골적으로 『경향신문』이 장면 선거에 뛰어들었다. 이후 노기남. 장면과 한창우韓昌愚, 1910~1978는 정치적인 결사체처럼 굳어졌다.[7]

그런데 막상 이승만이 대통령이 되자마자 상해임정 청년당원 출신 언론인인 우승규는 『경향신문』 편집국장1948~1949으로서 이승만 정권 수립을 전후해서 친일파 숙청 문제를 가장 집요하게 강조한 우파 논객의 검정말이었다.

필명이 '나절로'였던 그는 「이 대통령에 역이逆耳 의 일언-친일파·민족반역자·모리배 문제에 대하여」1948.8.1 라는 명문에서 한국의 당면 문제를 토지개혁과 민생 문제와 남북통일 공작이라며 이걸 못하면 미군정처럼 실패할 거라고 못 박으며, 그 과업을 성취하려면 친일파 척결이 급선무임을 격하게 강조했다. 선량한 민중은 친일파들의 사타구니에 끼어 고개를 들지 못할 지경에다 "그들의 등쌀에 생명과 재산을 도탈당하고 있는 형편"이라고 직설을 퍼부어댔다. 3천만의 해방이어야 하는데 "해방은 저 친일 반역 도배를 위해서 있었던 것과 같은 악인상과 반감"을 주고 있기에 "참 애국자들은 나올 때가 아니라 하여 진토에 파묻혀" 있다는 진단을 내놓았다. "실망한 나머지 심지어 '나라가 비록 선다 한들 이래가지고야' 하고 독립에 환멸을 느끼는 기색이 차차 농후해간다"라면서 친일파를 청산해야만 "북한 측이 남한에게 '친일 반역배의 도피 소굴'이라고 조롱하는 따위의 누명을 깨끗이 씻을 것입니다"라고 덧붙였다.

---

7   한창우(韓昌愚, 1910~1978)는 충남 아산 출신으로 장면과는 수원고등농림학교 선후배 사이이자 사돈간이었다. 1947년 경향신문사 경리부장 겸 비서실장으로 입사한 그는 영업국장, 부사장을 거쳐 제2대 사장(1949.9.29~1961.6)을 지내며, '여적'사건, 민주당 집권기와 5·16쿠데타를 지냈다. 5·16반혁명사건인 '선우종원(鮮宇宗源)·한창우사건'에 연루될 정도로 장면과 밀착했던 그는 공소취하로 풀려났다.

그는 한국 모리배들을 "동포의 고혈을 빨고 골육을 저미어 사복을 배불리고 있는 자들"로 규정하고 그 뿌리는 친일파라고 정곡을 찔렀다.[8]

이밖에도 이승만 초대 내각에서 친일파가 많다는 것부터 사사건건 물고 늘어졌으나 장면이 이승만을 지지할 때까지는 그럭저럭 지냈다. 그러나 1955년 민주당이 창당된 이후부터는 이승만의 눈엣가시였다가 1956년 부통령에 장면이 당선되자 눈의 대들보로 변해버렸다. 인간관계란 좋을 때는 다 좋게 보이다가 나빠지면 좋았던 점까지도 증오의 감성을 높여준다. 민주당 신파였던 장면은 "미국이 의도적으로 키워준 대표적인 인물이었다".

해방 후 장면의 활동은 '통역'으로부터 시작되었다. 미군이 서울에 들어온 지 사흘 후인 1945년 9월 12일 장면은 하지 중장의 정치고문인 나이스터 준장과 노기남 주교의 통역을 맡았고, 그 뒤 중요 회의에서도 통역이 되었다. 1948년 정부수립 후 유엔대표단이 파견될 때 놀랍게도 장면이 수석대표가 되었고, 그보다 명망과 관록이 있었던 조병옥은 장기영 등과 함께 대표에 머물렀다. 이승만이 유엔대표단을 선정할 때 미군정 당국자들이 장면을 적극 추천한 것으로 알려졌다. 그때부터 장면은 미국의 지원을 받으며, 여러 차례 이승만에 이어 제2인자의 위치에 있었고, 때로는 이승만의 대타자로 주목을 받았다.[9]

장면이 초대 주미 대사가 된 것이나 이범석에 이어 제2대 국무총리가 된 것도 "이승만과 미국이 타협한 일면이 작용"하였다고 서중석은 지적하며, 미국은 그로 하여금 이승만을 견제해 줄 것을 의중에 두고 있었으나 이승만

---

8   우승규(禹昇圭, 1903~1985), 서울 출생으로 상하이 임정 청년당원으로 활동하며 현지에서 혜령전문학교(惠靈專門學校) 졸업, 귀국 후 기자를 지냈다. 8·15 후인 1947년 경향신문사에 들어가 편집부장 겸 편집국 차장, 편집국장을 지냈다. 이어 나절로는 「초대 이범석 내각의 해부」라는 4회 연속 논평을 썼다. 3회까지는 이범석 총리(국방부장관 겸임)와 외무부장관(장택상), 내무부장관(윤치영) 등 인물평이었으나, 4회째인 상공부장관(임영신)에서 이범석이 명동성당을 통해 게재중지 명령을 내렸다. 이만큼 분방했던 그는 1949년 경향을 떠나 일생을 명 언론인으로 지냈다.

9   서중석, 『이승만의 정치 이데올로기』, 역사비평사, 2005, 225쪽.

은 "그를 상징적인 자리에 앉혀 무력하게 만들려고 생각하였다".[10]

이런 역사적인 배경이 축적된 가운데서 이승만은 1959년 새해를 맞았다.

2. 영구집권의 꿈과 후계자 문제에 희생된 언론자유

1959년 1월 1일, 멀리 카리브해의 쿠바에서는 혁명가 카스트로가 수도 아바나에 진격, 일대 충격을 주었다. 바로 그 이튿날은 소련이 달 탐사 로켓 루나 1호 발사에 성공했다.

그러나 84세의 이승만에겐 오로지 내년에 치를 정부통령 선거[1960.3.15]에만 신경이 쏠렸다. 이미 그는 8·15 이후부터 정적을 차근차근 제거해버린 데다 조봉암까지 사법살인으로 해결했기에 자신이 대통령이 되는 데는 별 문제가 없었다. 그러나 이미 고령이라 만약의 사태에 대비하려면 부통령이 반드시 이기붕이 되어야 하건만 아무래도 장면에게 그 자리를 빼앗길 것 같아 노심초사했다.

이에 대비하려고 이미 신국가보안법은 지난 연말[1958.12.24]에 국회에서 경호권을 발동해 통과시켜 두었고, 반공청년단도 결성[1959.1.22]시켰다.

이제 이승만은 국민의 눈치를 볼 여유조차 없어서 『시카고 데일리 뉴스』와의 기자회견[1959.1.5]을 통해 아예 내년 대통령 선거에 출마하겠다고 밝혔고, 국내 기자단과도 만나 야당이 후보자를 내세우기도 전인 1월 26일에 출마의 의지를 확고히 밝혔다.

가장 중요한 언론을 다룰 공보실장에 그는 김성천을 임명[1.31]했고, 자신을 가장 확실히 밀어줄 정부 기관지인 서울신문사 사장에는 자유당 강경파 의원인 손도심을 임명[2월 3일]했다.[11]

---

10 위의 책, 226쪽.

11 전성천(全聖天, 1913~2007), 경북 예천 출신으로 일본 아오야마(靑山)학원 신학부를 거쳐 미 프린스턴신학교, 예일대학교 대학원에서 박사 학위를 받았다(1955). 국제적인 활동

이 무렵 『경향신문』은 그 어느 신문보다도 앞장서 이승만 정권을 비난. 공격하였다. 특히 이 신문은 가톨릭계 신문으로 천주교도인 장면 부통령을 지지했으며, 장 부통령이 경찰 조종을 받은 청년에 의해 저격[1956.9.28]을 당한 진상이 밝혀지자 이승만 정권의 부정부패를 더욱 날카로운 필봉으로 공격하였다.

구파를 대변하고 있던 『동아일보』는 그때 구파 의원들이 신파와는 달리 이른바 천지 거래가 있었고 자유당과 일부 뒷거래도 있었으므로 자유당에 대한 공격도 『경향신문』과는 그 양상이 달랐다. 따라서 이승만 정권의 탄압의 손도 자연 신파와 그들의 대변지인 『경향신문』으로 집중되어 있었다.[12]

이만하면 이 글 모두에서 『경향신문』을 폐간시킨 데다 아예 그 흔적조차 없애고 싶은 이승만 측근들의 속내를 감지할 수 있을 것이다. 집권세력의 시선에서 보자면 아예 이 신문은 없애버려야 이듬해의 선거를 무사히 치를 수 있을 것이기에 선거 준비 차원에서도 반드시 필요한 조치였을 것이다.

흔히들 칼럼 「여적」이 『경향신문』을 폐간으로 몰아간 이유로 알고 있지만 관계 당국이 내세운 폐간의 이유는 크게 5가지였다.

① 1959년 1월 11일 자 사설 「정부와 여당의 지리멸렬상-책임져야 할 사람은 깨끗이 책임져라」에서 스코필드 박사와 이기붕 국회부의장 간의 면담 사실

을 하다가 서울대 문리과대 및 대학원 강사를 지냈다. 자유당 문화부장(1956) 자유당 선전위원(1957) 등 당 관련 일과 한국아세아반공연맹 사무총장(1957)을 지냈고, 1958년에는 국회의원선거에 출마했으나 낙선, 공보실장(1959~1960.4.7)을 지내며 '여적'사건을 직접 다뤘다. 1960년 3·15부정선거사건으로 징역 2년을 받았다. 출소 후 목사, 신한당에 참여해 정치활동을 했으나 낙선, 성남장로교회 목사(1970), 기독교방송사(CBS) 사장(1975.2) 등을 지냈다.
손도심(孫道心, 1920~1979)은 경기 출신으로 1947년 서울대 총학생회장으로 고려대의 이철승과 쌍벽을 이뤄 반탁운동으로 우익 학생운동에 앞장섰다. 한국전쟁 때는 대한학도의 용대 호국단 총본부 대장을 지냈다.
자유당 소속 국회의원으로 서울신문사 사장을 지내며 부정선거를 독려, 사월혁명 후 자진 사퇴, 이후 여러 활동으로 만년을 보냈다.
12 송건호, 『송건호전집 9 – 민주언론 민족언론』, 2, 한길사, 2002, 141~142쪽.

을 '책임져야 할 사람이 책임져라'는 격렬한 표현으로 날조, 허위사실을 유포
했다.

②그 해 2월 4일 자 '여적'란을 통해 헌법에 규정된 선거제도를 부정함과 아울
러 국헌을 문란케 할 목적으로 폭동을 선동했다.

③같은 달 17일 자 '홍천 모 사단장의 휘발유 부정처분' 허위보도로 군의 위신
을 손상시켰다.

④4월 3일 자에 '북괴 간첩 하모의 체포' 기사를 미리 보도하여 공범자들의 도
주를 방조했다.

⑤4월 15일 자석간 이승만 대통령의 기자회견을 다룬 '국가보안법 개정도 반대'
기사에서 허위보도를 일삼아 국익을 해쳤다.[13]

위의 사건 중 ③과 ④와 ⑤는 흔히 있을 수 있는 사건이지만 관계 당국이
건수를 올리려고 거론한 대목으로 볼 수 있을 것이다. 그래서 막상 『경향신
문』 폐간 문제가 본격화되자 쟁점으로 떠오른 것은 ①과 특히 ②였다.

①에 등장하는 스코필드Frank William Schofield, 1889~1970는 영국 출신이나 캐나
다 토론토 대학에서 수의학 박사 취득 후 한국의 세브란스 의학전문학교에
서 세균학과 위생학을 가르쳤다. 3·1운동을 적극 도와준 데다 제암리교회
의 주민 학살 현장을 촬영하여 해외에다 알려주는 등 활동으로 일제의 위협
을 피해 한국을 떠났다. 그가 다시 한국을 찾은 것은 1958년 한국 정부가 국
빈으로 초치해서 였는데 자원하여 서울대 수의과 대학에서 수의병리학을
맡아 계속 체류했다.

그러나 그가 그토록 일제로부터 독립을 원했던 한국이 이승만에 의하여
독재정치로 굳어진 데 대해 비판적인 글을 종종 발표하여 정부 관계자들을
곤혹스럽게 만들었다. 그러나 외국인이라 함부로 단속할 수도 없던 차에 이
기붕 국회의장이 나서서 그에게 귀국을 권유했다가 도리어 그를 격분케 한

<hr>

13   원문은 『경향신문』 폐간에 대한 공보실 발표(1959.4.30) 내용인데, 여기서는 한승헌, 『재판
으로 본 한국 현대사』, 창비, 2016, 119~120쪽에서 재인용.

사건이 터졌다. 이에 『경향신문』은 시설에서 "이기붕 의장은 병구를 이끌고 스코필드 박사를 친히 방문하여 본국으로 돌아가라고 권고하는 근력이 있었다 하거니와, 그 동기는 아마도 스코필드 박사가 시내 모 지에 기고한 극히 격렬한 비판문 때문이라는 것도 상상되는 바이며, 동 박사가 의장의 '권고'를 격분한 어조로 거부한 데 대하여 어떠한 양심의 걸림을 받았는지 알고 싶을 것이다"라고 썼다.

거기다 이 사설은 훨씬 더 많은 사연을 담고 있었다. "2·4폭력 국회 파동이 근 2순을 지난 오늘까지의 경과를 주시하면서 근본적인 불법과 폭력 남용의 병근病根은 잠시 논외로 하고, 정부와 여당의 지리멸렬상은 한편 가소롭기도 하나 또 한편 국운의 전도를 위하여 탄식할 수밖에 없는 일이다"라고 이 사설은 서두를 장식했다.

2·4파동 혹은 보안법 파동二四保安法波動이란 이승만 독재정권이 영구집권을 위하여 언론에 족쇄를 채울 목적으로 시도한 것으로, 기존의 국가보안법을 더 강화시킨 개정안이었다. 1958년 8월에 발의됐으나 전국적인 반대 여론에다 언론기관들이 너무나 열렬히 비판하여 미뤄오다가 12월 24일 무술 경관들이 야당 의원을 국회에 들어갈 수 없게 감금해버리고 국회 정문을 폐쇄해 자유당만 참석해서 통과시킨 사건이다. 이 사건으로 정치계는 얼어붙어 버렸고 여론은 싸늘했는데, 이를 사설의 서두는 지적한 것이다. 사실 스코필드도 바로 이 사건을 비판하는 글로 문제가 된 것이다.

그러고도 이승만은 "진해 별저別邸에 유유자적하였고, 사건 후에도 경무대의 깊은 구름 속에서 국민에게 대한 일언반구의 인사도 없다는 것은 책임에서 초연하다는 인상을 주려 하는 상례적인 연막임을 이해할 수 있다"라고 일갈했다. 이런 판에 이기붕조차도 주변 보좌진이 쓴 담화를 발표하게 두고 자신은 입원해버렸다고 지적했다.

이어 스코필드사건을 언급한 뒤, 정부가 불리해질 때마다 도깨비방망이처럼 휘둘러 대는 북한 타령이 등장한다. 외신을 빙자해서 북한의 이승만 암살음모설을 거론하는가 하면, 북한과 중국이 남한을 기습 공격하려고 한다는 설까지 퍼트려 댔다.

사설은 "결국 책임질 사람이 책임지고 나서거나, 불연이면 깨끗이 물러나는 것이 남자다운 일일 것이요, 또 나라를 위한 일이 아니겠는가"라고 사설은 끝맺는다.

급해진 것은 자신의 이름이 오른 이기붕이었다. 그는 비서실장 한갑수로 하여금 구두로 강력히 항의, 이기붕의 요구대로 정정 기사를 『경향신문』에 게재토록 했다. 신문사로서는 굴욕적이지만 이를 수용하여 아래와 같은 '정정 기사'를 실었다.

본지 11일 자 사설 중 이기붕 의장이 스코필드 박사를 방문하여 본국으로 돌아가라고 권고하고 (…중략…) 스코필드 박사는 이를 거부 운운하는 구절은 이 의장이나 스코필드 박사가 모두 사실이 아니라고 부인하고 있으므로 그 구절은 전문 삭제하는 바입니다.

이로써 사설 문제는 일단락되었다. 그런데 연이어 사건 (2)가 도마에 올랐다.

1959년 기해년 입춘 다음날인 2월 4일수요일자 『경향신문』 칼럼 '여적'은 자유당 독재가 민중봉기로 붕괴될 개연성이 있다는 참언讖言을 다뤘다.

허멘스Ferdinand A. Hermens, 1906~1998, 미 노트르담대 교수의 글을 축약 소개한 이 명 칼럼의 요지는 '다수의 폭정'이란 있을 수 없다는 정언명제를 한국 정치에 대입시킨 것이었다. 다수가 민주적이기 때문에 폭정이 아니라는 주장인데, 자유당이 행여 아전인수로 해석할까 경계한다는 것이다. 아무리 다수당이라도 폭정을 자행하면 국민이 선거를 통해 소수로 전락시켜 버린다는 경고이기도 했다. 만약 어떤 악조건 때문에 선거로 폭정을 중단시킬 수 없으면 "폭력에 의한 진정 다수 결정"이 대신하는데, 그게 혁명이라고 '여적'은 썼다. 여기서 '폭력'이란 무력이 아니라 민중 다수의 참여를 상징한다.[14]

"어제는 다수당을 지지하여 그에게 권력을 준 투표자도 내일은 그것을 버리고 그를 소수자로 전락시킬지도 모르며, 당파에 속하지 않는 투표자도 만일 부정행위가 있다고 생각하면 재빨리 다수당을 소수당으로 떨어뜨릴 것이라"는 것이다. 문제는 그처럼 투표자가 자유로이 자기 의사를 행사할 수 있는가에 달렸다. — 만일 투표자가 어떤 권력에 눌려서 그 의사를 마음대로 행사할 수 없는 환경이라 한다면 허멘스 교수의 다수결 원칙은 근거가 와붕瓦崩되고 마는 것이다. 인민이 '성숙'되지 못하고 또 그 미성숙 사태를 이용하여 가장된 다수가 출현 된다면 그것은 두말없이 '폭정'이라고 할 수밖에 없는 것이니, 이런 논점은 허멘스 씨의 견지에서 본다면 전혀 별개의 문제라고 할 터이다. (…중략…) 다시 말하면 가장된 다수의 폭정은 실상인즉 틀림없는 '소수의 폭정'이라고 단정할 것이 아닌가. (…중략…) 진정한 다수라는 것이 선거로만 표시되는 것은 아니다. 선거가 진정 다수결정에 무력할 때는 결론적으로 또 한 가지 폭력에 의한 진정 다수 결정이란 것이 있을 수 있는 것이요, 그것을 가리켜 혁명이라고 할 것이다. 그렇다면 가장된 다수라는 것은 조만간 진정한 다수로 전환되는 것이 역사의 원칙인 것이니, 오늘날 한국의 위기의 본질을 대국적으로 파악하는 출발점이 여기 있지 않은가.[1959.2.4]

이 글이 나가자 바로 이튿날[2.5] 경향신문사의 강영수姜永壽 편집국장을 서울시경 사찰과 형사 2명이 와서 연행, 필자를 밝히라고 닦달하다가 8시간 만

---

14 독일 출신인 허멘스 교수는 나치를 피해 도미, 미국에서 활동하다가 1959년에 다시 독일로 가서 활동, 1971년에 또 도미했다. 이 논문의 출처는 「다수의 폭정(The Tyranny of the Majority)」(*Social Research*, Vol.25, No.1, The Johns Hopkins University Press, SPRING 1958, pp.37~52 게재)이다. '다수의 폭정'이란 술어는 알렉시 드 토크빌(Alexis de Tocqueville, 1805~1859)의 명저 『미국의 민주주의(*Democracy in America*)』에서 유래했다. 미국의 민주주의를 이해하는데 가장 중요한 이 명저의 저자는 프랑스 교정(矯正)행정관인데, 미국식 다수 의결의 민주주의가 '다수'를 악용한 폭정으로 변질될 것을 경고했다. 트럼프의 등장 같은 게 그 좋은 예이다. 토크빌의 한국어 번역판은 임효선. 박지동 엮으로 한길사에서 1997년 출간. 허멘스의 이 글은 1958년 봄에 Univ. of Notre Dam Press에서 단행본 *The Representative Republic*이란 제목으로 출간된다고 예고했으나 확인은 못 했다.
그런데 『경향신문 50년사』에서는 허멘스 교수의 글이 『소시얼 리서치』 1958년 봄호에 게재된 걸 합동통신이 번역, 각사에 특신으로 배포했다고 썼다(134쪽). 아마 둘 다 맞을 것이다.

에 귀가시켰다.

이날 내무. 법무장관과 전성천 공보실장이 바로 경무대의 이승만에게 직보하고는 전 공보실장은 "여적 사건은 사직당국에서 조사할 것이며 행정조치는 조사결과를 보아 고려할 것"이라고 밝혔다.

5일 오후 6시 40분 경 서울시경 사찰과 분실장과 형사대 5명이 압수수색영장을 발부받아 신문사에서 각종 원고 40여 점을 압수해 갔다. 그럼에도 신문사에서는 이 칼럼을 수정할 아무런 이유도 없다며 버텼다.

칼럼 '여적'은 무기명으로 초대주필 정지용 이래 통상 주필들이 맡았지만 논설위원들도 자주 썼다. 문제의 글은 마침 이관구 주필이 국제언론인협회 참석차 미국 출장 중이어서 현장에 없을 때 나왔다.[15]

이처럼 어수선한 3월에 로마교황청 포교성 장관서리 아가지아니안 추기경이 방한했는데, 한국 천주교의 정치관여를 중단시키려는 의도였음이 입증되고 있다.[16]

그간 경향은 발행인 한창우에서 김철규金哲珪로 변경했고, 주요한은 논설위원에서 면직, 이관구를 부사장 및 편집국장, 강영수 편집국장을 논설위원 등등으로 인사조처를 단행했다. 그러나 당국에다 발행인 변경 신청을 했으나 서류가 반환3.16됐다.

정달선 법조출입 기자, 어임영 시경 출입기자까지 구속4.4하더니 이관구 주필과 오소백 사회부장도 소환 조사했다. 이에 언론계는 홍진기洪璡基, 1917~1986. 『친일인명사전』 등재 법무, 박승준朴承俊, 1896~1967. 『친일인명사전』 등재 검찰총장 등에 항의와 해명을 요구하는 등 비판이 이어졌다.

---

15 이관구(李寬求, 1898~1991)는 1895년 민비 시해 때 일본 자객에 맞서 싸우다가 순절한 궁내부대신 경직(耕稙)의 손자로 교토제국대학(京都帝國大學) 경제학부 졸업 후 대학원까지 수료했다. 보성전문학교 상과 강사(1926~1931) 때 신간회(新幹會, 1927.2) 중앙위원과 정치부 간사를 지냈다.

16 노기남, 『나의 회상록 - 병인교난에 꽃피는 비화』, 가톨릭출판사, 1969년 초판에서 바티칸으로부터 경향신문 매도하라든가, 주교로서 정치에 왜 참여하느냐는 등 충고를 듣던 때라고 했다. 당시 로마교황청은 보수적이었다고 한다. 병인교난은 1866년 병인양요 때 대원군의 천주교 탄압의 해를 뜻한다.

'여적'의 필자를 추궁했으나 못 밝히자 비상임 논설위원이었던 주요한 의원이 국회 기자실에서 자신이 집필했다고 나섰다[2.5]. 현역 의원이라 주요한은 불구속이었으나 다른 임원들과 기자들은 수시로 연행과 석방을 거듭하다가 기소되면서 사건은 확산되었다.[17]

1959년 2월 8일(일)은 설날이었다. 압수수색에 준항고 하자, 서울지법 형사부 주심 정인상 판사는 압수 원고 중 3건만 합법적인 압수로 인정하고 나머지는 환부 결정[2.10]해버렸다. 서울시경은 필자 주요한을 내란 예비음모 선동 선전 등으로 정식 입건[2.9]. 1차 소환[2.15]. 영장 신청, 영장 자진 철회[2.18]의 수순을 밟았다. 조인구趙寅九 서울지검 부장검사는 2월 27일, 주요한을 내란선동 혐의로 기소[2.27]한 데다 1월 11일 자 석간의 사설을 명예훼손으로 동시에 기소했다.

주요한은 이 칼럼이 "국민의 다수의사가 선거로 결정될 수 없을 때는 폭력이 또 하나의 다수의사 결정방법이라고 경고 삼아 쓴 것"임을 분명히 했다. "vox populi vox dei백성의 소리는 하늘의 소리"라는 뜻으로, 만약 이승만이 선거를 다시 한다고 얼버무리며 대통령 자리에 주저앉으면 "앞으로 또 시위가 발생할 것이고 그때는 서울시민들이 가담해서 더 크게 될 것"이라 경고했는데, 바로 사월혁명이 그랬다.

사월혁명 때 이승만은 계엄 후 잠시 조용해지자, 이승만이 미 대사관원에게 선거 다시 한다고 했으니 수습되지 않겠느냐고 했을 때 주요한은 "앞으로 또 시위가 발생할 것이고 그때는 서울시민들이 가담해서 더 크게 될 것"이라고 응답했다. 주요한의 말 그대로였다. 결국 물러나야 할 사람은 물러나

---

17 주요한(朱耀翰, 1900~1979. 『친일인명사전』 등재)은 평양 출신의 시인이자 실업가다. 흥사단 계 인물로 이광수와도 아주 가까워서 『동아일보』와 밀착했던 그를 『조선일보』 창간 때 자신과 함께 참여하도록 했다. 8·15 후 흥사단 계열이었기에 1954년 흥사단 기관지인 월간 『새벽』 발행인이었고, 1957년 민주당에 입당, 이듬해에 서울 중구 갑구에서 국회의원이 되었다. 1976년경 필자가 주요한 사저를 방문한 적이 있는데, 이 거물의 저택이 평범한 한옥이라서 놀랐다.

야 수습이 되는 것이다.[18]

신문사의 압수수색 등에 반발하여 변호를 맡은 건 엄상섭嚴詳燮, 1908~1960, 『친일인명사전』 등재이었다. 그는 8·15 후 자신의 친일행위를 깊이 반성한 드문 인물로 1955년 민주당 창당 발기인으로 참여했다. 이처럼 친일파였더라도 반성한 인물은 어딘가 다르다. 그러나 이와는 반대로 반성은커녕 그게 뭐가 잘못이냐고 설치는 인물과는 비교해서는 안 될 것이다.

주요한은 더 적극적이었다. 자신이 창간해 발행인과 편집인을 맡고 있던 월간지 『새벽』에다 이승만과 자유당을 강력하게 비판했다. 「나의 붓을 꺾을 자 누구냐-정간 중인 경향신문 주필의 항변」이관구, 「경향신문사건의 판결 비판」이항녕, 경향 논설위원, 「언론 자유는 쟁취해야 하는 것」홍종인, 『조선일보』 주필 등의 글이 1959년 『새벽』 11월호에 실렸다.

그러나 1959년 4월 30일, 경향신문사로 폐간 통보가 전해졌다.

"국가의 안전과 보다 참된 언론계의 발전을 위하여 부득이 경향신문을 군정법령 제88호에 의거 단기 4292년 4월 30일 자로 그 발행허가를 취소하는 바이다"라고 통보에는 썼다. 이윽고 형사대를 급파하여 윤전기를 멈추고, 회사 차량 운행을 정지시키며, 차량 깃발마저 철거하고는 이미 지방에 배달나간 신문도 회수조처했다.

"삼가 아룁니다. 경향신문은 공보실에 의해 발행허가를 취소당하였습니다. 독자 제위에게 평소의 후의에 감사하며 인사드립니다"란 벽보가 사옥 정면에 부착됐다.

진보적인 모든 언론을 폐간시키려고 만든 군정법령 88호 때문에 나오게 된 『경향신문』이 도리어 이 법령으로 발행허가를 취소당하는 건 역사의 아이러니가 아닐 수 없다.

천주교 서울교구교구장 盧基南 유지재단은 경향신문의 정치비판 논조가 가톨릭 교지 위배라는 전성천 공보실장의 지적에 맞섰다. 노기남 대주교는 로마

---

18   주요한, 「경고 삼아 쓴 것이 예언처럼」, 『경향신문』, 1972년 4월 26일 자.

에서 폐간 소식을 듣고는 "본 교회에서는 '국민의 권리'를 행사하는 모든 주장과 사회악과 불의에 대한 비판 항거 또 약한 자를 돕는 것을 종교와 정치를 혼동하는 것이라고 규정지을 수 없다. 이는 정당한 신문 논조이며 가톨릭 교지에 위배되는 것도 아니다"[5.3]라고 항변했다.

김병로金炳魯, 1887~1964 전 대법원장재임 1948~1957은 "군정법령 88호를 적용한 것은 언론자유를 보장하고 있는 헌법에도 위배된 것으로서 당국은 그 책임을 져야 한다"라고 논평했다.

5월 8일에는 염상섭, 김팔봉, 마해송, 정비석, 백두진, 조지훈 등 33명의 문학인들이 연명으로 폐간조치의 철회를 요구하는 성명서를 냈다. 한국신문 편집인협회는 임시총회를 열고 미군정법령 88호의 폐지와『경향신문』 폐간 취소를 위한 연판운동을 전개할 것을 결의했다. 그러자 손도심 사장의 『서울신문』은 "편협은 어찌하여 이와 같은 유해한 언론을 옹호하고 그러한 유해한 언론을 막으려는 조치에는 항거하려는 것인가. (⋯중략⋯) 우리의 정부가『경향신문』보다 중요하지 않다는 말인가"라고 어깃장을 놓았다.

그러나 이미 언론자유의 외침은 높아져 민권수호국민총연맹이 주최한 언론자유수호국민대회6.13가 열려 역시 폐간 철회와 미군정법령 무효화를 외쳤다. 심지어는 주한 미 대사 월터 다우링Walter C. Dowling, 1905~1977조차도 언론 탄압이 언론 과오를 교정하는 방책이 되어서는 안 된다고 했다.[19]

3. 권력이 압살한 언론자유를 민중이 살려내다

신문사 측은 변호인단정구영, 김동현, 이대희, 김홍한을 구성, ① 발행허가취소 행정처분 취소 청구소송과, ② 공보실장 전성천 상대로 행정처분 집행정지 가처

---

19 '여적' 필화의 경과는『경향신문 50년사』,『송건호전집 9 – 민주언론 민족언론』2, 한승헌의 『재판으로 본 한국 현대사』, 김삼웅의『한국필화사』(동광출판사, 1987) 등등 많은 자료를 참고하여 중요사항만 뽑아 필자가 정리한 것.

분 신청을 냈다. 서울고등법원은 특별1부^{부장판사 洪一源, 배석 판사 김정규, 최보현}에 이 사건을 배정했는데, 사복형사들이 법원 사무실과 명륜동 홍 부장판사의 집 주위를 끊임없이 맴돌며, 이기붕 국회의장이 홍진기 법무장관을 통하여 압력을 가했다.

그런데 6월 26일 오후 3시, 재판부는 "경향신문 발행허가를 취소한 행정처분의 집행을 정지한다"는 판결을 내렸다. 독재가 죽인 신문을 법원이 살려낸 것이다.

홍일원 부장판사는 "목숨 내놓고 독립운동하는 기분으로 정부 패소 결정을 내렸다"고 후일담에서 토로했다. 『경향신문』에 잘못이 없다는 것은 삼척동자도 다 알고 있었기에 "큰 목소리를 내던 자유당 강경파에 타격을 주기 위해서" 그는 결정기일도 자유당 전당대회 예정일인 6월 30일 직전으로 잡았다. 그는 사법부를 향하여 이렇게 외친다. "법관은 용기가 있어야 합니다. 사법부 독립은 누가 주는 게 아니예요. 누가 봐도 백인 걸 흑이라고 하면 됩니까. 권위는 그 다음에 저절로 옵니다."^{『경향신문』, 1993년 10월 6일 자}

그러나 『경향신문』은 두 번 질식사한다.

> 57일 동안 잠자고 있던 윤전기에 꽃다발을 올리고서, 6월 27일 자 조간 1판을 우렁찬 소리를 내면서 인쇄했었다. 그러나 이날 밤 10시가 지나서 정부 당국으로부터 이번엔 새삼스럽게 '발행허가 취소'는 철회하는 동시 '무기 정간'을 명령한다는 공문을 경향신문사로 보냄으로써 법에 의하여 소생된 『경향신문』을 권력으로써 또 한번 질식 상태에 빠뜨렸던 것이다. 57일 동안 죽었다가 다시 우렁차게 회전하던 신문사의 윤전기는 이날 밤 공문의 도착과 함께 딱 숨소리를 멈추고 말았다. 그러나 『경향신문』은 지금 살아있다.²⁰

대체 그 사이에 무슨 일이 있었던가.

---

20 『김팔봉 문학전집』 5, 288쪽.

6월 26일 오후 6시, 중앙청에서 예정에 없던 국무회의를 열어 법원의 가처분 결정은 폐간조치가 너무 가혹하다는 것일 뿐 행정처분이 위법은 아님을 인정한 것으로 법원의 의견을 존중하여 "발행허가 취소"를 "발행허가 정지"로 바꾸기로 결의한 것이다.

사법과 행정력의 줄다리기에서 행정력의 악랄성이 나타난 것이다.

이제 재판은 다시 서울고법 특별2부재판장 김치걸 부장판사, 배석 김윤행. 최윤권 판사에 배정됐고, 예상대로 "원고의 청구를 기각한다"라면서 판결 이유는 소송 당사자에게 문서로 송달한다는 것으로 1분도 안 걸려 재판은 끝났다. 사실상 경향신문사 해산 명령이었다.

이승만은 법관 연임법을 제정1958하여 이듬해까지 2년에 걸쳐 안윤출安潤出, 서민호 의원 석방, 유병진柳秉震, 진보당사건 1심에서 조봉암에 징역 5년 선고 등 20여 명을 탈락연임대상자의 4분의 1시켜 사법부의 독립성을 위협했다.[21]

경향신문사가 항고하자 대법원은 3개월 만에 전원 합의체인 연합부로 이 건을 회부했다.

이때 대법원은 원장 조용순趙容淳, 1898~1975. 재임 1958.6~1960.5을 비롯한 대법관 9명 중 3분의 2가 『친일인명사전』에 올라 있다.

그리고는 해를 넘겨 두 번째 심리1960.2.5에서는 군정법령 제88호의 위헌 여부를 가리고자 헌법위원회에 제청한다는 결정을 했다.

헌법위원회란 부통령이 위원장, 대법원장이 제청해서 대통령이 임명한 대법관 5명에다 민의원 의원 3명과 참의원 의원 2명, 총 11명으로 구성되어 있었다. 그러나 당시 국회는 민의원 뿐이라 구성조차 안 되어있는 기구로 쟁점을 넘긴 꼴이 된 것이다. 이런 꼼수를 대법원이 쓰다니!

어쨌건 법에 따르면 헌법위원회 위원장은 장면부통령이었고, 위원은 한근조, 조경규, 임철호이상 민의원에다 조용순, 김두일, 김갑수, 배정현, 고재호이상 대법관에다 예비위원으로 백한성, 변옥주, 오필선, 김연수가 있었다.

---

21 한홍구, 『사법부』, 돌베개, 2016, 37~38쪽.

헌법위원회법 제16조는 법원의 제청을 받은 날로부터 20일 이내에 위원회를 열도록 규정하고 있었기에 대법원이 1960년 2월 5일에 헌법위원회에 위헌 심사 제청을 했기에 2월 26일까지 위원회를 열 의무가 있었다. 그런데도 대통령은 3월 12일에야 위원을 임명했고, 헌법위원회는 1960년 3월 23일, 첫 회의를 열어 대법 측 사건 개요만 듣고 정족수 문제를 민의원 중에서 2명을 추가 선정키로 했다. 그런데 이미 3·15부정선거 항의로 세상이 시끄러워지자, 3월 25일 장면 부통령이 사직해 헌법위원장이 사라져 버렸다.

1960년 4월 20일은 4·19 바로 다음 날이었다. 대법관들은 정례 회합일이 아닌데도 지방 출장 법관까지 전원 참석시켜 간담회를 열어 『경향신문』 문제를 거론했다. 주심 감갑수는 "대법원에서 우선 효력 정지 가처분 신청 사건만이라도 처리하자"라고 제의해서 만장일치로 찬성했다. "정부의 정간처분 효력을 정지한다"는 판결이었다. 당장 고지 하자는 걸 조용순 대법원장이 "합의는 오늘 끝냈으니 고지는 한 일주일쯤 지나서 하자"라고 제동을 걸어 4월 26일을 고지일로 정했다. 조용순은 헌법위원회의 위헌심사결과가 나오기 전에는 경향사건을 대법원이 재판할 수 없다고 공언했던 터였는데 태도가 달라진 것이다.

4월 26일 오전 10시, 이승만의 하야 소식에 대법원 고지는 오후 2시 50분에 이뤄졌다. 만 1년에서 4일이 모자라는 날자였다.

이날 오후 서울고법과 지법 판사들은 "정치정세가 바뀌자 종래의 태도를 바꿔 돌연히 표변한 것은 종래 법관이 법대로 판결이나 결정을 하지 않았다는 것을 말하는 뚜렷한 증거라며 분개"했다. 조용순 대법원장을 비롯한 대법관 전원에게 사퇴를 권고키로 결의했는데, 조용순은 사임 의사를 밝혔으나 사법부 공백을 우려하는 여권의 만류로 주춤하다가 대한변호사협회에서 즉각 사퇴를 요구해 5월 11일 사퇴했다.

이로써 경향은 폐간당했다가 사월혁명이 이승만 정권을 타도한 직후에 복간됐다. 이 1년여 동안의 경과는 자유당 말기의 치졸한 권력과 사법부의 타락상이 펼쳐주는 한 편의 대하 드라마였다.

사월혁명 후 민주당 신파 장면 정권의 오른팔이었던 이 신문은 1961년 5·16쿠데타 세력에게는 타도해야 할 주적이었다. 더구나 창간 때 사장 양기섭에 이어 2대 사장으로 12년간 경영을 책임졌던 한창우가 장면과 단순한 교우가 아니라 정책적 동반자라 막역한 사이였기에 5·16쿠데타 후 장면의 비서였다가 조폐공사 사장이었던 선우종원과 함께 반혁명으로 기소당했던 사이였다. 선우종원은 오제도와 함께 이승만 정부 수립 후 보도연맹에 관여한 검사였다.

그들은 5·16 이튿날 선우종원의 호출로 한창우를 비롯해 민주당 구파였던 김재순 등이 유엔군으로 하여금 계엄령을 선포케 하여 쿠데타 군을 원대복귀 시키고, 장면의 육성으로 "민주당 정부와 총리는 건재하니 국민은 동요하지 말라"는 녹음을 유엔군총사령부 방송을 통해 내보내자는 등 모의를 했다. 그러려면 장면을 직접 만나야 하는데 그걸 해낼 인물이 한창우밖에 없었다.

그는 5월 17일 밤 장면을 만났으나 그 둘 사이의 대화는 영원히 비밀로 남아있다. 다만 드러난 것은 장면이 쿠데타를 저지할 어떤 조치도 취하지 않았다는 건 분명하다.

한창우는 사장직^{1949~1961.6.4}에서 고문이란 직함에 있었고, 3대 경향신문사 대표는 윤형중^{재직 1961~1962.1}이 맡았다. 그는 취임 일성으로 "신문이라 할지라도 사회적 책임에서마저 자유로울 수는 없다는 사실을 명심"해야 한다면서 그간 이 신문이 취해왔던 비판적 논조에 철퇴를 가했다. 그러나 3대 사장 윤형중은 불과 7개월 만에 물러났다.

서울교구장 노기남이 재정난에 빠진 경향신문사를 매각하겠다고 결정하자 매입하겠다고 나선 강력한 인물이 양한모와 시인 구상이었다.

양한모는 일제 때부터 진보적인 민족운동에 투신해 고초를 겪다가 8·15 후 남로당 서울시당 김삼룡 위원장과 핵심역할을 했던 실로 대하소설의 주인공으로 손색이 없는 주인공이다. 남로당의 와해 직전에 전향한 뒤에는 너무나 중차대한 경력 때문에 온갖 고초를 겪으면서도 그 탁월한 지식과 기민한 실천력에다 인화력으로 자유당 치하에서 여러 언론기관에 관여하는 한편 증권업에도 손을 대서 성공했다. 사월혁명 후 장면의 초치로 정책적인 면부터 재정 문제에 이르기까지 모든 면에서 최측근이 됐고, 5·16 후에는 김종필의 초청으로 중앙정보부 일에도 일조했다. 대한증권거래소 부회장을 지낸 그는 5·16 세력들이 신당 창당을 위한 자금 축적 과정 때 공화당 자금줄의 젖줄 역을 했으며, 그 수수료로 민주당 재건에도 일조한 신출귀몰한 인물이었다. 당시에는 장면이 정치규제법으로 묶였기에 그의 지시를 받은 양한모가 민주당의 한 기둥이었던 박순천과 당 재건을 도모한 것으로 알려져 있기도 하다.

1963년 5·16 세력이 군복을 벗고 '민정이양'이란 모자로 바꿔 쓴 채 정권을 잡은 뒤 양한모는 그간의 파란만장한 삶을 접으려던 시기에 『경향신문』에 구미가 당겼다. 그러나 신문사는 시인 구상에게 넘어갔고 양은 신앙에 투신, 가톨릭사상 평신도가 가톨릭대학 신학부에 입학한 첫 도전자가 되어 만년에는 크리스찬 사상연구소를 세워 '신도 신학' 연구에 매진했다.

협상 과정에서 구상이 유리하여 계약금을 지불하고 차기 대표로 구상 시인에게 발령장까지 내렸다. 그런데 서울교구 측에서 자금 출처를 확인하다가 국가재건최고회의 의장 박정희라는 걸 알게 되자 부랴부랴 계약을 취소시킨 소동이 벌어졌다. 사장이 되었다가 물러난 구상을 두고 언론인 조갑제는 감쌌다. 박정희는 최고회의 의장 고문으로 구상을 염두에 두었으나 시인은 한때 잠시 몸담았던 걸 인연 삼아 『경향신문』 도쿄 특파원을 자청하여 떠나버렸다. 구와 박은 그 뒤에 만났다.

"어떤 분야라도 한 몫 져주셔야지!"라는 박정희의 요청에 구상 시인은 "나는 그냥 남산골샌님으로 놔두세요!"라고 응수했다. 경향신문사의 거래가 도로 아미타불이 된 뒤 둘 사이에 이런 대화가 오갔다고 조갑제는 『내 무덤에 침을 뱉어라』에서 적고 있다.

"보고를 받아 다 알고 있어요. 교회라는 거룩한 탈을 쓰고 그 짓들인데 그 사람들 법으로 혼들을 내주시죠. 그렇듯 당하고만 가만 계실 거예요?"

"그럼 어쩝니까? 예수가 왼뺨을 치면 오른뺨을 내 대라고 가르치셨는데야!"

"그래서야 어디 세상을 바로 잡을 수가 있습니까?"

"그게 바로 천주학의 어려운 점이지요!"

"천주학이라!"

그는 그 말을 되뇌까리면서 더 이상 나^{교상}를 힐난하려 들지는 않았으나 자못 내가 한심스럽다는 표정을 지었다. 아마 이때 그는 나를 현실에 이끌어 들이려는 생각을 단념했을 것이다.[22]

어쨌거나 그 뒤 발행인은 돌고 돌아 경영권을 기아산업이 인수했을 때 마당발 정치인이란 별명을 가졌던 김상현 의원은 국회에서 정치적 배후의 작용이라고 국정 질의를 했으나 그런다고 밝혀질 일도 아니었다. 이미 이 신문은 가톨릭과는 단절 상태였다.

미군정의 선물처럼 창간된 이 신문의 가혹한 운명은 결국 한국 군정에 의해 농단당해 가톨릭으로부터 떠나갔다. 새삼 언론자유의 소중함이 느껴지는 사건이다. 어떤 권력도 언론은 건드리지 못하는 세상이었다면 이런 회전목마 같은 드라마는 없었을 것이다.

---

22 조갑제,『내 무덤에 침을 뱉어라―근대 혁명기 박정희의 비장한 생애』 4, 조선일보사, 2001, 236쪽.

제12장

'하와이
근성 시비'와
지역감정 문제

1. 시인 조영암, 필화로 인생행로 바꾸다

자유당 정권이 그 말로를 향해 각종 실책을 거듭하던 1959년의 초여름, 온 장안을 달구는 뜨거운 화제 하나가 터져 나왔다. 이름하여 '하와이 필화 사건'이었다. '하와이'란 당시 은어나 비속어로 호남지역을 지칭하는 것이었다. 그러니 이 필화란 호남 비하 발언이 문제가 되어 온 나라를 들끓게 만든 걸 뜻한다.

필자는 강원도 고성 출신의 시인 조영암趙靈巖, 1918~2001으로, 승려이자 시인과 작가를 겸했다. 본명이 승원乘元 또는 성원星元이었던 그는 용정의 대성중학을 나와 건봉사乾鳳寺, 월정사月精寺 등에서 불문에 들면서 문학에도 입문했다. 1943년 혜화전문을 졸업한 그는 8·15 후 북에서 교사를 하다가 1948년 월남, 투철한 반공의식에다 이승만 지지자가 되어 한국전쟁 때 종군작가가 되어 시집『시산屍山을 넘고 혈해血海를 건너』1951와 이승만 예찬 시를 모운『우남 찬가雩南 讚歌』1954를 냈다. 1950년대 후반기에는 대중성이 높은 읽을거리로 소설『임거정전林巨正傳』과 조선 야사의 보고寶庫인『해동야사전집海東野史全集』을 내어 많은 독자를 얻기도 했다.

이처럼 정통 문단이 아닌 대중 지향적인 문필활동에 관심이 높았던 조영암이 당시 대중적인 인기가 많았던 잡지『야화夜話』1959.7에다 「소위 하와이 근성 시비」라는 글을 썼다. 이 필화 이후 역학易學, 운명 감정, 작명연구소 등 동양철학에 몰두하면서 불문에 귀의했다.

원래 이 잡지의 편집 의도는 호남인들을 대상으로 비판하는 글 「하와이근성 시비」조영암이 썼으나 전창근이란 가명으로 발표과, 호남을 찬양하는 글 「개땅쇠의 변」柳葉, 1902~1975을 함께 싣는 것이었고 계획대로 두 편이 함께 실렸다.[1]

---

[1] 이 문제의 글이 실렸던 잡지『야화』는 현재까지 찾을 수 없다. 그래서 조영암의 필화 원문은 찾을 수 없게 되어버렸고, 다만 유엽의 글 원문은 서지학자 엄동섭의 도움으로 찾을 수 있게 되었다. 이 원문은 유엽이 필화사건이 일어난 뒤 자신도 함께 비난의 대상으로 떠오르자 그 변명을 위해 쓴 「'야화' 필화사건의 전말—'개땅쇠의 변'을 쓴 동기와 그 전문」(『민족문화』, 1959, 4~15쪽)에 그대로 재수록되어 있다.

유엽은 전주 출신으로 호는 화봉^{華峰}, 유춘섭^{柳春燮}이다. 와세다대학 부속 고등학원 2년 수학 후 귀국, 양주동, 손진태, 백기만의 동인지 『금성^{金星}』^{1923. 창간}에 참가했다. 언론에 잠시 투신했으나 한국전쟁 후 불가에 귀의, 경기 고양군 신도면 쌍수암 주지를 지냈다.

『야화』의 전신은 『야담과 실화』였다. 1959년 초 '서울 시내에 처녀는 60퍼센트도 안된다.'라는 선동적인 기사로 폐간당하자 그 뒤를 이어 나온 잡지가 『야화』였으니 그 성향은 짐작이 갈 것이다. 그러니 선정적인 화두로 독자를 현혹시키는 걸 잡지의 활로로 보기 때문에 「하와이근성 시비」가 얼마나 선동성이 강했을지 상상이 간다.

> 전라도 개땅쇠는 간흉과 배신의 표상이며…… 전라도 출신들은 우선 인류권에서 제외해야겠고, 동료권에서 제외해야겠고, 친구에서 제명해야겠기에…… 전라도 놈은 송충이나 그 이하의 해충…… 전라도 사람은 신용이 없고 의리가 없으며 잔꾀가 많아 깊이 사귈 수 없다. 사회 각층에서 말썽을 일으킨 부류는 모두 전라도 사람이 대부분이며, 군대에서 탈영한 군인도 이곳 출신이 거의 차지하고 있다……[2]

이렇게 혹독하고 모욕적이며 비인격적으로 몰아낸 것과는 대조적으로 호남인을 옹호해야 될 유엽의 글 「개땅쇠의 변」은 너무 미적지근했다. 그는 먼저 '개땅'이란 말은 개^澥 즉 포구나 바닷가의 진흙땅이고, '쇠'란 인명의 끝자로 붙였던 것이라 밝혔다. 그러니 호남 갯펄의 보통사람들이란 뜻이겠는데, 그 지역에도 얼마든지 양반 출신도 많고 부자들도 많건만 이 지역 전체를 싸잡아 개땅쇠라 했으니 호남사람들이 좋아하지 않을 것은 분명하다.

유엽이 호남사람들의 인심이 얼마나 좋은가를 판가름하는 잣대로 거론한 것은 한국전쟁 때 호남지역으로 피란 갔던 사람들은 다 인심이 좋다고 한다

---

2 조영암의 원문이 없기 때문에 여기 인용한 대목만이 여기저기 떠돌고 있다. 원래 출처는 공론문화사 의 『사건 실화』(1988.9)라고 하는데, 이 출처조차 확인하기 어렵기에 여기서는 이 인용이 조영암의 글 중 전하는 내용 전부로 보면 된다.

거나, 일제 식민지 시기의 광주학생운동과 항일투쟁의 전통 등을 들었다. 조
영암이 인간의 본질을 파고들어 매도한 것과 비교하면 이건 도대체 상대조
차 안 되는 느슨함이다. 그래서 이 글이 나가자 호남사람들이 유엽에게 "너
는 전라도 놈 아니다"라고 비난을 퍼부어댔고, 이 변명을 쓴 게 바로 이 글
「'야화' 필화사건의 전말―'개땅쇠의 변'을 쓴 동기와 그 전문」이 된 것이다.
그러니 유엽은 변명을 위해 쓴 글조차도 고향 사람들의 공감을 얻지 못한
셈이다.

이와는 대조적으로 조영암의 글에 대해서는 이글거리는 분노로 바로 폭
동이 일어난대도 놀랄 일이 아닐 정도였다.

『전북일보』를 비롯한 호남지방지들은 일제히 『야화』와 필자 조영암을 규
탄했고, 전북 도지사^{박정근, 재임 1959.5.13~1960.5.11}는 '6백만 전라도민을 모독하는
일'이라고 개탄했고, 전남과 전북 도 의회와 이 지역구 출신 국회의원들은
여야의 구분도 없이 성토에 일떠섰다.

호남지역은 이 사건으로 동학농민전쟁 이후 최고의 응집력을 보여주는
기회가 되어 '전라도민 필화수습대책위원회'가 결성되어 이 처리에 앞장섰
다. 수습대책위는 반사회적이고 반민족적인 이 글의 배후 추궁과 관련자 처
벌을 요구했다.

국회에서는 공보실장^{全聖天, 임기 1959.1.31~1960.4.7}을 소환해서 『야화』가 '지방 파
당과 민족분열을 조장하여 이적행위를 하는 악덕배'라면서 모든 책임을 공
보실로 돌려 엄중 처단하라고 소리를 높였다. 전성천 공보실장은 이미 우리
가 앞 장에서 봤듯이 이런 일이라면 얼마나 과감하게 처리했을지를 유추할
수 있을 것이다. 공보실은 1959년 6월 10일 『야화』 판금 조치를 내렸다.

대검찰청은 전주지검으로 수사권을 이관했고, 사건은 전북 경찰국이 맡
았다. 『야화』의 발행인^{최상덕}과 편집인^{이종렬}에다 필자^{조영암}를 전원 전주지검에
송청했다. 발행인에게는 '출판물에 의한 명예훼손' 혐의를, 편집인과 필자에
게는 신국가보안법과 출판물에 의한 명예훼손 혐의를 적용했다. 그러나 발

행인은 기소되지 않았고 두 피고는 보석 됐다가 전주지법 제1호 법정에서 6개월 징역형을 언도$^{1959.10.15}$ 받아 재수감되었다.

조영암은 이 필화사건을 계기로 인생행로를 바꾸게 되었으니 무척 비싼 필화였다. 그는 이후 동양철학 혹은 운명철학으로 변신했다가 나중에는 불문에 회귀해버렸다.

2. 작가 오영수, 수필 필화 제1호

지역감정 필화는 장기독재 정권 말기에 나타났다. 첫 번째는 1959년 조영암의 「하와이 근성 시비」로 이승만 정권의 몰락을 예고했고, 두 번째는 1979년 오영수의 「특질고特質考」로 박정희 정권 몰락의 전주곡 역할을 했다.

조정래의 대하소설 『한강』은 이승만 정권 말기인 1959년부터 1980년 5·18 직후까지를 다뤘는데, 첫 장면과 마지막 장면에서 호남지역감정을 쟁점으로 부각시킨다. 전라도 사람들이 서울에서 얼마나 괄시당하는가가 첫 부분이고, 그걸 정치적으로 규명하는 것이 마지막 장면이다.

8·15 후 통일지향 정치인 김구와 분단 지향 야심가 이승만은 대립했는데, 백범이 전국 순회강연을 나섰다. 큰 도시에서만 강연을 하곤 지나치려는데, 유난히 열렬한 호남에서는 "작은 군에서 사람들이 몰려나와 겹겹이 기찻길을 가로막는 바람에 김구는 예정에 없던 강연을 하고서야 기차가 움직일 지경"이었다. "이 보고를 다 받은 이승만이 기분이 나빠져 한 마디 내뱉은 것이 '하와이놈들 같으니라구!'"였다. 하와이에서 독립투사 박용만에게 외교노선을 주장하다가 쓴맛을 본 이승만의 트라우마가 무의식적으로 발로된 것이었다. 그에게 호남은 제거대상이었던 한민당의 뿌리이기도 했을 터였다.^{3}

---

3   박용만((朴容萬, 1881~1928)은 강원 철원 출신으로 일제의 황무지 개간권 요구 반대 투쟁을 하다가 투옥 중 이승만과 정순만을 만나 '3만' 의형제 맺고 함께 도미했다. 박은 대학 졸

그래서 이 소설『한강』은 "이승만은 전라도에 대한 나쁜 인식을 (국민들에게) 뿌리 깊게 심었고, 뒤따라 박정희는 모든 권력 기관마다 자기네 사람만 편파적으로 쓰면서 전라도 차별을 철처하게 조직화하고 구조화"시켰다고 조정래는 썼다.

이런 시각으로 보면 전라도 비하라는 지역감정은 단순한 지방색이 아니라 정치 지정학적인 구조를 갖춘 방정식에 다름 아니다. 그래서 호남 차별 작품 두 편이 두 독재자의 말기 현상을 상징해준 것으로도 읽힐 수 있다는 것이다.

오영수吳永壽, 1914~1979가『문학사상』1979년 1월호에 발표한「특질고」는 소설로는 볼 수 없기에 수필로 분류하는 게 마땅하다. 이미 백철은『문학사상』2월호 소설 월평에서「특질고」를 소설이 아닌 수필로 분류했다. 이런 관점에서「특질고」는 현대 필화에 등장하는 첫 수필 필화에 해당한다.

이 글은 깔끔한 오영수의 문학적 특징이 스며있는 산문이다. 그는 서두에서 특질에 대해 이렇게 썼다.

> 언젠가 미국에서, 코끼리에 대한 연구논문을 공모한 적이 있었는데, 그때 불란서에서는 코끼리의 사랑, 즉 로맨스에 대해서--
>
> 영국에서는, 코끼리의 사냥에 대해서--.
>
> 중국에서는, 코끼리의 요리에 대해서--.
>
> 미국에서는, 세계에서 제일 큰 코끼리에 대해서--.
>
> 일본에서는, 진짜 코끼리를 세계에서 제일 작게, 또 진짜보다 더 진짜를 만드는 데 대해서--.[4]

업 후 '한인소년병학교'를 설립하면서 미주에서의 독립운동을 시작, 여러 활동을 하다가 하와이로 가서(1912) 항일무장 투쟁을 위해 대조선국민군단(大朝鮮國民軍團)을 조직하는 등 여러 활약을 했다.
1913년 필라델피아의 이승만을 하와이로 초청했으나 그는 무장투쟁에 반대하며 분열을 책동하여 하와이 교민들을 교란시켜 버려 박용만은 이승만과 갈라섰다.

민족적 특질을 풍자한 대목인데 참으로 오영수다운 재기가 엿보인다. 이어 작가는 한국으로 시선을 돌려 평안도부터 화두를 잡는다.

> 평안도의 지방적 에고와 섹트와 매서운 성격 — 이것을 어느 친구는, 월북민의 실향 즉 동병상련이라고 하더라만…
> 그러나 그렇지도 않은 옛날부터 임출맹호林出猛虎라고 했고, 그것은 싸움을 통해 뚜렷하다.^{59쪽}

이어 함경도에서는 "우락부락, 억세고 무작하고… 그래서 생활력이 강한 반면 운치나 멋대가리라곤 손톱만큼도 없는 왈가닥"이라고 했다. 강원도는 "백날 여시如是 네 맛도 내 맛도 없는 무덤덤"이라 묘사했다.

서울에 대해서는 요란하다.

> 우선 싹싹하기 청리靑梨 같고 경위가 빠르고 사리판단 샘수, 그리고 체면치레 등… 그러면서 외면치레, 무찬 제비, 아침 부용, 그러나 비단 치마 속의 넝마.^{63쪽}

충청도 조에서는 느린 말투를 자잘하고 길게 언급했고, 이어 전라도로 들어간다.

> 우선 전라도로 말하면 참 재미나고 섬세하고 다양하다.
> 고 간드러지는 전라도 방언 — 나긋나긋 감태같이 감칠맛 있는… 그뿐이랴, 풍류를 알고 멋을 알고 음식 솜씨 좋고 옷衣服을 입을 줄 알고… 뭐 예를 들자면 한이 없다. 그런 반면에 결점과 하자瑕疵도 많다.
> 첫째 표리부동表裏不同 신의信義가 없다.
> 입속 것을 옮겨줄 듯 사귀다가도 헤어질 때는 배신背信을 한다. 그런 만큼 간사奸

---

4 오영수, 「특질고(特質考)」, 『문학사상』, 1979.1, 59쪽. 이하 같은 작품에는 각주 생략, 인용문 뒤에 쪽수만 밝힘.

뒤이어 계속 구체적인 욕, 대화, 과장 등등을 거론했다. 지금까지 나온 중 가장 많은 분량을 할애한 것이다.

이어 경상도가 나온다. "미련하고 붙임성 없고 눈치 모르고 무작하다"라고 서두를 꺼내고는 미련한 성품을 나타내는 따분한 일화에다, 싸움할 때면 "누가 크게 욕지거리를 많이 하느냐에 승부가 난다"라며 그 예를 든다.

이렇게 각 지역 순례를 끝낸 작가는 이제 세상이 달라져 각 지역의 특질이 사라져 가는 중이라며 이를 안타까워한다. 지역마다의 방언이 가진 매력 때문이다.

작가는 이 산문을 이렇게 끝맺는다.

그러니까 작가 오영수는 각 지역 방언의 특색이 근대화의 물결로 사라지는데 대한 향수를 달래고자 이 글을 쓴 것인데, 유독 호남 문제에 대해서는 부정적인 묘사가 도드라져버렸다.

1959년 이승만 치하에서 조영암의 글로 입었던 상처를 이제 20년 뒤인 1979년에 박정희 치하에서 또 당했다는 무의식이 꿈틀댄 것이다. 이 글이 실렸던 『문학사상』 1월호는 실제로는 1월이 되기도 전에 나와 전국에 배포되었기 때문에 사실상 1978년 12월 송년의 모임 화제로 딱 오르기 좋았다.

호남 현지에서 달아오른 열기가 서울로 번져 한참 여론이 악화된 것은 1979년 봄과 초여름 무렵이었다.

호남에서는 '민족분열망언대책위'가 구성되었고, 서울에서는 호남 출신 문학인들이 뭉쳐서 문학사상사를 직접 찾아가는 등 분주해졌고, 언론들은 정치 문제는 제대로 쓰지도 못하면서 이런 문제에는 하이에나처럼 덤볐다.

『문학사상』의 창간자이자 주간인 이어령은 이 사건의 한 가운데서 자신이 문단에서 이렇게 외로운 줄 몰랐다며 진심으로 도와주는 문인이 적었음을 탄식했다. 문공부 직원들까지 나서서 화해를 시도했지만 호남의 정서는 가라앉지 않았다.

왜 그랬을까.

유식한 인사들은 역사적으로 고려 때부터 어쨌다느니 조선조에는 어땠다는 식으로 따지지만 그럴 것도 없다. 이승만-박정희로 이어져 온 독재 아래서 호남은 분명히 팽당해왔다. 1970년대 막걸리 집에서 젓가락 두들기며 유행가를 뽑을 때의 인기곡이 「목포의 눈물」이 아니었던가.

1971년 대통령 선거 때 시인 이효상李孝祥은 "경상도 대통령을 뽑지 않으면 우리 영남인은 개밥에 도토리 신세가 된다"라며, "쌀밥에서 뉘가 섞이듯이 경상도에서 반대표가 나오면 안 된다. 경상도 사람 중에서 박 대통령 안 찍는 자는 미친놈이다"라고 했다. 중앙정보부는 '호남에서 영남인의 물건을 사지 않기로 했다'라는 전단지를 영남지역에 대량 유통시켰다.

이 선거가 국민들이 직접투표한 마지막 대통령 선거였다. 국민 직접 선거로는 대통령이 될 자신이 없었던 박정희는 그 이듬해에 유신헌법을 공포했고, 대통령은 장충체육관에서 간접선거로 뽑았다

1973년 8월 8일 오후 1시경, 도쿄의 그랜드팰리스 호텔 2210호실에 묵었던 김대중을 중앙정보부 요원들이 납치해 현해탄에다 수장시켜 버리려다가 그 현장이 발각당해 죽이지 못하고 5일 만인 8월 13일 새벽에 서울 동교동 자택 대문 앞까지 데려다 버린 사건이 생생하다. 그때『조선일보』는 김대중이 납치된 직후에 그 방에 북한 담배가 있었다며 그 납치범이 조총련 계가

아닐까 하는 만화같은 유언비어를 태연하게 기사로 썼다.

김대중이 동교동에 나타난 뒤 언론들은 그 경위나 이유, 배경 따위를 묻지도 따지지도 않았다. 사람들도 그 엉터리 기사를 보고 그냥 웃었다.

어디 여기서 그치겠는가. 이 시대의 TV 드라마에서는 호남 출신 등장인물이 영락없이 비호감으로 화면을 가득 채웠다. 참으로 가련한 드라마작가들의 부역이었다.

그런 시대를 살아야 했다.

이 억눌렸던 유신독재의 분노가 오영수의 이 글에 대한 보상작용으로 터진 것이다.

여러 필화사건이 다 억울하고 분노스럽지만 오영수의 경우야말로 유신독재가 짊어져야 할 역사적인 책무 때문에 희생된 경우라 해도 지나치지 않을 것이다. 물론 이 글에서 호남인 비하 구절은 지탄받아 마땅하지만 원로작가 오영수가 감내하기에는 너무나 벅찬 분노였다.

이어령은 자진해서 잡지를 3개월 정간했고, 오영수는 사과문에다 절필 선언을 한 데다 국제펜클럽 한국본부에서는 제명까지 당했다.

불초소생은 제 자신에게도 용서 받을 수 없는 죄인이 되었으니 도민 제현의 처분만 기다릴 뿐 무엇을 변명하고 또 무엇을 밝히겠습니까. 만에 하나라도 여러분들의 손상된 마음과 명예를 회복하는 데 도움이 된다면 붓을 꺾고 대죄 근신하겠습니다……1979.1.22

오영수는 조연현 등의 천거로 1955년에 창간된 한국문단의 보수정통파를 대표하는 『현대문학』의 초대 편집장이 되었다. 그는 살벌했던 전후 문단에서 전통적인 서정미를 가장 잘 살려낸 장인정신이 넘쳐나는 작가로 평가받았다.

그는 자신의 소설처럼 섬세하고 섬약하여 언제나 건강에 문제가 있었다.

경남 언양군 언양읍^{현 울산광역시} 출신인 그는 일본 유학 후 경남여고에서 교사를 지내기도 했으나 상경하여 문단 중진으로 자신만의 서정적인 작품들로 미학적인 완벽성을 추구했다.

유명했던 민중판화가의 개척자 오윤吳潤, 1946~1986이 오영수의 장남인 건 숙명처럼 느껴진다.

오영수는 자신의 작품과는 안 어울리는 서울 생활을 접고 1977년 낙향하여 조용히 만년을 즐기려 했는데, 청탁을 받고 썼던 「특질고特質考」 때문에 만년을 송두리째 파괴당해버렸다. 박정희가 저지른 과오로 분노한 호남인들의 결과였던 이 필화가 오영수에게는 너무나 가혹했다. 독재체제 아래서는 독재자 혼자를 빼고는 누구도 행복할 수 없음을 이 필화는 보여줬다.

이렇게 이승만-박정희 정권에서 굳어진 지역감정은 전두환의 쿠데타로 더욱 악화되어 1992년 대통령 선거 때는 '우리가 남이가'라는 유명한 김기춘의 부산 초원복집사건으로 완전히 뿌리내렸다.

이 지역감정이 급기야 극우 반민주 반통일세력의 이데올로기와 결합하는 단계로 승화되어버려 한국판 제노포비아 현상xenophobia이 되어버렸다. 그래서 경상도와 전라도 사이에는 역사의식이나 민족의식에서까지 넘기 어려운 험악한 장막이 가로막혀 버린 게 오늘의 현실이다.

이명박과 박근혜 정권을 거치면서 굳어져 버린 지역감정과 이데올로기의 결합은 현대 한국 정치 사회사의 난제가 되어 있다.

3. '하와이'라는 비칭의 유래

이제 마지막으로 호남비하 발언의 분수령을 만들었던 '하와이'란 명칭의 유래를 살펴볼 차례다. 크게 보면 두 가지 연원설이 있다. 미국 유래설과 한국 기원설이다.

먼저 미국 유래설부터 보면 두 가지다.

첫째는 미국 군대 중 '하와이' 출신들이 가장 총명하고 탈주병이 많다는 믿거나 말거나다. 그런데 한국군 중에서도 호남 출신 장병들이 똑똑하고 탈주병이 많다는 유언비어에 따라 전라도를 '하와이'로 불렀다는 그야말로 썰로 믿을 바 못 된다.

둘째는 미군정이 한국의 행정구역에 미국의 지명을 붙였다는 썰이다. 평안도는 텍사스, 함경도는 알래스카, 전라도는 하와이 등으로 불렀던 데서 유래했다는 것이다.

이와 비슷한 것으로는 미군정이 주둔한 지역을 암호로 호출했는데, 그게 부산의 미 제98군정 그룹을 플로리다, 광주의 미 제101군정그룹을 하와이로 한 데서 나왔다는 설이다.

한국 유래설로는 이미 위에서 봤듯이 조정래의 대하소설 『한강』에서처럼 이승만의 '하와이 놈들 같으니라고!'에서 나왔다는 것이다.

여기에다 조영암의 필화로 더 널리 퍼진 것으로 풀이한다.

이 필화로 한국의 지역감정 해소를 위한 실마리를 찾을 수는 없을까.

이런 가운데서도 이승만 독재체제는 더 기승을 부렸다. 모든 국가 공권력을 동원하고도 모자라 공공단체와 종교에다 문화예술계는 물론이고 조직이란 조직은 다 망라했지만 민의의 흐름은 바꿀 수 없어 깡패집단까지 총동원하고도 노심초사했다.

그래서 1959년 하반기부터 1960년 4월 26일 청와대에서 물러날 때까지는 이승만의 온갖 노추의 마각이 만천하에 드러난 시기가 되었다. 그것은 한국사에서 영원히 빛나는 사월혁명의 계절이기도 하다. 이 시기에 대해서는 다음 권에서 자세히 논하기로 한다.